Literatur – Kultur – Geschlecht

Studien zur Literatur- und
Kulturgeschichte

In Verbindung mit
Jost Hermand, Gert Mattenklott,
Klaus R. Scherpe und Lutz Winckler

herausgegeben von
Inge Stephan und Sigrid Weigel

Große Reihe
Band 29

# Netzwerke

## Eine Kulturtechnik der Moderne

Herausgegeben von

Jürgen Barkhoff, Hartmut Böhme
und Jeanne Riou

2004

BÖHLAU VERLAG KÖLN WEIMAR WIEN

Gedruckt mit Unterstützung
des Kulturwissenschaftlichen Seminars der Humboldt-Universität zu Berlin,
des Department of Germanic Studies des Trinity College Dublin
und des University College Dublin und National University of Ireland

Bibliografische Information der Deutschen Bibliothek

Die Deutsche Bibliothek verzeichnet diese Publikation
in der Deutschen Nationalbibliografie;
detaillierte bibliografische Daten sind im Internet über
http://dnb.ddb.de abrufbar.

Umschlagabbildung:
Die Hirn-Areale nach der Konzeption des Anatomen, Physiologen und
Begründers der Phrenologie Franz Joseph Gall (1758–1828)

© 2004 by Böhlau Verlag GmbH & Cie, Köln
Ursulaplatz 1, D-50668 Köln
Tel. (0221) 913 90-0, Fax (0221) 913 90-11
info@boehlau.de
Alle Rechte vorbehalten
Satz: Martine Maguire-Weltecke, Dublin
Druck und Bindung: MVR Druck GmbH, Brühl
Gedruckt auf chlor- und säurefreiem Papier.
Printed in Germany
ISBN 3-412-15503-9

# Inhaltsverzeichnis

*Jeanne Riou, Hartmut Böhme, Jürgen Barkhoff*
   Vorwort ................................................................................... 7

*Hartmut Böhme*
   Einführung
   Netzwerke. Zur Theorie und Geschichte einer Konstruktion ................ 17

*Joseph Vogl*
   1797 – die Bank von England ........................................................ 37

*Bernhard Siegert*
   Currents and Currency
   Elektrizität, Ökonomie und Ideenumlauf um 1800 ........................... 53

*Jürgen Barkhoff*
   Die Anwesenheit des Abwesenden im Netz
   Kommunikative Vernetzung im Mesmerismus ................................. 69

*Britta Herrmann*
   Monströse Verbindungen
   Experimentelle Wissenschaft und poetische Kombination um 1800 ....... 87

*Irmela Marei Krüger-Fürhoff*
   Vernetzte Körper
   Zur Poetik der Transplantation .................................................... 107

*Christian J. Emden*
   Epistemische Konstellationen 1800 – 1900
   Nerven, Telegrafen und die Netzwerke des Wissens ........................ 127

*Jeanne Riou*
   Vernetzte Wahrnehmungen, getrennte Welten?
   Ernst Mach und die Wissenschaften um 1900 ................................ 155

*Daniel Steuer*
   Die Logik der Biographie
   Netzwerke des Geistes bei Otto Weininger und Ludwig Wittgenstein ..... 173

*Gilbert Carr*
　Ein „Heiratsbureau der Gedanken" in der Wiener Jahrhundertwende
　Zum kulturpolitischen Versuch Robert Scheus um 1900 ....................... 197

*Olaf Briese*
　Der zweidimensionale Mensch
　Zum Status von *Crosswords* ................................................................. 215

*Hugh Ridley*
　Liliencron und Bellow
　Der literarische Zugang zum Netz um 1900 und 2000 ........................... 239

*Mary Cosgrove*
　Netzwerk und Erinnerung in Wolfgang Hildesheimers „Tynset" ............ 251

*Anne Fuchs*
　Zur Ästhetik der Vernetzung in W. G. Sebalds „Austerlitz" ................... 261

*Caitríona Ní Dhubhghaill*
　Netzwerk – Rhizom – Banyan
　Komplikationen der Verwurzelung bei Kafka und Joyce ........................ 279

*Caitríona Leahy*
　Die Be-Gründung des Netzwerks
　Bachmann erkundet den Heideggerschen Grund ................................... 297

*Hartmut Winkler*
　Tauschen, Austauschen, Kommunizieren
　Netzbildung in Ökonomie und Medien .................................................. 309

*Peter Matussek*
　Without Addresses
　Anti-Topologie als Motiv von Netzkunst ............................................... 319

*Stefan Münker*
　Ich als Netzeffekt
　Zur Konstitution von Identität als Prozess virtueller Selbsterschließung ........ 335

Bio-Bibliographische Hinweise ....................................................................... 351

Abbildungsnachweise ...................................................................................... 359

# Vorwort

Im Herbst 2002 fand in Dublin die interdisziplinäre Tagung „Netzwerke. Ästhetiken und Techniken der Vernetzung 1800 – 1900 – 2000" statt. Sie war selbst ein kleiner Versuch zur Vernetzung von irischen, britischen und deutschen Wissenschaftlern, organisiert und unterstützt von der Humboldt-Universität zu Berlin, vom Trinity College Dublin und vom University College Dublin. Es waren vorwiegend Literatur-, Medien- und Kulturwissenschaftler und -wissenschaftlerinnen, die in ihren Beiträgen der Idee nachgingen, dass Netzstrukturen und Vernetzungstechniken zu den basalen Konstitutionsbedingungen der Moderne gehören. Technologische, kommunikative, ästhetische und symbolische Ebenen kultureller Vernetzungen wurden in ihrem Wechselverhältnis untersucht. An den drei Schwellendaten 1800 – 1900 – 2000 sollte die Vernetzung als Leitmetapher und Leitstruktur der Kultur- und Gesellschaftsentwicklung zur Diskussion gestellt werden. Selbstverständlich waren sich die Veranstalter, die den vorliegenden Tagungsband herausgeben, wie auch die Beiträger dessen bewusst, dass mit diesem Themenzuschnitt nur ein Segment von Vernetzungen dargestellt werden kann. Netzwerk-Forschungen in der Biologie, den Neurowissenschaften, der Informatik, der Medizin, aber auch in der Mathematik oder der Soziologie erfahren in jüngerer Zeit weltweit eine Konjunktur. Die Geisteswissenschaften, die hier repräsentiert sind, weisen in vielen Sektoren der Netzwerk-Forschung einen Nachholbedarf auf, den abzudecken ein Ziel der Tagung war. Es steht zu vermuten, dass im Zuge des ‚*topographical turn*' und des Vordringens räumlicher Ordnungsmuster (gegenüber den lange Zeit dominanten Verzeitlichungsmodellen) Netzmodelle als Forschungsparadigma auch in den Geisteswissenschaften verstärkt Aufmerksamkeit und Anwendung finden werden.

Wenn Netzstrukturen eine Bedingung der Moderne sind, gilt es zu fragen, wie sie entstehen, welches ihre Logik ist und wie sie sich in der Kultur, der Kommunikation und den Künsten ausbreiten. Damit einhergehend stellen sich weitere Fragen: Welche Netzwerke konnten sich etablieren? Welche epistemologischen, technischen und ästhetischen Modelle sind im jeweiligen Netz strukturbildend? Welche Phänomene politischer, sozialer, kultureller Art fallen durch die Maschen des Netzes? Die Frage nach der Vernetzung erfordert eine Aufmerksamkeit für komplex verschränkte Phänomene – für Kulturtechniken von Verkehrs- und Eisenbahnnetzen bis hin zu Kommunikations- und Beobachtungsnetzen oder für Netzwerke des Wissens, der Literatur und Korrespondenz.

Der vorliegende Band hat als Ziel, solche Verflechtungen von wissenschaftlichen, literarischen, medizinischen und kommunikationstechnischen Praktiken und Diskursen in exemplarischen Analysen darzustellen.

Wenn richtig ist, dass Netzstrukturen politische Prozesse (wie Globalisierung) und sozialen Verkehr (wie Post, Telekommunikation) ebenso wie künstlerische Werke kreieren, steuern und regeln, und dass diese Strukturen andere Modelle wie den „Nationalstaat", die „Industrie", die „Kultur", den „Geist" oder die „Kunst" allmählich durchdringen, wenn nicht ersetzen, dann ist die Geschichte der Vernetzungen eine zentrale Dimension der modernen Kulturgeschichte. In diesem Band befassen sich viele Beiträge mit der Rekonstruktion von Netzen und ihren (literarischen) Diskursen und Techniken an wichtigen Schwellenzeiten der Moderne. Des öfteren lässt sich beobachten, dass technische Verwirklichungen (etwa im Falle der Telegraphie um 1900) und literarische Darstellungen (z.B. Metaphern der Zirkulation um 1800) im Sinne Ernst Cassirers als symbolische Formen zu verstehen sind, die sich mal mehr als *hardware* der Kultur, mal mehr als deren Reflexionsform ausdifferenzieren, in jedem Fall aber sich nur durch kulturwissenschaftliche Analyse erschließen.

Viele Technologien, welche für die Moderne grundlegend wurden – wie Elektrizität, Telegraphie, Eisenbahn- und Verkehrsnetze – können in ihrer historischen Entstehung zurückverfolgt werden auf eine Verschränkung von technischem Experiment und poetologischer Idee: die Elektrizität und Elektrizitätsgeschichte, aber auch Mesmerismus und Anthropologie um 1800 dienen hier als Beispiel. Auch Telegraphie und Episteme um 1900 werden in spezifischen Experimentalsystemen erzeugt, aus denen weitreichende symbolische und kulturelle Effekte hervorgehen. Ob im virtuellen Zeitalter qualitativ neue Kommunikationsmodelle wirksam werden und ob die Netzästhetik neue Erfahrungspotentiale eröffnet, wird in mehreren Beiträgen untersucht. Niemals aber, so scheint es, sind die kulturellen Innovationen der letzten beiden Jahrhunderte unabhängig zu denken von ihrer technischen Medialität einerseits und ihrer symbolischen Ordnung andererseits; und beider wechselseitige Durchdringung erzeugt die Moderne als eine Kultur der Vernetzung.

# Vorwort

## 1800 – 1900 – 2000

Im 18. Jahrhundert wird die Zirkulation zur Leitmetapher. Sie ist formgebend in der experimentellen Wissenschaft, in der Ökonomie, der Medizin, aber auch in der Literatur und Anthropologie von Aufklärung und Romantik. Entsprechend sind viele Beiträge mit den Wechselwirkungen zwischen Wissenschafts- und Ästhetikgeschichte befasst. Nicht nur in der Elektrizitätslehre um 1800 ist das Modell der Zirkulation und die Metaphorik der Ströme zentral.[1] Wenn Ströme im Diskurs des 18. Jahrhunderts noch materieller Art sind (magnetische Fluida, die das Weltall durchdringen; therapeutische Ströme, die im hypnotischen Rapport zur mesmerschen Kur beitragen; galvanische Reflexe, deren chemische Natur es im 18. Jahrhundert zu erforschen galt), so zeichnet sich für die Zeit um 1900 eine Verschiebung ab: Ströme werden nun im Zeichen der „Entstofflichung" der Materie gelesen.[2] In den Naturwissenschaften wie im Impressionismus (Monet), in der Literatur (Musil, Schnitzler etc.) wie in der Philosophie (Mach) verflüchtigt sich die Substanz zu Strömen und Strömungen, die, im günstigsten Fall, gesteuert und geschaltet werden können, um in funktional differenzierten Netzen Effekte zu erzeugen. Um 1800 sind die „Ströme" nicht nur elektrometaphorisch und psycho-symbolisch, sondern auch mediengeschichtlich aufschlussreich, weil sie Modelle für Kommunikation und Bilder für Wirklichkeiten hergeben.

Die Ökonomie – Tausch und Zirkulation, Zeichenverkehr, Währung und Bewertung – wird für den Zeitraum um 1800 und für das elektronische Zeitalter exemplarisch. Doch selbst menschliche Organe werden in die wissenschaftliche Zirkulation und den Organ-Handel eingespeist und ‚versendet', und beides wird wiederum literarisch reflektiert. Die ‚Elemente', wie sie Lamarck in die Evolutionsbiologie des 19. Jahrhunderts einschleust, bilden im „Elementenkomplex" bei Ernst Mach ein rhizomartiges Netzwerk, durch das die Vitalenergien, seien es Energien, Empfindungen oder Wahrnehmungen, zirkulieren – jenseits jeder Bindung an ein substanziiertes Subjekt. Hybridität und das Monströse zwischen Biologie und Poetik um 1800 bilden den Hintergrund für die Analyse einer nicht-linearen, netzartigen Beziehungslogik.

---

1 Vgl. ALBRECHT KOSCHORKE: Körperströme und Schriftverkehr. Mediologie des 18. Jahrhunderts. München 1999.
2 Vgl. CHRISTOPH ASENDORF: Ströme und Strahlen. Das langsame Verschwinden der Materie um 1900. Gießen 1989.

Durch manche Beiträge wird nahegelegt, dass Vernetzungen keineswegs nur positiv als kreative und selbstorganisierte Kulturtechniken zu verstehen sind, sondern, wie alle Artefakte, ihre dunkle Kehrseite aufweisen. So lässt sich argumentieren, dass die Vernetzungen der Moderne von deren struktureller wie physischer Gewalt, ihren Ideologien und ihren technischen Unterdrückungs- und Kontrollapparaten nicht zu trennen sind. Im Computerzeitalter gewinnen die telekommunikativen Netzwerkmodelle einen epistemologischen Status für nahezu alle sozialen, kulturellen und wissenschaftlichen Praktiken. Allerdings sollten die Metaphern und das Technoimaginäre des Virtuellen Zeitalters auch historisch rekonstruiert und weder kulturpessimistisch beklagt noch technophil überhöht werden. Technikutopien – das ist seit der Renaissance bekannt – können in ihr Gegenteil umschlagen. So lassen sich an gegenwärtigen Tendenzen in der Netzkunst aufschlussreiche Veränderungen seit dem „Internet Hype" der 80er und Anfang der 90er Jahre beobachten. Wo zunächst utopische Hoffnungen auf grenzenlose Konnektivität und spielerisch-multiple Identität herrschte, weicht die einstige Euphorie einer ambivalent einzuschätzenden Lust an grenzauflösender Immersion und ersehntem Subjektverlust. Aus der Sicht der Psychoanalyse ließe sich dieses Phänomen mit dem ozeanischen Gefühl vergleichen, das Freud im „Unbehagen in der Kultur" analysierte.

In der neurowissenschaftlichen Gedächtnisforschung sind konnektive Vernetzungsstrukturen seit längerem zum dominanten Paradigma geworden. Im Vergleich damit bieten literarische Texte eine eigene Form der Gedächtnisarbeit, wie das Beispiel W.G. Sebald zeigt. Andere Beiträge demonstrieren, wie Literatur und Kulturpolitik Systeme von Korrespondenzen erzeugen, deren Ambiguität in den Kognitionswissenschaften leicht übersehen wird. Im Telekommunikationszeitalter (und dieses begann nicht erst mit dem Aufkommen digitaler Medien, sondern schon mit der telegraphischen Vernetzung) sind Interferenzen oder Rauschen im Netz nicht die einzige Störungen, die auftreten können: Manchmal funktionieren Netzwerke gleichsam überoptimal, als perfekte Selbstorganisation eines Systems, dem es an jeglicher menschlichen *agency* mangelt – das Luhmannsche Bild einer grenzenlosen Ausdifferenzierung von Funktionen, die maschinell bestimmen, wie in ihnen und zwischen ihnen gelebt wird. Einige Beiträge zu Netzwerken in Literatur und Publizistik spielen auf solche besondere Ambivalenzen der Vernetzung an.

# Vorwort

## Die Beiträge im Einzelnen

In seiner Einleitung führt *Hartmut Böhme* aus, dass Netzwerke sowohl aus lebendigen Entitäten, materiellen Dingen wie symbolischen Objekten gebildet werden können. Die Konzeption des Netzwerkes überwindet die Dichotomie von Natur und Kultur. Ob organisch oder artifiziell, „vom Einzeller bis zum Computer" erweisen sich Natur und Kultur durchweg als technomorphe Konstruktionen.

*Joseph Vogl* eröffnet dann die Fallstudien, indem er anhand der Kontroversen um die Golddeckung des öffentlichen Kredits um 1800 jener auch für diesen Band fundamentalen Spannung zwischen materialer und symbolischer Zirkulation nachgeht. An der Einführung des ungedeckten Papiergelds zeigt Vogl die stets labile Beziehung zwischen dem Ökonomischen und dem Symbolischen, zwischen Wertrepräsentanz und Zeichengebrauch. Auch *Bernhard Siegert* befasst sich mit der Logik der Zirkulation in Ökonomie, Technik, Philosophie und ästhetischem Diskurs um 1800. Dabei findet er, ähnlich wie Vogl von der *paper currency* ausgehend, in den medialen Netzeffekten dieser Ströme ein gemeinsames, die Organisation des Wissens zunehmend bestimmendes „Zirkulations-Dispositiv". *Jürgen Barkhoff* erinnert daran, dass Marshall McLuhans (aber auch Ernst Kapps) Analogie der Nerven und der elektrischen Drähte schon um 1800 im medizinischen und literarischen Diskurs Vorläufer findet und beschreibt in diesem Sinne den tierischen Magnetismus im späten 18. Jahrhundert als ein Paradigma der „kommunikativen Vernetzung zwischen Mensch und Natur, Leib und Seele". Ausgehend von romantischen Vernetzungs- und Fernwirkungsmodellen zieht er Linien zum Zusammenhang von Spiritismus und technischen Netzwerken um 1900.

Auf den Körper und seine Stellung in den Netzen des Lebendigen wie des Technischen richten sich auch die folgenden beiden Beiträge. *Britta Herrmann* untersucht das Hybride und das Monströse und erkennt dabei in Literatur und Anthropologie von Spätaufklärung und Romantik systemische Merkmale einer epistemologischen Dynamisierung, die in die Selbstorganisation mündet und deren Resonanz damit weit über das Schwellendatum 1800 hinaus reicht. Ihre These ist, dass die Aufklärung selbst „stets neue Monster gebiert", was das Monster in der Vernetzung medizinischer, naturwissenschaftlicher, philosophischer und ästhetischer Diskurse zu einer zentralen Metapher für die heterogene und alogische Organisation von Wahrnehmung und Wissen macht. *Irmela Marei Krüger-Fürhoff* untersucht literarische Reflexionen über Transplantationsmedizin und stellt fest, dass in dieser wie auch in der Immunologie nach dem II. Weltkrieg indirekt auf Netzstrukturen der medizinischen Diskurse im 18. und im

19. Jahrhundert zurückgegriffen wird. In der Transplantationsmedizin seit den 80er Jahren gehe man von einem Netzwerkkonzept aus, wonach Immunreaktionen „als Interaktion zwischen externen und internen Antigenen gedeutet" werden – so schafft die Immunologie sich selbst einen „immunologischen Hybriden". Dieser zeigt Parallelen zu den Netzwerkmodellen des Materialismus La Mettries im 18. Jahrhundert sowie zu Aspekten der Medizin des 19. Jahrhunderts, soweit deren Krankheits- und Seuchenkonzepte durch den Konflikt zwischen Organismus und Eindringling gekennzeichnet sind (z.B. in der Bakteriologie).

Ähnliche Verknüpfungen zwischen anthropologischem und technischem Diskurs untersucht *Christian Emden* für den Zeitraum um 1900. Er befasst sich mit den Schnittstellen, die sich ergeben, wenn biologische und physikalische Diskurse über den Menschen von ähnlichen Impulsen ausgehen. Emden hinterfragt, welche Auswirkungen es auf die Wissenschaftskonzepte hat, wenn solche Konvergenzen zusätzlich auf Techniken der Kommunikation und Energieverteilung treffen. Diese Frage erörternd spricht er von „Echowirkungen in den Tiefenstrukturen der modernen Episteme". *Jeanne Rious* Beitrag untersucht anhand der Schriften Ernst Machs und Henri Bergsons die Metaphorik der Elemente als eine verkappte Vernetzungstheorie. Elemente sind für Machs und Bergsons Wahrnehmungsphysiologie maßgebend. Sie bestimmen zudem Fragen von Gedächtnis und Vererbung um 1900 und markieren einen bisher unbekannten Streitpunkt zwischen Mach und den Atomisten. *Daniel Steuer* untersucht literarische und philosophische Selbstentwürfe um 1900, die gegenläufig zur Subjektphilosophie im kantischen Sinne operieren. Er arbeitet Gemeinsamkeiten und Unterschiede zwischen Weininger und Wittgenstein heraus und stellt fest, dass für beide das „unrettbare Ich" doch noch zu retten ist, indem Biographie und Person als Netzwerk verstanden werden, als unvollendetes Ineinander von Erklärungsfragmenten und ästhetisch organisiertem Gedächtnis. Wie Riou und Steuer untersucht auch *Gilbert Carr* die Tragkraft von Vernetzungsmetaphern und Vernetzungsstrukturen. Er stellt die kulturpolitischen Vernetzungstechniken vor, die Robert Scheu in der Wiener intellektuellen Topographie um 1900 entwickelte und in die Tat umsetzte. Seine Enqueten sollten als „Heiratsbureau der Gedanken" eine potentiell revolutionäre Gegenöffentlichkeit zu Presse, Parlament und Parteien entwickeln. Dass der Urheber solcher kulturpolitischen Vernetzungstechniken selbst angesichts ihrer längerfristigen Konkurrenzunfähigkeit gegenüber den etablierten Institutionen rückblickend sein Konzept als zeitgemäß antidemokratisches hervorheben wollte, wirft die Frage auf, ob solche opportunistische Anpassung an sich eine Folge der Vernetzung sei.

Im Beitrag von *Olaf Briese* werden *Crosswords* als Topologien der Moderne verstanden. Labyrinthen ähnlich, versinnbildlichen *Crosswords* die duale Struktur von Orientierung und Orientierungslosigkeit in der Moderne. Darin verkörpern sie eine Ambivalenz der Kultur, nämlich die Spannung zwischen Orientierungssucht und Orientierungslosigkeit – Zwangsvorstellungen einer Rationalitätsstruktur. Briese findet im *Crossword*-Phänomen ein Psychogramm moderner Subjektivität. Aus dem Gefühl der Ohnmacht in einer labyrinthischen Kultur hilft sich der Einzelne durch Aktivität und gelangt dadurch scheinbar zum Ausweg: des Rätsels Lösung. Die Suche nach dem erlösenden Ausweg im *Crossword*-Psychogramm liest Olaf Briese als eine Kulturtechnik, die Parallelen in der christlichen Religion findet.

Von der Literatur vermutete man einst, dass sie sich durch neue Kommunikationsformen ablösen ließe. Doch längst zeigt die Literatur jene Fähigkeit, die man den elektronischen Netzen zuschreibt – sie kann sich immer neu erfinden. Ob dasselbe von den ästhetischen Strukturen, die sich anhand elektronischer Netze etablieren, gesagt werden kann, sei, so *Hugh Ridley* in seinem Beitrag zu Liliencron und Bellow, noch offen. Wie die folgenden vier Beiträge reflektiert Ridley die Wechselwirkungen zwischen ästhetisch-literarischen und technisch-gesellschaftlichen Netzstrukturen. Einerseits, so seine These, bieten die semantischen Netzwerke der Literatur ebenso wie die Wissenschaften weithin wirksame kulturell-symbolische Vernetzungspraktiken lange bevor Netzwerke im Zuge der elektrotechnischen Medien dominant wurden. Besonders deutlich zeige sich dies an der wissenspolitischen Machtposition der Universitäten im 19. Jahrhundert. Andererseits sind auf Gattungsüber-schreitung angelegte Schreibformen wie der Roman besonders sensible Medien der Reflexion für die Beschleunigungsprozesse des elektronischen Zeitalters. Ridleys Beitrag verdeutlicht, dass Netze im Gefüge der politischen Strukturen auf andere Netze verweisen. Im Netz spiegeln sich Systeme.

Die Fähigkeit der Literatur, gesellschaftlich hochwirksame und in ihren Folgen oft genug katastrophale Netzmodelle zu problematisieren, steht auch im Mittelpunkt von *Mary Cosgroves* Beitrag zu Wolfgang Hildesheimers Roman „Tynset". Sie leistet eine Kritik der Netzkonzeption auf zwei Ebenen. Auf der Ebene symbolischer Repräsentation zeigt sie, dass das Netzwerk als Metapher für Holocaustgedenken problematisch ist, weil es die Tiefenstruktur der Erinnerung in die Beliebigkeit der Netzoberfläche auflöst. Auf der Ebene materialhistorisch-technischer Prozesse erkennt Cosgrove in Hildesheimer Roman eine Allusion auf die von Eichmann organisierte europäische Eisenbahnlogistik, die den Menschentransport nach Auschwitz und in die übrigen Vernichtungslager erst möglich machte. Der 2001 verstorbene Schriftsteller W.G. Sebald verglich „seine Arbeiten mit dem System der Bricolage im Sinne von Lévi-Strauss", so *Anne Fuchs* in ihrem Beitrag über Sebalds Ästhetik der Vernetzung. Vernetzung kommt mittels einer Einbildungskraft zustande, die an zufällig gefundenen „Materialien, Abfallstoffen und Fundstücken" so lange bastelt, bis die diesen Materialien innewohnenden Korrespondenzen hervortreten. So könne von einer enzyklopädischen Subjektivität Sebalds gesprochen werden, die auf die hypertechnische Konjunktur der Gegenwart mit einer Erinnerung an Kulturtechniken der Vergangenheit antwortet. Keine Ablehnung moderner Technik, sondern ein Verweis auf die verstrickten Geschichten kultureller Artefakte und Symboliken.

Auch die folgenden zwei Beiträge problematisieren Erinnerungsstrukturen, indem sie diskutieren, inwieweit sich Netzmodelle zur Kritik an Ursprungsmythen eignen. *Caitríona Ní Dhubhghaill* kritisiert die Vorherrschaft einer Weltsprache als Effekt der Globalisierung, und lotet anhand Kafkascher und Joycescher Texte aus, inwieweit eine rhizomatische Struktur, wie Deleuze und Guattari sie entworfen haben, Widerstandspotentiale aufbieten kann gegen dominante Diskursformen, die auf eine arboreszente Logik der Verwurzelung und des Ursprungs rekurrieren. Skepsis gegenüber jeder Art von Ursprungslogik prägt auch *Caitríona Leahys* Beitrag über den (un)möglichen ontologischen Grund des Netzwerks, den sie an der Heidegger Rezeption Ingeborg Bachmanns untersucht. Dieser Grund ist bereits für Heidegger an sich nicht begründbar; es ist das Netz der Präsenz, die sich in der Sprache nur andeutend artikuliert, dennoch aber ihr zwangsläufig entgeht. Bachmann radikalisiert diese Denkfigur in „Malina" unter den Bedingungen stetig zunehmender Beschleunigung. Ihre Heidegger- und Bachmannlektüre lassen Leahy zu dem Schluss kommen, dass die Suchbewegung im Netzwerk potentieller Bedeutungen eine unabschliessbare ist, die sich der Repräsentation und damit der Verifikation letztlich immer wieder entzieht und sich allenfalls (als Kunst) selbst thematisieren kann.

Um das Schwellendatum 2000 gruppieren sich die letzten drei Beiträge. Themen aufgreifend, die am Anfang des Bandes bereits für das Schwellendatum um 1800 wichtig waren, fragt *Hartmut Winkler*, ob das Symbolische „selbst nicht immer durch den Austausch gekennzeichnet ist". Bilden sich Netze zwischen dem Ökonomischen und dem Symbolischen, oder kann man stattdessen von einem Ineinander zweier Netze sprechen? Einerseits könnte man die Mediengeschichte als „zunehmende Immaterialisierung" betrachten; andererseits nehmen symbolische Produkte (im Tausch von Geld gegen Zeichen) Warencharakter an, so dass das Symbolische, das sich endlos vermehrt, von ökonomischen Prinzipien, die irreduzibel sind, durchdrungen wird. *Peter Matussek* bemerkt am Beispiel der Netzkunst der letzten Jahre eine neue Tendenz im digitalen Raum: Die Virtualität des Netzes, welches als Raum endloser Entfaltungsmöglichkeiten begrüßt wurde, scheint zunehmend als Ort der Beschränkung wahrgenommen zu werden. Jede Kultur, bemerkt Matussek, verfügt über „Techniken zur Herbeiführung von Entgrenzungserlebnissen", ob Yoga oder Trance, Drogenrausch oder Autogenes Training. Also ist das Potential für Selbstentgrenzung im Netz an sich nichts Neues. Diese Einsicht lenkt den Blick auf die andere Seite der Netzerfahrung, sein Kontroll- und Überwachungspotential. So wäre es bemerkenswert, wenn das Internet, dessen Befreiungspotential noch vor wenigen Jahren jubilatorisch gefeiert wurde, von immer mehr Nutzern als Ort der Begrenzung und Einengung erfahren würde; gegenwärtige Tendenzen scheinen hierfür zu sprechen. Um Ich-Verlust und die Auflösung von Autonomie geht es auch in *Stefan Münkers* Darstellung virtueller Identitätseffekte. In Gene Roddenberrys „Star Trek" vertreten die Borg die Technikutopie eines nach innen zwanghaft harmonischen, nach aussen erbarmungslos gewalttätigen Zusammenlebens, das einen hohen Preis hat: In ihm wird das Ich gänzlich an das Kollektiv angeschlossen. Münker findet in Norbert Bolz' Analyse der virtuellen Realität ähnliche Schreckvisionen einer sich verselbständigenden Technik. Solche Urteile sind aber, so Münker, voreilig. Sie übersehen die philosophische Tradition der Rückbeziehung des Ichs auf ein Anderes. Vom Existenzialismus Kierkegaards zieht sich eine Linie bis zur Phänomenologie Heideggers, insofern das Ich eingebunden ist in Strukturen, die ihm ontologisch vorausgehen und seiner Kontrolle entzogen sind. Jede Äußerung und jede Selbst-Setzung ist immer schon im Netz der Sprache verwoben. Anknüpfend an Wittgenstein argumentiert Münker gegen eine Konzeption von digitalen Netzen, in denen jede Subjektivität auf einen technischen, referenzlosen Effekt reduziert wird. Was er resümierend schreibt, zeigt sich auch in vielen anderen Beiträgen des vorliegenden Bandes: „Im Spektrum je verfügbarer ‚Technologien des Selbst' (Foucault) spiegelt sich die historische Realität der Welt, in der wir leben."

\* \* \*

Am Erfolg der Tagung, aus der dieser Band hervorgeht, haben viele Personen und Institutionen Anteil. Die drei Herausgeber danken für vielfältige finanzielle und logistische Unterstützung dem Kulturwissenschaftlichen Seminar und dem Präsidium der Humboldt-Universität zu Berlin, dem Department of Germanic Studies am Trinity College Dublin und seinem Head of Department

Prof. Moray McGowan, sowie dem Department of German am University College Dublin und seinem Head of Department Dr. Herbert Herzmann. Dankbar vermerkt seien ausserdem die Bezuschussung der Tagung durch das Humanities Institute of Ireland, Faculty of Arts, UCD, sowie grosszügige Druckkostenzuschüsse durch das University College Dublin und die National University of Ireland. Auch dem Goethe-Institut Dublin und seinem Direktor Dr. Matthias Müller-Wieferig sei für die Unterstützung unserer Tagung herzlich gedankt. Ein besonderer Dank geht schließlich an Yvonne Kult für Hilfe beim Korrekturlesen und Martine Maguire-Weltecke für die Einrichtung des Manuskripts. Der abschließende Dank aber gilt den Beiträgern, von deren Vernetzungskünsten dieses Projekt von Anfang bis zum guten Schluss getragen wurde.

Dublin und Berlin im Dezember 2003
Jeanne Riou, Hartmut Böhme, Jürgen Barkhoff

Hartmut Böhme

# Einführung

Netzwerke. Zur Theorie und Geschichte einer Konstruktion

## 0. Wörter[1]

*Spinnennetz. Verkehrsnetz. Netzflügler. Versorgungsnetz. Haarnetz. Netzhaut. Netzwerk. Wegenetz. Netzstrümpfe. Wissensnetz. Fischernetz. Internet. Tarnnetz. Schienennetz. Beziehungsnetz. Netzpräsenz. Warennetz. Soziales Netz. Trinkwassernetz. Netzgewölbe. Netzkünstler. Schmetterlingsnetz. Netzplantechnik. Sicherheitsnetz. Gedankennetz. Netzarchitektur. Netzfahndung. Nachbarschaftsnetz. Netzsperre (Militär). Netzschlange (Python). Energienetz. Netzmagen. Netzkarte. Netzauftritt. Fangnetz. Kanalisationsnetz. Straßennetz. Telefonnetz. Tankstellennetz. Netzarbeit. Netzebene. Gepäcknetz. Verteilernetz.*

*Netz. Vernetzung. Knoten. Maschen. Verbindungen. Verbund. Geflecht. Gespinst. Gitter. Verflechtung. Verknüpfung. Schlinge. Feld. System.*

*Kunststücke ohne Netz. Durch die Maschen/Schlingen gehen. Vernetzen. Im Netz fangen. Im Netz gefangen. Im Netz verloren. Im Netz surfen. Benetzen. Der Polizei ins Netz gehen. Sich im Netz von Lügen verstricken. Seine Netze überall auswerfen. Ans Netz gehen (Tennis). Durch die Maschen des Gesetzes schlüpfen. Neueste Masche. Laufmasche. Verknüpfen. Verzweigen. Von Schweiß benetzt. Ein Wagnis ohne Netz eingehen.*

Aus dem Wortfeld ist zu entnehmen: der semantische Kern von ‚Netz' ist dinglich: das Spinnennetz und das Fischernetz. Netze haben eine natürliche oder technische Genese. Hinsichtlich von Netzen taugt also die systematische Unterscheidung von Natur und Kultur nicht. Sowohl materielle Dinge wie symbolische Objekte können Netze bilden. Netze sind selbst konkrete Objekte oder abstrakte Konstruktionen systemischer Zusammenhänge. Netze sind immer Netzwerke, *erga* oder Produkte, egal ob sie von Bakterien, Ameisen oder Spinnen, von Nachbarschaften, Frauen, Wasserbau-Ingenieuren oder Informatikern

---

[1] Im folgenden Beitrag geht es nicht um einen spezifischen Netz-Typ oder ein konkretes Beispiel von Netzen. Angesichts der Dominanz des Internet in der Diskussion über Netze soll vielmehr die weit umfassendere Dimension von Netzwerken umrissen werden, deren jüngste Ausformung in den Telekommunikationstechniken damit eine sowohl historische wie systematische Einbettung erfahren soll. Darum werden auch biologische Netze berücksichtigt. Es fällt auf, dass es zwischen den Konzepten, die natürliche Netze, und jenen, die artifizielle Netze erforschen, bislang kaum einen interdisziplinären Austausch gibt. Meine Hauptthese ist hingegen, dass die alte Dichotomie zwischen Natur und Kultur durch nichts so sehr überwunden werden kann wie durch eine (freilich noch ausstehende) Theorie der Netzwerke.

hergestellt werden. ‚Vernetzen' ist ein basaler *modus operandi* von Natur wie Kultur. Wenn Kant vorsichtig von einer „Technik der Natur" spricht,[2] so findet dies vor allem Anwendung auf das ebenso natürliche wie artifizielle Produzieren von Netzen. Technik hat ihr Wesen nicht, wie Heidegger meint, darin, dass sie Gestell ist,[3] sondern Vernetzung. Darin ist sie gerade nicht der Gegensatz zur Natur. Nur was vernetzt ist, ist überlebensfähig und produktiv, in Natur wie Gesellschaft, vom Einzeller bis zum Computer.

## 1. Definitionen (Lexikon):

### 1.1 Netz

[eigtl. „Geknüpftes", zu lat. nassa „Reuse"],

1) *allg.:* Maschenwerk, Verbundsystem, Liniensystem.

2) *Anatomie:* Bez. für die Doppelblätter des Bauchfells.

3) *Astronomie:* (lat. Reticulum) kleines Sternbild des südl. Himmels.

4) *Datenverarbeitung:* (Netzwerk) Datenkommunikationssystem, das durch Übertragung von Signalen den Datenaustausch zw. mehreren unabhängigen Geräten ermöglicht. Nach der Art der Teilnehmer unterscheidet man *offene Netze*, die den weltweiten Zugriff auf Datenbanken ermöglichen, und geschlossene Netze, die einem bestimmten Benutzerkreis vorbehalten sind. Netze werden u.a. nach ihrer räuml. Ausdehnung (z.B. lokales Netz), nach den Zugriffsverfahren sowie nach der Art ihrer Vernetzung klassifiziert.

5) *Elektrotechnik:* a) *Netzwerk*, eine umfangreiche, aus Widerständen und ggf. Stromquellen bestehende Schaltung. b) *Energieversorgungsnetz*, besteht aus Kraftwerken, Kabeln, Freileitungen und Umspannwerken. Nach Spannungshöhe werden Höchstspannungsnetze (über 750 kV), Hochspannungsnetze (bis 750 kV), Mittelspannungsnetze (bis 110 kV, mitunter nur 30 kV) und Niederspannungsnetze (bis 1 kV), nach Ausführung Freileitungsnetze, Kabelnetze und Installationsnetze, nach Art der Bereitstellung günstigere Maschennetze und Strahlennetze unterschieden. Maschennetze werden zu Verbundnetzen (teilweise über Ländergrenzen hinweg) zusammengeschlossen.

6) *Geodäsie* und *Kartographie:* ein System sich schneidender Linien, z.B. jedes Kartennetz.

7) *Mathematik:* a) zwei Scharen von Kurven (*Kurven-Netz*), z.B. gebildet aus einem Geradenbüschel durch den Punkt *P* und konzentr. Kreisen mit *P* als Mittelpunkt. b) System von Polygonen in der Ebene, das zu einem Polyeder gefaltet werden kann (z.B. *Tetraedernetz*).[4]

---

2 IMMANUEL KANT: Kritik der Urteilskraft. Hg. von Karl Vorländer. Hamburg 1974, S. 74.
3 Vgl. MARTIN HEIDEGGER: Die Technik und die Kehre (1950/55). Pfullingen 1962, S. 14-19.
4 Artikel „Netz". In: Brockhaus. Die Enzyklopädie in 24 Bdn. Bd. 15. 20. Aufl. Leipzig, Mannheim 1996.

## 1.2 Vernetzung

1) *Chemie:* Bez. für Reaktionen, bei denen lineare oder verzweigte Makromoleküle gleicher oder unterschiedlicher chem. Identität miteinander zu dreidimensionalen Netzwerken verknüpft werden. Vernetzung kann durch Ausbildung von kovalenten und nichtkovalenten (z.B. koordinative, ionische) Bindungen erfolgen.
2) *Systemtheorie:* die wechselseitige Verknüpfung und Beeinflussung der Elemente eines komplexen Systems. Dabei kann es sich um natürl., techn., soziale oder ökonom. Systeme handeln, deren Elemente untereinander in Wechselwirkung stehen oder in ein Beziehungsgeflecht eingebunden sind (vernetztes System); u.a. in der öffentl. Diskussion über Ökologie, Datenverarbeitung, neue Medien und soziolog. Fragestellungen verwendeter Begriff.[5]

## 2. Was sind Netze?

*Netze sind biologische oder anthropogen artifizielle Organisationsformen zur Produktion, Distribution, Kommunikation von materiellen oder symbolischen Objekten. Netze bilden komplexe zeiträumliche dynamische Systeme.*

*Sind die Objekte homogen, so sind die Netze konnektiv; sind sie inhomogen, so sind die Netze interkonnektiv.*

*Netze synthetisieren sowohl die Einheit des Mannigfaltigen wie sie auch eine Vielfalt ohne Einheit ausdifferenzieren. Sie tun dies nach stabilen Prinzipien, doch in instabilen Gleichgewichten, selbstgenerativ, selbststeuernd, selbsterweiternd, also autopoietisch und evolutionär.*

Dies klingt sehr abstrakt und mag zunächst als Definition genügen. Als Kommentar nicht. Es kommen wichtige weitere Eigenschaften von Netzen hinzu. Netze haben extrem verschiedene räumliche und zeitliche Extensionen. Schon die einzelne Zelle ist intern vernetzt und steht zugleich in einem konnektiven System mit anderen Zellen, mit Organen, mit dem Organismus. Der Organismus ist kommunikativ wie metabolistisch mit verschiedenen biophysikalischen Netzen der Umwelt verbunden. „Man kann", so führt Florian Rötzer aus, „das Leben selbst als eine Art Superorganismus verstehen, der aus einem komplizierten Netz von Netzen besteht – manche nennen ihn ‚Gaia'."[6] Dieser mythische Name der archaischen Muttergöttin trat ein für Theorien, welche die

---

5 Artikel „Vernetzung". In: Brockhaus. Die Enzyklopädie in 24 Bdn. Bd. 23. 20. Aufl. Leipzig, Mannheim 1999, S. 213.
6 FLORIAN RÖTZER: Lebenswelt Cyberspace. In: ders.: Megamaschine Wissen. Vision: Überleben im Netz. Frankfurt/M., New York 1999, S. 7-175, hier S. 16.

selbstgenerative, immer komplexere, sich evolutionär ausdifferenzierende Prozessstruktur des Lebens auf der Erde untersuchten und dabei die ‚Vernetzungstechnik' als den Grundmechanismus des Lebendigen ausmachten.[7] Ohne die mythische Formel zu verwenden, pflichten Evolutionsbiologen und Erdhistoriker dieser Auffassung bei. Hinsichtlich der temporalen Extension umfasst das Netz „Gaia" ca. vier Milliarden Jahre, hat sich jedoch in dieser Zeit außerordentlich oft gewandelt; Bakterien-Netze können es ohne weiteres auf hunderte von Millionen Jahren bringen; das Internet existiert zehn Jahre.

Charakteristisch ist, dass Netze sowohl geschlossen und selbstorganisiert, wie auch in weiteren Netzen eingelassen sind, mit denen sie sich austauschen und kommunizieren.[8] Netze kommen immer nur als Netze in Netzen vor. Netze in Netzen benötigen eine Obergrenze: für das Leben ist dies (vorläufig) der Planet Erde; „Gaia" ist der Name für das Netz der Netze des Lebendigen überhaupt der Erde. Die Obergrenze für die kulturelle Evolution bildet (vorläufig) das Internet. ‚Netz der Netze' zu sein heißt nicht, dass solche Netze anders wären als Netze überhaupt; denn es gehört zur Eigenart aller Netze, dass sie Vernetzungen von Netzen sind. Jedes Netz ‚übersetzt' nur ein anderes Netz. Dass die Redeweise vom ‚Netz der Netze' dennoch einen Sinn macht, liegt daran, dass wir vom heutigen Evolutionsstand aus sagen dürfen, dass im Hinblick auf die Evolution des Lebens die Erde das Netzintegral aller biologischen Netze, und das Internet das Netzintegral aller kulturellen Netze ist. Dass eine Netzform, wie das Internet, innerhalb eines Jahrzehnts zu einem ‚Netz der Netze' wurde: ein solches Evolutionstempo hat es weder natur- noch kulturgeschichtlich jemals zuvor gegeben. Auch das berechtigt, vom Internet als einem evolutionären Sprung zu reden.[9]

Da alle Netze über Einschlüsse und Ausschlüsse bestimmt sind, gibt es jeweils externe Bedingungen, z.B. die extraterrestrischen, astrophysikalischen Randbedingungen des Lebens. Dass das Leben bisher auf das System „Gaia" eingeschränkt zu sein scheint, schließt die prinzipielle Möglichkeit nicht aus, dass die Evolution des Lebens den Planeten Erde übersteigen kann: dann wird nicht mehr „Gaia" das Netz der Netze sein. Ebenso ist denkbar, dass die

---

[7] Vgl. JAMES LOVELOCK: Gaia. A New Look at Life on Earth. Oxford 1979; ders.: The Ages of Gaia. A Biography of Our Living Earth. New York 1988, LYNN MARGULIS / DORION SAGAN: Microcosmos. Four Billion Years of Microbial Evolution. New York 1986; dies.: Leben. Vom Ursprung zur Vielfalt. Heidelberg, Berlin, Oxford 1999.
[8] Vgl. dazu JOHANNES WEYER: Weder Ordnung noch Chaos. Die Theorie sozialer Netzwerke zwischen Institutionalismus und Selbstorganisationstheorie. In: ders. u.a. (Hg.): Technik, die Gesellschaft schafft. Soziale Netzwerke als Ort der Technikgenese. Berlin 1997, S. 53-99.
[9] Vgl. hierzu RÖTZER: Lebenswelt Cyberspace (wie Anm. 6), S. 85-95.

Menschen eine technische Kultur entwickeln, die sich qualitativ anders als durch die heutige Internet-Technik organisiert.

Netze sind also geschlossene, selbstregulierte Welten mit einem historischen Index, die zum Zweck ihrer Reproduktion eines geregelten In-/Outputverkehrs mit ihren jeweiligen Umwelten benötigen, die wiederum Netze sein können.

## 3. Das ‚Dazwischen' der Netze

Wenn heute das Internet oft das ‚Netz der Netze' genannt wird, so ist dies biologisch gesehen Unsinn, denn z.b. die Netzstruktur des Gehirns ist ungleich komplizierter als der Cyberspace. Kulturell gesehen ist es indes richtig: zwar ist das Internet nicht das erste künstliche Globalnetz, wohl aber das erste, das prinzipiell alle anderen kulturellen Netze zu integrieren vermag. Was nicht in der Megastruktur Internet repräsentiert oder symbolisch verarbeitet werden kann, das mag es zwar geben; doch gehört es nicht jenem qualitativ neuen historischen Status an, den wir mit Ausdrücken wie „Weltkultur", „Globalität", „Weltgesellschaft" u.ä. belegen. Für Natur wie Kultur gilt: je archaischer oder primitiver der Stand einer Entität ist, umso eher kann diese ‚zwischen den Maschen' desjenigen Netzes überleben, das den höchsten Stand der Evolution darstellt. Denn die Verschachtelung von Netzen ineinander hat eine Bestandstoleranz gegenüber älteren bzw. einfacheren Netzformen oder Entitäten zur Folge.

Das hat mit dem Bauprinzip von Netzen zu tun. Alle Netze weisen eine positionelle und eine dynamische Dimension auf, nämlich Knoten und Beziehungsmaschen. Letztere können unilinear oder multilinear sein. D.h. Netze sind Netze dadurch, dass sie gerade nicht Flächen *decken* oder Räume *erfüllen*, sondern sie heben sich von einem ‚Dazwischen' ab, das ein Nicht-Netz ist. Man kann es das *Metaxü* des Aristoteles nennen.[10] Erst durch das ‚Dazwischen' heben sich Knoten und Linien heraus, die Netze bilden. Räume, reale wie mentale, sind also Räume erst durch die Koexistenz von Netz und Nicht-Netz. Selbstverständlich ist auch das ‚Dazwischen' konstitutiv für das Netz – und *vice versa*. Das Netz ist zwar das *totum* eines Raums, aber nicht das Alles (*pan*). Durchaus ist das Netz, um den ersten Satz des „Tractatus logico-philosophicus"

---

10 Das Metaxü ist bei Aristoteles im Rahmen seiner Wahrnehmungslehre der Ausdruck für ein natürliches, vermittelndes Medium zwischen Wahrnehmendem und Wahrgenommenem; das Metaxü ähnelt aber auch dem, was wir Sphäre, besser Atmosphäre nennen. Vgl. ARISTOTELES: De anima 6a30; 19a20; 21b9; 22b22; 23a15; 23b26; 34b28; 35a16. Ferner: GERNOT BÖHME: Atmosphäre. Essays zur neuen Ästhetik. Frankfurt/M. 1995.

von Wittgenstein zu variieren, nicht „alles, was der Fall ist", sondern nur die Gesamtheit dessen, was in bestimmter Perspektive eine Information heißen kann.[11] Darin liegt eine Art Liberalität gegenüber dem, was nicht unmittelbar materiell oder symbolisch zum Bestandteil eines Netzes gemacht wird, also Knoten oder Beziehungslinie oder darin verarbeitete Stoff- oder Datenmenge ist. Denn das ‚Dazwischen' ist keineswegs Leere oder reine Negativität; sondern man kann das *Metaxü* als die Information bezeichnen, die angibt, was nicht Netzinhalt ist (z.B. Fische bestimmter Größe, Daten bestimmter Struktur, Fahrzeuge bestimmter Art, z.B. Fahrräder, Ochsengespanne, Behindertenvehikel für das Autobahnnetz). In gewisser Hinsicht gilt: was im ‚Dazwischen' ist, existiert für das Netz nicht (in einem anderen Netz aber vielleicht doch). Unser europäischer Blick ist derart auf die Knoten und Linien (und was in sie einzufangen ist) konzentriert, dass wir nahezu sprachlos sind, wenn wir das ‚Dazwischen' der Netze formulieren wollen. Das ‚Dazwischen' der Netze ist nahezu mit dem Inkommensurablen, Ausdruckslosen, Chaotischen, Amorphen identisch.[12]

Dies hängt damit zusammen, dass Netze immer den Versuch darstellen, die Unwahrscheinlichkeit von Ordnung zu minimieren; sie sind also Regime der Ordnung, die von Unordnung umgeben und von innen immer wieder bedroht werden. Netze wollen und können Unordnung nicht gänzlich aufheben. Denn dies würde heißen, dass das Netz ‚alles' wäre; damit aber gäbe es keine Knoten und keine Verbindungen mehr. Die absolute Ordnung wäre also zugleich die Aufhebung des Netzes selbst und damit absolute Unordnung. Darum sind alle Netze praktische Kompromisse zwischen Ordnung und Unordnung, die *beide* von Netzen erhalten werden müssen.

## 4. Bauformen von Netzen

Netze sind entweder baumförmig, sternförmig oder ringförmig aufgebaut,[13] je nachdem, ob es sich um unilineare Verteilernetze oder um rückgekoppelte,

---

11 LUDWIG WITTGENSTEIN: Tractatus logico-philosophicus. Frankfurt/M. 1968, S. 11.
12 Vgl. zu Aristoteles WOLFGANG WELSCH: Aisthesis. Grundzüge und Perspektiven der Aristotelischen Sinneslehre. Stuttgart 1987; allgemein: WOLFGANG SCHIRMACHER: Netzwelt von innen. Eine Medienphilosophie des Zwischen. In: KLAUS PETER DENCKER (Hg.): Interface 3. Labile Ordnungen. Hamburg 1997, S. 222-234.
13 Vgl. dazu MICHAEL ANDRITZKY / THOMAS HAUER: Alles, was Netz ist. In: KLAUS BEYRER / MICHAEL ANDRITZKY (Hg.): Das Netz. Sinn und Sinnlichkeit vernetzter Systeme. Ausst. Katalog Frankfurt/M. 2002, S. 11-18; ferner: PETER GENDOLLA (Hg.): Diagonal 1/2001. Themenheft Netz. Die gegenwärtig umfassendste, aber wesentlich auf Medien-Netze

interaktive, wechselwirkende Netze handelt. Typische unilineare Verteiler-Netze sind z.b. das Elektrizitäts- oder das TV-Netz. Interaktiv rückgekoppelt sind z.b. das Immun- und das Nervensystem aufgebaut,[14] oder natürlich das Internet. Netze können dabei hierarchisch oder an-archisch, besser vielleicht: heterarchisch aufgebaut sein. Letzteres ist die Eigenschaft biologischer Netze: so weist das Gehirn gerade nicht, wie Descartes annahm, einen Konvergenzpunkt auf, in welchem alle Daten zusammenlaufen. Ebensowenig ist das Gedächtnis ist keine lokalisierbare Kammer, gleichsam der Souverän oder das Zentralkomitee aller Repräsentationen, sondern es ist, wie man heute annimmt, interkonnektiv, dezentral und verstreut über das gesamte Gehirn. Gerade dadurch erhalten nicht nur das Gedächtnis, sondern die wichtigsten Hirnfunktionen ihre Stabilität und einen viel besseren Schutz vor Verletzungen, als dies bei einer hierarchischen Netzstruktur der Fall wäre.[15]

Netze beruhen durchweg auf einfachen Prinzipien, auf Ökonomie und Simplizität; sie weisen klare Funktionsziele auf; sie beruhen auf einfachen Bauformen; sie verfügen über hervorragende Fähigkeiten zur Serialität, Variation, Hybridität, haben also sowohl hohe Potentiale zur Selbststabilisierung wie zur Adaption an veränderte Bedingungen. Netze arbeiten evolutionär, d.h. sie differenzieren sich aus, und sie sind selbstbezüglich. Dadurch sind sie gewissermaßen lernfähig, ununterbrochen entwickeln sie neue Beziehungen und Differenzen, Knoten und Relais. Sie verarbeiten Fehler, Störungen, Krisen, Katastrophen. Und dabei emergieren sie eine dynamische Identität, die nicht aus einer Reihe fixierter Elemente und Entitäten besteht, sondern aus der Gesamtheit autopoietischer Verfahren und *flows*. Die Einfachheit ihrer Prinzipien steht nicht im Widerspruch dazu, dass Netze in Natur wie Gesellschaft die komplexesten Gebilde überhaupt darstellen. Man denke nur an Beispiele wie das Wetter oder das Gehirn einerseits, oder das Netzwerk einer Millionenstadt oder das Internet andererseits.

Da Netze geordnete Formen der Abarbeitung von Datenmengen oder von materiellen Stoffen sind, benötigen sie Zeit und Energie, d.h. sie sind Arbeits-

---

konzentrierte Arbeit stammt von MANFRED FASSLER: Einführung in die Netzstruktur. Netzkultur und die Realität verteilter Gesellschaftlichkeit. München 2001. Zuvor ders.: Cyber-Moderne. Medienevolution, globale Netzwerke und die Künste der Kommunikation. Wien, New York 1999.

14 GABY MIKETTA: Netzwerk Mensch. Psychoneuroimmunologie. Den Verbindungen von Körper und Seele auf der Spur. Stuttgart 1991.

15 GEORG DORFFNER: Konnektionismus. Von neuronalen Netzwerken zu einer natürlichen KI. Stuttgart 1991; HANS J. FISCHBECK u.a. (Hg.): Gedächtnis, Speicher, Neuronale Netze. Über das Wer und das Was des Menschen. Mühlheim 1994; OLAF BREIDBACH: Denken in Neuronalen Netzen? In: DENCKER (Hg.): Interface 3 (wie Anm. 12), S. 40-54.

maschinen. Die Redeweise von Echtzeit ist missverständlich. Auch Netze, die in Echtzeit, also Lichtgeschwindigkeit operieren, verbrauchen Zeit. Diese Zeit begründet eine eigene, noch wenig untersuchte ‚Geschichtlichkeit' von Netzen. So wie das Internet schon jetzt überall Ruinen, Geisterstädte, Informationsbrachen, tote Zonen, aber auch Staus, Verstopfungen, Infarkte aufweist, zu schweigen von epidemischen Anfällen durch Viren, so sind alle Netze, trotz ihres Systemcharakters, kontingent, vulnerabel, instabil. Sie erfordern, neben der eigentlichen Prozesszeit, einen erheblichen Einsatz an Zeit und Energie zur Pflege, Reparatur, Reorganisation, Selbst-Stabilisierung: darin zeichnet sich die jeweilige Geschichtlichkeit der Netze ab.

## 5. Flexible Kompromisse

Das einfache Prinzip ‚Knoten und Verbindung' erlaubt unendlich verschiedene Netz-Architekturen. Weisen Knoten maximal viele Verbindungen auf, so stößt man unweigerlich auf empirische Grenzen der Verarbeitungskapazität und erhöht zudem die Vulnerabilität. Minimal kurze Verbindungen steigern zwar die Verknüpfungsdichte, behindern aber auch die Extension und die Gesamtgeschwindigkeit des Netzes. Netze entwickeln deswegen entweder durch *trial and error* oder durch mathematische Modellierung flexible Kompromisse zwischen Verbindungsmenge und Verbindungsentfernung, Kompromisse also zwischen Häufung und Lockerheit einerseits, zwischen Nähe und Ferne andererseits. Dazwischen pendelt sich das Maß zwischen Ordnung und Unordnung ein, d.h. das Maß der Information eines Netzes, das ebenso an Über- wie an Unterinformiertheit scheitern kann. Die Maschenstruktur definiert zusammen mit dem, was ‚draußen' ist, zugleich die Gesamt-Information des Netzes und seine Verarbeitungsleistung. Wäre alles mit allem verbunden, entstünde Überkomplexität und damit ebenso Unordnung wie für den Fall, dass Verbindungslängen nur nach dem Sparsamkeitsprinzip aufgebaut und damit engste Nachbarschaften, aber Unterkomplexheit für das Gesamtsystem erzeugt würden.[16] In diesen kompromißhaften Bauprinzipien unterscheiden sich biologische kaum von technischen, stoffverarbeitende kaum von symbolverarbeitenden Netzen.

---

16 WOLF SINGER: Die Natur des Menschen. Neuronale Informationsverarbeitung. In: BEYRER / ANDRITZKY (Hg.): Das Netz (wie Anm. 13), S. 45-52; WOLF SINGER: Der Beobachter im Gehirn. Essays zur Hirnforschung. Frankfurt/M. 2001.

## 6. Netze: Entitäten oder Konstruktionen?

Netze sind Raumorganisationen, selbst wenn sie im immateriellen Raum des Cyberspace operieren. Es macht deswegen Sinn, von Netz-Geographien zu sprechen, d.h. kartographische Darstellungsformen für Verknotungs- und Verbindungs-Figurationen zu suchen oder abstrakter: mathematische Topologien für Netze zu entwickeln. Dabei stößt man auf den problematischen ontologischen Status von Netzen. Sind Netze eigentlich reale Entitäten oder Konstruktionen? Diese Frage ist nicht leicht zu beantworten, selbst wenn man dingliche Netze wie z.B. das Kanalisationsnetz einer Stadt bedenkt.[17] Eine Unzahl von unterirdischen Röhren machen noch kein Netz aus, sondern erst ihre Anordnung, ihre Fliessgeschwindigkeit, die Verteilung von sehr vielen Nebenverbindungen und weniger vielen Hauptverbindungen, die Struktur der Filter, Knoten, Kreuzungen, Zusammenflüsse, die Verarbeitungskapazität der Kläranlagen etc. All dies sind Fragen mathematischer Modellierung und architekturaler und ingenieurshafter Planung, so dass man auch sagen könnte: die reale Kanalisation ist die Verkörperung einer Netzkonstruktion. Netze sind Baupläne der Natur oder Kultur derart, dass dabei materiale Agglomerationen entstehen, deren sämtliche Elemente gemäß bestimmter Funktionsziele wechselseitig ergänzend, konnektiv und ausgerichtet, man kann auch sagen: formatiert und verschaltet werden. So wie Spinnen, denen man Drogen gibt, irrsinnige Netze bauen,[18] so kann es auch mit der Kanalisation einer Stadt zugehen: Megalopolen wie Mexico City oder Kairo wachsen nicht in einer Netzordnung, sondern amorph, hybrid, labyrinthisch, epidemisch. Das Ergebnis ist bekannt: Kollaps vorhandener Abwassernetze, ‚wilde' oberirdische Abflüsse, Verschmutzung bis Verseuchung von Wohngebieten, Boden und Trinkwasser; die Folge ist: pathogene Hygienezustände, Zunahme an Epidemien etc. Megalopolen versinken heute deswegen im Chaos, weil ihre Netze überfordert, unzureichend, zerstört, gewissermaßen verrückt sind. Die ungeheure Verdichtung von

---

17 Vgl. bez. Berlin JOHANN JAKOB BAEYER / JOHANN LUDWIG URBAIN BLESSON: Die Bewässerung und Reinigung der Stadt Berlin. Eine Denkschrift zur allgemeinen Verständigung. Berlin 1843; allgemein: MARTIN ILLI: Von der Schissgruob zur modernen Stadtentwässerung. Zürich 1987; ders.: Kanalisation und Zivilisation. Geschichte der Stadtentwässerung. In: Der Architekt 11/1991, S. 549-552; SUSANNE HAUSER: „Reinlichkeit, Ordnung und Schönheit". Zur Diskussion über Kanalisation im 19. Jahrhundert. In: Die Alte Stadt. Vierteljahreszeitschrift für Stadtgeschichte, Stadtsoziologie und Denkmalpflege 4/1992, S. 292-312.

18 SAMUEL ZSCHOKKE: Das Spinnennetz. In: BEYRER / ANDRITZKY (Hg.): Das Netz (wie Anm. 13), S. 53-58.; BEATE OTTO: Netz aus Proteinen. Ein kurzer Exkurs in das Reich der Spinnen. In: GENDOLLA (Hg.): Netz (wie Anm. 13), S. 179-184.

Menschen ruft nach einer ebenso ungeheuren Verdichtung von Netzwerkstrukturen – und genau davon sind die Megalopolen überfordert.

Zivilisatorische Netzwerke sind zweifellos Konstruktionen, welche mit zwingender Notwendigkeit materialisiert werden müssen – bei Strafe eines Überhandnehmens von Unordnung, die destabilisierende, wenn nicht katastrophische Folgen erzeugt. Es ist deswegen kein Zweifel, dass die Entstehung von Zivilisationen an die Entwicklung nicht nur einzelner Techniken, sondern an den erfolgreichen Aufbau von Netzwerken gebunden ist. Netzwerke sind eine Kulturtechnik ersten Ranges.

Dabei gilt durchweg, dass Netze gewissermaßen ‚unsichtbar' sind. Das gilt nicht, weil viele unserer Netze unter die Straße verlegt sind oder über subliminale Techniken wie drahtlose Datenübertragung in Satelliten-Netzwerken aufgebaut werden. Auch dort, wo wir Teilelemente von Netzen ‚sehen' können, z.B. einen Bahnhof oder einen Autobahnknotenpunkt, ‚sehen' wir keine Netze. Auch das sinnlich zugängliche Straßen- oder Schienennetz ist prinzipiell ‚unsinnlich', nämlich ein Konzept, das wir über mediale Darstellungsformen, Modell-Bildungen oder durch kognitives *mapping* erst synthetisieren.

In diesem Sinn kann man, Hans Jörg Rheinberger folgend, von technischen wie biologischen Netzen als „epistemischen Dingen" sprechen.[19] Epistemische Dinge sind solche, die einen Sachverhalt, einen Prozess oder einen Regelzusammenhang in der Wirklichkeit treffen, also erkennen sollen, indem sie ihn im kognitiven Entwurf und im Experiment allererst ‚darstellen', d.h. ihn erzeugen, beobachtbar, messbar und auswertbar machen.

‚Netz' und ‚Netzwerk' sind nun zu kulturellen Leitmetaphern der modernen Gesellschaft und ihrer Wissenschaften,[20] aber auch modellgebend für den Gesamtbereich der Biologie und Ökologie geworden. Es wird oft verkannt, dass die Erkenntnisse der Wissenschaft falsch verstanden wären, wenn man sie als die Aufdeckung einer Wirklichkeit an sich oder als Aussagen über ontologisch fixe Entitäten ausgibt. Vielmehr bilden sich Erkenntnisse durch ein komplexes Zusammenspiel von Modellen, experimentellen Praktiken, Darstellungsformen und Repräsentationen, die in gewisser Hinsicht erst hervorbringen, was sie erkennen. Erinnert sei nur an die berechtigte Frage Bruno Latours, ob es eigentlich vor der Bakteriologie Bakterien gegeben habe.[21] Gab es also Netze, bevor man im 19. Jahrhundert anlässlich von Eisenbahn und Telegrafie begann,

---

19 Vgl. HANS-JÖRG RHEINBERGER: Experimentalsysteme und epistemische Dinge. Göttingen 2001.
20 Die derzeit beste soziologische Analyse bietet MANUEL CASTELLS: Das Informationszeitalter. Bd. 1. Die Netzwerkgesellschaft. Leverkusen 2000.
21 Vgl. BRUNO LATOUR: Die Geschichtlichkeit der Dinge. Wo waren die Mikroben vor Pasteur? In: ders: Die Büchse der Pandora. Frankfurt/M. 2002, S. 175-210.

Netzsysteme zu bauen? Und wenn ‚Netze' zu Konzepten erst hier wurden, um Systemtechniken zu implementieren, kann man dann den Netz-Begriff ausweiten auf außertechnische Bereiche wie etwa auf Bakterien oder das Verhalten von Affen-Populationen?

Dass der Netz-Begriff zu den Konzepten gehört, die gewissermaßen erzeugen, was sie erkennen, und dies dann auch dort erkennen, wo nichts erzeugt, sondern evolutionär emergiert ist: das zerstört nicht etwa die Objektivität der Wissenschaften. In dieser Sicht werden vielmehr die Verfahren und Praktiken betont, unter denen etwas allererst objektiv wird. Entsprechend sind Modelle, das hat Peter Janich gezeigt,[22] nicht *Modelle von etwas*, wodurch das *explicans* in einem Abbildverhältnis zum *explicandum* steht, sondern es sind *Modelle für etwas*, also prozedurale, experimentelle Skripte der Konstruktion, Herstellung oder Manipulation von artifiziellen, epistemischen Dingen.[23] Dies gilt nun für biologische wie artifizielle Netze im hohen Maße.

Im allgemeinen kann man drei Ebenen nennen, auf denen kulturelle Faktoren und Artefakte (wie hier ‚das Netz') den Prozess der wissenschaftlichen Erkenntnisbildung mitbestimmen: 1. die Ebene der Denkstile, welche die Leitmetaphern und – im Heideggerschen Sinn – die Weltbilder darstellen,[24] welche in den Wissenschaften allererst formieren, was für Theorie-Typen und Fragestellungen überhaupt zum Zuge kommen und was als wissenschaftliche Tatsache gelten kann (mentalistischer Ansatz).[25] 2. prägen die apparativ-technischen Prozeduren in den Laboren und den ‚Fabriken' den Möglichkeitsraum, in welchem überhaupt Neues und damit Erkenntnis entstehen kann (experimentalanalytischer Ansatz). 3. bildet sich Erkenntnis im Feld der sozialen und kommunikativen Regeln der *scientific communities*, ihrer Konkurrenzen um ökonomische Alimentierung und gesellschaftliche Anerkennung (sozialkonstruktivistischer Ansatz).[26]

---

22 PETER JANICH: Der Status des genetischen Wissens. In: LUDGER HONNEFELDER / PETER PROPPING (Hg.): Was wissen wir, wenn wir das menschliche Genom kennen? Köln 2001, S. 70-89.
23 Vgl. dazu auch die ausgezeichnete Studie RHEINBERGER: Experimentalsysteme und epistemische Dinge (wie Anm. 19), in der empirische Analyse konkreter Experimentalprozesse in der Mikrobiologie und theoretische Ausarbeitung verbunden sind. Wissenschaftsgeschichtlich wird dieser Ansatz demonstriert in ders. / MICHAEL HAGNER (Hg.): Die Experimentalisierung des Lebens. Experimentalsysteme in den biologischen Wissenschaften 1850-1950. Berlin 1993.
24 MARTIN HEIDEGGER: Die Zeit des Weltbildes (1938). In: ders.: Gesamtausgabe. I. Abt. Bd. 5. Holzwege. Frankfurt/M. 1977, S. 75-113.
25 Charakteristisch für diesen Untersuchungstyp ist auch der zeitgleich zu Heidegger entstandene Ansatz von LUDWIK FLECK: Die Entstehung und Entwicklung einer wissenschaftlichen Tatsache. Frankfurt/M. 1991.
26 Beispiele dieses Untersuchungstyps sind z.B. PETER WEINGART / JÜRGEN KROLL / KURT BAYERTZ: Rasse, Blut und Gene. Geschichte der Eugenik und Rassenhygiene in

## 7. Historische Wurzeln des Netz-Begriffs

Man kann nun die kulturhistorischen Einsatzstellen des Denkens in ‚Netzwerken', wodurch unsere Kultur ins Paradigma des ‚Netzes' eingetreten ist, recht leicht bestimmen. 1779 entwarf Christian Friedrich von Lüder einen staatsübergreifenden General-Wegeplan für Deutschland mit vier Nord-Süd-Achsen und vier Querspangen. 1811 wurde der bis heute erkennbare Raster-Netzplan für Manhattan mit 155 querlaufenden und 13 längslaufenden Achsen mit entsprechenden Knotenpunkten sowie 2018 gleich großen Blöcken beschlossen. 1835 konzipiert Friedrich List ein deutsches Schienensystem, das er später ‚Netz' nennt. Dieser Ausdruck findet Eingang bei Karl Knies, der ein „Netz der Telegraphenleitungen und Stationen" entwickelt und dabei Parallelen zwischen „dem telegraphischen Netz der Nerven in unserem Körper" und den technischen Systemen behauptet.[27] Helmholtz überträgt den Netz-Begriff in seine Physiologie. Die Post, als Systemnetz von Knoten und Bahnen zum Austausch von Sendungen, findet im 19. Jahrhundert ihren Höhepunkt. 1865 wird als erste überstaatliche Netzstruktur die „Internationale Telegraphen Union" gegründet. Die gegen Ende des 19. Jahrhunderts eingeführte Fernsprechtechnik wird sogleich zum „Telefonnetz" deklariert. Es ist ebenfalls das 19. Jahrhundert, das mit den Ver- und Entsorgungsnetzen wie Wasser, Kanalisation, Gas, Elektrizität die Netzplantechnik zur Grundlage zunächst der Reproduktion und Entwicklung von Städten,[28] dann der gesamten Gesellschaft macht. Mit dem Automobil wird um 1900 eine weitere Systemtechnik installiert, zu deren

---

Deutschland. Frankfurt/M. 1988; YEHUDA ELKANA: Anthropologie der Erkenntnis. Die Entwicklung des Wissens als episches Theater einer listigen Vernunft. Frankfurt/M. 1986; GERNOT BÖHME / ENGELBERT SCHRAMM (Hg.): Soziale Naturwissenschaft. Wege zu einer Erweiterung der Ökologie. Frankfurt/M. 1985; KARIN KNORR CETINA: „Diskurse" der Physik: Wie visuelle Darstellungen ein Wissenschaftsgebiet ordnen. In: JÖRG HUBER / MARTIN HELLER (Hg.): Konstruktionen. Sichtbarkeiten. Interventionen 8. Wien, New York 1999, S. 245-265. Für Untersuchungen zur Soziogenese von Wissenschaft vgl. auch EDGAR ZILSEL: Die sozialen Ursprünge der neuzeitlichen Wissenschaft (1944). Hg. u. übers. von Wolfgang Krohn. Frankfurt/M. 1976; GERNOT BÖHME / WOLFGANG VAN DEN DAELE / WOLFGANG KROHN: Die Finalisierung der Wissenschaft. In: WERNER DIEDERICH (Hg.): Theorien der Wissenschaftsgeschichte. Beiträge zur diachronischen Wissenschaftstheorie. Frankfurt/M. 1974, S. 276-311; MARITA BAUMGARTEN: Professoren und Universitäten im neunzehnten Jahrhundert. Zur Sozialgeschichte deutscher Geistes- und Naturwissenschaftler. Göttingen 1998.

27 Zit. nach KLAUS BEYRER: Gebahnte Wege. Aspekte der Vernetzung im historischen Landverkehr. In: ders. / ANDRITZKY (Hg.): Das Netz (wie Anm. 13), S. 75-90, hier S. 77.

28 Zur Elektrifizierung vgl. THOMAS P. HUGHES: Networks of Power. Electrification in Western Society 1880-1930. Baltimore, London 1983.

Realisierung nicht nur die Erfindung eines sich selbst antreibenden Gefährts, sondern die raumübergreifende Installation eines Netzwerks mit entsprechenden Steuerungsmechanismen gehört.[29]

Im 19. Jahrhundert begreift man aber auch, dass die Vernetzung von Gesellschaft unerwünschte Nebenfolgen hat: im Kampf mit der Cholera beginnt man zu verstehen, dass Epidemien sich netzförmig ausbreiten und dabei, gegen alle Intention, sich der Bahnungen zivilisatorischer Netze bedienen und an den Knotenpunkten besonders wüten – wie später z.b. auch AIDS entlang der globalen Verkehrsnetze und metropolitanen Vergnügungsnetze. Ferner beginnt man, in der Bakteriologie wie in der Zell-Biologie Netzstrukturen als Baupläne der Natur selbst wahrzunehmen. Und was für die kleinsten Lebewesen zu gelten schien, wurde auch aufs Große ausgedehnt: mit der globalen Installierung eines Netzes meteorologischer Messstationen seit Ende des 19. Jahrhunderts wurde der Weg gebahnt für die Einsicht in das dynamische Netz des weltumspannenden und sich lokal differenzierenden Wetter- und Klimageschehens. Man baute Netze, um Netze zu beobachten und zu erkennen. Mit dieser iterativen Struktur wurde ein Prozess eingeleitet, der unhintergehbar zu dem führt, was wir heute ‚reflexive' oder ‚zweite' Moderne nennen.

Dies und vieles mehr bildet den kulturellen Hintergrund für den einzigartigen Siegeslauf der ‚Netz'-Metapher, welche im 20. Jahrhundert zu einem epistemologischen Modell spätestens dann wurde, als mit dem Paradigmawechsel von der Physik zur Biologie und von der Soziologie zur Informatik nicht nur die biologischen Systeme des Lebendigen, sondern vor allem auch die informationellen Steuerungs-, Kontroll- und Kommunikationsnetze der Gesellschaft in den Mittelpunkt der wissenschaftlichen Aufmerksamkeit rückten. So resümiert Wolfgang Welsch diesen Prozess: „Von territorialen Modellen zu nautischen Metaphern und dann noch einmal weiter zu den Metaphern des

---

29 Zur Implementierung grosser Systemtechniken vgl. THOMAS P. HUGHES: The Evolution of Large Technological Systems. Berlin 1986; zu einzelnen Netzsystemen vgl. CARL LÖPER (Hg.): Stammbuch der neuen Verkehrsmittel, Eisenbahnen, Dampfschiffe, Telegraphen und Luftschiffe. Lahr 1881; MICHAEL GEISTBECK: Weltverkehr. Die Entwicklung von Schiffahrt, Eisenbahn, Post und Telegraphie bis zum Ende des 19. Jahrhunderts. Leipzig 1895. Reprint Hildesheim 1986; WOLFGANG SCHIVELBUSCH: Geschichte der Eisenbahnreise. Zur Industrialisierung von Raum und Zeit im 19. Jahrhundert. München, Wien 1993; KLAUS BEYRER: Gebahnte Wege. Aspekte der Vernetzung im historischen Landverkehr. In: ders. / ANDRITZKY (Hg.): Das Netz (wie Anm. 13), S. 75-90; BERNHARD SIEGERT: Relais. Geschicke der Literatur als Epoche der Post 1751-1913. Berlin 1993; CHRISTOPH ASENDORF: Ströme und Strahlen. Das langsame Verschwinden der Materie um 1900. Gießen 1989; JOHANNES WEYER u.a. (Hg.): Technik, die Gesellschaft schafft (wie Anm. 8).

Gewebes, des Netzes, des Rhizoms."[30] Freilich wird damit nicht eine „transversale Vernunft" (Welsch) erzeugt, eine zu den Netzen verquere, durchquerende, überquerende Vernunft. Sondern die Entstehung von Netzen zur Beobachtung von Netzen, die Netze beobachten etc. bedeutet, dass Vernunft sich selbst als Vernetzungsprozedur versteht, d.h. als eben dasjenige, was sie erkennt. Die Konstitution des Erkenntnisobjekts ist zugleich eine Form reflexiver Selbstexplikation.

Von dieser Situation der Entdeckung von Netzwerk-Techniken im 19. Jahrhundert und der Universalisierung der Netz-Metapher im 20. Jahrhundert ausgehend, wurden fortgesetzt sowohl im humangeschichtlichen wie evolutionären und biologischen Bereich ‚Netze' retrograd entdeckt – ob es sich um das Bewässerungssystems Mesopotamiens, um das Straßen- und Nachrichtennetz des römischen Reiches, um die kognitiven Vernetzungen der scholastischen Theologie im Mittelalter, um die Netzwerke des Reliquienkultes und der Pilgerpfade, um die Handelsnetze Venedigs, die frühen Postnetze des Habsburger Reiches, um die *songlines* der Aborigines handelt, oder um die Wegenetze von Ameisenstaaten, die unterirdischen Geflechte von Pilzkolonien, die Netzwerke von Bakterien, die körperinneren Netze der Signalübertragung im Nervensystem oder, ins Große gesehen, das Netzwerk der Evolution oder der Ökologie der Erde.

Diese nahezu uferlose Ausweitung des Netzbegriffs, die seine terminologische Trennschärfe immer schwieriger macht, hängt mit zwei durchaus normalen Phänomenen der Mentalitätsgeschichte zusammen. Zum einen lässt sich oft beobachten, dass dasjenige, was man technisch zu beherrschen lernt, zum allgemeinen Modell des Wissens avanciert. Dies entspricht dem Vicoschen Grundsatz: *Verum et factum convertuntur*. Dies war mit der Schrift nicht anders, deren progrediente technische Beherrschung dazu führte, dass man die Schrift mit der Natur zusammenfallen ließ: *liber naturae*. Dies war so mit der Zahl, deren immer höhere mathematische Beherrschung zur Folge hatte, dass man das Universum mit dem mathematischen Kalkül identifizierte. Es war nicht anders, als die Beherrschung einer Maschinentechnik, etwa des mechanischen Uhrwerks, sogleich zu einer Universalisierung des Maschinen-Modells Anlass gab. Dieses wurde, kaum hatte man die ersten elektromagnetischen bzw. die ersten Energieumwandlungs-Maschinen gebaut, abgelöst durch das Modell, nach welchem alles was ist, als Zustände der Energie interpretiert wurde. Entsprechend war es mit dem Netz: im Augenblick, wo man mit bewusstem Planungskalkül

---

30 WOLFGANG WELSCH: Vernunft. Die zeitgenössische Vernunftkritik und das Konzept der transversalen Vernunft. Frankfurt/M. 1995, S. 646.

technische Netzwerke zu installieren verstand und der Prozess der Modernisierung identisch wurde mit der Fähigkeit zu Netzplantechniken,[31] da rückte die Netz-Metapher ins Zentrum der Episteme. Sie begann, die Struktur des Wissens selbst zu organisieren, mit dem man natürliche wie artifizielle dynamische Systeme zu begreifen und zu konstruieren unternahm.

Der zweite, ebenso wenig ungewöhnliche Grund für die Karriere des Netz-Konstrukts liegt im Zeitraum, in welchem sich sein Siegeslauf vollzog. Nicht ohne Grund fällt der Beginn der Netz-Metapher in der Zeit um 1800 mit dem Reflexivitätsschub zusammen, der zur unhintergehbaren Bedingung von Modernisierung wurde. Wissen reorganisierte sich um 1800 in der Weise, dass gegenüber der Ebene des gegenständlichen Könnens die kognitiven Verfahren selbst ins Zentrum rückten, mit denen man Wissen und Können erzeugte. Das Wissen wurde selbst netzförmig und selbstreflexiv, indem es, mit Niklas Luhmann zu sprechen, eine Ebene der Beobachtung der Beobachtung ausdifferenzierte.[32] Das Konzept Netzwerk hat seither einen Doppelstatus: das Netzwerk des Wissens ist eine Form der Beobachtung bzw. der Beobachtung von Beobachtung. Doch es ist zugleich ein material wirksame Systemtechnik zur Kontrolle und Steuerung des natürlichen und gesellschaftlichen Stoffwechsels. Netze sind eine, ja *die* spezifische Art der Episteme der Moderne; und sie sind *zugleich* selbst materiell-technische Systeme, welche nahezu jedweden Metabolismus formatieren. Netze sind deshalb immer Netze, die von anderen Netzen aus beobachtet werden.

Man kann das Stück „Der Reigen" von Arthur Schnitzler als Symptom dieser progredienten Selbstreflexivität des Netzes verstehen. Das heterarchische, zentrumslose, zirkuläre Geflecht der sexuellen Beziehungen generiert schon auf der Ebene der Handlung, die eine potentiell unendliche Verschaltung von Agenten im Modus des Sex darstellt, reflexive Züge der Personen. Diese erleben, sehen und kommunizieren sich als ephemere Verknotungen der transpersonalen erotischen Energien, die ein offenes Netz von Beziehungen generieren. Dennoch vermögen die Personen ihren Beobachtungshorizont noch nicht auf die Struktur des ‚Reigens' selbst auszudehnen. Sie beobachten, während sie sich erotisch verknüpfen, zwar den anderen und sich selbst, doch fehlt ihnen das epistemologische Modell des Netzes, das sie die Struktur und Dynamik dessen

---

31 Zum techniktheoretischen Aspekt dieses Prozesses vgl. JOHANNES WEYER: Konturen einer netzwerktheoretischen Techniksoziologie. In: ders. u.a. (Hg.): Technik, die Gesellschaft schafft (wie Anm. 8), S. 23-52.
32 Vgl. NIKLAS LUHMANN: Kultur als historischer Begriff. In: ders.: Gesellschaftsstruktur und Semantik. Studien zur Wissenschaftssoziologie der modernen Gesellschaft. Bd. 4. Frankfurt/M. 1985, S. 31-54.

durchschauen ließe, was sie allererst zu Netz-Agenten macht. Das Stück „Der Reigen" selbst stellt nun genau jene Beobachtungsstufe zweiter Ordnung dar, welche die Netzstruktur formalästhetisch erzeugt, von der das Stück inhaltlich handelt. Die Reflexivität, die durch diese Beobachtung der Beobachtung entsteht, hat genau die Netzform, welche Schnitzler auf der Ebene des Dargestellten entfaltet. Auch hier changiert das Netz zwischen *verum* und *factum*. Die reflexive Wahrheit, die das Stück in uns als zuschauenden Beobachtern herstellt, ist nichts anderes als die überpersönliche Netzform, welche die Verknüpfungen der handelnden Personen reguliert.

## 8. Heterarchie von Netzen

In dieser Weise bilden sich um 1900 die Kulturwissenschaften insgesamt als Beobachtung der Beobachtung von Handlungen, d.h. von verkörperten Differenzen heraus. Die Wissenschaften passen sich dadurch der Netzwerk-Logik ihres Gegenstandes genau so an, wie sie diese allererst konstruieren, insofern sie ihre Episteme im Modell des Netzes einrichten. Dadurch entsteht die eigentümliche Iterativität, welche die Reflexivität der Moderne fortgesetzt antreibt, während dabei zugleich eben die Netzdichte der sozialen Beziehungen verstärkt wird. Im Bann des epistemischen Modells ‚Netz' stehend, verfangen wir uns in diesem selbstgewobenen Netz immer mehr und wissen dies immer genauer. Netze sind dadurch sowohl unser Gefängnis, unser Medium des Agierens wie der Modus der reflexiven Distanzierung und damit unserer Befreiung geworden: und keines dieser Elemente kann gelöscht werden. Die reflexive Emanzipation von der Verstrickung ins Netz erzeugt im selben Akt das Netz, in dem wir uns verstricken. Das Netz als universale Metapher biologischer oder sozialer Existenz heißt deswegen, dass wir immer zugleich *im* Netz und *außerhalb* des Netzes sind, *in* den Maschen und *durch* die Maschen.

Die Heterarchie von Netzen, wie sie für die Moderne kennzeichnend ist, heißt, dass niemals mehr ‚alle Wege nach Rom führen' und es keine ‚Königswege' mehr gibt, weil kein souveränes Zentrum im Netz existiert. Diese Heterarchie bedeutet mithin, dass die modernen Netzwerke – trotz all der mitwachsenden Formen deregulierter Gewalt, Amok, Terrorismus, asymmetrischer Kriege, Viren-Attacken etc. – viel weniger vulnerabel sind; sie sind anpassungsfähig, zirkulär und dezentriert statt linear und um eine kompakte Mitte gebaut; zwar keineswegs durchgängig konsistent, dafür aber auch weniger determiniert, also für Unvorhergesehenes, Kontingentes und Neues offener. Und gerade das macht ihre Flexibilität, ihren ständigen Baustellen-Charakter, ihr gewissermaßen eingebautes Kontingenz-Bewusstsein, aber eben auch ihre Unentrinnbarkeit aus. Die Netze sind immer schon da, wohin wir vor ihnen auch fliehen mögen; denn indem wir vor ihnen fliehen, bauen wir sie weiter aus. Durch die Maschen eines Netzes zu schlüpfen oder zu fallen, ist die Katastrophe und zugleich die Befreiung, für welche neue Netze gewirkt werden. Als Netz-Lebewesen, die wir im Höchsten unserer Kognition und im Tiefsten unserer Antriebe und Moleküle sind, können wir gar nicht anders, als die Evolution in der Weise fortzusetzen, dass wir die Netze, welche wir im Namen des Fortschritts oder der Freiheit hinter uns lassen, durch neue, raffiniertere, komplexere, noch stärker selbstreflexive Netze ersetzen.

So könnte es sein, dass wir in der vollendeten Vernetzung der Kultur, in der äußersten Artifizierung des Lebens, ungewollt der Natur am nächsten kämen, die genau in dieser Form prozessiert: in der evolutionären Ausdifferenzierung immer komplexerer Netzwerke.

Die Heterarchie von Netzen heißt indes nicht, dass sie für irgendeine soziale oder politische Utopie zu vereinnahmen wären. Auch jede Form des systematischen Tötens setzt ausgeklügelte Netzwerke voraus – das haben nicht nur die Weltkriege oder die jüngsten Golf-Kriege gezeigt, sondern auch das System der Konzentrationslager, deren mörderische Effizienz auf einem über ganz Europa ausgebreiteten logistischen Netz beruhte, dessen Organisator Adolf Eichmann war. Als bloß organisierte Struktur sind Netze gegen ihre Inhalte gleichgültig. Sie können die Eintaktung von Todeszügen ebenso steuern wie die humanitäre Verteilung von Hilfsgütern, sie ermöglichen von jenem berühmten ‚roten Telefon' aus (das unterdessen von einem Terminal abgelöst ist) den Atomschlag ebenso wie sie weltweit Wissen, Information und Unterhaltung für eine unbegrenzte Öffentlichkeit verteilen. Auch das ‚Böse' und das ‚Schreckliche', vor allem die modernen Kriege, basieren auf Netzwerktechniken, ja, diese werden oftmals allererst dafür erfunden. Dienen in der Natur Netzwerke im wesentlichen der Selbstorganisation, Regulation und Evolution biologischer Entitäten – und damit dem Leben –, so zeigen die kulturellen Netzwerke jene Ambivalenz, die nahezu allen Artefakten und Inventionen eigen ist: sie können der Entfaltung des Lebens ebenso zuarbeiten wie der Vervielfältigung des Todes, der Demokratie ebenso wie dem Totalitarismus, der Kommunikation wie deren Überwachung und Kontrolle, der individuellen Selbstentfaltung wie der Verdichtung von Macht und Herrschaft. Über den Wertstatus von Netzen ist immer nur etwas in konkreter historischer Analyse auszumachen, er ist ihnen nicht von vornherein inhärent.

## 9. Netze als Wirk-Mächte

Netze, so hieß es, seien Konstruktionen. Aber Konstruktionen – und das soll den Schluss bilden – erzeugen Wirklichkeit. Indem man in Mesopotamien Zahl und Schrift erfand, wahrhaft Medien der Weltkonstruktion, konnte man zugleich den Handel organisieren, Bewässerungsanlagen bauen, einen organisierten Staat (Königtum, Hof, Verwaltung, Militär) entwickeln, die Logistik einer großen Stadt sicherstellen, Zeit messen und Gedächtnis exterritorialisieren. Neue Vernetzungstechniken revolutionieren nicht nur den Geist, sondern auch die materielle Welt. Netze sind Wirk-Mächte ersten Ranges, weil sie die Skripte oder Programme zum Laufen oder in Fluss bringen, nach denen Zivilisationen sich einrichten und entwickeln. Die Beschleunigung, die man seit Nietzsche durchweg als Merkmal der modernen Gesellschaften angesehen hat, beruht vor allem auf der rasanten Folge, mit der seit 1800 immer mehr Netzsysteme den Gesellschaftskörper nicht nur durchdrungen, sondern ihn revolutioniert, mobilisiert, differenziert und umgebaut haben. Die metabolistischen, materiellen und die kommunikativen, symbolischen Netze sind heute aufs engste miteinander verknüpft. Dies würde die Analyse der ‚Stadt als Netzwerk' ebenso an den Tag bringen wie der Globalisierung.[33] Das Internet scheint zur Basis geworden zu sein, die Materie zum Überbau. Natürlich gilt dies noch nicht überall in gleicher

---

33 Zur Stadt als Netz vgl. MANUEL CASTELLS: The Informational City. Cambridge. Mass. 1994; ders.: Informatisierte Stadt und soziale Bewegungen. In: MARTIN WENTZ (Hg.): Stadt-Räume. Frankfurt/M. 1991, S. 137-149; CHRISTEL FRANK: Das Netz der Stadt. Grundrisse zwischen Labyrinth und Raster. In: BEYRER / ANDRITZKY (Hg.): Das Netz (wie Anm. 13), S. 91-102; WILHELM HEITMEYER / RAINER DOLLASE / OTTO BACKES (Hg.): Die Krise der Städte. Analysen zu den Folgen desintegrierter Stadtentwicklung für das ethnisch-kulturelle Zusammenleben. Frankfurt/M. 1998; MICHAEL MÖNNINGER (Hg.): Stadtgesellschaft. Frankfurt/M. 1999; ROGER KEIL: Weltstadt – Stadt der Welt. Internationalisierung und lokale Politik in Los Angeles. Münster 1992; PETER NOLLER: Globalisierung. Stadträume und Lebensstile. Kulturelle und lokale Repräsentation des globalen Raums. Opladen 1999; CARL FINGERHUTH: Die Gestalt der postmodernen Stadt. 2. Aufl. Zürich 1997; SASKIA SASSEN: Wirtschaft und Kultur in der globalen Stadt. In: BERND MEURER: Die Zukunft des Raums. Frankfurt/M. 1994, S. 71-90; dies.: Global City. Internationale Verflechtungen und ihre innerstädtischen Effekte. In: HARTMUT HÄUßERMANN / WALTER SIEBEL (Hg.): New York. Strukturen einer Metropole. Frankfurt/M. 1993, S. 71-91; DIETER HOFFMANN-AXTHELM: Im elektronischen Dickicht der Städte. Die Datennetze und ihre Wirkungen auf die Stadt. In: Bauwelt 22/1996, S. 1270-1281; WILLIAM J. MITCHELL: City of Bits. Leben in der Stadt des 21. Jahrhunderts. Basel, Boston, Stuttgart 1996; HARTMUT BÖHME: Global Cities, Terrorism. In: FRANK BERBERICH / KARIN POTT (Hg.): The Shock of September 11 and the Mystery of the Other. Berlin 2002, S. 309-321; URSULA VON PETZ / KLAUS M. SCHMALS (Hg.): Metropole, Weltstadt, Global City: Neue Formen der Urbanisierung. Dortmund 1992.

Weise; die Vernetzungsdichte im Weltmaßstab ist äußerst inhomogen. Doch wie alle Netze, ja mehr als alle Netze enthält das Internet ein Wachstumshormon. Wir stehen erst am Anfang der Umwälzungen, die von ihm ausgehen. Es ist aber absehbar, dass auch die zur Globalisierung komplementären Prozesse wie Regionalisierung, Ethnisierung, Lokalisierung ihrerseits nur Chancen im Modus ihrer Vernetzung haben: und diese läuft letztlich über das Internet, welches gewissermaßen die transzendentale Struktur darstellt, von dem aus die Mannigfaltigkeiten der materiellen wie symbolischen Welt generiert werden und die Chance ihres Erscheinens und Auftretens gewinnen.[34]

Es wäre ganz sinnlos, in das Internet und die Globalisierung entweder apokalyptische oder messianische Hoffnungen zu projizieren. Denn das Internet produziert beides: katastrophische Untergänge und gewaltige Aufbrüche. Es erzeugt, wegen seiner dezentralen Struktur, Chancen für Demokratie, interaktive Kommunikation und nie gekannte Partizipation; doch es produziert ebenso neue und unabsehbare Kontrollmöglichkeiten, Machtkonzentrationen und Ausschlüsse. Es ist einerseits egalitär, andererseits gibt es schon jetzt eine Internet-Klassengesellschaft. Es enthält wunderbare Chancen für die Armen, aber noch grandiosere für die ohnehin schon Reichen. Es ist das Wissensorgan und das Kommunikationsmedium der Zukunft, doch im Regime der verschalteten Daten wird das Wissen deterritorialisiert, entzeitlicht, transpersonal und die Kommunikation situationslos, dekontextualisiert, entbettet. Es wird keinen nennenswerten materiellen Prozess mehr geben, der nicht über Computer und Internet durchgerechnet, gesteuert und organisiert wird. Das Gleiche gilt für soziale, politische und ökonomische Prozesse. Nahezu jede private Geste ist heute bereits an ein vernetztes System angeschlossen; doch durch nichts wird Individualisierung so sehr gefordert wie durch die globalisierte Informationsgesellschaft. Das Internet wird Menschen und Gesellschaften zum Blühen bringen, und es wird neue Sozialpathologien, Neurosen, Anomien, Ungerechtigkeiten, Brüche und Spaltungen erzeugen. Es zeigt sich einerseits als Medium eines nie gekannten Kapital- und Warenflusses, aber es wirkt gleichzeitig in der Logik der Gabe und des Schenkens.[35] Es ermöglicht einen historisch einmaligen Zugang zu gewaltigen Wissens-Reservoirs, aber es verknappt die unterdes

---

34 MANFRED FASSLER: Cyber-Moderne. Medienevolution, globale Netzwerke und die Künste der Kommunikation. Wien, New York 1999; GEERT LOVINK / PIT SCHULTZ: Aus den Schatzkammern der Netzkritik. In: RUDOLF MARESCH / NIELS WERBER (Hg.): Macht – Medien – Kommunikation. Frankfurt/M. 1999, S. 299-329. Einer der wenigen Versuche zu einer Theorie der Netzwerke ist STEFAN WEBER: Medien – Systeme – Netze. Elemente einer Theorie der Cyber-Netzwerke. Bielefeld 2001.
35 Vgl. RÖTZER: Lebenswelt Cyberspace (wie Anm: 6), S. 137 ff.

kostbarste Ressource Aufmerksamkeit aufs äußerste.[36] Es verstärkt durch das riesige Überangebot von Informationen die kognitiven Dissonanzen und mentalen Verwirrungen; aber es schafft sich zugleich intelligente Agenten, welche in Zukunft unsere persönlichen Assistenten in den unermesslichen Weiten des Daten-Universums sein werden. Es macht Menschen, Gemeinden, Städte und Staaten zu Abhängigen, aber es generiert zugleich die Autonomie subglobaler, lokaler, minoritärer Netzwerke. Es entwertet den *homo faber*, aber es fördert den *homo ludens*.[37] Es spaltet, dissoziiert, verzweigt, verflüchtigt, entessentialisiert, entwurzelt ununterbrochen; doch es verbindet, konveniert, assoziiert, verwebt ebenso ohne Unterlass. Es enthält die kunstvollsten Ordnungen, die Menschen je ersonnen haben; und es ist eine heterotoper Raum chaotischer Gemenge.

Man kann dies fortsetzen. Daraus geht hervor, dass eine strukturelle Ambivalenz, eine oszillierende Unruhe und Uneindeutigkeit dem neuesten und vielleicht ultimativen Meganetz eigentümlich ist. Ideologische Debatten sind deswegen sinnlos: jede Ideologie ist ebenso richtig wie falsch, also ohne semantischen Gehalt. Darauf sollte man sich einstellen – z.B. durch den Erwerb von Kulturtechniken, die um einiges komplexer sind als die Kulturtechnik Schrift, die ebenfalls jeder zu lernen hatte, der ‚zur Welt' gehören wollte. Man mag noch glauben, wie die Protagonisten am Ende von Voltaires „Candide", man könne sich abseits der Weltläufte „einen Garten" einrichten und bestellen.[38] Das Netz fragt nicht danach. Denn, wie gesagt, Netze bestehen auch aus den Räumen des ‚Dazwischen', die Gärten sein mögen. Und das ‚Dazwischen' ist kein schlechter Ort.

---

36 Vgl. die Beiträge in Kunstforum 148/1999, 2000. Themenheft: Ressource Aufmerksamkeit. Ästhetik in der Informationsgesellschaft; GEORG FRANCK: Ökonomie der Aufmerksamkeit. München 1998; PETER MATUSSEK: Aufmerksamkeitsstörungen. Selbstreflexion unter den Bedingungen digitaler Medien. In: ALEIDA ASSMANN / JAN ASSMANN (Hg.): Aufmerksamkeiten. München 2001, S. 197-215.
37 Kulturkritisch FRANZ LÄMMLI: Homo Faber. Triumph, Schuld, Verhängnis? Basel 1962; kulturhistorisch JOHAN HUIZINGA: Homo Ludens. Vom Ursprung der Kultur im Spiel. Reinbek bei Hamburg 1956; gegenwarts- und medienanalytisch NATASCHA ADAMOWSKY: Spielfiguren in virtuellen Welten. Frankfurt/M. 2000.
38 FRANCOIS MARC VOLTAIRE: Candide oder Der Optimismus. In: ders.: Sämtliche Romane und Erzählungen. Bd. 1. Eingel. von Victor Klemperer. Frankfurt/M. 1978, S. 283-390, hier S. 389 f.

# Joseph Vogl
# 1797 – die Bank von England

Im März 1711 hat Joseph Addison in seinem „Spectator" eine ebenso seltsame wie notorische Allegorie vorgestellt. Es handelt sich um die Allegorie einer Jungfrau auf goldenem Thron, die nach dem zeitüblichen Programm überaus hypochondrisch erscheint. Dabei wird die delikate Verfassung und der schnelle Wechsel der Zustände – von Sklerose zu blühendem Leben, von Ohnmacht zu Wachsamkeit, von Röte zu Blässe – nicht zuletzt von einigen Dingen und Vorfällen bestimmt, die diese Szenerie komplettieren. Zunächst sind es Texte, mit Goldschrift an die Wand geschrieben: die Magna Carta, der Act of Uniformity, der Act of Toleration – Urkunden und Gesetzestexte also, die man mit Wohlgefallen, mit Besorgnis oder Ängstlichkeit mustert. Eine besondere Beunruhigung rührt von einigen Sekretären zu Füßen dieser Jungfrau her, die Nachrichten aus aller Welt verlesen. Im Takt dieser Botschaften ziehen Auszehrung und Fülle, die Symptome von Gesundheit und Krankheit in unvermittelter Abfolge an der allegorischen Gestalt vorüber; und ein besonderer Schrecken tritt mit düsteren Gestalten wie Anarchie, Tyrannei, Bigotterie oder Atheismus auf den Plan. Das führt schließlich zu einer fatalen Verdüsterung der Szene selbst: Die Säcke von Gold, die den Thron umstellen, verwandeln sich unversehens in windige Schläuche, in Luftbeutel, die Goldstücke in bloßes Papier. Dabei lässt Addison über die Referenzen dieser allegorischen Jungfrau keinen Zweifel: Sie trägt den Titel „Publick Credit" und residiert in einem Saal, der unverkennbar der Geschäftsraum der Bank von England in London ist.[1]

Auch wenn sich diese Dame öffentlichen Kredits in Addisons Gleichnis über alle Wechselfälle hinweg stets wieder erholt, so bleibt ihre Lage doch immer prekär und zeugt von der Schwierigkeit, bei allem Geschäftsverkehr, der um sie herum und mit ihr geschieht, bei allen Missgeschicken also die Tugend und die bedrohte Unschuld zu wahren. Neben einigen tages- und parteipolitischen Konfliktlagen versammelt Addisons Text damit einige Fragen, die tief in die Funktionsweise der Bank von England hineinreichen und eine politische Ökonomie seit Ende des 17. Jahrhunderts beschäftigen. Das betrifft zunächst die Entstehungsbedingungen der Bank. Denn diese wurde 1694 in einem Geist der Projektemacherei aus einer Vielzahl von verschiedenen Unternehmungen ausgewählt, aus 70 verschiedenen Projekten der Geldschöpfung, die von Lotterien

---

[1] JOSEPH ADDISON: The Spectator Nr. 3 vom 3.3.1713. Hg. von Donald F. Bond. Bd. 1. Oxford 1965, S. 14-17.

über Handelsgesellschaften bis eben zu Bankinstituten reichten. Sie wurde gegründet, um die Schulden und den Kapitalbedarf des Königshauses zu kompensieren; vor allem aber hatte einer der Initiatoren des Projekts, der Kaufmann William Patterson, in verschiedenen Eingaben seit Anfang der 90er Jahre neben diversen Motiven eine besondere Absicht verfolgt: Es ging nicht zuletzt darum, die räuberischen Akte eines räuberischen Königtums zu legalisieren. Immer wieder hatte das englische Königshaus die im Tower oder im Schatzhaus deponierten Wertgegenstände der Bürger und Kaufleute konfisziert; und mit Pattersons Vorschlag, dem Könighaus ganz einfach 1,2 Millionen Pfund Sterling gegen eine Verzinsung von 8 % vorzuschießen, wurde nichts weiter versucht, als den stets möglichen Diebstahl in einen Vertrag zwischen Schuldner und Gläubiger zu verwandeln. Eine vertragliche Bindung des Königtums selbst – das war eine der Gründungsurkunden der neuen Bank.[2] Zugleich sollte diese Bank – wie das schon William Petty im Jahr 1682 verlangte – zur finanztechnischen Navigationshilfe auf dem entstehenden Weltmarkt werden und das nötige Kapital für Überseehandel und Kolonialgeschäfte verschaffen; von Beginn an war sie als Schaltstelle in einem weiten Geflecht globaler Abhängigkeiten und Nachrichten konzipiert.[3] Wie man in der Ökonomie seit Ende des 17. Jahrhunderts wohl einen ersten Globalisierungsschub erkennen kann, so waren ähnlich global auch die Risiken; und der Irrtum eines chinesischen Ministers konnte, wie es etwa 1776 in den „Ephemeriden der Menschheit" heißt, ganz Europa in Unordnung stürzen.[4] Bei all diesen Vernetzungen blieb aber eine besondere Gefahr, die die allegorische Gestalt vor allem erzittern lässt und die plötzliche Umwandlung von Geld in Luft, von Gold in Papier betrifft. Was Addison hier als Schreckgespenst von Bankgeschäft, Kapitalmarkt und Handelsverkehr anspricht, geht auf ein Grundtheorem aufklärerischer Geld- und Zeichenpolitik zurück: dass nämlich die umlaufenden Zeichen, die Wechsel und Banknoten durch ein Äquivalent an edlem Metall gedeckt bleiben müssen, dass also die zirkulierenden Zeichen nur dadurch Werte anzeigen und vertreten, dass sie durch den Schatz der Referenten gebunden und kontrolliert sind.

Diese drei Funktionen bzw. Prinzipien sind es also, mit denen Addisons kurzes und prägnantes Gleichnis auf ein polit-ökonomisches Programm und dieses wiederum auf die Arbeit der Bank von England verweist. Eine vertraglich

---

2 Vgl. HELMA HOUTMAN-DE SMENDT / HERMANN VAN DER WEE: Die Geschichte des modernen Geld- und Finanzwesens Europas in der Neuzeit. In: HANS POHL (HG.): Europäische Bankengeschichte. Frankfurt/M. 1993, S. 156-163; EVA SCHUHMANN-BACIA: Die Bank von England und ihr Architekt John Soane. Zürich 1989, S. 29-31.
3 WILLIAM PETTY: The Economic Writings. Bd. 2. Cambridge 1899, S. 446.
4 Ephemeriden der Menschheit oder Bibliothek der Sittenlehre und der Politik 1/1776, S. 2.

gesicherte Gegenseitigkeit, die noch den König selbst einschließt und eine Art Sozialvertrag stiftet; eine Steuerungsfunktion, die verlässlich in unüberschaubaren Netzwerken und unerkannten Abhängigkeiten navigiert; schließlich eine Politik der Zeichen, die nichts Schlimmeres perhorresziert als leere, windige Signifikanten und Referenzverlust – mit all dem sollte die Bank von England seit Ende des 17. Jahrhunderts einen ebenso strategischen wie symbolischen Ort in der Mitte von London, eine Garantie der politischen wie der ökonomischen Macht installieren. Ein privates Institut jedenfalls hat hier ganz unversehens eine politische Rolle gewonnen, und wie in einer Parallelverschiebung zur Institution des Königtums selbst sitzt in der Bank von England nun das Wesen der Staatswohlfahrt überhaupt. Der öffentliche Kredit, schreibt etwa Daniel Defoe 1710, versammelt die Gesamtheit aller Regierungsleistungen, er ist das Resultat eines Zusammenspiels von Königtum und Parlament, von exakter Verwaltung und gutem Geschäft.[5] Der politische wie ökonomische Zusammenhang von allem mit allem wird also in der Bank von England und im öffentlichen Kredit repräsentiert, und der allegorische Körper des Nationalkredits lässt sich in dieser Hinsicht durchaus als ein zweiter Körper des Königs adressieren.

Hundert Jahre später allerdings sind diese Ordnung und die Unschuld der allegorischen Jungfrau tatsächlich in großer Gefahr, und beides geht schließlich ganz unwiderruflich verloren. Zwei Radierungen von James Gillray aus dem Jahr 1797 deuten das an. Die eine zeigt den mittlerweile gealterten öffentlichen Kredit, auf einer Schatzkiste sitzend, skandalisiert und bedrängt von einem jungen Galan, der – wie die Zeitgenossen wissen – 37 Jahre alt ist, William Pitt heißt und seit 1783 als britischer Premierminister fungiert (vgl. Abb. 1). Und der Hilferuf der Bedrängten – „Mord! Mord! Raub! Mord! Oh du Schuft! Habe ich meine Ehre so lange geschützt, damit sie von dir schließlich verletzt wird? O Mord! Raub! Schändung! Ruin! Ruin! Ruin!" – führt unmittelbar zum Thema der zweiten Karikatur: Hier wird der Kuppelbau der Bank von England vom öffentlichen Kredit, vom gärenden Bauch eines Midas überragt, eines Midas allerdings, der alles, was er berührt, nicht in Gold, sondern in Papier verwandelt (vgl. Abb. 2). 1797 jedenfalls hat die Bank von England offenbar Tugend, Unschuld und ihre polit-ökonomische Dignität überhaupt verloren, und dieses Missgeschick wird sich kaum anders denn als Einschnitt in die Funktionsweise der politischen Ökonomie, als eine *epochè* des ökonomischen Wissens überhaupt verstehen lassen. Was also ist der Grund für eine Aufregung, die zu Gillrays

---

5 DANIEL DEFOE: An Essay on Publick Credit (1710). In: ders.: Political and Economic Writings. Hg. von William R. Owens und Philip Nicholas Furbank. Bd. 6. Finance. Hg. von John McVeagh. London 2000, S. 53-56.

Karikaturen führte? Was geht dabei verloren oder zu Ende? Und was mag das für die ökonomischen Netzwerke bedeuten, deren Verkehr diese Bank von England noch immer organisiert?

Es handelt sich dabei wohl um ein Ereignis, das sich auf zwei denkwürdige Tage im Februar 1797 verteilt. Zunächst mag man sich an den 4. Februar 1797 erinnern, an einen Tag, an dem in Frankreich das Projekt des Revolutionsgelds und der Staatsfinanzierung, das Projekt der französischen Assignaten bzw. Territorialmandate endgültig für gescheitert erklärt werden musste. Dieses Staatspapiergeld ist innerhalb weniger Jahre seit 1789 auf 0,5 Prozent seines Nennwerts gesunken und konnte am Schluss nichts als die Zahlungsunfähigkeit der Revolutionsregierung repräsentieren. Um so erstaunlicher erscheint es – und das ist der zweite Teil dieses Datums –, dass zur selben Zeit etwas passierte, das in genauer Analogie und zugleich im strikten Gegensatz zu diesem Niedergang stand; ebenfalls ein finanztechnisches Ereignis, das von den Zeitgenossen immer wieder als „unglaublich", „beunruhigend" und „äußerst bedenklich" wahrgenommen wurde, als ein namenloses und bestürzendes Ereignis, als das „Schrecklichste, was die Vorstellungskraft sich denken kann",[6] zugleich aber auch als eine der „schönen Erfahrungen, die seit Anfang dieses Jahrhunderts im Fache der Nationalökonomie gemacht worden sind"[7] – jedenfalls als ein Epochenwechsel hinsichtlich des ökonomischen Zeichengebrauchs.[8] Wieder handelt es sich um den Februar 1797, um den 26.2.1797, an dem – auf Drängen des Premierministers Pitt – die Bank von England per Parlamentsbeschluss von der Verpflichtung befreit wurde, Banknoten in Münzgeld einzuwechseln und damit eine beständige Deckung des umlaufenden Papiergelds zu garantieren. Das ist das genaue Gegenteil zum traurigen Ende der französischen Assignaten. Denn das Unerhörte dieser Operation lag offenbar darin, dass die Weigerung, in Metallgeld zu zahlen, mit einer Zahlungsverweigerung überhaupt zusammenfallen musste, dass man also gerade mit Insolvenz und Referenzverlust ein neues System begründete. Das markiert eine neue Herausforderung für die ökonomische Analyse und vielleicht einen Bruch im Grundriss ökonomischen Wissens selbst: nämlich jene Differenz zu denken, dass man etwa auf dem Anspruch auf ein Pferd nicht reiten, mit dem bloßen Anspruch auf Geld aber

---

[6] [ANONYMUS]: Geschichte der Bank von England von ihrer Entstehung bis auf den heutigen Tag. Bremen 1797, S. 1, 43, 48, 80.
[7] DAVID RICARDO: Die Grundsätze der politischen Ökonomie oder der Staatswirtschaft und der Besteuerung. Weimar 1821, S. 503 (darin die Anmerkung von Jean Baptiste Say).
[8] HENRY THORNTON: Der Papier-Credit von Großbritannien. Nach seinen Wirkungen untersucht. Halle 1803, S. 511.

Zahlungen machen kann.⁹ Das hatte man vor Augen, wenn man in der Entscheidung der Bank von England eine „große" und noch nicht „hinlänglich [...] gewürdigte Weltbegebenheit", mithin eine Art fiskalischer Erhabenheit beobachten wollte.¹⁰ Und das ist der bemerkenswerte Sachverhalt: Während die Insolvenz des französischen Staats das Assignatenprojekt beendete, war umgekehrt gerade die Zahlungsunfähigkeit Englands – hervorgegangen aus der Finanzierung der Koalitionskriege – Voraussetzung und Beginn für die von Pitt betriebene Intervention, für eine Intervention, die keinen Kursverfall, sondern eine Kursverbesserung nach sich zog und französische Beobachter darüber erstaunen ließ, dass hier „die größte Streitfrage, die eine Nation mit den Aktionären, den Leitern, den Gläubigern einer Bank nur haben kann, in zwei Tagen wie eine Familienangelegenheit in Güte beendigt" worden ist.¹¹

Offenbar stoßen hier an ein und demselben Datum zwei vergleichbare und doch völlig divergente Papiergeldsysteme zusammen, in deren unterschiedlicher Funktionsweise sich unterschiedliche ökonomische Infrastrukturen niederschlagen, vor allem aber auch ein je anderes Wissen vom Geld-, Zahlungs- und Zeichenverkehr. So hat man sich angesichts der französischen Finanzierung der Staatsschuld immer wieder an das Papiergeldprojekt erinnert, mit dem der berüchtigte Projektemacher John Law nach dem Tod Ludwigs XIV. durch ein kompliziertes System von Bodenhypotheken, Aktiengesellschaften und Papiergeld den drohenden Staatsbankrott abwenden wollte (und damit zu einer der Vorlagen des Mephisto in „Faust II" geworden ist);¹² und auch die Art und Weise, wie das französische System theoretisch und praktisch verhandelt wurde, wiederholt ganz unmittelbar einige Leitsätze aus den Geld- und Zirkulationstheorien des 18. Jahrhunderts. So ist es erstens vor allem die Frage der Deckung, an der sich die Überlegungen zur Qualität des Papiergelds entzündet haben. Denn einerseits werden diese Papiere als Anleihen (*assignats*) auf konfiszierte Kirchengüter ausgegeben und beanspruchen – wie schon bei John Law – den Vorzug, nicht wie bloßes Bargeld den Schwankungen von Edelmetallpreisen ausgesetzt zu sein; um ihren eigenen Handelswert erleichtert, beleben sie als zusätzliches Verkehrsmittel die Zirkulation. Andererseits geraten sie dort, wo

---

9 Vgl. ALOIS SCHUMPETER: Geschichte der ökonomischen Analyse. Göttingen 1965, S. 406.
10 ADAM MÜLLER: Elemente der Staatskunst. Hg. von Jakob Baxa. Bd. 1. Leipzig 1922, S. 434 f.; vgl. auch ADAM MÜLLER: Artikel „Londoner Bank". In: Allgemeine deutsche Realenzyklopädie für die gebildeten Stände (Conversations-Lexikon). Bd. 6. 7. Aufl. Leipzig 1827, S. 656-661.
11 So Napoleons späterer Berater und Bankier Graf Mollien, zit. nach CHARLES RIST: Geschichte der Geld- und Kredittheorien von John Law bis heute. Bern 1947, S. 71.
12 Vgl. EDMUND BURKE: Discours sur la monnaie de papier et sur le système des assignats de France. Paris, September 1790, S. 11.

die Einlösung und die Konvertierung in Wertsubstanz infragegestellt oder ausgesetzt wird, zur „fiktiven Münze" und zu „fiktiven Zeichen" schlechthin. Ihre repräsentative Kraft wird ungewiss, erlahmt oder erlischt und lässt sie als Repräsentanten „ohne Sinn" erscheinen, die nur ihre eigene Referenz- und Wertlosigkeit dokumentieren: „Jede Art Vermögen kann durch Papiergeld vorgestellt werden. [...] Derjenige, welcher das Papiergeld ausfertigt, muß das dadurch vorgestellte Vermögen unter sich haben, damit er nicht in den Fall komme, das Zeichen wegzugeben und kein Bezeichnetes dagegen zu haben."[13] Ein erstes Problem der Assignaten wäre also – wie schon im Geldverkehr des 18. Jahrhunderts – die repräsentative Kraft der Zeichen, d.h. die Frage, wie fest oder lose, eng oder weit der Bezug zu einer Wertgarantie hergestellt werden kann: sei es Edelmetall, Schatz oder – im Fall der Assignaten – konfiszierter Grundbesitz.

Zu dieser Zeichenform gehört zweitens, dass die Summe der ausgegebenen Assignaten mit dem Wert der Güter übereinstimmen muss, dass also nicht ‚künstlicher' Reichtum über die Maße des ‚natürlichen' hinaus geschaffen wird und dass nur eine genaue Proportion im Verhältnis von Zeichenmenge und Wertsubstanz einen gleichmäßigen Umlauf garantiert. Die proportionale Beziehung zu den Gütern begründet ihre Zirkulationsfähigkeit; und es ist bemerkenswert, wie man im Sinne dieses orthodoxen Quantitätstheorems bis zum Ende der Assignatenwirtschaft erfolglos zwei Hoffnungen hegte: dass nämlich durch Verminderung der umlaufenden Assignaten deren Wert oder dass umgekehrt durch Preissteigerungen auch die Einkünfte proportional ansteigen würden.[14] Die kritischen Punkte des Assignatenverkehrs erkannte man also in der Frage ihrer Verwandlung in Wertsubstanz und im Gleichgewicht von fiktiven Zeichen und realen Reichtümern – ein wesentlicher Aspekt der Quantitätstheoreme der Aufklärung: Repräsentierende Zeichen und repräsentierte Reichtümer müssen ein equilibriertes Verhältnis ergeben. Damit hängt drittens auch eine spezifische Rechtsförmigkeit, d.h. der Pfandcharakter der Assignaten zusammen, der wiederum

---

13 [ANONYMUS]: Über den neuesten Finanzzustand Frankreichs. In: Berlinische Monatsschrift 16/1790, S. 8; vgl. auch [ANONYMUS]: Examen comparatif des deux mondes. Proposés pour liquider la dette, les quittances, ou les assignats. Paris 1790, S. 16; MARIE JEAN ANTOINE CONDORCET: Sur la proposition d'acquitter la dette exigible en assignats. Paris 1790, S. 13 f.; BURKE: Discours sur la monnaie de papier (wie Anm. 12), S. 4; FRANÇOIS D'IVERNOIS: Geschichte der französischen Finanzadministration im Jahr 1796. Übers. und bis Ende April 1797 fortgeführt von Friedrich Gentz. Berlin 1797, S. XIII.

14 Vgl. FRANÇOIS VERON DE FORBONNAIS: Observations succintes sur l'Emission de deux milliards d'Assignats territoriaux, avec un cours forcé de monnaie. o.O., o.J., S. 1; BURKE: Discours sur la monnaie de papier (wie Anm. 12), S. 4 f.; ANTOINE LAURENT DE LAVOISIER: Réflexions sur les Assignats et sur la liquidation de la dette exigible ou arriérée. o.O., o.J., S. 11 f. Vgl. zu dieser Geldpolitik nach Proportionsgesetz und Quantitätstheorie JULIAN BORCHARDT: Das Papiergeld in der Revolution 1797–1920. Berlin 1921, S. 20.

mit den Geldtheorien der Aufklärung zusammengeht. Wie nämlich Geld im 18. Jahrhundert nichts als ein Zeichen ist, das sich verbindlich gegen eine bestimmte Menge an Waren und Gütern eintauschen lässt, so bestimmt sich auch der Wert der Billets durch das Versprechen, das Äquivalent des aufgedruckten Werts in die Hände des Besitzers zurückzubringen. Innerer Wert, Zahlungsversprechen und – wie im Falle der Assignaten – gesetzliches Dekret können gleichermaßen für diese Sicherheit bürgen.

Gerade dieses Versprechen wird nun am Beispiel der Assignaten als problematischer Posten verhandelt, und zwar in ökonomischer wie politischer Hinsicht. So hat etwa Condorcet eine grundlegende Zwiespältigkeit im Pfandcharakter der Assignaten konstatiert. Denn entweder lassen sie sich als verzinste Anleihen mit bestimmter Laufzeit verstehen und sind demnach an eine terminierte Einlösung gebunden, oder sie sind nichts als Papiergeld und bloßes Zahlungsmittel, das darum eine freie und sofortige Leistung bzw. Einlösung verlangt: Es besteht eine Verwirrung über die Art und den Zeitpunkt der künftigen Handlung, die hier versprochen wird.[15] Der defizitäre Charakter der Assignaten liegt also nach Condorcet (und anderen) darin, dass sie zwei unvereinbare und widersprüchliche Versprechen enthalten und darum am gegebenen Wort der Revolutionsregierung insgesamt zweifeln lassen. Zugleich wurde darin noch immer eine vertragstheoretische Gründungsfigur erkannt, eine rechtsförmige Verpflichtung auf Gegenseitigkeit, durch die das neue Papiergeld als „unauflösliches Bindemittel" (*ciment indestructible*) der neuen verfassungsmäßigen Ordnung erscheinen konnte, und das heißt: Im günstigen Fall gerät mit den Assignaten die Rechtsordnung und die Vertraglichkeit der Verfassung selbst in Umlauf, verteilt sich über die ganze Nation hinweg und wird „allen Bürgern ein gleiches Interesse an ihrer Erhaltung und Verteidigung verleihen";[16] im schlimmsten Fall aber – und das ist das entsprechende Gegenargument – werden dieselben Papiere sich mit Kursverfall als „künstlicher Cement" erweisen und aus der Nation von *citoyens* eine Nation von „Speculanten" und „Spielern" machen; sie werden schließlich in ihrem Niedergang die Verfassung und ihre Rechtsordnung mit sich reißen und die Errungenschaften der Revolution selbst zwischen den Fingern zerrinnen lassen.[17]

---

15 MARIE JEAN ANTOINE CONDORCET: Nouvelles réflexions sur le projet de payer la dette exigible en papier forcé. o.O., o.J., S. 1 ff.
16 So der Finanzspezialist Baron de Cernon in einer Rede zur Frage der Emission von Assignaten im November 1789. Zit. nach JEAN MORINI-COMBY: Les Assignats. Révolution et inflation. Paris 1925, S. 16 f.
17 EDMUND BURKE: Betrachtungen über die französische Revolution. Bd. 2. Berlin 1793, S. 37 ff.; vgl. auch CONDORCET: Sur la proposition (wie Anm. 13), S. 31 ff.; D'IVERNOIS: Geschichte der französischen Finanzadministration (wie Anm. 13).

Zusammengefasst bedeutet das: Die repräsentative Kraft des Papiers, die Proportion zwischen Zeichen und Reichtümern und die rechtliche Garantie des Pfands ergeben die Koordinaten, um die herum sich die diskursive Choreographie mit Blick auf die Assignaten organisiert. Sie werden noch 1797 vor dem Horizont aufklärerischer Geldtheorie verhandelt, in einem natur- und vernunftrechtlichen Rahmen. Und gerade ihr Niedergang kann darum nur als Entwertung eines gegebenen Worts verstanden werden, als Zeichen einer Willenserklärung, die gerade von der politischen Haltlosigkeit einer *volonté générale* zeugt.

Ganz anders dagegen die Überlegungen am Beispiel der Bank von England im Februar 1797. Nun erschien nicht nur das alte Projekt John Laws in einem neuen Licht und konnte als vielversprechender Vorläufer der aktuellen finanzpolitischen Operation beansprucht werden. Es wurde vielmehr klar, dass auch die genannten Kriterien zur Beurteilung der Assignaten nicht hinreichen, die Funktionsweise der englischen Banknoten zu fassen. Gerade das Nichtige, das Aufgeblasene und Geblähte, das seit Addison die Metaphorologie des Papiergelds beherrscht und als Lateinisches *flare* (blasen) in der „Inflation" wiederkehrt,[18] gerade das also, was den defizitären Charakter der Lawschen Billets wie der Assignaten ausmachte, nämlich die Vermengung von Zahlungsmittel und Forderungsschein, definiert nun den Status der von der Londoner Bank ausgegebenen Papiere. Denn nach der Aufhebung der Verpflichtung, die zirkulierenden Banknoten gegen Metallgeld einzuwechseln, sind diese beides zugleich: Sie substituieren als Zahlungsmittel das umlaufende Metallgeld und dokumentieren doch nur das augenblickliche Nichtvorhandensein der entsprechenden Gegenleistung; einerseits verbürgen sie den Anspruch auf deponierte Werte und Geldsummen, andererseits funktionieren sie als Zirkulationsmittel nur durch den Verzicht auf die Realisierung dieses Anspruchs. Hat die Banknote ihren Ursprung im rechtlichen Charakter eines Depositenscheins und eines Vertrags, mit dem man – wie in der englischen *goldsmiths note* – eingelegte Wertsachen quittierte, so lässt sich umgekehrt der Zahlungsverkehr nur unter Umgehung dieser Vertraglichkeit aufrechterhalten, wie einer der ersten Kredittheoretiker schrieb: „Alles Gold und Silber in der Welt würde nicht hinreichen die Ansprüche dieser Art zu befriedigen, wenn alle, die ein Recht dazu haben, mit einem Mahle ihr Geld begehrten."[19] Die Banknote – das wurde spätestens im

---

18 Vgl. ADDISON: The Spectator (wie Anm. 1), S. 17. Entsprechend kommt das Wort ‚Inflation', das erst spät, nämlich mit dem amerikanischen Sezessionskrieg, in die Sprache der Ökonomie eingegangen ist, von lat. flare, ‚blasen', und bedeutet nichts anderes als ‚Schwellung'. Vgl. JOCHEN HÖRISCH: Kopf oder Zahl. Die Poesie des Geldes. Frankfurt/M. 1996, S. 83 und S. 299.
19 THORNTON: Der Papier-Credit (wie Anm. 8), S. 149.

Februar 1797 sichtbar – ist nicht einfach Zeichengeld oder papierner Ersatz des Zirkulationsmittels, sie ist im vertragsrechtlichen Passepartout nicht mehr fassbar oder bestenfalls paradox. Sie entsteht sowohl durch das Versprechen zur Realisierung eines bestimmten Geldquantums wie durch das Fehlen desjenigen Betrags, den sie verspricht. Sie ist ein Hybrid, für das um 1800 noch kein konziser Begriff existiert. Sie umfasst die ökonomische Seite eines Kredits und die rechtliche Seite der Barzahlung; als Kreditpapier verlangt sie das Hinausschieben der Leistung, als Zahlungsmittel die sofortige Einlösung; als Geldersatz erfordert sie Volldeckung, als Kreditschein schließt sie diese aus. Sie ist Geld und Versprechen auf Geld zugleich, und ihre semiotische Struktur zeichnet sich dadurch aus, dass sie den Verweis auf ein ‚Da' wie auf ein ‚Fort' in ein und demselben Akt umschließt: eine Paradoxie der Selbstreferenz, die sich in einer Einheit von Solvenz und Insolvenz verdichtet. Genau genommen ist sie darum keine zweite Art von Geld, sondern das „*wirksamste* weil *cirkulationsfähigste*" Kreditpapier, das den Gebrauch von Geld erspart; sie enthält den Widerspruch, „welcher sich aus einer Vereinigung von Eigenschaften und Funktionen des Kreditpapiers und des Zahlungsmittels in ein und demselben Schein ergibt".[20] Entsprechend hat man um 1800 unter großen terminologischen Umständen erkannt, dass – anders als bei den Assignaten – gerade der „chimärische", d.h. ungedeckte Charakter der „Zettel" Zahlungen ermöglicht und ihre konstitutive Zwitterstellung dokumentiert.[21]

Gedeckt und ungedeckt, Zahlungsmittel und kein Zahlungsmittel, Gewissheit und Ungewissheit der Einlösung – die Schwierigkeit einer begrifflichen Fassung hängt an den widersprüchlichen Funktionen, die gerade mit der Entscheidung der Bank von England aktuell geworden sind. Diese Komplikation ergibt sich aus der Vermischung von Kredit- und Geldzirkulation, und nicht von ungefähr konnte man nun vom Entstehen der ersten Kredittheorien sprechen, d.h. von Theorien, die eine Entparadoxierung dieser Bestimmungen versuchen und damit für ein neues Wissen vom ökonomischen Verkehr stehen. Und dies geschieht durch eine konsequente Verzeitlichung des Systems.[22] Die Zirkulation

---

20 KARL MUNK: Zur Geschichte und Theorie der Banknote mit besonderer Rücksicht auf die Lehren der klassischen Nationalökonomie. Bern 1896, S. 44 ff. (Hervorheb. im Original).
21 Vgl. JOHANN FRIEDRICH REITEMEIER: Neues System des Papiergeldes und des Geldwesens beim Gebrauch des Papiergeldes in zwey Abhandlungen. Kiel 1814, S. 34 f.
22 FRIEDRICH GENTZ: Über die österreichische Bank. In: ders. / GUSTAV SCHLESIER (Hg.): Schriften. Bd. 3.2. Mannheim 1839, S. 297; THORNTON: Der Papier-Credit (wie Anm. 8), S. 121. Zum Entstehen der ersten Kredittheorien vgl. RIST: Geschichte der Geld- und Kredittheorien (wie Anm. 11), S. 346. Das bedeutet nicht, dass man erst jetzt von Kreditwirtschaft sprechen könnte (vgl. HENRI PIRENNE: Sozial- und Wirtschaftsgeschichte Europas im Mittelalter. Bern 1947, S. 11ff.); neu ist allerdings ein polit-ökonomisches

eines wesentlichen Fehlens lässt sich nur durch die Wirksamkeit eines endlosen Aufschubs erklären, der eine allgemeine und vollständige Kompensation der umlaufenden Schulden ausschließt. Jede Operation erscheint damit als Antizipation einer offenen Zukunft und löst einen geschlossenen Kreis bloßer Gegenseitigkeit auf. Solvenz und Insolvenz zirkulieren gleichermaßen und garantieren das Funktionieren des Systems dadurch, dass jede Transaktion die Aussicht auf weitere und immer unabschließbare Transaktionen eröffnet. An der Wertschöpfung durch Kredit, wie sie in der Restriktion der Bank von England im Februar 1797 ein greifbares Datum erhält, brechen die Ausgleichsideen, das Nullsummenspiel und das Quantitätstheorem der älteren Geldlehre zusammen. Durch ausgesetzte Deckung, ungleiche Proportionen und fehlenden Ausgleich verfügen Gläubiger wie Schuldner *de iure* über denselben Betrag. Jeder besitzt nur, „in wie fern er selbst wiederum besessen wird", und man verständigt sich darin, dass jede Zahlung ein (uneinlösbares) Zahlungsversprechen, jedes Haben zugleich ein Nicht-Haben, jedes Zuviel ein Zuwenig, jeder Überfluss eine Knappheit und der Zusammenbruch des Systems nur durch seine endlose Fortsetzung vermeidbar, d.h. aufschiebbar ist[23] – ein konstitutives Ungleichgewicht des Systems, oder besser ein System, das nur als ungleichgewichtiges im Gleichgewicht bleibt.

Aus dieser Perspektive erscheinen rückblickend gerade die Bedingungen, unter denen das System der französischen Assignaten eingerichtet und reflektiert worden ist, als Bedingungen seines Scheiterns. Den rasanten Wertverfall des Staatspapiergelds erklärt man nun dadurch, dass es erstens von der Deckung durch die konfiszierten Güter abhängig ist, zweitens in Proportion zum Metallgeld gedacht wird und drittens eben nicht an eine Politik öffentlichen Kredits gebunden ist: Dem repräsentativen Charakter der Zeichen ist ihre verzeitlichte Selbstreferenz gegenübergetreten.[24] Zwei scheinbar analoge und doch unvereinbare Perspektiven treten hier nebeneinander. Während für das ökonomische Wissen des 18. Jahrhunderts Papiergeld und Banknote nicht wirklich differenzierbar und beide der repräsentativen Kraft der Zeichen beigeordnet waren, musste das, was spätestens seit Februar 1797 das Funktionieren moderner Papierwährungen bestimmt – nämlich Verzeitlichung, Aufschub der Deckung

---

Wissen, das den Zusammenhang von Geld- und Kreditzirkulation volkswirtschaftlich zu beschreiben versucht.
23 ADAM MÜLLER: Versuche einer neuen Theorie des Geldes mit besonderer Rücksicht auf Großbritannien. Leipzig, Altenberg 1816, S. 87. Vgl. dazu TALCOTT PARSONS: Zur Theorie der sozialen Interaktionsmedien. Hg. von Stefan Jensen. Opladen 1980, S. 98 ff.; NIKLAS LUHMANN: Die Wirtschaft der Gesellschaft. Frankfurt/M. 1998, S. 134.
24 THORNTON: Der Papier-Credit (wie Anm. 8), S. 353 ff.

und umlaufender Kredit – als Krise erfahren werden, in der sich die Selbstreferenz des Systems als ruinöse Entreferentialisierung bemerkbar macht. Deutlicher könnte sich diese Divergenz und damit die zugespitzte *epochè* des ökonomischen Wissens um 1800 nicht manifestieren: Wie Napoleon in den englischen Banknoten den zukünftigen Zusammenbruch Englands erkennen wollte (und auf seinen Feldzügen Metallreserven anlegte), so sah der englische Premierminister Pitt in den Assignaten den künftigen Zusammenbruch Frankreichs voraus.[25] An der Konfrontation zwischen französischer Assignate und englischer Banknote verdichtet sich ein Wandel ökonomischer Semiosen und wahrscheinlich eine Veränderung in den semiotischen Kodierungen überhaupt. Während von den Projekten John Laws bis hin zur Assignatenwirtschaft eine riskante Verwandlung von Wertsubstanz in Chimären und Schatten, eine Substitution von Dingen durch bloßen Schall, Rauch und Namen erkannt werden konnte,[26] wurden eben diese Verwandlungen um 1800 funktional. Die Analogie von Sprache und Geld, die in der Aufklärung durch die repräsentative Kraft der Zeichen diktiert worden ist, hat sich verschoben und liegt nun in der Fähigkeit begründet, durch Selbstreferenz Übertragungen zu leisten und damit einen medialen – und nicht repräsentativen – Charakter zu garantieren. Wenn man das noch in den Termen des Versprechens oder des Vertrags formuliert (wie das etwa Adam Müller getan hat), so muss dieses Versprechen ebenso verpflichtend wie unhaltbar, nämlich zu keinem Punkt je einlösbar erscheinen: ein gegebenes Wort, das aber „hundert Jahre circulieren" könnte, „ohne ein einziges Mal in Metallgeld realisirt zu werden".[27]

Überlegungen dieser Art können auch als Kristallisationskern einer romantischen Ökonomie bzw. Gesellschaftstheorie gelten, in der das Projekt der Banknoten mit naturrechtlichen Vertragslehren abgegolten wird. Denn auch für die romantischen Konzeptionen – insbesondere bei Adam Müller – gilt, dass sich im ökonomischen Verkehr ein klarer Unterschied zwischen Wertrepräsentanz und Zeichengebrauch manifestiert. Während also gerade im Umkreis der deutschen Romantik die Assignate – „unzertrennlicher Begleiter" der französischen Revolution und Dokument der „Zerrüttung" – als repräsentatives Geldsystem begriffen und mit dem Repräsentativsystem der Nationalversammlung

---

25 RIST: Geschichte der Geld- und Kredittheorien (wie Anm. 11), S. 85 f.
26 Vgl. DANIEL DEFOE: The Chimera: or, The French Way of paying National Debts Laid Open. London 1720, S. 6; JOHN VERNON: Money and Fiction. Literary Realism in the Nineteenth and Early Twentieth Century. Ithaca, London 1984, S. 17 f. und S. 37.
27 MÜLLER: Elemente der Staatskunst (wie Anm. 10), Bd. 1, S. 353. Vgl. dazu ETHEL MATALA DE MAZZA: Der verfasste Körper. Zum Projekt einer organischen Gemeinschaft in der Politischen Romantik. Freiburg 1999, S. 331-339.

zusammengedacht wird,²⁸ hängt mit Blick auf die englische Finanzreform der Wert der zirkulierenden Zeichen nicht an Vorstellungen von einer intrinsischen oder äußerlichen Wertsubstanz (Münzgeld, Boden oder Schatz), sondern an dem Vermögen, mit Zahlungen bloß weitere Zahlungen zu ermöglichen: „Das Geld ist nur Geld, indem es übertragen wird."²⁹ Je lebendiger die Ökonomie – so heißt es etwa bei Adam Müller –, desto mehr schwinden die materiale Wertgarantie und die repräsentative Kraft der Metalle.³⁰ Gerade darum kann nun die Geldtheorie als Ort effektiver Fiktion und „Dichtung" formuliert werden, in der der Umlauf des Scheinhaften tatsächlich zur Determinante ökonomischer Relationen wird.³¹ Zugleich unterbricht diese Ökonomie den geschlossenen Zyklus von Schuld und Tilgung und rekurriert auf einen virtuell unendlichen Aufschub, der die Zeit als dezentrierenden Faktor einführt. Und diese Macht einer stets offenen Zukunft markiert schließlich einen Mangel, ein wesentliches Fehlen als das in sich verschobene Zentrum dieser Bewegung: Die Zirkulation verläuft nicht über fortschreitende Kompensationen, sondern über die Proliferation einer uneinholbaren Schuld – eine Verzeitlichung, die sich bis auf weiteres als Unaufhörlichkeit des Systemverlaufs installiert. Romantische Geldtheorie vollendet sich in Kredittheorie und basiert auf der kredittechnischen Paradoxie eines „sich selbst garantierenden Gelds".³² Einerseits wird damit nicht das Verhältnis von Kompensation und Ausgleich, sondern eine unausgeglichene Schuld zum Kriterium einer Kohärenz, die das ökonomische System, aber auch dessen soziale Bindungskräfte organisiert. Es ist, wie Müller sagt, nicht die Gegenseitigkeit eines *contrat social*, sondern ein „freyes und unendliches Contrahieren und Wechselverpflichten der Personen unter sich", das den Zusammenhalt des Sozialen ausmacht und in dessen Mittelpunkt „das Wortgeld", der „Credit" und seine „unsichtbaren Kräfte", d.h. ein unerlösbarer Schuldzusammenhang stehen: Das macht die Banknote zum „vermittelnden

---

28 Vgl. die Kommentare von Friedrich Gentz in D'IVERNOIS: Geschichte der französischen Finanzadministration (wie Anm. 13), S. 377; ebenso Gentz mit einer Übersetzeranmerkung in BURKE: Betrachtungen über die französische Revolution (wie Anm. 17), Bd. 1, S. 169 und Burkes Überlegungen, ebd. Bd. 2, S. 36 ff.
29 ADAM MÜLLER: Zeitgemäße Betrachtungen über den Geldumlauf (1816). In: ders.: Ausgewählte Abhandlungen. Hg. von Jakob Baxa. Jena 1931, S. 55. Auch unter den Plänen Hardenbergs von 1799 findet sich ein Projekt mit den Stichworten „Bemerkungen über Englands Finanzsystem – Sein Gebrauch fürs gemeine Leben – für Corporationen". In: NOVALIS: Schriften. Hg. von Paul Kluckhohn und Richard Samuel. Bd. 3. 3. Aufl. Darmstadt, 1983, S. 748.
30 MÜLLER: Elemente der Staatskunst (wie Anm. 10), Bd. 2, S. 104 f.
31 THORNTON: Der Papier-Credit (wie Anm. 8), S. 30 ff.
32 MÜLLER: Elemente der Staatskunst (wie Anm. 10), Bd. 1, S. 435; ders.: Versuche einer neuen Theorie des Geldes (wie Anm. 23), S. 97.

Punkt", das ist das „im Gelde liegende große gesellschaftliche Verpflichtungs- und Glaubensband", und das ist „die Kette der Gesellschaft" und das „Bindungsmittel des Staats" überhaupt.³³ Ebenso bei Müllers Lehrer Gentz: auch hier ist Geld Kreditgeld und dieses wiederum das „kräftigste Bindemittel des Staats"; und auch hier ist der öffentliche Kredit Organ der Regierung und die Nationalbank „Palladium der Staatswohlfahrt".³⁴

Andererseits werden dadurch Mangel und Knappheit zum Angelpunkt sozialer wie ökonomischer Kohäsion. Romantische Ökonomie ist in dieser Hinsicht nicht nur auf eine Theorie des zirkulierenden Kredits aufgebaut, wie er auch bei Friedrich Schlegel als „Potenzierung des Staats" und glückliche „Antizipation der Zukunft" erscheint,³⁵ sie versteht sich vielmehr als Libido-Ökonomie in einem ganz spezifischen Sinn. Wenn es nämlich die Aufgabe des Regierens ist, fürs Begehren zu sorgen und die Wünsche zu lenken, so wird, wie Müller erkennt, mit dem umlaufenden Kredit das neueste und wirksamste Mittel oder Medium bereitgestellt. Der Kredit repräsentiert das Unstillbare der Bedürfnisse, in ihm treffen sich ein „unendliches Verlangen der Aneignung" und ein „unendliches Versagen"; und wenn es gerade der „Credit" ist, wonach „sich jedermann sehnt", so deshalb, weil er als Objekt des Wünschens zugleich sein eigenes Fehlen umschließt.³⁶ Er ist das Ganze des Zusammenhangs, das ebenso gänzlich jedem und jeder fehlt und deshalb wiederum alle mit allen in der Gemeinsamkeit ihres Mangels kommunizieren lässt. Der Kredit verkörpert eine hemmende Realisierung der Begierden und verwandelt deren affirmative Kraft zu einer Reserve, die das Vorhandensein des Nicht-Vorhandenen in den Dienst der Institutionen stellt. Als „Hypothek der Hypotheken" wie als „Produkt aller Produkte" steht er für die Herstellung von Verkehr und Verbindlichkeit schlechthin.³⁷ Was nun eine Gesellschaft produziert, sind keine Überschüsse, sondern ist der Kredit, der sie zusammenhält, und das bedeutet: Jede gesellschaftliche (Selbst-) Produktion ist nun nichts anderes als ein Produzieren von Knappheit, Mangel und Schuld. Die romantische Ökonomie hat also eine

---

33 MÜLLER: Versuche einer neuen Theorie des Geldes (wie Anm. 23), S. 28, 89 f., 163, 178, 252. Zum Verhältnis von Kredit, Verbindlichkeit und Glauben in der romantischen Geldtheorie (insbesondere bei Müller und Gentz) vgl. MELCHIOR PALYI: Romantische Geldtheorie. Diss. Tübingen 1916.
34 GENTZ: Über die österreichische Bank (wie Anm. 22), S. 280 ff. und S. 296 ff.
35 FRIEDRICH SCHLEGEL: Kritische Schriften und Fragmente. Studienausgabe. Bd. 6. Hg. von Ernst Behler und Hans Eichner. Paderborn u.a. 1988, S. 77.
36 MÜLLER: Versuch einer neuen Theorie des Geldes (wie Anm. 23), S. 82 und S. 107 ff.; ders.: Vom Nationalkredit. In: ders.: Ausgewählte Abhandlungen (wie Anm. 29), S. 86-88, hier S. 88.
37 MÜLLER: Versuch einer neuen Theorie des Geldes (wie Anm. 23), S. 82; ders.: Vom Nationalkredit (wie Anm. 36), S. 88.

Theorie öffentlichen Kredits zur Sozialtheorie gewendet und damit eine grundlegende Reform in der Konzeption des sozialen Bands in Aussicht gestellt.

Wenn Adam Müller vor diesem Hintergrund die „Seele" des Gelds nicht im Tausch, sondern im Kredit, im öffentlichen Kredit wiederum die Seele des Staates und in der Bank von England schließlich dessen Verkörperung, die „Personalität aller Personen" erkennt,[38] so reagiert er zumindest in diesem Punkt auf eine Veränderung der Staatsfunktion, die sich aus der Funktionsweise moderner Ökonomie ergibt. Denn dieser „Mittelpunkt des Staatswesens" kann weder durch eine handgreifliche Sache, noch durch einen „Universalmonarchen", einen Gesellschaftsvertrag oder einen Kodex von Rechten repräsentiert werden: „Hier gibt es weiter keine Repräsentation."[39] Das leere Zentrum des Staats ist nicht durch ein Rechtsinstitut oder eine Polizeianstalt auffüllbar. An deren Stelle tritt vielmehr die unendliche Vermittlung selbst, eine Mediation von Geld, Schuld und Kredit, die schließlich davon zeugt, dass die Zentren moderner Macht weniger als souveräne Instanzen oder Speicher einer rechtlich kodierten *potestas*, sondern als Wechsler, Konverter und Oszillatoren der zirkulierenden Ströme funktionieren. Bei allen Seltsamkeiten ihrer Staats- bzw. Gesellschaftstheorie haben Autoren wie Adam Müller also begriffen, dass die Zirkulation, das Kreditgeld und das neueste Bankwesen nicht nur eine Herausforderung für einen modernen Staatsbegriff darstellen, sondern dass diese Funktionen zugleich einen neuen und exemplarischen Fall für eine Analyse von Machtrelationen abgeben, für eine Machtanalyse also, die sich weder an der Rechtsförmigkeit souveräner Gewalt noch an der Steuerungsfähigkeit von Institutionen orientiert, sondern sich um die Wirksamkeit autoregulativer Prozesse dreht.

Im Februar 1797 hat sich also eine Konstellation ergeben, die sich mit den gegenläufigen Konzepten von französischen Assignaten und englischen Banknoten nicht nur als Einschnitt in eine Geschichte des (ökonomischen) Zeichengebrauchs interpretieren lässt, sondern als Epoche für die Organisation polit-ökonomischer Infrastrukturen. Am Beispiel der Bank von England wird eine konsequente Ökonomisierung des Staates verhandelt, die sich als Einrichtung eines neuen Mediensystems vollzieht. Das soziale Band ist darin nicht mehr naturrechtlich definiert, politische Macht nicht länger in der Figur souveräner Instanzen zentriert. Die Zirkulation von Kredit steht vielmehr für die Modernisierung eines Regierungswissens, das den neuesten Stand ökonomischer

---

38 MÜLLER: Elemente der Staatskunst (wie Anm. 10), Bd. 2, S. 98; ders.: Versuch einer neuen Theorie des Geldes (wie Anm. 23), S. 163 und S. 255 f.
39 MÜLLER: Versuch einer neuen Theorie des Geldes (wie Anm. 23), S. 94 f.

Funktionssysteme in eine allgemeine Gesellschaftslehre integriert. Mangel, Knappheit, Schuld und ein endloses Begehren bestimmen gerade bei deutschen Romantikern die Form sozialer Selbstreproduktion und lassen jene parakapitalistische Wendung erkennen, in der sich Gesellschaftsmaschinen unmittelbar als Wunschmaschinen installieren.

Bernhard Siegert

## Currents and Currency

Elektrizität, Ökonomie und Ideenumlauf um 1800

### 1. Elektrismus

Im 18. Jahrhundert geht die sogenannte Realität von einer Ordnung gewöhnlicher Differentialgleichungen zu einer Ordnung partieller Differentialgleichungen zweiten Grades über. Die Newtonsche Mechanik der starren Körper weicht einer Mechanik der Kontinua. Physik – die Wissenschaft von den Körpern – wird im wesentlichen eine Mechanik der Fluide. „Denn alle Körper sind in immerwährendem Flusse, wie die Ströme", schrieb Leibniz in seiner „Monadologie", „und es treten unaufhörlich Teile ein und aus."[1] Auch Kosmographie ist im 18. Jahrhundert nicht mehr ein Wissen, das man durch Beschreibungen (Topographie, Chorographie, Kartographie) erhält, sondern durch eine verallgemeinerte Hydrodynamik. Gegenstand der Kosmographie ist Leibniz zufolge „die Erkenntnis der allgemeinen sowohl sichtbaren als auch unsichtbaren Flüssigkeiten, die uns umgeben und durchdringen".[2] 1738 erscheint die – Anfang der dreißiger Jahre in Petersburg entstandene – „Hydrodynamica" des Leibnizianers Daniel Bernoulli, die die Wissenschaft dieses Namens begründet. William Harveys Theorie des Blutkreislaufs (1628) hatte (vor allem nach der Entdeckung der Kapillarwege durch Marcello Malpighi 1661) bereits im 17. Jahrhundert dem Experiment in der Anatomie eine fundamentale Bedeutung verschafft und das anatomische Wissen auf ein Wissen von Zirkulationsprozessen, Druckverhältnissen und des Ausgleichs verwiesen, auf deren Störungen oder Modifikationen die nach außen sichtbaren Zeichen verweisen.[3] Eulers Definition der Elektrizität – von den Engländern auch schlicht „current" genannt – bringt diese Seinsweise der Dinge im 18. Jahrhundert in aller Klarheit zum Ausdruck: „Ich behaupte, daß die Elektrizität nichts anders, als eine Stöhrung im Gleichgewicht des Äthers sey."[4] In einer Zeit, in der die

---

1 GOTTFRIED WILHELM LEIBNIZ: Monadologie. Hg. von Herbert Herring. Hamburg 1956, § 71, S. 59.
2 Opuscules et fragments inédits de Leibniz. Hg. von Louis Couturat. Paris 1903, S. 39.
3 Vgl. KARL E. ROTHSCHUH: Die Entwicklung der Kreislauflehre im Anschluß an William Harvey. In: ders.: Physiologie im Werden. Stuttgart 1969, S. 66-86, hier S. 68-70.
4 LEONHARD EULER: Briefe an eine deutsche Prinzessin über verschiedene Gegenstände aus der Physik und Philosophie. Leipzig 1769 und St. Petersburg, Riga, Leipzig 1773. Reprint Braunschweig, Wiesbaden 1986. 2. Teil. 140. Brief, S. 161.

Welt aus sichtbaren und unsichtbaren Flüssigkeiten besteht, wird sie erklärt durch Spannungs- und Druckverhältnisse, beherrscht durch Pumpwerke und mathematisch angeschrieben durch partielle Differentialgleichungen. Einen sehr deutlichen Ausdruck findet diese veränderte Auffassung der Dinge in den Beziehungen, die die Mathematik des 18. Jahrhunderts zwischen rationalen Zahlen und reellen Funktionen herstellte. Rationale Brüche, die man seit der Antike als geometrische Größenverhältnisse, als an Linien, Flächen oder Körpern vorstellbare Proportionen, dargestellt hatte, werden von denjenigen Mathematikern, deren Geist von Leibniz' Infinitesimalkalkül durchdrungen ist, nun aufgefasst als unendliche Summen trigonometrischer – und das heißt reeller! – Funktionen.[5] Leonhard Euler schrieb den Bruch ½ jetzt als $\cos x + \cos 2x + \cos 3x$ usw.[6]

Albrecht Koschorke hat im Hinblick auf die Äther- und Nervenfluidum-Theorien des 18. Jahrhunderts daher „von einem Zurückdrängen der korpuskularen Kausalität durch das Modell energetischer Wellenbewegungen" gesprochen, „die den gesamten Raum erfüllen und nur noch einen graduellen Unterschied, einen Unterschied der Dichte, zwischen Raumäther und Festkörpern machen."[7] Diesen – die Kultur der Empfindsamkeit prägenden – Diskursen entsprechen die im 18. Jahrhundert aufkommenden Wissensfelder der Hydraulik, Hydrodynamik, Elastizitätstheorie und der Wellenoptik.[8]

Vor allem sind es die seit den 1740er Jahren Aufsehen erregenden Elektrizitätsexperimente und die zu ihrer Erklärung entwickelten Elektrizitätslehren, die mit dem Diskurs der Empfindsamkeit nicht nur einhergehen, sondern sich mit ihm vielfältig überkreuzen. „Erregung" wird zur Schlüsselmetapher sowohl für Vorgänge in elektrischen Leitern als auch für Vorgänge in den Nerven; sie verwischt die Unterschiede zwischen Newtonschen Körpern und empfindenden Körpern bzw. zwischen Newtonscher Bewegung und Affektbewegung.

Für William Gilbert war Elektrizität ein „Effluvium",[9] für Descartes war sie ein Wirbel, für Otto von Guericke Anziehung und Abstoßung, für Frances Hauksbee etwas, das leuchtet. Erst seit Stephen Gray ist Elektrizität etwas, das „kommuniziert". Ein Landhaus in Kent, Besitz eines anglikanischen Pfarrers

---

5 Vgl. CARL B. BOYER: History of Analytic Geometry. New York 1956, S. 136.
6 Vgl. JEAN DIEUDONNÉ: Die Analysis im 18. Jahrhundert. In: ders.: Geschichte der Mathematik 1700-1900. Ein Abriß. Braunschweig, Wiesbaden 1985, S. 20-55, hier S. 29.
7 ALBRECHT KOSCHORKE: Empfindsamkeit als Schriftkultur. Körperströme, Zeichenzirkulation und mediale Wissensökonomie in der Schwellenzeit zur Moderne. Habilitationsschrift FU Berlin 1998, S. 108.
8 Vgl. DIEUDONNÉ: Die Analysis im 18. Jahrhundert (wie Anm. 6), S. 48.
9 Vgl. WILLIAM GILBERT: De Magnete, magnetisque corporibus, et de magno magnete tellure. Physiologia nova, plurimis & argumentis, & experimentis demonstrata. Übersetzung von P. Fleury Mottelay. New York 1958.

namens Granville Wheler, wurde 1729 zum Schauplatz von Grays Versuchen, Elektrizität zu „kommunizieren". Gray, Sohn eines Färbers aus Canterbury, hantierte nicht mehr mit Glaskolben wie Francis Hauksbee vor ihm, sondern mit immer länger werdenden Schnüren aus Hanf, an deren Ende eine Elfenbeinkugel hing und Gänsefederchen anzog. Diese Leiter, mit denen Gray ab 1729 experimentierte, nannte er „Lines of Communication".[10] Allerdings leiteten nicht alle Substanzen *das* fort, was man jetzt als ein ‚Fluid' interpretierte. Diejenigen, die es taten, nannte Jean Théophile Desaguliers, ein Freund von Gray, „non-electrics" oder „Leiter".[11]

Christian August Hausen, Mathematikprofessor in Leipzig, war geneigt zu denken, Elektrizität sei die Materie, die Descartes „Lebensgeister" genannt hatte.[12] Zum ersten Mal schien sich die Möglichkeit zu eröffnen, Leben auf leblose (anorganische) Gegenstände zu übertragen. Georg Mathias Bose, seit 1738 Professor für Naturlehre in Wittenberg, führte die von Hauksbee erfundene Elektrisiermaschine wieder ein und erfand den Konduktor. Zur selben Zeit gelang es William Watson, Doyen der Elektriker in England und ebenfalls sehr erfolgreich als Demonstrator vor adligem Publikum, die elektrischen Experimente in den Diskurs der Hydraulik zu integrieren. Das Rätsel, warum ein Konduktor nicht stärker elektrisiert wird, wenn die Person, die ihn reibt, isoliert steht, sondern weniger, brachte ihn zu der Annahme, dass die Effluvia nicht aus den Körpern selber stammen, sondern aus dem Boden. Röhren und Globen sind daher nichts anderes als Pumpen, die die Effluvia aus der Erde emporziehen und in isolierte Leiter gießen.[13] Watson vermutete, indem er diese Analogie auf die Analogie zwischen Herz und Pumpe übertrug, dass die elektrisierten Globen auch Aufschluss über die Funktionsweise der tierischen Ökonomie geben könnten.

Nach Erfindung der Leidener Flasche kamen die öffentlichen Vorführungen erst richtig in Schwung. In Frankreich entwickelte sich unter der Protektion Réaumurs der Assistent Dufays, Jean-Antoine Nollet, zum Star der Elektrikerszene. Bei seinen Experimentalvorlesungen waren alle anwesend: der Hof und die Damen. 1744 wurde er Physiklehrer der königlichen Prinzen und Prinzessinnen

---

10 Vgl. JOHN L. HEILBRON: Electricity in the 17th and 18th Centuries. A Study of Early Modern Physics. Berkeley, Los Angeles, London 1979, S. 247.
11 „Conductors". Vgl. EDMUND WHITTAKER: A History of the Theories of Aether and Electricity. New York 1973, S. 42.
12 Vgl. ALBRECHT VON HALLER: An historical account of the wonderful discoveries made in Germany &c. concerning Electricity. In: The Gentleman's magazine 15/1745, April, S. 193-197, hier S. 195.
13 Vgl. HEILBRON: Electricity (wie Anm. 10), S. 299.

und nannte sich Abbé. Nollet ließ in Anwesenheit des Königs 180 Soldaten, die sich an den Händen fassten, durch die Entladung einer Leidener Flasche gleichzeitig in die Luft hüpfen. Ein anderes Mal ließ er in einem Karthäuserkloster auf dieselbe Weise den gesamten Konvent – siebenhundert Mönche – hüpfen.[14]

## 2. Franklin: *Currents and Currency*

1745 veröffentlichte Albrecht von Haller einen sofort ins Englische übersetzten „historical account of the wonderful discoveries made in Germany &c. concerning Electricity".[15] Noch im selben Jahr fiel dieser Bericht dem Publizisten Benjamin Franklin in Philadelphia in die Hände. Franklin wiederholte die Versuche und entwickelte seine eigene Theorie dazu. Durch Franklin wurde Elektrizität zu einem Effekt von Zirkulationsprozessen in einem geschlossenen System. Was da Professoren erschütterte, Mönche hüpfen und elektrische Küsse knistern ließ, ist selbst gar nichts, sondern nur ein Zeichen für Ausgleichsvorgänge. Franklins Theorie der Elektrizität ist eine Geburt aus dem Geiste der Physiokratie. Nicht von ungefähr, denn nach Franklin entspricht das Wesen aller Dinge den Prinzipien der doppelten Buchführung, ganz gleich ob es sich dabei um Geld, Güter, Wörter oder Fluida handelt. Die Franklinsche Welt funktioniert nach Soll und Haben. ‚Waste nothing' ist daher nicht nur ein moralischer Imperativ Franklins, sondern auch ein ökonomisches Gesetz *und* ein Naturgesetz. Schon 1725 hatte Franklin in seiner „Dissertation on Liberty and Necessity, Pleasure and Pain" die Prinzipien der doppelten Buchführung auf das Problem der Gerechtigkeit angewandt. Weil das Maß an Lustempfindung bei jedem Menschen – erfahre er nun viel oder wenig „pleasure" – auf das ganze Leben gerechnet immer exakt proportional der Unlustempfindung ist, ist ein König nicht glücklicher als ein Sklave und ein Bettler nicht elender dran als Krösus.

> Suppose *A*, *B*, and *C*, three distinct Beings; *A* and *B*, animate, capable of *Pleasure* and *Pain*, *C* an inanimate Piece of Matter, insensible of either. *A* receives ten Degrees of *Pain*, which are necessarily succeeded by ten Degrees of *Pleasure*. *B* receives fifteen of *Pain* and the consequent equal Number of *Pleasure*. *C* all the while lies unconcern'd, and as he has not suffer'd the former, has no right to the latter. What can be more equal and just than this? When the Accounts come to be adjusted, *A* has no reason to complain that his Portion of *Pleasure* was five Degrees less than that of *B*, for his Portion of *Pain* was five

---

14 Vgl. FRITZ FRAUNBERGER: Elektrizität im Barock. Köln o. J. [1960], S. 106.
15 VON HALLER: Historical account (wie Anm. 12).

Degrees less likewise [...] They are then both on the same Foot with *C*, that is, they are neither Gainers nor Losers.[16]

Das mag man ‚protestantische Ethik' nennen, wenn man will. Fest steht, dass Franklin sein Leben dem Regime von Tabellen unterwarf. Tabellen bestimmten minutiös seinen Tagesablauf, damit „every Part of my Business should have its allotted Time",[17] Tabellen kontrollierten die täglichen Verausgabungen in dreizehn verschiedenen Kategorien. Zeit, Worte, Essen und Trinken, Geschlechtsverkehr: Alles, was vom Körper überflüssigerweise eingenommen oder ausgegeben wurde, wurde Tag für Tag verzeichnet (vgl. Abb. 3).

„Pleasure" und „Pain" heißen in Franklins Elektrizitätstheorie später „Plus" und „Minus". Franklin zufolge gibt es nicht mehrere elektrische Fluida; stattdessen kann jeder Körper entweder einen Mangel (- E) oder einen Überfluss (+ E) an Elektrizität besitzen oder er kann neutral sein. Die Theorie der Elektrizität fügt sich insofern in ein allgemeines ökonomisches Modell ein, in dem bestimmte Größen, Zeit, Geld, Worte oder Wollust, durch eine algebraische Variable E ersetzt werden, die + oder - sein kann.

Nur noch ein anderes Medium ist ähnlich allgemein und abstrakt wie das der „electrical currents" in Franklins Ökonomie der Zirkulation: „paper currency". 1729 veröffentlichte Franklin seinen ersten Vorschlag, Papiergeld einzuführen, ein zu dieser Zeit ziemlich unpopulärer Vorschlag. Franklins „Modest Enquiry into the Nature and Necessity of a Paper Currency" propagierte eine inflationäre Vermehrung der Geldmenge mittels der Einführung von Papiergeld als entscheidendes Mittel, die Unabhängigkeit eines Landes (insbesondere einer Kolonie) zu stärken. *Current* ist wie *currency*: Elektrizitätsströme haben ebensowenig einen Referenten außerhalb der Zirkulation wie Geldströme. Für Franklin ist Elektrizität ein reiner Symbolismus, so wie Papiergeld; es ist ihm daher gleich, ob man Elektrizität als Feuer, Äther oder als Licht auffasst. Er betrachtet das Problem als Buchhaltungsproblem, das algebraisch gelöst werden muss.[18] Welche Effekte in der Zirkulation *currency* oder *current* bewirken, hängt ab von der Menge, die in einem Land oder einem isolierten Leiter vorhanden ist im Verhältnis zur Menge, die in jenen Ländern oder Leitern vorhanden ist, mit denen man „kommuniziert", sei es durch Handel oder durch Entladung.

---

16 BENJAMIN FRANKLIN: A Dissertation on Liberty and Necessity, Pleasure and Pain. In: ders.: Writings. Hg. von Joseph A. Leo Lemay. New York 1987, S. 66.
17 BENJAMIN FRANKLIN: The Autobiography. In: ebd., S. 1389.
18 Zur Geburt der Elektrizitätslehre Franklins aus dem Geiste der doppelten Buchführung vgl. HEINZ OTTO SIBUM: The Bookkeeper of Nature. Benjamin Franklin's Electrical Research and the Development of the Experimental Natural Philosophy in the Eighteenth Century. In: JOSEPH A. LEO LEMAY (Hg.): Reappraising Benjamin Franklin. A Bicentennial Perspective. London, Mississauga 1993, S. 221-242.

Bei Geldknappheit, so Franklin, wird das Geld teurer, steigen die Zinsen, sinken die Bodenpreise, verkümmert der Seehandel, wird das Land von Arbeitern und Handwerkern entvölkert. „A plentiful currency" wird indessen das Geld verbilligen, Handelsinvestitionen anreizen, Leute ins Land locken und daher die Nachfrage nach Land steigern.[19]

Geld ist für Franklin kein eidetisches Zeichen mehr, sondern ein Steuermedium, mit dem ein Land seinen Handel „currently" steuert.[20] Die entscheidende Leistung von Medien (Elektrizität oder Papiergeld oder Sprache) ist nicht, irgendetwas (Waren oder Land) zu repräsentieren, sondern Fernwirkungen herzustellen und Übertragungen zu bewirken. So wie man zwischen Geld als „Bullion" (d.h. als Goldbarren) und Geld als Währung unterscheiden muss, da sein Wert als Ware und sein Wert als gemünzte Währung durchaus verschiedene Dinge sind, so muss man auch zwischen der Interpretation des Papiergeldes als Repräsentation einer Sache und der Interpretation des Papiergeldes als „currency" – das heißt als Medium – unterscheiden: „Money as Bullion, or as Land, is valuable by so much Labour as it costs to procure that Bullion or Land. Money, as a Currency, has an Additional Value by so much Time and Labour as it saves in the Exchange of Commodities."[21] Die Unterscheidung zwischen einem auf dem Repräsentierten beruhenden Wert und einem auf dem autopoietisch vom zirkulierenden Geld durch Veränderung der Zirkulationsmodalitäten erzeugten Wert legt Franklin nun seiner Preistheorie zugrunde. In den Preis einer Ware gehen nicht nur die Kosten ein, die die Herstellung der Ware in Anspruch nimmt. Auch der Tausch selbst nimmt Arbeit und Zeit in Anspruch und kostet daher Geld, das die Ware entsprechend verteuert.

> If it takes one fourth Part of the Time and Labour of a Country, to exchange or get their Commodities exchanged; then, in computing their Value, that Labour of Exchanging must be added to the Labour of manufacturing those Commodities: But if that Time or Labour is saved by introducing Money sufficient, then the additional Value on Account of the Labour of Exchanging may be abated, and Things sold for only the Value of the Labour in making them.[22]

Daher ist der Sinn einer Steigerung der Geldmenge vor allem anderen, Zeit und Aufwand für Tauschprozesse zu minimieren und so die Zirkulationsgeschwindigkeit zu erhöhen. ‚Time is Money' ist nicht umsonst Franklins berühmteste Devise.

Entsprechend funktioniert Franklins Erklärung der Leidener Flasche. Ihre Grundvoraussetzung ist, dass das Glas der Flasche vollkommen undurchlässig

---

19 Vgl. BENJAMIN FRANKLIN: A Modest Enquiry into the Nature and Necessity of a Paper-Currency. In: ders.: Writings (wie Anm. 16), S. 119-123.
20 Ebd., S. 123.
21 Ebd., S. 130.
22 Ebd., S. 131.

für das elektrische Fluidum ist. Die europäischen Elektriker hatten angenommen, dass die Flasche auf beiden Seiten auf gleiche Weise elektrisiert und jede der beiden Seiten eine elektrische Atmosphäre erzeugen würde. Man ging demnach davon aus, dass das elektrische Fluidum durch das Glas hindurchsickern könne. Das führte zu Widersprüchen: im Inneren häuft sich Elektrizität an, obwohl das Glas als durchlässig angenommen wird, an der Außenseite häuft sich elektrische Materie an, trotz der Notwendigkeit, die äußere Belegung zu erden. Einerseits wirkt Elektrizität scheinbar durch Glas hindurch, andererseits wirken Glasziegel, auf die ein Konduktor gesetzt wird, als Isolator. Nach Franklin sammelt sich auf der Innenseite der Flasche die elektrische Materie an und zieht eine gleiche Menge elektrischer Materie von der Außenseite ab, ein Vorgang, der solange anhält, bis die Außenseite ihre ganze Elektrizitätsmenge abgegeben hat. Ein Leiter, der beide Teile gleichzeitig berührt, stellt das Gleichgewicht „mit einer unaussprechlichen Heftigkeit und Lebhaftigkeit auf einmal wieder her."[23]

Lötet man einen Draht an die äußere Belegung der Flasche und biegt ihn nach oben, und hängt man einen Kork $f$ an einem Seidenfaden zwischen dem Draht $e$ und dem Nagelkopf $e$ der inneren Belegung auf, so wird er solange zwischen $e$ und $e$ hin- und herschwingen, bis das Innere und das Äußere der Flasche im Gleichgewicht sind (siehe Abb. 4).[24] Franklin betrachtet die Flasche also als ein geschlossenes System, deren Elektrizitätsmenge (Kapazität) konstant bleibt. Das Hin und Her der Schwingung erscheint als sichtbares Zeichen eines Ausgleichsvorgangs, der ein Gleichgewicht anstrebt. Der Verstärkungseffekt der Flasche wird durch bloße Umverteilung erklärt. Auf der Innenseite gibt es einen Überschuss (+ E), auf der Außenseite einen Mangel (− E), die algebraische Summe bleibt indes die gleiche. Das ist das Gesetz von der Erhaltung der Ladung, dessen Entdeckung man Benjamin Franklin zuschreibt. Franklins Entdeckung dieses Gesetzes von der Erhaltung der Ladung ist das Resultat einer Beobachtung nicht von Repräsentationsleistungen, sondern von Zirkulationen, von Dichtigkeiten oder Verdünnungen in einem geschlossenen System oder Medium, das Leute wie Leonhard Euler Äther nennen. Eine solche Form der Beobachtung ist präfiguriert von der symbolischen Praxis der doppelten Buchführung. Heinz-Otto Sibum hat Franklin denn auch völlig zu recht als „the Bookkeeper of Nature" bezeichnet.[25]

---

23 BENJAMIN FRANKLIN: Briefe von der Elektricität. Übers. von Johan Carl Wilcke. Leipzig 1758. Reprint Braunschweig, Wiesbaden 1983, S. 11 f.
24 Vgl. ebd., S. 13. Vgl. auch HEILBRON: Electricity (wie Anm. 10), S. 330-333.
25 SIBUM: The Bookkeeper of Nature (wie Anm. 18).

## 3. Das *Tableau économique*

Würde man am Korken *f* eine Nadel befestigen und während des Ausgleichsvorganges ein Papierband unter dieser Nadel wegziehen, so würde sich das Hin und Her der Schwingung als eine mehr oder weniger zickzackförmige Kurve selbst aufzeichnen. Es ist ein Zeichen für die strukturelle Isomorphie des elektrizitätstheoretischen und des ökonomischen Wissens, dass eben diese Zickzackkurve als das charakteristische Merkmal des berühmten *Tableau économique* von François Quesnay, des Leibarztes und Beraters von Ludwig XV. erscheint (Abb. 5).[26] Die erste Ausgabe des „Zigzag" erschien im Jahr 1758 (oder 1759), zwei weitere im Jahre 1759.

Das *Tableau économique* beschreibt den „Verkehr" zwischen drei Klassen: der produktiven Klasse (die Pächter, die durch den landwirtschaftlichen Anbau die jährlichen Reichtümer der Nation reproduzieren), der Klasse der Eigentümer (Grundbesitzer) und der „sterilen" Klasse (die Handwerker und alle anderen Bürger, die mit Dienstleistungen und anderen Arbeiten beschäftigt sind und deren Ausgaben von den anderen beiden Klassen bezahlt werden).[27] Steril heißt diese Klasse, weil sie genau das in die Zirkulation gibt, was sie ihr entnommen hat. Die Einnahmen, die sie durch Verkäufe von Manufakturerzeugnissen an die produktive Klasse erzielt, behält sie ein, um ihre Vorschüsse zu ersetzen, die sie zum Ankauf von Rohstoffen bei der produktiven Klasse ausgegeben hat. „Ihre Vorschüsse produzieren also nichts; sie gibt sie aus, sie bekommt sie zurück".[28] Bei allen drei Ausgaben des Tableaus handelt es sich um einzelwirtschaftliche Modelle; jede Säule repräsentiert folglich das Verhalten jeweils eines Vertreters der drei Klassen.

Das *revenu annuel* das als *injection* in den Kreislauf gegeben wird, bildet den Ausgangs- und Zielpunkt des Verteilungsprozesses. Was das Tableau zu demonstrieren beabsichtigt, ist, auf welche Weise sich die jährlichen Besitzereinkünfte reproduzieren. Die aus der Sicht der physiokratischen Produktivitätslehre an sich „sterilen" Konsumausgaben der *classe propriétaire* sind der erste Impuls im volkswirtschaftlichen Organismus und leiten eine ununterbrochene Bewegung infolge des ewigen Zirkulationsprozesses ein. Die Verausgabung des *revenu* erfolgt

---

26 Vgl. FRANÇOIS QUESNAY: Tableau économique (3. Ausgabe 1759). Hg., eingel. u. übers. von Marguerite Kuczynski. Berlin 1965.
27 Vgl. FRANÇOIS QUESNAY: Analyse des ökonomischen Tableaus. In: ders.: Ökonomische Schriften. 2 Bde. Hg. u. übers. von Marguerite Kuczynski. Berlin 1971-76. Bd. II.1. 1976, S. 81.
28 Ebd., S. 82.

nach einem Verteilungsschlüssel, in dem sich die Vorliebe der landbesitzenden Klasse für landwirtschaftliche bzw. gewerbliche Erzeugnisse widerspiegelt. Beiden Produktionssektoren fließt jeweils die Hälfte des erhaltenen Anteils zu.

Der Landwirt hat mittels der jährlichen Vorschüsse von 600 Livres ein Bodenprodukt von 1200 Livres zustande gebracht. Das ist ein Nettoprodukt von 600 L., das als Revenue an den Grundbesitzer bezahlt wird. Das ist in der ersten Zeile zu beachten: Hier fließen nicht etwa 600 L. von links nach rechts, hier werden 600 Livres Überschuss produziert.

> Es existiert eine allgemeine Ordnung der Fakten (leur ordre général), ein universales und *physisches* Gesetz, gemäß dem die Wesen, die Produktionen, die Reichtümer dazu neigen, sich fortzupflanzen, und sich so weit wie möglich zu vervielfältigen. Quesnay hat gesehen, daß die Natur immer ein Nettoprodukt gibt, denn durch eine Wirkung der göttlichen Wohltat erzeugen die cultivateurs im allgemeinen mehr als sie konsumieren können. Ohne Nettoprodukt könnte es keine Kultur geben.[29]

Der Grundbesitzer gibt von den 600 Livres die Hälfte bei der produktiven Klasse aus für Nahrungsmittel und die andere Hälfte bei der sterilen Klasse für Kleidung, Mobiliar u.a. „Wir nehmen hier an," schreibt Quesnay, „daß sie [die Ausgaben] sich die Waage halten, so daß gleich große Revenuen von Jahr zu Jahr durch die reproduktiven Ausgaben erneuert werden."[30] Da der Grundbesitzer von den Bodenprodukten kauft, die mit den Vorschüssen erwirtschaftet worden sind, können diese 300 L. als Rückerstattung eines Teils der Vorschüsse in barem Geld angesehen werden, die wiederum 300 L. netto und damit einen Teil der Revenuen für den Grundbesitzer produzieren. „Unter Hinzunahme der übrigen Summen, die auf dem Wege der Distribution ebenfalls an dieselbe Klasse zurückfließen, werden jährlich die Gesamtrevenuen reproduziert."[31] Damit sind vor allem die Einnahmen gemeint, die die produktive Klasse von der sterilen Klasse erhält: Der Handwerker nimmt 300 L. von den Pächtern ein sowie 300 L. von den Grundeigentümern. Diese insgesamt 600 L. gibt er vollständig bei der produktiven Klasse aus, nämlich jeweils die Hälfte für die Subsistenz seiner Familie und der Erwerbstätigen, die er beschäftigt, und für Rohstoffe; die letztgenannten sind die Vorschüsse, die er fürs nächste Jahr aufwendet: „und so sieht man, daß es dabei zu nichts weiter

---

29 PIERRE SAMUEL DUPONT DE NEMOURS: Analyse du tableau économique. In: Oeuvres économiques et philosophiques de F. Quesnay. Hg. von Auguste Oncken. Frankfurt/M., Paris 1888, S. 440 f. (Hervorheb. im Original).
30 FRANÇOIS QUESNAY: Erläuterung zum ökonomischen Tableau. In: ders.: Ökonomische Schriften (wie Anm. 27), Bd. I.1. 1971, S. 396.
31 Ebd.

kommt als zum Verbrauch bzw. zur Vernichtung von Bodenprodukten und keineswegs zur Reproduktion."[32]

Der Landwirt gibt die Hälfte der Einnahmen aus den Verkäufen an den Grundbesitzer für Manufakturerzeugnisse bei der sterilen Klasse aus. Das summiert sich am Ende des Kreislaufs auf jene 300 Livres, die die sterile Klasse von der produktiven Klasse erhält und die in Form von Geld für Konsumgüter und für Rohstoffe wieder an diese zurückfließen. Die andere Hälfte verwendet der Landwirt für den Selbstverbrauch an Bodenprodukten, welche die eigene Klasse liefert, und welcher im Zigzag nicht enthalten ist. Die Rolle der Landwirtschaft als aktives Element im Wirtschaftsprozess kommt im Zigzag dadurch zum Ausdruck, dass sich bei der Transformation des Produktivkapitals in Warenkapital der Wert des Produkts auf Grund einer mehrwertproduzierenden Tätigkeit verdoppelt. Die eine Hälfte der erzeugten Waren steht in der nächsten Runde wieder für den Verkauf bereit, die andere Hälfte bildet das Nettoprodukt, das in einen Fonds abfließt, der durch die mittlere Säule dargestellt wird und der den am Anfang der nächsten Periode an die Grundbesitzer zu übertragenden „revenu annuel" bildet.[33]

„Diese Zirkulation" kommentiert Quesnay sein Diagramm, „und diese wechselseitige Verteilung setzen sich in gleicher Weise, immer weiter unterteilt, bis zum letzten *denier* der Geldbeträge fort, die abwechselnd von der einen Ausgabenklasse zur anderen Ausgabenklasse fließen."[34] Diese wechselseitigen Ausgaben, die wie Ladungen unterschiedlicher Polarität zwischen Innen- und Außenseite der Leidener Flasche solange hin- und herfließen, bis am Ende des Prozesses alle Überschüsse absorbiert sind, reproduzieren vollständig die 600 Livres für die Revenuen.

> Die Rechnung kommt schließlich auf beiden Seiten mit der Gesamtsumme der Einnahmen einer jeden der beiden Klassen zum Abschluß. Und in dem hier angenommenen Falle erkennt man, daß, wenn die Verteilung der Ausgaben entsprechend der [natürlichen] Ordnung verläuft [...], die Einnahmen der produktiven Klasse, unter Einschluß ihrer Vorschüsse, der jährlichen Gesamtproduktion gleichkommen und daß Bodenkultur, Reichtümer und Bevölkerung auf dem gleichen Stande, ohne Zunahme und ohne Verfall verbleiben.[35]

Die von Quesnay als „ordre naturel" bezeichnete Situation wird von dem Spezialfall dargestellt, in dem die „Ausgabeneigung" – eine Variable, die zwischen

---

32 QUESNAY: Analyse (wie Anm. 27), S. 82.
33 Vgl. HANSGEORG KÖSTER: Die Kreislauftheorien von Francois Quesnay und Wassily W. Leontief. Erlangen, Nürnberg 1982, S. 55.
34 QUESNAY: Erläuterung (wie Anm. 30), S. 397.
35 QUESNAY: Analyse (wie Anm. 27), S. 91.

0 und 1 liegen kann – gleich ½ ist. Unter Voraussetzung dieses Konsumverhaltens der Gesellschaft reproduzieren sich die gesamtwirtschaftlichen Faktoren ± 0. So artikuliert sich also das Prinzip von der Erhaltung der Materie im ökonomischen Diskurs. Franklin hatte dieses Prinzip als chemisches Gesetz bereits 1752 in einem seiner Briefe an Cadwallader Colden formuliert: Feuer, behauptete Franklin hier, trennt nur die Materieteilchen, es vernichtet sie nicht.

Das physiokratische Denken in geschlossenen Systemen, sei es bei Franklin oder bei Quesnay, das permanente Abwägen von *input* und *output* und das Bilanzieren von Systemzuständen, entsprach ebenfalls der Art und Weise, in der die Neue Chemie Antoine Lavoisiers die Ordnung der Dinge beschrieb. Lavoisiers Chemie wurde von 1770 an geleitet vom Prinzip der Erhaltung der Materie so wie Franklins Elektrizitätslehre vom Prinzip der Erhaltung der Ladung.[36] Keine bloße Parallele im Dispositiv der Zirkulation: Franklin und Lavoisier verband eine enge Freundschaft.

Nichts also geht verloren, wenn die von Quesnay als natürliche konzipierte Ordnung eingehalten wird, in der sich die produktiven und die sterilen Ausgaben die Waage halten. Grundlage ist hier eine mit der natürlichen Ordnung identifizierte moralische Ordnung. Diese entspricht der Natur, sofern der Grundbesitzer in ausgeglichener Weise dem Luxus im Essen und Trinken und dem äußeren Prunk frönt. Übertriebener Luxus in äußeren Dingen kann indes „eine reiche Nation aufs prächtigste sehr rasch zugrunde richten."[37] Die Realisierung der natürlichen Ordnung ist demnach nicht unabhängig von der moralischen Ordnung, sie stellt ein potentielles Gleichgewicht dar, dessen Realisierung und Erhaltung voraussetzt, dass die Menschen, die mit dem notwendigen Verstand ausgestattet sind, die Gesetze der Natur zu erkennen, diese beachten als wären es moralische. Nur insofern sie sich in der moralischen Ordnung spiegelt, kann die natürliche Ordnung sich verwirklichen.[38]

---

36 Zu Franklins Beziehung zu Lavoisier und zu ihren gemeinsamen Arbeiten vgl. DENIS I. DUVEEN / HERBERT S. KLICKSTEIN: Benjamin Franklin (1706-1790) and Antoine Laurent Lavoisier (1743-1794). Part I. Franklin and the New Chemistry. Part II. Joint Investigations. Part III. Documentation. In: Annals of Science 11/1955, No. 2, S. 103-128; 11/1955, No. 4, S. 271-308; 13/1957, No. 1, S. 30-46. Vgl. auch SIBUM: The Bookkeeper of Nature (wie Anm. 18), S. 231 f.
37 QUESNAY: Erläuterung (wie Anm. 30), S. 396.
38 Vgl. FRANÇOIS QUESNAY: Das Naturrecht. In: ders.: Ökonomische Schriften. Bd. II.1 (wie Anm. 27), S. 42: „Unter einem moralischen Gesetz verstehen wir hier die Norm für jede menschliche Handlung im Bereiche der moralischen Ordnung, wobei die letztere sich mit der physischen, für das menschliche Geschlecht evident vorteilhaftesten Ordnung im Einklang befindet".

Die beispielhafte Gegenüberstellung einer Reihe von derangierten Tableaus im „L'ami des Hommes" lässt ebensosehr die Halb-und-Halb-Verteilung als das Wesen des *ordre naturel* erscheinen wie auch den Sinn und Zweck des Tableaus: es dient nicht so sehr, diese natürliche Ordnung vorzustellen, sondern die Wirkungen bestimmter Typen von Störungen zu kalkulieren. Dupont de Nemours zufolge ist das *Tableau économique* „une formule arithmétique par laquelle on peut calculer avec beaucoup de rapidité, de justesse et de sûreté les effets de divers dérangements que la distribution, la circulation et la reproduction des richesses peuvent éprouver, soit en bien, soit en mal."[39] Eine solche Charakterisierung würde ebensogut auf die mathematischen Formeln passen, die Leonhard Euler und die mit ihm befreundeten Elektriker – Aepinus und Wilcke – aufstellten, um die Effekte von Störungen zu berechnen, die die Verteilung des Äthers erfahren kann und die nach Euler Elektrizität sind.[40]

Insofern Quesnay im ökonomischen Ausgleichsvorgang eine „natürliche Ordnung" am Werk sah, könnte man den Verfasser des *Tableau* mit vielleicht noch größerem Recht als Franklin als „bookkeeper of nature" bezeichnen. Franklins Zirkulationstheorien, die Geld in Terms eines Fluidums und ein Fluidum in Terms von Geld beschrieben, sind also typisch für den Diskurs der Aufklärungsökonomie. „Around 1750", schrieb Ivan Illich in seinem Buch über $H_2O$, „wealth and money begin to ‚circulate' and are spoken of as though they were liquids. Society comes to be imagined as a system of conduits."[41] Aber die Rede von der sogenannten ‚Gesellschaft' überspielt nur das Ereignis, dass hier äußerst heterogene Diskurse sich zu einem Dispositiv zusammenfinden, das Hydrodynamik (insbesondere die Theorie der oszillatorischen Fortpflanzung von Störungen in elastischen Flüssigkeiten), Elektrizitätstheorie, Chemie, politische Ökonomie und Moralphilosophie vereint.

## 4. Sympathie und Ideenzirkulation

Die Karriere des Sympathiebegriffs im 18. Jahrhundert lässt sich wohl in Zusammenhang mit dem Auftauchen dieses Funktionszusammenhangs erklären, der im 18. Jahrhundert als Zirkulation beschrieben wurde und den wir hier unter

---

39 PIERRE SAMUEL DUPONT DE NEMOURS: Notice abrégée des différents écrits modernes qui ont concouru en France a former la science de l'économie politique. In: Oeuvres économiques et philosophiques de F. Quesnay (wie Anm. 29), S. 155.
40 Vgl. HEILBRON: Electricity (wie Anm. 10), S. 394 f.
41 IVAN ILLICH: $H_2O$ and the Waters of Forgetfulness. Reflections on the Historicity of „Stuff". Dallas 1985, S. 43.

dem Stichwort ‚Netzwerk 1800' betrachten. Gerade die wechselseitige Stabilisierung von moralischen und physikalischen Gesetzen im Physiokratismus fand in der Zweigestaltigkeit der Sympathie als Naturkraft (die in chemischen, magnetischen und medizinischen Erklärungsmodellen auftaucht) und als soziale Bindungskraft ein geeignetes Modell. Wie auch der Elektrismus des 18. Jahrhunderts, der als kulturelles Phänomen nur aufgrund der Konvergenz fluidaler Bewegung und Affektbewegung zu fassen ist, was vor allem in der Doppelsinnigkeit des Verbs ‚erregen' zum Ausdruck kam, das sowohl auf die Neigungen der Seele als auch auf die Ladungszustände von Leitern angewendet werden konnte.

Wie der Sympathiebegriff für eine „weitläufige Vernetzung und Zirkulation von Kräften"[42] steht, wie er das ‚Soziale' als empirisches Objekt eigener Ordnung generiert, ließe sich an Adam Smiths „Theory of moral sentiments" vorführen. Ebenso könnte man einmal mehr nachzeichnen, wie sich der Sympathiebegriff Hutchesons und Smiths schließlich in Lessings Mitleidspoetik übersetzt hat. Das soll hier jedoch angesichts der eingehenden Studien Joseph Vogls zu diesem Thema gar nicht erst versucht werden.[43] Ich möchte nur drei mir für das folgende wichtig erscheinende Punkte hervorheben: Erstens, dass der wesentliche Zug der Sympathie bei Adam Smith nicht in einer Gutwilligkeit oder einem Mitleiden besteht, sondern in einem unkontrollierbaren Auslösungspotential, das auch wider Willen der Person sich in Akten unwillkürlicher Übertragung zeigt. Zweitens, dass dieses Prinzip der unwillkürlichen Übertragung, das die Elektriker vor allem in Frankreich, Sachsen und Thüringen nicht müde wurden, in den Salons der höheren Gesellschaft als Übertragung von elektrischer Materie sinnlich vorzuführen, sich der Mechanik einer personalen Substitution bedient, einer theatralen Personenkonstruktion, eines Einfühlungsprozesses, durch den die Empfindungen des anderen empfunden werden, als ob sie die eigenen wären, so dass die Wahrheit sympathetischen Empfindens nicht zu lösen ist vom Element der Täuschung und der Illudierung, ja geradezu auf diesen Elementen aufzuruhen scheint. Drittens, dass die gemeinsame Tendenz des hier beschriebenen Funktionszusammenhanges in Elektrik, Ökonomie oder Morallehre die Transformation von Zeichen in Medien ist. Wie die Elektrizität gegen Ende des 18. Jahrhunderts dereferenziert wird (sie verliert jeden interioristischen Bezug, schreibt Bachelard in seiner „epistemologischen Geschichte des ‚Elektrismus'"),[44] wird in der Mitleidspoetik Lessings der Affekt derefe-

---

42 JOSEPH VOGL: Kalkül und Leidenschaft. Poetik des ökonomischen Menschen. München 2002, S. 88.
43 Vgl. ebd., vor allem Kap. 2.1 und 4.1.
44 Vgl. GASTON BACHELARD: Epistemologie. Ausgewählte Texte. Frankfurt/M., Berlin, Wien 1974, S. 45.

renziert, insofern das Mitleid als Affekt der Affekte referenzlose Affekte mit imaginären Objekten versieht.[45]

Dieser Sachverhalt impliziert die Möglichkeit einer Funktionszuschreibung, Operationalisierung und Nobilitierung „des Frivolen" im Dispositiv der Zirkulation. 1789 erscheinen in Kopenhagen die „Fragmente über den Ideenumlauf" des norddeutschen Jakobiners Josias Gosch. Der gebürtige Holsteiner Gosch war augenscheinlich Privatgelehrter der Rechte und lebte unter anderem in Kopenhagen, Leipzig, Weimar und seit 1794 in Hamburg. Im Jahre 1811 wurde er wegen eines Sendschreibens unter Anklage gestellt,[46] im Juni zu Festungshaft auf königliche Gnade verurteilt und nach Rendsburg abgeführt. Dort starb er im August 1811 im Gefängnis. Er gehörte wohl zum Kreis um den revolutionsfreundlichen politischen Publizisten Georg Friedrich Rebmann. Gosch unterscheidet zunächst zwischen drei Klassen von Ideen: Produktionsideen, ästhetische Ideen und philosophische Ideen (bzw. Begriffe). „Produktzionsideen" sind vom referentiellen Gesichtspunkt aus betrachtet „Bilder von den verschiedenen Arten der Körper, welche neben uns auf der Erde ausgestreut sind", vom operationalen Gesichtspunkt aus sind es Ideen, „die auf die Hervorbringung der Bedürfnisse unserer drei gröbern Sinne abzielen." „Eine Gesellschaft Menschen musz sich vor allen Dingen zuerst mit einem grossen Vorath von dieser Gattung Ideen versorgen."[47] Mit der Produktionsidee hat Gosch vielleicht zum ersten Mal das Werbebild als Mittel zur künstlichen Erzeugung von Bedürfnissen anvisiert. Während die philosophischen Ideen vor allem Kenntnisse transportieren, bilden die ästhetischen Ideen das eigentliche Reich der Sympathie. Sympathie ist bei Gosch der für die Zirkulation der Ideen entscheidende Affekt. Dabei erfährt der Sympathiebegriff eine Fundierung in einer psycho-physiologischen Theorie des Zeichens, die sich auf den Lockeschen und vor allem auf den Hartleyschen Begriff der Ideenassoziation bezieht. Was man gewöhnlich der Sympathie als einer „einzigen besonderen Kraft" zuschreibt, ist eigentlich auf eine Ideenassoziation zurückzuführen, die bei der Wahrnehmung von Gefühlen bei anderen durch Rückerinnerung an ähnliche Gefühle dieselben „in uns *erregt,"* so das Wort das Gosch verwendet.[48]

---

45 Vgl. VOGL: Kalkül (wie Anm. 42), S. 105.
46 Vgl. JOSIAS LUDWIG GOSCH: Sendschreiben an die Grafen Bernstorf und Schimmelmann, [...] betr. die Mittel, die Finanzen des dänischen Staats und den Wohlstand des dänischen Volks [...] wiederherzustellen, und dem Monarchen seinen Thron, die Liebe seiner Unterthanen [...] zu sichern. O.O. 1810.
47 JOSIAS LUDWIG GOSCH: Fragmente über den Ideenumlauf. Kopenhagen 1789, S. 6.
48 Ebd., S. 13 (Hervorheb. B.S.).

Die Art der Kommunikation, die bei der Übertragung von elektrischem Fluidum statthat und die regelmäßig mit dem Begriff der Erregung bezeichnet wird (,*excitation*' im französischen), liefert ein ums andere Mal das Modell, nach dem Gosch die Art der Ideenübertragung beschreibt. So heißt es zur Erklärung des „Mechanismus' des Umlaufs der Ideen", dass „schneller wie der Blitz an dem Stahldrahte hingleitet, sich gewisse Veränderungen in einer Seele durch eine Reihe von tausend menschlichen Seelen [verbreiten]. Grosses Meisterstück der Natur!"[49] Und in ähnlicher Weise heißt es im Hauptstück „von den verschiedenen Gattungen des Ideenumlaufs", in denen die mündliche Rede als vorzüglichstes Medium des Ideenumlaufs (vor Buchdruck und Post) gepriesen wird, über „die Eindrücke, welche der Redner auf die Zuhörer macht", dass die „Gefühle bei der Rede, wie ein Blitz, durch die Geister hindurch (fliegen), sie scheinen gerade zu von einer Seele zu der andern überzuströmen, unabhängig von den Ideen, wovon sie erzeugt werden, die Sympathie beweiszt ihre höchste Macht."[50] Zweifellos ist das Modell für die Wirkungsweise der Sympathie hier die Art der Fortpflanzung des elektrischen Stromes, und das Bild, mit dem Gosch den Ideenumlauf assoziiert, die berühmten Schilderungen der Versuche des Abbé Nollet und seiner hüpfenden Mönche.

Goschs Ideen sind zwar Zeichen im repräsentationalen Sinn, doch führt das von ihm zugrundegelegte psycho-physiologische Prinzip der Repräsentation – Ideenassoziation –, das selbst auf unkontrollierbaren Übertragungs- bzw. Resonanzakten beruht, dazu, dass Ideen als Zeichen vor allem die Rolle von Auslösern von unwillkürlichen sozialen Austauschprozessen spielen und weniger die Rolle als Träger von Erkenntnisinhalten. Auf diese Weise können elektrischer Strom und Sympathie im Medium des Ideenumlaufs konvergieren.

Was Gosch neu ins Spiel zu bringen versucht, ist weniger die alte Beredsamkeit (wie er selbst vielleicht annimmt), als eine Poetologie des Wissens, in der der Wert des Wissens allererst in der Zirkulation akkumuliert wird. So ist denn die Zirkulation wie im ökonomischen Kreislaufmodell Quesnays der Ort, an dem sich die Ideen erhalten:

> Vermöge ihres Umlaufs erhalten unsere Ideen eine ewige Dauer auf dem Erdboden. Nichts geht hier verlohren. Kein Stäubgen verschwindet in der materiellen Welt. Unsere Körper gehen nach Jahren wieder unter, sie zerfallen wieder zu dem Staub, woraus sie entstanden sind; aber aus diesem Staube entstehen wieder neue Körper. Auch keine Idee geht hier verlohren. Die Ideen werden nur von Zeit zu Zeit in andere Boden eingepflanzet. Stirbt ein gelehrter Mann, so sterben seine Begriffe nicht mit. Sie spriessen wieder hervor in andern Geistern.[51]

---

49 Ebd., S. 66.
50 Ebd., S. 124.
51 Ebd., S. 88 f.

Nicht Bücher sind die verläßlichsten und dauerhaftesten Speichermedien des Wissens, sondern die Zirkulation selbst. Nicht in den Bau von Bibliotheken muss der Souverän folglich Staatsgelder fließen lassen, sondern in die Medien der Zirkulation, in die Relais, Distributoren, Konverter und Verstärker des Ideenumlaufs. Und damit rückt der Verfasser die eigene Person in den Fokus seiner Abhandlung. Nicht an Produktionsideen mangelt es dem ökonomisch unterentwickelten Staat, so argumentiert Gosch, sondern an Medien bzw. „Kräften", die den Umlauf dieser Ideen befördern und beschleunigen. Folglich befürwortet Gosch die Einrichtung eines staatlichen Gremiums, dessen Mitglieder sich weder der beschwerlichen Arbeit des gelehrten Studiums noch der des Abfassens von gelehrten Werken hingeben, sondern die sich tagaus tagein auf Gesellschaften herumtreiben, essen, trinken und vor allem zum Wohle des Staatswesens *reden*. „Will ein Fürste sein Land reich machen, wende er nicht zu grosse Schätze um fremde Fabrikanten ins Land zu ziehn; [...] vor allen Dingen unterhalte er einige zwanzig Männer, die an den auf die Hervorbringung abzielenden Ideen und deren Zirkulierung arbeiten."⁵² Gosch schwankt im hohen Maße ambivalent zwischen politischer Ökonomie und Projektemacherei. Wichtig ist indes, dass diese Ambivalenz nicht psychologisch bedingt, also der Goschschen frivolen Veranlagung zuzuschreiben ist, sondern systembedingt ist. Wenn, wie in der Theorie des Papiergelds von Franklin, Zirkulationsmodalitäten in die preisliche Repräsentation von Waren eingehen, wenn der Wert des Wissens für die Produktion von Reichtümern und damit höhere Steuereinnahmen und die Glückseligkeit der Staaten allererst in der Zirkulation akkumuliert wird, dann bekommen frivole Existenzen staatstragende Funktion. Das Sich-Herumtreiben auf Gesellschaften wird ein für die ökonomische Wohlfahrt der Staaten höchst wichtiges und daher entsprechend zu entlohnendes Amt.

„Die Zentren moderner Macht [funktionieren] weniger als souveräne Instanzen oder Speicher einer rechtlich kodierten potestas, sondern als Wechsler, Konverter, Distributoren und Parasiten der zirkulierenden Ströme."⁵³ Und deswegen legitimieren sie systembedingt die Verbeamtung frivoler oder parasitärer Gestalten wie Gosch, denn Parasiten, die nicht auszuschließenden Dritten, die sich dem Fluß der Relation aufpfropfen, Parasiten, die das Dazwischen behausen, sind die Experten und die *raison d'être* der Zirkulation.

---

52 Ebd., S. 8.
53 JOSEPH VOGL: Ökonomie und Zirkulation um 1800. In: Weimarer Beiträge 43/1997, Nr. 1, S. 69-78, hier S. 74 f.

Jürgen Barkhoff

# Die Anwesenheit des Abwesenden im Netz
## Kommunikative Vernetzung im Mesmerismus

Netze fangen Wünsche ein ebenso wie Ängste – nirgends wird dies derzeit deutlicher als an den Netzeuphorien und Netzphobien, die das Internet seit seinem Bestehen hervorgetrieben hat.[1] Dass diese keineswegs so neu sind wie das Medium, dem sie aktuell gelten, wird in der Reflexion der Netzkultur zunehmend thematisiert.[2] Modelle medialer Vernetzung haben immer schon Wunschpotentiale strukturiert und Traumata aufgerufen, und diese sind den Heutigen gar nicht so unähnlich. Ein Blick in die Kulturgeschichte der Vernetzungstechniken kann die gegenwärtigen Aufgeregtheiten durch historische Perspektivierung verstehbar machen und auch relativieren.

Einen möglichen Ansatzpunkt hierzu bieten vortechnische Medien aus dem Beginn der Netzepoche um 1800 wie der Mesmerismus und verwandte galvanisch-elektrische und spirituelle Fluida. Das mesmeristische Modell kommunikativer Vernetzung zwischen Mensch und Natur, Leib und Seele und von Subjekt zu Subjekt ist ja Teil jener Dynamik der Ströme, der Stoff- und Energiezirkulationen, die Joseph Vogl in einem programmatischen Aufsatz als ein für die Zeit um 1800 konstitutives Organisationsmodell des Wissens darstellt.[3] Dass dieses Wissensmodell auch medienhistorisch relevant ist, betont zwar jüngst ein neues Handbuch zur Mediengeschichte, das dem Mesmerismus immerhin anderthalb Seiten widmet.[4] Insgesamt aber ist die Rolle des Mesmerismus in der Medienenwicklung noch nicht annähernd so gut untersucht wie seine Rolle in der Psychohistorie.

Zitieren, dieses Basisverfahren der Wissenschaft, ist ja einer der intertextuellen Mechanismen zur Vernetzung des Wissens und in gewissem Sinne nichts als das Herbeizitieren des Abwesenden, oder vielleicht besser des latent (als Schemen) Anwesenden im Netz der Diskurse. Ich nähere mich meinem Thema deshalb mit dem Zitat eines Abwesenden, der heute in praktisch allen mediengeschichtlichen Diskursen herumgeistert:

---

1 Vgl hierzu insbesondere auch die Beiträge von Peter Matussek und Stefan Münker in diesem Band S. 319-333 und 335-349.
2 Vgl. z.B. HARTMUT WINKLER: Docuverse. Zur Medientheorie der Computer. München 1997; STEFAN MÜNKER / ALEXANDER ROESLER (Hg.): Mythos Internet. Frankfurt/M. 1997.
3 Vgl. JOSEPH VOGL: Für eine Poetologie des Wissens. In: KARL RICHTER / JÖRG SCHÖNERT / MICHAEL TITZMANN (Hg.): Die Literatur und die Wissenschaften 1770–1930. Stuttgart 1997, S. 107-127, bes. S. 118-121.
4 Vgl. GREGOR SCHWERING: Medienpsychologie. In: HELMUT SCHANZE (Hg.): Handbuch der Mediengeschichte. Stuttgart 2001, S. 96-118, hier S. 97 f.

## 1. Beispiele

"Mit dem Aufkommen der Elektrotechnik schuf der Mensch ein naturgetreues Modell seines eigenen Zentralnervensystems, dass er erweiterte und nach außen verlegte".[5] McLuhans Analogisierung moderner technischer Kommunikationsnetze mit dem menschlichen Nervensystem und seine damit verbundene These, dass diese die menschliche Wahrnehmungs- und Kommunikationsfähigkeit in den Raum jenseits des Körpers erweitern, ist viel zitiert und fast ebensoviel kritisiert worden. Hartmut Winkler und Bernhard Siegert beispielsweise haben theoretisch-systematisch geltend gemacht, dass McLuhans Organismusmodell und seine subjektzentrierte und anthropomorphisierende Perspektive den Systemcharakter und die sich dem Subjekt entziehende Eigengesetzlichkeit des technischen Kommunikationssystems herunterspielen.[6] Dem liesse sich aus historischer Perspektive hinzufügen, dass McLuhans Fokussierung auf die Elektrotechnik deren wichtige wissenschaftliche, technische und imaginative Vorgeschichte zu vernachlässigen droht. Lange bevor elektrotechnische Kommunikationsnetze verlegt und geschaltet wurden, wurden sie gedacht und phantasiert. Auch die Analogie, die McLuhan zwischen dem Kommunikationsmechanismus der Nerven und der elektrischen Drähte etabliert, ist viel älter, und findet sich schon um 1800.

1809 beschreibt der berühmte Anatom und Nervenphysiologe Samuel Soemmerring einen von ihm vorgestellten funktionstüchtigen elektrochemischen Telegraphen als "ein grob sinnliches Analogon eines Nervenstranges, dessen einzelne Fäden auf gleiche Weise jeden erhaltenen Empfindungs-Eindruck im Allgemeinen, so wie den jedes kleinsten elektrischen Fünkchens im Besonderen, isolirt und ungestört bis ins Gehirn fortpflanzt."[7]

---

5   MARSHALL MCLUHAN: Die magischen Kanäle. (Understanding Media). Düsseldorf 1968, S. 52.
6   WINKLER: Docuverse (wie Anm. 2), S. 52 f.; BERNHARD SIEGERT: Gehörgänge ins Jenseits. Zur Geschichte der Einrichtung telephonischer Kommunikation in der Psychoanalyse. In: Fragmente. Schriftenreihe zur Psychoanalyse Heft 35,36/ Juni 1991. Unterbrochene Verbindungen. I. Stimme und Ohr. Theorien und Techniken des Hörens. II. Computer und Psyche. Zur Typologie unbewußter und maschineller Information, S. 51-69, hier S. 59 f.
7   SAMUEL THOMAS SOEMMERRING: Ueber einen elektrischen Telegraphen. In: Denkschriften der Königlichen Akademie der Wissenschaften zu München für die Jahre 1809 und 1810. München 1811, S. 401-414, hier S. 411. Auch während des 19. Jahrhunderts haben beispielsweise Hermann von Helmholtz 1863 und ERNST KAPP: Grundlinien einer Philosophie der Technik. Braunschweig 1877 diese Analogie aufgegriffen. Vgl. JOCHEN HÖRISCH: Der Sinn und die Sinne. Eine Geschichte der Medien. Frankfurt/M. 2001, S. 282.

Es ist dieser Soemmerringsche Telegraph, der Heinrich von Kleist 1810 in den „Berliner Abendblättern" zu seiner satirischen Glosse „Entwurf einer Bombenpost" anregt. In ihr zeigt er sich fasziniert von der Utopie weltumspannender Kommunikation angesichts des

> elektrischen Telegraphen [...] der mit der Schnelligkeit des Gedankens [...] vermittelst des Elektrophors und des Metalldrahts, Nachrichten mitteilt; dergestalt, daß, wenn jemand, falls nur sonst die Vorrichtung dazu getroffen wäre, einen guten Freund, den er unter den Antipoden hätte, fragen wollte, wie gehts dir? derselbe, ehe man noch eine Hand umkehrt, ohngefähr so, als ob er in einem und demselben Zimmer stünde, antworten könnte: recht gut.[8]

Eine ähnliche kommunikative Utopie der instantanten Anwesenheit Abwesender „auf Flügeln des Blitzes",[9] wie es in den Abendblättern mit metaphorischer Unterstützung der natürlichen Elektrizität heisst, findet sich auch in einem anderen, vor Erfindung des Soemmerringschen Telegraphen entstandenen und weit bekannteren Werk Heinrich von Kleists. Auch Graf Wetter vom Strahl erscheint – wie der Blitz körperlos den Raum in Echtzeit überwindend – als abwesend-anwesender Schemen im Zimmer seines Käthchens während sein Körper auf der Strahlburg im Nervenfieber liegt.[10] Kommunikationsmedium ist hier jedoch nicht ein elektrischer Telegraph, sondern die „Blizmaterie" des animalischen Magnetismus. Der handlungsleitende Doppeltraum mit von Strahls geisterhafter Visite bei Käthchen in der Sylvesternacht ist als Herzstück des Dramas, das liesse sich an vielen Details zeigen, ein somnambul-telepathischer Rapport, der seine Mechanismen aus Theorien und Fallgeschichten des Mesmerismus bezieht.[11]

Die Bezeichnung „Blizmaterie" für das auch ‚Fluidum' oder ‚Allflut' (Mesmer), ‚Nervenäther' oder ‚Nervengeist' (Kerner), ‚Lebensgeist' oder ‚Lebenskraft' (Gmelin) genannte Wirkmedium des Mesmerismus stammt von Eberhard Gmelin,

---

8 HEINRICH VON KLEIST: Entwurf einer Bombenpost. In: ders.: Sämtliche Werke und Briefe. 2 Bde. Hg. von Helmut Sembdner. 7. Aufl. München 1984. Bd. 2, S. 385 f., hier S. 385.
9 Ebd.
10 HEINRICH VON KLEIST: Das Käthchen von Heilbronn. In: Werke und Briefe (wie Anm. 8), Bd. 1, S. 429-531, hier IV/2, S. 503-510.
11 Vgl. HANS-JÜRGEN SCHRADER: Kleists Heilige oder die Gewalt der Sympathie. Abgerissene Traditionen magnetischer Korrespondenz. In: ERNST LEONARDY / MARIE-FRANCE RENARD / CHRISTIAN DRÖSCH / STÉPHANIE VANASTEN (Hg.): Traces du mesmérisme dans la littérature européenne du XIXe siècle / einflüsse des mesmerismus auf die europäische literatur des 19. jahrhunderts. Brüssel 2001, S. 93-117. Dort ausführliche weitere Literaturangaben. Siehe auch JÜRGEN BARKHOFF: Magnetische Fiktionen. Literarisierung des Mesmerismus in der Romantik. Stuttgart, Weimar 1995, S. 239-249.

oder genauer von einem seiner Patienten.¹² Metaphorisch zieht sie elektrisch-naturwissenschaftliche und naturphilosophisch-theologische Momente des Fluidbegriffs zusammen. Gmelin war der wichtigste Magnetiseur der deutschen Spätaufklärung, und eine andere Patientin von ihm, die 14jährige Heilbronner Ratsherrentochter Lisette Kornacher, gilt als historisches Vorbild für Kleists Käthchen von Heilbronn.¹³ In Gotthilf Heinrich Schuberts „Ansichten von der Nachtseite der Naturwissenschaft", die Kleist 1808 in Dresden begeistert gehört hatte, und die sein Magnetismusverständnis maßgeblich geprägt haben, dient eben diese Lisette Kornacher als Paradebeispiel für die unmittelbar vom Körper beglaubigte, vorsprachliche und keiner symbolischen Repräsentation bedürftige Qualität des mesmeristisch-telepathischen Rapports. Dort heisst es beispielsweise von der magnetisch Schlafenden: „Als die neben ihr stehende Schwester ihren kleinen Säugling an die Brust legte, glaubte das junge Mädchen, vermöge dieser wunderbaren Sympathie, die hiermit verbundene Empfindung an ihrer eigenen Brust zu fühlen." ¹⁴ Die affektiv intensivst besetzte körperliche Sensation der sympathetisch verbundenen, in diesem Moment über die Einzelsinne aber nicht wahrgenommenen Schwester ist unmittelbar präsent im eigenen Leib. Auch Lisettes literarische Schwester wird gerne ähnlich gelesen als Idealbild vorreflexiver, von der Handlungssicherheit des Körperlichen geleiteter Intuition. Ihre durch nichts zu erschütternde Verbundenheit mit von Strahl gilt dabei als deren höchste Äußerungsform. Für Cullen und von Mücke beispielsweise deutet sie als „a completely transparent, pure being" hin auf „the work's overriding nostalgia for a pre-verbal, pre-discoursive realm";¹⁵ ein Paradies absoluten Verstehens allerdings, das es nicht geben kann. Denn wie alle Utopien vollständiger kommunikativer Transparenz hat, daran lässt gerade Kleist keinen Zweifel, Käthchens unlöslicher Rapport mit ihrem Ritter seine traumatische Nachtseite. Ihre Verkabelung mit dem Konduktor der „Blizmaterie" von Strahl stellt auch eine gnadenlose Auslieferung an dessen Verfügungsgewalt dar, ihre vollständige

---

12 EBERHARD GMELIN: Materialien für die Anthropologie. 2 Bde. Bd. 1. Tübingen 1791, S. 91-284, hier S. 121.
13 Vgl. ders.: Geschichte einer magnetischen Schlafrednerin 1789. In: ebd. Bd. 2. Heilbronn, Rotenburg ob der Tauber 1793, S. 1-365. Näheres zu dieser Fallgeschichte in JÜRGEN BARKHOFF: Darstellungsformen von Leib und Seele in Fallgeschichten des Animalischen Magnetismus. In: HANS-JÜRGEN SCHINGS (Hg.): Der ganze Mensch. Anthropologie und Literatur im 18. Jahrhundert. Stuttgart, Weimar 1994, S. 214-241, bes. S. 227-232.
14 GOTTHILF HEINRICH SCHUBERT: Ansichten von der Nachtseite der Naturwissenschaft. Dresden 1808, S. 345.
15 CHRIS CULLEN / DOROTHEA VON MÜCKE: Love in Kleist's „Penthesilea" and „Käthchen von Heilbronn". In: Deutsche Vierteljahrsschrift für Literaturwissenschaft und Geistesgeschichte 63/1987, S. 461-493, hier S. 479. Vgl. auch SCHRADER: Kleists Heilige (wie Anm. 11).

Transparenz bedeutet auch völlige Schutzlosigkeit. Schließlich heisst es gleich zu Beginn des Dramas, dass sie ihm folge, „gleich einer Metze, in blinder Ergebung, von Ort zu Ort; geführt am Strahl seines Angesichts, fünfdrähtig, wie einen Tau, um ihre Seele gelegt." [16] Eine ähnliche Dialektik von Blitzesschnelle und Gewalt bestimmt auch Kleists Vorstellung von der Bombenpost, deren Nachrichten wie eine Bombe einschlagen. Auf diese Dialektik von Utopie und Dystopie kommunikativer Unmittelbarkeit wird zurückzukommen sein.

## 2. Modelle

Schuberts Vorlesungen, Gmelins Fallgeschichten und Kleists Drama sind symptomatische Beispiele für den überaus weitverzweigten Mesmerismusdiskurs, der um 1800 verschiedenste Denkbilder, Praxisformen und Diskursfelder vernetzt: Medizin, Nervenphysiologie, Naturphilosophie, Psychologie, Erfahrungsseelenkunde und Anthropologie, Religion, Geisterglauben und nicht zuletzt die Ästhetik. Insgesamt bildet er, so meine These, eine grosse Netzerzählung, die sich wesentlich durch die Dynamik von Absenz und Präsenz strukturiert, und die sich vielfältig in Beziehung setzen lässt zu späteren Netznarrationen wie der Telefonie um 1900 oder auch zu heutigen Netzmythen, die rund um das Internet gewoben werden.

Mesmers Theorie der kosmischen Allflut, die die gesamte belebte und unbelebte Natur durchströmt und den Menschen über die Nervenbahnen mit dem Ganzen des Komos in Beziehung setzt, ist ein Phantasma universeller Harmonie im Medium einer unifizierenden Naturkraft, das in den Beglückungs- und Entrückungszuständen des Magnetschlafs durch die Praxis bestätigt und bewiesen schien. Schubert spricht von der „Lebensseele" als einem „allgemeine[n], unsichtbare[n] geistigen Band", das „den Uebergang von einem Daseyn zu einem andern, und das ewig harmonische Zusammenwirken des Weltalls in allen seinen Theilen möglich macht." [17] Sein geheimes Wirken scheint dem Menschen in den

---

16 KLEIST: Käthchen (wie Anm. 10), S. 436.
17 SCHUBERT: Ansichten (wie Anm. 14), S. 371 f. Zum Mesmerismus insgesamt vgl. BARKHOFF: Magnetische Fiktionen (wie Anm. 11); HEINZ SCHOTT (Hg.): Franz Anton Mesmer und die Geschichte des Mesmerismus. Stuttgart 1985; GEREON WOLTERS (Hg.): Franz Anton Mesmer und der Mesmerismus. Wissenschaft, Scharlatanerie, Poesie. Konstanz 1988; HENRY F. ELLENBERGER: Die Entdeckung des Unbewußten. Geschichte und Entwicklung der dynamischen Psychiatrie von den Anfängen bis zu Janet, Freud, Adler und Jung. Zürich 1985; ALAN GAULD: A history of hypnotism. Cambridge 1992.

Offenbarungen des somnambulen Hellsehens intuitiv erfahrbar zu werden. Wenn Jochen Hörisch die Medien der vortechnischen Epoche definiert als „diejenigen Naturelemente, in denen sich göttlich-geistige Momente und Tendenzen latent zu erkennen geben konnten, ohne aber je das Niveau der ausdrücklichen Botschaften zu erreichen", so passt diese Definition sehr genau auf die mesmeristische, von den Romantikern als manifeste Seite der Weltseele verstandene Naturkraft.[18]

Der Mesmerismus kann also als Medium universeller Kommunikation beschrieben werden, und transportiert damit Einheitsversprechen der romantischen Naturphilosophie, die sich in spätere Netzerzählungen fortsetzen, aber konstituiert er deshalb ein Netz? In den Theorien des Mesmerismus gleiten zwei Vorstellungskomplexe ineinander, die theoretisch nirgends sauber getrennt werden und auch zu Widersprüchen in der Theoriebildung führen. Dem älteren, hermetisch-neuplatonischen Pneuma- oder Weltseelenmodell der einen allpräsenten Universalkraft fehlt in der Tat der spezifische Netzcharakter, der ja einerseits durch ein System von Verknüpfungen und andererseits durch das Dazwischen, durch die Maschen als Räume, die nicht zum Netz gehören, gekennzeichnet ist.

Dem Netzmodell unmittelbar verpflichtet ist hingegen die neuere und sich über die vormodernen Modelle schiebende, von der Nervenphysiologie und den Energiezirkulationen elektrisch-galvanischer Ströme geprägte Vorstellung, dass die mesmeristische Allflut spezifisch an den Nervenbahnen im Körper angreift bzw. sich mit dem in den Nerven fliessenden Nervengeist vereint oder mit diesem sogar identisch ist. Im Modell des „unsere Nerven durchströhmende[n] Äthers" als „Lebenskraft", wie es z.B. Gmelin formuliert,[19] wird Mesmers Fluidtheorie mit anthropologischen, aus Vitalismus und Nervenphysiologie entwickelten Mittlerstoffmodellen überformt, die den Nervenäther als nur lose an die Nerven gebunden und in Zuständen erhöhter Reizbarkeit als die Körpersphäre überschreitende „animalisirt-elektrische Atmosphäre" konzipierten.[20] So lässt sich nicht nur erklären, warum nur ausgewählte Personen für die Berührung durch die ubiquitäre Kraft geeignet scheinen, sondern so wird auch die sympathetische Vernetzung mit anderen, ebenfalls erhöht sensiblen Nervengeistern

---

18 JOCHEN HÖRISCH: Vom Element zum Medium. Medien der Natur und die Natur der Medien. In: ders.: Ende der Vorstellung. Die Poesie der Medien. Frankfurt/M. 1999, S. 133-164, hier S. 145.
19 EBERHARD GMELIN: Ueber Thierischen Magnetismus. In einem Brief an Herrn Geheimen Rath Hoffmann zu Mainz. Tübingen 1787, S. 89 und S. 93.
20 EBERHARD GMELIN: Neue Untersuchungen über den thierischen Magnetismus. Tübingen 1789, S. 410.

erklärbar durch im Raum freiwirkend vagierenden und sich mit anderen verbindenden, dabei aber auch immer noch an den Einzelorganismus gebundenen Nervengeist. Dieses Netz von Nervengeistern konstituiert – als Theorie und als Praktik – in der Tat so etwas wie McLuhans globales Nervensystem. Auch von Strahls Präsenz in Käthchens Schlafgemach erklärt sich so als Verbindung zweier Nervengeister im Raum und Zeit überwindenden Rapport. Ganz wie es Jung-Stillings „Theorie der Geister-Kunde" aus dem Entstehungsjahr des Käthchens festgestellt hatte: „Der höchste Grad der in der menschlichen Natur noch gegründeten Erscheinungen ist unstreitig der, wenn sich ein Mensch bei lebendigem Leibe an einem entfernten Ort zeigen kann."[21]

McLuhans eingangs erwähntes Zitat trifft damit auf die phantasmatischen mesmeristisch-magischen Netze der Romantik weit eher zu als auf ihre medientechnischen Nachfolger; es steckt ja auch ein gehöriger Schuss Romantik in McLuhans Theorie. Dies nicht zuletzt auch, weil die Elektrizität selbst in den Netzkonstruktionen Mesmers und seiner Nachfolger bereits einen wichtigen Platz einnahm. Als avanciertestes naturwissenschaftliches Forschungsfeld der Zeit schien sie in ihrer phänomenologischen Nähe zu Mesmers spekulativer Naturkraft nämlich geeignet, deren Plausibilität zu erhöhen. In der Elektrizität und den anderen auf den Menschen über die Nervenbahnen wirkenden Imponderabilien wie dem Galvanismus fand Mesmer ein Modell zur Diskursivierung von Kräften, deren Wirkungsweise sich zwar wie bei Newtons Schwerkraft nicht erklären ließ, deren *qualitates occultas* aber dadurch akzeptabel wurden, dass sich zumindest ihre Wirkungen in wiederholbaren Experimenten objektivieren ließen.

## 3. Apparaturen

Den Knotenpunkt der mesmeristischen Netzbildungen in Mesmers Gruppenpraxis bildete eine phantasmatische, der 1745 erfundenen Leidener Flasche nachempfundene Apparatur, die die Kommunikation im Medium des Fluidums verstärken sollte. Mesmers berühmtes Baquet, durch dessen elektrische Leiter und wollene Schnüre sich seine Patienten miteinander verknüpfen, sollte analog zu der ersten elektrischen Batterie das magnetische Fluidum speichern, um es im Bedarfsfall konzentriert ins Netz und auf die magnetisierten Netzteilnehmer zu

---

21 JOHANN-HEINRICH JUNG-STILLING: Theorie der Geister-Kunde. Nürnberg 1808. Faksimiledruck Heidelberg 1979, S. 77.

entladen (Abb. 6). In den für Mesmers Therapien charakteristischen konvulsivischen Krisen der solcherart ans fluidale Netz Angeschlossenen bilden sich dabei die Zuckungen der Elektrisierten ebenso ab wie die Verzückungen mystisch-sprachloser Ekstase. Eine ähnliche Nähe von Verzuckung und Verzückung inszenierte bereits die berühmte Experimentalanordnung des Abbé Nollet, der 1746 600 verdrahtete Kartäusermönche durch die Entladung einer Leidener Flasche unter Elektroschock setzte. Ernst Benz hat über die Linie Kircher – Oetinger – Divisch – Franklin – Mesmer jene „Theologie der Elektrizität" rekonstruiert, die die Elektrizität aufgrund ihrer Unsichtbarkeit, ihrer unvorstellbar schnellen Überbrückung des Raumes und der Lichteffekte des Blitzes als magisches Wirkelement, als Manifestation des Göttlichen in der Natur und als epiphanisches Lichtmedium metaphysisch auflädt.[22] Er hat zudem gezeigt, wie diese religiösen Besetzungen auch in Mesmers materialistisch gedachte innerweltliche Erlösung durch die Panazee des tierischen Magnetismus eingehen. Martin Burckhardt hat, an Benz anknüpfend, von der „spirituellen Batterie" gesprochen, die Nollets Mönche an eine „elektrische Weltseele" anschliesse. Laut Burckhardt haben wir mit den „in Echtzeit zuckenden Techno-Mönche[n]" einen „Humanprozessor" vor uns, einen „schwingenden Raum", in dem das „Zeit-Gefälle zwischen den Raumpunkten" aufgehoben ist; oder, mit anderen Worten, einen elektrotechnisch hergestellten „virtuellen Raum" instantaner Kommunikation.[23]

Stefan Münker nennt in seinen Überlegungen zur Kulturgeschichte des Telefons folgende Grundbedingungen virtueller Realität: „die medienspezifische Gestaltung eines Raumes vielfältiger, aber nicht beliebiger Kommunikations-, Handlungs- bzw. Erfahrungsmöglichkeiten, die durch eine spezifische Differenz der Wahrnehmungssituation von der nicht virtuellen Realität unterschieden sind." [24] Genauer noch als auf Noellets Kette verkabelter Mönche scheinen mir diese Bestimmungen auf die mesmeristische Trance zuzutreffen: Die Gemeinschaft der im somnambulen Schlafwachen sympathetisch Vernetzten teilt im

---

22 ERNST BENZ: Theologie der Elektrizität. Zur Begegnung und Auseinandersetzung von Theologie und Wissenschaft im 17. und 18. Jahrhundert. Wiesbaden 1971 (=Akademie der Wissenschaften und der Literatur. Abhandlungen der Geistes- und sozialwissenschaftlichen Klasse 1970, Nr. 12).
23 MARTIN BURCKHARDT: Vom Geist der Maschine. Eine Geschichte kultureller Umbrüche. Frankfurt/M., New York 1999, bes. Kap. 7 „Unter Strom", S. 222-245, hier S. 237 und S. 225 f.
24 STEFAN MÜNKER: Vermittelte Stimmen, elektrische Welten. Anmerkungen zur Frühgeschichte des Virtuellen. In: ders. / ALEXANDER ROESLER (Hg.): Telefonbuch. Beiträge zu einer Kulturgeschichte des Telefons. Frankfurt/M. 2000, S. 185-198, hier S. 187. Vgl. auch STEFAN MÜNKER: Was heisst eigentlich ‚virtuelle Realität'? In: ders. / ROESLER (Hg.): Mythos Internet (wie Anm. 2), S. 108-127.

Medium des magnetischen Fluidums eine spezifische, nur ihnen zugängliche Wahrnehmungssituation erhöhter oder jedenfalls veränderter Erfahrungsmöglichkeiten.[25] Testfall dieser virtuellen Realität ist die Telepathie als einer paradoxen Herstellung medialer Unmittelbarkeit. Keinesfalls läuft der telepathische Rapport nur zwischen Magnetiseur und Somnambuler, oft bilden die Somnambulen untereinander Netze sympathetischer Verbundenheit; von Gmelins Patientinnen heisst es bei Schubert, dass sie „durch eine besondre und unwiderstehliche Zuneigung aneinander gefesselt" wurden.[26] Und zahlreich sind die Berichte von magnetischen Ahnungen, in denen die Somnambulen die Abwesenheit von Verwandten und Verlobten ahnend überwinden und sich ihnen ihr Befinden und ihre Gedanken fernwirkend mitteilen.[27]

Wie weit solche telepathische Kommunikation verifizierbar wäre, braucht dabei nicht zu interessieren, denn wie Albrecht Koschorke überzeugend dargestellt hat, „kollabiert die Differenz von Faktum und Fiktion" angesichts der prinzipiell imaginativen Überbrückung von Abwesenheit durch die Einbildungskraft.[28] Deshalb auch kann Kleists eingangs zitierte äußerste fiktive Erweiterung der Möglichkeiten absoluten telephatischen Verstehens im „Käthchen" hier einstehen für die Wunschstrukturen, die in den magnetischen Rapport einschiessen: das Ideal absoluter, der symbolischen Zwischeninstanzen wie der Sprache und der Schrift oder der hermeneutischen Auslegung nicht bedürftigen Verstehens.

Die Konstellation von (phantasmatischer) technischer Apparatur, Vernetzungstechnik, kommunikativer Utopie und metaphysischem Anschluss begleitet die Geschichte des Mesmerismus von Anfang an und setzt sich in seine medienhistorischen Nachfolger fort. An drei Beispielen, die jeweils Anknüpfungspunkte an die weitere medientechnische Entwicklung erlauben, sei das nun markiert.

E.T.A. Hoffmanns Erzählung „Die Automate", die ihrem Autor, nach dessen eigenem Bekunden, Gelegenheit bot, „mich über alles was Automat heisst, auszusprechen",[29] präsentiert gleich zu Beginn eine kommunikationstechnische

---

25 Zu diesen gehören Präkognition und Telepathie ebenso wie die fehlende Rückerinnerung im Wachzustand oder die ‚Körperinnenschau'. Vgl. die vollständigste zeitgenössische Zusammenstellung der mesmeristischen Ausnahmephänomene bei CARL FRIEDRICH ALEXANDER KLUGE: Versuch einer Darstellung des animalischen Magnetismus als Heilmittel. 2. Aufl. Berlin 1815, S. 66-144.
26 SCHUBERT: Ansichten (wie Anm. 14), S. 348.
27 Vgl. Berichte über telepathische Rapportphänomene bei KLUGE: Versuch einer Darstellung (wie Anm. 25), S. 128 und SCHUBERT: Ansichten (wie Anm. 14), S. 350.
28 ALBRECHT KOSCHORKE: Körperströme und Schriftverkehr. Mediologie des 18. Jahrhunderts. München 1999, S. 271.
29 E.T.A. HOFFMANN: Brief Nr. 471 vom 16.1.1814 an Rochlitz. In: ders.: Briefwechsel.

Apparatur, in der Technik und Mesmerismus eine aufschlussreiche Synthese eingehen. Der redende Türke, dessen tiefsinnige, die Seele und die Zukunft seines Gegenüber aufschliessende „Orakelsprüche" (A, 328) Vermutungen auslösen „über das Medium der wunderbaren Mitteilung" (A, 329), gleicht van Kempelens berühmtem Schachspieler und ist wohl auch von diesem inspiriert.[30] Anders als beim schachspielenden Türken aber findet kein Mensch im Innern der Konstruktion Platz: ein räumlich abwesendes „versteckte[s] geistige[s] Wesen" setzt sich stattdessen mit dem Fragenden „in einer Art Ekstase" in telepathischen Rapport, durch den es „unser ganzes inneres Wesen in sich auffaßt" (A, 343). Auch wenn das Innere des redenden Türken von mechanischem Räderwerk angefüllt ist: im funktionalen Zentrum der Weissagungsmaschine steckt ein somnambules Medium, das sich nicht nur mit dem Fragenden, sondern mit dem ganzen Netz seiner Beziehungen in Vergangenheit und Zukunft telepathisch zu verknüpfen weiss. Doch wie seine zahlreichen Literarisierungen des Mesmerismus überhaupt, skeptiviert Hoffmanns „Automate" das kommunikative Versprechen, dass in diesem Netzmythos steckt und treibt dessen manipulativ-destruktive Mechanismen hervor. Die Orakelsprüche, mit dem das technisch-animalmagnetische Medium die Situation des Protagonisten Ferdinand deutet, erfassen zwar dessen geheimste Beziehungen, setzen sich aber zugleich wie „eine fremde Macht feindselig in mein Innerstes" und treiben ihn schließlich in einen „zerrütteten Seelenzustand" (A, 353). Professor X., dessen Künste als Automatentechniker und als Magnetiseur verantwortlich sind für die Fähigkeit der Weissagungsmaschine, sich in das Assoziations- und Erinnerungsnetz seines Gegenübers bedeutungsvoll und folgenreich einzuloggen, ist zugleich Konstrukteur von Musikautomaten. Auch an der Spannung zwischen dem „Tote[n], Starre[n] der Maschinenmusik" (A, 347), die sie mechanisch-seelenlos hervorbringen, und der ursprünglichen „Sphärenmusik", die den Menschen in der Goldenen Urzeit „wie im Wehen einer ewigen Begeisterung mit heiliger Musik" umgab und so „in der ersten heiligen Harmonie mit der Natur erhielt" (A, 349), wie es, Schubert zitierend, heisst, spielt die Erzählung durch, dass die romantischen Versprechen harmonischer Totalität nicht einzulösen sind, schon gar nicht von der Technik. Gerade da, wo die Netzeffekte der modernen technischen Apparaturen die romantische Verheißung medialer Allverbunden-

---

3 Bde. Hg. von Friedrich Schnapp. München 1967-69. Bd. I. Königsberg bis Leipzig 1794-1814. 1967, S. 436.
30 E.T.A. HOFFMANN: Die Automate. In: ders.: Sämtliche Werke in Einzelausgaben. 6 Bde. Bd. 3. Die Serapions-Brüder. Hg. von Walter Müller-Seidel. München 1963, S. 328-354. Zitatnachweise im Folgenden im Text als (A, Seitenzahl). Zu van Kempelens Türken siehe GABI WOODS: Living Dolls. A Magical History of the Quest for Mechanical Life. London 2002.

heit zu verwirklichen scheinen, kippen sie in fernwirkende Fremdbestimmung, in radikale Entmächtigung und Ich-Verlust, in den Terror absoluter Kontrolle. Hoffmann spielt dies vielfach durch in seinen Mesmerismuserzählungen, in denen die invasiven Feuerströme des Fluidums und die glühend-verletzenden Blicke der Magnetiseure immer das Nervensystem der Opfer angreifen, und in denen diese sich, wie zum Beispiel Moritz und Angelika in „Der unheimliche Gast", von den „geheimnisvollsten Banden" fernmagnetischer Manipulationen „umstrickt" und im „dichten Gespinst" des mesmeristischen „Feuerfaden" rettungslos gefangen empfinden.[31]

Radikaler noch als alle Hoffmannschen Anordnungen aber ist die „Luftwebestuhl" genannte phantasmatische Maschine, die der Insasse des sprichwörtlichen Londoner Irrenhauses Bedlam, James Tilly Matthews, 1809 beschrieben hat.[32] (Abb. 7) Man hat sich den Luftwebestuhl als eine Art gigantisches Baquet vorzustellen, mit dem „eine Rotte von Schurken" (E, 25) „vermittelst magnetischer Imprägnationen" (E, 26) eine Vielzahl terroristischer Aktivitäten im magnetischen Netz entfaltet. Neben dem direkt politisch-umstürzlerischen „Ereignismachen" (E, 9), in welchem sich, wie Siegert zeigt, die Verwicklung der Anhänger Mesmers in die Französische Revolution und die englische Revolutionsangst paranoid gesteigert spiegeln,[33] sind ihre Attacken einerseits suggestive Einflüsterungen wie das „Hirnsprechen" (E, 27) oder die „Gedankenerzeugung" (E, 32). Vor allem aber sind es fernwirkende Manipulationen des magnetischen Fluidums im Nervensystem der Opfer, die das absolute Gegenteil von Mesmers harmonisierend-ausgleichenden Bestreichungen bewirken: „Abschneidung der Seele von der Empfindung" mittels „Ausbreitung der in ihrer Ausdehnung erstarrten magnetischen Kette" (E, 30) beispielsweise statt Wiederanknüpfung an den Fluss der Naturkraft. Oder „Gaszupfung", die „Entziehung von magnetischem Fluidum" (E, 33); den Aura-Vampirismus, den wir auch von Hoffmanns Magnetisueren kennen statt der wohltätigen Spende

---

31 E.T.A. HOFFMANN: Der unheimliche Gast.. In: ders.: Die Serapions-Brüder (wie Anm. 30), S. 600-642, hier S. 635 und S. 619.
32 JOHN HASLAM: Erklärungen der Tollheit, welche einen eigenthümlichen Fall von Wahnsinn und einen nicht minder merkwürdigen Unterschied in der ärztlichen Begutachtung vorführen und die Natur des sogenannten Anfalls und die Art und Weise des Ereignismachens enthüllen, nebst einer Beschreibung der Martern, welche in Folge von Bombenbersten, Hummerknacken und Hirndehnung empfunden werden. Leipzig 1889. Zitatnachweise im Folgenden im Text als (E, Seitenzahl). Den Hinweis auf diesen für meinen Zusammenhang einschlägigen Text entnehme ich dankbar SIEGERT: Gehörgänge ins Jenseits (wie Anm. 6).
33 Vgl. SIEGERT: Gehörgänge ins Jenseits (wie Anm. 6), S. 57-59.

eines Überschusses durch den Magnetotherapeuten. Vor allem aber üben die „Mordgesellen" (E, 43) das sogenannte „Bombenbersten":

> Das Fluidum, welches in dem Gehirn und den Nerven sich befindet [...] wird in hohem Grade verdünnt und entzündbar gemacht und bringt dadurch eine schmerzhafte Dehnung durch den ganzen Körper hin zu Wege. Während die angefallene Person sich also leidend verhält, wird eine mächtige Ladung der elektrischen Batterie [...] losgelassen, welche eine schreckliche Explosion verursacht und das ganze System zerfleischt. (E, 33).

Mesmers ‚Lebensfeuer' als hochexplosives, vom elektrischen Funken entzündetes Gemisch! Die für die Magnetkuren so charakteristische Sensibilität der Somnambulen für die Selbstwahrnehmung ihrer Körperregungen ist in Matthews paranoidem Wahnsystem zum Argwohn gegenüber der Körpersymptomatik als Indiz maligner Fremdeinwirkung pervertiert. Zugleich bezeugt der lange Katalog der bösartigen Attacken, wie anfällig das universale Kommunikationsnetz für terroristische Einspeisungen aller Art ist. Hoffmanns Misstrauen gegenüber der ungeschützten Offenheit mesmeristischer Netzkommunikation galt zwar bereits dem strukturellen Verlust der Subjektposition der Netzteilnehmer, machte sich aber doch vornehmlich an der Kritik einzelner machtbesessener Magnetiseurgestalten fest, die die Möglichkeiten der Vernetzung missbrauchten. Das Wahnsystem von Matthew dagegen hat einen geschärften Blick dafür, dass der Fehler strukturell in der Konstruktion des Netzsystems selbst zu suchen ist. Das zeigt nicht zuletzt die Apparatur, die wie eine Spinne an den Knotenpunkten des magnetischen Netzes sitzt. Von den Fluidalbatterien „i" geht der Energiefluss „s" auf das Opfer „x". Vielsagend nennt Matthews diesen „Aufzug von magnetischem Fluidum, das zwischen der, mit solchem Fluidum imprägnirten Person und den Magneten des Luftwebestuhls, für die jene präparirt ist, sich erstreckt", auch „Drähte" (E, 38); eine Bezeichnung, in der das zeitgenössische Bild der ferngesteuerten, puppenhaft willenlos reagierenden Marionette mit den Kabelnetzen der Elektriker verschmilzt.[34] Als Teil der imaginativen Vorgeschichte der Elektrifizierung erweist sich Mathews Netzwahn übrigens auch dadurch, dass er Luftwebestühle als Verteilerstationen über ganz London ausgebreitet sieht.

---

34 Die mit „h" bezeichneten Gefäße sind zugleich „Batterie" und „Musikgläser" (E, 37). Die in den 1750er Jahren von dem Iren Richard Pockrich in Dublin vorgestellten *musical glasses* sind das Ursprungsinstrument der Glasmusik und Vorläufer der von Mesmer therapeutisch eingesetzten Glasharmonika. Zum Zusammenhang von Glasmusik und Mesmerismus vgl. JÜRGEN BARKHOFF: Töne und Ströme. Zu Technik und Ästhetik der Glasharmonika im Mesmerismus und bei E.T.A. Hoffmann. In: BRITTA HERRMANN / BARBARA THUMS (Hg.): Ästhetische Erfindung der Moderne? Perspektiven und Modelle 1750–1850. Würzburg 2003, S. 165-191.

Meine nächste mesmeristische Medienapparatur ist weit weniger spektakulär, aber keineswegs weniger symptomatisch; zudem wurde sie im Gegensatz zu Mathews imaginierter Maschine wirklich gebaut und verwendet. Der „Nervenstimmer" (Abb. 8) war das persönliche, nach ihren eigenen Anweisungen konstruierte Baquet des berühmtesten Mediums der Romantik, der Seherin von Prevorst, Frederike Hauffe, die während dreier Jahre in praktisch permanentem Somnambulismus als Patientin und Medium bei Justinus Kerner in Weinsberg lebte. Die von dem Arzt, Magnetiseur, Spiritisten und Dichter aufgezeichneten „Eröffnungen über das innere Leben des Menschen und über das Hereinragen einer Geisterwelt in die unsere" gelten als ein Gründungsdokument des modernen Spiritismus.[35] Jochen Hörisch nennt Medien insgesamt „Abwehrzauber gegen Absenzen aller Art".[36] Spiritistische Jenseitskontakte gelten der Überwindung der abolten und ultimativen Abwesenheit im Tod. Medium dieses Geisterkontakts sind auch bei der Seherin die „verlängerten Fühlsfäden" (S, 298) des entbundenen, freiwirkend die Schwelle zum Jenseits überwindenden Nervengeistes, den Kerner 1853 in seiner Schrift „Die somnambülen Tische" auch zur Erklärung für das spiritistische Modephänomen schlechthin verantwortlich machte.[37] Der Nervenstimmer diente, wie der Name schon sagt, dazu, die Nerven der Seherin einzustimmen auf die Berührbarkeit durch die anmimalmagnetischen Fluida, sie gewissermaßen zu tunen auf die optimale Empfangsfrequenz für die kommunikativen Schwingungen des Nervenäthers. An die Leydener Flasche erinnert die Form des Nervenstimmers freilich kaum noch; dafür ist in seiner Dreiecksgestalt die heilige Trinität und das alte magisch-kabbalistische Symbol des Auge Gottes zitiert; ein angemessener Ausdruck der metaphysisch-religiösen Ladung des mesmeristischen Kommunikationsnetzes bei Kerner. Trotzdem bleibt auch hier der epistemologische Bezug zur Elektrizität durchgehend gewahrt. Kerner machte mit seiner Patientin Experimente zur „Einwirkung galvanischer Elektricität": „Gab man der Frau H. Eisen in die rechte

---

35 JUSTINUS KERNER: Die Seherin von Prevorst. Eröffnungen über das innere Leben des Menschen und über das Hereinragen einer Geisterwelt in die unsere. 4. Aufl. Tübingen 1846. Zitatnachweise im Folgenden im Text als (S, Seitenzahl). Vgl. HEINZ SCHOTT: Der „Okkultismus" bei Justinus Kerner. Eine medizinhistorische Untersuchung. In: ANDREA BERGER-FIX (Hg.): Justinus Kerner. „Nur wenn man von Geistern spricht". Briefe und Klecksographien. Stuttgart, Wien 1986, S. 71-103; HEINZ SCHOTT (Hg.): Medizin und Romantik. Justinus Kerner als Arzt und Seelenforscher. Justinus Kerner Jubiläumsband. Teil 2. Weinsberg 1990; BETTINA GRUBER: Die Seherin von Prevorst. Romantischer Okkultismus als Religion, Wissenschaft und Literatur. Paderborn, München, Wien, Zürich 2000.
36 HÖRISCH: Sinn und Sinne (wie Anm. 7), S. 264.
37 Vgl. JUSTINUS KERNER: Die somnambülen Tische. Zur Geschichte und Erklärung dieser Erscheinung. Stuttgart 1853.

und Kupfer in die linke Hand, so verursachte es ihr Schläge, die von der rechten Seite gegen die linke durch das Herz durchgingen." (S, 105).

## 4. Spiritismus

Die Seherin als Konduktor, als Durchgangsstation der anonymen Ströme des elektrisch-ätherischen Nervengeistes: genau in dieser Logik interpretiert sie selbst die Kontaktaufnahmen der Geister. Oft sind es ähnliche Zuckungen, nervöse Krampfanfälle, die die spiritistische Verzückung, die Herstellung der Jenseitskommunikation, ankündigen. Immer wieder betont sie, dass die Geister sich „ohne meinen Willen [...] zu mir wenden" (S, 306). Im virtuellen Raum des Nervenäthernetzes stellen die Geister mit Klopf- oder Klingelzeichen, durch „Töne wie von einem Triangel" (S, 373) die Verbindung zur Seherin her, suchen sich selbst aus der unendlichen Zahl potentieller lebender und toter Netzteilnehmer ihr Mittlermedium. Als „vermittelndes Organ" (S, 310), so die Worte der Seherin selbst, versteht sie sich. Doch was vermittelt sie? Die imaginative Gemeinschaft im Medium des Nervenäthers können nur Geister suchen, die noch zu sehr dem Diesseits verhaftet sind; nur ihr Nervenäther hat sich von der Welt der Lebenden noch nicht völlig entbunden. Sie wenden sich zumeist an die Seherin, damit sie Kontakt zu Freunden und Verwandten anknüpfen solle; oft, weil sie noch eine unerledigte Aufgabe an die Welt bindet und sie insgesamt der Welt der Dinge und des Fleisches zu sehr verbunden sind. Sie leben im Zwischenreich und sind als äußeres Stigma ihrer Unerlöstheit dunkle, graue Schemen. Zumeist verweigert sich die Seherin dieser Vermittlungstätigkeit, die ihr religiös irriges Verhaftetsein ans Irdische ist (vgl. S, 520 f.; S, 527 f.; S, 529); nur ihrem Magnetiseur vermittelt sie, dass ihm ein verstorbener Freund im Rapport fühlbar wird (S, 523 f.). Ansonsten bietet sie Vermittlungen zur anderen Sphäre an: die Anrufung Gottes im Gebet, dass die Geister begierig einsaugen, so wie die Somnambulen die Lichtmaterie des Magnetismus wohltuend in sich einströmen lassen. Hierbei hellen sich die schemenhaften Leiber der Unerlösten auf, lösen sich vom sündigen Erdenschmutz des alten Adam und präparieren sich so für die direkte, unvermittelte Gottesbegegnung im Paradies. Hauffes Geister sind subjekthafte Phantome, in denen sich der religiöse Diskurs vom Fluch des sündigen Fleisches elektrisch-ätherisch materialisiert; sie selbst ist bei dieser Vernetzung der Geister mit dem Höheren die zuckend-verzückte Vermittlungsinstanz zur Anrufung des Erlösers. Zu den Wunschphantasmen, die sich an das virtuelle Universalnetz der mesmeristischen Allkommunikation knüpfen, tritt neben der Hoffnung auf fragloses, der Interpretation nicht mehr bedürftiges Verstehen und der Überwindung des Raum- und Zeitkontinuums im Modus der Allpräsenz zuletzt auch noch die Befreiung vom Fluch des unreinen, schmutzigen Körperlichen.[38]

Als der Vater der Hauffe gerade gestorben ist, hört sein Arzt im Nebenzimmer ein „Ach Gott" (S, 133). Wie sich herausstellt, ein Ausruf – oder besser Anruf? – der abwesenden Seherin, der sich, wie sie selbst erklärt, über das Medium des Nervengeistes dem ihr in der Sterbestunde innig verbundenen Vater mitteilt. Dieses spiritistische Telefonat mit dem höchsten denkbaren Signifikanten als *message* diene zum Abschluss als Anschluss der mesmeristischen Netzerzählungen an die Mediengeschichte um 1900. Da diese Epoche, vor allem was den Zusammenhang von Spiritismus und Telefonieren angeht, gut untersucht ist, kann ich mich auf verknüpfende Verweise beschränken.[39]

## 5. Übergänge

Im Zeichen des Telefons kommt es um 1900, wie Rüdiger Campe schreibt, „zur apparativen Erfüllung des romantischen Versprechens", und das Projekt vollständiger Vernetzung gerät von den Händen der Magnetiseure in das der Generalpostmeister und Ingenieure.[40] Die Systemstelle der Seherin nimmt im technischen Kommunikationsnetz das berühmte Fräulein vom Amt ein, das der subjektlosen Vermittlungsinstanz im potentiell unendlichen Netz der Anrufer, und

---

38 Zum Wiederauftauchen gerade dieser Erlösungshoffnungen im Kontext des Internet vgl. HARTMUT BÖHME: Enträumlichung und Körperlosigkeit im Cyberspace und ihre historischen Vorläufer. In: Modern Language Notes 115/2000, Nr. 2, April. German Issue. Gesture and Gag. The Body as Medium, S. 423-441; GEERT LOVINK / PIT SCHULTZ: Anmerkungen zur Netzkritik. In: MÜNKER / ROESLER (Hg.): Mythos Internet (wie Anm. 2), S. 338-367.
39 Vgl. neben dem einschlägigen und glänzenden Ausatz von SIEGERT: Gehörgänge ins Jenseits (wie Anm. 6) besonders WOLFANG HAGEN: Radio Schreber. Der ‚moderne Spiritismus' und die Sprache der Medien. Weimar 2001; MÜNKER / ROESLER (Hg.): Telefonbuch (wie Anm. 24). Zur Entwicklung von Zirkulations- und Vernetzungsmodellen im 19. Jahrhundert siehe auch CHRISTOPH ASENDORF: Ströme und Strahlen. Das langsame Verschwinden der Materie um 1900. Gießen 1989, und, mit Fokus auf den Mesmerismus, HEINZ SCHOTT: Die ‚Strahlen' des Unbewußten – von Mesmer zu Freud. In: WOLTERS (Hg.): Franz Anton Mesmer (wie Anm. 17), S. 55-70.
40 RÜDIGER CAMPE: Pronto! Telefonate und Telefonstimmen. In: FRIEDRICH KITTLER / MANFRED SCHNEIDER (Hg.): Medien. Diskursanalysen 1. Opladen 1987, S. 68-93, hier S. 77. Vgl. auch BERNHARD SIEGERT: Relais. Geschicke der Literatur als Epoche der Post (1751-1913). Berlin 1993.

wie die Seherin geraten sie unter Hysterieverdacht, wenn sie ‚Strom bekommen', also bei allzu stürmischem Kurbeln zur Herstellung der kommunikativen Verbindung durch Netzteilnehmer in Zuckungen geraten.[41] Die Spiritisten modernisieren ihre Netzerzählungen mithilfe der neuen Netzwerktechnik und machen sich deren Autorität zunutze, um die telepathischen Geisterkontakte zu plausibilisieren, etwa wenn Eduard von Hartmann „Hellsehen" und telepathische „Vorstellungsübertragung auf weite Ferne" in einer bekannten Formulierung als „Rapport oder Telefonanschluss im Absoluten" deutet.[42] Auch die Psychoanalyse parallelisiert als psychohistorischer Nachfolger des Mesmerismus nun die Telepathie mit dem kommunikativen Leitmedium ihrer Zeit. In Freuds Vorlesung „Traum und Okkultismus" heisst es dazu:

> Der telepathische Vorgang soll ja darin bestehen, daß ein seelischer Akt der einen Person den nämlichen seelischen Akt bei einer anderen Person anregt. Was zwischen den beiden seelischen Akten liegt, kann leicht ein phyikalischer Vorgang sein, in den sich das Psychische an einem Ende umsetzt und der sich am anderen Ende wieder in das gleiche Psychische umsetzt. Die Analogie mit anderen Umsetzungen wie beim Sprechen und Hören am Telefon wäre dann unverkennbar.[43]

Nicht unerwähnt bleiben können schließlich in diesem Kontext Paul Daniel Schrebers „Denkwürdigkeiten eines Nervenkranken". Sein Netz der Gottesstrahlen wiederholt – technisch aktualisiert – die paranoiden Fernsteuerungsängste von Matthews, und erklärt seine privilegiert-einzigartige Position als Empfänger der göttlichen Mitteilungen: „Es liegt vermuthlich eine ähnliche Erscheinung vor wie beim Telefonieren, d.h. die nach meinem Kopfe ausgesponnenen Strahlenfäden wirken ähnlich wie die Telefondrähte [...]."[44]

Auch auf der Seite der Erfinder und Ingenieure ist deutlich zu erkennen, welche religiösen Grosserzählungen sich in die neue Netztechnik hinein fortsetzen und diese mit epiphanischen Energien und hochaufgeladenen Erlösungsphantasien speisen: Als 1844 das erste Moresetelegramm zwischen Baltimore und Washington überhaupt gesendet wird, ist seine Nachricht ein Bibelspruch:

---

41 Vgl. BERNHARD SIEGERT: Das Amt des Gehorchens. Hysterie der Telefonistinnen oder Wiederkehr des Ohres. In: JOCHEN HÖRISCH / MICHAEL WETZEL (Hg.): Armaturen der Sinne. Literarische und technische Medien 1870-1920. München 1990, S. 83-106, sowie, aus anderer Perspektive HELMUT GOLD: Fräulein vom Amt. Eine Einführung zum Thema. In: ders. / ANETTE KOCH (Hg.): Fräulein vom Amt. München 1993, S. 10-36, bes. S. 32 ff.
42 EDUARD VON HARTMANN: Der Spiritismus. 2. Aufl. Leipzig 1898, S. 80.
43 SIGMUND FREUD: 30. Vorlesung „Traum und Okkultismus". In: ders.: Studienausgabe in 11 Bdn. Hg. von Alexander Mitscherlich u.a. Bd. 1. Vorlesungen zur Einführung in die Psychoanalyse und Neue Folge. Frankfurt/M. 1969, S. 472-495, hier S. 493 f.
44 DANIEL PAUL SCHREBER: Bürgerliche Wahnwelt um 1900. Denkwürdigkeiten eines Nervenkranken (1903). Hg. von Peter Heiligenthal und Reinhard Volk. Wiesbaden 1973, S. 217.

„What hath God Wrought!" – was hat Gott vollbracht oder, noch deutlicher: gedreht: die technischen Telegraphendrähte werden in der organizistischen Tradition der elektrischen Weltseele oder der magnetischen Lebensseele verstanden.[45] Womit wir wieder oder noch immer bei McLuhan wären. Die romantischen Denkfiguren wirken nach: im Netzmythos wie in der Netzkritik, in unseren Wunsch- und Angstprojektionen auf vergangene, gegenwärtige und noch zu entwerfende Netze, aber auch in unserer Fähigkeit zur Autoreflexivität, die ebenfalls, wie auch andere Beiträge dieses Bandes zeigen, ein konstitutives Moment von Netzstrukturen des Wissens darstellt.[46]

---

45 Zit. nach HÖRISCH: Sinn und Sinne (wie Anm. 7), S. 278.
46 Vgl. bspw. die Beiträge von Hartmut Böhme, S. 17-36, Britta Herrmann, S. 87-105 und Christian Emden, S. 127-154.

Britta Herrmann

# Monströse Verbindungen

## Experimentelle Wissenschaft und poetische Kombination um 1800

Seit einigen Jahrzehnten lässt sich ein „Siegeszug der Selbstorganisationstheorien"[1] beobachten, der sowohl die Naturwissenschaften als auch die Humanwissenschaften erfasst hat. Mit unterschiedlichen systemischen Denkansätzen hat die Wissenschaft insgesamt auf ein neues Paradigma umgestellt, das es zum einen erlaubt, den eigenen Objektbereich (etwa Natur, Gesellschaft, Literatur) als komplexes dynamisches System mit Chaos und Ordnung, Zufall und Notwendigkeit, Unvorhersagbarkeit und Determinismus zu begreifen – sei es mit Modellen der Kybernetik, der Autopoiesis, der Bifurkation oder der Chaostheorie. Zum anderen werden die Grenzen zwischen den Objektbereichen und Forschungslogiken, die einstmals die einzelnen Disziplinen begründet haben, durch diese Dynamisierung überschritten. Im Zuge von kulturwissenschaftlichen Erweiterungen, von Inter- oder Transdisziplinarität lässt sich die Wissenschaft nun selbst als komplexes „System zur Erzeugung von Wissen"[2] beschreiben, das wiederum mit anderen Systemen interagiert. Und so erscheint der Paradigmenwechsel von einer ‚objektiven' zu einer epistemischen Wissenschaft innerhalb der jeweiligen Forschungslogiken auch als eine Reaktion auf verschiedene relationale Neubestimmungen –[3] sei es im Verhältnis von Wissenschaft und Gesellschaft oder in dem von Technik und Gesellschaft, Technik und Literatur, die Künste und die Wissenschaften usw.[4]

Gemeinsam ist den verschiedenen systemischen Modellen die Idee einer nicht-linearen Beziehungslogik, die sowohl in lebenden wie in nicht-lebenden Komplexen wirksam sind. Während etwa für die Kybernetik die zentrale Denkfigur in der Rückkoppelungsschleife bestand, bildet im gegenwärtigen Systemdenken wohl das Netz oder Netzwerk die am häufigsten gebrauchte Metapher zur Beschreibung von Organisationsprinzipien zwischen Teil und Ganzem. Mit dem Netz verbinden sich dabei – je nach Theorie – u.a. Vorstellungen von einer

---

1 FRANK MUSSMANN: Komplexe Natur – Komplexe Wissenschaft. Selbstorganisation, Chaos, Komplexität und der Durchbruch des Systemdenkens in den Naturwissenschaften. Opladen 1995, S. 159.
2 WOLFGANG KROHN / GÜNTER KÜPPERS: Die Selbstorganisation der Wissenschaft. Frankfurt/M. 1989, S. 28.
3 FRITJOF CAPRA: Lebensnetz. Ein neues Verständnis der lebendigen Welt. Bern, München, Wien 1996, S. 56.
4 Vgl. MUSSMANN: Komplexe Natur (wie Anm. 1), S. 157.

Auflösung bipolarer Logiken durch hierarchielose, deterritorialisierte und mannigfaltige Verknüpfungsmöglichkeiten heterogener Entitäten. „Jeder Punkt eines Rhizoms kann (und muss) mit jedem anderen verbunden werden." So beschrieben ihre Netzidee einst Gilles Deleuze und Félix Guattari 1980 in „Tausend Plateaus".[5] In der gegenwärtigen *actor-network-theory* wird zudem davon ausgegangen, dass der jeweilige Punkt, die jeweilige Entität eines Netzes nicht nur vielfältige und heterogene Verbindungen eingehen kann, sondern selbst erst durch die Art der Verknüpfung und durch die Position im Netz überhaupt entsteht.[6]

Vernetzung bedeutet also nicht einfach eine Koppelung von zwei oder mehreren Entitäten, sondern auch eine Rückkoppelung, die ich mit Bruno Latour als Übersetzung oder *enrollment* verstehe und die Hybriden jenseits binärer Logiken schafft: z.B. Mischformen zwischen Natur und Kultur, belebter und unbelebter Materie, Mensch und Nicht-Mensch.[7] Damit diese Übersetzung überhaupt stattfinden kann, muss aber zugleich durch Praktiken der Trennung eben jener Dualismus geschaffen werden, den die Vernetzung überwindet. Folgt man Latour, so gehören diese beiden Bewegungen – Trennung und Vernetzung oder Reinigung und Vermischung – nicht nur zusammen, sondern sie konstituieren in ihrer dichotomischen Anlage das Projekt der Moderne.[8] Aber die Dichotomie ist – wie die meisten Dichotomien – ungleichgewichtig: „Grob umrissen", so Latour, „lautet die Hypothese [...]: Je mehr man sich verbietet, die Hybriden zu denken, desto mehr wird ihre Kreuzung möglich – darin besteht das große Paradox der Modernen [...]."[9]

Oder anders formuliert: Die Aufklärung gebiert stets neue Monster. Und dies – wie ich zeigen möchte – keineswegs nur als immer neue Untersuchungsgegenstände von Medizin und Naturwissenschaften. Vielmehr korrespondiert –

---

5 GILLES DELEUZE / FÉLIX GUATTARI: Tausend Plateaus. Kapitalismus und Schizophrenie. Berlin 1997, S. 16. Das hier beschriebene vollvermaschte Netz ist allerdings ein artifizielles Produkt, dass zum organischen Modell des Wurzelgeflechts im Widerspruch steht – zumal das vollvermaschte Netz letztlich ein geschlossenes System bildet, das Rhizom jedoch gerade nicht. Ohne dies in diesem Beitrag selbst im Einzelnen zu verfolgen, sollte doch an dieser Stelle darauf hingewiesen werden, dass mit den jeweils verwendeten Netzbegriffen unterschiedliche Vernetzungslogiken transportiert werden, deren Stellenwert für die (kulturelle) Wissensgenerierung und -vermittlung erst noch zu erforschen wäre.
6 JOHN LAW: After ANT. Complexity, naming and topology. In: JOHN LAW / JOHN HASSARD (Hg.): Actor network theory and after. Oxford 1999, S. 1-14, hier S. 6.
7 Vgl. BRUNO LATOUR: Wir sind nie modern gewesen. Versuch einer symmetrischen Anthropologie. Berlin 1995; ders.: On actor-newtork theory. A few clarifications. In: Soziale Welt 47/1996, Nr. 4, S. 369-381; ders.: On recalling ANT. In: LAW / HASSARD (Hg.): Actor network theory (wie Anm. 6), S. 15-25.
8 LATOUR: Wir sind nie modern gewesen (wie Anm. 7), S. 20 f.
9 Ebd., S. 21.

erstens – der zunehmenden Beschäftigung mit den Miss- und Mischbildungen im 17. und 18. Jahrhundert ein neuer, dynamischer und a-linearer Naturbegriff im Zeichen der Selbstorganisation. Auf der Suche nach Repräsentationsmodellen für die neue Epistemologie wird u.a. die Metaphorik des Netzes erprobt und neu codiert. Zweitens erscheint das Monster nicht nur als diskursiver Schnittpunkt im Netz von naturwissenschaftlichem, philosophischem, ästhetischem und poetischem Wissen, sondern wird selbst zum Zeichen einer heterogenen Vernetzungslogik der Wissensgenerierung. Und drittens wird das Hybride zur Metapher einer poetischen Verknüpfungskunst und einer neuen Ästhetik der Kombination.

## 1. Spinnennetz oder Bienentraube

Bis ins 18. Jahrhundert hinein wird Naturgeschichte bekanntlich nicht zeitlich gedacht:[10] Da Gott alle Lebewesen geschaffen hat, können neue Wesen nicht mehr entstehen, sondern sich lediglich aus den Keimen ‚auswickeln'.[11] Gegen diese präformistische Idee der ‚Evolution' (im buchstäblichen Sinn) hat allerdings William Harvey, der Entdecker des Blutkreislaufs, bereits um 1700 die Auffassung vertreten, dass der generative Entstehungsprozess als eine zeitliche Aufeinanderfolge von Neubildungen zu verstehen sei. Missbildungen verweisen in dieser epigenetischen Sicht auf Störungen in verschiedenen zeitlichen Stadien des Entwicklungsprozesses, nicht etwa auf ein Eingreifen Gottes, der für jede der ja stets individuellen monströsen Abweichungen letztlich einen eigenen Keim erschaffen müsste.[12]

Wie medizinhistorische Untersuchungen gezeigt haben, wird das Monster im Zuge dieser Auseinandersetzungen im 18. Jahrhundert als Wissensobjekt erst konstruiert und so aus dem Reich des Wunderbaren und des Fabelhaften in die

---

10 Vgl. etwa DIETRICH VON ENGELHARDT: Verzeitlichung der Natur und Historisierung des Naturwissens im 18. Jahrhundert. In: LOTHAR SCHÄFER / ELISABETH STRÖKER (Hg.): Naturauffassungen in Philosophie, Wissenschaft, Technik. Bd. III. Aufklärung und späte Neuzeit. Freiburg, München 1995, S. 225-253, bes. S. 237-242.
11 WOLF LEPENIES: Das Ende der Naturgeschichte. Wandel kultureller Selbstverständlichkeiten in den Wissenschaften des 18. und 19. Jahrhunderts. Frankfurt/M. 1978, S. 41 f.
12 Der Streit zwischen den Positionen der Präformisten und der Epigenetiker füllt zwischen 1724 und 1740 die „Mémoires de l'académie royale des Sciences". Vgl. DENIS DIDEROT: Monstre. In: ders. / D'ALEMBERT (Hg.): L'Encyclopédie ou dictionnaire raisonné des sciences, des arts et des métiers. Bd. 10. Paris 1757, S. 671. Reprint New York 1969, S. 928.

Ordnung der Natur überführt.¹³ Dabei kommt den Monstrositäten die Aufgabe zu, die Theorie der Epigenesis zu stabilisieren.¹⁴ Im Gegenzug verwandelt die epigenetische Perspektive das Monster von einer sich selbst repräsentierenden Entität zur bloßen Stufe eines Entwicklungsprozesses vom Tier zum Menschen,¹⁵ sowohl individualgenetisch wie auch gattungsgeschichtlich. Damit wird das Monster zum Zeichen eines dynamisch-temporalen Naturverständnisses, das mithilfe der alten, topologisch geordneten Taxonomie nicht mehr hinreichend erfasst werden konnte.

Wie schon die Entdeckungen verschiedener ‚Mittelglieder' und Kreuzungen zwischen den klassifizierten Arten werfen die Monster daher die Frage nach einem Ordnungssystem auf, das nicht nur die Artenvielfalt aufnimmt, sondern auch Abweichungen und Gattungs-Hybriden einen Ort zuweist. Die Krise der topologischen Klassifikation drückt sich u.a. bereits darin aus, dass an die Seite der Metapher von der Kette der Lebewesen die immer feingliedriger skalierte Stufenleiter tritt, und netzwerkartige Darstellungen versuchen, auch die entferntesten Beziehungen zwischen den Lebewesen darzustellen. Diese Vernetzungen aber werden so unübersichtlich, dass sie zu Klassifikationszwecken, die etwa bei Linné ja deutlich hierarchisch motiviert waren und auf klaren ‚ständischen' Trennungen basierten, nicht mehr verwendet werden können: Die Erweiterung der Dimensionen ist den Intentionen der Taxonomie genau entgegengesetzt.¹⁶

Mit der Temporalisierung der Naturgeschichte kann das verwirrende Modell der synchronen Vernetzung in ein Koordinatensystem gleichzeitiger synchroner und diachroner Stufenleitern überführt werden. In die Ausdifferenzierung der Gattungen wird so eine zweite Ordnungsachse eingezogen. Die Monster bilden dabei die notwendigen Knotenpunkte. Sie dienen als Momente der Übersetzung von einer Gattung in die andere sowohl auf der topologischen als auch schließlich auf der zeitlichen Achse. Damit dynamisieren sie das klassifikatorische Denken, durch dessen Raster sie eigentlich fallen, und stabilisieren es zugleich. So schreibt Jean-Baptiste René Robinet 1766 in seinem Buch „De la nature":

---

13 Vgl. IRENE EWINKEL: De monstris. Deutung und Funktion von Wundergeburten auf Flugblättern im Deutschland des 16. Jahrhunderts. Tübingen 1995.
14 JAVIER MOSCOSO: Vollkommene Monstren und unheilvolle Gestalten. Zur Naturalisierung der Monstrosität im 18. Jahrhundert. In: MICHAEL HAGNER (Hg.): Der falsche Körper. Beiträge zu einer Geschichte der Monstrositäten. Göttingen 1995, S. 56-72, bes. S. 63 ff.; MICHAEL HAGNER: Vom Naturalienkabinett zur Embryologie. Wandlungen des Monströsen und die Ordnung des Lebens. In: Ebd., S. 73-107, hier S. 88.
15 HAGNER: Naturalienkabinett (wie Anm. 14), S. 104.
16 LEPENIES: Ende der Naturgeschichte (wie Anm. 11), S. 45.

> Wir sollten glauben, daß die bizarrsten Erscheinungsformen [...] ebenso natürliche Metamorphosen des Prototyps wie die anderen sind [...] und den *benachbarten* Formen als Übergang dienen; daß sie auch die ihnen *folgenden* Kombinationen vorbereiten und herrichten [...]; daß sie zur Ordnung der Dinge beitragen und weit entfernt davon sind, sie zu stören.[17]

Das Hybride wird so nicht nur der vorgeblich natürlichen Ordnung des Nicht-Hybriden eingegliedert und gleichsam „entmonstert".[18] Vielmehr produziert das Hybride in seiner Mittlerfunktion erst das Nicht-Hybride (die „benachbarten Formen" und die „folgenden Kombinationen"), ohne selbst einen eigenen ontologischen Status zugeordnet zu bekommen. Darin zeigt sich jenes Denken der Moderne, wie es Bruno Latour beschreibt: „Wenn man sich an Hybridbildungen macht, ist es immer notwendig zu glauben, daß sie keine gravierenden Auswirkungen auf die Ordnung [...] haben. [...] Wie bizarr die Monstren auch sein mochten – sie stellten kein Problem dar", sie existierten „nicht, und ihre monströsen Folgewirkungen waren niemandem zuzuschreiben."[19] Eine dieser „monströsen Folgewirkungen" mag im 18. Jahrhundert aber darin beruhen, dass nun von keiner Form mehr mit Sicherheit angenommen werden kann, sie habe ihre endgültige Existenzweise erreicht. Dadurch wird letztlich auch der ontologische Status des Menschen selbst ungewiss und hybrid.

In dem Maße, wie um 1800 die Missgeburt individualgenetisch als „Stehenbleiben [...] auf einer früher normalen Bildungsstufe" definiert wird – etwa von Johann Friedrich Meckel 1809 in seiner vergleichenden Anatomie –,[20] lässt sich auch gattungsgeschichtlich davon ausgehen, dass eine Entwicklung stattfindet, bei welcher der Mensch selbst vielleicht einmal nur als monströse Zwischenstufe und Übersetzungsmoment angesehen wird. So schreibt etwa Denis Diderot:

> Pourquoi l'homme serait-il autre chose qu'un monstre plus durable qu'un autre monstre? Pourquoi toute l'espèce humaine ne serait-elle pas une espèce monstrueuse? [...] Si tout est *in fluxu* comme on n'en saurait guère douter, tous les êtres sont monstrueux, c'est-à-dire plus ou moins incompatible avec l'ordre subséquent.[21]

---

17 JEAN-BAPTISTE RENE ROBINET: De la nature. Bd. 1. 5. Aufl. Amsterdam 1766, S. 25-28. Zit. nach MICHEL FOUCAULT: Die Ordnung der Dinge. Frankfurt/M. 1974, S. 200 f. (Hervorhebungen B.H.).
18 INGE BAXMANN: Monströse Erfindungskunst. In: dies. / MICHAEL FRANZ / WOLFGANG SCHÄFFNER (Hg.): Das Laokoon-Paradigma. Zeichenregime im 18. Jahrhundert. Berlin 2000, S. 404-417, hier S. 410.
19 LATOUR: Wir sind nie modern gewesen (wie Anm. 7), S. 58 und S. 60.
20 JOHANN FRIEDRICH MECKEL: Beyträge zur vergleichenden Anatomie. Bd.1. H.2. Leipzig 1809, S. 34.
21 DENIS DIDEROT: Commentaire sur la „Lettre sur l'homme et ses rapports" d'Hemsterhuis. In: ders.: Œuvres complètes. Ed. chronologique, nach der Edition von 1772. Paris 1971, S. 102.

Durch die Temporalisierung der Naturgeschichte entstehen zwangsläufig immer neue Hybriden, sie signalisieren jenen Prozess des generativen Fortschritts, den Charles Bonnet in seiner „Betrachtung über die Natur" noch räumlich entwerfen und auf andere Planeten auslagern musste: Es „können andere Welten dermaßen vollkommen seyn, daß sie nur Wesen der höhern Klassen in sich begreifen." Und das sind lauter Mischwesen, denn: „In diesen [Welten] sind die Felsen organisiert, die Pflanzen empfinden, die Thiere machen Vernunftschlüsse, die Menschen sind Engel."²²

Wenn aber die Natur nach dem epigenetisch-temporalen Verständnis „als selbst hervorbringend, nicht nur als entwickelnd betrachtet" werden muß,²³ dann stellt sich die Frage, wie der Ursprung des Lebens aus Materie gedacht werden kann. Für Immanuel Kant bleibt das „Prinzip einer ursprünglichen Organisation" letztlich unerforschlich.²⁴ In seiner „Kritik der Urteilskraft" (1790) geht er davon aus, dass weder bislang bekannte zweckorientierte Kausalitätsprinzipien zur Beschreibung des natürlichen Organisationsmechanismus taugen noch Analogien der Natur zum Bereich der Kunst, „denn da denkt man sich den Künstler (ein vernünftiges Wesen) außer ihr."²⁵ Damit richtet sich Kant nicht nur gegen die gängige Metaphorik vom Schöpfergott als großem Künstler,²⁶ sondern auch gegen die Vorstellung einer kausalen Vernetzung aller Wesen untereinander, wie sie etwa Charles Bonnet formulierte:

> Alles in dem ganzen Weltgebäude ist systematisch. Alles ist in Verknüpfniß, in Verhältniß, in Verbindung und genauer Zusammenfügung. Es findet sich nichts darinn, das nicht die unmittelbare Wirkung von etwas Vorhergehendem wäre, oder das Daseyn von etwas Folgendem bestimmte. [...] Der höchste Verstand hat alle Theile seines Systems so genau verbunden [...].²⁷

Ein solches Netzwerk also wäre – mit Kant gedacht – ein Kunstprodukt, kein Beschreibungsmodell für die Prozesse der Natur.²⁸ Bereits Diderot kritisiert 1769/70 in „D'Alemberts Traum" eine solche Netzwerkvorstellung, indem er ein alternatives Netzmodell vorstellt: Eins, bei dem der ‚Künstler' gerade nicht außerhalb steht, sondern als „Spinne im Mittelpunkt ihres Netzes" sitzt und

---

22 KARL [!] BONNET: Betrachtung über die Natur. 2 Bde. Bd. 1. 4. Aufl. Leipzig 1783, S. 41.
23 IMMANUEL KANT: Kritik der Urteilskraft. Hg. von Karl Vorländer. Hamburg 1990, § 81, S. 292.
24 Ebd.
25 Ebd. Zu den Kausalitäten s. § 65, S. 238.
26 Zur Analogie von Natur und Kunst vgl. MARIE-HÉLÈNE HUET: Monstrous Imagination. Cambridge, London 1993, S. 95 f.
27 BONNET: Betrachtung über die Natur (wie Anm. 22), S. 33 und S. 35.
28 Tatsächlich ähnelt die Vorstellung Bonnets dem Schema einer hierarchisch strukturierten Website.

Fäden aus ihrem „Innern spinnt und wieder einzieht", welche „einen empfindlichen Teil" von ihr selbst bilden.²⁹ Auf diese Weise könnte einerseits Gott selbst als Teil seiner eigenen Schöpfung betrachtet werden, als solcher wäre er Materie „und müßte daher altern und sterben."³⁰ Zurück bliebe dann ein Netz ohne Spinne. Andererseits ist überhaupt nicht ausgemacht, „ob es eine solche Spinne überhaupt gegeben hat oder geben wird."³¹

Ob in der Spinne als Teil des Netzes nun jenes „organisierende[s], die Welt zum System bildendes Princip" liegt, das Schelling im Anschluss an Kant sucht, oder ob das Netz selbst dieses Prinzip ist, wie heutige Netztheoretiker meinen: Deutlich wird die Natur mit einem solchen Netzmodell als selbstproduktiv begriffen – auch wenn dieser Gedanke explizit erst nach Kant formuliert werden konnte.³² In der „Kritik der Urteilskraft" entwirft dieser bekanntlich die Natur als ein selbstorganisiertes System, das indirekt auf einer Art Rückkoppelungsschleife basiert: „Sie organisiert sich vielmehr selbst und in jeder Spezies ihrer organisierten Produkte, zwar nach einerlei Exemplar im ganzen, aber doch auch mit schicklichen Abweichungen, die die Selbsterhaltung nach den Umständen erfordert."³³ Selbstorganisation und Selbsterhaltung: die Natur wird damit – um es mit einem Begriff Maturanas auszudrücken – zu einer autopoietischen Maschine.³⁴

Indem die Dynamik der Entwicklung so in das System der Natur selbst hineingelegt wird, erhalten Kants „schickliche Abweichungen" – Mutationen

---

29 DENIS DIDEROT: Gespräche mit D'Alembert. In: ders.: Über die Natur. Hg. von Jochen Köhler. Frankfurt/M. 1989, S. 67-144, hier S. 99.
30 Ebd.
31 Ebd.
32 Vgl. etwa FRIEDRICH WILHELM JOSEPH SCHELLING: Einleitung zu dem Entwurf eines Systems der Naturphilosophie (1799). In: ders.: Ausgewählte Werke. Schriften von 1799-1801. Unveränderter reprograph. Nachdruck aus: Friedrich Wilhelm Joseph von Schellings sämmtliche Werke. Bde. I.3 und I.4. Stuttgart, Augsburg 1858 und 1859. Darmstadt 1967, S. 269-326, hier S. 321.
33 KANT: Kritik der Urteilskraft (wie Anm. 23), § 65, S. 237. Deutlicher betont das zyklische Moment als zentrales Element des selbstorganisierten (oder selbstherstellenden) Systems Schelling: „[...] der allgemeine Bildungsproceß der Natur ist nur insofern *unendlich*, als er continuierlich *in sich selbst* zurückläuft." In: SCHELLING: Einleitung (wie Anm. 32), S. 37. Zur Differenz zwischen selbstorganisierten und selbstherstellenden Systemen s. MUẞMANN: Komplexe Natur (wie Anm. 1), S. 306.
34 „Autopoietische Maschinen sind autonom, d.h. sie unterwerfen alle ihre Veränderungen der Erhaltung ihrer eigenen Organisation [...]." HUMBERTO R. MATURANA / FRANCISCO J. VARELA: Autopoietische Systeme. Eine Bestimmung der lebendigen Organisation (1975). In: HUMBERTO R. MATURANA: Erkennen. Die Organisation und Verkörperung von Wirklichkeit. Ausgewählte Arbeiten zur biologischen Epistemologie. 2., durchges. Aufl. Braunschweig, Wiesbaden 1985, S. 180-235, hier S. 186.

also – einen zentralen Stellenwert für die Systemanpassung oder für die Evolution im modernen Sinn, die hier gleichsam gedanklich vorweggenommen wird:[35] Monster sind quasi die Steuerelemente der Naturgeschichte.

Wie die Naturgeschichte mit Schelling als ein selbstreferentielles System der „Wechselwirkungen" verstanden werden kann, so auch (mit Diderot) der einzelne Organismus, der sich letztlich aufgrund der „Wirkungen und Rückwirkungen" seiner einzelnen Moleküle herausbildet.[36] Für die Erläuterung seiner epigenetischen Theorie greift Diderot zunächst auf das Modell der Bienentraube zurück, das Maupertius in seiner 1754 erschienenen Dissertation „Essai sur la formation des corps organisés" einsetzt, um den Übergang von unorganisierten Materieteilchen zu organisierten Teilchen und – wenn die Bienen nicht mehr nur als Einzelwesen zusammenhängen, sondern miteinander verschmelzen würden – schließlich zu einem lebenden Organismus zu veranschaulichen.[37]

Diderot lässt den Philosophen D'Alembert von diesem Modell träumen, um es dann im Verlauf des Gesprächs zwischen dem kommentierenden Arzt Bordeu und D'Alemberts Lebensgefährtin Mademoiselle Lespinasse in ein Netzmodell zu transformieren,[38] durch das Diderot einen zusätzlichen informationstheoretischen Aspekt mit einzubeziehen vermag: So erfolgt die Entwicklung des Embryos zunächst – ähnlich wie in dem Modell von Maupertius – durch eine Molekülverbindung, die sich von einem Punkt zu einem Faden weiter zu einem Fadenbündel ausbildet, aus dem die einzelnen Organe entstehen.[39] Fehler im Geflecht führen zu erblichen Mißbildungen und Mutationen, und die Wahrscheinlichkeit, dass sich die Fäden „noch häufiger verknoten und verwickeln als das Seidengarn auf meiner Spule" (Mademoiselle Lespinasse) ist so hoch,[40] dass möglicherweise sogar die Geschlechterdifferenz selbst auf eine falsche Netzwerkverbindung zurückzuführen ist: „Vielleicht ist der Mann nur die Mißbildung des Weibes oder das Weib nur die Mißbildung des Mannes."[41]

---

35 Statt nämlich auf die Stufenfolge der Produkte zu verweisen, die sich ja ohnehin nicht mehr klassifikatorisch bewältigen ließ, schlägt Schelling vor, „eine Stufenfolge der Produktivität" aufzustellen. Eine daran orientierte *Systema naturae* würde dann eine Baumgraphik verwenden müssen, die auf das einfachste Tier – den Polypen – zurückführt. Vgl. FRIEDRICH WILHELM JOSEPH SCHELLING: Erster Entwurf eines Systems der Naturphilosophie (1799). In: ders.: Ausgewählte Werke (wie Anm. 32), S. 1-268, hier S. 54.
36 DIDEROT: Gespräche mit D'Alembert (wie Anm. 29), S. 98.
37 Vgl. DENIS DIDEROT: Gedanken zur Interpretation der Natur. In: ders.: Über die Natur (wie Anm. 29), S. 7-66, hier S. 50 f.
38 DIDEROT: Gespräche mit D'Alembert (wie Anm. 29), S. 99.
39 Ebd., S. 102 f.
40 Ebd., S. 106.
41 Ebd., S. 107.

Zwischen den Organen, den Extremitäten, der Haut, den Eingeweiden aber entwickelt sich ein weiteres „Geflecht",[42] dessen Fäden im Gehirn zusammenlaufen (Hirnhaut) und die alle „Empfindungen" dorthin weiterleiten.[43] Hier, auf der informationstheoretischen Ebene, kommt das Bewusstsein als jene organisierende ‚Spinne' wieder ins Spiel, die epigenetisch und naturgeschichtlich bereits aus dem Netz verschwindet. Mademoiselle Lespinasse: „Da haben wir mein Netz! [...] Im Mittelpunkt wird sie [die Spinne] unterrichtet über alles, was an einer beliebigen Stelle der großen Wohnung geschieht [...]."[44] Mit dem Rückkoppelungsmodell und der binären Logik neuronaler Vernetzung wird spätestens die Kybernetik auch noch diese zerebrale ‚Spinne' aus ihrem Netz treiben.[45]

Die epistemologische Umstellung naturgeschichtlicher und biologischer Entwicklungen auf die Selbstorganisation als neuem Paradigma um 1800 führt zur Erprobung neuer Metaphoriken. Netz und Bienentraube, der Kreis und schließlich auch die Spirale dienen einerseits als neue, historisch wandelbare Denkfiguren für die Prozesshaftigkeit naturgeschichtlicher Ereignisse;[46] andererseits aber verweisen sie auf eine a-lineare und dynamische Organisation von Wissen in den Naturwissenschaften selbst. Im Zeichen des Monsters tritt an die Stelle der topologisch ordnenden Taxonomie ein raum-zeitliches Modell, und an die Seite der Beobachtung rückt das Experiment, in dem nun wiederum stets neue teratologische Phänomene – monströse Erscheinungen – erzeugt werden können.

## 2. Monsterproduktion im Netz der Diskurse

„Flink, Doktor, gehen Sie an die Arbeit und machen Sie uns Ziegenmenschen."[47] So ermuntert Mademoiselle Lespinasse den Mediziner in Diderots „Rêve d'Alembert". So ganz absurd, wie sie klingt, erscheint diese Aufforderung nicht – beschäftigen sich doch Réaumur, Maupertius und auch Albrecht von Haller durchaus theoretisch und zum Teil auch experimentell mit den „mélanges des espèces".[48] Denn warum sollte, lässt man den moralischen Aspekt einmal

---

42 Ebd., S. 100.
43 Ebd., S. 99.
44 Ebd., S. 100.
45 Vgl. hierzu CAPRA: Lebensnetz (wie Anm. 3), S. 102.
46 Vgl. LEPENIES: Ende der Naturgeschichte (wie Anm. 11), S. 27; MARIE-LUISE HEUSER-KEßLER: Die Produktivität der Natur. Schellings Naturphilosophie und das neue Paradigma der Selbstorganisation in den Naturwissenschaften. Berlin 1986, S. 94.
47 DIDEROT: Gespräche mit D'Alembert (wie Anm. 29), S. 143.
48 Vgl. BAXMANN: Monströse Erfindungskunst (wie Anm. 18), S. 413.

beiseite, die Epigenese nicht gezielt beeinflusst und das Netz neu geknüpft werden können? Doch – wie Bordeu bemerkt – es gibt „noch sehr wenig abgeschlossene Experimente",[49] und daher verweist der Arzt die Gretchenfrage seiner Gesprächspartnerin („Wie denken Sie über die Mischung der Arten?") zunächst einmal in den Bereich der Poesie: „Die Kunst, nichtexistierende Wesen nach dem Vorbild der existierenden Wesen zu schaffen, ist wahre Poesie."[50]

Eben erst vom Wunderbaren in den Bereich der Natur eingegliedert, wird das Monster nun weiter verschoben in den Bereich der Kunst und der *poiesis*. Dies ist zunächst dem Wechsel von den beobachtenden zu den experimentellen Wissenschaften geschuldet. Mit Versuchen zur systematischen Erzeugung teratologischer Phänomene soll das scheinbar Regellose und Kontingente gesteuert und produziert werden.[51] Damit tritt der Wissenschaftler nicht nur potentiell an die Stelle der *natura naturans*, sondern vereinnahmt auch jene maternale Imaginationskraft, die spätestens seit Malebranche nicht nur als Ursache foetaler Missbildungen, sondern überhaupt als progenitorische Formkraft wahrgenommen wird,[52] die zu regulieren ist. Nun verlagert sich die Monstergenerierung komplett vom Uterus in das Labor und aus der weiblichen, missgeleiteten Einbildungskraft in die zielgerichtete männliche *ars invendi* des Wissenschaftlers.

Obwohl erst im Verlauf des 19. Jahrhunderts die Teratogenie entsteht, die systematische Herstellung und künstliche Generierung von Monstern,[53] zeigt sich diese Verlagerung bereits bei Diderot. Der Arzt Bordeu nämlich fordert Mademoiselle Lespinasse zu einem teratogenischen Gedankenexperiment auf,[54] das wiederholen soll, „was die Natur zuweilen macht".[55] Die weibliche Imagination wird so noch einmal zum vorgeblich ‚natürlichen' Ort, an dem die Missbildungen entstehen, während der Mediziner sich bereits in der Position befindet, die Prozesse der Natur – und die Gedanken von Mademoiselle Lespinasse – zu steuern und zu wiederholen:

> Beseitigen Sie [...] die Keimfaser, die die Nase bilden soll, so wird das Lebewesen keine Nase haben. [...] Verdoppeln sie einige Keimfasern des Bündels, dann wird das Lebewesen zwei Köpfe, vier Augen, vier Ohren, drei Genitalien, drei Füße, vier Arme, sechs Finger an

---

49 DIDEROT: Gespräche mit D'Alembert (wie Anm. 29), S. 141.
50 Ebd., S. 137.
51 So etwa in unzähligen Versuchen mit verstümmelten Schnecken und Salamandern, Hühnerembryonen oder Kröteneiern (Lazzaro Spallanzani, Charles Bonnet und Albrecht von Haller); vgl. hierzu BEATE MOESCHLIN-KRIEG: Zur Geschichte der Regenerationsforschung. Basel 1953 (=Basler Veröffentlichungen zur Geschichte der Medizin und der Biologie, Fasc. 1).
52 Vgl. HUET: Monstrous Imagination (wie Anm. 26), S. 49.
53 Ebd., S. 108-128.
54 Vgl. ebd., S. 93.
55 DIDEROT: Gespräche mit D'Alembert (wie Anm. 29), S.105 f.

jeder Hand haben. [...] Kleben Sie zwei Keimfasern zusammen, so werden die Organe ineinander übergehen [...]. Ja, Sie werden alle erdenklichen Mißbildungen bekommen.[56]

Von der Prokreation und zufälligen Missbildung wird das Monster zum Zeichen der Kreation; und der Wissenschaftler verwandelt sich vom beobachtenden Zeugen zum experimentellen Erzeuger, zum Schöpfer und Autor. Es gäbe sogar Wissenschaftler, so schreibt Gabriel Jouard 1806 in seiner Abhandlung über Monstrositäten und Bizarrerien der Natur, die danach trachteten, mithilfe künstlicher Befruchtung das Geschlecht oder das Aussehen des Kindes vorher bestimmen oder etwa nur noch Genies produzieren zu wollen, um den Launen der Eltern gerecht zu werden. Was die Imaginationskraft anbelangt, so Jouard, überragen die Physiologen sogar noch die Poeten.[57] Statt Wissenschaft zu betreiben, reproduzieren und produzieren sie „romans surnaturels", „vrais contes bleus", „fables ridicules".[58]

Jouards Kritik verweist zum einen auf die beginnende Ausdifferenzierung der diskursiven Ordnungen, die im 19. Jahrhundert schließlich zu einer strikten Trennung von Wissenschaft und Kunst führen soll. So beklagt etwa Ernest Martin in seiner populären „Histoire des monstres depuis l'antiquité jusqu'à nos jours" von 1880, dass die wissenschaftlichen Autoren im 18. Jahrhundert oft Details in ihre Beschreibungen gemischt hätten, die dem untersuchten Gegenstand fremd gewesen seien: nun aber sei endlich die Imagination der Reflexion gewichen.[59] Diese Details stammten von Flugblättern aus dem 15. und 16. Jahrhundert, versammeln sich in Fortunius Licetus' Werk „De Monstris" (1665) oder sind der Literatur geschuldet, etwa Ovids „Metamorphosen" –[60] einmal geglaubte Fälle von Monstrosität wurden auf diese Weise über Jahrhunderte tradiert. Und so klagt Jouard, dass selbst die angesehensten Wissenschaftler Monster beschreiben, die es nicht gibt: Minotauren, Satyren, Zentauren und alle möglichen anderen Arten von Mischbildungen, etwa halb Mensch und halb Esel, Hund oder Schwein.[61]

---

56 Ebd., S. 106.
57 „[...] et c'est peut-être ce qui a mis quelques modernes esprits dans la voie de rechercher, et de trouver, pour la satisfaction des caprices *des papas et des mamans, l'art de faire des garçons, l'art de procréer les sexes à volonté, l'art de faire de beaux enfans* [!], *l'art de ne faire que des hommes de génie* [...] Mais en fait de fiction, de délire et d'écart d'imagination, les physiologistes l'emportent sur les poëtes." GABRIEL JOUARD: Des monstruosités et bizarreries de la nature. Bd. 1. Paris 1806, S. 199 f.
58 Ebd., S. 95 f.
59 ERNEST MARTIN: Histoire des monstres depuis l'antiquité jusqu'à nos jours. Paris 1880, S. 114.
60 So greift Georges Arnaud in seiner Dissertation über Hermaphroditen offenbar auf Ovids „Metamorphosen" zurück. Siehe MOSCOSO: Vollkommene Monstren (wie Anm. 14), S. 66.
61 „[...] on a vu des monstres moitié homme, moitié taureau, c'est-à-dire de véritables minotaures, moitié homme, moitié bouc, c'est-à-dire de véritables satyres, moitié homme, moitié

Zum zweiten lässt sich aus Jouards Kritik auch ein gewisses Unbehagen an der Experimentierkunst selbst erkennen: Was der beobachtende Naturwissenschaftler nicht vorfindet, produziert die Einbildungskraft des Teratologen – eben alle „*erdenklichen* Mißbildungen", wie es bei Diderot heißt. Und auch der potentielle Ziegenmensch wäre nichts anderes als das Resultat systematischer Versuche,[62] mit denen die Experimentatoren „aus mehreren zerlegten Lebewesen ein wunderliches Wesen zusammensetzten, das man in der Natur nie gesehen hat."[63] Damit wird der Wissenschaftler nicht nur zum Künstler, sondern auch zum Genie: Denn das Genie, so definiert es die von Diderot und D'Alembert herausgegebene „Enzyklopädie der Wissenschaften und Schönen Künste", folgt nicht der logischen Gedankenkette der Deduktion, es begnügt sich auch nicht mit der Beobachtung, sondern reist in der Stille und Verborgenheit des Studierzimmers ins Reich der Phantasie und entwirft einen Körper für die Fantome seiner Einbildungskraft. In den Künsten wie in den Wissenschaften scheint das Genie daher die Natur der Dinge zu verändern:

> Le *génie* entouré des objets dont il s'occupe ne se souvient pas, il voit; il ne se borne pas à voir, il est ému: dans le silence & l'obscurité du cabinet, il joüit de cette campagne riente & féconde; [...] L'ame [...] voudroit par des couleurs vraies, par des traits ineffaçables, donner un corps aux phantômes qui sont son ouvrage [...]. Dans les Arts, dans les Sciences [...] le *génie* semble changer la nature des choses [...].[64]

Die Ausbildung des Genies aber ist bei Diderot (in „D'Alemberts Traum") selbst schon eine Folge der richtigen Vernetzung – sowohl epigenetisch als auch diskurstheoretisch. Je nachdem nämlich, wie das Geflecht zwischen den Organen entwickelt ist, entstehen „Dichter, Künstler, Phantasten, Zauderer, Schwärmer, Verrückte" oder aber „scharfsinnige Denker, Philosophen, Weise".[65] Während der ersten Kategorie, in die sich Mademoiselle Lespinasse einordnet, die Sensibilität zugehört, fehlt ihr das Merkmalsbündel der zweiten Geflechtsanordnung, der Bordeu sich zuzählt: „keine Kaltblütigkeit, keine Vernunft, keine Urteilskraft, kein Instinkt."[66] Menschen aber, die ihrer Sensibilität und ihren Gefühlen hilflos ausgesetzt sind, bleiben mittelmäßig, während Männer von

---

cheval, c'est-à-dire de véritables centaures, moitié homme, moitié âne, moitié homme, moitié chien, moitié homme, moitié porc, etc." JOUARD: Des monstruosités et bizarreries (wie Anm. 57), S. 131.
62 DIDEROT: Gespräche mit D'Alembert. (wie Anm. 29), S. 142.
63 Ebd., S. 133.
64 Artikel „Génie (Philosophie & Littér.)". In: DIDEROT / D'ALEMBERT (Hg.): L'Encyclopédie (wie Anm. 12), Bd. 9, S. 582-584, hier S. 582, Sp. 1 und S. 584, Sp. 1. Reprint New York 1969, Bd. 2, S. 166.
65 DIDEROT: Gespräche mit D'Alembert (wie Anm. 29), S. 124.
66 Ebd., S. 125.

Genie ‚Meister der Seelenkräfte' sind und ihre „Vorstellungen und Empfindungen" in ihrer Gewalt haben.[67]

Erst die Kombination also von der (poetischen) Einbildungskraft der Mademoiselle Lespinasse mit der analytischen Vernunft des Arztes Bordeu ermöglicht das Genie der teratologischen Verknüpfungskunst in „D'Alemberts Traum". Monster und Genie sind somit zwei Zeichen einer Vernetzung von Dichtkunst und Naturwissenschaften, Imagination und Vernunft, Poesie und Experiment.

Das Modell physiologischer Selbstorganisation erweist sich dabei zugleich als Muster kreativer Gedankenkombination und diskursiver Wissensorganisation. Denn die Verbindung der genannten Bereiche kann in Diderots Text überhaupt nur deshalb stattfinden, weil Mademoiselle Lespinasse die Träume des Philosophen D'Alembert aufzeichnet. Ihr Text transkribiert so zum einen die bizarren Verknüpfungen, die das innere (physiologische) Geflecht des Schlafenden produziert. Zum anderen jedoch wird sie selbst gleichsam zu einem Knoten- und Übersetzungspunkt eines weiteren Geflechts: dem zwischen Philosophie und Naturwissenschaften.

Dabei wird deutlich, dass in diesem Netzwerk der Diskurse – wie in jedem anderen auch – Informationen nicht nur einfach übertragen, sondern zugleich zwischen den verschiedenen Knoten verändert werden. Auf diese Weise lassen sich gleichsam drei Übersetzungsprozesse nachvollziehen. Erstens setzen D'Alemberts Träume nach einem Gespräch mit Diderot ein und führen dieses so weiter, dass die unterschiedlichen Positionen der beiden *philosophes* nicht mehr auseinanderzuhalten sind. Zweitens schreibt Mademoiselle Lespinasse von dieser *mélange* nur auf, „was ich von seinen [D'Alemberts, B.H.] Phantasien erfassen konnte"[68] – d.h. sie produziert nach ihrem Verständnis einen neuen Text. Und drittens setzt der Mediziner Bordeu diesen Text, ihn scheinbar nur explizierend, im Gespräch mit Mademoiselle Lespinasse wiederum auf eigene Weise fort. Zwischen Philosophie, Kunst und Naturwissenschaften entsteht so jenes Modell der kombinatorischen Wissensgenerierung, wie es die von Diderot und D'Alembert herausgegebene Enzyklopädie selbst umsetzt – mit unterschiedlichen Rückverweisen und Querverbindungen, die der Assoziationslogik des Traumes ähneln und ungeahnte Beziehungen zwischen scheinbar unzusammenhängenden Themen und Gegenständen herstellen. Da diese Form der vernetzten Wissens-

---

67 Vgl. DIDEROT: Gespräche mit D'Alembert (wie Anm. 29), S. 125 f.; vgl. auch JOHANN GEORG SULZER: Allgemeine Theorie der Schönen Künste. 4 Bde. Bd. 2. Leipzig 1792. Artikel „Genie (Schöne Künste)", S. 363-367, hier S. 363, Sp. 2.
68 DIDEROT: Gespräche mit D'Alembert (wie Anm. 29), S. 85.

organisation allein das Genie beherrscht, und dabei unter Umständen allerlei chimärische Verbindungen entstehen, produziert das Genie letztlich Monster, während umgekehrt hybride Formationen und vernetztes Denken auf ein Genie schließen lassen.[69]

Im Zeichen des Monsters wird so nicht nur das Naturverständnis als selbstorganisiertes System neu gefasst und die Wissensordnung umstrukturiert, sondern auch die Idee einer kreativen Verknüpfungskunst entwickelt, die Wissenschaft und Kunst miteinander teilen. Indem die *poiesis* beiden Bereichen zugeordnet werden kann, wird der Wissenschaftler nun ebenso zum prometheischen Genie wie der Künstler. Und umgekehrt avancieren, wie im Folgenden in aller Kürze gezeigt werden soll, die Chimären und Hybriden bald zu neuen ästhetischen Modellen.

## 3. Monster-Ästhetik

1818 hat Mary Shelley mit ihrem Roman „Frankenstein Or the Modern Prometheus" diesen neuen Typus des Wissenschaftlers porträtiert.[70] Eingeschlossen in sein Studierzimmer gelingt es ihm, wie dem in der Enzyklopädie beschriebenen Genie, tatsächlich, dem Fantom seiner Einbildungskraft einen Körper zu geben. Allerdings sieht dieser letztlich anders aus, als in der Imagination vorgesehen: Nachdem Frankenstein sein Flickwerk aus Leichenteilen erfolgreich animiert hat, muss er erkennen, dass er statt des schönen Kunstwerks seiner Phantasie – „I had selected his features as beautiful" – ein „miserable monster" kreiert hat – riesengroß und von unerträglichem Anblick: „the beauty of the dream vanished, and breathless horror and disgust filled my heart."[71]

Frankenstein erscheint als unglücklicher Bruder jener Pygmalioniker mit ihren schönen weiblichen Statuen, die im 18. Jahrhundert als Metaphern für

---

69 „Ces renvoies sont l'ouvrage de l'homme de génie. Heureux celui qui est en état des les appercevoir. Il a cet esprit de combinaison, cet instinct que j'ai défini dans quelques-unes des *mes pensées sur l'interpretation de la nature*. Mais il vaut encore mieux risquer des conjectures chimériques, que d'en laisser perdre d'utiles." Denis Diderot: Artikel „Encyclopédie". In: ders. / D'ALEMBERT (Hg.): L'Encyclopédie (wie Anm. 12), Bd. 3, S. 642 A, Sp. 2. Reprint New York 1969, Bd. 1, S. 1159.
70 An dieser Stelle ließe sich einiges zu den Verschiebungsmechanismen von der weiblichen Einbildungskraft über die männliche Autorschaft hin zum wissenschaftlichen Experiment anmerken, denen der Roman selbst geschuldet zu sein scheint, und zugleich darauf hinweisen, wie Mary Shelley auf subtile Weise genau diese Mechanismen umkehrt und die männliche Einbildungskraft in Wissenschaft und Kunst an den Anfang ihrer eigenen imaginären Monster-Produktion stellt. Aus Platzgründen müssen diese Ausführungen hier jedoch unterbleiben.
71 MARY SHELLEY: Frankenstein Or the Modern Prometheus. New York u.a. 1991, S. 42.

Kunst und Künstlertum zuhauf in Erscheinung treten. Unfreiwillig legt er jenen Mechanismus offen, den Wilfried Menninghaus in seinem Buch über den Ekel beschrieben hat und auf den auch Irmela Marei Krüger-Fürhoff in ihrer Dissertation über versehrte Körper hinweist:[72] Falls das Schöne nicht durch Konzeptionen wie ‚Grazie' und ‚Seele' ergänzt wird, schlägt der ästhetische Genuss in sein Gegenteil um. Zugleich offenbart Mary Shelleys Version der belebten Statue, dass die klassizistischen Schönheitsregeln und Bestimmungen idealer Hautlinien und Körperformen nicht nur die Bruchstellen der versehrten und fragmentierten Marmor-Körper verdecken, anhand derer sie entworfen werden – etwa in Winckelmanns Beschreibung des Torso vom Belvedere –, vielmehr können eben diese Regeln den monströsen und ekelerregenden Körper nicht verhindern, sie liegen ihm sogar zugrunde: „His limbs were in proportion". In „Frankenstein" sind es gerade nicht die Formen, sondern die Farben und materiellen Unzulänglichkeiten, die aus dem wohlproportionierten Ganzen eine notdürftige Verbindung heterogener Einzelteile machen: „these luxuriances only formed a more horrid contrast with his watery eyes, [...] his shrivelled complexion and straight black lips." „His yellow skin scarcely covered the work of muscles and arteries beneath."[73] Die Diskrepanz von Form und Material zeigt sich jedoch erst nach erfolgter Belebung, mit den ersten Bewegungen des Monsters. Im Übergang von der Statue zum lebendigen Wesen verwandelt sich die Kunst-Schönheit so in grauenvoll hässliche Unnatur.

Als Zeichen, das einen ästhetischen Erwartungshorizont aufruft und zugleich durchkreuzt, wird das Monster damit zur Kippfigur der Groteske.[74] Dies gilt nicht nur im Hinblick auf ein klassizistisches Körperideal, dessen Schönheitsvorstellung in der grotesken Offenlegung der Fragmentierung, der Brüchigkeit der Körpergrenzen und disharmonischen Verbindungen gleichsam anamorphotisch zitiert wird.[75] Vielmehr offenbart der Körper des Monsters, als dessen „miserable origin and author" sich Frankenstein bezeichnet,[76] eben jene fehlende

---

72 WINFRIED MENNINGHAUS: Ekel. Theorie und Geschichte einer starken Empfindung. Frankfurt/M. 1999, S. 42; IRMELA MAREI KRÜGER-FÜRHOFF: Der versehrte Körper. Revisionen des klassizistischen Schönheitsideals. Göttingen 2001, S. 68 f.
73 SHELLEY: Frankenstein (wie Anm. 71), S. 42.
74 Siehe hierzu CARL PIETZCKER: Das Groteske. In: Deutsche Vierteljahresschrift für Literaturwissenschaft und Geistesgeschichte 45/1971, H. 2, S. 197-211, hier S. 199; ANDREA JÄGER: Groteske Schreibweise als Kipp-Phänomen der Romantik. In: BETTINA GRUBER / GERHARD PLUMPE (Hg.): Romantik und Ästhetizismus. Festschrift für Paul Gerhard Klussmann. Würzburg 1999, S. 75-89, hier S. 75.
75 Vgl. MICHAIL BACHTIN: Rabelais und seine Welt. Volkskultur als Gegenkultur (1965). Frankfurt/M 1995, S. 359; zur Groteske als anamorphotischem Zitat PETER FUß: Das Groteske. Ein Medium des kulturellen Wandels. Köln, Weimar, Wien 2001, S. 39, Anm. 22.
76 SHELLEY: Frankenstein (wie Anm. 71), S. 85.

Übereinstimmung und willkürlich anmutende Verbindung von Form und Materie sowie jene Vernetzung des Heterogenen, die zum Zeichen der romantischen Ästhetik schlechthin werden. So schreibt etwa Friedrich Schlegel in seinen „Fragmenten": „Wie das Naive mit den Widersprüchen der Theorie und der Praxis, so spielt das Groteske mit wunderlichen Versetzungen von Form und Materie, liebt den Schein des Zufälligen und Seltsamen, und kokettiert gleichsam mit unbedingter Willkür."[77] Gleichsam in Fortsetzung von Diderots ästhetischem und epistemologischem Prinzip der Assoziationslogik, der heterogenen und chimärischen Verknüpfungen, wird der kombinatorische Witz zum romantischen „Prinzip und Organ der Universalphilosophie".[78] Analog dazu beschreibt August Wilhelm Schlegel in seinen „Vorlesungen über dramatische Kunst und Literatur" das Klassische als „strenge Sonderung des Ungleichartigen", das Romantische hingegen „gefällt sich in unauflöslichen Mischungen": Es „ist der Ausdruck des geheimen Zuges zu dem immerfort nach neuen und wundervollen Geburten ringenden Chaos."[79] In den poetologischen Überlegungen um 1800 finden sich damit eben jene Strategien der Trennung und Vernetzung, der Reinigung und Vermischung, die laut Latour die Logik der Moderne ausmachen.

Zugleich aber wird deutlich, dass die beiden Ästhetiken einander nicht nur bedingen, sondern jeweils anamorphotisch ineinander übersetzt werden. Denn das Groteske erscheint aus der Sicht Friedrich Schlegels als jene negierte ‚andere' Schreibweise des Klassizismus, die dazu dient, „den Gang und die Gesetze der vernünftig denkenden Vernunft aufzuheben und uns wieder in die schöne Verwirrung der Phantasie, das ursprüngliche Chaos der Menschlichen Natur zu versetzen." So formuliert es 1800 Ludoviko im „Gespräch über die Poesie".[80] Wie die Missgeburt Zeugnis einer früheren Entwicklungsstufe abgibt, so versetzt auch das Groteske die romantische Literatur an den Anfang der Poesie zurück. Der dabei beschworene ‚ästhetische Spieltrieb' bildet eine deutliche Antwort auf Friedrich Schiller, der 1793/94 in seinen „Briefen zur Ästhetischen

---

77 FRIEDRICH SCHLEGEL: Fragmente. In: Kritische Friedrich-Schlegel-Ausgabe. Hg. von Ernst Behler. 1. Abt. Bd. 2. Paderborn, München, Wien 1967, S. 217.
78 Ebd., S. 200. 1800 lässt Friedrich Schlegel im „Gespräch über die Poesie" bekanntlich Antonio über Jean Pauls Romane urteilen: „Das bunte Allerlei von kränklichem Witz gebe ich zu, aber ich nehme es in Schutz und behaupte dreist, dass solche Grotesken und Bekenntnisse noch die einzigen romantischen Erzeugnisse unseres unromantischen Zeitalters sind." Ebd., S. 284-362, hier S. 329.
79 AUGUST WILHELM SCHLEGEL: Vorlesungen über dramatische Kunst und Literatur (1809-1811). In: ders.: Sämmtliche Werke. Hg. von Eduard Böcking. Bd. V und VI. Reprografischer Nachdruck der 3. Auflage Leipzig 1846. Bd. 6. Hildesheim, New York 1971, S. 161.
80 SCHLEGEL: Gespräch über die Poesie (wie Anm. 78), S. 319.

Erziehung des Menschen" den ,epigenetischen Frühzustand' der Literatur noch dezidert abgelehnt hatte:

> Daher sehen wir den rohen Geschmack das Neue und Überraschende, das Bunte, Abenteuerliche und Bizarre, das Heftige und Wilde zuerst ergreifen, und vor nichts so sehr als vor der Einfalt und Ruhe fliehen. Er bildet groteske Gestalten, liebt rasche und abrupte Übergänge, üppige Formen, grelle Kontraste, schreiende Lichter, einen pathetischen Gesang.[81]

Schlegels Ludoviko hingegen hofft, gerade auf diese Weise den „alten Kram" der Dichtkunst zu erneuern und den seelenlosen „tote[n] Leichnam der Poesie" gleichsam galvanistisch mit dem Funken der Fantasie wiederzubeleben.[82]

Das Monster und der lebende Leichnam erscheinen damit als Metaphern einer dynamischen Kunstform, die sich dezidiert gegen mathematisch berechenbare Proportionen sowie gegen die regelgeleitete und naturferne Statik von „Einfalt und Ruhe" wendet. Allerdings verweisen die ,überraschenden', ,heftigen' und nicht selten unheimlichen grotesken Erscheinungen stets auch zurück auf die klassische Ur-Idee von Harmonie, Einheit und Vollkommenheit, die sie verfehlen und die es wieder herzustellen gilt.[83] Klassik und Romantik befinden sich so um 1800 gleichsam in einer ästhetischen Rückkoppelungsschleife, und das Moment der gegenseitigen anamorphotischen Übersetzung manifestiert sich für beide in der (entweder gewollten oder verworfenen) Vernetzung des Heterogenen und Disparaten. Das Groteske gilt deshalb nicht nur Goethe als „subordinirte Kunst",[84] auch Schlegel versteht darunter ein ästhetisches Zwischenstadium, eine ,Naturform' der Poesie, die höhere Kunstformen lediglich vorbereitet.[85]

---

81 FRIEDRICH SCHILLER: Über die ästhetische Erziehung des Menschen in einer Reihe von Briefen. In: ders.: Werke und Briefe. 12. Bde. Hg. von Otto Dann und Axel Gellhaus u.a. Bd. 8. Theoretische Schriften. Hg. von Rolf-Peter Janz. Frankfurt/M. 1992, S. 556-676, hier S. 671.
82 SCHLEGEL: Gespräch über die Poesie (wie Anm. 78), S. 317.
83 Vgl. hierzu z.B. FRIEDRICH SCHLEGEL: Über das Studium der griechischen Poesie. In: ders.: Kritische Friedrich-Schlegel-Ausgabe (wie Anm. 77), 1. Abt. Bd. 1. 1979, S. 217-367, hier S. 283 f.: „Die Griechische Poesie ist gesunken, tief, sehr tief gesunken, und endlich völlig entartet. [...] Die Gedichte der *Alexandriner* sind ohne eigentliche Sitten, ohne Geist und Leben; kalt, tot, arm und schwerfällig. Statt einer vollkommnen Organisation und lebendiger Einheit des Ganzen sind diese Machwerke nur aus abgerißnen Bruchstücken zusammengeflickt. Sie enthalten nur einzelne schöne Züge, keine vollständige und ganze Schönheit. [...] Allein der *Geist* in welchem das Werk gedacht, entworfen und ausgebildet wurde, enthält wenigstens Spuren von dem vollkommnen Ideal, welches für alle Zeiten und Völker ein gültiges Gesetz und allgemeines Urbild ist."
84 JOHANN WOLFGANG GOETHE: Von Arabesken. In: ders.: Sämtliche Werke. Briefe, Tagebücher und Gespräche. 40 Bde. Hg. von Friedmar Apel, Hendrik Birus u.a. 1. Abt. Bd. 15.2. Italienische Reise. Hg. von Christoph Michel und Hans-Georg Dewitz. Frankfurt/M. 1992, S. 877-881, hier S. 879.
85 Vgl. KERSTIN BEHNKE: Arabeske (und) Bedeutung bei Kant, Goethe, Hegel und Friedrich Schlegel. In: SUSANNE KOTZINGER / GABRIELE RIPPL (Hg.): Zeichen zwischen

Damit nimmt das Groteske im ästhetischen System eine vergleichbare Stellung ein, wie sie Robinet für die Klassifikation der Naturgeschichte den Monstern zugewiesen hat. Als Knotenpunkt im Netz der Gattungen bereitet das Monster benachbarte und folgende Lebensformen ebenso vor, wie das Groteske als poetologische Übergangsfigur gedacht wird. Insofern mag das Hybride zwar vordergründig als „Distorsions- und Verfremdungsprinzip" dienen,[86] doch die „Ordnung der Dinge" (Robinet) vermag es solange nicht zu stören, wie es als Figur der Übersetzung in eben dieser Ordnung verortet werden kann. Im Gegenteil: Solange eine solche Ordnung sich über Praktiken der Vernetzung herstellt, ist sie vielmehr angewiesen auf die stabilisierende Funktion ihrer chimärischen Zwischenglieder. Daher wäre es wohl besser, den Blick von vermuteten Subversionen auf die Frage nach der Verortung und der jeweiligen Funktion innerhalb der Netzwerkprozesse zu richten.

Eine dieser Funktionen mag in der Verknüpfung und fortlaufenden Ausbreitung der Netze bestehen. Wie „D'Alemberts Traum" unterschiedliche Diskurse miteinander verbindet, so lässt sich auch Frankensteins Monster zugleich als Produkt und Zeichen einer solchen Vernetzung lesen: Als Kippfigur der Groteske verweist es auf die skizzierten ästhetischen Auseinandersetzungen zwischen Klassik und Romantik. In seiner Entwicklung vom tierähnlichen Wesen ohne Bewusstsein zur empfindsamen, reflektierten und gebildeten humanoiden Existenz wird es zum epistemologischen Modell, das sich deutlich aus empiristischen und sensualistischen Ideen speist.[87] Als Ergebnis von Frankensteins naturwissenschaftlichen und naturphilosophischen Studien bildet sein Geschöpf zugleich eine fleischgewordene Bestandsaufnahme zeitgenössischer Experimente – sie reichen von Erasmus Darwins Erforschung generativer Kräfte[88] über galvanistische Belebungsversuche toter Körper(teile)[89] bis hin zu Vorstellungen eines elektro-chemischen Nachbaus des menschlichen Organismus.[90] Auf diese Weise wird das Monster ebenso zum Zeichen einer kontingenten, regellosen

---

Klartext und Arabeske. Konferenz des Konstanzer Graduiertenkollegs „Theorie der Literatur" im Oktober 1992. Amsterdam, Atlanta 1994, S. 229-240, hier S. 238.
86 CHRISTIAN W. THOMSEN: Das Groteske im englischen Roman des 18. Jahrhunderts. Erscheinungsformen und Funktionen. Darmstadt 1974, S. 11.
87 Vgl. etwa das Statuenexperiment in Etinne Bonnot de Condillacs „Traité des Sensations" (1754).
88 SHELLEY: Frankenstein (wie Anm. 71), S. xxiv.
89 Siehe beispielsweise JEAN ALDINI: Theoretisch-praktischer Versuch über den Galvanismus. Mit einer Reihe von Experimenten, welche in Gegenwart der Commissarien des National-Instituts und in verschiedenen anatomischen Sälen in London angestellt wurden. 2 Bde. Leipzig 1804.
90 Siehe. dazu [JOHANN WIHELM RITTER]: Beyträge zur nähern Kenntniss des Galvanismus und der Resultate seiner Untersuchungen. Hg. von Johann Wilhelm Ritter. Bd. 2. Jena 1802, S. 249 f.

Grenzüberschreitung zwischen den Ordnungen von Humanem und Nicht-Humanem, Kultur und Natur, Leben und Tod, Form und Materie wie zum Knotenpunkt naturwissenschaftlicher, poetologischer und epistemologischer Diskurse.

Gegen Ende des 18. Jahrhunderts scheint das Monster damit in Wissenschaft und Literatur zu einer vergleichbar zentralen Metapher für die heterogene und alogische Organisation von Wissen und Wahrnehmung geworden zu sein wie heute das Netzwerk. Dabei markiert es – wie in diesem Beitrag gezeigt werden sollte – auf jeweils unterschiedliche Weise stets einen Übersetzungs- und Vernetzungsprozess zwischen formal getrennten Kategorien und legt zugleich die epistemologischen und ästhetischen Transformationen offen, die jeweils stattfinden. Mit dem Blick auf das Monster könnte deshalb jenes kritische Potential von Netzwerk-Prozessen wieder sichtbar werden, das im Zeitalter des World-Wide-Web und des auf *In*formationsübermittlung und Handlungskoordination beschränkten Verständnisses von Vernetzung dem Blick entzogen werden: Prozesse der Vermischung und der *De*formation, der Überschreitung und Entgrenzung.[91] In der historischen Distanz zeigt sich, dass Organisationsprozesse zwischen Teil und Ganzem andere Metaphoriken zugeordnet bekommen können als das ‚Netz'. Es dürfte jedoch zugleich deutlich geworden sein, dass ‚Netze' durchaus unterschiedliche Verknüpfungslogiken aufweisen – wenn sie zuweilen auch unter den Denk-Maschen Web-orientierter ‚Netzwerke' gut getarnt bleiben.[92]

---

91 Vgl. hierzu auch LATOUR: On Recalling ANT (wie Anm. 7), S. 15 f.: „What I would like to call ‚double-click information' has killed the last bit of the critical cutting edge of the notion of network".
92 Überhaupt nicht zu erkennen etwa bei MANFRED FAßLER: Netzwerke. Einführung in die Netzstrukturen, Netzkulturen und verteilte Gesellschaftlichkeit. München 2001.

Irmela Marei Krüger-Fürhoff

# Vernetzte Körper

## Zur Poetik der Transplantation

> Ein Biologe nimmt im Fernsehen ein Menschenherz aus einem Glas und zeigt es Millionen von seinesgleichen. Weiß er, daß er damit eine Metapher ermordet?[1]

## 1. Festung, Genossenschaft, Netzwerk. Konzepte des Körpers

Zwischen 1855 und 1885 entwickelt der Berliner Mediziner und liberale Abgeordnete Rudolf Virchow im Kontext seiner Zellularpathologie ein Körpermodell, das mit soziopolitischen Metaphern arbeitet. Jeder Organismus, so Virchow, sei ein freiwilliger Zusammenschluss von arbeitsteilig agierenden, prinzipiell aber gleichwertigen Zellen, stelle also eine Art „Föderation" dar.[2] Als Beleg für dieses neuartige Konzept dient dem Wissenschaftler die noch junge Transplantationschirurgie: Gerade weil der menschliche Körper kein „einheitlicher", sondern „vielmehr ein gesellschaftlicher" und „socialer" ist, können aus ihm „Elemente und Elementargruppen ausscheiden, ohne dass der Bestand der Genossenschaft dadurch aufgehoben wird; es können aber auch Elemente oder Elementargruppen in denselben eintreten, ohne dass die Genossenschaft vernichtet wird, ja, ihr Eintritt kann sogar die Wirkung haben, die Genossenschaft aufzubessern und zu stärken."[3] Vor den Augen der Zuhörer bzw. Leser von Virchows Vorlesungen entsteht also das Bild eines sich selbst organisierenden Systems, das durch freiwillige Kooperation egalitärer Partner, zeitlich begrenzte Loyalität und großen Pragmatismus im Dienst des gemeinsamen Überlebens gekennzeichnet ist.[4]

---

1 PIERRE LEGENDRE: Die Fabrikation des abendländischen Menschen. In: ders.: Die Fabrikation des abendländischen Menschen. Zwei Essays. Wien 1999, S. 11-36, hier S. 34.
2 RUDOLF VIRCHOW: Die Cellularpathologie in ihrer Begründung auf physiologische und pathologische Gewebelehre (1858). Hildesheim 1966, S. 1-21, hier S. 13. Vgl. auch ders.: Die Kritiker der Cellularpathologie. In: Archiv für pathologische Anatomie und Physiologie und für klinische Medicin 18/1860, S. 1-14.
3 RUDOLF VIRCHOW: Krankheitswesen und Krankheitsursache. In: Archiv für pathologische Anatomie 79/1880, S. 1-19 und 185-228, hier S. 186.
4 Vgl. HEINZ-PETER SCHMIEDEBACH: „Ist nicht wirklich diese ganze zersetzende Naturwissenschaft ein Irrweg?" Virchow und die Zellularpathologie. In: Medizinhistorisches

Obwohl Vorstellungen vom Organismus als soziale Organisation aus Philosophie und Staatstheorie bekannt sind, scheint Virchows Konzept quer zur landläufigen Historiographie der Körperkonzepte und ihres Wandels vom 18. bis zum 21. Jahrhundert zu liegen. Grob vereinfacht lautet die Argumentation, dass der Körper seit LaMettries „L'homme machine" (1747), spätestens aber seit Mitte des 19. Jahrhunderts als maschinenähnlicher Mechanismus gedacht werde, also als feste und nach außen hin klar abgegrenzte Entität, deren einzelne Bestandteile bei Bedarf repariert werden können. In den letzten Jahrzehnten setze sich dagegen – v.a. im Kontext von Biokybernetik, Immunologie und AIDS-Diskurs – die Vorstellung durch, der Körper sei ein nicht-lineares und dezentral gesteuertes bzw. autoregulatives Netzwerk, das mit seiner Umwelt auf vielfältige Weise interagiere.[5] Mit Blick auf die Transplantationsmedizin – einer Disziplin, deren theoretisches Fundament im letzten Viertel des 19. Jahrhunderts gelegt wird, deren breite praktische Durchsetzung aber erst seit etwa 1980 mit der Entdeckung der Immunsuppressiva Cortison und Ciclosporin erfolgt[6] – greift diese Teleologie allerdings deshalb zu kurz, weil dort die beiden Körperkonzepte einander nicht ablösen, sondern sich vielmehr zeitlich überlagern und verschränken. Zwar beruht die Vorstellung, komplexe innere Krankheiten ließen sich durch den Ersatz eines bestimmten Organs behandeln, auf der Chirurgie des 18. und der Physiologie und experimentellen Laborwissenschaft des 19. Jahrhunderts, also auf eben jenen Disziplinen, die mit der „Prothesenideologie" eines mechanistischen Körperverständnisses assoziiert werden.[7] Von Anfang an verfolgt die Transplantationschirurgie jedoch auch eher systemische Ansätze, die Ende des 19. Jahrhunderts zu der Überzeugung führen, die Funktion

---

Journal. Internationale Vierteljahresschrift für Wissenschaftsgeschichte 27/1992, Nr. 1-2, S. 26-42. Wahrig-Schmidt hat auf die Parallelen zwischen Virchows Vorstellung vom Körper als sozialer Organisationsform und Hegels Überlegungen zur bürgerlichen Gesellschaft hingewiesen. Vgl. BETTINA WAHRIG-SCHMIDT: Totalität – Konstruktion – Navigation. Metaphern auf dem Weg des Organismus. In: CORNELIUS BORCK (Hg.): Anatomien medizinischen Wissens. Medizin Macht Moleküle. Frankfurt/M. 1996, S. 230-255.

5 Vgl. CORNELIUS BORCK: Anatomien medizinischer Erkenntnis. Der Aktionsradius der Medizin zwischen Vermittlungskrise und Biopolitik. In: ders. (Hg.): Anatomien medizinischen Wissens (wie Anm. 4), S. 9-52; EMILY MARTIN: Die neue Kultur der Gesundheit. Soziale Geschlechtsidentität und das Immunsystem in Amerika. In: PHILIPP SARASIN / JAKOB TANNER (Hg.): Physiologie und industrielle Gesundheit. Studien zur Verwissenschaftlichung des Körpers im 19. und 20. Jahrhundert. Frankfurt/M. 1998, S. 508-525.

6 Vgl. LESLIE BRENT: A History of Transplantation Immunology. San Diego u.a. 1997; NADEY S. HAKIM / GABRIEL M. DANOVITCH (Hg.): Transplantation Surgery. London u.a. 2001.

7 BORCK: Anatomien medizinischer Erkenntnis (wie Anm. 4), S. 12. Allerdings signalisiert die Prothese als Hinzufügung bereits die grundsätzliche Möglichkeit einer Öffnung des Körpers.

eines spezifischen Organs sei nicht an seine Lokalisierung gebunden, sowie Mitte des 20. Jahrhunderts zur immunologischen Erklärung der Transplantationsabstoßung.[8]

Dass der zeitgleiche Aufstieg von Transplantationschirurgie und Immunologie nach dem Zweiten Weltkrieg wesentlich vom gemeinsamen Rückgriff auf Netzwerkkonzepte geprägt ist, lässt sich aus aktuellen Überlegungen zur Geschichte des Immunsystems schließen.[9] Francisco Varela, Ilana Löwy und Donna Haraway argumentieren, dass das in den 1940er Jahren entwickelte Konzept des „immunologischen Selbst" (Burnet), das die heute so selbstverständlich erscheinende Vorstellung prägt, Immunmechanismen beruhten auf einer Unterscheidung zwischen Organismus und Eindringling, in den 70er und 80er Jahren durch die aus der Kinetik stammende ‚Theorie idiotypischer Netzwerke' (Jerne) abgelöst wurde. Immunreaktionen wurden fortan als Interaktion zwischen externen und internen Antigenen gedeutet, so dass die scheinbar so grundlegende Unterscheidung zwischen Eigenem und Fremdem in Bewegung geriet. Dieses Netzwerkkonzept trug auch dazu bei, die Abwehrreaktionen nach Gewebs- und Organverpflanzungen besser zu verstehen und zu kontrollieren; schließlich ist das Ziel einer Transplantation gerade nicht die klare Unterscheidung und Trennung zwischen Eigenem und Fremdem, sondern im Gegenteil die dauerhafte Konfrontation, ja friedliche Koexistenz zweier Immunsysteme in einem einzigen Organismus, also die Schaffung eines immunologischen Hybriden.[10]

---

8 Vgl. THOMAS SCHLICH: Die Erfindung der Organtransplantation. Erfolg und Scheitern des chirurgischen Organersatzes (1880-1930). Frankfurt/M., New York 1998. In kulturwissenschaftlichen Untersuchungen wird dagegen v.a. die Partialisierung des menschlichen Körpers durch die Transplantationschirurgie betont. Vgl. ANNA BERGMANN: Chimärenerzeugungen. Prinzipien des Zerstückelns und Neuzusammensetzens in der Transplantationsmedizin. In: MARIA WOLF (Hg.): Optimierung und Zerstörung. Intertheoretische Analysen zum menschlich Lebendigen. Innsbruck 2000, S. 135-159; BRIGITTA HAUSER-SCHÄUBLIN / VERA KALITZKUS / IMME PETERSEN / IRIS SCHRÖDER: Der geteilte Leib. Die kulturelle Dimension von Organtransplantation und Reproduktionsmedizin in Deutschland. Frankfurt/M., New York 2001.
9 Vgl. FRANCISCO J. VARELA: Der Körper denkt. Das Immunsystem als der Prozeß der Körper-Individuierung. In: HANS ULRICH GUMBRECHT (Hg.): Paradoxien, Dissonanzen, Zusammenbrüche. Situationen offener Epistemologie. Frankfurt/M. 1991, S. 727-743; ILANA LÖWY: Unscharfe Begriffe und föderative Experimentalstrategien. Die immunologische Konstruktion des Selbst. In: HANS-JÖRG RHEINBERGER / MICHAEL HAGNER (Hg.): Die Experimentalisierung des Lebens. Experimentalsysteme in den biologischen Wissenschaften 1850-1950. Berlin 1993, S. 188-206; DONNA HARAWAY: Die Biopolitik postmoderner Körper. Konstitutionen des Selbst im Diskurs des Immunsystems. In: dies.: Die Neuerfindung der Natur. Primaten, Cyborgs und Frauen. Hg. von Carmen Hammer und Immanuel Stieß. Frankfurt/M., New York 1995, S. 160-199.
10 Weil die Schwächung der körpereigenen Abwehr nicht als Krankheitssymptom verstanden, sondern gezielt als Therapeutikum eingesetzt oder zumindest in Kauf genommen wird,

Während also Sigmund Freud 1930 argumentierte, dem Menschen als „Prothesengott" mache es „gelegentlich noch viel zu schaffen", dass seine „Hilfsorgane" „nicht mit ihm verwachsen" seien, sondern äußerlich blieben,[11] wird in der Transplantationsmedizin des ausgehenden 20. Jahrhunderts gerade das Zusammenwachsen von Fleisch mit Fleisch zur Herausforderung.

Auch jenseits dieser immunologischen Perspektive ist die Transplantationsmedizin im mehrfachen Sinne ein Phänomen der Vernetzung: Sie beruht erstens auf der Zusammenarbeit verschiedener Disziplinen (Chirurgie, Physiologie, Immunologie, Biochemie, Pharmakologie) und Institutionen (Rettungsdienste, Kliniken), ist zweitens angewiesen auf eine effiziente Vernetzung von Informationen (Organvermittlungszentralen wie Eurotransplant, Labors für Gewebetypisierung bzw. Untersuchung der HLA-Kompatibilität), Maschinen (Kühltechniken, Apparate der Operations- und Intensivmedizin) und Verkehrswegen (Transportmöglichkeiten für Explantationsteams, Organe und ihre Empfänger), sie benötigt drittens für die gesellschaftliche Durchsetzung ein ganzes Ensemble aufeinander abgestimmter medialer Strategien (Informationsbroschüren, Werbespots) und konfrontiert viertens die Betroffenen mit zwei Formen der Vernetzung: einer externen Verbindung mit dem toten Spender und einer internen Notwendigkeit, das empfangene Organ in den eigenen Körper bzw. die eigene Identität zu integrieren.[12] In diesem Sinne versteht der Soziologe Günter Feuerstein das „Transplantationssystem" als ein groß angelegtes „Experiment

---

sind Transplantierte also pharmakologisch erzeugte AIDS-Patienten mit der entsprechenden Immundefizienz. Knochenmarktransplantationen als Therapie für verschiedene Formen der Leukämie setzen sogar die vollständige Zerstörung des Empfänger-Immunsystems voraus; bei den anschließend auftretenden Abwehrreaktionen kämpfen also Spenderzellen gegen ihre Inkorporation in den Empfängerkörper. Diese *graft versus host reaction* treibt die Logik des Immunsystems in ihrer Verkehrung gewissermaßen auf die Spitze.

11 SIGMUND FREUD: Das Unbehagen in der Kultur. In: ders.: Studienausgabe. Hg. von Alexander Mitscherlich u.a. Bd. IX. Fragen der Gesellschaft. Ursprünge der Religion. Frankfurt/M. 1974, S. 191-270, hier S. 222.

12 Dass die emotionale Bindung an Lebendspender von Nieren oder Knochenmark noch enger und eventuell problematischer sein kann, soll hier nicht weiter vertieft werden. Auch auf die umfangreiche Forschung zum Konzept des Hirntods – dem bisherigen Schwerpunkt der kritischen Reflexionen über die Transplantationsmedizin – kann ich in diesem Zusammenhang nicht eingehen. Vgl. dazu u.a. JOHANN S. ACH / MICHAEL QUANTE (Hg.): Hirntod und Organverpflanzung. Ethische, medizinische, psychologische und rechtliche Aspekte der Transplantationsmedizin. 2. Aufl. Stuttgart-Bad Cannstatt 1999; ULRIKE BAUREITHEL / ANNA BERGMANN: Herzloser Tod. Das Dilemma der Organspende. Stuttgart 1999; THOMAS SCHLICH / CLAUDIA WIESEMANN (Hg.): Hirntod. Zur Kulturgeschichte der Todesfeststellung. Frankfurt/M. 2001; MARGARET LOCK: Twice Dead. Organ Transplants and the Reinvention of Death. Berkeley, Los Angeles 2002; GESA LINDEMANN: Die Grenzen des Sozialen. Zur sozio-technischen Konstruktion von Leben und Tod in der Intensivmedizin. München 2002.

der technischen Vernetzung von Körpern und Sozialbeziehungen".[13] Auch die Probleme der Verteilungsgerechtigkeit und des globalen Organhandels entstehen erst vor dem Hintergrund ausdifferenzierter Netzwerke.[14]

Weil die realen oder imaginären Körpervernetzungen einerseits Gegenstände der Immunologie und Psychologie bzw. der *Organ Transplant Psychiatry* sind,[15] und andererseits in zahlreichen Essays, autobiographischen Erfahrungsberichten und fiktiven Texten thematisiert werden, lässt sich mit ihrer Hilfe exemplarisch nach den Wechselwirkungen und Gegenläufigkeiten zwischen medizinischen und literarischen Diskursen fragen. Dabei geht es mir weniger darum, Literatur als Ort des moralischen Einspruchs gegen naturwissenschaftliche Machbarkeitsphantasien, der Verarbeitung persönlicher Grenzerfahrungen oder der kulturellen Restabilisierung irritierter Subjektivität zu verstehen. Ich gehe vielmehr davon aus, dass medizinisches und literarisches Wissen einen gemeinsamen Code besitzen, also – um Stephen Greenblatt zu zitieren – eine „Reihe ineinander verschränkter Tropen und Ähnlichkeiten, die nicht nur als Gegenstände, sondern auch als Bedingungen der Darstellung fungieren."[16] Am Beispiel von philosophischen, populärwissenschaftlichen und literarischen Werken der letzten zehn Jahre möchte ich einige Charakteristika kultureller Repräsentationen der Transplantationsmedizin herausarbeiten. Mein besonderes Interesse gilt dabei den verwendeten Metaphernfeldern und Erzählstrategien, die für Darstellungen transplantierter Körper verwendet werden; es zielt also auf eine „Poetologie des Wissens", die – so Joseph Vogl im Rückgriff auf Michel Foucault – „das Auftauchen neuer Wissensobjekte und Erkenntnisbereiche zugleich als Form ihrer Inszenierung begreift."[17] Letztlich geht es bei meiner Lektüre um die Frage, ob sich aus der Analyse literarischer Vernetzungsphantasien Ansätze zu einer Poetik der Transplantation ableiten lassen.

---

13 GÜNTER FEUERSTEIN: Organtransplantation als Experiment der technischen Vernetzung von Körpern und Sozialbeziehungen. In: UWE KOCH / JÜRGEN NEUSER (Hg): Transplantationsmedizin aus psychologischer Perspektive. Göttingen u.a. 1997, S. 30-37; ders.: Das Transplantationssystem. Dynamik, Konflikte und ethisch-moralische Grenzgänge. Weinheim, München 1995.
14 Vgl. NANCY SCHEPER-HUGHES: The Global Traffic in Organs. In: Current Anthropology 41/2000, S. 191-224.
15 Vgl. BRIGITTE BUNZEL: Herztransplantation. Psychosoziale Grundlagen und Forschungsergebnisse zur Lebensqualität. Stuttgart, New York 1993; ELISABETH WELLENDORF: Mit dem Herzen eines anderen leben? Die seelischen Folgen der Organtransplantation. Zürich 1993.
16 STEPHEN GREENBLATT: Verhandlungen mit Shakespeare. Innenansichten der englischen Renaissance (1988). Berlin 1990, S. 85.
17 JOSEPH VOGL: Einleitung. In: ders. (Hg.): Poetologien des Wissens um 1800. München 1999, S. 7-16, hier S. 13; vgl. zu diesem methodischen Vorgehen auch TANJA NUSSER / ELISABETH STROWICK: Intersektionen. In: dies. (Hg.): Krankheit und Geschlecht. Diskursive Affären zwischen Literatur und Medizin. Würzburg 2002, S. 7-17.

## 2. Fremde Verwandte. Literarische Phantasien der Vernetzung

Um die kulturelle und literarische Metaphorik von durch Transplantationen vernetzten Körpern zu analysieren, möchte ich auf ein älteres Konzept der Vernetzung zurückgreifen, nämlich die Ökonomie der Gabe, die von der Ethnologie formuliert und von *Cultural Anthropology* und Dekonstruktion weiterentwickelt wurde. Gabe und Gabentausch dienen der Herstellung und Stabilisierung von Gesellschaft, indem sie ein engmaschiges Netz gegenseitiger Gefälligkeiten und Abhängigkeiten knüpfen. Marcel Mauss betont in seinem 1925 erschienenen „Essai sur le don" die konstitutive Reziprozität des Gabentauschs, aber auch das Moment der Verpflichtung, das nicht nur zur Erwiderung, sondern zur Überbietung der Gabe führt und damit zu einer Ambivalenz von Schenken und Schädigen.[18] Mitte der 70er Jahre untersuchen die Soziologin Renée Fox und die Wissenschaftshistorikerin Judith Swazey Organtransplantationen als Phänomene des ‚gift exchange'.[19] Am Beispiel von Nierenerkrankungen und der Möglichkeit innerfamiliärer Lebendtransplantate arbeiten sie die Tyrannei des Geschenks heraus, die ihrer Auffassung nach entsteht, weil bei Organspenden die von Mauss angenommene Symmetrie und Reziprozität des Gabentauschs unmöglich ist. Der prekären, bisweilen sogar agonalen Logik eines Netzwerkes von Gabe und Gegengabe möchte ich am Beispiel dreier literarischer Repräsentationen transplantierter Körper nachgehen.

Ein 2002 erschienener Roman der amerikanischen Autorin Lucy Ferriss spielt die emotionalen Vernetzungen rund um eine Herztransplantation auf virtuose Weise durch. „Nerves of the Heart" handelt von der Familie des neunjährigen Toby Ames, dem das Herz der zehnjährigen Unfalltoten Brooke Hunter eingepflanzt wird.[20] Wenige Monate nach der vorerst erfolgreichen Transplantation sucht Linsey Hunter, die Mutter des verunglückten Mädchens, die Ames auf und zieht kurz darauf in die gleiche Stadt im Bundesstaat Virginia. Aus der verhaltenen Dankbarkeit der Empfängerfamilie sowie der Sorge und unterschwelligen Eifersucht der trauernden Mutter entwickelt sich in kurzer Zeit ein ambivalentes Beziehungsgeflecht, das das Familiengefüge der Ames grundlegend erschüttert. Toby baut ein freundschaftliches Verhältnis zu Brookes

---

18 Vgl. MARCEL MAUSS: Die Gabe. Form und Funktion des Austauschs in archaischen Gesellschaften (1925). München 1975.
19 Vgl. RENÉE FOX / JUDITH SWAZEY: The Courage to Fail. A Social View of Organ Transplants and Dialysis. Chicago 1974.
20 LUCY FERRISS: Nerves of the Heart. A Novel. Knoxville 2002. Alle Zitatnachweise im Folgenden im Text als (N, Seitenzahl).

Herzen als einem „conjoined twin" (N, 147) im eigenen Körper auf und imaginiert Linsey „as his mom, too" (N, 192);[21] die Eltern Nicholas und Susannah Ames entfremden sich unter anderem im täglichen Kampf um Tobys medikamentöse Nachsorge; Nicholas und Linsey beginnen eine Affäre miteinander. In allen Interaktionen geht es darum, das fremde Herz kennen zu lernen, zu pflegen oder zu verdienen; „I got the heart, you got the husband [...]. Fair trade" (N, 235) umreißt Susannah die unterschwellige Tauschlogik, als sie Linsey als Nicholas' Geliebte erkennt. Im Gegensatz zum Arzt, der das Herz als Organ unter anderen apostrophiert und als Bestandteil von „valve mechanics" (N, 55) versteht, halten die Angehörigen der Spender- und Empfängerfamilie an einem kardiozentrischen Körperverständnis fest, in dem *agape* und *eros* sich auf unheilvolle Weise überkreuzen. Susannahs überraschende Schwangerschaft, vor allem aber die medizinische Nachricht, dass Toby wegen Arteriosklerose eine zweite Herztransplantation benötigen wird, lösen die Verwirrungen und fügen – im Sinne eines melancholisch abgetönten *happy ends* – die ursprüngliche Kleinfamilie wieder zusammen. Die körperlichen und emotionalen Vernetzungen im Kontext der Transplantationsmedizin sind also, so lehrt „Nerves of the Heart", gefährliche Verstrickungen, die es aufzulösen gilt.

Auch zwei autobiographisch geprägte Texte aus dem Jahre 1999 – die Erzählung „Adoptiert: Das fremde Organ" der deutschen Theologin Susanne Krahe und der Essay „Der Eindringling" des französischen Philosophen Jean-Luc Nancy – arbeiten mit Vorstellungen vernetzter Körper, rekurrieren dabei jedoch vor allem auf medizinisches Wissen um die Funktionsweise des Immunsystems.[22] In Susanne Krahes „Adoptiert" wird der mit einer neuen Niere ausgestattete Körper als filigranes „Netz" im halb textilen, halb technischen Sinne entworfen, dessen „Leitungen" und „Versorgungskabel" (A, 8) durch externe Bakterien ebenso gefährdet sind wie durch interne Immunreaktionen:

> Ohne meine Pillenpalette kommen wir nicht mehr durch unser seidengesponsenes Leben, der Fremde und ich. Seit ein zweiter Organismus in meinem Gewebe sitzt, vergifte ich die Polizei in meinem Körper mit teuren Pilzen. Ich muß uns vor meinen Lymphozyten schützen, vor jeder Helferzelle, die den Eindringling als störend empfindet. Ich blockiere die Freßlust der aggressiven, gutmütigen Helfer. (A, 9)

---

21 Zur Vorstellung, das transplantierte Organ sei eine Art Zwilling, vgl. die Patientenberichte der Psychologin ELISABETH WELLENDORF: Seelische Aspekte der Organtransplantation. In: ILSE GUTJAHR / MATHIAS JUNG (Hg.): Sterben auf Bestellung. Fakten zur Organentnahme. Lahnstein 1997, S. 99-116.
22 SUSANNE KRAHE: Adoptiert: Das fremde Organ. Transplantation als Grenzerfahrung. Gütersloh 1999; JEAN-LUC NANCY: Der Eindringling / L'Intrus. In: ders.: Der Eindringling / L'Intrus. Das fremde Herz (1999). Deutsch-französische Ausgabe. Berlin 2000, S. 6-51. Alle Zitatnachweise im Folgenden im Text als (A, Seitenzahl) bzw. (E, Seitenzahl).

Dass die Integration des fremden Organs machbar und erstrebenswert ist, verdeutlichen die durchweg positiven Namen, die „den Verwandtschaftsgrad unserer Verbindung" verdeutlichen sollen: „Bruder. Freund. Nächster der Nächsten. [...] Mein Adoptivkind, meine Spätgeburt. Ein Hirntoter und ich seine erste Geliebte" (A, 32) lauten die Vorschläge. Leitmodell dieser tentativen und in sich widersprüchlichen Reihung ist zwar die Kleinfamilie, aber die wechselnden religiösen und erotischen Zuschreibungen verweisen weder auf ein stabiles Gefüge noch auf eine eindeutige Hierarchie zwischen Organ und Empfängerin. Zwar mag das Bild der „Spätgeburt" darauf anspielen, dass der weibliche Organismus während der Schwangerschaft einen immunologischen Fremdkörper erduldet, der Embryo also eine Art Transplantat auf Zeit darstellt,[23] doch geht die Organübertragung in „Adoptiert" zugleich mit einer doppelten Tilgung weiblicher Potenz einher: Um Platz für die fremde Niere zu schaffen, werden bei der Operation beide Eierstöcke entfernt, und der Partner der Ich-Erzählerin zeigt sich von dem unter der Haut sichtbaren Pulsieren des neuen Organs so irritiert, dass er jeden sexuellen Kontakt und schließlich die ganze Beziehung aufkündigt. Den Platz des Geliebten nimmt daraufhin die neue Niere ein, die die Ich-Erzählerin wegen des Geschlechts des Spenders – es handelt sich um einen 14jährigen Jungen – als „männlichen Gefährten" (A, 19) imaginiert. Dabei gesellt sich zur Vorstellung einer materiell-fleischlichen Vernetzung zwischen Spender bzw. Spenderteilen und Empfängerin das Bild eines medialen Patchworks: „Ich arbeite daran, eine zerrissene Leinwand zu flicken, die Matrize zu rekonstruieren, die zu einem Punkt zusammengeschmolzen ist" (A, 15). Im Verlauf der Erzählung wird aus dem Dialog mit den „Morsezeichen" (A, 16) des neuen Organs ein sozialer Rückzugs- und Abschottungsmechanismus, dessen Ziel eine symbiotische Beziehung mit jenem „Fremde[n] unter meiner Haut" (A, 10) zu sein scheint, der zum zwar launischen, aber dennoch geliebten inneren Du avanciert. Als immunologisch und sexuell hybrides Wesen ist der narzisstisch besetzte und gleichsam mit sich selbst vernetzte Körper in „Adoptiert" also vollkommen autark.

Der „Eindringling" erzählt dagegen vor allem die Geschichte einer Desillusionierung, die mit einer Abkehr von immunologischen Netzmetaphern und einem melancholischen Nachruf auf (vermeintlich) stabile Identitätsvorstellungen einhergeht. Jean-Luc Nancys Text über eine Herztransplantation beginnt mit Fragen der Einwanderung und der *political correctness*. Als Analogon einer offenen Zivilgesellschaft wird die Organverpflanzung als „Möglichkeit einer Vernetzung aller" (E, 31) gefeiert, also als utopische Technik, die keine ethischen

---

23 Vgl. MARTIN: Kultur der Gesundheit (wie Anm. 5), S. 512 f.

oder sexuellen, sondern allenfalls noch serologische Grenzen kennt und ein globales Recycling ermöglicht, das Differenzen zu tilgen verspricht. Die desillusionierende Lektion des eigenen Leibes, die Nancy im ausdrücklichen Rekurs auf Konzepte des Gabentauschs formuliert, lautet jedoch: „Ziemlich schnell löst sich die zweifelhafte Symbolik einer Gabe des anderen auf, einer geheimen, gespensterhaften Komplizität oder Intimität, die den anderen mit mir verbindet" (E, 31). Grund dafür sind die Abstoßungsreaktionen gegen das transplantierte Herz. Die Tatsache, „daß ,ich' zwei Systeme ,habe', daß ,meine' Immunität aus zwei Identitäten besteht" (E 33), unterläuft nicht nur jede emphatische Rede vom Eigenen, sondern spottet zugleich einer naiven Begeisterung für Patchwork-Identitäten und Cyborg-Körper. Damit werden zahlreiche theoretische Debatten der vergangenen Jahre, aber auch Thesen des Autors selbst einer kritischen Überprüfung unterzogen. 1986 hatte Nancy in „Die undarstellbare Gemeinschaft" argumentiert, die Schließung von sozialen Organisationen werde erst durch die öffnende Figur eines Eindringlings möglich.[24] Das fremde Herz ist ein Eindringling in eben diesem Sinne, aber eben auch eine janusköpfige Erscheinung: Es ist Lebensretter und zugleich tödlicher Feind des Organismus, denn die Abwehrreaktionen müssen durch Immunsuppressiva unterdrückt werden, die den Körper wehrlos den bereits in ihm wohnenden Viren aussetzen und schließlich Krebs auslösen. Die Doppelcodierung des Herzens führt in Nancys Text zu einer Umkehr der Logik von Eigenem und Fremdem, Innen und Außen.[25] Denn obwohl die Transplantation als *restitutio ad integrum* entworfen wird, erweist sie sich als Strategie der Hybridisierung – das Einsetzen eines jungen Frauenherzens in einen älteren Männerkörper erschwert eindeutige Zuordnungen von Alter und *gender* – und als Strategie der Unterwerfung unter die klinischen Disziplinartechniken des Messens, Kontrollierens und Scannens. Was in „Adoptiert" als letztlich positive Vervielfältigung und Dialogisierung des eigenen Selbst beschrieben wird, ist im „Eindringling" also vor allem eine Gewalt- und Verlusterfahrung. „Identität steht für Immunität" (E, 35) heißt es bei Nancy, und folglich führt die immunologische Öffnung zu einer „polymorphen Auflösung" (E, 45) der Identität.

Donna Haraway hat in einem viel zitierten Aufsatz vorgeschlagen, Cyborgs, also die Verknüpfung von Organismen und Maschinen, wie sie u.a. in der Medizin des ausgehenden 20. und beginnenden 21. Jahrhunderts produziert werden, als

---

[24] Vgl. JEAN-LUC NANCY: Die undarstellbare Gemeinschaft (1986). Stuttgart 1988.
[25] Vgl. die Nancy-Lektüre von ESTHER VON DER OSTEN: Echo und die Maulwürfe. In: ACHIM GEISENHANSLÜKE / ECKART GOEBEL (Hg.): Kritik der Tradition. Hella Tiedemann-Bartels zum 65. Geburtstag. Würzburg 2001, S. 201-209.

Denkfiguren mit utopischem Potential zu verstehen, weil sie scheinbar grundlegende Dichotomien – wie diejenige zwischen Natur und Kultur, Mensch und Maschine, Männlichem und Weiblichem, Subjekt und Objekt – unterminieren.[26] Wenn Nancy am Ende seines Textes über die zunehmende Prothetisierung des Menschen reflektiert und erklärt: „Ich verwandele mich in den Androiden der Science Fiction oder einen Scheintoten" (E, 49), dann bezieht er sich in einem theoriegeleiteten Erzählgestus auf eben dieses Konzept, teilt jedoch nicht dessen positive Bewertung. Auch Krahe, die – wie gezeigt – den transplantierten Körper mit Medien- und Netzwerkmetaphern beschreibt, grenzt die Transplantation gegen die Dialyse ab und gibt dabei dem scheinbar natürlichen Hybridisierungsverfahren den Vorzug gegenüber Mensch-Maschinen-Verknüpfungen. Weil Transplantate also in diesen beiden literarischen Texten – aller operations- und intensivmedizinischen Technik zum Trotz – als biologisch-fleischlich gedacht werden, stellt die Idee einer Vernetzung zwischen Mensch und Maschine keine lustvoll zu besetzende Option dar, sondern wird vielmehr als schlechtere Wahl verworfen. Man mag dies als Überbleibsel moderner Körperkonzeptionen belächeln, man mag einwenden, das Beharren auf dem Organischen der Transplantationschirurgie sei eine Art Naturalisierung von Prothesen, die lediglich dazu diene, die tatsächliche Technisierung des Körpers zu verdecken, oder argumentieren, der kulturell konstruierte Begriff des Natürlichen habe sich ohnehin bereits grundlegend verschoben. Sicherlich aber ist diese Reserve gegenüber emphatischen Netzphantasien auch dem Genre geschuldet; schließlich entstammen die von mir untersuchten fiktiven und autobiographischen Texte eher der Tradition realistischen Erzählens als beispielsweise dem Bereich von *Cyberpunk* oder *Science Fiction.*[27] Statt eine hybride Cyborg-Existenz zu feiern,[28] bleibt im breiten Transplantationsdiskurs das Begehren, ‚Individuum' und Subjekt im klassischen Sinne zu sein, also zentral. Er bevorzugt mithin – um auf die Begrifflichkeit Bruno Latours zurückzugreifen – moderne Strategien der Reinigung, als ließen sich diese von Praktiken der Vermittlung, Hybridisierung oder Vernetzung trennen.[29]

---

26 Vgl. DONNA HARAWAY: Ein Manifest für Cyborgs. Feminismus im Streit mit den Technowissenschaften (1985). In: dies.: Die Neuerfindung der Natur (wie Anm. 9), S. 33-72.
27 Für eine volkskundliche Untersuchung mündlicher Transplantationsberichte und ihrer Erzählschemata vgl. OLIVA WIEBEL-FANDERL: Herztransplantation als erzählte Erfahrung. Der Mensch zwischen kulturellen Traditionen und medizinisch-technischem Fortschritt. Münster 2003.
28 Vgl. MARIE LUISE ANGERER: Neue Technologien als neue Grenzerfahrungen. Cyberspace und Cyberbodies. In: dies.: body options. körper. spuren. medien. bilder. 2. Aufl. Wien 2000, S. 27-55.
29 Vgl. BRUNO LATOUR: Wir sind nie modern gewesen. Versuch einer symmetrischen Anthropologie (1991). Frankfurt/M. 1998.

## 3. Im Netz der Schuld. Transplantationen und die prekäre Logik der Gabe

Anfang der 1990er Jahre formuliert Jacques Derrida in „Falschgeld. Zeit geben I" eine grundlegende Revision des Konzepts der Gabe, aus der ich im Folgenden drei Aspekte für eine Lektüre des Transplantationsdiskurses fruchtbar machen möchte.[30] Ausgangspunkt von Derridas Kritik ist Mauss' in sich widersprüchlicher Begriff des Gaben*tauschs*, da es die Gabe im eigentlichen Sinne nur dort geben kann, wo jede Gegengabe, jedes Schuld- oder Tauschverhältnis und damit letztlich sogar jede anerkennende Wahrnehmung der Gabe *als Gabe* ausgeschlossen sind. Weil sich die Gabe für Derrida durch ihren anökonomischen Charakter auszeichnet, unterbricht sie jede Zirkulation und wird auf diese Weise zur „Figur des Unmöglichen selber".[31] Es geht also nicht darum, die Gabe als ein schwer erreichbares Ideal zu denken, sondern als Aporie; Derrida spricht deshalb unter Rückgriff auf das Vokabular von Logik und Psychoanalyse von „Paradox" und „double bind".[32] Wäre die Organspende als ‚Geschenk des Lebens' wirklich jenseits aller Reziprozität,[33] wie Fox und Swazey argumentieren, wäre dies also nicht der Unfall, sondern vielmehr der Glücksfall einer Gabe. Tatsächlich aber bricht auch die Transplantationsmedizin – wie Ferriss' Roman „Nerves of the Heart" zeigt – nicht mit dem realen bzw. symbolischen „Teufelskreis von Tausch, Verpflichtung und Schuld".[34] Wenn Organspenden in populären bzw. populärwissenschaftlichen Diskussionszusammenhängen als ‚Akt der Nächstenliebe' und ‚Zeichen der Solidarisierung' beschrieben werden, verwandeln wir alle uns gewissermaßen in Bringeschuldner, die die moralische Verpflichtung haben, einen Organspendeausweis bei sich zu tragen – im Gegenzug erwerben wir dafür soziale Wertschätzung und im Falle einer tatsächlichen Explantation postmortale Dankbarkeit.[35]

---

30 JACQUES DERRIDA: Falschgeld. Zeit geben I (1991). München 1993.
31 Ebd., S. 17.
32 Ebd., S. 28.
33 Vgl. BUNDESMINISTERIUM FÜR GESUNDHEIT (Hg.): Das Transplantationsgesetz. Bonn 1998.
34 MICHAEL WETZEL / JEAN-MICHEL RABATÉ: Vorwort. In: dies. (Hg.): Ethik der Gabe. Denken nach Jacques Derrida. Berlin 1993, S. v-xi, hier S. v.
35 Vgl. z.B. die Gemeinsame Erklärung der Deutschen Bischofskonferenz und des Rates der Evangelischen Kirche in Deutschland zur Organtransplantation von 1990 [www.ekd.de/EKD-Texte/2064_organtransplantation_1990.html], sowie CHRISTINE HOLCH: Gesucht: Herzen, Nieren, Lebern. Angesichts des Mangels an Transplantationsorganen mahnen Experten und Prominente zur Organspende. In: chrismon. Das evangelische Magazin 10/2002, S. 12-19.

Die autobiographisch geprägten literarischen Texte thematisieren diese Ökonomie der Gabe, indem sie sich durch Widmungen und Vorreden als Gegengaben für das empfangene Organ präsentieren. „An Dich, meine Organspenderin", beginnt der Bericht „Zaungasterinnerungen. Geschichte einer Herztransplantation" von Ursula Drumm,³⁶ und Peter Cornelius Claussen erklärt: „Widmen möchte ich das Buch jenem Unbekannten, dessen Herz ich weitertrage."³⁷ Dass jedoch mit den „kompensatorischen [...] Opferhandlungen" (H, 48) des Schreibens und Übereignens die Schuldverstrickungen keineswegs aufgelöst werden, verdeutlichen die Erinnerungssequenzen, die der in der Schweiz lehrende deutsche Kunsthistoriker Claussen in den Bericht über seine Herztransplantation schiebt. In diesen Passagen überlagern sich individuelle und gesellschaftliche Perspektiven; zum Wissen, dass sich das eigene Überleben dem Tod eines anderen verdankt, gesellt sich die historische Schuld „allen Toten gegenüber, die starben, als es solche Rettungstechnologien noch nicht gab", sowie das schlechte Gewissen gegenüber „Unterprivilegierten und Drittweltländern" (H, 49). Die Vorstellung einer Vernetzung qua Schuld geht also über das persönliche Schicksal weit hinaus. Vor allem aber verknüpft Claussens „Herzwechsel" die Geschichte des versagenden Organs mit dem individuellen Verlust der kindlichen Unschuld sowie der kollektiven Schuld der Deutschen gegenüber den Opfern der Shoah. Das Trauma der Herztransplantation ruft nämlich ein Kindheitstrauma wach, das als Vertreibung des damals 12jährigen aus dem Paradies inszeniert wird. Die Intimität eines verwilderten Gartens, der dem Jungen Fluchtort und Alternative zur Schule als Ort des Wissens ist, wird 1956 durch den Bau eines Jugendbildungshauses zerstört; die erste dort gezeigte Ausstellung, so die Erinnerung des Rekonvaleszenten, tut dem jungen Besucher „Gewalt an" (H, 47). Die Fotos aus Auschwitz und der Film über die sterbenden Befreiten von Bergen-Belsen füllen „alle Hohlräume" des „Inneren" (H, 47) und lähmen die Lebenslust. Die rückblickende Selbstdeutung des Erzähler-Ichs nach der Transplantation lautet:

> Ohne die reale Chronologie nachgeprüft zu haben, halte ich es für möglich, daß die Bilder der Auschwitz-Ausstellung ein Auslöser meiner kindlichen Herzkrankheit gewesen sein könnten. [...] Mit diesen Bildern aus den befreiten Konzentrationslagern habe ich mein Leben so gekoppelt, daß es mir seitdem widerrechtlich angeeignet erschien. Oft habe ich gedacht, ich müsse dem großen Tod etwas zurückgeben, die Gewichte wieder zurechtzurücken. [...] Ich habe vor der Operation nicht daran gedacht, daß es sich nun

---

36 URSULA DRUMM: Zaungasterinnerungen. Geschichte einer Herztransplantation. Edingen 1995, S. 7.
37 PETER CORNELIUS CLAUSSEN: Herzwechsel. Ein Erfahrungsbericht. München 1996, S. 7. Zitatnachweise im Folgenden im Text als (H, Seitenzahl).

erfüllen, daß ich das Opfer endlich bringen könnte. Doch weiß ich, daß ich bereit war, mich aufzulösen und das Gefühl hatte, genug gelebt zu haben und schon zuviel. Herzwechsel, Wechseljahr. Ich lebe jetzt mit einem Herzen, das von diesen Bildern wahrscheinlich nie in diesem Maße verfolgt und betroffen wurde. Ein Wechsel auf die Zukunft. Wer hat ihn ausgestellt, wer fordert ihn ein? Oder hat mein altes Herz die Schuld getilgt, den Wechsel beglichen? (H, 62 f.)

Die Transplantation erfährt also in Claussens Text widersprüchliche Zuschreibungen: Während das neue Organ auf medizinisch-ökonomischer Ebene eine schuldhafte Verstrickung im Sinne des egoistischen Verbrauchs knapper Ressourcen bedeutet, deutet es auf imaginär-psychischer Ebene die mögliche Befreiung aus einem Netz biographischer Zuschreibungen an: Weil das fremde Herz keine für den Empfänger nachvollziehbare Geschichte besitzt, steht es auch außerhalb jeder Geschichtlichkeit und damit einer historischen Schuld. Damit verheißt es nicht nur das in Pro-Transplantationskampagnen häufig zitierte „zweite Leben",[38] sondern wird zugleich – in einer erneuten Wendung vom Individuellen zum Kollektiven – zum Symbol genau jener geglückten Assimilation, die den deutschen Juden nicht gewährt wurde.

Trotz seines grundlegenden Einwands gegen Mauss' Vermischung von Gabe und Tausch greift Derrida die Beobachtung des „Essai sur le don" auf, dass zwischen Erhalt und Erwidern der Gabe Zeit vergehen müsse, und verknüpft dies mit seinem eigenen Konzept der *différance*, also der Vorstellung von unmöglicher Gegenwart und ursprünglichem Aufschub. „Der Unterschied zwischen einer Gabe und einem beliebigen anderen Tauschvorgang", so Derrida, „liegt darin, daß die Gabe die Zeit gibt. *Dort, wo es die Gabe gibt, gibt es die Zeit.*"[39] Ein ähnliches Phänomen findet sich – wenngleich in etwas pragmatischerem Sinne – im Aufschub zusätzlicher Lebenszeit durch ein neues Organ. „Die Spende ist immer nur eine Gabe auf Zeit": mit diesen Worten umschreibt Susanne Krahe in ihrem literarischen Essay „Der Fremde und ich – Versuch über die symbiotische Existenz" die zeitlich beschränkte Funktionsfähigkeit von Spendernieren.[40] Die Logik des Aufschubs schlägt sich literarisch jedoch weniger als *carpe-diem*-Motiv nieder denn in der Überzeugung, sich selbst überlebt zu haben. „Während ich auf einem Operationstisch von einer Nacht in die andere schlief, überquerte mein leckes Schiffchen die Datumsgrenze und

---

[38] BUNDESZENTRALE FÜR GESUNDHEITLICHE AUFKLÄRUNG (Hg.): Wie ein zweites Leben. Köln 2002.
[39] DERRIDA: Falschgeld (wie Anm. 30), S. 58 f. (Hervorheb. im Orig.).
[40] SUSANNE KRAHE: Der Fremde und ich – Versuch über die symbiotische Existenz. In: UWE HERRMANN (Hg.): Die Seele verpflanzen? Organtransplantation als psychische und ethische Herausforderung. Gütersloh 1996, S. 9-21, hier S. 19.

schaukelte über den Untergang hinweg, weit nach Westen. Ich habe meinen Todestag verpaßt" (A, 100), erklärt die Ich-Erzählerin in Krahes „Adoptiert". Der Rückgriff auf das mythische Bild von der sicheren Überquerung eines Grenzflusses mündet allerdings nicht in Unsterblichkeitsphantasien, sondern in die Bürde, die Todesqual des verstorbenen Spenders und das „ausgelassene Sterben" (A, 15) des gespendeten Organs in den eigenen Körper zu integrieren: „Ich muß erinnern, was sein Gedächtnis nicht mehr gespeichert hat. Eine Sterbesekunde, auf einer Hornhaut geronnen und unter eine neue Stirn transportiert. Sein letzter Blick schärft mir die Sicht" (A, 14). Im Sinne einer unmöglichen Gegenwart der Gabe überlagern sich also vier verschiedene Zeitebenen: der Tod des Spenders, das künstliche Weiterleben des explantierten Organs, die Entfernung des beschädigten Gewebes aus dem Körper der Empfängerin und das neue Leben der frisch Transplantierten, das im doppelten Sinne eine Art irdisches Weiterleben nach dem Tod darstellt. Das Konzept der unmöglichen Gegenwart bedeutet jedoch auch, dass es keine erste Gabe gibt, weil jede Gabe immer schon in den Zirkel der symbolischen Ökonomie eingebunden ist. Aus dieser Perspektive folgt, dass das scheinbar so einmalige Geschenk des fremden Organs als Bestandteil einer Serie von Substituierungen und Supplementierungen entworfen wird. Weil in Claussens „Herzwechsel" das neue Organ nicht nur das eigene Herz ersetzt, sondern auch die Herz-Lungen-Maschine und die Prothesen der Operationsphase – die Transplantation entwickelte sich als Notfall aus dem Routineeingriff einer Herzklappenoperation – ist es nur schlüssig, dass der Patient fantasiert, demnächst „ein drittes, ein besseres Herz" (H, 38) eingepflanzt zu bekommen.

Folgt man Derridas Ausführungen, so gibt die Gabe nicht nur Zeit, sondern hinterlässt auch Spuren innerhalb eines kommunikativen Kontextes. Dieser Gedanke wird in Auseinandersetzung mit der These des Ethnologen Franz Boas entwickelt, der Gabentausch des kanadischen ‚Potlasch' vollziehe sich öffentlich, weil die Indianer keine Schrift besäßen. Derrida versteht die Gabe dagegen nicht lediglich als einen Inhalt, der erinnert und aufgezeichnet werden müsste, sondern als ein Ereignis, das selbst die Markierung einer Spur ist. In „Falschgeld" heißt es: „Die Gabe wäre so stets die Gabe einer Schrift, einer Erinnerung [mémoire], eines Gedichts oder einer Erzählung, auf jeden Fall vermachte oder hinterließe sie einen Text."[41] Wenn, wie Derrida argumentiert, die Gabe weniger ein Ding als ein performativer Akt ist, der sich an einen anderen richtet und dabei zugleich einen inneren Bezug zum Erzählen, zur

---

41 DERRIDA: Falschgeld (wie Anm. 30), S. 63.

Schrift und zu „einer gewissen Poetik der Erzählung" besitzt,[42] dann muss die Gabe eines Transplantats nicht aus autobiographischen, sondern schon aus strukturellen Gründen zum (literarischen) Text werden. Allerdings stellt sich mit Blick auf die Transplantation die Frage, wer der Erzähler dieser Gabe ist. Denn während Derrida vor allem aus der Perspektive des Gebenden argumentiert, wenn er die Gabe als Schrift und Erzählung deutet, mündet die Gabe der Organtransplantation bevorzugt in die Geschichte des Empfängers.

Zumindest für die autobiographisch geprägte Literatur gilt, dass erst die Gabe des Transplantats die Lebensgeschichte erzählenswert macht – zugleich aber zielen die Texte darauf, das Außergewöhnliche zwar zur Sprache zu bringen, die Zumutungen der Operation bzw. des zu integrierenden Transplantats dabei jedoch zu überwinden und den Sieg des schreibenden Ich auszurufen. Denn die Verfremdung der eigenen Körpererfahrung, die teils den Medikamenten und teils dem neuen Organ zugeschrieben wird – die Rede ist u.a. von aufgedunsenen Gesichtszügen, verändertem Eigengeruch und neuen Essensvorlieben – weckt weniger Faszination als dies angesichts der in theoretischen Debatten gepriesenen offenen Identitätsentwürfe vielleicht zu erwarten gewesen wäre. Mir scheint, dass gerade die differenzierteren Transplantations-Texte sich durch eine grundlegende Spannung auszeichnen, die sich bis in Bildlichkeit und Erzählstrategie niederschlägt. Einerseits schildern diese Texte psychische und physische Erfahrungen, die jeder Vorstellung von Ganzheit eine Absage erteilen, andererseits aber wollen sie die Zumutungen der Operation bzw. des zu integrierenden Transplantats überwinden und in einen (unterschiedlich starken) Sieg des schreibenden Subjekts verwandeln. Krahes mit Blick auf das neue Organ geäußerte Einsicht „Nur ich erzähle seine Geschichte zu Ende, nur ich" (A, 107) stellt insofern eine charakteristische Ermächtigungsgeste dar.

## 4. Intertextualität als Technik der Vernetzung. Aspekte einer Poetik der Transplantation

Gibt es also eine spezifische Poetik der Transplantation, und wenn ja, lässt sich ein Bezug zu ästhetischen Formen der Vernetzung auffinden? Während der Roman von Ferriss traditionellen Schreibweisen verpflichtet bleibt, versuchen die autobiographischen Werke von Nancy, Krahe und Claussen, die Erfahrung physischer und psychischer Brüche auch stilistisch umzusetzen. Hier wird die

---

42 Ebd., S. 59.

Chronologie der Erzählung aufgebrochen, sei es durch Erinnerungen, *flashbacks* aus der Operationsphase oder Gespräche mit dem Transplantat. Bereits in Krahes kurzem Text „Der Fremde und ich" wird die Verunsicherung der eigenen Identität mit einer Vervielfältigung der Erzählperspektiven beantwortet: Sachliche, beinahe lehrbuchartige Darstellungen medizinischen Fachwissens wechseln mit poetischen Passagen, in denen entweder die Transplantierte oder aber das Transplantat selbst als sprechendes Ich auftreten. Häufig wird die Begegnung der beiden über Spiegelszenen vermittelt, bei denen es zu einer prekären Verschmelzung kommt: „Wortlos schaue ich ihr aus den Augen" lautet eine der verwendeten Überblendungen aus der Perspektive des verpflanzten Organs.[43] Claussen und Nancy arbeiten dagegen vor allem mit typographischen und rhetorischen Mitteln; so sind die Halluzinationen des so genannten postoperativen „Durchgangssyndroms" in „Herzwechsel" durch Kursivdruck von Erinnerungen, kunsthistorischen Reflexionen und Rekonvaleszenz-Beschreibungen abgesetzt. In „Eindringling" finden sich neben Anführungszeichen und Leerzeilen zahlreiche Einschübe und Klammern, die Ergänzungen mit dem Haupttext verbinden und zugleich von diesem absetzen; es scheint, als sollten Angriff und anschließende ‚Reparatur' des Körpers auch im Druckbild nachvollziehbar werden. Indem die Textstücke den Essay bilden, ohne dass daraus ein durchgängiger, geglätteter Textkorpus entstünde, vermittelt „Eindringling" jene Spannung zwischen Unterbrechung und Kontinuität, die auch dem chirurgischen Verfahren der Transplantation entspricht: die Rettung eines Todgeweihten durch seine Verwandlung in einen chronischen Patienten.

Zu den Stilmitteln, die den Aspekt der Unterbrechung betonen, gesellen sich jedoch auch intertextuelle Verweise, die die Transplantation zwar inhaltlich ebenfalls mit Gewalterfahrungen verknüpfen, sie auf formaler Ebene aber zugleich in ein kulturelles Netz vertrauter Phänomene einbinden und damit gewissermaßen abmildern. Dabei dominieren in den meisten Werken religiös-christliche Bezüge. So lässt der Kunsthistoriker Claussen seinen nach der Operation abgemagerten Körper „als Schmerzensmann in der Haltung des toten Christus" (H, 127) fotografieren, und die Theologin Krahe vergleicht die Beziehung zu ihrem Spender mit derjenigen zwischen Jesus und Johannes dem Täufer. In – ironisch leicht gebrochener – Anlehnung an die neutestamentarische Diktion von „er muß wachsen, ich aber muß abnehmen" (Joh 3,10)[44] heißt es in „Adoptiert":

> Ich würde aus der Narkose aufwachen, da deckte jemand seinen Leichnam zu. [...] Mir wurden die Fäden gezogen, ihm rückte ein Gärtner die Kränze zurecht. Er mußte

---

43 KRAHE: Der Fremde und ich (wie Anm. 40), S. 9.
44 Die Bibel nach der Übersetzung Martin Luthers. Revidierte Fassung 1984. Stuttgart 1985.

verwelken, ich blühte unter seinem Sauerstoff auf. Alles Zufall. Bloß, weil wir die selbe Blutgruppe hatten. Laborantinnen hatten unsere Säfte im Reagenzglas gekreuzt und sie waren nicht geronnen. (A, 55)

Auch Nancy entwirft seinen transplantierten Körper wiederholt in Analogie zur christlichen Passionsgeschichte.[45] Der Rückgriff auf lateinische Wendungen der Eucharistie-Liturgie („*Corpus meum* und *interior intimo meo*", E, 47) sowie die zahlreichen „Ich bin"-Worte,[46] die an die biblischen Selbstoffenbarungen Jahwes bzw. Christus' erinnern (u.a. 1. Mo 15,7; 2. Mo 3,14; Joh 8,12; Joh 14,6), erheben die individuelle Leidensgeschichte zum *exemplum doloris*.[47] Man mag darüber streiten, ob das dadurch entstehende Pathos dem Text zugute kommt oder ihn eher belastet.

Claudia Jost hat in „Die Logik des Parasitären" vorgeschlagen, „das biomedizinische Transplantat als eine Art Lebendzitat" zu verstehen.[48] Ich möchte diese Deutung aufgreifen und zugleich das herkömmliche Textzitat bzw. die Anspielung berücksichtigen, wie sie in Julia Kristevas mittlerweile klassischer Definition von Intertextualität verhandelt werden. Wenn es dort heißt, jeder poetische Text bilde sich als „mosaïque de citations" und sei „absorption et transformation d'un autre texte", dann wird Intertextualität zum Charakteristikum von Literatur schlechthin.[49] Zu untersuchen bleibt jedoch, welche Reichweite

---

45 Ein weiterer Bezug läßt sich über den Titel zu Maurice Maeterlincks Drama „L'intruse" von 1891 herstellen. In diesem Einakter um die Familie einer im Kindbett erkrankten Frau wird die Krankheit als Eindringling bezeichnet, der nicht mehr weichen will; statt der erhofften Schwester, die die Sterbende gesund pflegen soll, kommt ein ungebetener Gast, der ebenfalls weiblich ist, nämlich *la mort*. Der einzige, der das Unheil voraussieht, ist der blinde Vater der Kranken, eine Theresias-Figur, die als möglichen Grund für das Verhängnis die zu enge Blutsverwandtschaft („les mariages consanguins") von sterbender Mutter und Kindsvater nennt. Gefährlich ist bei Maeterlinck – im Gegensatz zu Nancy – also nicht die zu große, sondern die mangelnde Fremde. Vgl. MAURICE MAETERLINCK: Théâtres I. Brüssel, Paris 1903, S. 205.
46 „Ich bin die Krankheit und die Medizin, ich bin die kanzeröse Zelle und das verpflanzte Organ, ich bin die das Immunsystem schwächenden Kräfte und deren Palliative, ich bin die Enden der eisernen Fäden, die meinen Brustkorb zusammenhalten, und die Einspritzöffnung, die für den Rest meines Lebens unterhalb meines Schlüsselbeins angebracht worden ist" (E, 47 f.).
47 Dass dies keine zufällige Assoziation ist, verdeutlicht Nancys Buch „Corpus", das das Verhältnis von christlicher Abendmahls-Symbolik und abendländischem Körperverständnis umkreist. Vgl. JEAN-LUC NANCY: Corpus (1992). Paris 2000.
48 CLAUDIA JOST: Die Logik des Parasitären. Literarische Texte, Medizinische Diskurse, Schrifttheorien. Stuttgart, Weimar 2000, S. 27.
49 Die vollständige Definition lautet: „[T]out texte se construit comme mosaïque de citations, tout texte est absorption et transformation d'un autre texte. A la place d'intersubjectivité s'installe celle d'*intertextualité*, et le language poétique se lit, au moins, comme double."

und Radikalität diese Intertextualität im Einzelfall besitzt, wie sich die Strategien von „absorption" und „transformation" konkret vollziehen und auf welche Weise die Texte ihre eigenen Schreibverfahren reflektieren. Meine Frage lautet: Welche Funktion besitzen intertextuelle Anspielungen oder Zitate, also Einfügungen aus einem fremden in den eigenen Text, in Werken, die von der Integration fremden Biomaterials in den eigenen Körper handeln? Lassen sich Körper und Text tatsächlich so nahe zusammen denken, dass Transplantate als Zitate verstanden werden können und *vice versa*? Oder anders gewendet: Bilden intertextuelle Bezüge ein literarisches Netzwerk, das als ästhetische Entsprechung der ambivalenten Imagination körperlicher Vernetzung verstanden werden kann?

In ihrer Monographie „Figuren des Zitats" hat Sibylle Benninghoff-Lühl eine ganze Reihe literaturwissenschaftlicher Theorien gesichtet, die das dichterische Werk als organische Einheit und die Integration von Zitaten als Inkorporation entwerfen; in der Regel werde dabei vor allem jenem Textteil Gewalt angetan, der erst herausgelöst und anschließend in eine fremde Umgebung eingefügt wird; allerdings könne er dort auch ein gewisses Eigenleben führen.[50] Den direktesten Übertrag von der semiotischen zur chirurgischen Sphäre erlaubt die Definition, ein Zitat erhalte seine „Bedeutung über die Verbindung von ‚Spenderdiskurs' D1 und ‚Empfängerdiskurs' D2"[51] – wenngleich mit Blick auf die Transplantationsmedizin der Spender in den meisten Fällen nicht verknüpft, sondern unwiederbringlich zerstört, also vernutzt wird.[52] Folgt man dieser Definition, so ließe sich argumentieren, dass die Integration von Zitaten und die Verwendung intertextueller Verweise ein Verfahren der Übernahme und Integration ist, das dem Thema der Transplantation auf formaler Ebene antwortet.

Die Verknüpfung medizinischer und rhetorisch-stilistischer Perspektiven bietet sich nicht nur für literarische Werke *über* Transplantationen an, sondern auch für den Begriff der Transplantation selbst. ‚Transplantieren' und ‚verpflanzen' sind Bezeichnungen, die die Chirurgie von der Botanik übernommen hat;

---

JULIA KRISTEVA: Le mot, le dialogue et le roman (1966). In: dies.: Séméiotiké. Recherches pour une sémanalyse. Paris 1969, S. 146. (Hervorheb. im Orig.).
50 Vgl. SIBYLLE BENNINGHOFF-LÜHL: „Figuren des Zitats". Eine Untersuchung zur Funktionsweise übertragener Rede. Stuttgart, Weimar 1998.
51 MONICA DE BOER: Zitieren vor Gericht. In: Zeitschrift für Semiotik 14/1992, Nr. 3, S. 253-270, hier S. 254 f.; zitiert nach: BENNINGHOFF-LÜHL: „Figuren des Zitats" (wie Anm. 50), S. 53 f.
52 Ähnliche Begriffsfelder evozieren Weinrichs Überlegungen zum Verhältnis von „Bildspender" und „Bildempfänger" der „kühnen Metapher". Vgl. HARALD WEINRICH: Semantik der kühnen Metapher (1963). In: ANSELM HAVERKAMP (Hg.): Theorie der Metapher. 2. Aufl. Darmstadt 1996, S. 316-339.

während das medizinische Modell der ‚Übertragung lebenden Gewebes' das Augenmerk auf die gelungene Integration richtet, werden jedoch in der älteren botanischen Technik des ‚Aufpropfens' die Gewaltanwendung und die erzwungene Anlagerung fremden Materials ebenso deutlich wie die Verknüpfung mit Strategien der Züchtung und Veredlung.[53] Transplantationsexperimente aus dem 18. Jahrhundert illustrieren die Durchlässigkeit zwischen Gartenkunst und Wundarzneiwesen. So heißt es über Versuche von Henri Louis DuHamel (1700-1781) in der ersten Hälfte des 18. Jahrhunderts: „he grafted branches on trees (which was old horticultural practice) and spurs from the leg of the young male chick to its comb, where he observed a better growth of the spur than in its original place."[54] Vor dem Hintergrund dieser Tradition transportiert auch der chirurgische Begriff Erinnerungen an eine Geschichte der gewaltsamen Zurichtung und Akkulturation. Schließlich – und darin wird die Rede über Transplantationen gleichsam selbstreferentiell – bezeichnet auch der rhetorische Begriff der Metapher, der ja bekanntlich auf das griechische μεταφέρειν für ‚umhertragen', ‚austauschen', ‚übertragen' zurückgeht, Verfahren der Übertragung im literarischen, juristischen, transporttechnischen, aber möglicherweise auch medizinischen Sinne.[55] Wenn sich die Praxis der Transplantation als chirurgische Umsetzung oder als ein ‚Beim-Wort-Nehmen' einer rhetorischen Figur verstehen lässt – womit ich nicht unterstelle, dass es so etwas wie eine ursprüngliche Bedeutung tatsächlich gibt, die anschließend im übertragenen Sinne verwendet wird –, dann sind literarische Transplantations-Texte ein bevorzugter Ort für die Erörterung poetologischer Fragen.

Nancys „Eindringling" weist in seiner einzigen Fußnote lapidar darauf hin, dass „über Derridas Aufpropfungen, Supplemente und Prothesen" viel zu sagen wäre (E, 51). Tatsächlich schlägt Jacques Derrida in „Dissemination" vor, die botanisch-biologischen Techniken des Propfens als metaphorisches Modell sowohl für das Schreiben als auch das Interpretieren von Texten zu verstehen:[56]

---

53 Zusätzlich zu dieser semantischen Doppelung, die sich durch viele europäische Sprachen zieht, besitzt *innestare* (transplantieren) im Italienischen auch die Bedeutung ‚einimpfen', und im amerikanischen Englisch heißt *graft* nicht nur Transplantat, sondern auch ‚Bestechung, Schiebung, Korruption', was an Debatten über internationalen Organhandel und Verteilungsgerechtigkeit erinnert.
54 C. BARKER JORGENSEN: John Hunter, A. A. Berthold, and the Origins of Endocrinology. Odense 1971, S. 18.
55 Vgl. HENDRIK BIRUS: Artikel „Metapher". In: Reallexikon der deutschen Literaturwissenschaft. Bd. 2. Hg. von Harald Fricke u.a. Berlin, New York 2000, S. 571-576.
56 Vgl. HANS-JÖRG RHEINBERGER: Alles, was überhaupt zu einer Inskription führen kann. In: ULRICH RAULFF / GARY SMITH (Hg.): Wissensbilder. Strategien der Überlieferung. Berlin 1999, S. 265-277, hier S. 270.

> Man müßte systematisch erforschen, was sich als einfache etymologische Einheit der Propfung [greffe] und des Graphen gibt (des *graphion*: Schreibstichel), aber auch der Analogie zwischen den Formen textueller Propfung und den sogenannten pflanzlichen oder, mehr und mehr, tierischen Propfungen.[57]

Mein Beitrag hat nicht das Ziel, Derridas Aufforderung nachzukommen, eine „systematische Abhandlung der textuellen Propfung auszuarbeiten".[58] Er hat jedoch – so hoffe ich – gezeigt, dass Claussen, Krahe und Nancy selbst dort, wo sie auf inhaltlicher Ebene die Integration des Fremden als belastende Herausforderung schildern, auf sprachlich-stilistischer Ebene Texte präsentieren, die nicht nur durchlässig sind, sondern von anderen Texten und Überlieferungszusammenhängen zehren. Damit aber führen sie vor, dass nicht nur die medizinische Technik der Transplantation, sondern auch ihre literarische Repräsentation auf vielfältige Vernetzungen angewiesen sind, ja, diesem Gespinst ein paar neue Fäden und Knoten hinzufügen.

---

57 JACQUES DERRIDA: Dissemination (1972). Frankfurt/M. 1995, S. 226.
58 Ebd.

Christian J. Emden

# Epistemische Konstellationen 1800 – 1900
## Nerven, Telegrafen und die Netzwerke des Wissens[1]

Dass sich die Produktion von Wissen sowie die Durchsetzung spezifischer Wissensmodelle nicht in einem historisch unbestimmten Raum reinen Denkens und unvermittelter Objektivität abzuspielen vermag, kann kaum übersehen werden. Dies gilt vielleicht in besonderer Weise für die im Verlauf des 19. Jahrhunderts stattfindende Neuorientierung wissenschaftlicher Erklärungsmodelle, die – selbst wiederum gebunden an technologische Innovation – zugleich zu einer weitreichenden Umordnung der Episteme führen. Es sind vor allem die Begriffe des ‚Menschen' und des ‚Lebens', die nachhaltigen Veränderungen unterliegen. Die etwa gleichzeitig stattfindende Biologisierung und Physikalisierung des Lebens durch den Erfolg evolutionärer und entwicklungsmechanischer Erklärungsmuster einerseits und die Durchsetzung physiologischer und psychophysischer Paradigmen andererseits sind hier von Anfang an nicht nur eng miteinander verbunden, sondern zugleich eingebettet in ein Netzwerk technischer Apparaturen und materieller Bedingungen, das die in der Anthropologie des 18. Jahrhunderts zumindest oberflächlich gewährleistete ‚Einheit' / ‚Einheitlichkeit' des ‚Menschen' aufzulösen droht. Gerade durch die zunehmende Heterogenität technologischer und epistemischer Diskurse findet eine Einbindung des ‚Menschen' in ein Netzwerk von Wissensfeldern statt, deren gegenseitiges Verhältnis eigentlich von einer unüberbrückbaren Inkommensurabilität geprägt sein sollte. Was hat das Telefon schon mit dem Hypothalamus zu tun? Warum sollten Nervenventrikel in einem Zusammenhang mit Stromnetzen stehen? Solche unwahrscheinlichen Zusammenhänge, die im Folgenden näher betrachtet werden sollen, sind selbst gerade erst dadurch möglich, dass sich trotz (oder auch wegen) der erwähnten Inkommensurabilität zahlreiche Anschlussstellen, Allianzen und Schnittpunkte ergeben zwischen der Biologisierung und Physikalisierung des ‚Lebens' auf der einen Seite und den Techniken der Kommunikation und Energieverteilung auf der anderen. Um was es hier geht, sind – kurz gesagt – Echowirkungen in den Tiefenstrukturen der modernen Episteme, die im Folgenden als ‚epistemische Konstellationen' betrachtet werden sollen. Theoretische Überlegungen werden hierbei eine ebenso wichtige Rolle spielen wie historische Perspektivierung. Eine historische Anthropologie des Wissens muss sich eben auf solche epistemische

---

1 Für Gespräche und kritische Anmerkungen habe ich David Midgley, Stefan Rieger, Carla Sharp und Hartmut Winkler zu danken.

Konstellationen einlassen, ohne diese in ein strukturelles System einzubinden, das die Kontingenz des Historischen von vornherein unterschätzt.[2]

## Was sind epistemische Konstellationen?
## Für eine historische Anthropologie des Wissens

Wissen ist von jeher angewiesen auf die Vernetzung von Argumentations- bzw. Repräsentationsstrategien, symbolischen wie sozialen Handlungen sowie materialen und technologischen Bedingungen. Einerseits findet die Produktion von Wissen als Orientierungsleistung damit vor allem innerhalb eines jeweils bestimmten kulturellen bzw. historischen Rahmens statt. Andererseits ist sie gleichermaßen Resultat mannigfaltiger Diskurskonflikte, unwahrscheinlicher Konvergenzen und Konjunkturen, aber auch unscheinbarer Echowirkungen und Spannungen zwischen Technik und Darstellung, zwischen den Praktiken der Wissensproduktion und ihren symbolischen Formen. Vor diesem Hintergrund ist jedoch ebenfalls offensichtlich, dass sich weder Erkenntnistheorie noch eine Geschichte der Wissenschaften und des Wissens als philosophische bzw. historische Interpretationsverfahren der Dynamik der von ihnen verhandelten Gegenstände verschließen können. Eine Geschichte des Wissens, so ließe sich hier schon einmal ansatzweise formulieren, müsste in dieser Hinsicht nicht nur die Entwicklung bestimmter disziplinärer Arrangements und Diskontinuitäten in Betracht ziehen, sondern auch unscheinbare Zusammenhänge, die die Dynamik des jeweiligen historisch variablen epistemischen Feldes als Tiefenstrukturen bestimmen. So wie Produktion und langfristige Durchsetzungsfähigkeit von Wissen auf spezifische Techniken, Stile, Symbole und Rituale angewiesen sind, so lassen sich letztere vor allem als Handlungszusammenhänge betrachten, die selbst wiederum Kontexte bilden.[3] Die historische Dynamik solcher Kontexte, die im Folgenden anhand eines bestimmten Beispiels beschrieben werden soll, lässt jene Echowirkungen entstehen, die nicht nur den Austausch zwischen unterschiedlichen Disziplinen ermöglicht, sondern zugleich unwahrscheinliche Zusammenhänge im geschichtlichen

---

[2] Eine ‚Anthropologie des Wissens' ist in diesem Sinne auch als eine ‚Anthropologie der Wissenschaften' zu verstehen. Vgl. BRUNO LATOUR: Postmodern? No, Simply Amodern! Steps Towards an Anthropology of Science. In: Studies in the History and Philosophy of Science 21/1990, S. 145-171.

[3] Im Rahmen einer ‚Phänomenologie der Lebenswelt' hat dies eindringlich beschrieben: BERNHARD WALDENFELS: Die Herkunft der Normen aus der Lebenswelt. In: ders.: In den Netzen der Lebenswelt. Frankfurt/M. 1985, S. 129-149, hier S. 134 f.

Raum schafft, die nur bedingt auf den Erfolg bzw. Misserfolg bestimmter Wissensdiskurse zurückzuführen ist.

Solche Echowirkungen, so die These der folgenden Überlegungen, lassen sich vor allem als ‚Konstellationen' verstehen, die die Tiefenstrukturen einer jeweiligen Episteme nachhaltig bestimmen. Nachweisen lässt sich dies auch an dem hier verhandelten Beispiel, nämlich an dem Zusammenhang zwischen Neurophysiologie und Kommunikationstechnik, der um 1900 nicht nur auf die soziale Vernetzung bestimmter wissenschaftlicher und technologischer Diskurse mit industrieller Praxis angewiesen ist, sondern darüber hinaus einer Logik des Imaginären folgt. Die Ablösung bestimmter Erklärungsmodelle von ihrem eigentlichen Ursprung generiert von jeher deren eigentümliche Metaphorizität, und es ist gerade dieser unscheinbare Prozess, der bestimmte epistemische Konstellationen im historischen Raum in den Mittelpunkt der Betrachtung rücken lässt. Dass Techniken der Vernetzung – z.B. Geheimgesellschaften, Briefwechsel, Telegrafen, Telefone, Stromleitungen usf. – zugleich an eine Ästhetik der Vernetzung gebunden sind, insofern sie auf die eine oder andere Art und Weise stets auf den performativen Austausch und die Zirkulation von ‚Information' angelegt sind, lässt bereits vermuten, dass in wissenschaftshistorischer Hinsicht epistemische Konstellationen von einer Logik des Imaginären bestimmt sind, denn auch hier geht es schließlich sowohl um technische als auch um ästhetische Dimensionen.[4] Um die in epistemischen Konstellationen anwesende Logik des Imaginären zu verdeutlichen, sind zunächst einige weitere theoretische Überlegungen notwendig, bevor auf die historischen Echowirkungen zwischen Neurophysiologie und Kommunikationstechnik eingegangen werden kann.

Im gegenwärtigen Kontext der Konjunktur medientheoretisch orientierter Diskursanalysen über die Produktion/Repräsentation von Wissen, die sich nicht gerade selten in dem Spannungsbereich zwischen Poststrukturalismus und Systemtheorie bewegen, mutet es erstaunlich an, dass trotz einer gesteigerten Reflexionsfähigkeit eine historische Perspektivierung bisweilen zu kurz kommt.[5] Zwar ist bspw. der Zusammenhang zwischen Neurophysiologie und Kommunikation im Rahmen einer „Mediologie des 18. Jahrhunderts" ebenso in das Zentrum der Betrachtung geraten wie etwa die „Poetologien des Wissens um 1800".[6]

---

4 Zu diesem Zusammenhang vgl. jüngst STEFAN RIEGER: Die Ästhetik des Menschen. Über das Technische in Leben und Kunst. Frankfurt/M. 2002.
5 Eine Ausnahme, die nicht unerwähnt sein soll, sind die Aufsätze in LORENZ ENGELL / JOSEPH VOGL (Hg.): Mediale Historiographien. Weimar 2001.
6 Vgl. ALBRECHT KOSCHORKE: Körperströme und Schriftverkehr. Mediologie des 18. Jahrhunderts. 2. Aufl. München 2003, sowie JOSEPH VOGL (Hg.): Poetologien des Wissens um 1800. München 1999.

Für eine wiederholt vorgeschlagene „kulturanthropologische Medientheorie" stellt sich zugleich jedoch die Frage, ob system- und medientheoretisch orientierte Analysen – auch wenn sie auf eine historische Anthropologie der Medien zielen – nicht zu einer schleichenden Dehistorisierung führen, die Umbrüche und Diskontinuitäten zwar zu thematisieren vermag, die Kontingenz und Heterogenität historischer Prozesse jedoch auf weitgehend selbstreferentielle Rückkoppelungen zwischen unterschiedlichen Medien zu reduzieren droht und epistemische Prozesse im Rahmen nachrichtentechnischer Signale und Schaltungen zu verhandeln tendiert.[7] Philosophiehistoriker haben deswegen vielleicht nicht unrecht, wenn sie wiederholt darauf hinweisen, dass die zunehmende Geschwindigkeit theoretischer Innovation sich selbst zu überholen scheint und deswegen ironischerweise scheinbar ‚veralteten' Interpretationsverfahren erneute Aktualität verleihen können.[8] Dies gilt auch im Bereich der Wissenschaftsgeschichte.

Auch ein nur oberflächlicher Blick auf die theoretischen Positionsdebatten, die die Perspektive wissenschaftshistorischer Forschung seit der Mitte des 20. Jahrhunderts maßgeblich bestimmt haben, lässt recht schnell vermuten, dass neben dem bloß anekdotischen Bericht über die Erfolge wissenschaftlicher Arbeit vor allem eine weitgehend an positivistischen Modellen ausgerichtete Position in Schwierigkeiten geraten ist, deren Ursprünge nicht nur im britischen und französischen Empirismus des 19. Jahrhunderts liegen, sondern auch in der Rezeption des Wiener Kreises und der frühen analytischen Philosophie zu finden sind. Diese Schwierigkeiten – so lässt sich verkürzt sagen, ohne noch einmal auf die Philosophiegeschichte rekurrieren zu wollen – rühren im wesentlichen daher, dass hinsichtlich des gegenseitigen Verhältnisses von ‚Natur' und ‚Wissen', ‚Objekt' und ‚Repräsentation' eine grundsätzliche Akzentverschiebung stattgefunden hat, die vor allem die konstruierte Verfassung wissenschaftlicher Wirklichkeit vor Augen geführt hat. Innerhalb der Wissenschaftsgeschichte als eines bestimmten disziplinären Arrangements hat dies nicht zuletzt mit der nachträglichen Rezeption jener Überlegungen zu tun, die der Mediziner und Bakteriologe Ludwik Fleck bereits in den 30er Jahren des letzten Jahrhunderts vorgelegt hat, die allerdings erst im Fahrwasser der Untersuchungen Thomas Kuhns zum Problem des ‚Paradigmenwechsels' eine gewissen Breiten-

---

7 Vgl. etwa K. LUDWIG PFEIFFER: Das Mediale und das Imaginäre. Dimensionen kulturanthropologischer Medientheorie. Frankfurt/M. 1999, und FRIEDRICH KITTLER: Signal-Rausch-Abstand. In: HANS-ULRICH GUMBRECHT / KARL LUDWIG PFEIFFER (Hg.): Materialität der Kommunikation. Frankfurt/M. 1988, S. 342-359.
8 Vgl. ODO MARQUARD: Kompensation. Überlegungen zu einer Verlaufsfigur geschichtlicher Prozesse. In: ders.: Aesthetica und Anaesthetica. Philosophische Überlegungen. Paderborn 1989, S. 64-81, hier S. 73 f.

wirkung erfahren haben.⁹ Von zentraler Bedeutung ist in dieser Rezeption vor allem, dass Fleck die Entstehung einer ‚wissenschaftlichen Wirklichkeit' nicht an die von äußeren Umständen unabhängige und axiomatische Durchsetzungsfähigkeit wissenschaftlicher Erkenntnisse bindet, deren Wahrheitsgehalt und Universalisierungsanspruch vermeintlich auf der Objektivität der Beobachtung, der Kohärenz der Theorie und der Autonomie des Experiments basieren. Wissenschaftliche Wirklichkeit, und damit auch der Wirklichkeitsanspruch der Episteme insgesamt, ist ganz im Gegenteil vor allem Produkt sozialer Prozesse, die mit den Begriffen des „Denkstils" – als eines historisch variablen Arrangements von Methoden, Konzepten und materialen Zwängen – sowie des „Denkkollektivs" – als sozialer Träger eines bestimmten Denkstils – beschrieben werden können. Wissenschaftliche Wirklichkeit, soweit sich hiervon eben sprechen lässt, ist vor allem Resultat sozialer Interaktion.¹⁰ Dass das Postulat einer Konstruktion wissenschaftlicher Wirklichkeit und epistemischer Prozesse weitreichende Folgen hat, ist kaum von der Hand zu weisen. Einerseits lässt sich die von Kuhn, Foucault und Blumenberg auf jeweils unterschiedliche Weise vorgeschlagene Rede von ‚Paradigmenwechseln', ‚Diskontinuitäten' und ‚Epochenschwellen' erst dann erfolgreich erkenntnistheoretisch verankern, wenn die Produktion von Wissen nicht im Sinne einer *grand narrative* untersucht, sondern als konstruiert und damit als historisch variabel gesehen wird.¹¹ Andererseits sind einem solchen wissenschaftstheoretischen Konstruktivismus und seiner Betonung der Offenheit von Bedeutung und Signifikationsprozessen auch epistemologische Grenzen gesetzt, da das Postulat der Konstruktion, wenn es denn einen Erklärungsanspruch besitzen soll, selbst eben keine Konstruktion sein kann, gleichzeitig eine solche aber sein sollte.¹²

---

9 Vgl. LUDWIK FLECK: Entstehung und Entwicklung einer wissenschaftlichen Tatsache. Einführung in die Lehre vom Denkstil und Denkkollektiv (1935). Hg. von Lothar Schäfer und Thomas Schnelle. Frankfurt/M. 1980. Die Konjunktur von Flecks Überlegungen lässt sich auch daran ablesen, dass die 1980 erschienene Neuausgabe dieser Abhandlung allein in den letzten Jahren zahlreiche Auflagen erfahren hat. Flecks kleinere wissenschaftstheoretische Arbeiten liegen ebenfalls vor als ders.: Erfahrung und Tatsache. Gesammelte Aufsätze. Hg. von Lothar Schäfer und Thomas Schnelle. Frankfurt/M. 1983.
10 Vgl. FLECK: Entstehung und Entwicklung einer wissenschaftlichen Tatsache (wie Anm. 9), S. 58.
11 Vgl. MICHEL FOUCAULT: Les mots et les choses. Une archéologie des sciences humaines. Paris 1966; THOMAS S. KUHN: The Structure of Scientific Revolutions. 2. Aufl. Chicago 1972; HANS BLUMENBERG: Aspekte der Epochenschwelle. Cusaner und Nolaner. 2. Aufl. Frankfurt/M. 1982.
12 Über die Reichweite und die philosophischen Probleme des Konstruktivismus in der Wissenschaftsgeschichte vgl. ANDRE KULKA: Social Constructivism and the Philosophy of Science. London 2000; IAN HACKING: The Social Construction of What? Cambridge, Mass.

Um dem Dilemma der Entscheidung zwischen Realismus und Konstruktivismus zu entgehen, ohne hinter die Arbeiten Flecks, Foucaults und Kuhns zurückfallen zu müssen, haben wissenschaftsgeschichtliche Forschungsansätze besonders in den letzten Jahren ihre Aufmerksamkeit verstärkt auf den Zusammenhang zwischen der materialen Konstitution von Wissenschaft und der Kontingenz der Produktion von Erkenntnis gerichtet. Im Zentrum steht hierbei die gegenseitige Beziehung zwischen der Praxis wissenschaftlicher Arbeit als eines spezifischen Handlungsfelds, ihren symbolischen Repräsentationsformen sowie den sozialen Faktoren, die sowohl bestimmte Handlungsabläufe als auch die Modelle der Evidenz in einzelnen wissenschaftlichen Disziplinen maßgeblich formen. Vor dem Hintergrund dieser Umorientierung wissenschaftshistorischen Denkens stellen sich freilich eine Reihe weiterer theoretischer Fragen, auf die hier aus offensichtlichen Gründen nicht eingegangen werden kann. Gleichzeitig wird jedoch deutlich, dass die Produktion von Wissen innerhalb eines spezifischen disziplinären Kontexts und seine Dissemination innerhalb eines ebenso spezifischen kulturellen Umfelds komplexen Interaktionen unterliegen, die die Bedingtheit von Wissen durch bestimmte Räume, technische Apparaturen, Modelle der Evidenz und Vermittlung aufzuweisen vermögen.[13] Im Fahrwasser dieser Neuorientierung zeigt sich weiterhin ein gesteigertes Interesse an der Art und Weise, wie technische Instrumentalisierung und experimentelle Anordnungen zu einer ‚Manipulation' wissenschaftlicher Wirklichkeit führen, was zugleich die bereits angesprochenen Repräsentationsformen wissenschaftlicher Erkenntnis – Publikationen, Diagramme, Bilder usf. – zunehmend in den Vordergrund gerückt hat.[14] In besonderem Maße von dem Problem der Repräsentation wissenschaftlicher ‚Faktizität' ausgehend, sowie nicht zuletzt beeinflusst von literatur- und geschichtstheoretischen Überlegungen zeigt sich in dieser Hinsicht auch eine Betonung der Narrativität wissenschaftlicher und technologischer Diskurse, die zusammen mit den bereits

---

1999; KARIN D. KNORR-CETINA: The Manufacture of Knowledge. An Essay on the Constructivist and Contextual Nature of Science. Oxford 1981.

13 Grundlegend vgl. hierzu DORINDA OUTRAM: New Spaces in Natural History. In: NICHOLAS JARDINE / JAMES A. SECORD / EMMA C. SPARY (Hg.): Cultures of Natural History. Cambridge 1996, S. 249-265, sowie BRUNO LATOUR / STEVE WOOLGAR: Laboratory Life. The Construction of Scientific Facts. 2. Aufl. Princeton 1986.

14 Vgl. hierzu einleitend noch immer die herausragende Arbeit von IAN HACKING: Representing and Intervening. Introductory Topics in the Philosophy of Natural Science. Cambridge 1983. Zum Problem der Repräsentation vgl. N. KATHERINE HAYLES: Constrained Constructivism. Locating Scientific Inquiry in the Theatre of Representation. In: GEORGE LEVINE (Hg.): Realism and Representation. Essays on the Problem of Realism in Relation to Science, Literature, and Culture. Madison 1993, S. 27-43.

erwähnten Neuorientierungen dazu geführt hat, dass Wissenschaftsgeschichte zu einem interdisziplinären kulturwissenschaftlichen Unternehmen *par excellence* avanciert ist.[15] Vielleicht lässt sich sogar schließen, dass Wissenschaftsgeschichte dies reduktiven systemtheoretischen Annäherungen an epistemische und mediale Prozesse voraus hat.

Betrachtet man noch einmal die angerissene Dynamik des Zusammenspiels zwischen der Produktion von Wissen und deren kultureller Echowirkungen, so wäre es vielleicht angesichts der auf der Hand liegenden Komplexität sinnvoll, auf die von Clifford Geertz für die Kulturanthropologie eingeführte Methode einer *thick description* zurückzugreifen. Eine solche Methode versucht interpretativ zu verhandeln, was Geertz eine „multiplicity of complex conceptual structures" nennt – „many of them superimposed upon or knotted into one another, which are at once strange, irregular, and inexplicit".[16] Wenngleich Geertz im Wesentlichen daran interessiert ist, diese Methode auf den Bereich der Kulturanthropologie zu beschränken, so scheint es dennoch der Fall zu sein, dass letztere auch dann sinnvoll zur Anwendung kommen kann, wenn es aus einer wissenschaftshistorischen Perspektive darum geht, disziplinäre Grenzen zu überschreiten und die Schnittpunkte wie Interferenzen zwischen multiplen epistemischen Diskursen zu beleuchten.[17]

Dass solche Schnittpunkte, Anschlussstellen und Interferenzen einer Logik des Imaginären folgen und auf die epistemischen Modellen eigene Metaphorizität angewiesen sind, ist bereits betont worden. Es ist dann auch gerade diese Metaphorizität, die in den Mittelpunkt der Untersuchung zu rücken ist und für die Produktion von Wissen von nicht unwesentlicher Bedeutung ist. Wie bereits Mary B. Hesse vor einiger Zeit in einem noch immer unterschätzten Aufsatz aufgezeigt hat, ist die gegenseitige Beziehung zwischen unterschiedlichen epistemischen Feldern von einem Modell der ‚Übersetzung' geprägt, die es schlechthin erst ermöglicht, bestimmte Inhalte und Paradigmen von einer

---

15 Zu der erwähnten Betonung der Narrativität epistemischer Prozesse vgl. JOSEPH ROUSE: The Narrative Reconstruction of Science. In: Inquiry 33/1990, S. 179-196, und JAMES J. BONO: Science, Discourse, and Literature. The Role/Rule of Metaphor. In: STUART PETERFREUND (Hg.): Literature and Science. Theory and Practice. Boston 1990, S. 59-89.
16 CLIFFORD GEERTZ: Thick Description. Toward an Interpretive Theory of Culture. In: ders.: The Interpretation of Cultures. Selected Essays. New York 1974, S. 3-30, hier S. 10. Geertz' Begriff der *thick description* geht selbst zurück auf die Aufsätze von GILBERT RYLE: Thinking and Reflecting. In: ders.: Collected Papers. London 1971. Bd. 2, S. 465-479, und ders.: The Thinking of Thoughts. What is *Le penseur* Doing? In: ebd., S. 480-496.
17 Zu diesen Schnittpunkten und Interferenzen vgl. auch JOSEPH ROUSE: Beyond Epistemic Sovereignty. In: PETER GALISON / DAVID J. STRUMP (Hg.): The Disunity of Science. Boundaries, Contexts, Power. Stanford 1996, S. 398-461.

Disziplin in eine andere zu überführen, obwohl das Verhältnis zwischen diesen Disziplinen selbst von einer gewissen Inkommensurabilität geprägt sein mag.[18] Dieses Modell der ‚Übersetzung' gilt jedoch nicht nur hinsichtlich bestimmter abgegrenzter Disziplinen, sondern auch für das Verhältnis zwischen Wissenschaft und kulturellem Kontext. Jan Golinski hat deswegen zurecht darauf hingewiesen, dass die ‚Übersetzung' und Aufnahme wissenschaftlicher Modelle, Methoden und Inhalte jenseits des wissenschaftlichen Diskurses nicht (ausschließlich) als eine die Präzision und Prägnanz wissenschaftlicher Wirklichkeit missverstehende Rezeption unter Laien zu verstehen ist, sondern vielmehr den strukturellen Hintergrund dafür bildet, dass sich epistemische Prozesse in jeweils unterschiedlichen sozialen Gruppen – von konkurrierenden Wissenschaftsteams über Labortechniker bis hin zu Zeitungslesern – fortsetzen und konkretisieren können.[19] Wissenschaftliche Wirklichkeit, so könnte man diesen Gedanken weiterführen, kann sich erst in der Vernetzung von Wissenschaftlichem und Nicht-Wissenschaftlichem konstituieren, d.h., in epistemischen Konstellationen.

Die Rede von epistemischen Konstellationen steht sicherlich in einer gewissen ‚Wahlverwandtschaft' mit den Konzepten ‚epistemischer Dinge' und ‚epistemischer Kulturen', die vor kurzem von Hans-Jörg Rheinberger und Karin Knorr-Cetina eingeführt wurden, um die jeweils spezifische Generierung wissenschaftlicher Wirklichkeit innerhalb spezifischer disziplinärer und technischer Arrangements (vor allem der Molekularbiologie und Hochenergie-Physik) zu beschreiben.[20] Trotz zahlreicher Überschneidungen handelt es sich bei epistemischen Konstellationen jedoch nicht so sehr um diskurs- oder disziplinspezifische Phänomene, sondern um unwahrscheinliche historische Konvergenzen des Unterschiedlichen. Anhand solcher epistemischer Konstellationen, so eine weitere These der folgenden Überlegungen, lässt sich zumindest ansatzweise die Komplexität der Vernetzung zwischen Wissenschaft und kultureller Einbildungskraft in bestimmten historischen Kontexten beschreiben. Dies gilt in besonderem Maße vielleicht gerade dann, wenn es hierbei um Vernetzungs- und Übertragungsmodelle selbst geht, die sich um 1800 und 1900 in dem intermediären Bereich zwischen neurophysiologischen Erklärungsmodellen und den Techniken wie Materialitäten der Kommunikation einstellen.

---

18 Vgl. MARY B. HESSE: The Explanatory Function of Metaphor. In: dies.: Revolutions and Reconstructions in the Philosophy of Science. Brighton 1981, S. 111-124, hier S. 111 f. und S. 114.
19 Vgl. JAN GOLINSKI: Making Natural Knowledge. Constructivism and the History of Science. Cambridge 1998, S. 125 f.
20 Vgl. HANS-JÖRN RHEINBERGER: Toward a History of Epistemic Things. Synthesizing Proteins in the Test Tube. Stanford, CA 1997, S. 24 ff., und KARIN KNORR-CETINA: Epistemic Cultures. How the Sciences Make Knowledge. Cambridge, Mass. 1999.

## Galvanis Froschschenkel und die Fortsetzung des Organischen im Technischen

Im Verlauf der zweiten Hälfte des 18. Jahrhunderts konzentrieren sich einige der zentralen Diskussionen der Physik auf jene Phänomene der Elektrizität und des Magnetismus, die gemeinhin als ‚imponderabel' bezeichnet werden und sich innerhalb des von der Netwonschen Mathematisierung der Natur vorgegebenen Rahmens nur schwer erklären lassen. Vor allem Benjamin Franklins überaus erfolgreiche „Experiments and Observations on Electricity" (1751-54) und Joseph Priestleys „The History and Present State of Electricity" (1767) haben in dieser Hinsicht die wissenschaftliche Aufmerksamkeit von den Themen der Himmelsmechanik und der Eigenschaften des Lichts zunehmend auf das Phänomen elektrischer Ströme gerichtet, so dass vor allem Alessandro Volta – nicht zuletzt durch seine Erfindung des Electrophorus, eines statische Elektrizität erzeugenden Gerätes, sowie durch seine Vorlesungen an der Universität von Padua zwischen 1778 und 1784 – die Probleme der Elektrizitätsforschung einem breiten Publikum zugänglich machen kann.[21] Dass diese Entwicklungen auch jenseits der spezifischen Diskussion hinsichtlich der zeitgenössischen Zirkulations- und Übertragungsmodelle historische Konvergenzen zwischen Ökonomie, Physik und Kommunikation entstehen lassen, soll hier nicht verschwiegen werden.[22] Die für die unwahrscheinliche Konvergenz von Neurophysiologie und technischer Kommunikation, die sich aus Gründen technologischer Innovation eigentlich erst im Verlauf des 19. Jahrhunderts einzustellen vermag, entscheidende Diskussion hat jedoch vor allem mit der sich in den letzten Jahrzehnten des 18. Jahrhunderts durchsetzenden Idee ‚organischer Elektrizität' zu tun, die auf die berühmte Auseinandersetzung zwischen Volta und Luigi Galvani zurückzuführen ist. Während Volta am Prinzip einer ‚metallischen Elektrizität' festhält, begreift Galvani in seiner Schrift „De viribus electricitatis in motu musculari commentarius" (1791) elektrische Ströme vor allem als organisches Phänomen. Das Ergebnis jenes numinosen Experiments von 1786, durch das Galvani den Einfluss elektrischer Ströme durch eine recht einfache Apparatur auf die Muskeln eines Froschbeins untersucht, scheint von

---

21 Zum historischen Hintergrund vgl. JOHN HEILBRON: Electricity in the 17th and 18th Centuries. A Study of Early Modern Physics. Berkeley, Los Angeles, London 1979, S. 261 ff. Vgl. ebenfalls ALESSANDRO VOLTA: Sur l'électrophore perpétuel. In: Journal de physique 8/1776, S. 21-24, und ders.: Lezioni compendiose sulla elettricità. In: ders.: Le Opere di Alessandro Volta. Edizione Nazionale. Mailand 1918-1929. Bd. 4. 1927, S. 389-457.
22 Vgl. die Beiträge von Jürgen Barkhoff S. 69-85 und Bernhard Siegert S. 53-68 in diesem Band.

schlagender Evidenz: zwei verschiedene Arten von Metall, die an einen Nerv und den Muskel des Froschbeins angebracht sind, führen zu einem Fließen von Elektrizität, die das vom restlichen Körper des Frosches abgetrennte Bein zum Zucken bringt. Während Volta darauf beharrt, dass dies nur deswegen möglich ist, da die Nerven und Muskeln des Froschbeins als Leitungen fungieren, beharrt Galvani auf seiner Entdeckung organischer bzw. tierischer Elektrizität, deren Prinzip unter dem Begriff ‚Galvanischer Stimulation' noch immer in den gängigen Theorien neuronaler Konnektivität anzutreffen ist.[23] Vom Standpunkt physikalischer Evidenz mag Voltas Erklärung durchaus zutreffen, aber die kuriose Karriere von Galvanis ‚Kurzschluss' zwischen Organismus und Elektrizität ist kaum mehr aufzuhalten und hat im Bereich der spätidealistischen und romantischen Naturphilosophie Folgen, die sich sowohl in der zeitgenössischen Physiologie als auch in den literarischen Epiphänomenen des Mesmerismus nachvollziehen lassen.[24] Wenige Jahre nach Galvanis kuriosem Experiment zieht Johann Wilhelm Ritter Konsequenzen, die ohnehin auf der Hand liegen, indem in seinen Schriften Elektrizität nicht nur zu einer immateriellen Naturkraft avanciert, sondern letztere sowohl die organische als auch die anorganische Welt geradezu metamorphisch durchzieht.[25]

Dass es sich hierbei nicht um eine periphäre Akzentverschiebung handelt, sondern um eine grundsätzliche Neuorientierung, die auch wissenschaftsgeschichtlich von enormer Relevanz ist, lässt sich anhand der Transformation physiologischer Denkmodelle und ihrer anthropologischen Implikationen nachvollziehen, die parallel zur Neuorientierung physikalischen Wissens am Phänomen der Elektrizität und das Magnetismus verlaufen. Während in der ersten Auflage der „Anfangsgründe der Naturlehre" des Göttinger Physikers Johann Christian Polycarp Erxleben von 1772 Elektrizität und Magnetismus als imponderable Phänomene kaum eine Rolle spielen, rücken sie in der von Georg Christoph Lichtenberg bearbeiteten vierten Auflage von 1784 bisweilen ins Zentrum der Darstellung. Dies hat auch Nachwirkungen für die physiologischen Denkmodelle des 18. Jahrhunderts. Während Moses Mendelssohn, wie auch schon Thomas Hobbes rund hundert Jahre zuvor, davon ausgeht, dass die Übertragung der Reize durch die Nervenstränge in Form von Schwingungen geschieht, und

---

23 Zu dieser Debatte vgl. MARCELLO PERA: The Ambiguous Frog. The Galvani-Volta Controversy on Animal Electricity. Übers. von Jonathan Mandelbaum. Princeton 1992.
24 Vgl. hierzu grundlegend JÜRGEN BARKHOFF: Magnetische Fiktionen. Literarisierung des Mesmerismus in der Romantik. Stuttgart, Weimar 1995. In medizingeschichtlicher Hinsicht vgl. GEOFFREY SUTTON: Electric Medicine and Mesmerism. In: Isis 72/1981, S. 375-392.
25 Vgl. JOHANN WILHELM RITTER: Beweis, dass ein beständiger Galvanismus den Lebensprozess in dem Thierreiche begleite. Weimar 1798, und ders.: Das elektrische System der Körper. Ein Versuch. Leipzig 1805.

während Johann Gottlieb Krüger in der zweiten Auflage seiner „Naturlehre" von 1748 noch in der Tradition humoraler Pathologie spekulieren kann, dass Nervenstränge hohl sein müssen, damit in ihnen eine subtile Materie zu fließen vermag, deren Zirkulation nicht unähnlich dem von William Harvey 1628 entdeckten Blutkreislauf ist, so werden diese Modelle in den letzten Jahrzehnten des 18. Jahrhunderts grundsätzlich revidiert durch das von Galvani eingeleitete Modell organischer Elektrizität.[26] Dies mag, worauf Albrecht Koschorke zurecht hingewiesen hat, zwar automatisch zu „Veränderungen der Zirkulationsweise sozialer Energien" führen, die im Rahmen einer Mediologie des Schriftsystems den zwischenmenschlichen Austausch von Affekten ebenso berührt wie den Austausch von Erfahrung durch Medien.[27] Fraglich ist jedoch, ob hierdurch gerade eine Isolierung des Körpers als eines abgeschlossenen und letztlich autopoietischen Systems neuronaler Erfahrungsmodelle stattfindet. Einerseits wäre es eine Fehleinschätzung anzunehmen, dass es Modelle neuronaler Vernetzung vor dem Ende des 19. Jahrhunderts gibt. Andererseits ist es, so wird im Folgenden zu sehen sein, nicht die Isolierung des Körpers, sondern vielmehr dessen Eingebundenheit in Prozesse, die von nicht-menschlichen Agenten geprägt sind, d.h., dessen Vernetzung mit technologischen Diskursen, die den Unterschied zwischen dem Organischen und dem Nicht-Organischen zusehends einebnen. Die moderne Episteme, so könnte man deswegen vielleicht sagen, ist eine Fortsetzung des Menschlichen im Technischen.

## Physiologie am Leitfaden der Elektrizität

Im Kontext eines Begriffs von Physik als einheitlicher Wissenschaft der Natur, deren Grundlage – wie etwa in den Arbeiten Hans Christian Oersteds, Michael Faradays und James Clerk Maxwells – eine Verschränkung experimenteller und mathematischer Anordnungen zur Untersuchung elektrischer Stöme sowie des Elektromagnetismus und der Elektrodynamik bildet, kann sich gerade physiologische Forschung einer zunehmenden Physikalisierung des Organischen nicht entziehen.[28] Die, wie Stefan Rieger bemerkt hat, „Ausdifferenzierung" der human-

---

26 Vgl. THOMAS HOBBES: Leviathan. Hg. von Crawford B. Macpherson. Harmondsworth 1985, S. 81; MOSES MENDELSSOHN: Ästhetische Schriften in Auswahl. Hg. von Otto F. Best. 2. Aufl. Darmstadt 1986, S. 64; JOHANN GOTTLIEB KRÜGER: Naturlehre. Zweyter Theil (Physiologie). 2. Aufl. Halle/S. 1748, S. 548 ff.
27 KOSCHORKE: Körperströme und Schriftverkehr (wie Anm. 6), S. 15.
28 Zur Neuorientierung der Physik im 19. Jahrhundert vgl. PETER MICHAEL HARMAN:

wissenschaftlichen Episteme in der Moderne wäre am Leitfaden einer „Geschichte der Elektrizität" zu rekonstruieren.[29] Dies ist gerade dann der Fall, wenn – wie etwa im Preußen des frühen 19. Jahrhunderts – eine außergewöhnliche Institutionalisierung experimenteller Arrangements auf dem Weg in die Großforschung des späten 19. Jahrhunderts einsetzt.[30] Auch hier gibt es zahlreiche Echowirkungen und Konvergenzen, denn gerade zu dem Zeitpunkt, an dem die physikalischen Wissenschaften in der Forschungslandschaft der deutschen Länder zunehmend eine Vorrangstellung einnehmen, können sich auch (Neuro)Physiologie und Psychologie als Wissenschaften des ‚Geistes' von Medizin und philosophischer Anthropologie absetzen und sich gleichsam als Leitwissenschaften des Verhältnisses zwischen ‚Körper' und ‚Geist' etablieren.[31] Während im 17. und 18. Jahrhundert die strukturelle Beziehung zwischen mentalen und körperlichen Prozessen oftmals als unlösbares Problem betrachtet wird, wie bspw. auch Hermann Boerhaave beklagen muss, so ist es gerade dieses Problem, das vom Anfang des 19. Jahrhunderts an den Fluchtpunkt einer Reihe humanwissenschaftlicher Disziplinen bildet, die – wie sich etwa anhand der Arbeiten Johann Friedrich Herbarts, Gustav Theodor Fechners oder Alexander Bains zeigen lässt – dieses Verhältnis durch psychologische, physiologische oder psychophysische Theorie als funktionale Beziehung zu formulieren suchen.[32] Gerade bei Fechner lässt sich beobachten, wie die Physikalisierung des

---

Energy, Force, and Matter. The Conceptual Development of Nineteenth-Century Physics. Cambridge 1982, S. 30 ff. Als Beispiele mögen die Aufsätze dienen von HANS CHRISTIAN OERSTED: Über die Art, wie sich Electricität fortpflanzt. In: Neues allgemeines Journal der Chemie 6/1806, S. 292-302; ders.: Experiments on the Effect of a Current of Electricity on the Magnetic Needle. In: Annals of Philosophy 16/1820, S. 273-276. Vgl. ebenfalls MICHAEL FARADAY: Experimental Researches into Electricity. London 1835-1855, sowie JAMES CLERK MAXWELL: Treatise on Electricity and Magnetism. Oxford 1873.

29 RIEGER: Die Ästhetik des Menschen (wie Anm. 4), S. 19.
30 Zum institutionellen Kontext sowie der theoretischen Neuorientierung vgl. M. NORTON WISE: German Concepts of Force, Energy and the Electromagnetic Ether, 1845-1880. In: GEOFFREY N. CANTOR / MICHAEL J. S. HODGE (Hg.): Conceptions of Ether. Cambridge 1981, S. 269-307; KENNETH L. CANEVA: From Galvanism to Electrodynamics. The Transformation of German Physics and Its Social Context. In: Historical Studies in the Physical Sciences 9/1978, S. 63-159; R. STEVEN TURNER: The Growth of Professional Research in Prussia 1818 to 1848. Causes and Context. In: Historical Studies in the Physical Sciences 3/1971, S. 137-182.
31 Zur Wissenschaftsgeschichte dieser Entwicklung vgl. DAVID E. LEARY: The Philosophical Development of the Conception of Psychology in Germany 1780-1850. In: Journal of the History of the Behavioral Sciences 14/1978, S. 113-121; BRIGITTE LOHFF: Die Suche nach der Wissenschaftlichkeit der Physiologie in der Zeit der Romantik. Stuttgart 1990.
32 Vgl. JOHANN FRIEDRICH HERBART: Psychologie als Wissenschaft, neu gegründet auf Erfahrung, Metaphysik und Mathematik. Königsberg 1824-1825. Bd. 1, S. 185; GUSTAV THEODOR FECHNER: Elemente des Psychophysik. Leipzig 1860. Bd. 1, S. 8; ALEXANDER BAIN: Mind and Body. London 1873, S. 41 ff.

Organischen durch die Messung von Reizen zu einer Vernetzung des Organischen mit dem Nicht-Organischen der technischen Apparaturen führt. Ausgehend von der Beobachtung des Anatomen Ernst Heinrich Webers, dass Reiz- und Empfindungsstärke nicht parallel anwachsen, sondern durch einen exponentiellen Logarithmus kalkuliert werden müssen, begreift Fechner die Relation zwischen physikalischem Ereignis (Reiz) und mentalem Prozess (Empfindung) auf der Basis mathematischer Funktionalität, die sich nicht nur messen, sondern zugleich auch standardisieren lassen muss.[33]

In einer intellektuellen Landschaft, die weitgehend zugleich von einer physiologischen Experimentalisierung des Lebens und einer Physikalisierung der Natur geprägt ist,[34] kann erwartet werden, dass elektrische Übertragungs-, Stimulations- und Kommunikationsprozesse zu einem Leitmodell werden, um das sich verschiedene episteme Konstellationen anordnen, deren Grundlage selbst wiederum eine komplexe Vernetzung theoretischer Orientierung, materieller Bedingungen, sozialer Handlungskontexte und technologischer Innovation bildet. Die elektrische Erregbarkeit des Gehins spielt hier eine zentrale Rolle, für die nicht nur Weber und Fechner, sondern auch die Schule um Hermann von Helmholtz verantwortlich zeichnet. Wilhelm Wundt, der zunächst als Assistent Hermann von Helmholtz' am Institut für Physiologie der Universität Heidelberg arbeitet und 1879 das erste Labor für experimentelle Psychologie in Leipzig gründet, kann in diesem Kontext als Beispiel für die Experimentalisierung nicht nur des Lebens, sondern besonders des Mentalen gelten, indem bereits in seinen frühen Vorlesungen das funktionale Abhängigkeitsverhältnis zwischen sinnlicher Wahrnehmung und mentalen Prozessen – wie auch bei Weber und Fechner – oftmals im Vordergrund steht.[35] Wenn Helmholtz schließlich beginnt, die Fortsetzungsgeschwindigkeit von Reizen zu messen und dabei befindet, dass die Übersetzung der physischen Stimulation in eine mentale Empfindung relativ langsam und deswegen gerade erst messbar ist, führt er

---

33 Vgl. FECHNER: Elemente der Psychophysik (wie Anm. 32), Bd. 1, S. 54 ff. und S. 134 ff. Zu Fechner vgl. MICHAEL HEIDELBERGER: Die innere Seite der Natur. Gustav Theodor Fechners wissenschaftlich-philosophische Weltauffassung. Frankfurt/M. 1992, S. 217 ff., und MARILYN E. MARSHALL: Physics, Metaphysics, and Fechner's Psychophysics. In: WILLIAM R. WOODWARD / MITCHELL G. ASH (Hg.): The Problematic Science. Psychology in Nineteenth-Century Thought. New York 1982, S. 197-210.

34 Zu dieser ‚Experimentalisierung des Lebens' vgl. LYNN K. NYHART: Biology Takes Form. Animal Morphology and the German Universities 1800-1900. Chicago 1995, S. 65 ff., sowie die Beiträge in JÖRG RHEINBERGER / MICHAEL HAGNER (Hg.): Die Experimentalisierung des Lebens. Experimentalsysteme in den biologischen Wissenschaften 1850-1950. Berlin 1993.

35 Vgl. die Bemerkungen von WILHELM WUNDT: Grundzüge der physiologischen Psychologie. Leipzig 1874, S. 273 ff. und S. 466 ff.

letztlich ein induktives Denkmodell in die Physiologie ein, als dessen Vorgeschichte Galvanis Froschbein und als dessen Konsequenz die elektrische Vernetzung des Organischen zu gelten hat.[36] Voraussetzung der experimentalen Arrangements von Weber, Fechner, Wundt und Helmholtz ist nicht nur die technische Innovation der Labor-Apparaturen, sondern zugleich das Denkmodell organischer Elektrizität, auf dessen Grundlage die Vernetzung des Organischen mit dem Nicht-Organischen erst stattfinden kann. Das jeweilige experimentelle Arrangement mag bisweilen ans Bizarre grenzen, allerdings ist die Messung organischer Elektrizität ab der Mitte des 19. Jahrhunderts Leitmodell der Wissenschaften des Lebens, was ein Blick auf die überaus einflussreichen „Untersuchungen über thierische Electricität" (1848-1884) von Emil DuBois-Reymond noch einmal verdeutlichen kann. Schließlich ist DuBois-Reymond, der sich 1843 schon mit einer Arbeit über elektrische Fische – eines überaus modischen Themas zeitgenössischer Physiologie – promoviert, seit 1858 als Professor am Physiologischen Institut der Universität Berlin Autor zahlreicher medizinischer Abhandlungen über die Physiologie der Nerven, die sich an jenem Modell einer Physikalisierung des Organischen ausrichten, das auch bei Helmholtz im Zentrum steht.[37] Das experimentelle Arrangement seiner zweibändigen „Untersuchungen über thierische Electricität" lässt nichts an Deutlichkeit zu wünschen übrig, denn wie bei Galvanis kuriosem Experiment von 1786 steht auch hier ein Frosch im Mittelpunkt, anhand dessen die elektrische Leitungsfähigkeit der Nerven überprüft werden kann.[38] DuBois-Reymond diskutiert hierbei jedoch nicht nur die Leitungsfähigkeit der Nerven und lässt in einer detaillierten Übersicht die Geschichte tierischer Elektrizität von Galvani bis in die neueste Gegenwart Revue passieren, sondern betont vor allem die

---

36 Vgl. HERMANN VON HELMHOLTZ: Fortpflanzungsgeschwindigkeit der Nervenreizung. In: Bericht über die Bekanntmachung geeigneter Verhandlungen der Königlichen Preussischen Akademie der Wissenschaften zu Berlin 14/1850, S. 14 f. Zum Kontext vgl. MICHAEL HAGNER: Die elektrische Erregbarkeit des Gehirns. Zur Konjunktur eines Experiments. In: RHEINBERGER / HAGNER (Hg.): Experimentalisierung des Lebens (wie Anm. 34), S. 97-115, sowie SERGE NICHOLAS / LUDOVIC FERRAND: La psychométrie sensorielle au XIXe siècle. In: Psychologie et Histoire 2/2001, S. 148-173.
37 Vgl. EMIL DUBOIS-REYMOND: Gesammelte Abhandlungen zur allgemeinen Muskel- und Nervenphysik. Leipzig 1875-1877. Zwei herausragende Beispiele für die Konjunktur ‚elektrischer Tiere' sind CARLO MATTEUCCI: Essai sur les phénomènes électriques des animaux. Paris 1840, und GUSTAV FRITSCH: Die elektrischen Fische. Leipzig 1887-1890. Zum Kontext vgl. CHAU W. WU: Electric Fish and the Discovery of Animal Electricity. In: American Scientist 72/1984, S. 598-607, hier S. 600 ff.
38 Vgl. EMIL DUBOIS-REYMOND: Untersuchungen über thierische Electricität. Berlin 1848-1884. Bd. 1, S. 251 ff.

Gesetzmäßigkeit der jeweiligen Nervenerregung durch elektrischen Strom.[39] Nicht unwesentlich ist hierbei, dass auch in DuBois-Reymonds voluminöser Untersuchung nicht nur die These der Leitungsfähigkeit organischen Materials im Mittelpunkt steht. Parallel hierzu verläuft nämlich eine Detailversessenheit bezüglich der Beschreibung der experimentellen Arrangements, Apparaturen und Anordnungen, die einen Großteil des ersten Bandes in Anspruch nimmt.[40] Ohne die Apparaturen des physiologischen Labors, deren Prinzipien auch im Bereich der Fernmeldetechnik breite Anwendung finden, ließe sich die Leitungsfähigkeit der Nerven überhaupt nicht untersuchen. Die Physiologie des Körpers kann nur dann in den Blick geraten, wenn der Körper selbst eingebunden ist in ein Netzwerk technischer Einrichtungen, deren Funktionalisierung selbst wiederum den Blick auf den Körper manipuliert: Registrierapparate der körperlichen Prozesse, Schreibvorrichtungen, optische Hilfsmittel, Kurvendiagramme, Mechanismen zur Zeitvermerkung.[41] Spätestens seit der Mitte des 19. Jahrhunderts ist der Bereich des Organischen schon gleich der Bereich des Technischen und *vice versa*. Der Elektrizität als Modell, auf dem die Konvergenz von Nervenleitungen und Kommunikationsmethoden beruht, kommt hierbei eine entscheidende Bedeutung zu.

## Die Physikalisierung des Lebens
## Telegrafen und cerebrale Lokalisation

Betrachtet man die Entwicklung der modernen Episteme am Leitfaden der Elektrizitätsgeschichte und in ihrem Zusammenhang mit der Physikalisierung des Lebens, so ist die seit dem späten 18. Jahrhundert zunehmende Popularisierung dieser epistemischen Konstellation sowohl durch allgemeinverständliche Überblicksdarstellungen als auch durch populärphilosophische und literarische Rezeption kaum zu übersehen. Die Formen einer solchen Popularisierung, die bisweilen kuriose Blüten treiben kann, sind in vielerlei Hinsicht dafür verantwortlich, dass aus dem zunächst ‚imponderablen' Phänomen elektrischer und magnetischer Ströme die Grundlage moderner Episteme werden kann, wenngleich betont werden muss, dass es sich hierbei um die Episteme des 19. Jahrhunderts handelt. Mit dem zunehmenden öffentlichen Interesse an der Organisation des

---

39 Vgl. ebd., Bd. 1, S. 10 ff., S. 31 ff., S. 50 ff., S. 108 ff., S. 258 ff.
40 Vgl. ebd., Bd. 1, S. 162 ff., S. 203 ff., S. 445 ff.
41 Vgl. OSKAR LANGENDORFF: Physiologische Grafik. Ein Leitfaden der in der Physiologie gebräuchlichen Registrirmethoden. Leipzig 1891.

menschlichen Körpers und dem breiten Publikumserfolg psychologischer wie physiologischer Abhandlungen unter dem gebildeten Bürgertum des 19. Jahrhunderts werden auch die Modelle elektrischer Reizübertragung zum Bestandteil einer schwer zu fassenden kulturellen Einbildungskraft. Die Verbreitung quasi-philosophischer Aufarbeitungen wie etwa Rudolph Hermann Lotzes „Medicinische Psychologie, oder Physiologie der Seele" (1852) und der enorme Erfolg eines monistischen Populärmaterialismus, der vor allem in Ludwig Büchners Schrift „Kraft und Stoff" (1855) an Prägnanz gewinnt, unterstützt die Einbindung spezifischer epistemischer Diskurse in weitere soziale Zusammenhänge, die über die jeweiligen Expertenkulturen hinausgehen. Die Physikalisierung des Lebens durch die Erklärung von Nervenprozessen als elektrische Ströme, die sich auch bei Lotze und Büchner wiederfindet,[42] kann erst dann zum Erfolg werden, wenn das Phänomen der Elektrizität aus dem Bereich wissenschaftlicher Spezialdiskurse durch bildliche/literarische Repräsentationsformen, durch die öffentliche Präsentation zentraler Experimente sowie durch einschneidende technologische Veränderungen gleichsam in andere Diskurse hinauszuwachsen vermag.[43] Ohne diese Prozesse können wissenschaftliche Diskurse kaum Öffentlichkeitswirkung erzielen und Echowirkungen im Raum der kulturellen Einbildungskraft auslösen.[44]

Diese Vernetzung wissenschaftlicher Diskurse gewinnt gerade dann an Brisanz, wenn sie zugleich mit einer Veränderung technologischer Möglichkeiten einhergeht, die über die jeweiligen Wissenschaftsbereiche hinaus kulturelle Effekte mit sich bringt. Zu jenem Zeitpunkt, an dem Samuel F.B. Morse und

---

42 Vgl. RUDOLPH HERMANN LOTZE: Allgemeine Physiologie des körperlichen Lebens. Leipzig 1851, S. 385 ff., und ders.: Medicinische Psychologie, oder Physiologie der Seele. Leipzig 1852, S. 174 ff. und S. 197 ff. Vgl. ebenfalls LUDWIG BÜCHNER: Kraft und Stoff, oder Grundzüge der natürlichen Weltordnung, nebst einer darauf gebauten Sittenlehre in allgemein verständlicher Darstellung. 20. Aufl. Leipzig 1902, S. 156 ff.
43 Vgl. GOLINSKI: Making Natural Knowledge (wie Anm. 19), S. 91 ff. und S. 145 ff.
44 Zur Öffentlichkeitswirkung der Elektrizität und ihrer Repräsentationen im 19. und frühen 20. Jahrhundert vgl. RIEGER: Die Ästhetik des Menschen (wie Anm. 4), S. 455 ff.; CHRISTOPH ASENDORF: Batteries of Life. On the History of Things and Their Perception in Modernity. Übers. von Don Reneau. Berkeley, CA 1993, S. 153 ff.; IWAN RHYS MORUS: Currents from the Underworld. Electricity and the Technology of Display in Early Victorian England. In: Isis 84/1993, S. 50-69; CAROLYN MARVIN: When Old Technologies Were New. Thinking About Electric Communication in the Late Nineteenth Century. Oxford 1988, S. 152 ff. Zur Popularisierung wissenschaftlicher Diskurse im 19. Jahrhundert vgl. die Studien von ANDREAS DAUM: Wissenschaftspopularisierung im 19. Jahrhundert. Bürgerliche Kultur, naturwissenschaftliche Bildung und deutsche Öffentlichkeit. München 1998; ders.: Naturwissenschaften und Öffentlichkeit in der deutschen Gesellschaft. Zu den Anfängen einer Populärwissenschaft nach der Revolution von 1848. In: Historische Zeitschrift 267/1998, S. 57-90.

Charles Weatherstone mit der Übertragung von Zeichen und Signalen durch elektrische Impulse experimentieren, also in den 30er Jahren des 19. Jahrhunderts, ist auch die Diskussion um die elektrische Übertragung von Reizen innerhalb des zentralen Nervensystems in vollem Gange. Der Unterschied ist in der Tat minimal: hier wie dort handelt es sich um die Übertragung von ‚Information'. Sicherlich muss bemerkt werden, dass die Konvergenz von Neurophysiologie und Kommunikationstechnik zunächst ihren Ursprung in beider Angewiesenheit auf physikalische Modelle und mathematische Logarithmen hat. Morse' Apparatur, deren einfaches Prinzip darin besteht, dass sich mit einem Schalter die Länge elektrischen Stroms durch einen Leiter variieren lässt, führt 1844 zum ersten Telegramm, das an eine zweite Apparatur geschickt wird, die im wesentlichen aus einem elektromagnetisch kontrollierten Bleistift besteht, der Markierungen auf einem Zylinder hinterlässt. Die hierdurch stattfindende Auflösung von Worten, Zeichen und Bildern in elektrische Impulse, die dann wiederum zurückübersetzt werden können, stellt einen fundamentalen Wechsel des modernen Kommunikationsparadigma dar, wenngleich die Übertragung solcher Impulse ohne einen Verstärker zunächst auf etwa 20 Meilen begrenzt ist und sich Impulse nur in eine Richtung verschicken lassen.[45]

Sowohl im Fall der technischen Kommunikation als auch im Fall der Neurophysiologie ist ein Verlust des Materiellen bemerkbar, insofern Kommunikationstechnik nicht mehr auf briefliche Korrespondenz sowie das Objekt ‚Brief' selbst angewiesen ist und Neurophysiologie auf Erklärungen verzichten kann, die Nervenprozesse an das Fließen von ‚Säften' innerhalb der Nervenstränge binden. Dieser beiderseitige Verlust des Materiellen scheint es erst möglich zu machen, dass der Unterschied zwischen dem Organischen und dem Nicht-Organischen im Verlauf des 19. Jahrhunderts zusehends eingeebnet wird. Die Konvergenz von Neurophysiologie und Kommunikationstechnik ist jedoch nicht nur praktischer Natur durch die Einlösung und Anwendung bestimmter physikalischer Prinzipien, sondern weist auch eine Logik des Imaginären auf, denn grundsätzlich ist es unentscheidbar, ob die Modelle der neuen Kommunikationstechnik als Metaphern die Modelle der Neurophysiologie mitgestalten oder *vice versa*. Beide verlaufen parallel und können nicht voneinander abgeleitet werden. Beiden lassen sich darüber hinaus nicht gänzlich aus dem Diskurs der zeitgenössischen Physik ableiten. Die durch die gegenseitige Einwirkung und Abhängigkeit von technischen Instrumentierungen, experimentalen *settings*, menschlicher Beobachtung, symbolischer Repräsentation und

---

45 Zu den Effekten dieses Wechsels vgl. BERNHARD SIEGERT: Relais. Geschicke der Literatur als Epoche der Post (1751-1913). Berlin 1993.

sozialen Prozessen entstandende Konvergenz von Kommunikationstechnik und Neurophysiologie verdeutlicht so, dass die dynamische Produktion von Wissen sich erst in der Vernetzung von Wissenschaftlichem und Nicht-Wissenschaftlichem konstituieren kann, d.h. in epistemischen Konstellationen. Auch diese Vernetzung unterliegt im 19. Jahrhundert wesentlichen Veränderungen, insofern sowohl Kommunikationstechnik als auch Neurophysiologie zunehmend an Komplexität gewinnen. Das Prinzip der Übertragung avanciert nicht nur zu einem Leitmodell sowohl der organischen als auch der nicht-organischen Kommunikation, sondern garantiert die Dynamik zunehmender Ähnlichkeiten zwischen technischer Kommunikation und neurophysiologischen Prozessen. Die standardisierte Messbarkeit elektrischer Strömungsverhältnisse in organischem Material als Leitmodell der physiologischen Wissenschaften führt nicht nur zu einer Physikalisierung des Lebens, sondern auch zu einem neuen Nachdenken bspw. über die Struktur des Gehirns und der hier stattfindenden mentalen Prozesse. Dies zeigt sich vor allem in zweierlei Hinsicht. Einerseits dienen künstlich erzeugte elektrische Ströme im Gehirn von Tieren der Untersuchung, wie bestimmte mentale Ereignisse (z.B. Schmerz) mit motorischen Nerven und der Reizbarkeit von Muskeln (z.B. das Zucken eines Beins) in Verbindung stehen.[46] Die durch die Untersuchungen von Gustav Fritsch und Eduard Hitzig in der zweiten Hälfte des 19. Jahrhunderts eingeleitete corticale Lokalisierung motorischer und sensorischer Zentren, die auf dem Prinzip der elektrischen Erregbarkeit der Hirnrinde basieren, bestimmen die Hirnforschung nicht nur bis ins 20. Jahrhundert hinein, sondern führen zu dem, was Michael Hagner unlängst eine „experimentelle Topographie des Gehirns" genannt hat.[47] Darüber hinaus lassen sich durch ähnliche Methoden, d.h. vermittelst der elektrischen Erregung bestimmter Gehirnregionen, spezifische cerebrale Funktionen lokalisieren, die besonders in den Arbeiten Pierre Paul Brocas, Pierre Flourens und David Ferriers untersucht werden.[48] Gerade Brocas Arbeiten zur Aphasie sind

---

46 Vgl. EDUARD HITZIG: Untersuchungen über das Gehirn. Abhandlungen physiologischen und pathologischen Inhalts. Berlin 1874.
47 MICHAEL HAGNER: Homo cerebralis. Der Wandel vom Seelenorgan zum Gehirn. Berlin 1997, S. 273 ff. Vgl. GUSTAV FRITSCH / EDUARD HITZIG: Über die elektrische Erregbarkeit des Großhirns. In: Archiv für Anatomie, Physiologie und wissenschaftliche Medicin 37/1870, S. 300-332. Zur Fortsetzung dieses Forschungsprogramms vgl. OSKAR VOGT / CÉCILE VOGT: Zur Kenntnis der elektrisch erregbaren Hirnrindengebiete bei den Säugetieren. In: Journal für Psychologie und Neurologie 8/1907, S. 277-456.
48 Vgl. z.B. PIERRE FLOURENS: Recherches expérimentales sur les propriétés et les fonctions du système nerveux dans les animaux vertébrés. 2. Aufl. Paris 1842; DAVID FERRIER: The Localisation of Cerebral Disease. London 1878. Vgl. hierzu ROBERT M. YOUNG: Mind, Brain and Adaptation in the Nineteenth Century. Cerebral Localisation and its Biological Context from Gall to Ferrier. 2. Aufl. Oxford 1990, S. 234 ff.

in diesem Zusammenhang von einigem Interesse, da die Entdeckung, dass Läsionen in einem relativ kleinen Bereich des vorderen Gehirnlappens zu Sprachverlust führen, die Möglichkeit solcher Lokalisationen verdeutlicht.[49]

Die Lokalisation motorischer, sensibler und sensorischer Zentren bzw. Felder stellt in vielerlei Hinsicht sicherlich die Fortsetzung topischer Modelle dar, die bereits in Antike und Renaissance bestimmten Gehirnregionen spezifische Funktionen zumessen. Gleichzeitig findet hiermit allerdings um die Mitte des 19. Jahrhunderts ein entscheidender Paradigmenwechsel auf dem Weg zu netzwerkartigen Gehirnmodellen dar. Während bspw. Gottlob Heinrich Bergmann in seinen „Neuen Untersuchungen über die innere Organisation des Gehirns" (1831) noch einem im wesentlichen topographischen oder topischen Modell zu folgen vermag,[50] führt die zunehmende Präzision mikroskopischer Untersuchungen von Nervenzellen und Gehirnsubstanz zu einer ebenfalls zunehmenden Erkenntnis über die Komplexität der Struktur der in der Großhirnrinde geschichteten Nervenzellen. Ein solches zytoarchitektonisches Modell mag auf den ersten Blick eine avancierte Topik cerebraler Funktionen darstellen, während es sich tatsächlich hierbei jedoch um einen wesentlichen Schritt zum Modell neuronaler Netzwerke handelt.[51] Die architektonischen Modelle cerebraler Lokalisierung stellen in diesem Sinne durchaus keine Zwischenstation dar, sondern bleiben auch nach der Wende vom 19. zum 20. Jahrhundert von zentraler Bedeutung. Oskar Vogt, der 1930 auch zu den Gründungsmitgliedern des Kaiser-Wilhelm-Instituts für Hirnforschung in Berlin zählt, gibt bereits 1901 zusammen mit seiner Ehefrau Cécile Vogt einen Atlas über „Die Erforschung der Hirnfaserung" heraus und 1929 veröffentlicht Constantin von Economo seine

---

49 Vgl. PIERRE PAUL BROCA: Sur le siège de la faculté du langage articulé. In: Tribune Médicale 74,75/1869, S. 254-256 und S. 265-269. Zu Broca vgl. YOUNG: Mind, Brain and Adaptation (wie Anm. 48), S. 134 ff.
50 Vgl. GOTTLOB HEINRICH BERGMANN: Neue Untersuchungen über die innere Organisation des Gehirns, als Beiträge zu einer Grundlage der Physiologie und Pathologie desselben. Hannover 1831, S. 1 ff. und S. 45 ff. Zu Bergmann vgl. HAGNER: Homo cerebralis (wie Anm. 47), S. 253 ff.
51 Als Beispiel für diesen ‚Paradigmenwechsel' siehe die Studie von THEODOR MEYNERT: Der Bau der Gross-Hirnrinde und seine örtlichen Verschiedenheiten, nebst einem pathologisch-anatomischen Corollarium. In: Vierteljahresschrift für Psychiatrie 1/1867, S. 77-97 und S. 198-217 und 2/1868, S. 88-113. Zu Meynert vgl. HAGNER: Homo cerebralis (wie Anm. 47), S. 268 ff. Zur topographischen und zytoarchitektonischen Repräsentation des Gehirns vgl. ebenfalls MICHAEL HAGNER: Lokalisation, Funktion, Cytoarchitektonik. In: ders.: / HANS-JÖRG RHEINBERGER / BETTINE WAHRIG-SCHMITT (Hg.): Objekte, Differenzen, Konjunkturen. Experimentalsysteme im historischen Kontext. Berlin 1994, S. 121-150; MICHAEL HAGNER: Hirnbilder. Cerebrale Repräsentationen im 19. und 20. Jahrhundert. In: MICHAEL WETZEL / HERTA WOLF (Hg.): Der Entzug der Bilder. Visuelle Realitäten. München 1994, S. 145-160.

Darstellung „Die Zytoarchitektonik der Großhirnrinde des erwachsenen Menschen" (1929). Hirnforschung und Physiologie sind zu diesem Zeitpunkt längst Teil institutioneller Großforschung geworden – Galvanis Froschschenkel ist in der industriellen Laborlandschaft des frühen 20. Jahrhunderts angekommen.

## Auf dem Weg zum Netzwerk
### Physiologie, Industrie und die Netzwerke des Wissens

Bei der beobachteten Komplexität des Gehirns und des Nervenaufbaus, so wird vor dem oben angerissenen Hintergrund deutlich, kann die Übertragung zwischen Reizimpuls und mentalem Empfindungsprozess nur bedingt jenem linearen Modell folgen, das zumindest implizit den Untersuchungen Helmholtz', Webers und Fechners zu Grunde liegt. Interessant ist jedoch, dass sich mit der steigenden Komplexität des Gehirns und des Nervensystems auch das vielschichtige Beziehungsspiel von Instrumentierung, organischem Material und menschlicher Beobachtung kompliziert. Bereits um die Mitte des 19. Jahrhunderts versuchen der italienische Anatom Alphonse Corti und sein deutscher Kollege Joseph von Gerlach eine genauere Repräsentation organischer Strukturen zu erreichen, indem sie einzelne Zellen mit roter Farbe einzufärben versuchen.[52] Während Corti und Gerlach jedoch nur zum Teil an den Details neurophysiologischer Komplexität interessiert sind, gelingt es in den frühen 60er Jahren Otto Friedrich Karl Deiters, die von Corti und Gerlach entwickelten Färbungsmethoden auf einzelne Nervenzellen anzuwenden, wodurch es ihm möglich wird zu erkennen, dass sogenannte Dendriten oder Zytoplasmaausläufer aus multipolaren Nervenzellen gewissermaßen hinauswachsen und so die Übertragung der Erregung zwischen unterschiedlichen Nervenzellen erst garantieren.[53] Im Vergleich zu Helmholtz' externer Messung der Fortsetzungsgeschwindigkeit von Nervenreizen stellt Deiters Annahme, dass die einzelnen Nervenzellen durch Dendriten miteinander verbunden sind, eine entscheidende Erweiterung dar und revidiert deswegen auch das in einem direkten Zusammenhang mit der

---

52 Vgl. ALPHONSE CORTI: Recherches sur l'organe de l'ouîe des mammifières. In: Zeitschrift für wissenschaftliche Zoologie 3/1851, S. 109-169; JOSEPH VON GERLACH: Mikroscopische Studien aus dem Gebiete der menschlichen Morphologie. Erlangen 1858.
53 Vgl. OTTO FRIEDRICH KARL DEITERS: Untersuchungen über Gehirn und Rückenmark des Menschen und der Säugethiere. Hg. von Max Schultze. Braunschweig 1865. Zu Deiters vgl. STANLEY FINGER: Minds Behind the Brain. A History of the Pioneers and Their Discoveries. Oxford 2000, S. 202 f.

Elektrizitätsforschung stehende Modell einer mehr oder weniger linearen Induktion. Das eigentliche Problem, das weite Bereiche der neurophysiologischen Forschung in der zweiten Hälfte des 19. Jahrhunderts zusammen mit der zytoarchitektonischen Struktur der Großhirnrinde dominiert, besteht darin, wie die Verbindung zwischen diesen faserartigen Zellen funktioniert.[54] Die bloße Annahme einer Übertragung von Reizimpulsen von einer Faser zu einer anderen, die letztlich das Gewebe der einzelnen Nervenstränge als Leitungsapparate neuronaler Strömungen konzipiert, erklärt selbst noch nicht, warum die Verbindung multipolarer Nervenzellen durch Dendriten als Netzwerk die Linearität der Übertragung unterläuft.

Der Schritt von der linearen zur quasi-‚rhizomatischen' Übertragung von Reizen basiert zu einem gewissen Teil noch auf der Annahme einer direkten materiellen Verbindung oder Kopplung zwischen einzelnen Zellen. In den 80er Jahren des 19. Jahrhunderts entdecken Wilhelm His und August Forel jedoch, dass bspw. das Ende einer motorischen Nervenzelle mit der Muskelfaser nicht direkt verbunden ist, sondern gewissermaßen einen ‚Bruch' aufweist, den der jeweilige Reiz zu überbrücken hat.[55] Auf Nervensystem und Gehirn insgesamt angewendet erschwert dies zunehmend die Lokalisation cerebraler Funktionen besonders dann, wenn man von einer netzwerkartigen Konnektivität ausgeht.[56] Diese Erkenntnis verschärft sich durch die Weiterentwicklung der bereits in den 50er und 60er Jahren des 19. Jahrhunderts entwickelten Färbungsmethoden einzelner Zellen, wenn der spanische Mediziner Santiago Ramón y Cajal und der Berliner Anatom Wilhelm von Waldeyer-Hartz nachweisen können, dass einzelne Nervenzellen – welche Funktion sie auch immer einnehmen mögen – als voneinander unabhängige physiologische Einheiten betrachtet werden müssen, obwohl die zeitgenössische Mikroskopie die winzige Differenz zwischen den verschiedenen Nervenzellen, die jeder Reiz zu überbrücken hat, nicht erkennbar machen kann.[57] Dass die Verbindung zwischen einzelnen Nervenzellen durch

---

54 Vgl. hierzu GORDON M. SHEPHERD: Foundations of the Neuron Doctrine. New York 1991, S. 25 ff. Mehrere Jahre nach der posthumen Publikation von Deiters' Studie folgte auch der Aufsatz von JOSEPH VON GERLACH: Über die Struktur der grauen Substanz des menschlichen Grosshirns. In: Zentralblatt für die medizinischen Wissenschaften 10/1872, S. 273-275.
55 Vgl. WILHELM HIS: Zur Geschichte des menschlichen Rückenmarks und der Nervenwurzeln. In: Sächsische Akademie der Wissenschaften. Mathematisch-physikalische Klasse 13/1886, S. 147-209 und S. 477-513, sowie AUGUST FOREL: Einige hirnanatomische Betrachtungen und Ergebnisse. In: Archiv für Psychiatrie 18/1887, S. 162-198.
56 Vgl. STANLEY FINGER: Origins of Neuroscience. New York 1994, S. 53 f.
57 Vgl. WILHELM VON WALDEYER-HARTZ: Über einige neuere Forschungen im Gebiete der Anatomie des Centralnervensystems. In: Deutsche medizinische Wochenschrift 17/1891, S. 1213-1218, S. 1244-1246, S. 1267-1269, S. 1331-1332 und S. 1352-1356, sowie

Synapsen hergestellt wird, die durch eine Transmittersubstanz sowohl durch elektrische Entladungen als auch chemische Veränderungen Erregung im Nervensystem fortsetzen, ist folglich eine relativ späte Erkenntnis, wenngleich hierdurch noch einmal um 1900 eine nicht unwesentliche Neuorientierung stattfindet. Während um 1800 das Kommunikationssystem der Nerven ausschließlich am Leitfaden der Elektrizität rekonstruiert werden kann, wird dieses Modell um 1900 zunehmend von chemischen Prozessen ersetzt, die zwar parallel zu elektrischen Entladungen verlaufen mögen, gleichzeitig allerdings wesentlich subtiler sind. Während Alexander Bain 1873 noch spekulieren kann, dass die Übertragung elektrischer Reize zwischen Nervenzellen durch eine Art Relais funktioniert und Charles Scott Sherrington, zunächst an der Universität Cambridge und später in Liverpool, ein integriertes Modell des Nervensystems präsentieren kann, innerhalb dessen die Übertragung der Erregung durch Synapsen innerhalb eines komplexen Netzwerkes geschieht,[58] steht kurz nach der Wende vom 19. zum 20. Jahrhundert fest, dass elektrische Entladungen und Strömungsverhältnisse nur bedingt ein zutreffendes Modell neurophysiologischer Prozesse liefern können. Die eigentliche Komplexität der Nervenprozesse lässt sich erfolgreicher durch ein chemisches Modell erklären.[59]

Trotz der entscheidenden Paradigmenverschiebung von einem elektrischen zu einem chemischen Modell der Nervenübertragung, das die exponentiell ansteigende Komplexität der Nervenprozesse in den Griff zu bekommen sucht, bleibt die unheimliche Konvergenz zwischen Neurophysiologie und Kommunikationstechnik bestehen. Die Entdeckung multipolarer Nervenzellen verläuft parallel mit der Einführung der Mehrfachtelegrafie, deren Entwicklung zwischen den 50er und 70er Jahren des 19. Jahrhunderts die Linearität der Impulsübertragung durch Übertragungsnetzwerke ablöst. Die gleichzeitige Übertragung mehrerer unterschiedlicher Nachrichten in unterschiedliche Richtungen als Grundbedingung des kommunikationstechnischen Erfolgs realisiert sich in einer Matrix von Relaisstationen und Leitungsnetzen, deren geographische Ausdehnung sowohl in Europa als auch in Nordamerika das Telegrafennetz als eine

---

SANTIAGO RAMÓN Y CAJAL: Conexión general des los elementos nerviosos. In: Medicina práctica 2/1889, S. 341-346.
58 Vgl. ALEXANDER BAIN: Mind and Body. London 1873, S. 36 und S. 117, sowie JUDITH P. SWAZEY: Reflexes and Motor Integration. Sherrington's Concept of Integrative Action. Cambridge, Mass. 1969, S. 76.
59 Vgl. JOHN ECCLES: From Electrical to Chemical Transmission in the Central Nervous System. In: Notes and Records of the Royal Society of London 30/1976, S. 219-230; HENRY H. DALE: Transmission of Effects from Nerve Endings. A Survey of the Significance of Present Knowledge. Oxford 1952.

Art ‚Nervensystem der Nationen' erscheinen lässt.⁶⁰ Elektrische Kommunikationsnetzwerke ermöglichen erst den Transfer und die Standardisierung von Wissen und Technologie, was auch verwaltungstechnisch zum Problem wird.⁶¹ Die Geschichte des Telefons als Erweiterung der telegrafischen Übertragungsprinzipien, das nun selbst die Stimme in Impulse und Ströme aufzulösen vermag, ist hierfür schlagendes Beispiel. Von den spekulativen Anfängen telefonischer Kommunikation in den 50er Jahren des 19. Jahrhunderts bei Charles Bourseul und Philipp Reis, deren Prinzipien im Wesentlichen verwandt sind mit der in der Nachfolge Galvanis diskutierten Leitungsfähigkeit organischen und nichtorganischen Materials, bis zur Jahrhundertwende springt die Anzahl der verfügbaren Telefone ins fast Unermessliche. Die Kopie von Alexander Graham Bells Apparat, dessen Funktionen dem Modell von Faradays elektromagnetischer Induktion folgen, durch Siemens & Haske macht deutlich, dass die scheinbare Unmittelbarkeit der Stimme im Gegensatz zum Schriftbild des Telegrafen ein weitaus größerer wirtschaftlicher Erfolg ist. Nach dem erfolgreichen Test des Apparats durch die Deutsche Reichspost- und Telegrafenverwaltung beginnt auch die Massenproduktion des Telefons. Um 1900 sind allein in Deutschland ungefähr 150000 Apparate in Gebrauch, 200000 in Großbritannien und 2 Millionen in den Vereinigten Staaten. Die Materialität der Vernetzungstechniken wird also begleitet von einer Immaterialität der Kommunikation, deren Prinzipien und imaginäre Effekte sich im intermediären Raum zwischen dem Organischen und Nicht-Organischen abspielen, insofern die Metaphorizität der Kommunikationsmodelle (Übertragung, Impuls, Rauschen, Signal, Leitung, Netzwerk) nicht nur sowohl auf organische als auch auf nicht-organische Prozesse anwendbar ist, sondern indem sie zugleich die physiologische Einheit ‚Mensch' als Hörer, Empfänger und Sender zu einem medialen Phänomen werden lässt. Die von den Humanwissenschaften vorangetriebene Physikalisierung des Lebens wird begleitet von seiner gleichzeitigen Medialisierung, die selbst allerdings wiederum eingebettet ist in industrielle Zusammenhänge. Um 1900 wird etwa die Hälfte der weltweit vorhandenen elektrotechnischen Bauteile – von Kabeln bis hin zu Generatoren für die elektrochemische Industrie – im Wesentlichen von nur drei Firmen produziert, nämlich von der Allgemeinen Elektrizitäts-Gesellschaft (AEG), der Rheinisch-Westfälischen Elektrizitäts-Aktiengesellschaft (RWE) und Siemens.

---

60 Vgl. IWAN RHYS MORUS: „The Nervous System of Britain". Space, Time and the Electric Telegraph in the Victorian Age. In: British Journal for the History of Science 33/2000, S. 455-475.
61 Vgl. MARVIN: When Old Technologies Were New (wie Anm. 44), S. 191 ff., und DANIEL R. HAEDRICK: The Tentacles of Progress. Technology Transfer in the Age of Imperialism 1850-1940. Oxford 1988.

Die Einführung der Telegrafie und des Telefons als Massenmedium der Kommunikation und damit auch die Medialisierung des Lebens kann also nur Fuß fassen durch die gleichzeitig einsetzende Elektrifizierung Europas und der Vereinigten Staaten, die nicht nur in die Sphäre des Privaten – etwa durch Thomas A. Edisons Glühlampe – hineinragt, sondern auch mit einer Ökonomisierung industrieller Produktion – z.B. Hochöfen, elektrochemische Industrie – einhergeht. Die Elektrifizierung der öffentlichen und privaten Sphären sowie die Durchsetzungsfähigkeit der neuen Kommunikationstechnologien ist zwischen 1860 und 1914 in vielerlei Hinsicht abhängig von wirtschaftlichen Faktoren.[62] Während Siemens bereits 1867 mit der Massenproduktion von Dynamos beginnt, sind die meisten elektrischen Kraftwerke, die in den 80er Jahren des 19. Jahrhunderts gebaut werden, weitgehend staatlich oder von Industriefirmen verwaltet. Der rapide Anstieg des Verbrauchs elektrischer Energie – etwa in Großstädten wie Berlin, in denen Verwaltung, Wissenschaft und Industrie ineinanderlaufen – folgt jedoch zunehmend derselben geografischen Dynamik wie die telegrafische Vernetzung des Raums. Entlang der Straßen, Wege, Schienen, Kanäle erstreckt sich ein Netzwerk von Energie- und Kommunikationsleitungen, dessen Komplexität jährlich exponentiell zu wachsen scheint.[63] Der urbane Raum, in dem der Großteil dieser Vernetzung der Energieströme zum Tragen kommt, avanciert hier zu einer physiologischen Versuchsanordnung im Großen – die Produktion, Vermessung, Leitung und Verwaltung sowohl von Verkehr als auch von Kommunikation unterliegt in vielerlei Hinsicht jenen Modellen, die in den physiologischen und physischen Laboratorien des 19. Jahrhunderts erarbeitet werden.[64] Die parallel verlaufende Physikalisierung und Medialisierung des Menschen generiert ein materielles wie auch imaginäres

---

62 Vgl. ROBERT GILDEA: Barricades and Borders. Europe 1800-1914. 2. Aufl. Oxford 1996, S. 283 ff.; EDMUND N. TODD: Industry, State, and Electrical Technology in the Ruhr Circa 1900. In: Osiris 5/1989, S. 242-259; THOMAS P. HUGHES: Networks of Power. Electrification in Western Society. Baltimore 1983; JAMES E. BRITTAIN: The International Diffusion of Electrical Power Technology 1870-1920. In: Journal of Economic History 34/1974, S. 108-121.
63 Vgl. die Beiträge in JOEL A. TARR / GABRIEL DUPUY (Hg.): Technology and the Rise of the Networked City in Europe and America. Philadelphia 1988, sowie CHRISTOPH ASENDORF: Ströme und Strahlen. Das langsame Verschwinden der Materie um 1900. Gießen 1989, S. 58 ff.
64 Vgl. SVEN DIERIG: Urbanization, Place of Experiment, and How Eduard DuBois-Reymond Caught the Electric Fish. In: Journal of the History of the Neurosciences 9/2000, S. 5-14; ders.: „Feinere Messungen in der Mitte einer belebten Stadt". Berliner Großstadtverkehr und die apparativen Hilfsmittel der Elektrophysiologie 1845-1910. In: Internationale Zeitschrift für Geschichte und Ethik der Naturwissenschaften, Technik und Medizin 6/1998, S. 149-169. Ein demnächst erscheinender Sonderband der Zeitschrift Osiris, N.F. 18/2003 wird sich dem Zusammenhang zwischen Stadt und Wissenschaft widmen.

Netzwerk ineinander und übereinander laufender Beziehungspunkte, Schaltungen, Leitungen sowie Energie- und Informationsströme, die allerdings durch ihren direkten Bezug zu ökonomischen Sachzwängen und wissenschaftlichen Spezialdisziplinen weder rein systemtheoretisch noch aus einer ausschließlich nachrichtentechnischen Perspektive zu interpretieren sind.[65] Die Wirklichkeit der modernen Episteme, so lässt sich vielmehr sagen, ist geprägt von einer Verschränkung technologischer Innovation, industrieller Produktion, Handel und Verwaltung; Teilbereiche, die selbst wiederum zahlreiche Beziehungen zu wissenschaftlichen Spezialdiskursen aufweisen. Die Wissenschaftler der Elektrizität, wie etwa Helmholtz und Maxwell, sind direkt eingebunden z.B. in die kommerzielle Produktion jener Instrumente, die für die jeweiligen experimentalen Anordnungen in den Natur- und Humanwissenschaften von zentraler Bedeutung sind, während die hier entstehende Standardisierung von Mess- und Maßeinheiten selbst Konsequenzen hat für die technische Produktion nichtwissenschaftlicher Apparaturen wie bspw. Telegrafenleitungen.[66] Am Beispiel der Physiologie lässt sich deswegen beobachten, wie die ursprüngliche Differenz zwischen den Beobachtungsinstrumenten und den zu beobachtenden Phänomenen zusehends eingeebnet wird, bis sich jene Fortsetzung des Organischen im Nicht-Organischen einstellt, auf die bereits hingewiesen wurde.[67] Ein anderes Beispiel sind Maxwells Instruktionen für die Herstellung eines Geräts zur Messung elektrischen Widerstands am Cavendish Laboratory in Cambridge. Diese gehen nicht nur an die Hersteller des Instruments in London, sondern schaffen – vermittelt durch die Zusammenarbeit mit der British Association for the Advancement of Science – auch gleichzeitig den Standard der Widerstandsmessung, nach der sich die Ingenieure der transatlantischen Telegrafenleitung richten.[68] Dass Werner von Siemens, der Ingenieur und Industriemagnat, und Hermann von Helmholtz, der Physiker und Physiologe, gute Bekannte sind, lässt ebenfalls schon vermuten, wie einige der Grundlagen von Helmholtz' Untersuchungen über Elektrostatik, Elektrodynamik, Reaktionszeiten und Impulsgeschwindigkeiten ihren Weg in ein technologisches wie industrielles *setting* finden können, auf dessen Effekte bezüglich der Materialität

---

65 Im Gegensatz hierzu vgl. jedoch FRIEDRICH KITTLER: The City is a Medium. In: New Literary History 27/1996, S. 717-729.
66 Vgl. HUGHES: Networks of Power (wie Anm. 62), S. 127. Zur Verschränkung von Labor und Industrie vgl. allgemein MICHAEL LYNCH: Laboratory Space and the Technological Complex. An Investigation of Topical Contextures. In: Science in Context 4/1991, S. 51-78.
67 Vgl. die Bemerkungen bei TIMOTHY LENOIR: Models and Instruments in the Development of Electrophysiology 1845-1912: In: Historical Studies in the Physical and Biological Sciences 17/1986, S. 1-54.
68 Hierzu vgl. GOLINSKI: Making Natural Knowledge (wie Anm. 19), S. 174 ff.

von Kommunikation und Energieübertragung bereits hingewiesen wurde. Kaum verwunderlich ist deswegen auch, dass die von beiden mitgetragene Gründung der Physikalisch-Technischen Reichsanstalt in Braunschweig im Jahre 1887 diese Verschränkung epistemischer und industrieller Diskurse weiter vorantreibt und zugleich deren Eingebundenheit in politische Prozesse verdeutlicht.[69] Dies stellt jedoch keinen Einzelfall dar, denn gerade hinsichtlich der Hirnforschung und Neurophysiologie lässt sich ab den achtziger Jahren des 19. Jahrhunderts eine zunehmende Institutionalisierung beobachten. Nachdem 1882 in Wien das erste Neurologische Institut gegründet worden ist, entstehen in schneller Folge ähnliche Institute in Zürich (1886), Berlin (1898), Madrid (1900), Frankfurt/M. (1904) und München (1904). Dies sorgt gerade dafür, dass sich zwischen physiologischer Spezialforschung, wirtschaftlichen Interessen und gesellschaftlich-politischen Prozessen zahlreiche Überschneidungspunkte einstellen, die Timothy Lenoir am Beispiel der Großforschung im deutschen Kaiserreich nachgezeichnet hat.[70] Die Quantifizierung und Standardisierung von Phänomenen mögen eine scheinbar von Interessen unabhängige Objektivität logarithmisch zu erfassender wissenschaftlicher Wirklichkeit erzeugen, die jedoch von Anfang an unterlaufen wird von ihrer Eingebundenheit in nicht-wissenschaftliche Kontexte sozialer Natur.[71] Die durch die physiologischen Wissenschaften erzeugten Evidenzen lassen sich eigentlich nur verstehen im Zusammenhang mit der gleichzeitigen Technisierung und Industrialisierung von Gesellschaft.[72] Zugespitzt formuliert: systemtheoretisch ist hier nicht viel zu holen; notwendig ist vor allem historische Aufarbeitung.

## Schluss

Die Modelle der Übertragung und des Netzwerks als Grundlage der modernen Episteme wachsen durch die komplexen Schnittstellen zwischen unterschiedlichen Erfahrungsbereichen von jeher über die Räume des wissenschaftlichen

---

69 Zum Thema vgl. auch HELMUTH ALBRECHT: Technische Bildung zwischen Wissenschaft und Praxis. Die Technische Hochschule Braunschweig 1862-1914. Hildesheim 1987.
70 Vgl. TIMOTHY LENOIR: Politik im Tempel der Wissenschaft. Forschung und Machtausübung im deutschen Kaiserreich. Frankfurt/M. 1992.
71 Vgl. hierzu auch JOSEPH O'CONNELL: Metrology. The Creation of Universality by the Circulation of Particulars. In: Social Studies of Science 23/1993, S. 129-173.
72 Vgl. die Beiträge in PHILIPP SARASIN / JAKOB TANNER (Hg.): Physiologie und industrielle Gesellschaft. Studien zur Verwissenschaftlichung des Körpers im 19. und 20. Jahrhundert. Frankfurt/M. 1998.

Labors hinaus. Dies unterstützt nicht nur die Zirkulierung bestimmter epistemischer Diskurse, sondern auch die Ablösung spezifischer Erklärungsmodelle von ihrem eigentlichen Kontext. Hierbei lassen sich nun vor allem zwei Schlußfolgerungen ziehen. Erstens ist kaum zu übersehen, dass die Produktion, Durchsetzung und Dissemination von Wissen in jeweils historisch variablen kulturellen Kontexten von Anfang an in einer Vernetzung von Begriffen und Modellen mit technischen Apparaturen und materialen Sachzwängen besteht. Zweitens lässt sich ebenfalls feststellen, dass das diskursive Arrangement bestimmter Disziplinen gleichzeitig in soziale Prozesse eingebunden ist, die selbst wiederum von jeher über einen bestimmten disziplinären Rahmen hinausgreifen und historisch kontingent sind. Die Logik dieser Vernetzung menschlicher mit nicht-menschlichen Agenten folgt eben nicht systemtheoretisch zu analysierenden autopoietischen Rückkoppelungsmechanismen, sondern ist von einer Logik des Imaginären geprägt: die Produktion des Wissens hat mehr mit zufälligen und unwahrscheinlichen Konvergenzen zu tun, als dies sowohl Wissenschaftlern als auch Systemtheoretikern lieb ist. Die Formierung wissenschaftlicher Wirklichkeit ist nur bedingt auf Systematisierung angewiesen und ist zumeist entlang historischer Konvergenzen, d.h. epistemischer Konstellationen, strukturiert, die von der Interaktion zwischen bestimmten Disziplinen und ihren jeweiligen intellektuellen und kulturellen Kontexten herrühren. Mit anderen Worten: die Formierung wissenschaftlicher Wirklichkeit lässt sich nicht auf weitgehend unabhängige Disziplinen, Systeme und Methoden beschränken.[73]

Bereits in terminologischer Hinsicht ist offensichtlich, dass in der zweiten Hälfte des 19. Jahrhunderts eine gewisse Konjunktur der Begriffe ‚Vernetzung' und ‚Übertragung' stattfindet. Zunächst ist hierbei festzustellen, dass die Bedeutung des Begriffes Übertragung im Sinne medialer Transmission kaum vor der Mitte des 19. Jahrhunderts anzutreffen ist. Zweitens und hiermit eng verbunden lässt sich auch der Begriff des Vernetzung nur in seiner wörtlichen Bedeutungsebene vor der Mitte des 19. Jahrhunderts finden, während seine zunehmende Verwendung im Kontext neuronaler Netzwerke, technischer Kommunikation und Energieverteilung sich erst in der Periode zwischen ungefähr 1883 und 1914 durchsetzen kann. Vermuten lässt sich deswegen auch schon, dass die Wirkung solcher Begriffe auf die kulturelle Einbildungskraft erst dann auf den Plan tritt, wenn sich solche Begriffe auch materiell manifestieren können und an bestimmte

---

73 Betont hat dies bereits JOSEPH ROUSE: What are Cultural Studies of Knowledge? In: Configurations 1/1992, S. 57-94, hier S. 60. Vgl. ähnlich DAVID J. STRUMP: From Epistemology and Metaphysics to Concrete Connections. In: GALISON / STRUMP (Hg.): The Disunity of Science (wie Anm. 17), S. 255-286, hier S. 279.

Praktiken bzw. Techniken gebunden sind. Dies, so lässt sich spekulieren, findet erst ab den sechziger Jahren des 19. Jahrhunderts statt, kulminiert um 1900 und kann gleichzeitig jedoch als Nachwirkung epistemischer Prozesse um 1800 verstanden werden. Epistemische Konstellationen, mit anderen Worten, neigen dazu, eine komplexe und kontingente Vorgeschichte zu haben. Die moderne Episteme, so ist allerdings auch zu sehen, ist geprägt von historisch kontingenten Zusammenhängen und Überschneidungen. Sie konstituiert sich im Spannungsfeld von Zufällen, persönlichen Verbindungen, materiellen Sachzwängen und metaphorischen Projektionen. Eine historische Anthropologie des Wissens, die solchen epistemischen Konstellationen auf den Grund zu gehen hätte, müsste deswegen versuchen, die Verschränkungen sozialer, kognitiver und materieller Prozesse in den Vordergrund zu stellen – dies jedoch, ohne deren Kontingenz und Heterogenität durch systemtheoretische Reduktion zu überdecken. Eine historische Anthropologie des Wissens, die ihrem Namen gerecht werden will, müsste sich auf solche epistemische Konstellationen einlassen.

Jeanne Riou

# Vernetzte Wahrnehmungen, getrennte Welten?
## Ernst Mach und die Wissenschaften um 1900

### 1. Mach und Bergson – Sinnesphysiologie als Vernetzung

Um 1900 wird zwischen der Physiologie, Psychologie, Physik und Philosophie vielfach über das Verhältnis der Substanz zur Empfindung nachgedacht. Insbesondere beinhaltet Henri Bergsons Theorie der Wahrnehmung einerseits eine Physiologie der Sinne, andererseits setzt sie sich zwischen Evolutionslehre und Relativitätstheorie mit dem Verhältnis von Zeit und Materie auseinander. Ähnliche Strukturen sind in der Sinnesphysiologie Ernst Machs zu beobachten, und im Folgenden soll der Frage nach der Rolle dieser Vernetzung in der Organisation des wissenschaftlichen Diskurses um 1900 nachgegangen werden. In der im Jahr 1883 erschienenen „Mechanik in ihrer Entwicklung" konstatiert Mach in bezug auf Newtons Gravitationslehre, dass in diesem System eine wesentliche Frage nicht geklärt werden kann: ob die Schwerkraft im leeren oder im von Berührungen gefüllten Raum agiere:[1] Für die Wissenschaften um 1900 sind Machs Bedenken nicht zuletzt deswegen interessant, weil sie die Konsequenzen des Zeitbegriffs aus kulturkritischer Perspektive untersuchen. Machs Sinnesphysiologie kann als Gegenargument zur kartesischen Naturwissenschaft verstanden werden, und als Antwort auf die anthropologische Dimension eines Rationalitätskonzeptes, in dem Subjekt und Objekt, Physis und Psyche als getrennte Welten gehandhabt werden.[2]

---

1 ERNST MACH: Die Mechanik in ihrer Entwicklung. Historisch-kritisch dargestellt (1883). Mit einem Anhang: „Das Verhältnis der Machschen Gedankenwelt zur Relativitätstheorie" von Joseph Petzoldt. Leipzig 1921, S. 184: „Daß die Gravitation der Materie wesentlich und anerschaffen sein sollte, so daß ein Körper auf den andern ohne Vermittlung durch den leeren Raum wirken könnte, erschien ihm absurd: Ob aber dieses vermittelnde Agens materiell oder immateriell (geistig?) sei, darüber will er sich nicht entscheiden. Newton hat ebenso wie frühere und spätere Forscher das Bedürfnis nach einer Erklärung der Schwere, etwa durch Berührungswirkungen, gefühlt".

2 Vgl. ERWIN HIEBERT: Ernst Mach. In: Dictionary of Scientific Biography. Hg. von Karl Landsteiner. Bd. 7. New York 1981, S. 595-607, hier S. 605: „Superimposed on Mach's ambitious program to relate the sciences to their historical and philosophical implications was his unflinching drive to unmask the theological, animistic, and metaphysical elements of science as he saw them. For this reason (among others that touch upon the long-range implications of his antirealistic, anticausal, antimechanistic, antimaterialistic, and antiatomistic world view) it was virtually impossible to avoid taking sides vis-à-vis Mach".

In seinem berühmtesten Werk „Die Analyse der Empfindungen und das Verhältnis des Physischen zum Psychischen" (1886) beschreibt Mach die physischen Objekte als Elemente und als Verknüpfungen der Elemente.[3] Gleichzeitig findet man in diesem Werk eine anti-idealistische Vorstellung der persönlichen Identität: Für Mach gibt es kein einheitliches Bewusstsein, sondern eine Verknüpfung der Vorstellungen und somit des bereits Wahrgenommenen. In seiner Studie der Materialität zwischen künstlerischer Gestaltung, elektrischer und telegraphischer Vernetzung sowie in der philosophischen und wissenschaftlichen Betrachtung, hat Christoph Asendorf in Bezug auf Mach einen für das gesamte impressionistische Verfahren um 1900 kennzeichnenden Schritt festgestellt: Machs Begriff des Elementenkomplexes hebe jeglichen Unterschied zwischen imaginierter und reeller Gegebenheit auf.[4] Wenn Machs antimetaphysische Haltung als eine implizite Theorie der Vernetzung angesehen werden kann, muss ein Verschwinden der Materie (Asendorf) zumindest paradox erscheinen: als experimentellem Physiker hätte es Mach fern gelegen, dem Gegenstand der Forschung seine „Wirklichkeit" abzusprechen. Obwohl Asendorfs Darstellung des Verschwindens der Materie um 1900 in vielerlei Hinsicht überzeugt, übersieht sie ein wesentliches Bemühen um 1900 um einen verantwortlichen Umgang mit den Objekten des Wissens: Als solches ist Machs Begriff der Wirklichkeit als „Verkettung" der Ereignisse zu verstehen, eine Verkettung, in der der Forscher immer als beteiligt gilt.[5]

Machs Philosophie und Wissenschaftstheorie liegt eine Vorstellung von Relationalität zugrunde, die nicht immer begrifflich adäquat herausgearbeitet wird. Trotz der begrifflichen Unsicherheit scheint es, dass die Relationen, die Mach betont, bestimmte Entsprechungen in der Phänomenologie Edmund Husserls

---

3 ERNST MACH: Die Analyse der Empfindungen und das Verhältnis des Psychischen zum Physischen (1885). 2., verbesserte Auflage Jena 1900, S. 9.
4 CHRISTOPH ASENDORF: Ströme und Strahlen. Das langsame Verschwinden der Materie um 1900. Gießen 1989, S. 11: „Ding, Körper und Materie sind nichts als eine Verknüpfung von Elementen, als da sind Farben, Töne usw; das Subjekt ist selbst ein Elementenkomplex, nichts als die Registratur der Empfindungen. Es gibt keine Grenze zwischen psychischen und physischen Vorgängen, sondern nur unendlich vielfältige Verknüpfungen. Körper und ich sind nur eine Vorstellung, aus Gründen der Denkökonomie entstanden und keineswegs absolut beständig. Die scheinbare Kontinuität entsteht nur aus der Langsamkeit der Veränderungen, die eine Kette von jeweils nur leicht variierten Zuständen bewirkt, die Materie- oder Subjektkonsistenz suggerieren".
5 Vgl. HIEBERT: Ernst Mach (wie Anm. 2), S. 603: „Mach's philosophy of science was governed by the impulse to explore in depth the epistemological roots of science; but he was certain that this exploration could not be undertaken by examining the scientist's work without analysing his behaviour. Hence we recognize Mach's perseverence in demonstrating the relevance of the analysis of the sensations and of the importance of psychology and physiology as a corrective to the prevailing mechanistic physicalism".

finden. Das Subjekt bei Husserl kann nur als Relation zum Phänomen gedacht werden, nicht als in sich intaktes Bewusstsein, das sich dualistisch über die Materie erhebt.[6] Gleichzeitig ist diese Relation in der Phänomenologie etwas, was die physischen Grundlagen der Empfindung außer Betracht lässt – die Relationen, nach denen sich die subjektive Erfahrung verortet, sind insofern doch dualistische Gegenentwürfe zur körperlichen Wahrnehmung. So sehr Husserls Phänomenologie die Erfahrung als Relation begreift, mündet sie daher in eine kartesische Bewusstseinsstruktur und lässt sich schließlich anders als die implizite Relationalität im Denken Machs *nicht* als Netzstruktur auffassen.

1900 erscheint Henri Bergsons „Materie und Gedächtnis" und die physiologische Vernetzung, welche Bergsons Wahrnehmungstheorie in diesem Werk zugrunde liegt, soll zunächst kurz erörtert werden. So unterschiedlich die Ideen Bergsons und Machs nun einmal waren, und so sprachlos sich diese beiden Zeitgenossen im Leben gegenüber standen, gibt es doch einen Moment der Überschneidung. Dieser kommt dann zum Vorschein, wenn Bergson in „Materie und Gedächtnis" auf die Unzählbarkeit der erinnerten Elemente verweist, welche jeder Wahrnehmung als zeitliches Intervall innewohnen.[7] Diese Elemente sind zwar Bilder, die das Subjekt analog dem photographischen Bild verinnerlicht hat. Bergson denkt den Vorgang der Verbildlichung jedoch als Bewegung, nämlich als Extension einer empfindenden Substanz. Indem er den Wahrnehmungsakt insofern als Moment der Verknüpfung der Elemente konzipiert, entfällt die Kluft zwischen Subjekt und Objekt, und ebenso wie es bei Ernst Mach der Fall ist, rückt statt dessen die Materie selbst in Form des Elementenkomplexes in den Vordergrund.

Diese Verknüpfung der Elemente kann als Alternative zum phänomenologischen Begriff der „Relation" verstanden werden. Sowohl Mach als auch Bergson bemühen sich um eine Theorie der Beziehungen zwischen Subjekt und Objekt, Wissenschaftler und Gegenstand, Theorie und Praxis des Verstehens. Was beide sehr unterschiedliche Denker gemeinsam haben, ist eine Tendenz, den Wahrnehmungsgegenstand als Teil der materiellen Umgebung des Menschen

---

6 Vgl. MANFRED SOMMER: Leben aus Erlebnissen. Dilthey und Mach. In: ERNST WOLFGANG ORTH (Hg.): Dilthey und der Wandel des Philosophiebegriffs seit dem 19. Jahrhundert. Studien zu Dilthey und Brentano, Mach, Nietzsche, Tardowski, Husserl, Heiddeger. Freiburg im Breisgau 1984, S. 55-79, hier S. 72: „Das Bewußtsein, das Husserl 1901 zum Thema macht, ist keine bloße Agglomeration, sondern ein ‚Bündel' oder eine ‚Verwebung' der psychischen Erlebnisse [...]. Es ist nicht zuerst eine Leere da, zu der dann Inhalte kommen, um sie auszufüllen; es sind zuerst Inhalte da, die zudem geeint werden müssen, was dann Bewusstsein heißt".

7 HENRI BERGSON: Materie und Gedächtnis. Eine Abhandlung über die Beziehung zwischen Körper und Geist (1900). Hamburg 1991, S. 145.

zu denken. Anders als im Idealismus oder in der Phänomenologie geht es hier um eine intuitive Vorstellung der materiellen Wirklichkeit. Insbesondere bei Mach führt dies gelegentlich in eine philosophische Aporie oder, um mit Asendorf zu sprechen, in eine effektive Auflösung der Körperwelt in eine imaginative Verkettung der Assoziationen.[8] Zunächst sollen jedoch die Gemeinsamkeiten zwischen Mach und Bergson erwähnt werden, denn auch wenn beide Denker keine unmittelbare Antwort auf die subjekt-zentrierte Praxis der modernen Wissenschaften zu liefern imstande sind, bringen sie nichtsdestotrotz kritische Einwände zum Ausdruck. Beide betonen „Elemente" und „erinnerte Elemente" als Verbindungsglieder zwischen Subjekt und Objekt. Bergson schreibt:

> In dem Bruchteil der Sekunde, welche die kürzeste mögliche Wahrnehmung des Lichtes dauert, haben Billionen von Schwingungen stattgefunden, deren erste von der letzten durch ein unendlich teilbares Intervall getrennt ist. So besteht unsere Wahrnehmung, so momentan sie auch sein mag, aus einer unzählbaren Menge erinnerter Elemente, und in Wahrheit ist jede Wahrnehmung schon Gedächtnis.[9]

Dies ist insofern eine Netztheorie, als sie voraussetzt, dass die einzelnen Wahrnehmungskomponenten zwangsläufig miteinander in Verbindung stehen. Bergsons „Bruchteil der Sekunde" ist zwar einzigartig, jedoch beeinhaltet er unzählbare mögliche Erinnerungen. Es handelt sich hierbei um wahrgenommene Momente, die sich in jedem weiteren Wahrnehmungsakt in der Zukunft zusammenfügen können. Entscheidend ist, dass das Bewusstsein in diesem Modell weniger als aktives Urteilsvermögen denn als netzartige Struktur verstanden wird. Dies hat zu bedeuten, dass die Vergangenheit in der Gegenwart mitwirkt, beziehungsweise, dass die Gegenwart schon Vergangenheit ist: Bergson denkt dies jedoch nicht als psychisches Erlebnis im Freudschen Sinne eines Verdrängungsprozesses, sondern als Verknüpfung der möglichen Inhalte des Wahrgenommenen ohne Mitwirkung einer psychischen Organisation. Er spricht in diesem Zusammenhang von einem „Stromkreis" der Wahrnehmung: Anders als im Idealismus endet das Wahrgenommene nicht im sicheren Urteil des autonomen Subjekts, sondern erreicht einen empfindsamen, physiologisch und psychologisch auf es reagierenden Menschen. Mit einer gewissen Berechtigung könnte dessen unerachtet die Kritik an Bergson lauten, dass er den Menschen als der Geschichte passiv ausgesetzt sieht. Bergsons Sinnesphysiologie kann erstens als Vernetzungstheorie verstanden werden und zweitens (damit einhergehend) als eine Kritik der anthropologischen Voraussetzungen des Idealismus. Sein „Stromkreis" der Wahrnehmung sieht den Menschen im technologischen Netz der Moderne in

---

8 Vgl. Anm. 4.
9 BERGSON: Materie und Gedächtnis (wie Anm. 7), S. 145.

einem anthropologischen und physischen Gesamtzusammenhang. Dies lässt sich anhand seiner Kritik der idealistischen Wahrnehmungsstruktur veranschaulichen:

> Wahrnehmung wird meist als linearer Vorgang konzipiert. Wir behaupten dagegen, daß die bewusste Wahrnehmung ein *Stromkreis* ist in dem alle Elemente das wahrgenommene Objekt einbegriffen, im Verhältnis gegenseitiger Spannung stehen wie in einem elektrischen Stromkreis, so daß keine Reizung, die das Objekt ausschickt, sich etwa unterwegs in den Tiefen des Geistes irgendwo verlieren kann: sie muß immer wieder zum Objekt zurück.[10]

Hier wird deutlich, dass Bergson die Metaphorik der elektrischen Spannung auf psychodynamische Prozesse überträgt. In einer Zeit, in der das Vorhandensein der Elektrizität, einer zunächst unsichtbaren Kraft, den europäischen Alltag veränderte, darf es kaum überraschen, dass die Metaphorik der Ströme und Strahlen in Kunst, Kulturtheorie, Philosophie und Poetik paradigmatische Form annimmt. Hierzu Christoph Asendorf:

> Träumte der holländische Philosoph und Mystiker Hemsterhuis, der Novalis inspirierte und den Mauthner zitiert, 1787 noch von vermehrten oder anderen (Sinnes-)Organen, die die Wahrnehmung der Materie verändern sollten [...], so sind es um die Jahrhundertwende die technischen Manipulationen der Materie, die bei unveränderten Sinnesorganen eine Krise der Wahrnehmung anzeigen. Deren Paradigma ist die Elektrizität; [...].[11]

Bergsons Metapher des „Stromkreises" kann als Versuch gesehen werden, die Elektrizität, ein unsichtbares Netzwerk, das zunehmende Flächen und Städte, Maschinen und Räume, Menschen und Häuser umfasste, nicht negativ als ein den Sinnen entzogenes Phänomen zu betrachten, sondern als ein Bemühen, dieses Netzwerk in die Sprache der Sinneswahrnehmung aufzunehmen. Insofern ist sein philosophisches Konzept, wie wohl abstrakt, der historischen Realität entscheidend zugewandter, als es auf den ersten Blick erscheinen mag. Elektrizität, Wahrnehmung und Gedächtnis sind durchaus Teile einer kulturellen Kommunikation, sie dürfen nicht als solipsistische Einzeloperationen verstanden werden. Dies lässt sich Bergsons 1900 verfasstem Werk entnehmen.

Ähnlich wie Bergson konzipiert Ernst Mach die Materie als aus Elementen bestehend, und Mach hat auch, ähnlich wie Bergson, eine intuitive Vorstellung des Gedächtnisses als wahrgenommener Materie, wiewohl weniger abstrakt konzipiert und ohne Sinn für die letzten Konsequenzen der Zeitlichkeit. Der Begriff der Denkökonomie im Werke Machs sowie im Werke seines philosophischen Korrespondenten Richard Avenarius beruht auf der Vorstellung energetischer Bewegungen;[12] diese wiederum gleichen dem Gedanken an ein

---

10 Ebd., S. 96. (Hervorheb. im Original).
11 ASENDORF: Ströme und Strahlen (wie Anm. 4), S. 132.
12 Siehe hierzu Avenarius' Kritik der kartesischen Lehre der zwei Substanzen und des kantischen

neuronales Schaltsystem in Bergsons Metapher vom Gehirn als Telefonzentrale: „Das Gehirn ist [...] nichts anderes als eine Telephonzentrale: seine Aufgabe ist, ,die Verbindung herzustellen' – oder aufzuschieben."[13] Wahrnehmungen sind in Bergsons Analogie des Telefonnetzes ähnlich wie in der Idee der gewohnten Denkverbindungen als Bewegung bei Avenarius und bei Mach assoziative Vernetzungen: Der Mensch erkennt, weil er selbst empfindende Substanz ist, in seiner Umwelt das, woran er teil hat. Unter Vernetzung soll in diesem Sinne eine Kontinuität der Empfindungen verstanden werden. Für Mach besteht das Denken aus Elementen, die sich bündeln, verknoten und gegebenenfalls zusammenfügen. Dies lässt sich anhand eines Beispiels aus der „Analyse der Empfindungen" konkretisieren:

> Nicht das Ich ist das Primäre, sondern die Elemente (Empfindungen). Die Elemente bilden das Ich. Ich empfinde Grün, will sagen, daß das Element Grün in einem gewissen Complex von anderen Elementen (Empfindungen, Erinnerungen) vorkommt. Wenn ich aufhöre Grün zu empfinden, wenn ich sterbe, so kommen die Elemente nicht mehr in der gewohnten geläufigen Gesellschaft vor. Damit ist alles gesagt. Das Ich ist keine unveränderliche bestimmte scharf begrenzte Einheit. [...] Wichtig ist nur die Continuität. [...] Die Continuität ist ihm ein Mittel, den Inhalt des Ich vorzubereiten und zu sichern. Dieser Inhalt und nicht das Ich ist die Hauptsache. Dieser ist aber nicht auf das Individuum beschränkt. Bis auf geringfügige werthlose persönliche Erinnerungen bleibt er auch nach dem Tode des Individuums in andern erhalten. Die Bewusstseinselemente eines Individuums hängen untereinander stark, mit jenen eines anderen Individuums aber nur schwach und nur gelegentlich merklich zusammen.[14]

Sollte Mach allein im Hinblick auf die Auflösung des Ichs gelesen werden, dann liefe die Interpretation Gefahr, die von ihm stark betonten Inhalte des Ichs außer Betracht zu lassen. Im Hinblick auf die Denkökonomie, anhand welcher die Kontinuität der Empfindungen und ihre assoziative Umarbeitung im Gedächtnis entsteht, warnt Avenarius davor, den Bewegungsstrom der Empfindungen als vorbeirauschenden Traumeffekt zu sehen und die Außenwelt lediglich als Quelle flüchtiger Impressionen aufzufassen.[15] Ernst Mach hebt die Idee der Kontinuität

---

Begriffes des Dinges an sich in RICHARD AVENARIUS: Philosophie als Denken der Welt gemäß dem Prinzip des kleinsten Kraftmaßes. Prologomena zu einer Kritik der reinen Erfahrung. Berlin 1903, insb. S. 64-66.
13 BERGSON: Materie und Gedächtnis (wie Anm. 7), S. 14.
14 MACH: Analyse der Empfindungen (wie Anm. 3), S. 16.
15 AVENARIUS: Philosophie als Denken der Welt (wie Anm. 12), S. 70: „So wird denn diese atomistische Individualisierung der Empfindungen möglicherweise ein unentbehrliches Hilfsmittel bleiben, den Eindruck des Begreifens unserem Empfindungs- bez. Vorstellungsleben gegenüber zu erzeugen; allein es ist doch davor zu warnen, nun auch die Welt aufzufassen als eine Art Kaleidoskop, welches sich aus solchen Empfindungsmosaikstückchen zusammenstellt".

der Empfindungen anstelle der Identität des Subjekts deswegen in den Vordergrund, weil es ihm absurd erscheint, die Erlebnisse, die jedes Individuum machen kann, als einzig und allein auf dieses Individuum beschränkt zu sehen. Somit bewirkt seine Theorie eine radikale Vorstellung von Vernetzung, wonach jede Wahrnehmung Teil einer materiellen Umwelt ist; einer Umwelt, die mal in diesem, mal in jenem Individuum von seiner jeweiligen durch den Körper bedingten Perspektive erlebt wird. Obwohl der Subjektbegriff einer Vernetzungsstruktur weicht, soll daraus nicht der Schluss gezogen werden, dass Wahrnehmung und Verantwortung nunmehr voneinander abgekoppelt sind. Im Gegenteil, wie eine Äußerung Machs über den erhöhten Energieverbrauch im Industriezeitalter zeigt, ist es durchaus möglich, ökologisches und systemkritisches Denken *ohne* ein Subjektbegriff anzuvisieren. Die vernetzten Elemente, die den kantischen Objektbegriff ersetzen, erfordern nicht weniger Aufmerksamkeit als ihre philosophischen Vorgänger. Diese Aufmerksamkeit wäre keine philosophische Kategorie, sondern eine ästhetische Betrachtungsweise, die sich für die kognitiven, wissenschaftlichen, sozialen und industriellen Netzwerke gleichermaßen interessierte. Dass sich Mach über die ökologischen Folgen der Industrialisierung Gedanken gemacht hat, lässt sich anhand einer Bemerkung in „Erkenntnis und Irrtum" veranschaulichen: „Die summenden Straßenbahnen, die schwirrenden Räder der Fabriken, das strahlende elektrische Licht betrachten wir nicht mehr mit reinem Vergnügen, wenn wir die Masse der Kohle erwägen, welche hierbei stündlich in die Luft geht.".[16] Verkehrsnetz, Fließbandproduktion sowie elektrische Beleuchtung erfordern einen größeren Kohlekonsum, der von Mach tendenziell als Ausbeutung natürlicher Ressourcen aufgefasst wird.[17] Dies hat nicht zu bedeuten, dass er eine technikfeindliche Position einnimmt oder sich in seinen Metaphern auf Seiten kulturkonservativ eingestellter Antimodernisten begibt, sondern nur, dass Mach sehr wohl die materielle Seite der Vernetzung in Erwägung zog und den steigenden Energiebedarf nüchtern als Vorraussetzung kapitalistischer Produktion gesehen hat.

## 2. Metaphorik der „Verkettung" und „Verwebung"

Gleich zu Beginn eines 1906 verfassten Vortragstextes, „Über den Zusammenhang zwischen Physik und Psychologie" betont Mach, dass er sich lediglich als Physiker mit der Frage nach der Beziehung zwischen diesen beiden Fächern

---

16 ERNST MACH: Erkenntnis und Irrtum. Skizzen zur Psychologie der Forschung. Leipzig 1905, S. 80.
17 Ebd.

befassen möchte.[18] Ebenfalls zu Beginn dieses Artikels wird jedoch deutlich, dass seine Überlegungen für die Wissenschaftstheorie um 1900 weitreichende Fragen aufwerfen. Viel mehr als die Definition des Gegenstandes in der Physik ist betroffen. Mach befasst sich mit der Physiologie der Sinne, der Erläuterung eines philosophischen Standpunktes. Wie in seiner „Analyse der Empfindungen" zitiert er hier als einschneidendes Erlebnis seine Kant-Lektüre. Machs Ablehnung des kantischen Begriffs des ‚Ding an sich' ist grundsätzlicher Bestandteil seines Denkens. Auch hier im populärwissenschaftlichen Vortrag gibt er zu verstehen, dass er die Sensualisten Hume und Berkeley im Vergleich zu Kant als die besseren Philosophen betrachtet. Seine wissenschaftliche Aufgabe als Physiker definiert er als Fortsetzung des sensualistischen Ansatzes. Es handele sich dem zufolge darum, das Feld der sinnlichen Wahrnehmung zu untersuchen.[19] Im 1905 erschienenen „Erkenntnis und Irrtum" heißt es:

> Das monströse, unerkennbare „Ding an sich", welches hinter den Erscheinungen steht, ist der unverkennbare Zwillingsbruder des vulgären Dings, welches den Rest seiner Bedeutung verloren hat. Nachdem durch Verkennen der Grenze U der *ganze Inhalt* des Ich zum *Schein* gestempelt ist, was soll uns da noch ein unverkennbares Etwas außerhalb der vom Ich niemals überschreitbaren Grenzen?[20]

Damit sind deutlich die Weichen gestellt: Für den Sensualisten Mach ist es nicht nur ein philosophischer Fehler, den Erkenntnisakt in die als körperlos gedachte Vernunft zu verlegen, es ist eine Verleugnung der Materie, eine Absurdität und ein Verbrechen gegen die materielle Wirklichkeit.

Im alltäglichen Leben, so Mach im populär-wissenschaftlichen Vortrag, „Über den Zusammenhang zwischen Physik und Psychologie", gewöhnen wir uns daran, unseren Körper als Grenze zur Außenwelt zu empfinden.[21] Dies ist darauf zurückzuführen, dass es unmöglich ist, den eigenen Körper als Ganzes zu sehen, denn man ist immer nur im Stande, einen kleinen Teil des eigenen Kopfes zu sehen. Entscheidend ist auch, dass Berührung direkt eine Empfindung auslöst, während dieses bei anderen Menschen nur angenommen, jedoch nicht empfunden werden kann. Deshalb scheint die Annahme der Individualität der wahrgenommenen Wirklichkeit berechtigt zu sein:

---

18 ERNST MACH: Populär-wissenschaftliche Vorlesungen. Mit einer Einleitung von Adolf Hohenester und einem Vorwort von Friedrich Herneck. Neudruck der 5. Aufl. Leipzig 1923. Wien 1987, S. 589-611, hier S. 589.
19 Ebd., S. 590.
20 MACH: Erkenntnis und Irrtum (wie Anm. 16), S. 10. (Hervorheb. im Original).
21 MACH: Populär-wissenschaftliche Vorlesungen (wie Anm. 18), S. 592.

> Kurz mein Körper zeigt sich mir als eine von den der anderen völlig verschiedene Erscheinung. Das gilt nicht nur vom Tastsinn, sondern von allen Sinnen. So höre ich meine eigene Stimme nicht so, wie die der anderen, wie der Phonograph es mich lehrt. Ich entdecke in mir selbst Erinnerungen, Hoffnungen, Sorgen, Impulse, Wünsche, Willensäußerungen, für die ich ebenso wenig verantwortlich bin, als für das Vorhandensein der Gegenstände, die mich umgeben.[22]

Nachdem er die Autorität des urteilenden Ichs somit unterminiert hat, betont Mach, dass das Wissen um die anderen Körper auf der Basis der Analogie erfolge. „Erinnerungen, Hoffnungen, Befürchtungen, Impulse, Wünsche, Willensäußerungen" der Anderen kann man zwar nicht direkt erfahren, aber indem ich in Analogien denke, setze ich sie voraus.[23] Für Mach ist das Schema der Subjekt-Objekt-Beziehung dadurch gekennzeichnet, dass in ihm zwischen dem Physischen und dem Psychischen deutlich zu unterscheiden ist: Selbstbewusstsein ist evident, weil man von der eigenen Erfahrung durch Analogie auf die der anderen schließt: „In diesem Gegensatz findet sich die natürliche Wurzel des Dualismus wie ihn Descartes dargestellt hat."[24] Dieses Postulat des Selbstbewusstseins und das aus ihm deduzierte Wissen über andere ist für Mach aber problematisch. Sein Einwand besteht darin, dass ihm zufolge das, was das Subjekt sieht, durch den Ort oder Zustand des eigenen Körpers modifiziert gesehen wird. Das, was das Subjekt hört, hört es nur unter den richtigen Umständen: „Ich höre eine Glocke nur wenn sie durch den Klöppel erschüttert wird."[25] Er zieht weitere Beispiele heran: Eine Rose ist immer eine Rose, aber will man sie am Geruch erkennen, so hängt dies von den Windverhältnissen ab, die mir das Riechen ermöglichen. Zum allgemeinen Wissen gehört, dass Zucker süß ist, aber ich kann dies nur mit Gewissheit sagen, wenn mir der Zucker auf der Zunge zergeht und den Stein kann ich nur als Stein identifizieren, indem ich ihn betaste.[26] Ganz eindeutig sensualistisch denkt sich Mach die Grenzen des Wissens. Die daraus resultierenden Schwierigkeiten für die Definition des Gegenstandes in den Naturwissenschaften werden von Robert Musil in seiner Dissertation über Mach 1907 auf den Punkt gebracht:

> Aus dem Zusammenhange des Ganzen, aus den Folgerungen, die Mach, wie wir sehen werden, aus ihr zieht, ergibt sich ein zweiter Sinn seiner Kritik mit Gewissheit, dahin zielend, daß es überhaupt nicht möglich sei, etwas aus den Erfahrungen zu erschließen (und einen ihnen entsprechenden physikalischen Begriff sinnvoll zu bilden), das nicht

---

22 Ebd.
23 Ebd.
24 Ebd., S. 593.
25 Ebd.
26 Ebd.

unmittelbar sinnlich erfahrbar ist. Und nur dies kann, wie gesagt, die mögliche Interpretation seiner Ausführungen sein, wenn man diese im Zusammenhang mit dem breiten Zuge seines Denkens betrachten will, der von vielen Seiten her in einen Sensualismus mündet, für den nur die sinnlichen Erscheinungen das Reale sind und für den alle wissenschaftlichen Begriffe nur dazu da sind um zwischen ihnen zu orientieren, ohne irgend etwas mehr besagen zu können.[27]

Vor allem erinnert diese Akzentuierung des Sensualismus an den Skeptizismus David Humes. Das einzige, was das Subjekt mit Sicherheit in Erfahrung bringen kann, ist das unmittelbar Erfahrene. Ernst Machs Darlegung dieses Modells bedient sich des weiteren einer evolutionstheoretischen Begrifflichkeit. Hier fungiert das Netz, beziehungsweise die Metapher der Kette, als Bindeglied in einer imaginativen Darstellung des Wirklichkeitsbildes:

> So ist das, was wir unsere Welt nennen, vor allem einzig und allein ein Produkt der Tätigkeit der Sinnesorgane. Dieses Produkt ist zweifellos in der Mehrzahl der Fälle das letzte Glied einer Kette von wahrnehmbaren Abhängigkeiten, deren anderes Ende sich außerhalb unserer Organe befindet.[28]

Eine Kette verbindet innere Erfahrung und äußere Wirklichkeit. Wahrnehmbare Abhängigkeiten sind kontingente Ereignisse zeitlicher und materieller Art. Sie fügen sich beliebig zusammen und bewirken die Einmaligkeit eines jeden Momentes in der Zeit. Diese Metaphorik suggeriert die Verwebung aller Erfahrungen, die auf eine unberechenbare Art und Weise in der Imagination des Menschen aufblitzen können. Für Ernst Mach bedeutet die Struktur der Verwebung, welche die Erfahrung ausmacht, dass Wahrnehmung kein im Individuum abgeschlossener Vorgang ist, sondern Teil einer Vernetzung. Entschieden wendet er sich daher gegen den Solipsismus, der ihm zufolge mit der Geschichte des Rationalismus einer geht. Machs Einwände gegen den Solipsismus beruhen auf seiner Überzeugung, dass die kleinsten materiellen Teilchen, welche unsere Leiblichkeit ausmachen, sich im permanenten Wechselverhältnis befinden.[29] Die Idee, dass Bewegung sich kausal auf die Substanz auswirkt, gehört zum mechanischen Grundwissen, und Mach überträgt diese Vorstellung auf die Wahrnehmung, indem er sich der Analogie der Kette bedient:

> Nehmen wir an, ein Teil eines Körpers ist durch einen benachbarten erhitzt worden; die mehr oder weniger lange Kette der Mittel, durch welche die Erwärmung diesen Teil erreicht, ist damit noch nicht festgestellt. Und dennoch wurden auf dem ausschließlichen Endresultat die ungeheuerlichsten Systeme aufgebaut, idealistische und solipsistische.

---

27 ROBERT MUSIL: Beitrag zur Beurteilung der Lehren Machs und Studien zur Technik und Psychotechnik (1908). Hamburg 1980, S. 53.
28 MACH: Populär-wissenschaftliche Vorlesungen (wie Anm. 18), S. 595.
29 Ebd., S. 595 f.

Diese Systeme beschränken unsere Erkenntnis auf unser Selbstbewusstsein. Die übrige Welt mit allen anderen Menschen wird uns vollkommen unzugänglich und unverständlich.[30]

Obwohl die Erhitzung als Resultat einer mechanisch berechenbaren Operation zu verstehen ist, kann trotzdem die genaue Übertragung der Hitze in der Substanz nicht vollständig erfasst werden. Analog verhält es sich mit der subjektiven Wahrnehmung. Die Genauigkeit des mathematischen Kalküls fällt weg, weil die Empfindungen auf Reize unvorhersehbar reagieren und andere Empfindungen ausgelöst werden können, die nicht kausal auf den ursprünglichen Reiz zurückzuführen sind. Dies ist anders als die Vorstellung von Ursache und Wirkung; vielmehr bedeutet es, dass ein bestimmtes Erlebnis nicht zwangsläufig einen bestimmten Effekt mit sich bringt, sondern sich unterschiedlich im Organismus speichern kann. Somit erscheint für Mach die Grundannahme einer Subjekt-zentrierten Philosophie verfehlt, denn diese übersähe das Wechselverhältnis zwischen den Gliedern der Kette. Dies trifft ebenso sehr für die Substanz in einer mechanischen Änderung wie für den individuellen Menschen im gesellschaftlichen Leben zu. Die Metapher der Verkettung ist in dieser Hinsicht trügerisch. Auf der einen Seite suggeriert sie ein Fortschreiten im Sinne der Bewegung eines Impulses von einem Glied zum nächsten. Es ergibt sich die Vorstellung von zwei Enden, die Kette ist keine beliebige Verknotung, sondern eine Verbindung der Dinge oder der Ereignisse zwischen zwei Punkten. Auf der anderen Seite sind, nimmt man Mach beim Wort, die Beziehungen zwischen den verketteten Gliedern zeitlich nicht fixiert. Obwohl Mach den Fortschrittsglauben der Aufklärung durchaus teilt, gibt es in dieser Vorstellung der unberechenbaren Kette Grund, an teleologischen Betrachtungen zu zweifeln. Seine Metaphern zeugen von vernetzten Wahrnehmungen, die mit der Idee eines historischen Endpunktes nicht leicht zu verbinden sind. Man könnte ihm die Kontingenz seiner Gedanken zum Vorwurf machen: Die Empfindungen, so wie das auf Empfindungen beruhende historische und politische Handeln würden keine Endpunkte zulassen, nur Kontingenz. Keine Linie, sondern ein Netz.

Zwei Grundsätze werden von Mach als sensualistische Basiserfahrungen vorausgesetzt; beide sind Vorstellungen von Abhängigkeiten, die einer Vernetzung entsprechen. Die erste Abhängigkeit ist die des Menschen in seiner Umwelt. Auch hier wird die Grundannahme der kantischen Erkenntnistheorie, es gäbe ein Ding an sich, das sich der unmittelbaren Erfahrung entziehe und lediglich in Form der subjektiven Repräsentation erscheine, zurückgewiesen.

---

30 Ebd., S. 595.

Die Vorstellung des Dinges an sich wird als solipsistische Verleugnung der Verbundenheit aller Dinge abgelehnt. Denkt man die Außenwelt als Ding, von dem man keine Kenntnis außer einer abstrakten Kenntnis erhalten kann, so Mach, dann entwerte man damit die Außenwelt und stelle sich selbstherrlich in monadischer Einsamkeit dar:

> Sie wäre wahrlich sehr seltsam diese Erfahrung, die sich durch ihre eigene weitere Anwendung selbst zerstören würde und welche von der gesamten Außenwelt, d.h. von Allem, was sich außerhalb unseres Organismus befindet, nur die Annahme von unzugänglichen Phantomen zurückbehalten würde. [...] Die Dinge, die mich im Raum umgeben, sind voneinander abhängig. Eine Magnetnadel verändert ihre Lage bei Annäherung eines anderen Magneten.[31]

An dieser Stelle soll angemerkt werden, dass auch der idealistische Naturphilosoph Schelling mit seiner Vorstellung der Weltseele eine materielle Einheit von Mensch und Natur, Leib und Seele im Sinne hat, welche von Machs Konzeption der Verbundenheit aller Erfahrungen nicht so weit entfernt ist, wie es auf den ersten Blick erscheinen mag. So sehr Spinoza und Leibniz Schelling beeinflussten, beeinflussten ihn auch der Galvanismus, die Elektrizitätslehre und die Entdeckung des Sauerstoffes 1763. Es ist keine metaphysische Vorstellung, welche Schelling zur Idee einer Weltseele anspornt, sondern die Metapher der Respiration, die in der zweiten Hälfte des 18. Jahrhunderts in Folge der Entdeckung des Sauerstoffs sich tief in die naturwissenschaftliche Einbildungskraft einprägte.[32] Im Denken Schellings und der Romantik tritt häufig die Vorstellung auf, dass im menschlichen Organismus jede Zelle mit jeder anderen in Verbindung steht. Unter diesem Gesichtspunkt wäre es voreilig, den Schluss zu ziehen, dass erst um 1900 mit Ernst Mach, beeinflusst durch die Evolutionslehre und den Biologismus, die Idee der Erkenntnistheorie als stoffliche Vernetzung zustande kommt. Auch Schelling mit seiner für das 18. Jahrhundert typischen Vorstellung der Binarität, des A und B, Pode und Antipode, beabsichtigte eine Philosophie der Berührung und der Korrespondenz als Grundeigenschaften der Substanz.[33] Die Idee, dass die dynamisch gedachte

---

31 Ebd., S. 596.
32 Vgl. FRIEDRICH WILHELM JOSEPH SCHELLING: Werke. Historisch-kritische Ausgabe. Hg. von Hans Michael Baumgartner. Bd. 5. Ideen zu einer Philosophie der Natur (1797). Stuttgart 1993, S. 94: „Die Fortdauer des belebten Körpers ist an die Respiration gebunden. Die Lebensluft, die er einatmet, wird durch seine Organe zerlegt, um als elektrisches Fluidum die Nerven zu durchströmen".
33 Vgl. meine Darstellung des Antitethischen in Schellings Theorie der Substanz in JEANNE RIOU: Imagination in German Romanticism. Rethinking the Self in its Environment. Bern, Oxford 2004, Kap. 1 (in Vorbereitung).

Substanz jeder Erfahrung zugrunde liegt, wiewohl auf vorsprachlicher Ebene, ist eine prägende Vorstellung der Romantik und wird zurecht als die erste Theorie des Unbewussten anerkannt. Über 100 Jahre später lässt Ernst Machs Metapher der Magnetnadel die anthropologische und literarische Vorstellung der elektrischen Reizübertragung, die im 18. Jahrhundert obsessiv erforscht wurde, durchklingen.

## 3. „Vererbung" und Gedächtnis

Von großer Bedeutung für Ernst Mach waren die Ideen des französischen Zoologen Jean Baptiste Lamarck, Begründer der Evolutionslehre im 19. Jahrhundert. In seiner 1809 verfassten „Philosophie Zoologique ou Exposition" begründete Lamarck seine These der substantiellen Einheit der Materie. Für Lamarck besteht die Materie aus Elementen. Durch Bewegungen und Reize bilden die Elemente unterschiedliche Komplexe, die wiederum Modifikationen erfahren. Über längere Zeit erlauben die Modifikationen es den Organismen, sich allmählich zu verändern. Das Gedächtnis des Organismus ist daher in der Substanz angelegt und Lamarck sieht darin keinen wesentlichen Unterschied zum Gedächtnis des Menschen. Das Physische und das Moralische sieht er als einer gemeinsamen Quelle entstammend, nämlich der Substanz:

> Wenn das Physische und das Moralische einer gemeinsamen Quelle entstammen; wenn die Ideen, die Gedanken, die Einbildungskraft selbst aus nichts Anderem als den natürlichen Phänomenen bestehen, und wenn diese sich infolgedessen als wirkliche Produkte einer Organisation erweisen, dann obliege es dem Zoologen als Beobachter der organischen Phänomene, die grundsätzlichen Ideen zu untersuchen, die so aus gemeinsamer Quelle sich herausbilden. Seine Aufgabe ist es, die Ideen zu ergründen, anhand dessen Organisation zustande kommt und sich konserviert. Mit einem Wort: Der Zoologe muss erforschen, auf welcher Art und Weise das Gedächtnis die unterliegenden Ideen erneuere, sich ihrer erinnere und sie reaktiviere.[34]

Obwohl wir Lamarck mit der Evolutionslehre im 19. Jahrhundert assoziieren, soll nicht in Vergessenheit geraten, dass seine Konzeption der Bewegung in der

---

34 JEAN BAPTISTE LAMARCK: Philosophie Zoologique ou Exposition. Paris 1809, S. 175: „Si le physique et le moral ont une source commune; si les idées, la pensée, l'imagination même, ne sont que des phénomènes de la nature, et conséquent que de veritables fait d'organisation; il appartiennent principalement au zoologiste, qui c'est appliqué à l'étude des phénomènes organiques, de rechercher ce que sont les idées, comment elles se produisent, comment elles se conservent; en un mot, comment la mémoire les renouvelle, les rapelle et les rend de nouveau sensibles [...]". (Deutsche Übersetzung von der Verfasserin).

Substanz sich durchaus der Elektrizitätslehre des 18. Jahrhunderts verdankt. Für Lamarck sind es die unsichtbaren Flüssigkeiten, „fluides invisibles", oder „fluides magnétiques", magnetische Flüssigkeiten, die dafür verantwortlich sind, erinnerte Materie im Körper oder in der Organisation der Gattung fortzupflanzen.[35] Die Gattung ist vernetzt, das Individuum als Organismus ist vernetzt, weil in der Substanz eine Bewegung stattfindet, eine in Flüssigkeiten enthaltene elektrische Übertragung. Auf diese Gedankengänge Lamarcks und nicht nur auf Charles Darwin oder Haeckel ist Ernst Machs Konzeption der Gedankenökonomie zurückzuführen. Dieses Fundament seiner Idee der Anpassung der Gedanken an die Tatsachen hat ihn zur verehrten Figur des 1906 gegründeten Monistenbundes gemacht, ihn jedoch gleichzeitig für marxistische Denker disqualifiziert, weil die Einheit der Substanz, letztendlich die Vernetzungsstruktur im Gedächtnis der Gattung, eine scheinbare Rechtfertigung der sozial-darwinistischen Gesellschaftstheorie der Selektion darzustellen schien. Die Tatsache, dass sich Mach als Sozialdemokrat fühlte, änderte für viele seiner Kritiker aus linken Kreisen daran nichts.

Die Anpassung der Gedanken an die Tatsachen, ähnlich der „Gedankenökonomie" im Denken Avenarius', setzt voraus, dass die Kontinuität im Leben eines Individuums immer ein Wechselverhältnis mit einschließt, nämlich den Kreislauf von psychischer Aufmerksamkeit, physiologischer Reizempfindung und den substanziellen ‚Tatsachen' oder Objekten. Diese Auffassung der Wahrnehmung hat als Zweck, das, was Mach als idealistische Überbewertung des Ichs betrachtet, umzukehren, und die Objekte selbst als maßgebend für jede Apperzeption umzudeuten. Dies ist Kants Erkenntnistheorie, wonach das Subjekt keine direkte Kenntnis des Objekts erhalten kann, sondern nur eine subjektive Repräsentation hervorzubringen sucht, radikal entgegengesetzt.[36] Machs Bedenken gelten den anthropozentrischen Prämissen aufklärerischer Rationalitätsstrukturen und seine Kritik der Erkenntnistheorie bevorzugt eine Aufmerksamkeit auf die ‚Dinge'. Die Substanz wird nicht nur als abstrakte Einheit, sondern als die Grundlage der Vorstellung der gesamten Natur aufgefasst.[37] Nichtsdestotrotz, auch wenn man berücksichtigt, dass es Machs Intention ist, die Instrumentalisierung der Natur, die später von Horkheimer und Adorno als Effekt der Dialektik der Aufklärung beschrieben werden sollte, zu kritisieren,

---

35 Ebd., S. 5.
36 Vgl. FRIEDRICH STADLER: Ernst Mach. Vom Positivismus zur „wissenschaftlichen Weltauffassung". Am Beispiel der Wirkungsgeschichte von Ernst Mach in Österreich von 1895 bis 1934. Wien, München 1982, S. 16 f.
37 Vgl. JOHN A. BLACKMORE: Ernst Mach. His Work, Life and Influence. Berkeley 1972, hier S. 169 f.

lässt sich die marxistische Kritik am Positivismus nicht ganz zurückweisen.[38] Auch der Sozialdemokrat Ernst Mach, so sehr dies in seiner Philosophie nur implizit sein mag, teilt die positivistische Akzeptanz einer überlieferten Wirklichkeit. So könnte man seine und Avenarius' Betonung der Anpassung der Gedanken an die Tatsachen verstehen.

Als Nächstes soll jedoch Machs Interesse an der Idee der Vererbung im Hinblick auf seine Lektüre des Gedächtnisses als Netzstruktur untersucht werden. In einem populärwissenschaftlichen Vortrag „Vergleichende tier- und menschenpsychologische Skizzen" (1913) bespricht er das Gedächtnis der Pflanzen.[39] Er nimmt das Beispiel einer Pflanze, deren Art aus der südlichen Hemisphäre entstammte, die jedoch in der nördlichen Hemisphäre gezüchtet wurde. Obwohl sie nie in der südlichen Hemisphäre gewesen war, blühte die Pflanze, wenn es im Süden Frühling war. Dieses Beispiel des Gedächtnisses der Pflanzen, die in Nord- und Südhemisphären blühen, suggeriert eine artenspezifische Vererbung, die für Mach, der jede Kategorie von metaphysicher Identität ablehnte, ein Leitgedanke war; zumindest im Hintergrund. Statt metaphysischer Identität kommt die Vorstellung der Einheit der Substanz zum Vorschein. Diese Einheit der Substanz und die Möglichkeit, dass Eigenschaften von Generation zu Generation übertragen werden können, dient nicht zwangsläufig der Idee einer unveränderbaren Kette der Ereignissen, sondern kann ebenso sehr als Theorie der Individualität gelesen werden, die aus der Substanz hervorgeht, und der eine Unantastbarkeit zukommt, ohne dass diese an eine metaphysische Identität geknüpft werden müsse. In dieser populärwissenschaftlichen Vorlesung zitiert Mach ein weiteres Beispiel, das zwar seine evolutionstheoretische Position gleichzeitig zum Ausdruck bringt, bei dem jedoch auch zu erkennen ist, dass Machs Idee der Vernetzung und der Vererbung ihn nicht den Schluss ziehen lassen, dass der Mensch der Gipfel der natürlichen Selektion ist, sondern dass alle Gattungen und alle Organisationsformen prinzipiell gleichbereichtigt sind.[40] Der Akzent liegt auf der Vernetzung, nicht unbedingt auf der Differenzierung. 1873 hatte Machs fünfjähriger Sohn ihm einen aus dem Nest gefallenen federlosen Spatzen gebracht und Mach sah sich mit dem Dilemma konfrontiert, dieses Tier zur Nahrungsaufnahme zu bringen. Analog dem menschlichen Kind,

---

38 Vgl. Friedrich Stadlers Einführung in Machs Kritik der idealistischen Erkenntnistheorie, seine Bewertung von Machs Rolle im Positivismus, sowie seine Skizzierung der Reaktionen auf Mach, die mit Lenins „Materialismus und Empiriokritizismus" (1909) im Rahmen der marxistischen Kritik des Positivismus vernehmbar wurden, in STADLER: Ernst Mach (wie Anm. 36), S. 17 f. und S. 23.
39 MACH: Populär-wissenschaftliche Vorlesungen (wie Anm. 18), S. 612-628, hier S. 614.
40 Ebd., S. 619.

so Mach, müsse es beim Vogel einen angeborenen Mechanismus geben, der im Tier Befehle zum Essen übertrage, auch wenn die Mutter nicht da sei. Mach benutzt eine Heuschrecke, um den notwendigen Essreflex beim Kleinen zu erzeugen. Es funktioniert, und der kleine Vogel frisst nun massenweise Heuschrecken, bis eines Tages Mach einen Traum hat, in dem ihn eine Riesenheuschrecke überfällt und ihm das Leid ihres Volkes klagt. Dieses Bild ist ein Phantom, das Mach nunmehr begleitet:

> Darauf erwachte ich, und die Unheimlichkeit des Bildes konnte gegenüber dem wachen Intellekt nicht Stand halten – aber ich war mir bewusst, Hunderten, ja Tausenden kleiner Heuschrecken in wenigen Wochen die Sprungbeine ausgerissen und hierdurch mein buddhistisches Gewissen verletzt zu haben; die Kinderjahre abgerechnet, habe ich bewusst keine Grausamkeit, später auch keine Vivisektion verbrochen.[41]

Aus Machs Sicht sind die Geschöpfe der Natur gleichgesetzt, weil sie verwandt sind. Er teilt das positivistische Interesse, die Dinge selbst als Tatsachen sprechen zu lassen. Die phylogenetischen Unterscheidungen im Pflanzen- und Tierreich sind für ihn keiner teleologischen Ordnung unterstellt, sie entwickeln sich entlang von Linien, die sich gelegentlich kreuzen, Linien, die teilweise durch Adaptation zu erklären sind, deren Verwandschaft jedoch ein Moment der Unberechenbarkeit innewohnt, die schließlich aus der Einheit der Substanz hervorgeht.

Der durch die Evolutionstheorie geprägte Positivismus im 19. Jahrhundert ließ sich bekanntermaßen auch auf die Historiographie übertragen. Sobald man, wie es im Positivismus der Fall ist, die Teleologie der idealistischen Vernunft zugunsten der Vorstellung der Adaptation und Differenzierung aufgibt, ist es kein großer Schritt bis zur Grundannahme der historischen Verkettung aller Ereignisse. Ernst Mach überträgt diese Vorstellung auf die sensualistische Schnittstelle der Empfindungen. Zwischen Physiologie und Psychologie ist das Menschenleben keine in sich abgeschlossene Einheit. Vielmehr ist jede Erfahrung als zeitliches Segment durch die Mechanik der Vergangenheit mitbedingt worden. Der Mensch, insofern empfindsame Maschine, ist nicht nur Produkt einer toten Vergangenheit, sondern ein Lebewesen, dessen Erfahrung Teil einer komplexen Verknotung mit der Vergangenheit darstellt. Machs Begriff der Vergangenheit ist evolutionistisch, allerdings nicht im Sinne einer linearen, zwangsläufigen Entwicklung. Stattdessen denkt er das Gedächtnis der Gattung als vernetzt mit dem Gedächtnis der Lebewesen, dessen Empfindungen sich dem menschlichen Verstand nicht erschließen. In „Erkenntnis und Irrtum" wird diese Gedächtnistheorie folgendermaßen ausgelegt:

---

41 Ebd.

> Ein guter Teil der wissenschaftlichen Physiologie kann als Fortsetzung der Arbeit der Automaten [...] angesehen werden [...]. Die Lebewesen sind eben Automaten, auf welche die ganze *Vergangenheit* Einfluss geübt hat, die sich im Laufe der Zeit noch fortwährend *ändern*, die aus andern ähnlichen entstanden sind und welche solche zu erzeugen vermögen.[42]

Die Wirkung der Vergangenheit ist meines Erachtens nicht deterministisch als kausal mit der Gegenwart zusammenhängend zu erfassen. Was Mach vorschwebt, ist eine Art kollektives Gedächtnis, das man jedoch nicht als solches beschreiben kann, weil es mehr die Form einer Verknotung annimmt. Es handelt sich nicht um direkt erinnerbare Inhalte, auch nicht um hermeneutisch zu erschließende Zusammenhänge, sondern um verkettete Erlebnisse, die sich auf eine unberechenbare Art und Weise zusammenfügen. In diesem Sinne spricht er von Erinnerungen als „[...] ganze Bündel von associerten [sic!] Vorstellungen, welche von vorausgehenden Erlebnissen herrührend, mit den aktuellen Empfindungen sich verweben, die unser Verhalten viel weiter bestimmen, als die letzteren allein es vermöchten."[43]

So wie es sich mit den Erinnerungen in der individuellen Zeitspanne verhält, kann man sich die Assoziierungen als Teil der vergangenen Erlebnisse der Gattung vorstellen. Die Ereignisse sind sowohl verkettet als auch verwoben und verknotet.

Das Netz der Materie um 1900 fungiert im Streit um die Existenz von Atomen, der zum Monismus in der Physik anspornte, oder um die Materie, wie sie bei Henri Bergson konzipiert wird, als Teil der Zeit, als Extension der körperlichen Erfahrung, die sich in der Zeit ausdehnt, und folglich in der Wahrnehmung enthalten ist. In Anlehnung an die sensualistische Tradition und in Auseinandersetzung mit der Evolutionstheorie formuliert Ernst Mach eine Theorie der Elemente, die sich zu Komplexen bilden, welche Mensch und Umwelt, Subjekt und Objekt, Vergangenheit und Gegenwart, gleichzeitig netzartig konstituieren.

---

[42] MACH: Erkenntnis und Irrtum (wie Anm. 16), S. 27. (Hervorheb. im Original).
[43] Ebd., S. 34.

Daniel Steuer

# Die Logik der Biographie
## Netzwerke des Geistes bei Otto Weininger und Ludwig Wittgenstein

### 1. Einleitung: Weininger und Wittgenstein

Der Einfluss Otto Weiningers auf das sogenannte Wiener *fin-de-siècle*, aber bei weitem nicht nur auf dieses, ist seit Anfang der 80er Jahre immer mehr ins Blickfeld gerückt, und auch der auf Ludwig Wittgenstein ist mittlerweile fast ein Gemeinplatz.[1] Dabei schwankt die Einschätzung von Weiningers „Geschlecht und Charakter" nach wie vor zwischen Ablehnung seitens derer, die das Buch als antisemitisches und frauenfeindliches Manifest auffassen, und Zustimmung seitens derer, die es als Versuch lesen, eine philosophische Ethik zu formulieren, in deren Mittelpunkt die Individualität des Menschen und Respekt vor der Unverletzlichkeit der Person stehen. In der Tat finden sich bei Weininger Sätze wie der folgende: „Es gibt ein ethisches Verhältnis nur von Individualität zu Individualität", und er definiert als verbrecherisches Gegenteil alle Unsittlichkeit gegen andere als „Grenzüberschreitung";[2] allerdings, und das ist paradigmatisch für Weiningers problematische Vermengung von Modell und Wirklichkeit, macht er die Gleichsetzung von Unsittlichkeit und Grenzüberschreitung an der bedingungslosen Mutterliebe fest: „Die Mutterliebe ist darum unmoralisch, weil sie kein Verhältnis zum fremden Ich ist, sondern ein Verwachsensein von Anfang an darstellt; sie ist, wie alle Unsittlichkeit gegen andere, eine Grenzüberschreitung."[3] Diese beiden Seiten – Selbstbestimmung des autonomen Individuums als oberster Wert einerseits, und pauschale Verurteilung bestimmter Typen andererseits – scheinen unvereinbar, sind es aber nicht, sobald man Weiningers Denken als eine Kipp- und Schleuderbewegung auffasst, „a postliberal critique of liberalism from within the liberal tradition".[4]

---

1 Vgl. JACQUES LE RIDER / NORBERT LESER (Hg.): Otto Weininger. Werk und Wirkung. Wien 1984; NANCY HARROWITZ / BARBARA HYAMS (Hg.): Jews & Gender. Responses to Otto Weininger. Philadelphia 1995; ALLAN JANIK: Wittgenstein's Vienna Revisited. New Brunswick, New Jersey 2001; DAVID STERN / BÉLA SZABADOS (Hg.): Wittgenstein reads Weininger. Cambridge 2004.
2 OTTO WEININGER: Geschlecht und Charakter. Eine prinzipielle Untersuchung. München 1980, S. 296.
3 Ebd.
4 DAVID LUFT: Eros and Inwardness in Vienna. Weininger, Musil, Doderer. Chicago, London 2003, S. 4.

Weininger bediente sich im Inhalt der existierenden liberalen Vorurteile, um die moderne Krise liberaler Werte zu benennen.⁵ Die Widersprüche, die sich in seinem Werk finden, spiegeln somit die des nach-aufklärerischen bürgerlichen Liberalismus selber (seiner Liberalität nach innen und Gewaltausübung nach aussen, wobei gegebenenfalls Teile des Innen auch als Aussen behandelt werden können), Widersprüche, an denen auch die Gegenwart wieder verstärkt laboriert. Nicht umsonst lässt sich zwanglos eine Parallele zwischen „Geschlecht und Charakter" und Horkheimer/Adornos „Dialektik der Aufklärung" ermitteln, indem man für Weiningers ‚W' (die weibliche Natur als Bedrohung) die gesellschaftliche Bedrohung des bürgerlichen Subjekts einsetzt.⁶ Le Riders Lesart von „Geschlecht und Charakter" als Ausdruck einer geschichtlichen Krise männlicher Identität und Janiks Verständnis von Weiningers Werk als „self-critical modernism" (um zwei repräsentative Namen und Positionen zu nennen) schliessen sich somit nicht unbedingt gegenseitig aus.⁷

Keinesfalls sollen also die folgenden Überlegungen dasjenige entschuldigen oder kompensieren, was in Weiningers Schriften an haltlosen Vorurteilen vorhanden ist. Jedoch ist es nicht allzu schwer, diesen Teil links liegen zu lassen und sich auf die philosophische Seite von Weiningers Argumenten zu konzentrieren. Dann bleibt allerdings noch immer Weiningers Denkform, die jede Idee in ihr Extrem verfolgt und die in einem starren Dualismus von Kategorien befangen ist. Die Ablehnung dieser Denkform bei gleichzeitiger Beibehaltung von Weiningers ethischem Anliegen ergibt, grob gesprochen, seinen Einfluss auf Ludwig Wittgenstein. Dabei verfolgen beide gegenmoderne Strategien des Beharrens auf Zusammenhängen, die auf die Rettung des unrettbaren Ichs abzielen – eine Haltung, die aber nicht restaurativ-nostalgisch ist, und die man als progressiven Anti-Modernismus bezeichnen könnte. Gemeinsamkeiten und Unterschiede in ihren Strategien möchte ich nun anklingen lassen, indem ich die Rolle betrachte, die Biographie und Autobiographie als Themen in ihren Schriften spielen. Diese Rolle ist zugleich die Verbindung zum Thema der Netzwerke, denn es war Weiningers Anliegen, der philosophischen und naturwissenschaftlichen

---

5 Vgl. STEVEN BELLER: Otto Weininger as Liberal? In: HARROWITZ / HYAMS (Hg.): Jews & Gender (wie Anm. 1), S. 91-101 und RITCHIE ROBERTSON: Historicizing Weininger: The Nineteenth-Century German Image of the Feminized Jew. In: BRYAN CHEYETTE / LAURA MARCUS (Hg.): Modernity, Culture and ‚the Jew'. Cambridge 1998, S. 23-39.
6 Vgl. CHRISTINE ACHINGER: The Bourgeois Subject and Its Enemies: ‚Female' Nature and ‚Jewish' Society in „Geschlecht und Charakter". Vortrag auf einer Konferenz an der University of Sussex: Otto Weininger's „Sex and Character". A Centenary Re-Evaluation. Eine Veröffentlichung der Konferenzbeiträge ist geplant.
7 Vgl. JACQUES LE RIDER: Modernity and the Crises of Identity. New York 1993, und JANIK: Wittgenstein's Vienna Revisited (wie Anm. 1), S. 56.

Auflösung der Person durch das Ideal einer Subjektivität entgegenzutreten, die in der lückenlosen Verknüpfung aller Erlebnisse zu einem einzigartigen Gedächtnisnetz besteht. Und dieses Prinzip einer Verknüpfungsfunktion findet sich noch beim späten Wittgenstein in Gestalt der Netzwerke von Sprachspielen, die zwar probeweise analysiert werden können, letzlich aber ein Kontinuum bilden, das ebenfalls den Geist der sie Sprechenden spiegelt.

## 2. Weininger: Die Pflicht, das Leben zu erzählen

Nicht anders als Nietzsche in seinem Essay „Über den Nutzen und Nachteil der Historie für das Leben", sieht Weininger den Unterschied zwischen Tier und Mensch im Gedächtnis. Im Gegensatz zu Nietzsche ist sein Ideal allerdings ein in gewissem Sinn perfektes Gedächtnis, dass mit der Fähigkeit zu tun hat, sein eigenes Leben zu erzählen, und das dem modernen Menschen in erstaunlichem Grade abgeht: „Die Aufforderung zu einer Selbstbiographie brächte die ungeheure Mehrzahl der Menschen in die peinlichste Verlegenheit: können doch schon die wenigsten Rede stehen, wenn man sie fragt, was sie gestern getan haben. Das Gedächtnis der meisten ist eben ein bloß sprungweises, gelegentlich assoziatives." [8] Das Gegenteil zu diesem zerfaserten Gedächtnis ist nicht nur durch Vollständigkeit, sondern eben auch durch Kohärenz gekennzeichnet. Für das Genie, und darauf läuft der Gegensatz zum Augenblickstier hinaus, folgen die Geschehnisse „nicht aufeinander wie die Ticklaute einer Uhr, sondern sie laufen alle in einen einheitlichen Fluß zusammen, in dem es keine Diskontinuität gibt".[9] Wir erinnern uns nur dessen, was einen Wert für uns besitzt; und was wir vergessen, was erinnern ist daher der deutlichste Ausdruck unseres Charakters.[10] Für das Genie, als Ideal, besitzt alles einen Wert, und es kann folglich jedem Erlebnis seinen Platz im Ganzen anweisen. Zwischen diesen Polen erstrecken sich die tatsächlichen Individuen, wie Weininger in der folgenden Passage, methodologisch erfreulich bewusst, zum Ausdruck bringt:

> So führt denn auch eine ununterbrochene Stufenfolge vom ganz diskontinuierlichen, bloß von Augenblick zu Augenblick lebenden Menschen, dem kein Erlebnis etwas bedeuten könnte, weil es auf kein früheres sich würde beziehen lassen – einen solchen Menschen gibt es aber nicht – bis zum völlig kontinuierlich Lebenden, dem alles unvergeßlich bleibt (so intensiv wirkt alles auf ihn ein und wird von ihm aufgefaßt), und

---

8 WEININGER: Gechlecht und Charakter (wie Anm. 2), S. 156.
9 Ebd., S. 157.
10 Vgl. ebd., S. 159.

den es ebensowenig gibt: selbst das höchste Genie ist nicht in jedem Augenblick seines Lebens ‚genial‘.[11]

Was die Kontinuität des Genies für Weininger kennzeichnet ist nicht nur eine Quantität, sondern vor allem eine Qualität. Ansonsten wäre eine technische Registriermaschine das ideale Modell eines Genies. Weininger weist aber gerade darauf hin, dass in der Verwechslung von an die Person gebundenen psychischen Ereignissen und experimentell und technisch definierbaren Leistungen ein Grundirrtum der modernen Psychologie besteht. Er betont

> wie falsch die Lehre der heutigen Psychologie ist (für die das menschliche Individuum eben nur wie ein besserer Registrierapparat in Betracht kommt und keinerlei von innen kommende, ontogenetische geistige Entwicklung besitzt), dass im jugendlichen Alter die größte Anzahl von Eindrücken behalten werden. Man darf die erlebten Impressionen nicht mit dem äußerlichen und fremden Gedächtnisstoff verwechseln.[12]

An diesen Unterschied schließt er die Forderung einer „theoretischen Biographie" als Wissenschaft zur „Erforschung gleichbleibender Gesetze der geistigen Entwicklung des Individuums", die weder Philosophie noch Biologie (oder Physiologie) wäre, und die „über den gesamten gesetzmäßigen geistigen Lebensverlauf als Ganzes, von der Geburt bis zum Tode eines Menschen, Rechenschaft zu geben" hätte.[13] Mit anderen Worten, Weininger nimmt an, dass es Gestalt-Typen des geistigen Lebens gibt, eine Morphologie des Geistes.

Schon im ersten Teil des Buches hatte Weininger die entsprechende Wissenschaft für den Bereich der Physis gefordert. Ausgehend von dem sogenannten Korrelationsprinzip formuliert er dort, was eine „theoretische Morphologie" zu leisten hätte: Ihr müsste es möglich sein, „aus einer vorgegebenen Anzahl qualitativ und quantitativ genau bestimmter Stücke […] den ganzen Organismus zu konstruieren, nicht auf Grund einer Intuition, wie dies ein Cuvier vermochte, sondern in strengem Beweisverfahren."[14]

Dieses Beweisverfahren ist mathematisch gedacht und besteht aus Funktionsgleichungen, in denen sich die wechselseitige Abhängigkeit der Teile eines Organismus ausdrücken: „Ein Organismus nämlich, von dem man ihr [der idealen oder theoretischen Morphologie] irgend eine Eigenschaft genau bekanntgegeben hätte, müßte für diese Wissenschaft der Zukunft bereits noch durch eine andere, nun nicht mehr willkürliche, sondern damit in ebensolcher Genau-

---

11 Ebd., S. 148.
12 Ebd., S. 165.
13 Ebd.
14 Ebd., S. 76.

# Abbildungen

Abb. 1 (*zum Beitrag Vogl*): James Gillray: Political Ravishment or, The Lady of Threadneedle Street in Danger!, 22.5.1797

Abbildungen

Abb. 2 (*zum Beitrag Vogl*): James Gillray:
Midas, Transmuting all into [Gold] Paper, 1797

Abb. 3 (*zum Beitrag Siegert*): Tabelle Benjamin Franklins zur Lebensführung

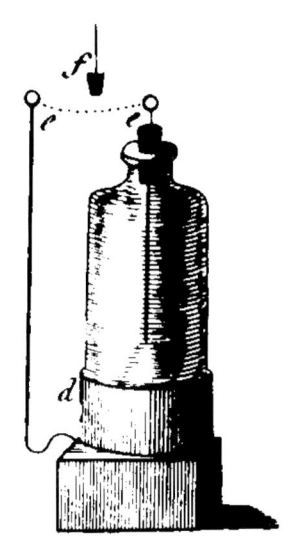

Abb. 4 (*zum Beitrag Siegert*): Benjamin Franklins Modell einer Leydener Flasche

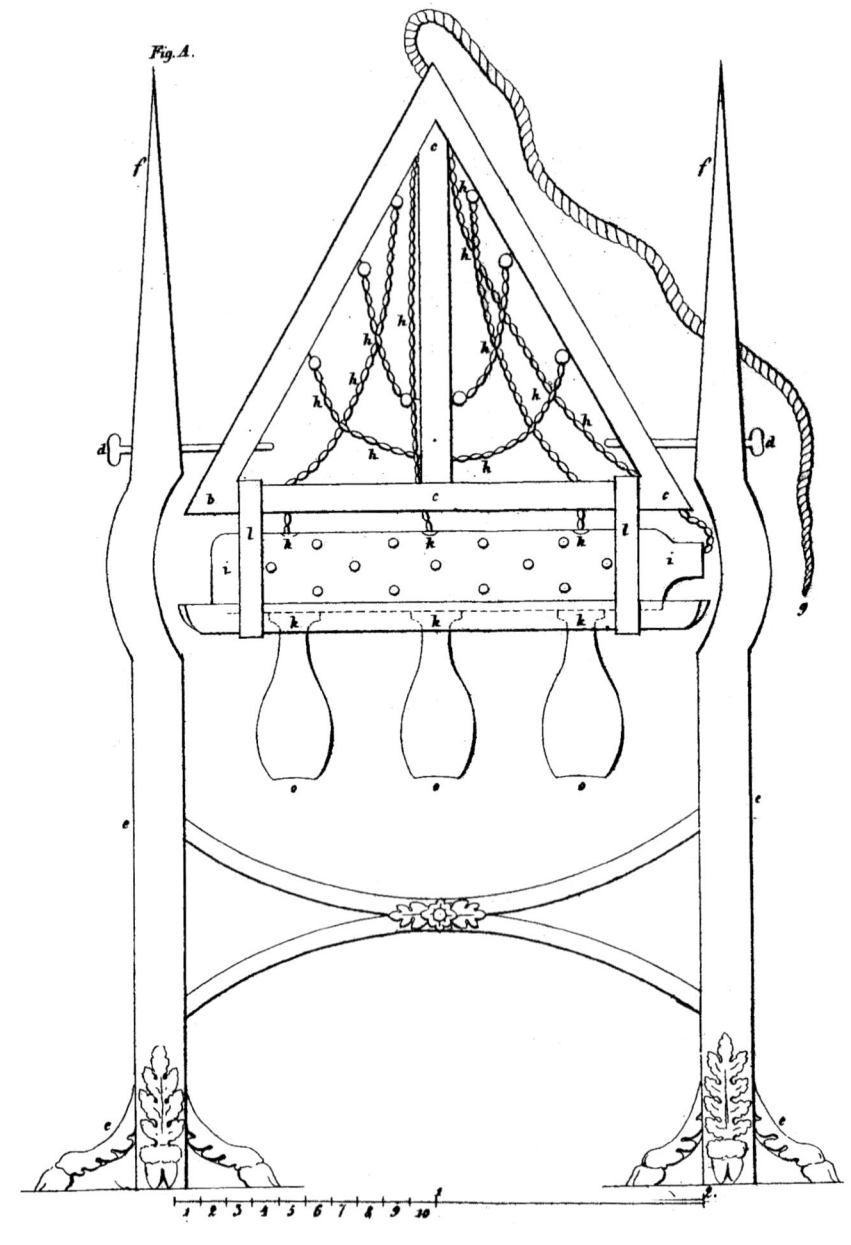

Abb. 8 (*zum Beitrag Barkhoff*): Der „Nervenstimmer" der Seherin von Prevorst

Abbildungen

Abb. 9 (*zum Beitrag Fuchs*): Gräberfeld unter der Liverpool Street Station, London aus W.G. Sebalds „Austerlitz"

Abbildungen

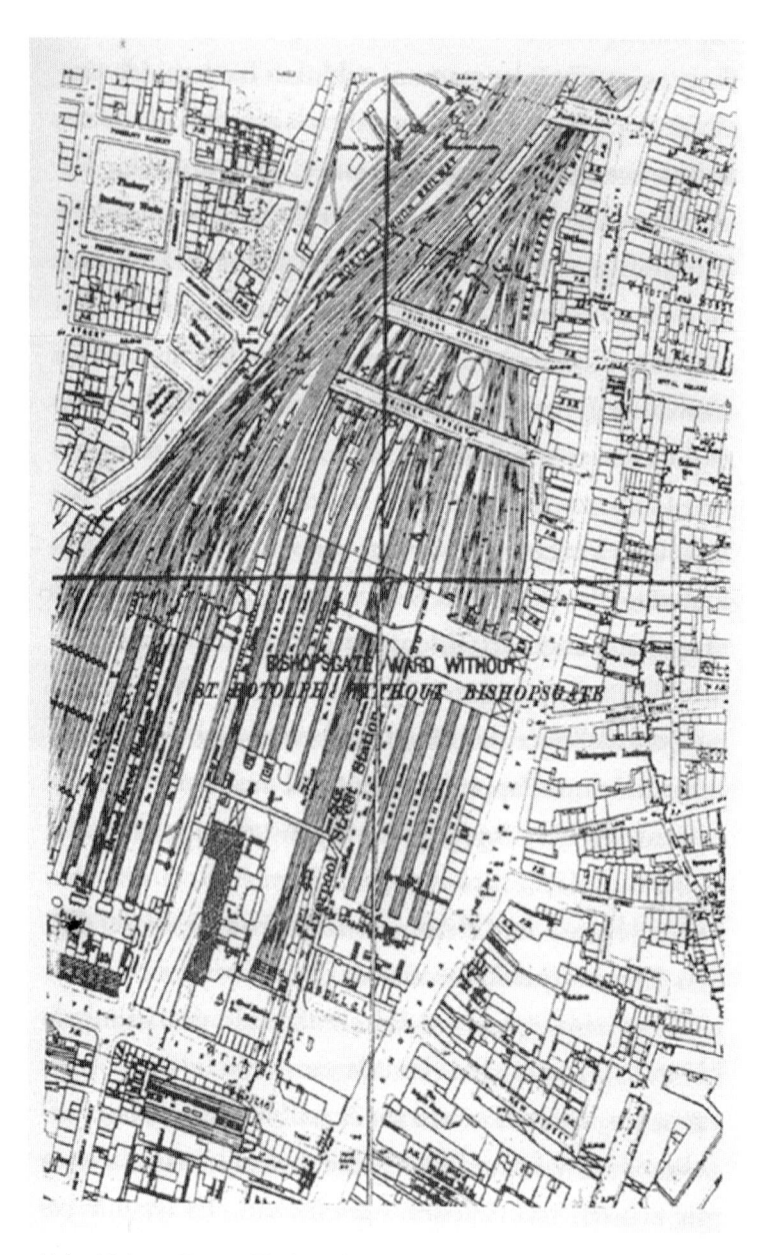

Abb. 10 (*zum Beitrag Fuchs*): Plan von Bishopsgate Station, London aus W.G. Sebalds „Austerlitz"

igkeit bereits bestimmbare Eigenschaft beschränkt sein."[15] Der Kantianer Weininger widerspricht hier, vermutlich ohne sich dessen bewußt zu sein, dem Urteil seines Meisters, nach dem es keinen Newton des Grashalms geben wird,[16] und formuliert das Programm der Systemtheorie und Konstruktionsmorphologie des folgenden Jahrhunderts: „In der Sprache der Thermodynamik unserer Tage ließe sich das ebensogut durch die Forderung ausdrücken, daß für eine solche deduktive Morphologie der Organismus nur eine endliche Zahl von ‚Freiheitsgraden' besitzen dürfte."[17] (Die Morphologie wird später von *constraints* sprechen.) Weininger spricht hier im Grunde über das Verhältnis von Ordnung und Unordnung und den Einfluss dieses Verhältnisses auf die wissenschaftliche Begreifbarkeit eines Gegenstandes, und er erkennt, dass im Fall von Organismen der Grund für ihre Beschaffenheit letztlich in ihnen selber liegt. Es herrscht hier nicht das Verhältnis von Ursache und Wirkung, das stets die Frage nach dem ‚Warum' provoziert, sondern „gleichzeitige Abhängigkeit",[18] und somit das Prinzip „der korrelativen Abänderung",[19] in dem sich die innere Logik der Organismen darstellt. Dies gilt vom Physischen so gut wie vom Psychischen. In einem letzten Schritt definiert Weininger daher Physiognomik als diejenige Wissenschaft, die „die eindeutige Zuordnung von anatomischem Habitus und geistigem Charakter" zur Aufgabe hat, und stellt abschließend fest, dass in allen drei Disziplinen – Morphologie, Charakterologie und Physiognomik – die leitende Frage sein wird, „worin sich zwei Lebewesen, die in einer Beziehung ein differentes Verhalten gezeigt haben, noch unterscheiden".[20] Nicht in diesem Programm an sich, sondern in der Art und Weise, wie Weininger es in Bezug auf die differentielle Psychologie der Geschlechter ausführt, liegt sein Irrtum. Weiningers Frage sticht in ein logisches wie psychologisches Wespennest: Gibt es eine Logik der Biographie, die eine physiognomische Wissenschaft der Lebensformen möglich werden ließe?

Diese Fragestellung war schon in den beiden Manuskripten enthalten, die Weininger zur Wahrung der Priorität bei der Akademie der Wissenschaften hinterlegt hatte, und die 1990 von Hannelore Rodlauer erstmals veröffentlicht wurden. Der Untertitel der ersten Studie „Eros und Psyche. Eine biologisch-psychologische Studie" (1901) deutet darauf hin, dass es Weiningers Absicht

---

15 Ebd.
16 Vgl. Immanuel Kant: Kritik der Urteilskraft. Hg. von Karl Vorländer. Hamburg 1974, § 75, S. 265 (S. 337 f. der 3. Auflage von 1799).
17 WEININGER: Geschlecht und Charakter (wie Anm. 2), S. 76.
18 Ebd., S. 78.
19 Ebd., S. 77.
20 Ebd.

gewesen war, die physikalischen Wissenschaften in dem von Ernst Mach in „Die Mechanik in ihrer Entwicklung" vorgeschlagenen Sinne zu ergänzen. Mach schrieb dort: „Wenn auch die logische Analyse aller Wissenschaften schon vollständig fertig vor uns läge, so bliebe die biologisch-psychologische Untersuchung ihres Werdens [...] noch immer ein Bedürfnis."[21] Schon in der zweiten Studie „Zur Theorie des Lebens" (1902) geht Weininger jedoch einen wichtigen Schritt weiter, indem er das Verhältnis zwischen Physik und Biologie umkehrt. Allenfalls ist das Tote aus dem Lebendigen, das Anorganische aus dem Organischen zu erklären: „Chemie und Physik werden überhaupt, ihren Prinzipien nach, erst in dem weiteren Rahmen der Biologie, verständlich werden: als *Grenzfälle* biologischen Geschehens."[22] Es ist an dieser Stelle wichtig zu betonen, dass Weininger mit dem Postulat des organischen Kosmos in keiner Weise ein Abrücken von der Empirie verbindet. Wohl aber kehrt sich das methodologische Verhältnis von Analyse und Synthese um: Die Natur als Zusammenhang geht der Analyse ihrer Teile logisch vorher. In Otto Weiningers Werk ist also eine organische und erfahrungswissenschaftliche Philosophie versteckt, die den Auflösungstendenzen der Wissenschaft im 19. Jahrhundert die Vernetzung der Phänomene entgegensetzt.[23]

Zu diesem Zweck also beharrt Weininger auf dem qualitativen Unterschied zwischen einem bloß funktionalen Erinnern und dem eigentlichen Gedächtnis. Bezüglich des ersteren lassen sich Individuen ohne weiteres miteinander vergleichen, bezüglich letzterem nicht. Beide zu verwechseln ist die Eigenschaft der experimentellen Psychologie, die

> das Gedächtnis der Menschen durch Aufgaben wie das Erlernen von Buchstaben, mehrziffrigen Zahlen, zusammenhanglosen Worten prüfen zu können glaubt. An das eigentliche Gedächtnis des Menschen, welches in Betracht kommt, wenn ein Mensch die Summe seines Lebens zieht, reichen diese Versuche so wenig heran, daß man sich unwillkürlich die Frage stellt, ob jene fleißigen Experimentatoren von der Existenz dieses anderen Gedächtnisses, ja eines psychischen Lebens überhaupt, etwas wissen.[24]

Denn sie „abstrahieren wie geflissentlich gerade vom Kern des Individuums".[25] Diesen Kern fasst Weininger nicht als etwas Metaphysisches, sondern als die individuelle und angeborene Konstellation von Interessen, die wiederum die

---

21 OTTO WEININGER: Eros und Psyche. Studien und Briefe 1899-1902. Hg. von Hannelore Rodlauer. Wien 1990, S. 145 (Anm.).
22 Ebd., S. 193 f.
23 Zum Motiv der Auflösung in der Literatur des späten 19. Jahrhunderts vgl. DAVID BAGULEY: Naturalist Fiction. The Entropic Vision. Cambridge 1990.
24 WEININGER: Geschlecht und Charakter (wie Anm. 2), S. 146 f.
25 Ebd., S. 147.

## Die Logik der Biographie

spezifische Aufmerksamkeit einer Person ausmacht. Vom Moment des Ich-Ereignisses an bestimmt diese Qualität die geistige Entwicklung, d.h. die sich entfaltende Weltanschauung eines Menschen.[26] Weininger unterscheidet diesen begrifflich nicht einzuholenden Moment der Bewusstwerdung vom Ich-Erlebnis: „Das Ich-Ereignis aber ist Wurzel aller Weltanschauung, d.h. aller Anschauung der Welt als ganzer, und zwar für den Künstler nicht minder als für den Philosophen."[27] Somit steht das Individuum dem Weltall „einsam" gegenüber,[28] eine Tatsache, die Weininger auch als das „‚Dionysische' Kantens" bezeichnet.[29]

Hieraus ergibt sich sowohl Weiningers Begriff des Genies als auch seine Ethik. „Genialität ist höchste Sittlichkeit" und beruht auf dem Willensentschluss, das ganze Weltall (als Makrokosmos) in sich (als Mikrokosmos) zu bejahen, sie „ist identisch mit universeller Verantwortlichkeit", denn was man bejaht hat, kann man nur noch respektieren und schützen, man kann es nicht als Mittel zum Zweck verwenden.[30] In einer Sprache, die uns näher liegt, ließe sich sagen, dass die meisten Menschen es vorziehen zu verdrängen und ihre Verantwortung damit aufzugeben: „Das Genie", und das heißt für Weininger: derjenige der alle Wirklichkeit akzeptiert, darum jede Perzeption in eine Apperzeption wandelt, indem er sie seiner Weltanschauung einverleibt (nicht aber sie einer vorgefertigten Weltanschauung unterordnet), dieses Genie, wenn es „zum Irrsinnigen wird, will nicht mehr Genie sein; es will statt der Sittlichkeit – das Glück. Denn aller Wahnsinn entsteht nur aus der Unerträglichkeit des an alle Bewußtheit geknüpften Schmerzes."[31]

Verantwortliches und sittliches Verhalten hingegen kann nur entstehen aus Respekt gegenüber der fremden Menschenseele: „Nicht durch unerbetene Hilfe, die in die fremde Einsamkeit dringt und die Grenzen durchbricht, welche der Nebenmensch um sich zieht, sondern durch die Ehrerbietung, mit der man diese Grenze wahrt; nicht durch Mitleid, nur durch Achtung. Achtung, dies hat Kant zuerst ausgesprochen, bringen wir keinem Wesen auf der Welt entgegen als dem Menschen."[32]

An dieser Stelle drängt sich der Einwand auf, dass Weininger Sittlichkeit mit solipsistischer Einsamkeit, einer Art andauerndem primären Narzissmus gleichsetze. Das trifft insofern zu, als er kein Modell für nicht-instrumentelle zwischen-

---

26 Vgl. ebd., S. 214 f.
27 Ebd., S. 217.
28 Ebd.
29 Ebd., S. 211.
30 Ebd., S. 236.
31 Ebd., S. 237.
32 Ebd., S. 229 f.

menschliche Beziehungen aufstellt. Andererseits kann sein Modell der Projektionen, das er am Geschlechterverhältnis entwickelt, sehr wohl als eine dialogische Philosophie interpretiert werden und ist auch so interpretiert worden.[33] Eine Passage aus der Sammlung „Über die letzten Dinge" zeigt, wie Weininger den Solipsismus auflöst, um zumindest Raum für das Dialogische zu schaffen:

> Ebenso darf meine eigene Existenz, darf sich das Ich nicht beweisen lassen, wenn es Wert haben soll, und ebenso das Du nicht ableiten lassen, wenn es nicht Folge eines Grundes ist, und wenn es nicht als Mittel zum Zweck soll gebraucht werden können. Die Widerlegbarkeit des Solipsismus wäre mit der Ethik gar nicht verträglich, ebensowenig wie es die Möglichkeit wäre, die Existenz des eigenen Ich zu beweisen.[34]

Dies ist auch der Punkt, an dem Weininger die Identität von Logik und Ethik festmacht. Nichts liegt seiner Untersuchung ferner, schreibt er, „als an der absoluten Logizität des Weltalls auch nur den leisesten Zweifel zu erheben, von der sie ebenso durchdrungen ist wie von seiner absoluten Ethizität. Was ich behaupte, ist, daß man beide nicht wissen, sondern nur glauben kann".[35] Dieser Punkt stellt zugleich einen möglichen Übergang zu Wittgenstein dar, bei dem dieses Thema in Form des Unterschiedes zwischen dem, was man sagen, und dem was man nur zeigen kann, leitmotivisch durch alle Schriften hindurch vorhanden ist. Um vorzugreifen: das fundamentale Netzwerk wird sich natürlich nur zeigen, aber nicht begründen oder rechtfertigen lassen.

Doch zunächst ist es Zeit, wenigstens kurz auch den bösen Weininger zu Wort kommen zu lassen. Würde in dem folgenden Satz das Adjektiv ‚männlich' fortgelassen, bliebe eine anstandslos zu diskutierende Aussage übrig: „Die Fähigkeit, einem Chaos Form geben zu können, ist eben die Fähigkeit des Menschen, dem die allgemeinste Apperzeption das allgemeine Gedächtnis verschafft, sie ist die Eigenschaft des männlichen Genies."[36]

Ist diese Gleichsetzung des Geniemoments mit dem Männlichen für heutige Augen und Ohren bereits unakzeptabel, selbst wenn man in Betracht zieht, dass Weininger ja keineswegs ausschließt, vielmehr kategorisch voraussetzt, dass real existierende Frauen Anteile an ‚M' haben, so verspielt er jegliche Gunst des heutigen Lesers durch seine Gleichsetzung von ‚W' mit Sexualität:

---

33 Vgl. GEORG GIMPL: Vernetzungen. Friedrich Jodl und sein Kampf um die Aufklärung. Oulu 1990, S. 156 f., der Weininger in dieser Hinsicht als Vorläufer von Martin Buber und Ferdinand Ebner sieht, und ALLAN JANIK: Weininger, Ibsen, and the Origins of Viennese Critical Modernism. In: ders.: Wittgenstein's Vienna Revisited (wie Anm. 1), S. 59-84.
34 OTTO WEININGER: Wissenschaft und Kultur. In: ders.: Über die letzten Dinge. München 1997, S. 142-182, hier S. 147.
35 Ebd., S. 146.
36 Ebd., S. 153.

## Die Logik der Biographie 181

> Diese eigentliche Kontinuität, die den Menschen erst ganz dessen vergewissern kann, daß er lebt, daß er da, daß er auf der Welt ist, allumfassend beim Genius, auf wenige wichtige Momente beschränkt beim Mittelmäßigen, fehlt gänzlich beim Weibe. [...]
>
> W verfügt überhaupt nur über eine Klasse von Erinnerungen: es sind die mit dem Geschlechtstrieb und der Fortpflanzung zusammenhängenden.[37]

Weininger verstrickt sich hier in seiner eigenen Logik. Sexualität und Heteronomie (also das Unsittliche) sind ihm gleichbedeutend. Nun existiert die Sexualität aber, wie auch die Erinnerungen an sie, und er will sie ‚W' zuschlagen, ohne doch eigentlich ‚W' eine wirkliche Existenz zusprechen zu wollen. Seine Lösung, das sei hier nur angedeutet, wird sein, alle Sexualität als noch nicht überwundene Sexualität des Mannes zu deuten, die dieser auf ‚W' projeziert. ‚W' wird zur reinen Projektionsfläche und die Schuld am Geschlechtermissverhältnis liegt ausschließlich bei ‚M'. Das erlaubt Weininger einerseits durchaus subtile psychologische Beobachtungen von Projektionsphänomenen, andererseits lässt es ihm philosophisch keinen Ausweg mehr: „Die Materie scheint ein nicht minder unergründliches Rätsel als die Form, das Weib gleich unendlich wie der Mann, das Nichts so ewig wie das Sein; aber diese Ewigkeit ist nur die Ewigkeit der Schuld."[38] Askese (aber es muss laut Weininger gewollte, nicht erzwungene Askese sein) und Aussterben der Menschheit ist demnach die einzige Lösung des sittlichen Problems, und tatsächlich zieht Weininger in seinen letzten Aphorismen aus seinen Überlegungen den seinem Ausgangspunkt – Autonomie des Individuums als höchster Wert – diametral entgegengesetzten Schluss, dass alle Individualität Eitelkeit, und mithin zu verurteilen sei.[39]

Damit aber sind wir nun wirklich weit hinausgegangen über das Thema der Netzwerke, von denen aus dieser Warte höchstens noch gesagt werden könnte, dass sie, ob als geistige oder materielle, als Individualität (das ideale Ziel von ‚M') oder Kuppelei (das ideale Ziel von ‚W'), unsittlich sind, indem sie alles Existierende in einen letztlich heteronomen Zusammenhang verstricken.

Verbleiben wir einen Schritt vor dieser unfruchtbaren Radikalität und kehren zur Frage der Autobiographie zurück. Aller praktischer Altruismus, sagt Weininger, setzt theoretischen Individualismus voraus, denn, und das ist gegen Ernst Mach gerichtet: „Gegen eine bloße Verknotungsstelle von ‚Elementen' würde ich nie ethisch handeln."[40] Gegen dieses Argument sind zwei Haltungen denkbar.

---

37 Ebd., S. 158.
38 WEININGER: Geschlecht und Charakter (wie Anm. 2), S. 402.
39 OTTO WEININGER: Letzte Aphorismen. In: ders.: Über die letzten Dinge (wie Anm. 34), S. 184-195, hier S. 184.
40 WEININGER: Eros und Psyche (wie Anm. 21), S. 201.

Ich kann, und das wäre wohl Machs Antwort gewesen, bezweifeln, dass ethisches Verhalten nicht auch gegenüber im Wandel begriffenen augenblicklichen Gebilden denkbar ist, oder aber nachzuweisen versuchen, in welchem Sinn manche der mir begegnenden Gebilde durchaus Individualitäten im Sinne Weiningers sind. Die erste Reaktion führt auf das Problem der Grenzziehung zwischen denjenigen Gebilden, die in den Genuss ethischen Verhaltens kommen, und denen, die benutzt werden dürfen (und die Kriterien für eine solche Unterscheidung werden kaum aus Tatsachen ableitbar sein). Die zweite Reaktion führt zurück zur Frage der Lebensbeschreibung. Denn eine Individualität in diesem Sinn ist genau dann gegeben, wenn etwas sein Leben erzählen kann. Was also heißt, sein Leben erzählen zu können?

Lebenserzählung wirft sofort das Problem der Kluft zwischen Individuellem und Allgemeinem, zwischen Konkretem und Abstraktem auf. Und es war ja „theoretischer Individualismus", was laut Weininger gefordert war, während ein konkretes Leben doch gerade nicht ‚theoretisch' ist. Letztlich steht dahinter das Problem der Zeitlichkeit, das Auswahlproblem. Wie soll die Erzählung schritthalten mit dem stattfindenden Leben, und wenn sie das nicht kann – sie würde ja in einem endlosen Regress immer wieder ihr eigener Gegenstand – wie ist dann zu entscheiden, was aufgenommen wird und was nicht? Diese Frage war für Weininger keine Sophisterei, denn wohlbemerkt können die meisten sich nicht nur nicht erinnern, was sie gestern getan haben, sie können nicht „Rede stehen"; d.h. sie stehen zur eigenen Existenz nicht in einem Verhältnis der Verantwortlichkeit. Positiv ausgedrückt: Es ist eine Pflicht, das eigene Leben erzählen zu können.

## 3. Gedächtnis und Bios

Für die Lösung des Vollständigkeitsdilemmas der Autobiographie gibt es bei Weininger keine direkten Hinweise; stattdessen geht er davon aus, dass ein Teil jeder Persönlichkeit außerhalb der Zeit steht, da nur so Zeitbewusstsein überhaupt entstehen könne. Vielleicht knüpfte er daran die Vorstellung, dass dieser über- oder außerzeitliche Teil im Fall des Genies uns nicht weiter erklärliche Eigenschaften besitzt, durch die das Dilemma gelöst wird.

An diese Spekulationen anknüpfend möchte ich kurz einige Überlegungen James Olneys referieren, der in einem Beitrag zum Thema Autobiographie das Vollständigkeitsdilemma zu umgehen sucht, indem er verschiedene Bedeutungen von ‚bios' diskutiert.[41] Olneys Name für das autobiographische Dilemma ist

---

41 JAMES OLNEY: Some Versions of Memory / Some Versions of Bios. The Ontology of

‚phenomenological bind', womit er den Umstand bezeichnet, dass ‚bios' als Lebenslauf niemals Teil des Herakliteischen ‚ta onta' sein kann. Aber es gibt andere Bedeutungen von ‚bios', wie etwa in dem Ausdruck ‚he has a lot of life left in him', oder in Jesus' Satz ‚I am the resurrection and the life' (Joh 11, 25): „Life in all these latter senses does not stretch back across time but extends down to the roots of individual being; it is atemporal, committed to a vertical thrust from consciousness down into the unconscious rather than to a horizontal thrust from the present into the past."[42] Und er fasst zusammen:

> The key is to view bios as a process the whole of which the autobiographer is in a position to see, recall and compose; and it is up to the autobiographer to cut it where he will so that the process will be complete and unified. [...] if bios is a process, then it possesses a certain shape, and we might say that memory is the forever hidden thread describing this shape.[43]

Der Autobiograph rekonstruiert diesen verborgenen Faden – „a kind of Ariadne's thread" – rückblickend und entzieht ihn damit der Bewegung der Zeit.[44] Seine gegenwärtige Selbst-Wahrnehmung und seine Darstellung des Werdens dieses Selbst bedingen sich gegenseitig, ohne identisch zu werden: Das Gedächtnis als ein sich spinnendes Netzwerk zwischen vergangener Geschichte und gegenwärtigem Selbst stellt dabei Kohärenz und Bedeutung her.

Eine andere Möglichkeit, dem Dilemma zu entgehen, ist die Bedeutung von ‚bios' als reinem, von Zeit und Geschichte unberührtem ‚Bewusstsein'. Dann ginge es darum, die Archetypen zu finden „that lie immediately behind types and, at a greater remove, behind individuals".[45] In diesem Fall, so Olney, wäre es angemessener, den Prozess, durch den die authentischen Formen und Paradigmata gefunden werden, nicht als Gedächtnis sondern als *Anamnesis* zu bezeichnen. „There are not many autobiographers", schreibt Olney, „of the higher world of forms, paradigms, and archetypes, but" – sagt Olney – „I can offer one fair instance of the autobiographer as anamnesiologist: W.B. Yeats."[46] Im Dienste des anamnetischen Projekts wird das Gedächtnis zur Doppelfunktion des Vergessens und Erinnerns, zu einer Doppelbewegung auf den Archetypen zu und von allem anderen fort, bei der alles Zufällige sich verliert und die notwendigen Formen aufscheinen. Das doppelt beseelte Wesen sollte sich bemühen, alle

---

Autobiography. In: ders.: Autobiography. Essays Theoretical and Critical. New Jersey, Guildford 1980, S. 236-267.
42 Ebd., S. 239.
43 Ebd., S. 240.
44 Ebd., S. 241.
45 Ebd., S. 243.
46 Ebd.

zufällige Erinnerung zu vergessen und nur die Erinnerung an die ewigen Formen zu bewahren.

Zwar verwehrt sich Weininger gegen alles Theologische, indem er schreibt, man solle „die lächerliche Besorgnis doch endlich ablegen, welche hinter jedem, der von der Seele als einer hyperempirischen Realität redet, gleich den werbenden Theologen wittert";[47] trotzdem kann man seine transzendente Seele – und der Glaube an sie ist wie die eigene Weltanschauung mit dem Ich-Ereignis gegeben – durchaus als Parallele zu dieser alten Vorstellung einer doppelten Seele auffassen. Das der Zeit Enthobene an ihr fände dann seinen Ausdruck in der notwendigen Verbindung zwischen dem gegenwärtigen Selbst und seiner Geschichte. Da laut Weininger die Gesetze der Logik, und durch sie die Begrifflichkeit, wie das eigene Selbst, nur geglaubt, aber nicht weiter begründet werden können, fallen für ihn auch der Besitz eines über-empirischen Ich und empirische Urteilsfähigkeit in eins.[48] So kombiniert sein Modell beide von Olney besprochenen Arten der Autobiographie auf eine bestimmte Weise: der über-empirische Teil der Persönlichkeit erlaubt es, den Ariadne-Faden des eigenen Lebens zu finden und das Netzwerk der eigenen Weltanschauung zu stricken, deren Form durchaus ein Archetyp ist.

## 4. Wittgenstein: Projektionen des Geistes

Für Wittgenstein bestand die Aufgabe der Philosophie nicht so sehr in einer Korrektur des Verstandes, sondern vor allem in einer Überwindung des Willens.[49] Die intellektuelle Korrektur, welche die „Philosophischen Untersuchungen" am „Tractatus" vornehmen – jene Drehung der Betrachtung „um unser eigentliches Bedürfnis" als Angelpunkt, die Ersetzung der „Kristallreinheit der Logik" durch die „tatsächliche Sprache", und der Erklärung durch Beschreibung – ist also zugleich eine Sisyphus-Arbeit gegen den eigenen ständigen Wunsch des Autors gewesen, absolut verbindliche Regeln und Notwendigkeiten zu establieren.[50] „In the end", schreibt Antonia Soulez über Wittgensteins Vorlesungen zum

---

47 WEININGER: Geschlecht und Charakter (wie Anm. 2), S. 218.
48 Vgl. ebd., S. 200 ff.
49 LUDWIG WITTGENSTEIN: Philosophie. In: JAMES KLAGGE / ALFRED NORDMANN (Hg.): Philosophical Occasions 1912-1951. Indianapolis, Cambridge 1993, S. 160-199, hier S. 161.
50 LUDWIG WITTGENSTEIN: Philosophische Untersuchungen. Hg. von G. E. M. Anscombe, G. H. von Wright und Rush Rhees. In: ders.: Werkausgabe in 8 Bdn. Frankfurt/M. 1984. Bd. 1. Tractatus logico-philosophicus. Tagebücher 1914-1916. Philosophische Untersuchungen., S. 225-618. Zit., wie üblich, nach Paragraph, hier §§ 107-109.

Thema Willensfreiheit, „it depends on us to feel free or not, just as it depends on us that we feel certain regularities formulated as laws as constraining."[51] Und darum kann der philosophische Therapeut Wittgenstein seine Ausführungen zur Willensfreiheit auch erst dort enden lassen, „where grammar gives us the enigmatic experience of this intertwining of sensation and language, which is at the heart [...] of the volitional dynamic of conversion and the creativity of rules".[52] Die oben zitierte Drehung der Betrachtung kann also nur auf jener Ebene erreicht werden, wo unsere Erfahrung als sinnliche Wesen und unsere Sprache als intellektuelle Wesen sich, nach weder beliebigen noch fixen Regeln, amalgamieren. In der Tat, „no philosophy could be further from a disembodied analytical semantics".[53]

Die Worte, in denen Wittgenstein seinen früheren Glauben an eine der Welt und dem Denken gemeinsame und höchst einfache Ordnung beschreibt, deren Ausdruck die Logik ist, lassen sich ohne weiteres auf Weininger anwenden. Die Logik und das Selbst müssen „vom reinsten Kristall sein. Dieser Kristall aber erscheint nicht als eine Abstraktion; sondern als etwas Konkretes, ja als das Konkreteste, gleichsam Härteste".[54]

Jedoch ist Wittgenstein vermutlich von Weininger beeinflusst, wo es um die Zentralität des Willens im philosophischen Bemühen geht. Für beide ist Denken wesentlich therapeutisch. Eine der letzten Aufzeichnungen Weiningers lautet:

> Es gibt nur Psychotherapie, freilich nicht jene nur mangelhafte Psychotherapie von außen, wie wir sie heute haben, wo der fremde Wille eines Suggestors vollbringen muß, wozu der eigene allzu schwach ist, nicht eine heteronomische, sondern eine autonomische Hygiene und Therapie, wo jeder sein eigener Diagnostiker und damit eben auch schon Therapeutiker ist. Ein jeder muß sich selbst kurieren und sein eigener Arzt sein. Wenn er das will, wird ihm Gott helfen. Sonst hilft ihm niemand.[55]

Auch wenn Wittgenstein gewiss das Kategorische dieser Passage aufgelöst hätte, teilte er doch die kritische Einstellung zur Psychologie als empirischer Wissenschaft, und blieb lebenslang dem Prinzip verhaftet, dass Philosophie Arbeit an einem selbst sei, daran, wie man die Dinge sieht und was man von ihnen verlangt, einschließlich dessen, was man von sich selbst verlangt.

---

51 ANTONIA SOULEZ: Conversion in Philosophy. Wittgenstein's ‚Saving Word'. In: Hypatia 15/2000, Nr. 4, S. 127-150, hier S. 138.
52 Ebd., S. 130.
53 Ebd., S. 129.
54 WITTGENSTEIN: Philosophische Untersuchungen (wie Anm. 50), § 97. Parenthetisch verweist Wittgenstein hier auf TLP 5.5563.
55 OTTO WEININGER: Otto Weiningers Taschenbuch. In: ders.: Geschlecht und Charakter (wie Anm. 2), S. 602-626, hier S. 602.

In diesem letzten Punkt kehrte Wittgenstein sich wiederum von Weininger ab. Sein Ideal war nicht eine absolute, kristallreine Autonomie, sondern ein vorurteilsloses Annehmen seiner selbst. Autonomie wird also durch Authentizität ersetzt, in dem Sinne, dass in Weiningers Diktum: „Logik und Ethik aber sind im Grunde nur eines und dasselbe – Pflicht gegen sich selbst",[56] Pflicht so interpretiert wird, dass „es sich nur darum handelt die Wirklichkeit zu sehen, so wie sie ist",[57] ohne Eitelkeit, ohne Beschönigungen, und – als Wittgensteins Ideal – „sein Leben *ganz in allen seinen Handlungen von Eingebungen* leiten" lassend.[58] Es geht also einerseits für Wittgenstein nicht mehr darum, ein ethisches Klassenziel zu erreichen (das ist die relativistische Seite seiner späteren Philosophie); andererseits bleibt es bei der dann doch absoluten Forderung, den Bewegungen des eigenen Geistes wachsam zu folgen, d.h. sein empirisches Leben in einer eindeutigen projektiven Beziehung zum geistigen zu leben. Zu der Frage, was es heißt, dieser Forderung zu genügen, und in welchem Verhältnis diese Forderung zu dem Netzwerk der Weltanschauung des Genies bei Weininger steht, wird der letzte Abschnitt zurückkehren. Hier sei nur vorausgeschickt, dass Theatralität das Gegenteil des authentischen Lebens ist: „Ethisches Kunststück ist etwas was ich den Andern, oder auch nur mir (selbst), vorführe um zu zeigen was ich kann." [59]

## 5. Netzwerke im „Tractatus"

Die projektive Beziehung zwischen Geist und empirischer Person hat einen Vorläufer in der „Logisch-philosophischen Abhandlung". Wie auch Gottlob Frege schloss Wittgenstein zwar jede empirische oder psychologische Begründung der Logik aus, dennoch wird das Verhältnis zwischen Logik und Welt nach dem Modell wissenschaftlicher und empirischer Theorien entworfen. Das Neuartige dieses Modells liegt darin, dass seine Anwendbarkeit sowohl von den empirischen Tatsachen als auch von den beschreibenden Theorien unabhängig gedacht wird. Vielmehr geht es lediglich um die invarianten projektiven Beziehungen zwischen beiden, welcher Art auch immer die theoretischen Netzwerke sein mögen, die über die Tatsachen geworfen werden.

---

56 WEININGER: Geschlecht und Charakter (wie Anm. 2), S. 207.
57 LUDWIG WITTGENSTEIN: Denkbewegungen. Tagebücher 1930-1932/1936-1937. Hg. von Ilse Somavilla. Innsbruck 1997, S. 81.
58 Ebd., S. 87 (Hervorheb. im Original).
59 Ebd., S. 62.

Der sogenannte frühe Wittgenstein konstruiert die Beziehung zwischen Welt und Sprache vermittels einer Logik, die selbst unaussprechlich bleibt. Daher muss die Logik „für sich selber sorgen",[60] und „[d]ie logischen Sätze beschreiben das Gerüst der Welt, oder vielmehr, sie stellen es dar. Sie ‚handeln' von nichts. Sie setzen voraus, daß Namen Bedeutung, und Elementarsätze Sinn haben: Und dies ist ihre Verbindung mit der Welt".[61] Der Umstand, dass bestimmte Symbolkombinationen Tautologien bilden, erlaubt der Logik, als Gerüst für alle möglichen Theorien über die Welt zu dienen: „Die Sätze der Logik demonstrieren die logischen Eigenschaften der Sätze, indem sie sie zu nichtssagenden Sätzen verbinden."[62] Die Natur der Tautologie liefert so „eine Nullmethode",[63] mit deren Hilfe wissenschaftliche Theorien und Modelle gegen einen absoluten Maßstab kalibriert werden können, wobei Wittgenstein beachtenswerterweise die Tautologie durch eine, wenn man so will, übersichtliche Darstellung des Netzwerks der Wahrheitsfunktionen, also optisch, demonstriert.[64] Durch diesen Schritt entfällt die Kalibrierung des jeweiligen Beobachters, die Mach noch fordern musste, um die funktionalen Beziehungen der beobachteten Phänomene zu verorten, und gleichzeitig wird die Analyse der Empfindungen durch eine intra-linguistische Analyse ersetzt. So werden zwei Probleme umgangen, allerdings um den Preis, dass die projektive Beziehung zwischen einem Modell (oder Bild) und dem Phänomen, von dem es ein Modell (oder Bild) sein soll, selber nicht mehr ausgedrückt werden kann, denn „[d]ie Möglichkeit aller Gleichnisse, der ganzen Bildhaftigkeit unserer Ausdrucksweise, ruht in der Logik der Abbildung".[65] Dieses Ruhen der Logik in der Abbildung bezeichnet Wittgenstein gleichzeitig als „innere Ähnlichkeit"; das, was z.B. Partitur, Symphonie und die Rillen einer Grammophonplatte als „Gesetz der Projektion" verbindet.[66]

Den Gedanken der Abbildungslogik als des Gemeinsamen von Modell und Objekt hat Wittgenstein von Heinrich Hertz übernommen, und es ist diese Übernahme, die zu der berühmten Unterscheidung zwischen Sagen und Zeigen führt:

---

60 LUDWIG WITTGENSTEIN: Logisch-philosophische Abhandlung / Tractatus logico-philosophicus. In: ders.: Werkausgabe. Bd. 1. (wie Anm. 50), S. 7-85. Zit., wie üblich, nach Satzziffer, hier 5.473.
61 Ebd., 6.124.
62 Ebd., 6.121.
63 Ebd.
64 Vgl. ebd. 6.1203.
65 Ebd., 4.015.
66 Ebd., 4.0141.

> Am Satz muß gerade soviel zu unterscheiden sein, als an der Sachlage, die er darstellt. / Die beiden müssen die gleiche logische (mathematische) Mannigfaltigkeit besitzen. (Vergleich Hertz' ‚Mechanik', über dynamische Modelle.)
> Diese mathematische Mannigfaltigkeit kann man natürlich nicht selbst wieder abbilden. Aus ihr kann man beim Abbilden nicht heraus.[67]

Es gibt also nur eine Logik, die allen möglichen Modellen und der Welt gemeinsam ist, aber es gibt eine Vielzahl von solchen Modellen (theoretischen Netzwerken): „Den verschiedenen Netzen entsprechen verschiedene Systeme der Weltbeschreibung."[68] Wichtig ist nun, dass die Möglichkeit, ein bestimmtes Bild mit Hilfe eines bestimmten Netzes zu beschreiben (Wittgenstein verwendet schwarze und weiße Drei- und Sechsecke als Beispiel), noch nichts über das Bild aussagt, denn ein mögliches Modell oder Netz kann auch jedes Bild beschreiben: „*Das* aber charakterisiert das Bild, dass es sich durch ein bestimmtes Netz von *bestimmter* Feinheit *vollständig* beschreiben läßt." Und, so fährt Wittgenstein fort, so sagt es nichts über die Welt, dass sie sich durch die Newtonsche Mechanik beschreiben lässt, wohl aber, „daß sie sich *so* durch jene beschreiben läßt", und durch die eine Mechanik einfacher als durch die andere.[69] Den Gedanken der vollständigen Beschreibung und des genau bestimmbaren Feinheitsgrads einer Beschreibung wird Wittgenstein später zugunsten des Gedankens der Familienähnlichkeit von Sprachspielen und der Vagheit im Urteilsspiel aufgeben,[70] doch in beiden Fällen geht es um die Unterscheidung zwischen Beschreibungsmittel und Beschriebenem. Auch im „Tractatus" sind die allgemeinen Prinzipien der Naturwissenschaft relative Apriori und geben als solche die allgemeine Form einer Beschreibung, die sie lediglich vorbereiten: „Das Kausalitätsgesetz ist kein Gesetz, sondern die Form eines Gesetzes."[71] Und: „Wir glauben nicht a priori an ein Erhaltungsgesetz, sondern wir wissen a priori die Möglichkeit einer logischen Form."[72]

Was wissenschaftliche Netzwerke von anderen unterscheidet, ist ihre Tendenz zur Einförmigkeit. Die Mechanik etwa „ist ein Versuch, alle wahren Sätze, die wir zur Weltbeschreibung brauchen, nach Einem Plane zu konstruieren."[73]

Der Wittgenstein des „Tractatus" trennt letztlich sinnliche Erfahrung von Theoriebildung, obwohl er einen induktiven Korrekturprozess zwischen

---

67 Ebd., 4.04, 4.041.
68 Ebd., 6.341.
69 Ebd., 6.342 (Hervorheb. im Original).
70 Vgl. DANIEL STEUER: Uncanny Differences. Wittgenstein and Weininger as Doppelgänger. In: STERN / SZABADOS: Wittgenstein reads Weininger (wie Anm. 1).
71 WITTGENSTEIN: Tractatus (wie Anm. 60), 6.32.
72 Ebd., 6.33.
73 Ebd., 6.343.

Erfahrung und Gesetz annimmt. Jede denkbare logische Form ist auch eine mögliche Theorie, ein mögliches Netz, mit dem die Erscheinungen beschrieben werden können, ohne dass sie damit erklärt wären. Die Täuschung, dass mit den Naturgesetzen eine Erklärung gegeben wäre, liegt laut Wittgenstein der „ganzen modernen Weltanschauung" zugrunde.[74] In Wahrheit liefern sie lediglich mehr oder minder nützliche, d.h. ökonomische, Darstellungsformen, die durch Induktion gewonnen werden. Ähnlich wie Machs Ökonomieprinzip, besteht Induktion darin, „daß wir das einfachste Gesetz annehmen, das mit unseren Erfahrungen in Einklang zu bringen ist".[75] Das induktive Verfahren hat allerdings bei ihm keine evolutionäre, auch keine logische, sondern lediglich eine psychologische Grundlage: „Es ist klar, daß kein Grund vorhanden ist, zu glauben, es werde nun auch wirklich der einfachste Fall eintreten."[76] Schon hier ist aller Zwang im Empirischen sozusagen hausgemacht: „Einen Zwang, nach dem Eines geschehen müßte, weil etwas anderes geschehen ist, gibt es nicht. Es gibt nur eine *logische* Notwendigkeit."[77]

Wissenschaftliche Theorien sind demnach Satzsysteme, die, soweit sie logisch einwandfrei gebildet sind, auch mögliche Sachverhalte ausdrücken, ob diese nun realisiert sind oder nicht. Dies könnte man einen hypothetischen Realismus auf der Grundlage des Glaubens an die Logik nennen. Dass Beschreibung überhaupt möglich ist, beweist die Harmonie zwischen logischer Form und Substanz der Welt: „Hätte die Welt keine Substanz, so würde, ob ein Satz Sinn hat, davon abhängen, ob ein anderer Satz wahr ist."[78] Usw. *ad infinitum*. Aber ein solcher Satz- oder Wahrheitsrelativismus widerlegt sich selbst: „Es wäre dann unmöglich, ein Bild der Welt (wahr oder falsch) zu entwerfen."[79]

Überraschenderweise findet sich damit im Innersten des „Tractatus" als Grundlage für die Unterscheidung zwischen wahr und falsch eine kleinste Einheit der Analyse, die weder formal noch formlos, sondern geformt ist. Denn obwohl Gegenstände die Substanz der Welt bilden und daher „nicht zusammengesetzt sein [können]",[80] sondern „einfach" sind,[81] ist die „Möglichkeit seines Vorkommens in Sachverhalten [...] die Form des Gegenstandes".[82] Gegenstände sind also einfach aber nicht formlos, und dies muss so sein, nicht nur in der gegebenen,

---

74 Ebd., 6.371.
75 Ebd., 6.363.
76 Ebd., 6.3631.
77 Ebd., 6.37 (Hervorheb. im Original).
78 Ebd., 2.0211.
79 Ebd., 2.0212.
80 Ebd., 2.021.
81 Ebd., 2.02.
82 Ebd., 2.0141.

sondern in jeder denkbaren Welt: „Es ist offenbar, daß auch eine von der wirklichen noch so verschieden gedachte Welt Etwas – eine Form – mit der wirklichen gemein haben muß."[83] Und: „Diese feste Form besteht eben aus den Gegenständen."[84] Diese Form bleibt unter allen Umständen erhalten als Substanz und noch vor aller Beschreibung: „Die Substanz der Welt kann nur eine Form und keine materiellen Eigenschaften bestimmen. Denn diese werden erst durch die Sätze dargestellt – erst durch die Konfiguration der Gegenstände gebildet."[85] Die Substanz besteht unabhängig von dem, was der Fall ist.[86] Sie bildet, aber sie ist nicht die Welt: „Sie ist Form und Inhalt."[87] Das lässt sich nur so verstehen, dass die Substanz Form und Inhalt einer nicht empirischen Welt ist, aus der wir mittels unserer Beschreibungsformen die empirische erst bilden. Analog zur doppelten Seele bei Weininger und Wittgensteins Unterscheidung von Geist und empirischer Person gibt es also im „Tractatus" eine doppelte Welt.

Erfahrbare Form entsteht erst aus den Netzwerken unserer Theorien, auch wenn diejenige Form, die alle solche Theorien gemeinsam haben müssen, definitionsgemäß nicht ausgedrückt werden kann. Die schillernde Stellung, die der Logik als Vermittlerin – und damit als metaphysischem Netzwerk – sowohl zwischen den Theorien und zwischen den Theorien und der Welt als Substanz dadurch zuteil wird, klärt Wittgenstein niemals ganz auf, ein Umstand, der umso schwerer wiegt, als die Ethik und das Ich sich in der selben Position befinden. Alle drei sind unnennbar, übernehmen aber als Grenzen der Welt, paradoxerweise, eine zentrale Rolle. Wittgensteins Theorie der doppelten Welt bedeutet, dass sinnliche Erfahrung lediglich die Formung und Umformung wissenschaftlicher Netze beeinflusst, nicht aber die Form der Logik verändern kann, in der sich die Form der Welt (ihrer Substanz) spiegelt.

## 6. Das feinste aller Netze: Gedankenbewegung und Geistesgeschichte

Unter den Einträgen ‚Geist' und ‚geistig' findet sich im Index zu den Philosophischen Untersuchungen nur sehr wenig. Der Grund ist aber nicht, dass Wittgenstein sein Interesse an ihm oder den Glauben an seine Existenz verloren hätte, sondern dass er die Konsequenz des Schweigens aus seiner früheren

---

83 Ebd., 2.022.
84 Ebd., 2.023.
85 Ebd., 2.0231.
86 Vgl. ebd., 2.024.
87 Ebd., 2.025, und vgl. ebd., 1.

## Die Logik der Biographie

Einsicht gezogen hat, dass es „eine große Versuchung [ist] den Geist explicit machen zu wollen."[88]

Wenn es in den „Philosophischen Untersuchungen" heißt, die eigentliche Entdeckung sei die, „die mich fähig macht, das Philosophieren abzubrechen, wann ich will. – Die die Philosophie zur Ruhe bringt, so daß sie nicht mehr von Fragen gepeitscht wird, die *sie selbst* in Frage stellen",[89] so bleibt in dieser Formulierung der ‚Geist' ungenannt, im Gegensatz zur folgenden Bemerkung aus Wittgensteins kürzlich veröffentlichtem privaten Tagebuch, die aber auf dasselbe zielt: „Die Aufgabe der Philosophie ist, den Geist über bedeutungslose Fragen zu beruhigen. Wer nicht zu solchen Fragen neigt der braucht die Philosophie nicht."[90] Damit stellt sich die Frage nach Wittgensteins Begriff von ‚Geist', denn er ist es, der therapiert wird.

Ebenfalls in dem Tagebuch aus dem Jahr 1930 findet sich eine Bemerkung, die zeigt, dass Wittgenstein Geist, philosophierendes Denken und die eigene Biographie als ähnlich isomorph auffasste wie zuvor Logik, Ich und Welt. „Die Denkbewegung in meinem Philosophieren", schreibt er, „müßte sich in der Geschichte meines Geistes, seiner Moralbegriffe & dem Verständnis meiner Lage wiederfinden lassen."[91]

Hier, wie auch an vielen anderen Stellen, sieht Wittgenstein ‚Geist' keineswegs als etwas Einheitliches und Unwandelbares an. Vielmehr deutet der Ausdruck auf eine Dimension der Erfahrung, die nicht direkt ausgedrückt oder mitgeteilt werden kann, sondern sich nur durch die Interpretation des Sprachgebrauchs und sonstigen expressiven Verhaltens eröffnet. Und das gilt für den Geist anderer Personen wie den eigenen, mit dem die Person ebenfalls in einem dialogischen Verhältnis steht. In diesem Sinn ist der eigene ‚Geist' etwas, mit dem man konfrontiert ist, und das man, zumindest Wittgenstein zufolge, akzeptieren sollte. Denn Geist an sich kann nicht schlecht sein, nur das Verkennen seiner Realität führt zu ethisch Verwerflichem, nämlich zu den bereits erwähnten ethischen Kunststücken.[92]

Diese Vorstellung von Geist muss, wie schon Weiningers Seele als hyperempirische Realität,[93] keineswegs mit Religiosität oder auch nur Metaphysik in Verbindung gebracht werden. Auf eine andere Möglichkeit weist Kelly Hamiltons

---

88 LUDWIG WITTGENSTEIN: Vermischte Bemerkungen (1930). Hg. von G. H. von Wright und Heikki Nyman. In: ders.: Werkausgabe (wie Anm. 50), Bd. 8, S. 445-575, hier S. 461.
89 WITTGENSTEIN: Philosophische Untersuchungen (wie Anm. 50), § 133.
90 WITTGENSTEIN: Denkbewegungen (wie Anm. 57), S. 39 f.
91 Ebd., S. 62.
92 Vgl. ebd.
93 WEININGER: Geschlecht und Charakter (wie Anm. 2), S. 218.

Interpretation von Wittgensteins Bild-Theorie auf der Basis der Projektiven Geometrie. Bei gegebenen projektiven Regeln lassen sich nämlich Beziehungen visualisieren, die nicht verbalisiert werden können.[94] Diese Auffassung der Bildtheorie verwandelt die immer zum Mystischen tendierende Unterscheidung, zwischen dem, was sich sagen lässt, und dem, was sich nur zeigen lässt, in vergleichsweise profane Fragen bezüglich der bei technischen und künstlerischen Entwürfen verwendeten Methoden.

Wittgensteins Rede vom Geist kann durchaus in Analogie zur projektiven Geometrie verstanden werden: Wir konstruieren unser Bild der eigenen wie das anderer Personen mittels gewisser, ‚grammatischer', Regeln aus dem expressiven Verhalten, und zwar nicht ein- für allemal, sondern in einem kontinuierlichen Prozess der Verständigung mit uns selbst und anderen.[95] So etablieren wir Verbindungslinien zwischen dem Ausdrucksverhalten und dem Charakter, stets das Netz dieser Linien aufgrund neuer Erfahrungen modifizierend.

Umgekehrt scheint Wittgenstein Schläfrigkeit und Wachheit des Geistes als Ausdruck für den Grad der Bereitschaft betrachet zu haben, diese Konstruktionsarbeit mit der größtmöglichen Aufmerksamkeit und Genauigkeit, also ‚authentisch', auszuführen.[96] Im Fall der eigenen Person entsteht dadurch eine Art Rückkoppelungsschleife, die beständig den Grad der Übereinstimmung zwischen geistigem Zustand und expressivem Verhalten bestimmt. Schlamperei bei dieser Arbeit führt zu theatralischem Vehalten und schlimmstenfalls zu einer Art lebendigem Tod, bei dem nur noch die empirische Person existiert: „Man wird

---

94 Vgl. KELLY HAMILTON: Wittgenstein and the Mind's eye. In: JAMES C. KLAGGE (Hg.): Wittgenstein. Philosophy and Biography. Cambridge 2001, S. 53-97, bes. S. 85. Dazu auch Weiningers Aphorismus aus dem Taschenbuch, der allerdings bereits im Zusammenhang mit seiner Ausweitung des Geschlechtsgegensatzes zu einem zwischen absoluten Prinzipien steht: „Es gibt ein ganzes Reich der Projektionen. Die Erfahrungswelt, die wir wahrnehmen, entsteht durch solche Projektionen des Etwas auf das Nichts, Projektionen des höheren Lebens." WEININGER: Taschenbuch (wie Anm. 55), S. 604.

95 Stanley Cavells Überlegungen zum Fantastischen gehören in diesen Zusammenhang: „The inflection of the idea of the reader as fantastic, [...], is thus an idea of the reader's willingness to subject himself or herself to taking the eyes of the writer, which is in effect yielding his or her own, an exchange interpretable as a sacrifice of one another, of what we think we know of one another, [...]." STANLEY CAVELL: The Fantastic of Philosophy. In: ders.: In Quest of the Ordinary. Chicago, London 1988, S. 181-188, hier S. 187. Er betont dabei, dass dieser Prozess zweierlei dienen kann, „our mutual victimization or else our liberation", ein Risiko, dass sich kaum umgehen lässt, da es die einzige Möglichkeit ist „outside science, to learn something". (Ebd.).

96 Auch wenn er den Geisteszustand seines Bruders Kurt als „noch um einen Grad *verschlafener*" als seinen eigenen bezeichnet, gibt Wittgenstein sich im Allgemeinen schlechte moralische Noten. WITTGENSTEIN: Denkbewegungen (wie Anm. 57), S. 62. (Hervorheb. im Original).

plötzlich inne, dass die blosse Existenz – wie man sagen möchte – an sich noch ganz leer, öde ist. Es ist wie wenn der Glanz von allen Dingen weggewischt wäre, alles ist tot. [...] Man ist dann lebendig gestorben."[97] Zu diesem Zustand gehört der Aberglaube, worunter Wittgenstein die magische Verwendung von Wörtern und Ausdrucksformen versteht, und zwar im aktiven wie passiven Sinn, also auch z.B. beim Lesen.[98] Die magische Verwendung von Wörtern führt dazu, dass man sich „in eine Art Glauben, eine Art Unvernunft" hineinredet.[99] Im Gegensatz dazu sind die Formen des Wahnsinns nicht Unvernunft, denn hier liegt keine Selbsttäuschung vor.[100] Möglichst genauer Ausdruck der Realität des Geistes ist demnach die ethische Aufgabe. Mit Bezug auf die „ewige Seligkeit" notiert Wittgenstein z.B.: „kann ich mit Recht darüber denken, so muß, was ich denke, in genauer Beziehung zu meinem Leben stehen, sonst ist, was ich denke, Quatsch, oder mein Leben in Gefahr."[101]

Diese genaue, projektive Beziehung zwischen Sprache und Leben ersetzt Weiningers Definition der Lüge als Immoralität *per se:* „Die Lüge sagt schon ihrer Definition nach am besten, was Immoralität ist: Realsetzung des *Irrealen*, oder ebenso: Einreihung ins Ich, wo Einreihung nicht erfolgen darf."[102] Solche Einverleibung empirischer Elemente, die nicht wirklich zum eigenen Ich gehören, waren für Weininger Diebstahl und charakterisieren den psychologischen Typus des Verbrechers (unter den die meisten von uns, wie zu fürchten ist, bis zu einem gewissen Maß fallen).[103]

Seinem ‚moralischen Imperativ' der Aufmerksamkeit und Authentizität folgend – spreche und denke immer in Übereinstimmung mit der Realität dessen, der Du gerade bist – kritisiert Wittgenstein sich für seine eigene Schläfrigkeit. Sein ganzes Leben sei eine Art Halbschlaf: „Wacht so ein im Halbschlaf lebender je für eine Minute auf so dünkt es ihn wunder was zu sein & er wäre nicht abgeneigt sich unter die Genies zu zählen."[104] Wach sein und aufmerksam sein

---

97 Ebd., S. 198 f. In WEININGER: Geschlecht und Charakter (wie Anm. 2), S. 217 heißt es: „Vom Ich-Ereignis an gerechnet wird der bedeutende Mensch im allgemeinen – Unterbrechungen vom fürchterlichsten der Gefühle, vom Gefühle des Gestorbenseins, ausgefüllt, mögen wohl häufig vorkommen – mit Seele leben".
98 Vgl. WITTGENSTEIN: Denkbewegungen (wie Anm. 57), S. 194.
99 Ebd., S. 87.
100 Vgl. ebd.
101 Ebd., S. 91.
102 WEININGER: Taschenbuch (wie Anm. 55), S. 622. (Hervorheb. im Original).
103 Zu Weiningers Psychologie des Verbrechers s. OTTO WEININGER: Metaphysik. In: ders.: Über die letzten Dinge (wie Anm. 34), S. 122-140.
104 WITTGENSTEIN: Denkbewegungen (wie Anm. 57), S. 66. Vgl. auch ebd. S. 49 f., wo er sein theatralisches Fehlverhalten in Gesprächen ausführlich schildert. Wittgenstein verwendet das Bild des Schlafes in diesem Sinn schon 1917 in einem Brief vom 9.4.1917 an Engelmann:

heißt für Wittgenstein so viel wie: frei von psychologischen und logischen Verwirrungen und Täuschungen mit sich und anderen kommunizieren. Dieser Zustand ist Selbstkenntnis,[105] und dem Genie dieses Zustandes entspricht nicht Weiningers Vorstellung des perfekten Gedächtnisses, sondern vollkommene Geistesgegenwart, die für Wittgenstein in einer Form des Schauens bestand, die sowohl innerlich wie äußerlich ist, Organ der Erkenntnis für subjektives wie objektives Wissen.

Dieses unverstellte Schauen ist somit auch die Grundlage für Wittgensteins letzte Überlegungen zum Thema Gewissheit, in denen es u.a. um eine Klasse von Sätzen geht, die einerseits nicht als sicheres objektives Wissen gelernt sind, andererseits dennoch unverbrüchlich zum eigenen Weltbild gehören. Er nimmt hier an, dass unser Wissen ein sich wandelndes System bildet, und fragt, wie wir denn zwischen wahr und falsch unterscheiden, wenn unsere Kriterien für diese Unterscheidung sich doch stets verändern. „Hier", schreibt er, „ist wieder ein Schritt nötig ähnlich dem der Relativitätstheorie."[106] Mit anderen Worten, unsere Kriterien für Wahrheit und Falschheit, für Erkenntnis und Irrtum, werden nicht mehr als externe Parameter gesehen. Sie sind keine starren Maßstäbe, die wir im Urteilen und an unsere Urteile anlegen, sondern sie ergeben sich – umgekehrt – aus dem Netzwerk an empirischen Urteilen als momentane Basis, als Achsen des Urteilens, die sich nachträglich feststellen lassen und die sich auch verschieben können.[107] Das Verhältnis aller Urteile zueinander, und nicht etwas außerhalb dieses Netzwerks von Urteilen, gibt also stets einigen von ihnen eine zentrale Rolle, wenn auch das Netzwerk als Ganzes sich nicht ausdrücken lässt.

Ließe es sich ausdrücken, so ließe sich auch Weiningers ‚theoretische Biographie' verwirklichen. Denn die Person, deren Biographie zu schreiben wäre, ist für Wittgenstein, so weit man über sie sprechen kann, ein verhältnismäßig autonomes Netzwerk innerhalb eines größeren Netzwerks. Sein Beharren auf dieser relativen Autonomie, die sich nicht weiter theoretisch-begrifflich erklären lässt, sondern höchstens ästhetisch darstellen, ergibt, was er „a religious point of

---

PAUL ENGELMANN: Letters from Ludwig Wittgenstein. With a Memoir. Oxford 1967, S. 6. Daneben spricht er auch nicht-metaphorisch vom Schlaf als der geistigen Arbeit verwandt, weil in beiden Fällen „die Aufmerksamkeit" von gewissen Dingen abgezogen wird. WITTGENSTEIN: Denkbewegungen (wie Anm. 57), S. 36. Hierzu s. ALFRED NORDMANN: The Sleepy Philosopher. How to Read Wittgenstein's Diaries. In: KLAGGE (Hg.): Wittgenstein. Philosophy and Biography (wie Anm. 94), S. 156-175.

105 Vgl. WITTGENSTEIN: Denkbewegungen (wie Anm. 57), S. 91.
106 LUDWIG WITTGENSTEIN: Über Gewißheit. Hg. von G. E. M. Anscombe und G. H. von Wright. In: ders.: Werkausgabe. Bd. 8 (wie Anm. 88), S. 113-257. Zitiert, wie üblich, nach Paragraph, hier § 305.
107 Vgl. ebd., § 152 und §§ 94 ff.

view" (aber nicht Religiösität) nannte – eine Position, gewissermaßen, zwischen Empirie und Metaphysik, stets auf Erfahrung verweisend, aber ohne Erfahrung jemals begrifflich festzulegen.[108] Da es für diese Haltung keinen Abschluss und keine Vollständigkeit geben kann, bleibt es – jenseits aller Netze, Knotenpunkte und Zwischenräume – dabei: „Der Mensch ist das beste Bild der menschlichen Seele."[109]

---

108 Vgl. NORMAN MALCOLM: A Religious Point of View? Hg. von Peter Winch. London 1993. Das Zitat wird von Maurice O'Connor Drury, einem Freund Wittgensteins, berichtet und findet sich in Rush Rhees (Hg.): Ludwig Wittgenstein.. Personal Recollections. Oxford 1984, S. 94.
109 WITTGENSTEIN: Vermischte Bemerkungen (wie Anm. 88), S. 519.

Gilbert Carr

# Ein „Heiratsbureau der Gedanken"
## in der Wiener Jahrhundertwende
### Zum kulturpolitischen Versuch Robert Scheus um 1900

Statt einer Ästhetik des Netzwerks wird hier an einem Beispielfall aus der Wiener Moderne der Frage nachgegangen, inwiefern die metaphorische Leerform ‚Netzwerk' eine Eigendynamik habe oder von dem jeweiligen ideologischen Inhalt instrumentalisierbar sei. Ausgehend von George Konráds Auffassung der ‚Antipolitik' der Ostblock-Dissidenten als „network that keeps watch on political power", nimmt Kevin Repp die Metapher „wiring the network" ernst,[1] indem er im autoritären wilhelminischen Deutschland „the thick web of crisscrossing paths" schildert, „that brought young men and women from a variety of backgrounds to join the search for alternatives in the diverse array of reformist circles, movements, and institutions that comprised the milieu of anti-politics".[2]

Obwohl der spätere Universitätsprofessor und Handelspolitiker Richard Schüller bereits 1894 das öffentliche Leben Wiens als durch „nicht einfache große Linien, sondern zahlreiche, einander durchkreuzende Richtungen, von welchen keine die Herrschaft über die Zeit besitzt",[3] charakterisierte, ist man in der Forschung zur Wiener Moderne lange Zeit ohne ein Netzkonzept ausgekommen, da man zur Erklärung der Produktivität (bzw. Unproduktivität) auf die Gleichzeitigkeit des politischen Zusammenbruchs und der kulturellen Blüte zurückgriff. Claudio Magris' „habsburgische[r] Mythos" umfasste sowohl die Nostalgie der Literatur nach einer untergegangenen Welt der Sicherheit und des Hedonismus als auch die kritischen Auseinandersetzungen mit dem Staate, der vom „Immobilismus" eines den zentrifugalen Kräften standhaltenden Beamtentums geprägt war.[4] Zum Mythos gehörte das von Manfred Diersch als für den absolutistischen Staat charakteristisch bezeichnete Gefühl „für das Gebundensein an vielgliedrige gesellschaftliche Determinationsketten".[5] Als Verstrickung besonderer Art erfasste der Sozialreformer, Schriftsteller und Beamte Robert

---

1 GEORGE KONRÁD: Antipolitics. An essay. London, Melbourne, New York 1984, S. 231. Vgl. ebd., S. 198-202.
2 KEVIN REPP: Reformers, critics and the paths of German modernity. Anti-politics and the search for alternatives 1890-1914. Cambridge, Mass., London 2000, S. 15 f., und S. 281.
3 RICHARD SCHÜLLER: Wiener Reformer. In: Neue Revue 5/1894, S. 590-593, hier S. 590.
4 CLAUDIO MAGRIS: Der habsburgische Mythos in der österreichischen Literatur. Salzburg 1966, S. 15 ff.
5 MANFRED DIERSCH: Empiriokritizismus und Impressionismus. Über Beziehungen zwischen Philosophie, Ästhetik und Literatur um 1900 in Wien. Berlin 1973, S. 158 f.

Scheu (1873-1964) in seinen um 1924 aufgezeichneten Erinnerungen den geistigen Zustand Wiens nach der Mayerling-Affäre: als „Mittelpunkt des ganzen Getriebes" sei der kaiserliche Hof eine „unerhörte Machtquelle" gewesen, um die jene „Herde der Verdiener", jene „Hochschule der Liebedienerei", die Wiener Gesellschaft, sich hierarchisch ausbreitete:

> Ein Netz von Gunst und Pfründen, eine Geheimsprache mit Parolen und Losungsworten, in welchem sich jeder von frühauf seine Route, seine Sinecure beizeiten sichert, wo jede Beziehung von der Wiege bis zum Grabe unter dem Gesichtspunkt gepflegt wird, wie man sicher zu den Eutern gelange und in den Geheimbund der Begnadeten aufgenommen werde. […] Diese Durchdringung einer ganzen Bevölkerung mit den Hofinteressen und Hofsitten, diese Bezogenheit aller Lebensäußerungen und Lebensinhalte auf den einen Punkt geht schließlich so weit, dass der Masse und jedem Einzelnen gar nicht zum Bewusstsein kommt, woher sie ihre Meinungen, Urteile, ihre Haltung, Sprache, ihren Akzent und ihre Gesten haben, wie sehr sie schon ein Zuchtprodukt dieser Tradition sind.[6]

Seitdem mag die Kulturgeschichte der modernen Metropole das Netzwerkmodell in Anspruch genommen haben, aber eine traditionelle Rhetorik der Empörung macht es sich hier noch gegen die korrupten Wiener Hierarchien zu eigen. Der Zusammenhang dieser Diagnose des ‚Gebundenseins' als Zustand und der von Scheu als kulturpolitischem Reformer angestrebten dynamischen Vernetzungspraxis im Sinne Repps wird im Folgenden genauer kommentiert werden.

Der Topos eines machtvollen Zentrums ist in Auseinandersetzungen mit anachronistischen Aspekten der österreichischen Moderne oft negiert worden. Der Volkswirt Carl von Lützow nahm Anfang 1897 Hermann Brochs These eines „Wertvakuums"[7] mit der Beobachtung vorweg, der Großstadt Wien fehle ein eigentlicher Handelsplatz als Stadtmitte, zu einer merkantilen Funktion stünden etwa seine monumentalen Bauten mit ihren altwienerischen Stimmungen im Gegensatz, wie die Rathausfassade, die die „ewige Leere" des (angrenzenden) alten Exerzierplatzes hervorrufe.[8] Wien war immerhin neben seiner Funktion als Haupt- und Residenzstadt der Monarchie auch als Ziel der Zuwanderung von Arbeitskräften, eines zentripetalen „Zuges nach der Stadt", ein im Modernisierungs-

---

6 ROBERT SCHEU: Aus frühen Tagen. Unveröffentlichtes Manuskript. Zweitfassung ca. 1927, S. 172 f. Vgl. Erstfassung ca. 1924, S. 67. Nachlass Robert Scheu. Wien (Privatbesitz). Für die Erlaubnis zur Heranziehung von Archivalien sei Herrn Dr. Egbert Steiner hiermit freundlich gedankt. Zitatnachweise im Folgenden im Text als (AFT I, Seitenzahl) bzw. (AFT II, Seitenzahl).
7 HERMANN BROCH: Hofmannsthal und seine Zeit. In: ders.: Kommentierte Werkausgabe. Hg. von Paul M. Lützeler. Bd. 9.1. Schriften zur Literatur I. Kritik. Frankfurt/M. 1976, S. 145.
8 CARL VON LÜTZOW: Wie sich Wien entwickelt hat. In: Neues Wiener Tagblatt Nr. 57 vom 26.2.1897. Abendblatt, S. 5.

prozess begriffenes Zentrum eines Netzwerkes.⁹ Zwar wurde das „Wertvakuum" durch die Verklärung des Wiener Kaffeehauses als kulturelles Zentrum wettgemacht, aber Charakterisierungen als „Meinungsbörse", „intellektuelle Nachrichtenzentrale",¹⁰ die mit ihren Anklängen an die technisch-ökonomische Vernunft auch Robert Scheu vorschwebten, gelten als jener besonderen „sehr österreichische[n] Ersatzöffentlichkeit mit privaten Funktionen" nicht adäquat.¹¹ Oft greifen die Erinnerungen der Wiener Zeitgenossen auf ein impressionistisches Strömungs- oder Kreislaufmodell des Kaffeehauses als „Milieu der fließenden Übergänge, der existentiellen Mischformen und relativierenden Individualitäten" zurück,¹² wie im Café Central um Arthur Schnitzler die „Menschenkreise der verschiedensten Art" ineinander „flossen" und wieder „zerflossen".¹³

Der Verkehr mit „Geistesverwandten" bewirke Richard Schüller zufolge „Correctur und Ergänzung der eigenen Gedanken und Gefühle": „Die rege Wechselwirkung steigere die Bewegung und die Beweglichkeit jedes Einzelnen und der Zusammenhang mit den Anderen erhöhe die Resonanz", auch wenn die Ansichten „sehr weit von einander abweichen".¹⁴ Ein Venn-Diagramm der schöpferischen Vernetzung um Schlüsselfiguren liegt der Erklärung Edward Timms für den intensiven geistigen Austausch der „Wiener Kreise" zugrunde, durch die die Ideen in schnellen Umlauf kamen: etwa David Bach sei Freudianer, Sozialdemokrat, Musikologe und Kraus-Anhänger gewesen; Psychoanalyse, Zionismus, Schönberg-Schule seien ‚benachbarte' Kreise mit vergleichbaren Zielen.¹⁵ Bei einem Wiener Vortrag über die Londoner Fabian Society beispielsweise „saßen eines Abends die Leute, von welchen viele einander aus Vereinen und Versammlungen, Universitätsseminaren, Salons und Kaffeehäusern kannten, in einem Saale beisammen".¹⁶ So übersichtlich Timms' Schema auch ist, so bleibt

---

9   EDA SAGARRA: Vienna and its population in the late nineteenth century. Social and demographic change 1870–1910. In: GILBERT JAMES CARR / dies. (Hg.): Fin de siècle Vienna. Proceedings of the Second Irish Symposium in Austrian Studies, held at Trinity College, Dublin, 28.2.–2.3.1985. Dublin 1985, S. 187–207, hier S. 191 f.
10  HELMUT KREUZER: Die Boheme. Beiträge zu ihrer Beschreibung. Stuttgart 1968, S. 205 f.
11  URSULA KELLER: Böser Dinge hübsche Formel. Das Wien Arthur Schnitzlers. Berlin 1984, S. 47 f.
12  MILAN DUBROVICS: Veruntreute Geschichte. Die Wiener Salons und Literatencafés. Wien, Hamburg 1985, S. 30-34.
13  ARTHUR SCHNITZLER: Jugend in Wien. Eine Autobiographie. Hg. von Therese Nickl und Heinrich Schnitzler. Wien, München, Zürich 1968, S. 102.
14  SCHÜLLER: Wiener Reformer (wie Anm. 3), S. 591.
15  EDWARD TIMMS: Die Wiener Kreise. Schöpferische Interaktionen in der Wiener Moderne. In: JÜRGEN NAUTZ / RICHARD VAHRENKAMP (Hg.): Die Wiener Jahrhundertwende. Einflüsse. Umwelt. Wirkungen. Wien, Köln, Graz 1993, S.128-143, hier S. 131.
16  SCHÜLLER: Wiener Reformer (wie Anm. 3), S. 592 f.

die Zusammensetzung und Überschneidung dieser Gruppen „um 1910" etwas hypothetisch.[17]

Stefan Großmanns soziologische Segmentierung der „verschiedenen Lager und Branchen" und der abgesonderten Arbeiter-Cafés, Kaufmann-Cafés, Künstler-Cafés, Politiker-Cafés und Mediziner-Cafés,[18] wie auch Otto Friedländers Bild des parteipolitischen Lager- und Konkurrenzdenkens in der Zwischenkriegszeit lassen ahnen,[19] dass zunehmende zeitgeschichtliche Spannungen auch die Struktur der Kaffeehausöffentlichkeit prägen. Um das „Übermaß an konkurrierenden Ideologien" zu erfassen,[20] hat Timms sein Schema der „Wiener Kreise" überarbeitet, zu einem fast unübersichtlichen Bild der Bündnisse ausgebaut,[21] und es mit einem „Cash-Flow-Diagramm" der Auftraggeber der Künstler,[22] sowie mit der Dimension der „erotische[n] Subkultur" zu ergänzen vorgeschlagen.[23] Nach 1918 sei ein „Riß durch die Wiener Kultur" zwischen links und rechts zu beobachten, und der um 1934 beginnende „Strom der Flüchtlinge"[24] sprengte endgültig das statische Schaubild Wiens.

Die Broch'sche Diagnose ist inzwischen von Jacques Le Rider mit dem Hinweis auf die zentrifugale Vielfalt von Ideologien und Identitätskrisen am Ende der Habsburger Monarchie ergänzt worden. Danach wird die Moderne durch „die Anarchie individualistischer Wertesysteme" gekennzeichnet, „die nebeneinander bestünden, ohne von einander zu wissen, und die einander zudem häufig ausschlössen".[25] Le Rider stellt damit eine produktive Vernetzung in Frage, aber die Produktivität der Teilöffentlichkeiten mit dem allgemeinen Untergang – ob Alt-Österreichs, ob der Moderne – zu verknüpfen, bleibt eine

---

17 TIMMS: Die Wiener Kreise (wie Anm. 15), S. 132 f. Fritz Wittels war 1910 schon längst aus dem Kreis um Karl Kraus ausgeflogen; und man müsste, etwa bei der Anregung Wittgensteins und Musils durch Ernst Mach, literarische Rezeption von persönlichem Umgang (etwa am Kaffeehaustisch!) schärfer abgrenzen. Auch war – neben der sehr lebhaften Auseinandersetzung, etwa um die Secession – nicht jede Konstellation auf den Soirees produktiv, wie die Nähe des unmusikalischen Kraus zum Komponisten Zemlinsky, die Alma Mahler-Werfel am 12. Mai 1900 als peinlich miterlebt. Vgl. zum letzten Aspekt ALMA MAHLER-WERFEL: Tagebuch-Suiten 1898-1902. Hg. von Antony Beaumont und Susanne Rode-Breymann. 2. Aufl. Frankfurt/M. 1997, S. 502.
18 STEFAN GROSSMANN: Ich war begeistert. Berlin 1930, S. 54.
19 OTTO FRIEDLÄNDER: Letzter Glanz der Märchenstadt (1947). Zit. nach: KURT-JÜRGEN HEERING (Hg.): Das Wiener Kaffeehaus. Frankfurt/M. 1993, S. 91-97.
20 TIMMS: Die Wiener Kreise (wie Anm. 15), S. 128.
21 Ebd., S. 139 f.
22 Ebd., S. 134 f.
23 Ebd., S. 137 f.
24 Ebd., S. 142 f.
25 JAQUES LE RIDER: Das Ende der Illusion. Die Wiener Moderne und die Krisen der Identität. Wien 1990, S. 413.

reduktionistische These. Darüber hinauszudenken versucht Allan Janik mit seiner „Archäologie" der Wiener Moderne, die die idealtypische, soziologische Vertikale sowie die Horizontale „Wertorientierung", „Kunstparadigma", „Öffentlichkeit" und „Intelligenz" zu ihren jeweiligen Trägern, den kulturellen und soziologischen Tiefenschichten, in Spannung setzt.[26] Aber wie tief muss man graben, um Wiens Verwandtschaft mit dem Netzwerk der wilhelminischen Antipolitik nachzuweisen?

Mein konkretes Beispiel für die dynamische Vernetzung, die über das Kreislaufmodell hinausgeht, ist relativ unbekannt: Robert Scheu ist literarisch mit Dramen und Lyrik, Feuilletons und Kurzprosa, vor allem als Mitarbeiter von satirischen Zeitschriften wie „Simplicissimus" und „Die Fackel" hervorgetreten, war jedoch um 1910 von der Rolle, die ihm Timms zuschreibt, „zwischen Kraus und der Sozialdemokratie eine arbeitsfähige Verbindung aufrechtzuerhalten",[27] weit entfernt. Schon seit etwa 1897 stand er dieser Partei, zu deren Mitbegründern in den sechziger Jahren des 19. Jahrhunderts sein Vater und seine beiden Onkel gehörten,[28] kritisch gegenüber. Seine reformerischen Bemühungen brachten ihn zwar mit einigen Sozialisten, aber mehr mit Vertretern liberaler Gruppen und mit Universitäts-, Beamten- und Juristenkreisen in Berührung.

Scheu war tief betroffener Augenzeuge der parlamentarischen und außerparlamentarischen Ereignisse während der durch die Sprachenverordnungen des Grafen Badeni verursachten österreichischen Verfassungskrise 1897-1898. Während Scheu am 3. November 1897 in seinem Tagebuch – ein Jahrzehnt vor dem Erringen des allgemeinen Wahlrechts in Österreich – das Ende des demokratischen Repräsentations-Systems „auf Grundlage der Wahlen" prophezeit, erinnert er sich am 4. Januar 1898 ausführlich, von der Errichtung eines neuen Parlamentsgebäudes geträumt zu haben. Dieser Traum, in dem er auf der Flucht vor einem republikanisch uniformierten französischen Soldaten in die offene Landschaft durch Verstrickung in „ein riesiges, unwiderstehliches Netz" (aus „unendliche[n] dünne[n] Fäden" in geometrischen Figuren) und durch Einkerkerung (in eine „Citadelle, nach Art eines Tempels") bedroht wird,[29] scheint über die Vision einer utopischen Öffentlichkeit hinaus seine

---

26 ALLAN JANIK: Zur kulturellen Archäologie der Jahrhundertwende. In: CHRISTIAN GLANZ (Hg.): Wien 1897. Kulturgeschichtliches Profil eines Epochenjahres. Frankfurt/M. 1999, S. 108 f. (=Reihe „Musikleben". Studien zur Musikgeschichte Österreichs, Bd. 8).
27 TIMMS: Die Wiener Kreise (wie Anm. 15), S. 133.
28 HERBERT STEINER: Die Gebrüder Scheu. Wien 1968 (=Veröffentlichungen der Arbeitsgemeinschaft für die Geschichte der Arbeiterbewegung in Österreich, Bd. 5).
29 ROBERT SCHEU: Tagebuch. I. Heft. Nachlass Scheu (wie Anm. 6).

Auflehnung nicht nur gegen den österreichischen Obrigkeitsstaat,[30] sondern auch gegen die Parteidisziplin und die des sozialdemokratischen Vaters auszudrücken, die aus anderen Selbstzeugnissen hervorgeht (vgl. AFT II, 60 f.). Ebenfalls stellte er die liberale Ideologie in Frage, als er bei der Neueröffnung des Parlaments im Tagebuch (20.-25. März 1898) seine Enttäuschung in gerade jene Institution registrierte, über deren Schutzlosigkeit vor den Übergriffen der Staatsmacht er im November 1897 geklagt hatte.[31]

Trotzdem fällt auf, dass er in den folgenden Jahren auf der Suche nach eigenen ‚kulturpolitischen' Lösungen der Habsburg-Misère diese angsterfüllte Netzmetapher zum Epistem der Dynamisierung der Öffentlichkeit positiv umbesetzte. In seinem populären Ratgeber „Der Weg zum Lebenskünstler" (1927) stellt sich Scheu „Welt und Gesellschaft als riesiges Uhrwerk" vor, „in welchem unzählige Räder der allerverschiedensten Durchmesser ineinandergreifen" und das äußere Glück darin bestehe, sich „derart in die große Maschinerie einzusetzen, daß sie treibend und getrieben mitläuft, ohne den Gesamtmechanismus zu stören", und auf „die glückbringenden Personen und Zufälle", die „Übersetzungsräder",[32] zu vertrauen. Indem die mechanistische Metapher aber eine organische Funktion übernimmt: „Berührung imprägniert. Berührung elektrisiert" (WL, 31 f.), hallt noch einmal das Elektrisieren nach, das sein Manifest „Culturpolitik" (1901) verkündet hatte, das insofern eine Störung sein wollte, als es der „Erstockung aller materiellen Kräfte" entgegenwirken und ein neues Organ „zur Entbindung der erstarrten Volkskräfte" schaffen sollte.[33] Denn er hielt „Wissenschaft, Parlament und Presse" für unfähig, den „Abstand zwischen dem als nothwendig Erkannten und dem thatsächlich Bestehenden" zu überbrücken, teils wegen Lebensfremdheit, teils „verwirrt durch Parteileidenschaft, Interessengegensätze und unter der Reibung historischer Widerstände".[34] Die politischen Parteien schlössen wichtige Bereiche der Kultur, der Wissenschaft, der Bildung und der Hygiene aus ihren Programmen aus, sofern kein parteipolitischer Vorteil daraus zu ziehen wäre, klagt er (vgl. CP, 78). Über seinen Austritt aus der Redaktion der „Arbeiterzeitung" 1897 reflektierte er später: „Eine

---

30 Vgl. die Deutung von Freuds Auflehnung gegen gesellschaftliche Hierarchien auf Grund vom ‚Revolutionstraum' des Jahres 1898 bei CARL E. SCHORSKE: Fin de Siècle Vienna. Politics and culture. New York 1981, S. 181-207.
31 Vgl. SCHEU: Tagebuch (wie Anm. 29), 1. Heft.
32 ROBERT SCHEU: Der Weg zum Lebenskünstler. Berlin 1927, S. 27 f. und S. 31. Zitatnachweise im Folgenden im Text als (WL, Seitenzahl).
33 ROBERT SCHEU: Culturpolitik. Wien 1901, S. 7. Zitatnachweise im Folgenden im Text als (CP, Seitenzahl).
34 [Anonymus]: Zur Problemstellung in der Frage der gerichtlichen Voruntersuchung. Wien 1902, S. 3. (=Mitteilungen der Culturpolitischen Gesellschaft, Bd. 2).

Partei ist eben noch etwas anderes als eine Gemeinschaft von Meinungen und sogar Gesinnungen, etwas mehr und etwas weniger als eine wissenschaftliche Überzeugung, – sie ist etwas viel Konkreteres: eine Interessen-[,] Geschmacks- und Lebensgemeinschaft, zu welcher die Überzeugung nur bestenfalls das Sammelsignal ist." (AFT I, 262 f.) Es gab in Österreich selbstverständlich andere ‚Interessen-Versammlungen', die Scheu als „Grundtypus der culturpolitischen Organisation" (CP, 25) begriff, wie Gewerkschaftsbund, Handelstage, Kongresse, Industrie-Enquêten. Dazu gehörten Reformgruppen wie Anton Mengers Rechtshilfeverein, der sozialpolitische Verein und die Fabier,[35] aber Schüller zufolge galt es, die Initiativen dieser Gruppen, „die noch immer sehr geringe Berührung und Wechselwirkung der Einzelnen und der Gruppen zu verstärken".[36] Aus dem Scheitern des Kampfes gegen die Theaterzensur, der 1896-97 vom „Verein Arbeiterbühne" ausging und von Liberalen gebremst wurde,[37] sammelte Scheu Erfahrungen. Angesichts solcher Vorbilder wird hier nicht darauf Anspruch erhoben, dass die hervorragenden Geister Wiens erst des Anstoßes des jungen Scheu bedurften, um abseits jener von staatlichen Behörden einberufenen Kommissionen und Enquêten miteinander in Berührung zu kommen, deren hierachische Syntax Karl Kraus als Textbeispiel für den „gebildete[n] Ton" glossierte.[38] Ebensowenig soll die Brauchbarkeit journalistischer Meinungsumfragen unterschätzt werden,[39] wenn auf die von Scheu gegründete „Kulturpolitische Gesellschaft"[40] und deren „induktives Verfahren" näher eingegangen wird.[41] Nur soll dabei die Vernetzung nicht als ‚organischer' Kreislauf, sondern als durch eingeleitete ‚Berührungen' elektrisiertes System begriffen werden.

---

35 Vgl. EVA HOLLEIS: Die sozialpolitische Partei. Studien zur Geschichte der neoliberalen Bewegung in Wien um die Jahrhundertwende. Diss. phil. Wien 1977, S. 18-24.
36 SCHÜLLER: Wiener Reformer (wie Anm. 3), S. 592.
37 Vgl. GILBERT JAMES CARR: Corridors of power and whispered plots. The banning of Otto Stoessl's and Robert Scheu's „Waare" in 1897/1898. In: WILLIAM EDGAR YATES / ALLYSON FIEDLER / JOHN WARREN (Hg.): From Perinet to Jelinek. Viennese theatre in its political and intellectual context. Bern u.a. 2001, S. 127-141, hier S. 129 f. (=Britische und irische Studien zur deutschen Sprache und Literatur, Bd. 28).
38 KARL KRAUS: Der gebildete Ton. In: Die Fackel 305-306/1910, S. 49.
39 Etwa HERMANN BAHR: Der Antisemitismus. Internationales Interview. Berlin 1893.
40 Die „sehr anregend[e]" konstituierende Sitzung fand am 6. November 1901 statt. Vgl. SCHEU: Tagebuch (wie Anm. 29), VI. Heft. Die erste Enquête der Gesellschaft, über die Reform der strafgerichtlichen Voruntersuchung, fand Dezember 1902–Januar 1903 statt.
41 ROBERT SCHEU: Mein Anteil am Zeitgeschehen. [Typoskript. Undatierte zweite Fassung], S. 6. Nachlass Scheu (wie Anm. 6). Die Patriotische Gesellschaft in Hamburg diente Scheu zum Muster; vgl. Protokolle der Enquête über Personalkredit und Wucher. Wien 1904, S. 7. (=Mitteilungen der Culturpolitischen Gesellschaft, Bd. 3). Zitatnachweise im Folgenden im Text als (EPW, Seitenzahl).

Großes Aufsehen erregte zunächst Anfang 1898 seine im Auftrag der Zeitschrift „Die Wage" veranstaltete „Mittelschulenquête", die Lehrerausbildung, Unterrichtsmethoden und Lehrmittel, schulische Verwaltung und ihre Vorschriften, Fragen der Ökonomie und Hygiene auf Grund von empirischer Schülerstatistik umfasste: durch Fragebögen sollte Material über Lehrpläne, Unterrichts- und Lernmethoden, pädagogische und gesellschaftliche Ziele gesammelt und ohne voreilige Schlüsse darüber öffentlich beraten werden, um schließlich dem Parlament oder der Verwaltung Reformvorschläge zu unterbreiten,[42] oder eine eventuelle alternative, aus privaten Mitteln geförderte Institution durch Anwerbung von Lehrkräften anzuregen (vgl. CP, 47). Scheu hat sich bei der Vorbereitung dieser und anderer Enquêten stark eingesetzt. Er suchte im Dezember 1897 die Teilnehmer persönlich auf, wie die prominenten Universitätsprofessoren Ernst Mach (10. Dezember) und Theodor Gomperz. Am 11. Januar 1898 notiert Scheu im Vorfeld der Enquête in seinem Tagebuch: „Ich komme zu keiner Sammlung, zu keiner Ruhe, aber ich lerne Menschen kennen." Am folgenden Tag geht er von einem Gespräch mit dem Universitätsprofessor Anton Menger zu einer Unterredung mit dem Burgtheaterdirektor Max Burckhard. Am Nachmittag geht er zur „Conferenz" selbst, an der der engagierte Ethiker und Philosophieprofessor Friedrich Jodl, die Frauenrechtlerinnen Marie Lang und Rosa Mayreder (bzw. ihr Gatte), und der Universitätsprofessor Karl Adler teilnehmen. Bereits am 16. Januar registriert Scheu die „Einmischungen" Fremder, die eine Folge des Erfolgs sind. Am 19. Januar heißt es: „Aus allen Theilen der Provinz kommen Mittheilungen und Anfragen", am 21.-23. Januar: „Die Enquête-Versammlungen werden jetzt schon sehr stark frequentirt", und am 28.-30. Januar: „Die constituirende Sitzung der Enquête gestaltet sich zu einem großen, imposanten Erfolg. Die Leute kommen, es entwickelt sich eine stark gestimmte Athmosphäre. Der Saal ist dicht gefüllt, es wimmelt von illustren Leuten. [...] Es entwickelt sich eine lebhafte Debatte, von Gomperz eröffnet." Nach einer Comité-Sitzung wollen sich Scheu und seine Kollegen die produktive „Mischung", d.h. Zusammensetzung der Gruppe vormerken (4.-6. Februar 1898). Bei der zweiten Sitzung der Enquête fühlt sich Scheu „auf 7 Seiten beschäftigt" (7.-13. Februar). Bald aber läuft „das Werkel" und „übt eine starke Anziehung aus" (11.-13. März). Nach seinem ersten freien Vortrag in der ‚Enquête' erkennt Scheu dessen Wirkung als eine „Waffe", die den Wirkungskreis vergrößern könnte (30.-31. März).[43] Aufsehen machte eine von ihm organisierte, aber von der Professorenseite angefochtene Elternversammlung (6. Mai 1898).

---

42 ROBERT SCHEU: Cultur-Politik. In: Die Wage Nr. 1 vom 1.1.1898, S. 2 f.
43 ROBERT SCHEU: Tagebuch (wie Anm. 29), 1. Heft.

In seiner „Bilanz der Moderne" (1904) würdigte Samuel Lublinski Scheus „positivistische Methode" bei der Vorbereitung und Durchführung von Enquêten in einem Vergleich mit der bisherigen Sozialpolitik von Gewerkschaften, Fachvereinen, Interessenvertretungen, Kreditbanken, Genossenschaften, „die aus ihren Berufserfahrungen heraus die Gesetzgebung und Verwaltung beeinflußten": „Robert Scheu warf die Frage auf, ob es nicht anginge, diesem gewaltigen Rumpf ein Haupt aufzusetzen, diese zerstreuten Kräfte zu sammeln."[44] Die Form der Enquête wählte Scheu als „das beste Mittel, die Initiativen herauszufordern". (EPW, 1) Etwas Neues war sie nur insofern, als bisherige Enquêten stets zu vereinzelten Themen einberufen und nach Abschluss der Arbeit wieder aufgelöst worden waren, so dass die Wirkung isoliert blieb (EPW, 1). Mit der Klage über die Presse, „[...] in jedem gegebenen Augenblick" stehe „immer nur *ein* Gegenstand, alles Andere verdrängend, im Vordergrund", um dann, nach abgerissenem Faden, zu keiner „Austragung", zu keinem Fortschritt zu kommen (CP, 80), nimmt Scheu Negts und Kluges Kritik an der Punktualität des Öffentlichkeitsinteresses vorweg:[45] Die Mittelschulenquête als Demonstration „gegen den herkömmlichen Actualitätsbegriff" (CP, 47) galt ihm nur als erster Schritt zur Änderung der Struktur der Öffentlichkeit und der institutionellen Praxis.

In Scheus Ankündigungen der Enquêten der Kulturpolitischen Gesellschaft herrscht jedoch eine Spannung zwischen dem ‚positivistischen' Anspruch und dem Agitationszweck. 1902 heißt es, die Enquêten sollen „die gesammten culturellen und politischen Zustände Österreichs" darstellen, „nicht bloß zur Befriedigung eines akademischen Interesses, sondern um eine Verbesserung der Gesetze, der Executive und die Schaffung zeitgemäßer Institutionen anzubahnen".[46] Einerseits klingt ‚Kulturpolitik' als Ergänzung der Sozialpolitik recht bescheiden. Scheu betonte bei der Enquête zur Eherechtsreform, dass „unsere Versammlung einen wissenschaftlichen Charakter hat und nicht eine Volksversammlung ist", und sah es als „verhängnisvoll", wenn die Ausführungen Anlass zum Ausdruck von „Stimmungen, seien es Beifalls- oder Mißfallsbezeugungen", werden sollten.[47] Aber als er aus seiner Obmannsrolle schlüpfte und als ‚Experte' mit „subjektiven Ansichten" sprach, wirkte er kämpferischer:

---

44 SAMUEL LUBLINSKI: Bilanz der Moderne (1904). Hg. von Gotthart Wunberg. Tübingen 1974, S. 113. (=Deutsche Texte, Bd. 29).
45 OSKAR NEGT / ALEXANDER KLUGE: Öffentlichkeit und Erfahrung. Zur Organisationsanalyse von bürgerlicher und proletarischer Öffentlichkeit. 2. Aufl. Frankfurt/M. 1973, S. 181.
46 Zur Problemstellung (wie Anm. 34), S. 3.
47 ROBERT SCHEU: Protokolle der Enquête betreffend die Reform des österreichischen Eherechts. Wien 1905, S. 47. (=Mitteilungen der Culturpolitischen Gesellschaft, Bd. 4). Zitatnachweise im Folgenden im Text als (ER, Seitenzahl).

„[...] ich bin durch die Enquête entsetzlich radikal geworden! [...] Ich komme zu dem Resultate, daß der Staat überhaupt nicht fähig ist, die Ehe zu regulieren [...]" (ER, 176). Das entspricht zwar der Verkündung seiner absoluten Ablehnung des *status quo* (CP, 78). In seiner Eröffnungsrede zur Enquête über Personalkredit und Wucher aber beteuerte Scheu – trotz Anknüpfung an die juristische und ökonomische Analyse Anton Mengers und Anerkennung „jene[s] von Bureaukratismus freien Geist[es]" der Regierung Koerber, der die öffentliche Diskussion der „Gegenstände der Staatsverwaltung" ermöglicht habe –, dass keine wissenschaftliche Enquête angestrebt sei, sondern eine Zentralstelle für Anregungen, eine „Stelle für volkstümliche Initiative zur Entlastung der Gesetzgebung" auf „solchen Gebieten, wo ein dringendes, allgemein empfundenes spruchreifes Bedürfnis vorliegt" (EPW, 7). Bei der Enquête zur Reform des Eherechts (Januar-Februar 1905) war die Konstellation der Teilnehmer charakteristisch: etwa die Wissenschaftler Sigmund Freud und Wilhelm Stekel, die Frauenrechtlerin Grete Meisl-Heß und ‚katholisch geschiedene' Eheleute, die durch das österreichische Eherecht verhindert waren, eine andere Ehe einzugehen. Scheu grenzte zwar die Kulturpolitische Gesellschaft von dem „agitatorische[n]" Verein der katholisch Geschiedenen ab (ER, 3), in einer „lebhaften Sitzung" der Enquête aber forderte er dazu auf, über den eigenen Kreis hinaus durch Agitation in die Öffentlichkeit zu wirken: „[...] jeder wird niedergemacht, dessen Benehmen geeignet ist, die andern mutlos zu machen", was dem Redner „langanhaltende[n] Beifall" erntete.[48] Trotz der scharfen Kritik an der staatlichen Obrigkeit und den demokratischen Institutionen sollte jedoch die Galvanisierung der Produktivkräfte durch Kulturpolitik dem Staate nützen können (CP, 7 f., 81) und das Parlament entlasten (ER, III).

Rückblickend erhob Scheu Anspruch auf die Urheberschaft des so geläufigen Begriffes „Culturpolitik", den er bereits 1898 in der „Wage" umrissen habe:

> Meine Grundidee bestand kurz darin, das abstrakte Parteiwesen und das darauf gegründete Parlament durch eine Volksorganisation zu ersetzen, welche aus der unmittelbaren gegenständlichen Bearbeitung aller Probleme herauswachsen und zu einem Machtganzen vereinigt werden sollte. Als das geeignetste Mittel erschien mir eine Serie von Enquêten, aus welchen sich Sonderausschüsse herausbilden und nachmals zu einer Kultur-Zentrale verschmolzen werden sollten. Ich träumte von einem Kulturtag und einem Kulturparlament auf der Unterlage eines Rätesystems. Unter Einem machte ich mich anheischig, gleich mit der Ausführung dieses Riesenplans zu beginnen und mit der Mittelschule den Anfang zu machen. (AFT, I 295)

---

48 [Anonymus]: Vereinszeitschrift Verein der katholisch Geschiedenen. Nr. 6 [1905]. Nachlass Scheu (wie Anm. 6).

Wesentlich war die Vorstellung eines sich als „lebendige Verfassung" ausbreitenden Organismus (CP, 24), dessen „Zellen" als jeweilige „Expertenversammlung" (CP, 26) auf Grund des gesammelten und ausgewerteten Rohmaterials die Methode entwickeln, eine Arbeit, die sich nach „wissenschaftlicher Abrundung" des „Wunschbildes" des Gegenstandes erschöpfe (CP, 32). Dabei spielen „Cadres", jene in mehr als einer Serie wiederkehrenden Teilnehmer (CP, 36), die Rolle eines Mittelorgans zwischen der Centrale, welche die Impulse gibt, und der „Volksgesamtheit", aus welcher sie die Anregungen aufsaugen (CP, 37):

> Die ganze übrige Organisation verhält sich zur Centrale wie Intellect zu Wille, wie Urteil zu Instinct, wie Ueberlegung zur That. Die Zellen, Serien und Cadres liefern den Stoff und in der Form der Wünsche Willensfragmente. Die Centrale gibt dem Willen die endgültige Richtung und leitet an die Mittelstufen den Thatimpuls zurück. (CP, 38)

Diesem Organisationsentwurf lag die lebensphilosophisch gefärbte Einsicht in die Unproduktivität unseres Wissens zu Grunde: „Je feiner unsere Systeme, unsere Maschinen sind, desto greller beleuchten sie den Widerspruch zwischen Wunsch und Erfüllung. [...] Die Politik ist zu plump geworden für die feineren Probleme der modernen Welt." (CP, 4 f.)

Von diesem Vorhaben Scheus, durch Zentralisierung der „Anregungen, [der] Arbeiten, [der] Personen und [der] Leistungen" ein „Machtganzes" zu schaffen (EPW, 1),[49] grenzen sich Alexander Kluges Utopien von der Sammlung nicht gleichmäßig rationalisierbarer Wünsche ab, also Gedanken, „die nicht von oben nach unten aus der Logik entstehen, sondern von unten nach oben", Gedanken als „eingedickte Gefühle", die in der „Vollversammlung" zu „Antriebskräfte[n]" werden.[50] Aber Kluges Vokabular erinnert an Scheus Programm: Kluge ist sich der wichtigen politischen Fragen des Austauschs von Gefühlen untereinander bewusst, ob auf einem „Markt", wo sie wie Gedanken einander „magnetisch" anziehen,[51] ob auf „Volksversammlungen", wo „die Diktatur des Moments" und „Bündnisse" herrschen.[52] Scheu charakterisiert die personellen und gedanklichen Berührungsstrukturen des Systems Kulturpolitik als „Creditbank des Geistes" und als „Heiratsbureau der Gedanken" (CP, 76 f.), denn es „nimmt Aperçus in Verwahrung, kuppelt den Mann der That mit dem Mann der Gedanken, gesellt dem Theoretiker den Kaufmann zu, ergänzt Bruchstücke von Ideen. Durch seine Verbindungen ist es im Stande, die geistige Atmosphäre zu

---

49 Zur „Kodifizierung der Wünsche, Hoffnungen und Erfahrungen" vgl. LUBLINSKI: Bilanz der Moderne (wie Anm. 44), S. 113.
50 ALEXANDER KLUGE: Die Macht der Gefühle [...]. Frankfurt/M. 1984, S. 199-201.
51 Ebd., S. 214.
52 Ebd., S. 212 f.

wittern. Das antike Orakel lebt wieder auf in moderner Gestalt, mit modernem Apparat" (CP, 77). Inwiefern aber begrenzt diese Metapher die Vernetzung bereits? Wenn Kluges moderne Heiratsvermittlerin Bärlamm klagt: „Jeder Mensch hat alle Gefühle. Hätte jeder nur eins, wäre es vom Standpunkt der Bindekunst einfacher",[53] müsste man wohl auch nach der Tauglichkeit von einem „Heiratsbureau der Gedanken" für eine Vermittlung fragen, die eine revolutionäre, kulturverändernde Funktion in Anspruch nimmt. Heiratsbureaus hatten vor allem seit der zweiten Hälfte des 19. Jahrhunderts die traditionelle Heiratsvermittlung ersetzt.[54] Die rein sachliche Auffassung dieser kommerziellen Unternehmen nimmt Scheu wohl als materielle Vorbelastung der Metapher in Kauf, wenn es das stockende Geistesleben Wiens zu modernisieren gilt. Gleichzeitig werden auch die bürgerlichen Institutionen durch seine Kulturpolitik, etwa die paradigmatische „Creditbank" durch Verknüpfung mit der Begriffssphäre des ‚Geistes', der revolutionärer Grenzüberschreitungen fähig ist, herausgefordert. Aber sollte man gegenüber revolutionären Gedanken, die ins Bureau treten, nicht besser misstrauisch bleiben?

Es wäre naheliegend, aber wohl ungerecht, im Organisationskonzept „Kulturpolitik" Stoff für Robert Musils Spott zu wittern, denn in „Der Mann ohne Eigenschaften" schlägt Diotima am Ende einer Sitzung der Parallelaktion vor, man müsse, um große Ideen und einen erlösenden Aufschwung bei den „heutigen Völker[n]" anzuregen, Ausschüsse einsetzen, „an deren Spitze je ein Beauftragter dieser Regierungsstellen stehe, und an seine Seite Vertreter der ressortzuständigen Körperschaften und Volksteile wähle", um einen Aufbau zu schaffen, „welcher die hauptsächlichen moralischen Kräfte der Welt schon geordnet enthalte, durch den sie einströmen und in dem sie gesiebt werden können":

> Die letzte Zusammenfassung würde dann im Hauptausschuß erfolgen, und dieser Bau müsse nur noch durch einige besondere Ausschüsse und Unterausschüsse wie ein Propagandakomitee, einen Ausschuß zur Beschaffung von Geldmitteln und dergleichen ergänzt werden, wobei sich persönlich die Gründung eines geistigen Ausschusses zur weiteren Bearbeitung der grundlegenden Ideen, natürlich im Einvernehmen mit allen anderen Ausschüssen, vorbehalten möchte.[55]

Angesichts der allgemeinen Verblüffung fragt ein Zuhörer, „wie in die so gedachte Aktion das vornehmlich Österreichische hineinkommen werde".[56] Aber der im habsburgischen Mythos bewanderte Leser weiß schon, dass es in

---

53 Ebd., S. 208 f.
54 Vgl. Meyers Großes Conversations-Lexikon. 6. Aufl. Leipzig, Wien 1905, Bd. 9, S. 115.
55 ROBERT MUSIL: Der Mann ohne Eigenschaften. Hg. von Adolf Frisé. Bd. 1. Reinbek bei Hamburg 1981, S. 179.
56 Ebd.

dieser Form als Selbstzweck, nicht in einem Inhalt liegt. Inwiefern war die Form von Scheus Antipolitik kein Selbstzweck, sondern ihren Inhalten angemessen?

Scheu stand zwar der Frauenbewegung nahe, aber die Mitgliedschaft der Kulturpolitischen Gesellschaft war statutengemäß rein männlich; Frauen hatten als ‚Gäste' kein Stimmrecht.[57] Immerhin war der Anlass für die Enquête über die Reform des Eherechts die Vernachlässigung des Eherechts in der von der Regierung Koerber geplanten Reform des bürgerlichen Gesetzbuches (vgl. ER, IV). Auf diesen kulturpolitischen Zusammenhang der Metapher „Heiratsbureau" wird noch eingegangen. Was die andere Schlüsselmetapher „Creditbank" betrifft, ist es ebenfalls bemerkenswert, dass die Enquête über Personalkredit und Wucher (März-April 1904) die „desolaten Verhältnisse des Personalkredits" im Beamtenstande, in Offizierskreisen und den freien Berufen, und die mangelnde Regelung der „Geldgeschäfte" und deren Missbräuche enthüllte (EPW, 7), und Scheu sich energisch für die Schaffung neuer Kreditinstitute einsetzte. Bei dieser Enquête wurde kaum auf einen abstrakten Begriff des Kredits eingegangen, während aus den Auseinandersetzungen um das Eherecht jedoch Scheus Verständnis der Ehe als Vertrag (ER, 176) und als Beziehung hervorgeht, etwa, dass „die monogamische Form der Ehe [...] die idealste Form der Ehe" sei (ER, 6) – was für die Fundierung der Metapher „Heiratsbureau der Gedanken" nicht gerade vielversprechend ist. Starken Widerspruch rief Scheus hypothetisches ‚amerikanisches' Modell der Eheschließung hervor, „die einfach aus dem Willen der Teile erschlossen" werde, nicht „durch feierliche Trauung", sondern durch Konstatierung: „[...] wenn ein Paar eine gewisse Zeit beisammen ist, so ist die Ehe geschlossen" (ER, 42). Aber gerade diese Begriffsauflockerung macht uns auf den metaphorischen Wert des „Heiratsbureaus der Gedanken" aufmerksam. Wenn Scheu in „Der Weg zum Lebenskünstler" den Spieß umkehrt: „Jede Beziehung, die ein Mensch eingeht, und beträfe sie das trockenste Geschäft, ist eine Ehe" (WL, 140), wird „jede" Beziehung als „Ehe" nur scheinbar besiegelt, da diese gelockerte ‚Ehe'-Metapher ebenfalls mehr auf die Qualität als auf die Beständigkeit Wert legt. Bei „Heiratsbureaus der Gedanken" hat Scheu auch nur an geknüpfte Gedankenbeziehungen gedacht, nicht an deren Kontinuität oder Fernwirkung; die polare ‚Bindekunst' (Kluge) ist nur der Ansatz zur Vernetzung. Eine aufschlussreiche Parallele bietet die Unterscheidung George Konráds, dem viel an der beschleunigten Zirkulation der Gedanken liegt, im Bereich der dissidenten Antipolitiker zwischen einzelnen Paaren, die zusammenkommen und auseinandergehen, und dem fortbestehenden

---

57 Statuten der Kulturpolitischen Gesellschaft in Wien. [Genehmigt am 5. August 1901]. Nachlass Scheu (wie Anm. 6).

freundschaftlichen Netzwerk, das neu entstehende Paare trägt.[58] Auch Scheus „ideenreiche[m] Schriftchen" „Culturpolitik" wurde 1901 die Absicht unterstellt, „eine Art von Wiener Secession in die Politik" einzuführen mit der Schaffung eines „freien Bund[es] der vornehmen Geister, die alle politischen Parteien überwunden haben". Der Journalist, der seinen Berufsstatus durch Scheus Kritik an bestehenden und seine Forderung nach neuen Einrichtungen (etwa die Überwindung der Presse „als ‚Macherin und Sklavin der Autorität'") gefährdet sieht, zählt ihn zur unheilstiftenden „Wiener Mode der Ueberwinder",[59] ohne den größeren Zusammenhang von Scheus utopischem Konzept begriffen zu haben: die Erstarrung der politischen Öffentlichkeit im Zuge der institutionellen Krisen der Ära nach Badeni. Aus dem so unscheinbaren „ideenreichen Schriftchen", dessen Verfasser 1901 die 29 Käufer noch namentlich aufzeichnen konnte, ging in dieser Ära vor dem Ersten Weltkrieg eine Reihe sozialreformerischer Enquêten hervor, an denen tonangebende Universitätsprofessoren, Politiker, Beamte, Journalisten, Künstler und Schriftsteller des damaligen Wien mitwirkten. Scheus Terminkalender für die Jahre 1901-1908 hinterlassen einen Eindruck des Wirbels seiner öffentlichen Tätigkeit und seiner vielfältigen Bekanntschaften und Begegnungen, auch der vielen Enquêten: „Kunst-Enquête 15.–31. März [1905] (6 Abende) / Meldungs-Enquête 10.–20. April (3 Abende) / Dienstboten-Enquête 1. Oct.–20. Nov. / Spital-Enquête 1. Jänner- 15. Februar [1906] / (Mittel)Schul-Enquête 15. März–Ende April [1906] / 1. October 1906 Militär-Enquête / 1. Feb. 1907 Verfassungs-Enquête / Hochschul-Enquête."[60]

Um dem metaphorischen Inhalt des „Heiratsbureaus der Gedanken" gerecht zu werden und zu beurteilen, ob einzelne Anregungen nur während dieser

---

58 KONRÁD: Antipolitics (wie Anm. 1), S. 206 bzw. S. 198.
59 [Anonymus]: Culturpolitik. In: Prager Tagblatt Nr 68/1901. Nachlass Scheu (wie Anm. 6).
60 [ROBERT SCHEU]: Geschäfts-Vormerk-Blätter 1905, S. 68. Nachlass Scheu (wie Anm. 6). 1906 werden fast vierzig entweder bereits durchgeführte oder noch in Aussicht gestellte Enquêten aufgezählt, als ob das eine kulturpolitische Thema das nächste kettenförmig ergäbe: „Meldungswesen-Enquête. / Detektiv-Institute. / Dienstboten-E. / Teuerungs-Enquête (Preis- u. Waren-E.) / Hochschul-E. / Berufswahl-E. / Spital-E. / Auswanderungs-E. / (Orden) / (Detailhandel-) Wohnungs-Enquête / Todesstrafe / Balkanfrage / Militär-E. / Leichenbestattung / Kloster Beichte / Triester-Hafen-E. / E. über die Tüchtigkeit der Arbeiter / Kunst-Wohnungs-Aktion / Lokalverwaltungs-E. / Prostitution / Verlegung der Mittagsstunde / Majorennität / Vereinsgesetz / Sonntags-Vergnügen / Ausstellung der Inquisition / Ausstellung für Psychiatrie / Volksmanieren / Curatel / Irrengesetz / Presse / Kassenärzte / Nationalitäten / Staatliche Steuermoral / Strikengerichtshof / Geistige Censur / Schutz des Privatlebens (Berechtigte Interessen) / Bilder-Leih-Anstalt / Pfändung." Aus: [ROBERT SCHEU]: Geschäfts-Vormerk-Blätter 1906, S. 72 ff. Nachlass Scheu (wie Anm. 6).

Sitzungen eine intensive Entsprechung fanden oder nachhaltig in Umlauf blieben, müssten die Protokolle und die Rezeption der Enquêten jeweils einzeln erforscht werden. Scheu hat rückblickend für die Enquête über strafgerichtliche Voruntersuchung in Anspruch genommen, dass sie Justizminister Koerber bewog, „eine Massenentlassung von Häftlingen" anzuordnen, für die Enquête über Eherechtsreform, dass sie „zu einem zweiseitigen Petitionssturm führte, bei dem insgesamt vier Millionen Unterschriften gesammelt wurden", während „in der Wucher-Enquête [...] die Wucherer von Wien [...] an den Pranger gestellt" wurden, „indem man [...] ihre Namen als Liste vorgeladener Experten veröffentlichte",[61] worauf sich einige vom Geschäft zurückzogen.

Die Enquêten hatten vor dem Ersten Weltkrieg eine breite Wirkung, und Scheu glaubte an das Potential der Kulturpolitischen Gesellschaft als „Organ für die Schlichtung der nationalen Streitigkeiten"[62] und als Muster für die überparteiliche Struktur des vier Dezennien später entstandenen Österreich-Instituts.[63] Nur gelang „die geplante Verschmelzung der einzelnen Ausschüsse zu einem geschlossenen Gremium" nicht.[64] In den zwanziger Jahren führte Scheu trotz der „sachlich sensationelle[n] Erfolge" der einzelnen Aktionen das Scheitern seines Vorhabens, „jenen Stab von geistigen Menschen" um sich zu versammeln, zum Teil auf den Mangel „persönliche[r] Mittel", zum Teil auf seine naive Unterschätzung der „Macht und Anziehungskraft" der politischen Parteien zurück, „welche sie durch die Pfründen üben, die sie zu vergeben haben". Aus seiner Klage, dass seine damalige Kritik am Parlamentarismus „seither Gemeingut geworden" und „in einem Staat der Welt, und gar in Russland", als Rätesystem durchgedrungen sei, während in Österreich seinen Aktionen nur „Feindschaft" begegnet sei (AFT I, 296 f.), ist sein Ressentiment gegen die Sozialdemokratische Partei herauszulesen. Es führte ihn merkwürdigerweise dazu, sich in den Nationalratswahlen 1930 für die ÖVP einzusetzen,[65] schlug sich aber auch in einem erschreckend zeitgemäßen Lebenslauf nieder, den er wohl nach 1938 für eine mögliche Selbstverteidigung entwarf, als die Gestapo gegen ihn ermittelte. Darin deutete er Kernbegriffe seiner kulturpolitischen Utopie wie „Kampforganisationen", „Cadres", „Volksbewegung" im antidemokratischen Sinne der neuen nationalsozialistischen Ideologie des „Führerprinzip[s]

---

61 ROBERT SCHEU: Kulturpolitische Gesellschaft. In: Arbeiterzeitung vom 8.11.1947. Nachlass Scheu (wie Anm. 6).
62 Ebd.
63 SCHEU: Mein Anteil. 2. Fassung (wie Anm. 41), S. 8.
64 Ebd.
65 ROBERT SCHEU: Warum ich für die ÖVP kandidiere. In: Die Welt am Morgen Nr. 1226 vom 8.11.1930. Nachlass Scheu (wie Anm. 6).

und Kameradschaftsbund[s]" und der „Autoritätsverbände" um, nahm seine Enquête über Personalkredit und Wucher als Pranger für „jüdische[ ] Wucherer" in Anspruch, und stellte sich als Pionier der neuen Zeit vor, dessen Ideen „in der Vorperiode verfrüht und unerbeten waren [...] in einer überlebten, keiner frischen Tat fähigen Generation!"[66] Scheus Biographie in diesen Jahren bedarf der weiteren Erforschung, aber ich zweifle, ob dieses blamierende Bekenntnis zum Zeitgeist aus Überzeugung abgelegt wurde. Eher handelt es sich um eine unter seinen Zeitgenossen keineswegs seltene opportunistische Selbstrechtfertigung. Doch sei die Frage erlaubt, ob der Opportunismus gerade durch die Vernetzungskünste Scheus stärker ausgeprägt war. Denn es liegt eine zweite Fassung dieses Lebenslaufs vor, die nach 1945, wohl um 1951-53, entstanden ist, in dem Scheu sich wieder als Anreger vieler kultureller, wirtschaftlicher und politischer Initiativen vorstellt, die „von den politischen Parteien als unerwünschte Einmischung, gewissermaßen als unliebsame Störung ihres Metiers mißtrauisch betrachtet wurde[n]".[67] Diesmal aber greift er auf jene ideologische Legitimation aus den zwanziger Jahren zurück, die nun in der Zeit der sowjetischen Besatzung und der Rehabilitierung der linken Parteien wieder aktuell geworden war: sein Konzept eines Kulturparlaments habe „mit den politischen Vertretungs-Körpern kontrapunktisch rivalisiert, ohne diese zu verdrängen". Er berief sich auf den Staatsrechtler Weltsch, der darin einen Vorläufer des „Räte-Systems" erkannt habe.[68] Noch 1958 heißt es über Scheus Anspruch auf die Begriffe „Führerprinzip" und „Rätesystem": „Was tut es dem Autor, daß später Leute wie Hitler und Stalin von ihnen schlechten Gebrauch machten?"[69]

Also kommt – um die Frage von Musils Zuhörer noch einmal aufzugreifen – doch ein ideologischer Inhalt in Scheus Vernetzungsmodell hinein? Wenn die Verwandtschaft der Wiener Moderne mit den inhaltsleeren, zunehmend beschleunigten Vernetzungen der Postmoderne in der etwas überspitzten These Le Riders von der „generelle[n] Destruktion der Identitäten" gesucht wird,[70] wäre zu fragen, inwiefern die gleichzeitige Zersplitterung und Vermehrung der persönlichen Identitäten, die Geoff Mulgan in seinem Buch „Connexity" als neue Folge der postmodernen personellen und technischen Vernetzungen beschreibt, auch den vernetzungsgeübten Vertretern der Moderne bekannt war.

---

66 ROBERT SCHEU: Mein Anteil. 2. Fassung (wie Anm. 41), S. 7.; ders.: Mein Anteil am Zeitgeschehen. [Typoskript. 1. Fassung], S. 5. Nachlass Scheu (wie Anm. 6).
67 Ebd., S. 7.
68 Ebd., S. 20.
69 F. W.: Der Autor des Wortes „Kulturpolitik". Eine Robert-Scheu-Ausstellung in der Stadtbibliothek. In: Arbeiter-Zeitung Nr. 144 vom 25.6.1958. Nachlass Scheu (wie Anm. 6).
70 LE RIDER: Das Ende (wie Anm. 25), S. 416.

In gewissem Sinn ist Mulgans Diagnose eine Weiterentwicklung der Kulturkritik Georg Simmels um 1900, der die zunehmende Atrophie der subjektiven Kultur als dichotomische Begleitung der Ausbreitung der objektiven Kultur registrierte.[71] Gleichzeitig mit der heute zunehmenden Macht- und Medienkonzentration und den neuen Formen der Gefangenschaft in einer Umgebung, die Millionen von Menschen wenig Selbstbestimmung und wenige Auswege gewährt, sei, Mulgan zufolge, eine neue extreme Variante der Freiheit entstanden, nämlich die beliebige, mehrfache Identitätskonstruktion (etwa durch Mimicry) als Ausweg aus der Enge oder als Ausgleich des Verlusts einer überlieferten Identität: „If it [your identity] is no longer given by your race, your parents, or your village, you can define yourself as you like, even choosing your own name, and inventing your own history."[72] Auch solche Auswüchse der unechten selbstinszenierenden Individualität sind in Simmels Großstadtbild vorweggenommen.

Obwohl Scheu seine Improvisationen als „die zersplitterten Einzelheiten" zusammenfasste, deren gemeinsamer Nenner leicht erkennbar sei, und jeden „Vorwurf der Unbeständigkeit" auf sich nahm,[73] und obwohl er sich wohl für den Opportunisten hielt, der wie das Wasser „seinem Ziel [...] unwandelbar treu" bleibt (WL, 32 f.), muss man angesichts seiner nachträglichen Umdeutungen skeptisch bleiben: das Vernetzungsmodell, anscheinend für die Ausfüllung mit einem ideologischen Inhalt verfügbar, verleitet den Netzknüpfer zum Verzicht auf ethisch verantwortliche Kontinuität und zur Selbstrechtfertigung durch Schaffung einander ablösender Identitäten.

---

71 Vgl. GEORG SIMMEL: Die Großstädte und das Geistesleben (1903). In: ders.: Brücke und Tor. Berlin 1957, S. 227-242.
72 GEOFF MULGAN: Connexity. How to live in a connected world. London 1997, S. 42.
73 SCHEU: Mein Anteil. 2. Fassung (wie Anm. 41), S. 43.

Olaf Briese

# Der zweidimensionale Mensch
## Zum Status von *Crosswords*

## 1. Geschlossen und offen: Topographien der Moderne

*Die These*: Labyrinthe sind Chiffren von Lebenswelt, sind objektiviertes Erwartungspotential. Sie figurieren drei grundlegende kulturelle Prämissen: erstens Ohnmacht, zweitens deren Überwindung durch Aktivität, drittens einen Ausgang als Telos, als Ziel. *Die Antithese*: Ihr Gegenstand ist gar nicht der Akt des Gelingens, sondern die permanente Suche. Sie thematisieren ruhelose, möglicherweise erfolglose Bewegung an sich. Als Chiffren von Lebenswelt produzieren Labyrinthe permanent Ungewissheiten, demonstrieren gar die beständige Gefahr eines Scheiterns. Gleichfalls stark verknappt ließe sich eine *Synthese* formulieren: Labyrinthe versinnbildlichen Ambivalenzen. Als potentieller Innen-Akteur ist man ihnen in bestimmter Hinsicht ausgeliefert, als potentieller Außen-Akteur hat man in bestimmter Hinsicht Souveränität über sie. Immer ist man Objekt und Subjekt von Labyrinthen zugleich. Nicht zuletzt dieser Spannung verdankt sich ihre Faszination.

Ist damit relativ apodiktisch eine mögliche Gemeinsamkeit von Labyrinthen benannt, so ist wichtig, historisch-systematische Unterschiede zu beachten. Labyrinth ist nicht Labyrinth. Drei allgemeine Typen lassen sich – ohne bestimmte diffizile Diskussionsstränge übersehen zu wollen – unterscheiden: das einlineare antike Labyrinth, der Irrgarten als Typus des neuzeitlichen, modernen Labyrinths und schließlich das hypermoderne Netzwerklabyrinth, das offene Netzwerk, das Rhizom.[1] Antike Labyrinthe zeichnen sich u.a. durch folgende Merkmale aus: sie bieten keine Wahlmöglichkeiten, sind kreuzungsfrei, münden zwangsläufig ins Zentrum und führen auf die gleiche Art wieder heraus. Sie stellen eine eindeutige, allerdings durch zahlreiche Wegbiegungen verkomplizierte Linie bzw. Route dar. Ein Ariadnefaden mag hilfreich sein, ist aber keinesfalls nötig. Denn das Labyrinth selbst ist der Ariadnefaden. Zwar sprachen bereits griechische Autoren der Antike, wenn sie bestimmte Gebäude mit verwirrenden Wegen

---

[1] Vgl. HERMANN KERN: Labyrinthe. Erscheinungsformen und Deutungen. 5000 Jahre eines Urbilds. München 1982; PENELOPE REED DOOB: The Idea of the Labyrinth from Classical Antiquity through the Middle Ages. Ithaca, London 1990; HELMUT JASKOLSKI: Das Labyrinth. Symbol für Angst, Wiedergeburt und Befreiung. Stuttgart 1994.

bzw. Gangsystemen beschrieben, von Labyrinthen, und christliche Autoren des 3. Jahrhunderts etablierten endgültig, auf das menschliche Schicksal bezogen, den metaphysischen Labyrinth-Topos im Sinn eines Irrgangs-Systems. Diesen rein auf die narrative Sphäre beschränkten Ausführungen, die den ‚linearen‘ Labyrinth-Topos entscheidend transformierten, lassen sich jedoch keine archäologischen oder visuell-bildlichen Zeugnisse zur Seite stellen, die solche antiken Irrgang-Komplexe belegen und die enorme Vielzahl der üblichen ‚linearen‘ Labyrinth-Darstellungen konterkarieren.

Solche architektonischen bzw. visuellen Zeugnisse liegen – und das ist äußerst bemerkenswert – offenbar erst seit der Renaissance vor. Erst seit dieser Zeit gibt es Entwürfe für Irrgärten, für das neuzeitliche Labyrinth. Es ist ein Irrgangsystem mit Wahlmöglichkeiten zwischen alternativen Pfaden, die auch ins Leere führen können. Hier ist ein Ariadnefaden nützlich. Denn keinesfalls schreibt die Logik dieses Labyrinths einen zwingenden Weg vor. Es gibt viele Wege und viele Irrwege, Sackgassen und drohenden Orientierungsverlust. Mitunter erweist sich nur eine einzige aus einer Vielzahl von Routen als richtig. Das dritte, hypermoderne Labyrinth schließlich ist kein räumliches Gebilde, man sollte eher von einem metaphorisch-metaphysischen Konstrukt zur Beschreibung von Wirklichkeiten der Moderne sprechen. Es ist ein komplexer Verweisungszusammenhang bzw. ein Komplex vieler solcher Komplexe. Eindeutige Zuordnungen sind aufgelöst in multilaterale Beziehungen, wo die situative Veränderung einer Relation die von anderen beständig nach sich zieht. Euphorisch spricht Umberto Eco mit Rückgriff auf eine mittlerweile bekannte Metapher von einem Rhizom, Michel Foucault resigniert von einem gerissenen Ariadnefaden der Moderne.[2]

Irrgärten, d.h. jene erwähnten neuzeitlichen Labyrinthe mit Wahlmöglichkeiten, kamen, wie erwähnt, erstmals in der Renaissance auf. Als erster bisher bekannter Beleg gelten Skizzen aus der Zeit um 1420. Im Zuge des 16. und 17. Jahrhunderts wurden sie architektonisch umgesetzt in teilweise aufwendigen Gartenkompositionen.[3] Dieses so späte Entstehen tatsächlicher irrläufiger Labyrinthe ist ebenso bemerkenswert, wie es tatsächlich nach wie vor unerklärt ist. Jüngst wurde die nicht unbegründete These vorgebracht, dass diese Labyrinthe – offenbar fußend auf christlichen Labyrinth-Narrationen seit dem 3. Jahrhundert

---

[2] UMBERTO ECO: Die Enzyklopädie als Labyrinth (1984). In: ders.: Im Labyrinth der Vernunft. Texte über Kunst und Zeichen. Hg. von Michael Franz und Stefan Richter. Leipzig 1989, S. 104-113; MICHEL FOUCAULT: Der Ariadnefaden ist gerissen (1969). In: KARLHEINZ BARCK u.a. (Hg.): Aisthesis. Wahrnehmung heute oder Perspektiven einer anderen Ästhetik. Essais. Leipzig 1990, S. 406-410.

[3] Vgl. KERN: Labyrinthe (wie Anm. 1), S. 199, 202 ff., 359 ff.

– wachsende Anforderungen der Verstädterung in der Sicherheit gärtlich-ländlicher Räume durchprobten. Als Sinnbild neuer Welten spiegelten Irrgärten die zunehmende Komplexität städtischer Gesellschaften. Sie wurden zu Chiffren von Stadt, von verwirrend komplexen raum-zeitlichen Strukturen in religiöser, politischer, ökonomischer oder technischer Hinsicht. Scheinbar festgefügte substanzhafte Qualitäten schwanden, funktionale Ausdifferenzierungen ereigneten sich. Städtische Gesellschaften waren Konglomerate aus Relationen. Im schützenden Refugium des ländlichen Raums, im stilisierten Garten, wurden sie gleichsam abgefedert zu Lehrzwecken nachgestaltet.[4] Transferiert in überkommene bewährte Lebenspraktiken, durchprobten Irrgärten das Neue im Alten. Sie gewährleisteten Lernprozesse *ohne* tödlichen Ausgang, weil Irrgärten garantiert einen *Ausgang* haben. Die spielerische Einübung in die Moderne hatte zum Ergebnis, ihr gewachsen zu sein.

Wirft diese Konstellation ein Licht auf die Entstehung von *crosswords*? Sind sie Labyrinthen vergleichbar? Handelt es sich bei diesen 1913 in New York ersonnenen Rätseln gleichfalls um spielerische Einübungen in die Anforderungen der Moderne? Antworten darauf müssen vorerst wohl unbefriedigend ausfallen. Die Suche nach Lexikon-, wissenschaftlicher bzw. populärer Literatur zum Thema *crosswords*, die Suche nach bloßen Informationen mündet in eine Leerstelle, deren Umfang die kühnsten Erwartungen übertrifft. *Crosswords* gleichen in geradezu symptomatischer Weise einem entwendeten Brief Edgar Allen Poes: beständig sichtbar, beständig übersehen.[5] Fällt diese Sichtbeschränkung, werfen *crosswords* die Frage nach ihrem kulturellen Stellenwert auf. Zugespitzt: indizieren die 1913 erfundenen und bald darauf einen rasanten Siegeszug antretenden *crosswords* nicht den ambivalenten Status der Moderne? Sind sie lediglich Ausdruck eines bloßen feuilletonistischen Zeitalters der nichtswürdigen Unterhaltung, wie beispielsweise Hermann Hesse insinuierte,[6] oder sind sie gar vergleichbar den ambitioniertesten Projekten kultureller Avantgarden? Eine hypothetische Antwort: Ort und Zeit ihrer Erfindung scheinen mehr als Zufall zu sein. *Crosswords* sind visuell-medial geronnene Moderne, explizieren eine spezifische Logik von Vernetzung, ein spezifisches Kalkül von Verknüpfung. Interferenzen mit anderen

---

4 Vgl. URSULA FRANKE: Umherwandeln unter symbolischen Rätseln. Zur Bedeutung des Labyrinths im Lustgarten Ludwig XIV. In: GÉRARD RAULET / BURGHART SCHMIDT (Hg.): Vom Parergon zum Labyrinth. Untersuchungen zur kritischen Theorie des Labyrinths. Wien, Köln, Weimar 2001, S. 163-186, hier S. 177.
5 Vgl. EDGAR ELLEN POE: Der entwendete Brief. In: ders.: Meistererzählungen. Hg. v. Mary Hottinger. Zürich 1989, S. 248-266.
6 Vgl. HERMANN HESSE: Das Glasperlenspiel (1943). In: Ausgewählte Werke. Bd. 4. Frankfurt/M. 1994, S. 89.

Kulturprozessen liegen auf der Hand. *Crosswords* waren die exoterische Oberfläche von Prozessen, die mittlerweile alle Bereiche von Kultur erfasst hatten. In Arbeits- wie in Kommunikationsprozessen, in Kunst wie in Philosophie realisierten sich normierte, standardisierte Netze, wurden produziert bzw. reproduziert.

Das ist – so die Präzisierung dieser Hypothese – der diskursgeschichtliche Ort des Kreuzworträtsels. Es verdichtet die strukturellen Ambivalenzen der Moderne nach 1900. Es ist einerseits, im Sinn von starren oder relativ starren Labyrinthen der Antike bzw. der Neuzeit, ein gestaltgewordenes Gehäuse der Hörigkeit (Marcuse), es definiert die Formen und Inhalte von Sozialkonditionierung und Sozialadaption und statuiert die Logik eines zwingenden Vollzugs. Andererseits ist es, im Sinn des Rhizom-Labyrinths modernen Typs, das Vehikel einer möglichen offenen Gesellschaft (Popper), weil es innerhalb abgesteckter Definitionsgrenzen Schritte und Wege dieses Vollzugs und Nachvollzugs offenlässt und herausfordert, sie auf je eigene Art auszuloten. Diese paradoxe zwingend-zwanglose Struktur konterkariert die nicht selten emphatische Rede von Netzwerken. Möglicherweise sind für die Proto-Moderne bis 1800 Typen relativ geschlossener Netzwerke kulturdominant, für die Moderne um 1900 die von sich relativ öffnenden. Der aktuelle Status hingegen steht zur Disposition. Sollte es einen kulturellen Trend zu potentiell immer offeneren Strukturen geben? Was bedeutet das für das Verhältnis von Destabilisierung und Stabilität, von Belastung und Entlastung der Kultursubjekte? Dazu erfolgen hier anhand des ambivalenten Phänomens der *crosswords* Überlegungen in mehreren Abschnitten, wobei in den ersten Teilen bewusst an sozialtheoretische Entwürfe, die aus der Zeit der Karriere der *crosswords* stammen, angeknüpft wird. Dass das hier Vorgestellte aufgrund der unbefriedigenden Forschungslage hypothetischen Charakter trägt, muss hingenommen werden.

## 2. New York World: Rätsel und Kreuzworträtsel

Jedes relevante kulturelle Phänomen hat seine Ursprungserzählungen. Dies gilt auch für *crosswords*. Nichtverifizierbare Quellen berichten, etwa Mitte des 19. Jahrhunderts habe Lewis Carroll für das Schreiben seines Erfolgsmärchens „Alice im Wunderland" zur eigenen Orientierung ein Kreuzworträtsel benutzt. In einer zweiten Ursprungserzählung soll ungefähr zur selben Zeit, 1857, ein amerikanischer Journalist erste Kreuzworträtsel veröffentlicht haben, die jedoch in Vergessenheit gerieten. Eine dritte Variation berichtet von einem südafrikanischen Farmer, der um 1900 wegen eines Verkehrsunfalls im Gefängnis saß und sich dort die Langeweile mit Papier und Bleistift vertrieb. Über Wärter und Ärzte gelangten seine Rätsel an eine Kapstadter Zeitung und wurden zur Sensation, bei seiner Entlassung soll er ein steinreicher Mann gewesen sein.[7]

Im allgemeinen jedoch gilt die Geschichte als verbindlich, die historisch nachprüfbar ist. Im Jahr 1913 war ein Journalist namens Arthur Wynne verantwortlicher Redakteur für die Unterhaltungsbeilage „Fun" der Zeitung „New York World". Der Auftrag der Redaktion bzw. des Verlegers lautete, für die Weihnachtsbeilage ein besonderes Spiel oder Rätsel vorzustellen. Wynne erinnerte sich an viktorianische Worträtsel, an sogenannte magische Quadrate, die er aus England, seinem Geburtsland, kannte, also Quadrate, die waagerecht und senkrecht die gleichen Worte ergeben. In britischen Rätselbüchern des 19. Jahrhunderts waren sie immer wieder abgedruckt. Schwarze Felder oder Wörter mit unterschiedlicher Länge gab es dabei noch nicht. Auch waren die einzuordnenden Worte bereits vorgegeben. Wynne hingegen erstellte eine Liste mit Hinweisen, nach denen die 31 zu findenden Wörter erst zu erschlüsseln waren. Die Ausgabe der „New York World" vom 21. Dezember 1913 enthielt somit das erste *crossword* der Welt. Die Leser waren begeistert, diese Rätsel erschienen regelmäßig. Schon wenige Wochen danach konnte sich Wynne auf spontan eingesandte Entwürfe stützen. Der endgültige nationale und internationale Durchbruch soll sich 1924 ereignet haben. Zwei frischgebackene Journalisten, Dick Simon and Lincoln Schuster, waren auf der Suche nach einer Geschäftsidee. In Buchform veröffentlichten sie gesammelte *crosswords* der „New York World"; ein grandioser geschäftlicher Erfolg, der nicht nur den Grundstein des Verlagsimperiums Simon & Schuster legte, sondern die weltweite Karriere von *crosswords* auslöste. Schon 1922 waren erste Kreuzworträtsel in England erschienen. Aber erst nach dem Bestseller von Simon und Schuster wurden sie ein Massenerfolg. 1924 wurden die ersten amerikanischen *crosswords*-Vereine gegründet, 1925 fand das erste betreffende Turnier statt.[8] In Deutschland soll das erste Kreuzworträtsel in der „Berliner Illustrierten" im März 1925 veröffentlicht worden sein, schon im selben Jahr gab es nachweislich das erste Kreuzworträtsel-Lexikon.[9]

Rätsel und auch Bilderrätsel sind keine Kinder der Moderne, sie haben eine lange, nicht zuletzt magisch bzw. mythisch-religiöse Geschichte. Bilderrätsel, Zahlenrätsel, magische Zahlenquadrate usw. gehören nicht nur im christlichen

---

7 Vgl. MANFRED STOCK: Alles über Rätsel. Rätselkunde vom Erotik- bis zum Kreuzworträtsel. Berlin 1995, S. 43.
8 Vgl. MICHELLE ARNOT: What's Gnu? A History of the Crossword Puzzle. New York 1981; CORAL AMENDE: The Crossword Obsession. The History and Lore of the World's most Popular Pastime. New York 2001.
9 Vgl. STOCK: Alles über Rätsel (wie Anm. 7), S. 44.

Kontext zu arkanen Objekten bzw. Praktiken.[10] Eine Phänomenologie des Rätsels ließe u.a. folgende Merkmale hervortreten: die Ambivalenz von Singularität und Wiederholung, von Lösbarkeit und Nichtlösbarkeit, von Spiel und Ernst, von Unverbindlichkeit und metaphysischer Latenz. Vor allem arbeiten Rätsel mit überraschenden Verfremdungen. All das – bis auf diese gezielten Verfremdungen – scheint auch *crosswords* auszuzeichnen. Will man weiteren Besonderheiten auf die Spur kommen, sollte man jedoch die spezifischen Konditionen der Moderne nicht übergehen. Was sich ab 1900 im Stadtbild Manhattans versinnbildlichte, lässt sich als Folie ansehen, vor der sich *crosswords* konstituierten. Zurückhaltung ist dabei geboten. New York bzw. Manhattan sind grandiose Projektionsflächen und eignen sich hervorragend für Mythisierungen. So wäre es irreführend, den streng gitter- bzw. rasterartigen Aufriss der Stadt den Standardisierungstendenzen des Industriekapitalismus zuzuschreiben. Er wurde schon einhundert Jahre zuvor, im Jahr 1811, entworfen bzw. beschlossen, und dieser rasterförmige Plan steht in der Linie anderer Planungsstädte seit der Renaissance und davor.[11] Eine erste Besonderheit der Stadt sei allerdings, mit Rückgriff auf Lewis Mumford, hier hervorgehoben. New York stellt wie andere Städte der Moderne seiner ursprünglichen Anlage nach und im Gegensatz zu Gittern der altrömischen bzw. Renaissancestadtplanung ein *dezentrales* Netzwerk dar.[12] Statt klar definierter Zentren und Grenzen gibt es, zumindest architektonisch, Räume, die sich in ihrer durchgehenden ökonomisch-funktionalen Regelmäßigkeit und abstrakten Dezentralität zu gleichen scheinen – eine Eigenschaft dieser Metropole, die erst im 20. Jahrhundert zunehmend hinfällig wurde. Noch eine zweite Besonderheit scheint hervorhebenswert. Seit der Jahrhundertwende spiegelte sich der geometrische Grundriss in der Vertikalen. Das Stadtraster reproduzierte sich.

Die Stadt wuchs in die Höhe, auch Stadtnetze wuchsen in die Höhe. Das war ein kulturell bedeutsamer Vorgang, der nicht bloß das quantitative Anwachsen von mehreren auf viele Stockwerke implizierte (im Jahr 1911 wurde in Manhattan die bislang magische Barriere von 100 Stockwerken durchbrochen). Aus einem komplexen Zusammenhang von ökonomischen und architektonischen Strategien, der sich unmittelbar in Werbe- und Schriftstrategien

---

10 Vgl. GUSTAV RENÉ HOCKE: Die Welt als Labyrinth. Manierismus in der europäischen Kunst und Literatur (1957/59). Reinbek bei Hamburg 1987, S. 289 ff.; ANNEMARIE SCHIMMEL: Das Mysterium der Zahl. Zahlenmystik im Kulturvergleich. München 1984.
11 Vgl. REM KOOHLHAAS: Delirious New York. Ein retroaktives Manifest für Manhattan (1978). Aachen 1999, S. 13 ff.; SPIRO KOSTOF: Das Gesicht der Stadt. Zur Geschichte städtischer Vielfalt. Frankfurt/M., New York 1992, S. 95-158.
12 LEWIS MUMFORD: Die Stadt. Geschichte und Ausblick (1961). Köln 1963, S. 492 ff.

*vertikal* entlang der neuen, in den Höhenraum strebenden Gebäude niederschlug, entstand das, was Walter Benjamin in einem seiner stadtphänomenologischen Essays die „diktatorische Vertikale" nannte.[13] Sie erwuchs nicht nur aus ökonomischen oder architektonischen Faktoren. Der bauliche Drang in die Höhe war und ist ein kulturell komplexes, symbolisch bedeutsames Phänomen, das unter den ökonomischen und technischen Bedingungen des Industriekapitalismus neue Rahmenbedingungen fand. Ergebnis war ein grundsätzlich geänderter Stadtraum – ökonomisch, räumlich, kommunikations- und verkehrstechnisch, sensuell-mental.

Schon 1915 machte einer der Gründungsväter der amerikanischen Soziologie und Gründer der „Chicago School of Urbanism", Robert E. Park (unter anderem hatte er in Deutschland auch bei Simmel studiert), dies zum Thema eines Essays: „The City: Suggestions for the Investigation of Human Behavior in City Environment".[14] Er thematisierte die grundlegend neuen Stadterfahrungen – neue Zeit- und Raum-Erfahrungen, Hingabe an Vielfalten, Fähigkeit, in verschiedenen Welten zu leben, Fragmentierung und neue Bündelung von Ich-Qualitäten – in einem analytischen, aber insgesamt zustimmenden Duktus. Um ein Echo aus Deutschland vorzustellen, das auf dem Höhepunkt der Vorkriegsdebatte über Kultur bzw. Zivilisation die schöpferischen Potenzen der von anderen so geschmähten Moderne verklärte, soll hier an Wilhelm Ostwald erinnert werden. 1913 – direkt im zeitlichen Umfeld des *crosswords* – erklärte Ostwald in seiner „Philosophie der Werte", der Maßstab für die „Höhe der Kultur" liege in der Menge der Rohenergie, die sie zu entfesseln vermag, in der technischen Organisation und Koordination höchster Leistungsfähigkeit ihrer Mitglieder. Gerade das, was andere als banausisch, technisch, amerikanisch geißelten, galt ihm ausdrücklich als Adelsdiplom von Kultur.[15] Um Ostwalds Logik auf die der *crosswords* zu transponieren: Sie realisierten die Korrespondenz von Zahl, Wort und Begriff – geschlossen genug, um dem leistungsoptimierenden Kommando eines eindeutigen Vollzugs zu gehorchen, offen genug, um die Suche nach Alternativen zu nähren. Diese Koinzidenz von ökonomisch-technischer Moderne, ihrem Stadtbild, ihrer Art von Massenkultur einschließlich *crosswords* scheint kein Zufall zu sein. Mit Rückgriff auf Arbeiten

---

13 Vgl. WALTER BENJAMIN: Einbahnstraße (1928). In: ders.: Allegorien kultureller Erfahrung. Ausgewählte Schriften 1920-1940. Hg. von Sebastian Kleinschmidt. Leipzig 1984, S. 6-65, hier S. 23.
14 Vgl. ROBERT PARK: The City. Suggestions for the Investigation of Human Behavior in City Environment. In: American Journal of Sociology 20/1914-15, March, S. 577-612. Zu Park vgl. ROLF LINDNER: Die Entdeckung der Stadtkultur. Soziologie aus der Erfahrung der Reportage. Frankfurt/M. 1990.
15 WILHELM OSTWALD: Die Philosophie der Werte. Leipzig 1913, S. 267 f.

Rem Koolhaas' und anderer ließe sich verdeutlichen, wie das Straßenraster New Yorks qua Hochbauten in die Höhe wuchs, sein Quadratnetz in die Vertikale kippte. In einer Synthese aus Geometrisierungstendenzen von Renaissance und Moderne prägten Hochhäuser den Wahrnehmungshorizont. Ein Foto Alfred Stieglitz' von 1911 setzt diese rasterartige Hochhausstruktur mit kühler anatomischer Strenge ins Bild. Mit Koolhaas: Manhattan hatte „keine andere Wahl, als sein Raster nach oben hin auszudehnen".[16] Blickt man auf diese architektonischen Neuerungen, lässt sich vermuten: Straßenraster, Fassadenraster und Kreuzworträtselraster kommentierten einander. Ich möchte hier von Koevolution sprechen oder, in abwandelndem Rückgriff auf Norbert Elias, von Figurationen.[17]

Insofern wären *crosswords* Signets und Chiffren der Moderne, Figurationen ihrer Geometrisierungs-, Standardisierungs- und Normierungstendenzen, ein reglementiertes amphibolisches Netzwerk, ein geschlossen-offenes Gehäuse. Sie verkörperten Ambivalenzen, sie repräsentierten Sicherheit und Unsicherheit. Sie waren Ausdruck von Zwängen und Freiheiten von Modernisierung gleichermaßen und fungierten, wie ich in den nächsten beiden Abschnitten darlegen möchte, als Medien sowohl von Entselbstung als auch von Selbstbehauptung.

## 3. Entselbstung: Im Gehäuse der Hörigkeit

Bezogen auf die eingangs umrissenen drei Typen von Labyrinthen scheinen *crosswords* einem Typus anzugehören, der Offenheit und Freiheit suggeriert. Es gibt keinen Zwang, diesen oder jenen Weg zu gehen, denn alle gangbaren Felder sind in der Regel auf irgendeine Weise mit den anderen vernetzt. *Crosswords* als Labyrinth zeichnen sich jedoch durch mindestens sechs spezifische Besonderheiten aus: Erstens geschieht die Arbeit an ihnen in der Regel individuell, privat, persönlich separiert. Zweitens weisen sie nur schwache Zentren auf. Drittens gibt es eine Pluralität von Wegen, die aber letztlich reglementiert sind. Viertens gilt die verbindliche Regel, alle Wege gehen zu müssen. Fünftens schneiden diese sich, als bereits gegangene Wege, gegenseitig ab. Sechstens führen sie definitiv zu keinem Ausgang, sondern nur zu einem

---

16 KOOHLHAAS: Delirious New York (wie Anm. 11), S. 81.
17 Zum Figurationsbegriff von Elias, der von *Subjekten* im Mittelpunkt von Kulturprozessen ausgeht, vgl. HARTMUT ESSER: Figurationssoziologie und methodologischer Individualismus. Zur Methodologie des Ansatzes von Norbert Elias. In: Kölner Zeitschrift für Soziologie und Sozialpsychologie 36/1984, S. 667-702.

Ende. Dieses letzte Phänomen korrespondiert mit einem seltsam paradoxen barocken Signet von 1603, dem eines hermetischen Labyrinths, ohne Ausweg, eingeschlossen. „Non vego unde esca", ich finde den Ausweg nicht.[18]

Scheint dieses Signet von 1603 Ohnmachtserfahrungen vorerst nur ganz singulär zu kommentieren, ist der kulturelle Ort von *crosswords* der von Ohnmacht und ihrer Überwindung in diesem Modus des Eingeschlossenseins. *Crosswords*, restringierte Codes, vorabgezirkelte Netzwerke, haben Labyrinthen eines voraus: das demonstrativ vorgeführte Eingeschlossensein. Einen Ausweg zu finden, hieße *nach* gelöstem Rätsel allenfalls ans nächste zu gehen, weil die Lösung keine Lösung bedeutete, sondern nur ihre Suspension. Das gelöste Rätsel impliziert ja gerade den Zustand der erreichten Weglosigkeit. Jedes neue eröffnet alle Optionen, die sich dann im fortschreitenden Vollzug selbst kassieren. Als Netzwerk diktieren *crosswords* Handlungsschemata, die Menschen ein- bzw. zweidimensional zurichten. Sie reglementieren Mittel und Wege, denen man zu folgen hat. Wahl besteht allenfalls in der Abfolge. Sie hat zum paradoxen Ergebnis, diese Option selbst zu minimieren, bis sie sich völlig erschöpft. Kreuzworträtsel betreiben Ausschluss von Alternativen bis zur Selbstelimination. Jeder *crossword*-Spieler spielt nicht nur – Resultante neuzeitlicher Individuierung – *mit* sich selbst, sondern *gegen* sich selbst. Des Rätsels agonale Lösung ist, in wortwörtlichem Sinn: gezielt steuert der Spieler auf seine Niederlage zu. Und gerade das ist der verdeckte Gewinn, den *crosswords* abwerfen. Einübung, Konditionierung, Verinnerlichung. Mit Norbert Elias gesprochen: Übersetzung von Fremdzwang in Selbstzwang. Mit Max Weber gesprochen: gefangen im „stahlharten Gehäuse",[19] d.h. im Gehäuse der Hörigkeit, in arbeitstechnisch-räumlicher, städtisch-ghettoartiger, schichten- bzw. klassenmäßiger und sensuell-mentaler Hinsicht.

Diesen Aspekt einer demonstrativ vorgeführten Weg- und Ausweglosigkeit einmal ausgeklammert: Mögen Rätseln tatsächlich mitunter latente metaphysische Reste anhaften – Kreuzworträtsel sind gar keine Rätsel. Sie sind Verwahrungsinstitutionen von Fakten, Verwaltungsanstalten von Kenntnissen, Demonstration formalisierten, abrufbereiten Wissens. Wie die Pawlowschen Hunde in genau dieser Zeit antrainiert mechanisch auf Reize reagierten, so die Akteure der *crosswords* auf das ihnen angetragene Tableau. Ob sie es wissen oder nicht, ob sie es wollen oder nicht: sie sind seine dressierten Erfüllungsgehilfen.

---

18 Vgl. AEGIDIUS II. SADELER: Non vego unde esca (1603). In: KERN: Labyrinthe (wie Anm. 1), S. 289.
19 MAX WEBER: Die protestantische Ethik und der Geist des Kapitalismus. In: ders.: Gesammelte Aufsätze zur Religionssoziologie. Bd. 1. Tübingen 1920, S. 17-206, hier S. 203.

Wissend, doch unwissend; frei, doch gefangen; kreativ, doch normiert. Um Theodor W. Adornos unerbittliches Verdikt über modernes kulturindustrielles Amusement für *crosswords* zu paraphrasieren:

> Es wird von dem gesucht, der dem mechanisierten Arbeitsprozeß ausweichen will, um ihm von neuem gewachsen zu sein. Zugleich aber hat die Mechanisierung solche Macht über den Freizeitler und sein Glück, sie bestimmt so gründlich die Fabrikation der Amüsierwaren, daß er nichts anderes mehr erfahren kann als die Nachbilder des Arbeitsvorgangs selbst. [...] Das Vergnügen erstarrt zur Langeweile, weil es, um Vergnügen zu bleiben, nicht wieder Anstrengung kosten soll und daher streng in den ausgefahrenen Assoziationsgeleisen sich bewegt.[20]

*Pars pro toto* gilt dieser Standardisierungsbefund für *crosswords* im Modus der Sprache. Ungeachtet der historischen Wandlungen, die es gegeben hat: Platzhalter sind Stereotypen, ohne Syntax, ohne Kontext, in bloßer serieller Reproduktion. Sie wiederholen *mutatis mutandis* Mechanisierungszwänge, sie prädisponieren und präparieren für Anforderungen der Moderne. Kulturkritiker aus der Zeit der Weimarer Republik, der Zeit, in der das Kreuzworträtsel Deutschland erreichte, diagnostizierten diese Dominanz sprachlicher Stereotypen. Sprach Siegfried Kracauer in seinem Essay „Die Angestellten" 1929, bezogen auf Unterhaltungs- und Magazinprodukte, von immer wiederkehrenden fetischhaften Bildmotiven, die in den Status „magische[r] Beschwörungsformeln" eintreten,[21] baute Herbert Marcuse später diesen Ansatz mit ideologiekritischer Entschlossenheit aus. Vor Verallgemeinerungen bekanntlich nicht zurückweichend, attestierte er der Moderne eine funktionalisierte, abgekürzte, vereinheitlichende Sprache, eine Sprache der Tautologien und Synonyme, die qualitative Differenzen und Widersprüche annihiliert. Ihr wesentliches Merkmal sei der Kult des Substantivs, des Dingworts im Sinn eines autoritären Zentrums. Diese Sprache der fortgeschrittenen Industriegesellschaft erschöpfe sich in der magisch-rituellen Wiederholung von fungiblen Klischees und Stereotypen. Ihr sei die Verkürzung des Inhalts auf fixierte Bilder zu eigen, ein Gebundensein an hypnotische Formeln. Es käme zu einer Auslöschung von Sinn, sanktioniert durch rituelle Wiederholungen. Sie habe, und das kann als Marcuses Fazit gelten, „versteinerte Konkretheit" zum Ergebnis.[22] Titel des Buchs: „Der eindimensionale Mensch". Mit Rekurs auf Marcuse – ich gehe davon aus, dass

---

20 MAX HORKHEIMER / THEODOR W. ADORNO: Dialektik der Aufklärung. Philosophische Fragmente (1944). Hg. von Waltraud Beyer. Leipzig 1989, S. 156 f.
21 Vgl. SIEGFRIED KRACAUER: Die Angestellten. Kulturkritischer Essay (1929). Hg. von Lothar Bisky. Leipzig, Weimar 1981, S. 96.
22 HERBERT MARCUSE: Der eindimensionale Mensch. Studien zur Ideologie der fortgeschrittenen Industriegesellschaft (1964). Neuwied, Berlin 1970, S. 104 ff., hier S. 110.

die Kulturanalysen kritischer Theorien nicht gänzlich wissenschaftlichem Überbietungswillen geopfert werden sollten, freilich auch nicht unironisch dem Gegenteil – und mit Berücksichtigung der spezifischen Logik von *crosswords* möchte ich hier heuristisch den Terminus „Der zweidimensionale Mensch" verwenden. Der zweidimensionale Mensch wäre der, der mechanisch auf der Oberfläche der *crosswords* navigiert, solange, bis er sich im Triumph des letzten okkupierten Feldes selbst exterminiert.

*Crosswords* sind keine Rätsel. Ihnen fehlt der jedes Rätsel auszeichnende Verfremdungs- und Überraschungseffekt. In historischer Analyse wäre zu klären, wie und wann sich der Name Rätsel im Deutschen für sie überhaupt einbürgern konnte. Möglicherweise hängt das damit zusammen, dass sich in der weiteren Entwicklung von *crosswords* bzw. Kreuzworträtseln ein jeweiliges Lösungswort eingestellt hat. Analytisch-empirische Studien auch dazu stehen nach wie vor aus. Aber spätestens seit Mitte der zwanziger Jahre gab es ein Sesam-Öffne-Dich-Lösungswort als verborgene Quintessenz. Dieses scheint die Oberfläche der Zweidimensionalität in eine dreidimensionale verborgene Tiefe zu durchstoßen, scheint Fülle statt Defizienz zu eröffnen, mithin den Raum und die Dimension eines verborgenen Sinns. Das mechanisch abgespulte Repertoire von Kenntnissen aus Geographie, Werbung, Hochkultur und Medienwelt verweist darauf, dass es Geheimnisse oder zumindest Rätsel hinter der Oberfläche gibt, die einer Lösung oder eines Lösungsworts harren. *Crosswords* erweisen sich somit als Rätsel zweiter Potenz, die damit, immerhin als Rätsel, einer Auflösung zugänglich sind. Was 1925 dem Detektiv-Roman attestiert wurde – unter der Hand die Suggestion verborgener Ganzheit zu nähren und unfassliche Wirklichkeiten im Dispositiv der Lösung in fassliche zu übersetzen – gilt auch für *crosswords*.[23] Sie scheinen Rätsel zu lösen, Verborgenes ans Licht zu bringen. Dass der britische Geheimdienst 1941/42 im 2. Weltkrieg vermeintliche Spezialisten zur Enträtselung des sog. Enigma-Codes ausgerechnet über einen *crossword*-Wettbewerb rekrutierte,[24] ist als Kommentar der Wirklichkeit auf die ihr einwohnenden Phantasmen zu lesen. Denn die Lösungen von *crosswords* sind die Perversion einer Lösung. Sie sind die Lösung eines Rätsels, das gar keines ist. Sie sind bestenfalls das Versprechen auf einen Einkaufsgutschein, produzieren aber Mehrwert ganz anderer Art. Im Fokus des beglaubigten Lösungsworts härtet sich die Kollektivsuggestion von Eindeutigkeit, einer Eindeutigkeit, die

---

23 Vgl. SIEGFRIED KRACAUER: Der Detektiv-Roman. Ein philosophischer Traktat (1925). Frankfurt/M. 1979, S. 23.
24 Vgl. SIMON SINGH: Geheime Botschaften. Die Kunst der Verschlüsselung von der Antike bis in die Zeiten des Internet. München, Wien 2000, S. 221 f.

die dissoziierenden Sozialverhältnisse nicht zu gewähren vermögen und die sie im Modus des Stereotyps generieren. *Crosswords* halten die auseinanderdriftenden Sozialprozesse als Nukleus zusammen. Sie stehen für Eindeutigkeit und Kohäsion, konzeptualisieren eine autoritative Ordnung, wo an der Oberfläche oder in der Tiefenstruktur das anarchistische Chaos des Kampfs aller gegen alle waltet. Das Verdienst der *crosswords* ist es, diesem Chaos entgegenzutreten. *Quid pro quo* kämpft das Lösungswort den stellvertretenden, unbeirrten Kampf für Eindeutigkeit. Von ihm geht enigmatisch Energie aus. In ihm, als verborgenem kulturellen Fokus, liegt das Kraftfeld, das eine unsichtbare Ordnung hinter den Dingen verbürgt. Von *ihm* werden dessen Akteure dirigiert.

## 4. Selbstbehauptung: Riten der Unterwerfung

Sind Kreuzworträtsel also lediglich Resultat bzw. Ausdruck totaler Herrschaft, der Herrschaft einer totalen Kulturindustrie, vor der es, mit dem unversöhnlichen Adorno gesprochen, kein Entrinnen gibt, die sich in Kulturprodukten wie dem Kreuzworträtsel nur vollendet? Oder manifestiert sich in der ungezwungenen Beschäftigung mit ihnen nicht doch Autarkie? Sind sie, um nochmals Kracauers Essay „Die Angestellten" paraphrasierend heranzuziehen, nicht wenigstens Asyle von Obdachlosigkeit?[25] Dienen sie, zugespitzt gefragt, am Ende sogar einer Art Selbstbehauptung?

Dazu nochmals historische Eckdaten zum Jahr 1913: Ab 1906 wurde die Gefängnisgeometrie von Alcatraz instauriert. 1913 gilt als das Jahr der Geburt des Fordismus, der Fließbandproduktion der Fordwerke in Detroit. Der Normierung zwecks Sozialdisziplinierung bzw. Kapitalerwerb entsprach diejenige zur Steigerung militärischer Effektivität. 1917 wurde im ein Jahr zuvor gegründeten Königlichen Fabrikationsbüro Spandau das erste Normblatt deutscher Industrienormen mit dem Ziel effizienter Waffenproduktion veröffentlicht: DIN 1.[26] Um weiter in Deutschland zu bleiben: massenkulturell reproduzierte sich diese Art von Standardisierung und Geometrisierung in

---

25 Vgl. KRACAUER: Die Angestellten (wie Anm. 21), S. 88 und S. 94.
26 Vgl. JÜRGEN BÖNING: Die Einführung von Fließbandarbeit in Deutschland bis 1933. Zur Geschichte einer Sozialinnovation. Teil I. Hamburg 1993; STIFTUNG BAUAHUS DESSAU (Hg.): Zukunft aus Amerika. Fordismus in der Zwischenkriegszeit. Dessau, Aachen 1995; LUTZ ROLF: Spandau – Geburtsstätte des DIN. In: Spandauer Notizen, Jg. 1995, S. 93-112; EGBERT KLAUTKE: Unbegrenzte Möglichkeiten. „Amerikanisierung" in Deutschland und Frankreich (1900-1933). Stuttgart 2003.

Massenbewegungen und Massenaktionen wie etwa den Vorführungen von 17.000 Athleten auf dem Deutschen Turnfest 1913.[27]

Fordismus ist als Schlagwort geeignet, diese Tendenzen assoziativ aufzurufen. ‚Fordismus' ist ein äußerst komplexes Phänomen. Im engeren Sinn bedeutet es arbeitstechnische Fließbandproduktion, abgezirkelt, normiert, isoliert; in weiterem sozio-ökonomischen Sinn heißt Fordismus Effizienz und unbedingte Arbeitsdisziplin sowie umfassende Fabrik- bzw. Arbeitskontrolle; in weitem umfassenden Sinn umschließt Fordismus die Normierung und Standardisierung von Wahrnehmungs- und Verhaltensweisen in allen Kulturbereichen, d.h. eine moderne Massengesellschaft mit Mechanismen der Steuerung von Massen und ihres Verhaltens.[28] Zugespitzt gesagt: das, was Walter Rathenau, gleichfalls im Jahr 1913, in einer seiner philosophischen Programmschriften als Herrschaft der Mechanisierung brandmarkte, durchdrang alle kulturellen Bereiche, einschließlich des Freizeitverhaltens.[29]

Was die Verbindung zu *crosswords* betrifft, so öffnet sich hier ein völlig unbeschrittenes Forschungsfeld. Empirische Forschungen stehen nach wie vor aus. Gar nichts Verbürgtes ist bekannt über Pressestrategien, auch nichts über soziale Herkunft der Rezipienten oder über die zustimmenden bzw. ablehnenden Wertungsmuster der kulturellen Avantgarden. Zumindest scheint festzustehen, dass sie unter Arbeitern und Angestellten erfolgreich angenommen wurden. So weit zu sehen ist, fanden diese hier eine ebenso unaufwendige wie reizvolle Freizeitbetätigung. Dazu hat eine Reihe von Faktoren geführt, mindestens drei: die Alphabetisierung in Lesen und Schrift in großer Reichweite, eine Massenpresse, die auf die kulturellen Bedürfnisse und auch die ökonomischen Möglichkeiten großer Leserkreise zugeschnitten war, schließlich ein

---

27 Vgl. Festbuch für das 12. Deutsche Turnfest in Leipzig 12.-16. Juli 1913. Hg. vom Preßausschuß, Unterausschuß für das Festbuch. Leipzig 1913. Zum Kontext vgl. AUGUST NITSCHKE: Der Abschied vom Individuum. Kulissen und Kolonnen. In: ders./u.a. (Hg.): Jahrhundertwende. Der Aufbruch in die Moderne 1880-1930. Bd. 2. Reinbek bei Hamburg 1990, S. 221-248, sowie verschiedene Artikel in: ETIENNE FRANÇOIS / HANNES SIEGRSIT / JAKOB VOGEL (Hg.): Nation and Emotion. Deutschland und Frankreich im Vergleich. 19. und 20. Jahrhundert. Göttingen 1995.
28 Vgl. GERHARD FEHL: Welcher Fordismus eigentlich? Eine einleitende Warnung vor dem leichtfertigen Gebrauchs des Begriffs. In: STIFTUNG BAUHAUS DESSAU (Hg.): Zukunft aus Amerika (wie Anm. 26), S. 18-37. Zur Massenkultur um 1900: KASPAR MAASE: Grenzenloses Vergnügen. Der Aufstieg der Massenkultur 1850-1970. Frankfurt/M. 1997; HERMANN BAUSINGER: Populäre Kultur zwischen 1850 und dem Ersten Weltkrieg. In: KASPAR MAASE / WOLFGANG KASCHUBA (Hg.): Schund und Schönheit. Populäre Kultur um 1900. Köln, Weimar, Wien 2001, S. 29-45. Auch diese beiden wichtigen Arbeiten, das sei angemerkt, übergehen das Phänomen Kreuzworträtsel.
29 Vgl. WALTHER RATHENAU: Zur Mechanik des Geistes (1913). 10./11. Aufl. Berlin 1921, S. 338 ff.

Freizeitbudget, das es erlaubte, diese Bedürfnisse und Möglichkeiten zu entfalten, in Deutschland vor allem nach 1918, nach der juristischen Fixierung des achtstündigen Arbeitstags. Des weiteren: *crosswords* waren eine neue Kulturpraxis, die bürgerlich bzw. bildungsbürgerlich nicht besetzt war. Deshalb wurde sie auch von Protagonisten der Arbeiterbewegung begrüsst. Inhaltliche Gesichtspunkte kamen hinzu, *crosswords* eine massenkulturelle Attraktivität zu verleihen. Es vollzog sich eine Entsublimierung des bürgerlichen Bildungskanons in seiner zirkulären Vermassung, eine Entsublimierung, die dennoch auf ihn fixiert blieb. Auch für Kreuzworträtsel trifft zu, was generell für die entfaltete und organisierte Arbeiterbewegung in vielen Fragen von Kultur gilt. Sie blieb bürgerlichen Kulturpraktiken mimetisch verpflichtet. Dieses komplexe Phänomen einmal dahingestellt: Kreuzworträtsel gingen, nachdem sie 1925 erstmals nach Deutschland gelangt waren und von Zeitungen schnell den Weg in eigenständige Rätseljournale fanden, bereits kurz nach ihrer Ankunft zügig auch in die Arbeiterpresse ein, und sie wurden als angemessene proletarische Freizeitaktivität angesehen.[30]

Heute agieren offenbar andere Akteure des Kreuzworträtsels als zur Zeit der Weimarer Republik, andere als hauptsächlich Arbeiter und Angestellte. Im englischsprachigen Raum, in dem sich eine stark ausdifferenzierte *crossword*-Kultur entwickelt hat, zählen zweifellos auch Intellektuelle zu ihren unverzichtbaren Stützen. Das heißt nicht, dass nicht auch hier Sozialkonditionierung auf einem anderen Niveau stattfindet oder nicht auch hier an einer Einübung in ein Intellektuellen- und Standesmilieu gearbeitet wird, verbunden mit habitueller Distinktion angesichts beschränkter *lower-class-solver* bzw. unautorisiert einsickernder fremdsprachiger Subjekte. Insbesondere in Großbritannien, wo soziale Unterschiede sich stark im Sprachniveau manifestieren, werden *crosswords* zur Bühne von Klassen- und Standesinszenierung. Welchen Gruppen und Schichten wären Kreuzworträtsel-Akteure zuzurechnen, wenn man den Blick auf Deutschland lenkt? Dazu zählen sicher auch extreme soziale Outcasts, wie der berüchtigte Kreuzworträtselmörder von Halle an der Saale aus dem Jahr 1981.[31] Vor allem aber zählen wohl die dazu, die als ‚peripher Integrierte' zu bezeichnen wären, d.h. Sozialakteure im Wartestand: Pensionierte, Arbeitslose, Hausfrauen, gelegentlich auch Intellektuelle mit freien Valenzen. Im Sinn des Doubles von ‚geschlossen' und ‚offen' wird ihnen eine aufgedrungene Offenheitsreservatio zuzuschreiben sein, ein erzwungener Mobilitätsaufschub und

---

30 Vgl. das offenbar erste Kreuzworträtsel im 4. Jg. der „Arbeiter-Illustrierte Zeitung": Doppelheft April/Mai 1925, S. 18.
31 Vgl. KAY MEYER: Der Kreuzworträtselmörder. Der ehrliche Bericht über einen Mord in Halle. Bergisch-Gladbach 1993.

aufgeschobener Handlungszwang bei unausgelasteten Potentialen. Entsprechend kommunikabel sind die Inhalte angelegt. Nicht mehr der Kanon der Hochkultur diktiert die Stereotypen, sondern Horizonte von Lebenswelt und medialen Entertainments. Damit wird das Kreuzworträtsel zu einem akzeptierten Schutzraum, der sich aufnötigt, weil er bestimmte Nöte reguliert. Es muss sich nicht als Asyl von Obdachlosigkeit bewähren, es reicht, dass es als gelegentlicher Unterschlupf angesichts belastender Sozialsegregation fungiert. Mitunter sind ganze im Wartestand befindliche geschlossene Sozietäten, wie beispielsweise die DDR, notgedrungen gebunden ans Netz des Kreuzworträtsels. Die zentrale Rätselzeitung des Landes namens „Troll" erreichte bei einer Bevölkerungszahl von rund siebzehn Millionen und trotz aller Ressourcenknappheit zuletzt immerhin die wöchentliche Auflage von über 960.000 Exemplaren.[32]

Warum aber realisiert sich dabei – so die einleitende Frage dieses Abschnitts – eine Art Selbstbehauptung, wie stellt Selbstbehauptung sich ein? Ein Antwortversuch: Auch hier findet sich ein Exempel für paradoxe Selbstbehauptung qua Unterwerfung. 1994/95 war dieses Phänomen der Selbstbehauptung qua Submission eine der Essenzen einer Artikelfolge der Zeitschrift „Berliner Debatte Initial. Zeitschrift für sozialwissenschaftlichen Diskurs". Zwei Jahre darauf machte Judith Butler dieses Phänomen zum Gegenstand einer Untersuchung: „Psyche der Macht. Das Subjekt der Unterwerfung".[33] Kreise die Diskussion in jener Zeitschrift um verschiedene historisch-politische Konstellationen, wirft Butler die generelle Frage einer Subjektkonstitution durch Unterwerfung, d.h. freiwilliger Unterwerfung auf. Sie verknüpft die foucaultsche Frage nach der diskursiven Macht der Unterwerfung, die Subjekte ergreift und der sie passiv permanent ausgesetzt sind, mit der freudschen Frage der aktiven psychischen Subjektkonstitution. Unterwerfung scheint dieser Konstitution *per se* zuzugehören. Denn durch freiwillige Submission unter vorgängige Ordnungs- und Machtgefüge zentrieren sich ein Subjekt, ein Ich, ein Individuum, eine Persönlichkeit genuin. Unterwerfung beschneidet freiwillig Aktionsräume. Paradoxerweise definiert und setzt sie diese aber überhaupt erst. Denn Unterwerfung kommt zu Individuen nicht äußerlich hinzu, sondern sie werden durch sie erst zu solchen. Insofern sollte man bei freiwilliger Unterwerfung – Submission –

---

32 Die Auflage für 1988 betrug 962.000 Exemplare. Angabe nach DIETRICH LÖFFLER: Publikumszeitschriften und ihre Leser. Zum Beispiel: Wochenpost, Freie Welt, Für Dich, Sybille. In: SIMONE BARCK / MARINA LANGERMANN / SIEGFRIED LOKATIS (Hg.): Zwischen „Mosaik" und „Einheit". Zeitschriften in der DDR. Berlin 1999, S. 48-60, hier S. 49.
33 Vgl. Berliner Debatte Initial. Zeitschrift für Sozialwissenschaftlichen Diskurs, Jg 5-6/ 1994-1995; JUDITH BUTLER: Psyche der Macht. Das Subjekt der Unterwerfung (1997). Frankfurt/M. 2001.

nicht von einem passiven Unterworfensein ausgehen, sondern von einem aktiven Vorgang. Ein Subjekt als solches erweist sich nicht als von außen ergriffen, sondern ergreift sich in einer Art Selbstkonstitution von innen, um autark Verhaltensarrangements mit nicht verfügbaren Verhältnissen verwirklichen zu können. Das ist kein einmaliger Vorgang, sondern er wiederholt sich in Permanenz, und er ist nicht nur eine abstrakt-latente Selbstfindung, sondern jeweils konkret situiert. Butler nennt das: „Unterwerfung als fortgesetzte Möglichkeitsbedingung seiner Existenz."[34]

Auf Netzwerke bezogen heißt das: Autonomieverzicht wird Selbstgewinn. Die submissive Hingabe an sie münzt sich um in Entscheidungsverzicht und Verantwortungsverzicht, gekoppelt mit Daseinserleichterung und Stressminimierung. Netzwerke versprechen Sicherheit statt Unsicherheit, Ordnung statt Unordnung, bieten Autorität statt Autonomie. Angesichts einer verunsichernden Moderne erfolgt eine Souveränitätsabtretung. Diese ist jedoch nicht nur Ausdruck einer Sozialregression. Es gibt unter den Konditionen der Moderne eine Hingabeverlockung, die Entlastung von Alternativen durchprobt, die Sicherheitsstrukturen in Netzwerken sucht und sich uneuphorisiert darin einrichtet, wie der Protagonist in Franz Kafkas Erzählung „Der Bau" (1924) aktiv-resigniert sein Labyrinth bewohnt.[35] Unterwerfung kann von den kleinen und großen Bürden des Lebens entlasten. Sie festigt das fragile Gehäuse Kultur. Bringt die sogenannte Moderne einen Trend zu immer offeneren Netzwerken und Systemen mit sich, gewähren u.a. auch *crosswords* eine Balance von Be- und Entlastung. Sie erfüllen eine sozial-konservierende Funktion und gewähren Stabilität. Sie sind, als eine Art Laufgitter, Kerker und Schutzraum gleichermaßen, als Netzwerke doppelter Boden, Fallnetze der Moderne.

Zusammengefasst: das relativ geschlossene Netzwerk der *crosswords* – welche der mittlerweile zwanzig bis dreißig Unterarten man auch immer präferiert – bietet an, sich seiner Logik bedingungslos zu überantworten. Noch im scheinbar spielerischen Rätsel werden die Riten von Submission durchprobt. Strategien einer Anerkennung objektiver Mächte und subjektiver Unterwerfung bieten einen enormen Entlastungs- und Kulturvorteil. All das sind inversive Strategien von Selbstbehauptung, eines Selbstgewinns, der sich über „Entselbstung" (Nietzsche) realisiert. Sich dem unzweideutigen Diktat von *crosswords* zu beugen, entlastet von überflüssigen Alternativen. Von ihrem Netzwerk geht ein verführerischer Sog aus, der dem repressiven Druck zur Sozialkonformität äquivalent ist.

---

34 BUTLER: Psyche der Macht (wie Anm. 33), S. 13.
35 Vgl. FRANZ KAFKA: Der Bau. In: ders.: Gesammelte Werke. Hg. von Max Brod. Taschenbuchausgabe in 7 Bänden. Frankfurt/M. 1976. Bd. 5, S. 132-165.

Insofern waren und sind *crosswords* Getriebe und Motor jener offenen Gesellschaft, die unter den von ihr selbst generierten widerstrebigen Anpassungsmodi tendenziell hinfällig wird. Oder sie auch sprengt. Die vor allem in Großbritannien verbreiteten sog. *cryptic crosswords* brechen mit der umstandslosen Zuordnung von Frage und Antwort (ohne freilich mit der Tradition einer ‚richtigen' Antwort zu brechen). Erst das in der Zeit der amerikanischen Depression 1931 ersonnene Lexico/Scrabble schuf ein weitaus operativeres Netz für Sprachspiele, definierte Anforderungen, aber auch Möglichkeiten neu. Seine verzögerte Erfolgsgeschichte – rund fünfzehn Jahre brauchte es für den kommerziellen Durchbruch in der Nachkriegsära – kann hier nicht thematisiert werden. Sie scheint an andere Faktoren gebunden zu sein als die der *crosswords* in den zwanziger Jahren.

## 5. Terror, Anarchie und Spiel

*Crosswords* als solche indizieren ein unentwegtes Versprechen – die Lösung eines Rätsels, die keine Lösung bedeutet, da sie etwas zu lösen vorgibt, das sich nicht als Rätsel ausweisen kann. Bei genauerer Analyse scheint es seine Sogkraft gar nicht als Rätsel zu entfalten, sondern als Spiel. Nicht das Resultat löst Faszination aus, sondern der Weg dahin. Er ist das Ziel. Spiele beziehen Wert aus ihrem Eigenwert. *Crosswords* scheinen in dieser Perspektive ein Spiel um ihrer selbst willen zu sein, *suppositio materialis*, freie Selbstverwirklichung, fernab den Sphären von Unfreiheit und Zwang. Im Reich der Freiheit, Selbstbetätigung und Unterhaltung haben *crosswords* nichts mit den Zwängen der Moderne zu tun, und wenn, dann allenfalls als gelungene Opposition gegen sie im Modus des nichtintentionalen Spiels.

Dieser Eigenwert von Spielen, ihre vermeintlich selbstreferentielle Qualität, ist einer idealistisch-ästhetischen Deutung zu entziehen, die im Anschluss an Friedrich Schillers Theorie des Spiels lange Zeit Geltung besaß. Schillers Spiel-Ästhetik war Komplement seiner protestantischen Pflicht-Ethik, und sie besiegelte, im Gewand anthropologischer Ubiquität, eine epochenspezifische Zweiteilung. Sie trennte das Reich von Unfreiheit, Verantwortung und Pflicht von dem des interesselosen Wohlgefallens, des nichtintentionalen Selbstzwecks, der ungezwungenen Freiheit. Schillers Theorie des *homo ludens*, die bis ins 20. Jahrhundert einflußreich blieb (und unter postmodernen Vorzeichen sogar ein merkwürdig verdecktes *revival* erlebte), entfaltete trotz ihrer uneingestandenen Prämisse protestantischer Arbeits- und Pflichtethik bedeutende kulturkritische Potentiale. Doch wollte sie gerade das Phänomen Spiel aus dieser kulturkritischen Perspektive ausnehmen, die erst auf Basis seiner idealistischen Apotheose an Schärfe gewonnen hatte.

Diese wohlwollende Zutraulichkeit in bezug auf ‚Spiel' steht zur Disposition. Aus mindestens vier Richtungen wird die idyllisierende Verklärung von Spielen und des Spielens konterkariert. Erstens wuchs die Einsicht, dass Spiele in ihrer Doppelstruktur von *play* und *game*, d.h. in ihrer Spezifik als *game*, sehr wohl einem Regelwerk verpflichtet sind.[36] Zweitens nahm die Aufmerksamkeit für die rituellen Momente und theatralisch-performativen Gegebenheiten zu, denen auch Spiele ausgesetzt sind bzw. die sich im Spiel produzieren und reproduzieren.[37] Drittens ist der Nachahmungscharakter von Spielen herausgestellt worden, ihre mimetische Bindung an andere naturhafte und kulturelle Prozesse.[38] Und viertens scheint die Durchdringung von Spiel und Arbeitswelt nicht nur einlinear zu sein und Elemente des Spiels in Arbeitswelten zu transportieren, sondern auch umgekehrt.[39] Das schließt, wäre anzumerken, spezialisierte Arbeitswelten wie Militär bzw. Kriegsführung zweifellos ein: ‚Terror und Spiel'. Als neue Forschungstendenz schält sich somit heraus, Spiele anderen Kulturprozessen nicht kontradiktorisch entgegenzustellen, sondern in sie einzubetten. Spiele sind kein idyllisch befriedeter Bezirk. Auch sie sind Ausdruck bzw. Resultat von Kulturpathologien. Obsessionen, Manien und Süchte sind auch ihnen eingeschrieben, und sei es lediglich als permanenter Zwang, spielen oder gewinnen zu müssen. Spiele, so das Fazit der neueren Spielforschungen, sind zumindest ambivalent. Das gilt auch für *crosswords*. Ihr affektives Potential pendelt wie das aller Spiele zwischen belanglos und ekstatisch, das Engagement, das ihnen zukommt, zwischen passiv und aktiv. Ihre Akteure können als Objekte auftreten oder sich als Subjekte gerieren oder als Nicht-Ich und Ich.[40] Sie sind nicht nur strukturell ambivalent, sondern, wie andere Kulturphänomene auch, sogar multivalent. Ihr Gehalt ist nicht nur, wie oben

---

36 Vgl. GREGORY BATESON: Eine Theorie des Spiels und der Phantasie (1954). In: ders.: Ökologie des Geistes. Anthropologische, psychologische, biologische und epistemologische Perspektiven. Frankfurt/M. 1983, S. 241-269; ROGER CAILLOIS: Die Spiele und die Menschen. Masken und Rausch (1958). Frankfurt/M. 1982. Ich danke an dieser Stelle herzlich Susanne Gödde (Berlin), die mir Vorarbeiten eines entstehenden Forschungsprojekts zum Thema „Spiel" freundlicherweise zur Verfügung stellte.
37 Vgl. RICHARD SCHECHNER: Ritual, Play and Performance. New York 1972; VICTOR TURNER: Vom Ritual zum Theater. Der Ernst des menschlichen Spiels (1982). Frankfurt/M. 1989.
38 Vgl. GUNTER GEBAUER / CHRISTOPH WULF: Spiel–Ritual–Geste. Mimetisches Handeln in der sozialen Welt. Reinbek bei Hamburg 1998.
39 Vgl. FLORIAN RÖTZER: Schöne neue Welten? Auf dem Weg zu einer neuen Spielkultur. München 1995.
40 Vgl. NATASCHA ADAMOWSKY: Spielfiguren in virtuellen Welten. Frankfurt/M. 2000.

pointiert, zweidimensional, sondern mehrdimensional. *Crosswords* als *play* sind *deep play* (Geertz).

Schließlich, eine weitere Ambivalenz: sie können sowohl realitätsdependent sein als auch Eigenrealitäten schaffen, sind nicht nur reproduktiv, sondern produktiv. Ob produktiv oder kontra-produktiv kommt auf die gewählte Perspektive an, in jedem Fall wäre es etwas anderes als reproduktiv. Denn ihrem Regelwerk ist eingeschrieben, die starren Grenzen, die sie nominell statuieren, überwinden oder unterlaufen zu können. Gegebenenfalls wird das denkbare Spiel mit eigenen Regeln dann zum Spiel mit Realität schlechthin. Mimesis, Mimikry und Subversion formieren faszinierende Allianzen. Seinen Beitrag zum subversiven Konnex Anarchie und Spiel überschrieb Kurt Tucholsky 1930 „Kreuzworträtsel mit Gewalt". Gewalt war spielerische Zerstörung abgeforderter, nervtötender Stereotypen. Er schuf, wie es jedem Kreuzworträtselspieler der Potenz nach freisteht, eine eigene, ihm gemäße Antisprache. Gewollte oder ungewollte Explosion von Lust: „Kikam", „Lebsch", „Mippel", „Flunz", „Bakikeke".[41]

## 6. Ins Netz gegangen: Letzte weiße Flecken auf Erden

Es ist zu wiederholen: wissenschaftlich gesehen bilden *crosswords* eine Leerstelle. Es gibt keine Untersuchungen, die über vereinzelte Liebhaberdarstellungen, die noch dazu auf die USA und Großbritannien beschränkt bleiben, hinausgehen. Elogen von Anhängern der *crosswords* präsentieren immerhin einige datenmäßige Eckpunkte. Aber von einer historischen, soziologischen, medien- oder kulturtheoretischen Verortung fehlt nach wie vor jeder Ansatz. Dieses Defizit kann hier nur benannt werden, verbunden mit dem Versuch einer Kontextualisierung. Denn in kulturvergleichender Perspektive hätte die Besetzung, die geradezu obsessive Okkupation weißer Flecken auf dem Papier, ihre Entsprechung in real-geographischen Eroberungsvorgängen. Die Jagd nach der Besetzung der Pole würde das in exemplarischer Weise belegen. Hier interessiert lediglich die erstmals 1911 erfolgreiche Jagd nach dem Südpol, erstens, weil sie in unmittelbare Nähe zum hier behandelten Schlüsseljahr 1913 fällt, zweitens, weil der Expeditionsbericht Amundsens, der unmittelbar darauf in viele Sprachen über-

---

41 KURT TUCHOLSKY: Kreuzworträtsel mit Gewalt (1930). In: Gesammelte Werke. Hg. von Mary Gerold-Tucholsky und Fritz J. Raddatz. Bd. 8. Reinbek bei Hamburg 1989, S. 184-187, hier S. 186.

setzt erschien (ins Deutsche schon 1912), exemplarisch von Kulturobsessionen handelt, die die *crossword*-Problematik vertiefend aufschlüsseln. Damit verlasse ich Netzwerke in engerem Sinn, aber ich hoffe, erweiterte Perspektiven zu eröffnen.

In seinem Expeditionsbericht, der seinen eigenen Triumph am Pol zum Gegenstand hat, schildert Amundsen ausführlich die Geschichte der bisherigen Eroberungsversuche. Diaz

> fuhr im Jahr 1487 von Lissabon ab und erreichte die Algoa-Bai in Südafrika. Zweifellos kam dieser furchtlose Seemann auf seiner Reise über den 40.° s. Br. hinaus – das war ein tüchtiger Sprung in der Richtung der antarktischen Gegenden", oder: „Die Schiffe fuhren am 15. Juli 1819 von Kronstadt ab; am 27. Dezember wurde Süd-Georgien gesichtet; der 60. Breitengrad wurde auf 8° w. L. erreicht. Kein anderes Schiff war je vorher bis in diese Gegenden gedrungen. Am 26. Januar 1820 wurde der Polarkreis überschritten, und am nächsten Tag erreichten sie 69°21' s. Br.

oder:

> Am 4. Februar, als sie 200 km von der Sandwich-Inselgruppe entfernt waren, entschloß sich Wedell, so weit wie möglich nach Süden vorzudringen. Am 20. Februar 1823 erreichte er die höchste südliche Breite 74°15'; die frühere höchste Leistung Cooks mit 71°10' war also glänzend überholt.[42]

Abstrakter Handlungszwang – ein Vorgang bloßer quantitativer Überbietung, bloßen kulturellen Zugewinns in verrastertem Raum. Amundsen vollendete ihn schließlich. Der Südpol, der symbolisch hochaufgeladene letzte weiße Fleck auf Erden, wurde von ihm und seiner Gruppe endgültig besetzt und eingemeindet. Symbolträchtig wurde eine Fahne aufgepflanzt, und mit einer der ältesten kultischen Praktiken, einer sogenannten *circumambulatio*,[43] der kollektiven rituell-magischen Umkreisung, wurde der Pol endgültig kulturell assimiliert. Ein grandioser Teilerfolg, ein weißer Fleck weniger auf der Agenda kultureller Expansion. Schon vorher übrigens, im Jahr 1910 – das als *crossword*-Marginalie –, konzeptualisierte eine Karte des Nordpols in einem amerikanischen Lexikon die Eroberung dieses Pols mit einem schwarzen Quadrat.[44] Gerade weil Amundsen

---

42 ROALD AMUNDSEN: Die Eroberung des Südpols 1910-1912. Mit einem Vorwort von Fritjof Nansen (1912). Berlin 1987, S. 14, 19 f. Vgl. ROLAND HUNTFORD: Scott & Amundsen. Dramatischer Kampf um den Südpol (1979). Herrsching 1990; MICHAEL H. ROSOVE (Hg.): Let Heroes speak. Antarctic Explorers 1772-1922. Annapolis, Maryland 2000.
43 Vgl. KARL-S. KRAMER: Grundriss einer rechtlichen Volkskunde. Göttingen 1974, S. 26 ff.; HERMANN SCHMITZ: System der Philosophie. Bd. 3.4. Das Göttliche und der Raum (1977). 2. Aufl. Bonn 1995, S. 233 ff.
44 Vgl. [Anonymus]: Artikel „Polar Research" (unpaginiert). In: The Americana. A Universal Reference Library. Hg. von Frederick Converse Beach. Vol. 12. New York 1910. Das Quadrat kennzeichnet die Polposition Robert Pearys am Nordpol, erreicht im Jahr 1906. Im Jahr 1909 gelang Peary als erstem endgültig die ‚Eroberung' des Nordpols.

in geradezu notorischer Weise wiederholt die Wissenschaftlichkeit seines Vorhabens und den theoretischen und praktischen Nutzen, den es erbringt, betont, ist zu fragen, ob Wissenschaft als ganze nicht zuletzt auch im Vorgang bloßer permanenter Überbietung und Selbstüberbietung besteht. Auch Wissenschaft folgt notwendig Kulturobsessionen, einem abstrakt-permanenten Handlungszwang. Deshalb geschah die Eroberung des Südpols nicht lediglich durch den einmaligen Akt physischer Präsenz am 15. Dezember 1911. Diese Assimilation wurde durch das Errichten kultureller Schlüsselsymbole, durch Rasterung in Kartenwerken und Koordinatensystemen verschiedener Abstraktionsgrade sowie durch mediale Multiplikation per Fotografie und Buch in ständig wiederholendem Vollzug besiegelt. Wortwörtlich wurde der Pol durch Karten verrastert und vernetzt. Andere Kulturtechniken zogen auf ihre Weise die einstmals unberührten weißen Flecken in ihr Koordinatensystem. Amundsens Expeditionsbericht war nur die Initialzündung dafür.

Weist dieser Eroberungs- und Aneignungsakt über sich hinaus? Darauf die Antwort Nansens, als Einleitung der Amundsen-Edition vorangestellt: „Menschengeist und Menschenkraft hatten über Naturgewalt und Naturkräfte gesiegt – [...] der Sieg der Lebendigen über das erstarrte Reich des Todes".[45] Das weiße, erstarrte Reich des Todes, das immerwährend drohende akulturelle Nichts ist bezwungen worden. Es ist besiegt worden, mit dem schwarzen Quadrat am weißen Pol auf einer Lexikon-Karte ebenso wie beispielsweise mit Kasimir Malewitschs „Schwarzem Quadrat" von – Koinzidenz der Positionen – 1913.[46]

---

45 FRITJOF NANSEN: Vorwort. In: AMUNDSEN: Die Eroberung des Südpols (wie Anm. 42), S. 8 f.
46 Malewitsch datiert sein „Schwarzes Quadrat" auf das Jahr 1913, vgl. KASIMIR MALEWITSCH: Die gegenstandslose Welt (1927). Mainz, Berlin 1980, S. 66 ff. Der Widerspruch, dass für die öffentliche Präsentation in der Regel das Jahr 1915 kursiert, konnte inzwischen aufgeklärt werden: 1913 tauchte dieses „schwarze Quadrat" erstmals in Theaterentwürfen Malewitschs auf. Vgl. FELIX PHILIPP INGOLD: Der große Bruch. Rußland im Epochenjahr 1913. München 2000, S. 133. Piet Mondrian experimentierte spätestens seit 1914 mit geometrischen Geflechten sich kreuzender Linien, zwei bis drei Jahre später stellte er quadratische Konfigurationen und Quadrate explizit in den Mittelpunkt, vgl. SUSANNE DEICHER: Piet Mondrian 1872-1944. Köln, London, Madrid 1999, S. 38 ff., 48 ff. Es gibt Vorläufer des „schwarzen Quadrats" in der Renaissance- bzw. Barockalchemie und -mystik, z.B. in Robert Fludds Utriusque Cosmi [...] (1617). Vgl. ALEXANDER ROOB: Das Hermetische Museum. Alchemie und Mystik. Köln, Lissabon, London 1996, S. 104.

## 7. Aufstand der Zeichen

Sucht man nach Interferenzen der Gesten der Kunst der Avantgarden und der der *crosswords*, sind nicht nur bildende Künste von Relevanz. Auch Wortkünstler haben, gewissermaßen koevolutionär, wichtige Vorlagen geliefert. Die Avantgarden der russischen formalen Schulen beispielsweise – Welimir Chlebnikow ist nur der bekannteste ihrer Vertreter – inaugurierten nach 1900 Buchstaben- und Wortfolgen, die sich vorrangig nach optischen und akustischen Kriterien richteten.[47] Man könnte, wäre der Terminus nicht schon inflationär, von einer radikalen Dekonstruktion von Sinn sprechen, von einer semantischen Revolte. Sie setzte schon Jahre vor anderen futuristischen bzw. dadaistischen Bewegungen das Zeichen als Zeichen, als nacktes ‚Dass', auf die Agenda. Eine neue großangelegte Studie sieht das Jahr 1913 als das der entscheidenden Konstitution dieser russischen Avantgarden an. In diesem Jahr postulierte eine Programmschrift den Vorrang des Worts vor dem Satz, wollte es in seiner Selbstreferenz aus grammatischen und semantischen Zwängen lösen.[48] Nach der Beschreibung eines Kritikers von 1914 stellt diese Rebellion nichts anderes dar als einen Fetischismus des *Worts*, einen Absolutismus des Worts in graphischer Darstellung und optisch-akustischer Zerstückelung.[49]

Worte in *Kreuzform* zu schreiben, wie es diese russischen Avantgarden zwischen 1900 und 1910 (mit unübersehbarem Rekurs auf mittelalterliche Buchmalereien oder barocke Wortexperimente) eingeführt haben,[50] weist auf eine weitere Ebene semantischer Radikalität. Stellt doch das Kreuz – ich stütze mich hier auf den Religionsanthropologen Georg Baudler – möglicherweise die Ur- und Erstform menschlicher Zeichengebung dar. Das Kreuz als Standort- bzw. Wegkreuz sagt: „Ich bin", das Kreuz als Jagdkreuz sagt: „Ich bin das, was ich tue", Phänomene, an denen Baudler in religionsphilosophischer Perspektive

---

47 Vgl. GERALD JANECEK: The Look of Russian Literature. Avant-Garde Visual Experiments 1900-1930. Princeton 1984.

48 Vgl. DAWID BURLJUK u.a.: Die Richterfalle (1913). Abgedruckt in: INGOLD: Der große Bruch (wie Anm. 46), S. 310.

49 Vgl. LEO TROTZKI: Die Befreiung des Wortes (1914). In: ders.: Literatur und Revolution. Essen 1994, S. 371-379, hier S. 374 f.; vgl. die analogen Tendenzen im italienischen Futurismus: FILIPPO TOMMASO MARINETTI: Technisches Manifest der futuristischen Literatur (1912). In: HANSGEORG SCHMIDT-BERGMANN: Futurismus. Geschichte, Ästhetik, Dokumente. Reinbek bei Hamburg 1993, S. 282-288, hier S. 282. Zur „quadratischen" Malerei im italienischen Futurismus schon im Jahr 1912 (Giacomo Balla) vgl. PONTUS HULTEN (Hg.): Futurismo & Futurismi. Milan 1986, S. 93.

50 Vgl. KLAUS PETER DENCKER (Hg.): Poetische Sprachspiele. Vom Mittelalter bis zur Gegenwart. Stuttgart 2002, S. 57 ff.

die Geltung des Kreuzsymbols in verschiedenen Religionen und Hochreligionen ableiten möchte.[51] So anachronistisch das scheint: noch das Phänomen Kreuzworträtsel scheint seine verborgene Faszination aus dieser denkbaren phylogenetischen Vorgeschichte zu ziehen. Es realisiert sie unter den Konditionen der Moderne. Ob als Wort*kreuz*, so der frühe Name, oder als *Kreuz*wort, so der sich schon nach wenigen Wochen durchsetzende weitaus affektivere Name: es handelt sich um die unablässige Setzung sich überkreuzender Zeichen. *Crosswords* produzieren sie in Permanenz, mit jedem einzelnen neu markierten und gefüllten Feld. Selbst schwarze Felder können sich zu Kreuzen bündeln, wie in jenem bereits erwähnten ersten Kreuzworträtsel von 1913 oder wie in jenem Kreuzworträtsel der deutschen Illustrierten „Stern" von 1950, das eindeutig ein Hakenkreuz formiert.[52] Darüber hinaus: jede Letter ist *en miniature* ein Kreuz, das ein unbeschriebenes weißes Feld okkupiert. Diese Kreuze reihen sich aneinander, sie bündeln sich zu Silben- und Wortkreuzen, zu Kolonnen, Kolumnen und martialischen Kohorten. Sie konzeptualisieren einen Aufstand der Zeichen, in einem noch anderen Sinn, als ihn Jean Baudrillard intendierte. Unter Aufstand der Zeichen verstand Baudrillard den subkulturellen Sozialprotest, das inhaltlose selbstreferentielle Graffitti, das erstarrte Herrschaftsdiskurse konterkariert.[53]

In kulturtheoretischer Erweiterung lässt sich behaupten: das bloße Signet, das Symbol, das Zeichen, das simple Kreuz sind ein Ansturm, ein Anrennen gegen die Gleichgültigkeit der Welt. Ein kultureller, nichtfunktionaler Handlungszwang setzt sich um in einer Diversität von Zeichen, in der Obsession, sichtbar Spuren zu hinterlassen. An jedem Ort, zu jeder Zeit. Auf den weißen unberührten Feldern des Pols oder, in zweiter Potenz, auf den abgezirkelten von *crosswords*. Sie markieren einen *claim*, artikulieren einen Anspruch, bezeugen, dass nicht bloß Natur ist, sondern immer und überall schon kulturell kodiertes und markiertes Terrain. Erleichtert soll der schiffbrüchige Aristipp im Sand des Strands von Rhodos geometrische Figuren von menschlicher Hand vorgefunden haben.[54] Derselben Logik zufolge durchpflügen codierte mathematische Signale mittlerweile scheinbar ziellos den kosmischen Raum. Auf gleiche Weise sind auch *crosswords* Testate kultureller Präsenz, Zeugnisse unvergänglicher

---

51 GEORG BAUDLER: Das Kreuz. Geschichte und Bedeutung. Düsseldorf 1997, S. 32 ff. und S. 51 ff.
52 Vgl. den Abdruck in WOLFGANG KRAUSHAAR: Die Protest-Chronik 1949-1959. Eine illustrierte Geschichte von Bewegung, Widerstand und Utopie. Bd. I. 1949-1952. Hamburg 1996, S. 246.
53 Vgl. JEAN BAUDRILLARD: Kool Killer oder Der Aufstand der Zeichen (1975). In: ders.: Kool Killer oder Der Aufstand der Zeichen. Berlin 1978, S. 19-38, hier S. 29.
54 Vgl. VITRUV: Zehn Bücher über Architektur. Hg. von Curt Fensterbusch. Darmstadt 1996, S. 257.

kultureller Landnahme, signiertes *humanum*, unvergänglicher, minimaler Kulturraum. Symbolischer Sieg: jegliches kulturelles Zeichen, wie bescheiden oder gewaltig auch immer, kündet angesichts der Gleichgültigkeit der Welt vom grundlegenden kulturellen Imperativ: Wir sind *schon* hier, bzw. wir sind *immer noch* hier, oder, als kleinster kultureller Nenner, wir *sind*.

Hugh Ridley

# Liliencron und Bellow
## Der literarische Zugang zum Netz um 1900 und 2000

1900 plus oder minus einige Jährchen – die Kulturzeit ist, wie einer meiner Autoren meinte, nicht „von der Art der Bahnhofsuhren" – [1] und ein Lyriker steigt ganz bewusst ins Netz, empfindet sich dabei wohl – das Gefühl bezeichnet jede Bekanntschaft mit der neuesten Technologie – als „Kind einer sich beschleunigenden Geschichte" (Virilo).[2] Wer aber von diesem Einstieg – es handelt sich um das Gedicht „Durchs Telephon" von Detlev von Liliencron – annehmen würde, er würde durch den Anschluss an ein neues Kommunikationsmittel den lyrischen Kanon umwerfen, müsste sich enttäuschen lassen, denn das Gedicht hat an der Oberfläche eine so starke Traditionszugehörigkeit, dass man vermuten müsste, lediglich der Titel stelle einen billigen Modernisierungsversuch dar.

Durchs Telephon

Die Rose, die du mir heut Morgen beim Abschied
In unserm Garten brachst
Und ins Knopfloch stecktest,
Damit ich im Gebrüll des Tages
Immer an dich erinnert sei,
Hat eine sonderbare Verwendung gefunden:

Ein Zufall führte mich
An den Sarg eines armen Knaben.
Weil der Sarg ohne jeden Schmuck war,
Legte ich deine frische Rose
Auf die welken Hände des Bettlerkindes.

Ob nun beiden, ihm und der Rose,
Noch einmal ein neues Leben erblühn wird?
Vielleicht, daß Engel seiner schon harren,
Um ihm die Arme entgegen zu breiten,
Weil er entschwebte mit deiner Rose,
Die deine Liebe mir gebrochen hat.

Schluß! [3]

---

1 THOMAS MANN: Der Zauberberg. Gesammelte Werke. Bd. 3. Frankfurt/M. 1985, S. 982.
2 PAUL VIRILO: From Modernism to Hypermodernism & beyond. An interview with Paul Virilo. In: ders.: From Modernism to Hypermodernism & beyond. Hg. von John Armitage. London, New Dehli 2000, S. 25-55, hier S. 26.
3 DETLEV VON LILIENCRON: Bunte Beute. Berlin, Leipzig 1904, S. 15.

Im Endeffekt darf allein das Schlusswort als medienorientiert gelten, und der Lyriker gibt den Anschein, als würde er auch das Telefon – ohne das Besondere am neuen Kommunikationsmittel zu beachten – lediglich zur Vermittlung altmodischer Sentenzen verwenden. So wie die Termini, die sich auf die Großstadt beziehen – das Gebrüll des Tages, die Armut, der Bettler – im Duktus und im Wortschatz der tradierten Lyrik gehalten werden, wird durch das neue Medium ein traditionelles Verhältnis zur Geliebten vermittelt. Adressat des Textes sind auf keinen Fall „alle Fernsprechteilnehmer" (wie bei Enzensberger),[4] sondern es geht um ein intimes, eher in der Gartenlaube vorstellbares Gespräch mit der Geliebten: Offensichtlich hängen Form und Topos kaum zusammen, unter anderem indem die prononciert hypotaktische Satzstruktur des Gedichts kaum Gemeinsamkeiten mit dem neuen Medium aufweist. Sie eignet sich z.B. nur schwerlich zum SDS-Gebrauch.

Es geht also offensichtlich kaum um einen *Kontrast* zwischen dem neuen Medium und dem traditionellen Gehalt, viel eher um die Wiederherstellung des Alten im Schoße des Neuen. Darin wäre ein für diese Übergangszeit (grob gesagt: zwischen Neuromantik und Futurismus) typisches Motiv zu erblicken – ein Motiv, das Benn im Gedicht „D-Zug" (1912) zelebriert. In diesem Text macht Benn deutlich, wie die modernste Verkehrsform mit dem Archaischen gemeinsame Wurzeln hat. Vielleicht lehnt sich Benns Text auch an Freuds „Gradiva"-Lektüre an, denn der Ausgangspunkt beider Texte ist so gut wie identisch: Der Massentourismus – sowohl in Richtung Pompeji („Gradiva") als auch in Richtung „Trelleborg und die Ostseebäder" – kann die Wiederkehr des Verdrängten und des Urzeitlichen provozieren.[5] Die Urlaubsgäste sind „bis in den Mund gebräunt" durch das „griechische Glück" am dänischen Strand; bei dieser Modernisierung bleibt die Sprache, trotz kühner Behauptungen zum Vergleich der Schönheit eines brüllenden Motors mit der „Nike von Samothrake", in vielem der alten Poetik behaftet. Das wäre keineswegs als Antimodernismus zu verstehen: Im Gegenteil, das Moderne genießt bei Freud und Benn deswegen höchstes Ansehen, weil es am Archaischen teilhat. Das wäre – auf den ersten Blick – auch bei Liliencron das nötige Fazit. Die Vernetzung, der

---

4 Vgl. das Gedicht HANS-MAGNUS ENZENSBERGER: An alle fernsprechteilnehmer. In: ders.: Landessprache. Frankfurt/M. 1960, S. 28 f.
5 GOTTFRIED BENN: D-Zug (1912). In: ders.: Gedichte in der Fassung der Erstdrucke. Hg. von Bruno Hillebrand. Frankfurt/M. 1982, S. 35. Der Hinweis auf Benn legitimiert sich u.a. durch Benns frühe Bewunderung für seinen Vorgänger: „Damals war Liliencron mein Gott". GOTTFRIED BENN: Impromptu (1955). In: ebd., S. 457. Vgl. auch SIGMUND FREUD: Der Wahn und die Träume in W. Jensens „Gradiva" (1907). Hg. von Bernd Urban. Frankfurt/M. 1995.

Anschluss an technische Kommunikations- und Verkehrsnetze, kann auch eine rückwärtswirkende Verortung der Erfahrung bedeuten, nicht immer einen Sprung in die Zukunft.

Und trotzdem verweilen wir beim Schlusswort von Liliencrons Text. Seine Funktion liegt darin, den ganzen Text auf eine Art und Weise zu relativieren, in der man eine Reduktion des Texts auf die Echtzeit zu erkennen hat. Während die zeitliche Kompression früherer Lyrik (etwa: „geschwind zu Pferde! Es war getan fast eh gedacht")[6] den Versuch widerspiegelt, dem drängenden Begehren des menschlichen Herzens gerecht zu werden, hängt die Zeiteinheit bei Liliencron mit den Rhythmen des Herzens kaum zusammen: sie ist eine technische. Die traditionellen, dem Netzzeitalter nicht ohne weiteres angepassten Reflexionen darüber, ob Engel den Knaben mit oder ohne Rose aufnehmen, stehen im Schatten des Schlusswortes; das Gedicht bleibt innerhalb genauer Zeitgrenzen, die Gedanken dürfen nicht fortgesetzt werden, indem das einseitige Gespräch sich in *real time* abspielt. Das Schlusswort bringt nicht nur die allgemeine Zeitlichkeit in eine sonst scheinbar zeitlose und ewigkeitsorientierte Diskussion hinein, sondern die explizit technisch gemessene Zeit der elektronischen Kommunikation. Es ist tatsächlich der Pistolenschuss im Konzert gewesen, ein „literarisches Ereignis" (Jauss) ersten Ranges,[7] vor allem für eine Literaturwissenschaft, die sich lange weigerte, den Konnex von Vernetzung und Literatur einzusehen.[8]

Dieses Ereignis wird erst deutlicher, wenn man kurz versucht, das damals vom neuen technischen Netzwerk eingeholte und in solchen Texten schon überholte Netz zu rekonstruieren. Man sollte sich durch die einschlägige Literatur – etwa Tom Standages Geschichte des Telefonkabels im 19. Jahrhundert mit dem verlockenden Titel „The Victorian Internet" – nicht dazu verleiten lassen, an den eigentlichen Formen des Netzsystems im 19. Jahrhundert vorbeizusehen, denn die Vernetzung war längst vor der Verkabelung ein Merkmal des Jahrhunderts.[9] Unter ihren vielen Erscheinungsformen sollen hier nur zwei Beispiele dieser kulturellen Vernetzung erwähnt werden. So gab es

---

6 JOHANN WOLFGANG VON GOETHE: Willkommen und Abschied. In: ders.: Werke. Hamburger Ausgabe in 14 Bänden. Hg. von Erich Trunz. Bd. 1. Gedichte und Epen. München 11. Aufl. 1978, S. 28 f.
7 HANS-ROBERT JAUSS: Literaturgeschichte als Provokation der Literaturwissenschaft. Konstanz 1967, S. 31.
8 Als Beispiel: Emil Staigers Behauptung: „Mehr und mehr ist [...] die mathematische Zeit, die Kant beschäftigt hat, zurückgetreten hinter der erlebten Zeit". EMIL STAIGER: Die Zeit als Einbildungskraft des Dichters. 3. Aufl. Zürich 1963, S. 74.
9 TOM STANDAGE: The Victorian Internet. The Remarkable Story of the Telegraph and the Nineteenth Century's On-Line Pioneers (1998). Harmondsworth 1999.

um die Jahrhundertwende speziell in der Lyrik ein lexikalisches und semantisches Netz – Erbschaft der französischen Symbolisten –, das sich von Petersburg bis Rom ausdehnte, einen in verschiedenen europäischen Ländern und Ländersprachen akzeptierten Lyrikdiskurs, der ein erstaunlich weites Spektrum an Lebenserfahrungen zu thematisieren in der Lage war, von der Wiege bis zur Bahre, von römischen Fontänen bis hin zu Szenen in der Morgue, vom fürstlichen Park zur Großstadtmisere.[10] Nicht weniger als das Telefonnetz kennzeichnete dieses Netzwerk seine Internationalität und Anschluss- und Entwicklungsfähigkeit. Liliencron ist ja selbstverständlich (wie neben ihm George, Rilke, Dehmel u.a.) dessen Abonnent gewesen. Der eigentliche Affront in Liliencrons Gedicht entstammt weniger der Tatsache der Vernetzung also, als deren besondere Erscheinungsformen.

Das andere Beispiel eines kulturellen Netzes – das viel eher die für die Verkabelung beanspruchte Bezeichnung viktorianisches (bzw. wilhelminisches) Internet verdiente – war die Vernetzung der Wissenschaft. Unter anderem in der institutionellen Form von Universitäten hatte die Wissenschaft sich im Lauf des Jahrhunderts zum selbständigen, international anschließbaren Netz entwickelt. Dabei hatte sie eine weite Popularisierung erfahren, deren Auswirkungen die zeitgenössische Kultur mitprägten. Fibel dieser Ideologie für das damalige Bürgertum war Gustav Freytags Roman „Die verlorene Handschrift". Auffällig, wie Freytag diesen Aufsteigerbedürfnissen wiederholt nachkam, einmal in „Soll und Haben", wo er – wie vor ihm Knigge – die soziale Topographie des Kaufmannstandes darlegte, um dann in der „Verlorenen Handschrift" die große Priesterkaste des Informationszeitalters, den Gelehrtenstand, zu zelebrieren. Man lasse sich durch die für ein heutiges Empfinden ungewollt humoristischen Schwulstigkeiten des Romans nicht irreführen:[11] hinter dem Roman steht eine mit der heutigen Situation durchaus vergleichbare Gleichsetzung dieser Vernetzung mit dem Kulturgrad und der Stärke der Nation.[12]

---

10 Einen ersten Einblick in dieses Netz gewährt (anhand eines Einzelthemas) BERNHARD BLUME: Das ertrunkene Mädchen. Rimbauds „Ophélie" in der deutschen Literatur. In: Germanisch-Romanische Monatsschrift. NF 35/1954, S. 108-119.
11 „Wer nicht Professorenfrau ist, hat keine Vorstellung, wie schön die Unterhaltung der Gelehrten dahinfließt." GUSTAV FREYTAG: Die verlorene Handschrift (1864). Berlin o. J., S. 192.
12 „Gerade jetzt ist man eifrig bemüht," vermerkt der Professor Felix Werner, „was in der Arbeitsstube der Gelehrten gefunden wurde, auch dem Volke zugänglich zu machen" (ebd., S. 64). Dieses demokratische Verständnis wird mit einer kritischen Auseinandersetzung mit dem Feudalismus im Roman aufs engste verwoben. Zur heutigen Situation vgl. die staatlichen Bemühungen, die Quoten der Netzbenutzer zu heben (z.B. – einer von unzählig vielen Beiträgen – DETLEF BORCHERS: Chancengleichheit im Netz. In: Süddeutsche Zeitung vom 2.10.2001).

Dieses Projekt steht übrigens im starken Gegensatz zur ironisierten Einschätzung dieses Standes etwa bei Spielhagen (typische Randfigur: der chancenlose Hauslehrer) oder sonst im frühen Nachmärz: es ist der eigentliche Dynamo der Wissensvernetzung. Dementsprechend präsentiert der ganze Roman Information – in Form von Lebensinhalt *und* Methodik – als Schlüssel der Zeit, und zwar nicht die in altbackenen Konversationslexika verpackte (diese wird sogar andauernd parodiert), sondern die wissenschaftlich vermittelte Information; und er macht deutlich, wie der Dienst an der Wissenschaft für Privat- und Staatsleben zum Anker wird.

Dieses Netz war entwicklungs- und anschlussfähig und hatte nicht nur eine Ideologie, sondern auch deutliche Benutzerregeln. Gerade im Lebenstempo aber unterscheidet sich Freytags Netz von dem Liliencrons. Das „Schluß!" des letzteren stellt den Duktus der bestehenden Gesellschaft in Frage, wohingegen bei Freytag gerade der lässige Gesprächston der Gelehrten (ein Gespräch, „das zwischen Erörterung und Geplauder schwebt")[13] als gleichzeitig der Wissenschaft *und* dem bürgerlichen Lebensstil angemessen geschildert wird, als ein intellektueller und menschlicher Rhythmus, der leitmotivartig die Romanhandlung durchzieht. Der von der jungen Braut des Professors vollzogene Einstieg in dieses Netz (sie kommt, wie wir heute sagen würden, vom zweiten Bildungsweg in die Wissenschaft) zeigt die Fähigkeit des Netzes, auch die Rhythmen des Philisterlebens einzuschließen. Das Netz ist aber gleichzeitig überpersönlich, und – sofern personen- und generationenübergreifend – unsterblich. Nicht mal der Tod kann ‚Schluß' rufen, und Liliencron wagt es. Das neue Medium bedeutet einen Schlussstrich durch die sentimentalen Reflexionen, das Echtzeit-Gedicht annulliert die spießige, reflektierte Geschichte, wie sie bei Freytag die Professoren pflegen.

Ein weiteres Element des modernen Netzes kommt im neuen Modell hinzu – die Vermischung und Vermengung, die Hybridität: wichtige Begleitwörter der Vernetzung.[14] Setzt sich die Wissenschaft universalistische Ziele, strebt sie ihre eigene Enthierarchisierung an, so kann die Vermengung nicht ausbleiben. Man sieht sie in der Domestizierung der Wissenschaften durch die zahllosen Familienzeitschriften des 19. Jahrhunderts, in denen die Wissenschaften – sogar im Vergleich zum heutigen Netz – von der absoluten Beliebigkeit im Informationsangebot und von ihrer direkten Kommerzialisierung betroffen wurden. Dieser Prozess schloss auch, nicht weniger als heute, *nolens volens* die Literatur

---

13 FREYTAG: Die verlorene Handschrift (wie Anm. 11), S. 28.
14 Vgl. RUDOLF MARESCH: Die Kommunikation der Kommunikation. In: ders. / NIELS WERBER (Hg.): Kommunikation: Medien, Macht. Frankfurt/M. 1999, S. 265-298.

ein, wie z.B. aus der ironischen Klage Benns über die Zeitung als Ort für Gedichte herauszuhören ist.[15] Diese Vermengung darf aber nicht vom Standpunkt der Kulturkritik her gedeutet werden. Die Wissenschaften auf dem Markt, Gedichte neben Strümpfen – an solchen Stellen horchten schon vormärzliche Ohren auf, denn gerade die Vermischung galt dem aufrechten, aufständischen Herzen Börnes, Heines oder Marxens als Kennzeichen der ersehnten Zeitbeschleunigung. Auch konservative Geister – etwa Wilhem Hauff – nahmen es so wahr. Es sei „eine seltsame Zeit", notiert er, es „mischten sich die verschiedensten Elemente".[16] Damit meinte er das Ineinandergehen der Berufe und Diskursformen, den Verlust einer ordnenden geistigen Hierarchie, den Norbert Elias als charakteristisches Problem des 19. Jahrhunderts diagnostizierte.[17] Auch kommentierte Kierkegaard eine negative „Konfusion" der Funktionen in seiner Gesellschaft: „wir suchen nach Etwas dort, wo wir es nicht finden dürften, und – schlimmer noch – wir finden es tatsächlich dort, wo wir es nicht finden dürften".[18] Beide meinten den Sturz der Mauern zwischen einzelnen Lebensbereichen, unter anderem den Verzicht der Kunst auf das Ideale und ihren Abstieg „in das mühsame Feld des Realen".[19] Ein anderes Symptom der Krise in einem sich immer mehr beschleunigenden Zeittempo war die gänzliche Vermengung von historischer und literarischer Erfahrung. Als Ludwig Börne die Ereignisse des Jahres 1831 erlebte – man fühle sich „seekrank auf festem Lande" –, schrieb er einen Satz, der diesen Mischdiskurs unmissverständlich zum Vorschein brachte: „Es war ein Roman von Walter Scott, der zurückging und wieder lebendig wurde; es war eine Symphonie von Beethoven, die unter Tränen lacht; es war ein Drama von Shakespeare".[20] Progressive merkten an der Vermischung – für Netzästhetiker handelte es sich um den „Wechsel von der Interaktion zur Kommunikation": [21] Kommunikationen vermengen sich leichter als Interaktionen –, dass die Geschichte zum neuen Spurt Atem holte. Liliencron

---

15 GOTTFRIED BENN: Probleme der Lyrik (1951). In: ders.: Essays und Reden in der Fassung der Erstdrucke. Hg. von Bruno Hillebrand. Frankfurt/M. 1989, S. 505-535, hier S. 505 f.
16 WILHELM HAUFF: Napoleons Leben von Sir Walter Scott (1827). In: ders.: Sämtliche Werke in drei Bänden. Hg. von Sibylle von Steinsdorff. Bd. 3. München 1970, S. 178-198, hier S. 178.
17 Vgl. NORBERT ELIAS: Kitschstil und Kitschzeitalter. In: Die Sammlung 2/1933-34, S. 252-263, hier S. 254.
18 SØREN KIERKEGAARD, zit. nach J. PETER STERN: Ernst Jünger. Cambridge 1955, S. 1.
19 HAUFF: Napoleons Leben (wie Anm. 16), S. 178.
20 LUDWIG BÖRNE: Briefe aus Paris. Hg. von Manfred Schreiber. Stuttgart 1977, S. 75.
21 RUDOLF MARESCH / NIELS WERBER: Vorwort. In: dies. (Hg.): Kommunikation (wie Anm.14), S. 8.

vermischt Telefon und Lyrik, Theologie und Technik, und setzt damit eine Tendenz fort, die der Ankunft neuer Vernetzungen immer vorauseilt.

Ein ähnlicher Prozess kann bei Benn beobachtet werden; zum einen in der krassen Vermengung, die seine „Morgue"-Gedichte kennzeichnet,[22] zum anderen aber in der bewussten Einführung der neuen Zeit, dessen, was wir bei Liliencron als Echtzeit bezeichneten, in seine frühe Lyrik. Das zeigt sich – ohne dass die Ratten zu Computermäusen werden – in der Markierung der Zeiteinheiten in seinen Texten durch die Betonung der gleichzeitig ausgeführten, maschinellen chirurgischen Schritte. Die Leiche kommt an, wird ausgenommen und zugemacht. Das Ende des Textes ist keine allgemeine, suggestive Nahtstelle, sondern die Zunähstelle. Wem etwa zweitausend Leichen durch die Hände gegangen sind, der weiß genau, *in real time*, wie lange eine Obduktion, bzw. ein Obduktionsgedicht zu dauern habe – das verrechnete man damals, längst vor der Einführung von Arbeitszeitnormen im Gesundheitsdienst. Die lyrischen Momente müssen zwischen diese technischen Zeitangaben eingeschoben werden. Nicht nur versuchte Benn, in der schon von Kittler kommentierten Passage aus „Gehirne" die neuralen Netzwerke für die expressionistische Prosa zum Ausdruck zu bringen und damit die Literatur an dem unheimlichsten Aspekt der Vernetzung teilnehmen zu lassen:[23] nicht weniger als Malte empfindet Rönne die Beschleunigung der Geschichte, nicht weniger als Rilke inszeniert Benn dieses Gefühl in der Großstadt, im Verkehr, in der Masse, und er lässt sein Gedicht in der Zeitrechnung dieses avancierten Milieus sich abspielen.

Bis jetzt war von Vermengung in der Lyrik die Rede. Die Gattung aber, in der diese am ehesten zu Hause ist, ist der Roman. So sehr der Roman Situationen und Handlungen kodiert und eigens systematisiert: ihn charakterisiert eine Offenheit gegenüber der Außenwelt, eine fast grenzenlose Aufnahmebereitschaft.[24] Die Romangattung vertritt das, was Jürgen Link als „Interdiskurs" bezeichnet hat,[25] indem sie auf mehreren Ebenen unterschiedliche Lebensbereiche zusammenführt. Auch als Zeitsymptom lässt sich ein kurzer Blick auf *den* Netzwerktext dieser Generation legitimieren – auf Manns „Zauberberg".

---

22 Auffällig sind immer die Vermischungen der Organe, wie auch Ratten in der Bauchhöhle, Chopin im Nachtcafé, „Völlig verändertes System". GOTTFRIED BENN: Morgue II (1913). In: ders.: Gedichte (wie Anm. 5), S. 39.
23 Vgl. FRIEDRICH KITTLER: Aufschreibesysteme 1800 / 1900 (1985). München 1995, S. 390 f.
24 So lautet die Kritik Virginia Woolfs an der Vermengung der Stoffe im Roman, vor allem ihre Kritik an der Dominanz der Außenwelt im realistischen Roman („the cancer and the calico"). Vgl. VIRGINIA WOOLF: Mr Bennet and Mrs Brown (1924). In: dies.: The Captain's Death Bed and other essays. London 1950, S. 90-110, hier S. 105 f.
25 Zur Analyse von Jürgen Links Begriff vgl. www.uni-essen.de/literaturwissenschaft-aktiv/ Vorlesungen/Methoden/link.htm.

Nicht nur weil Mann den Kriegsausbruch als autoritäres „Schluß"-wort auf das Gefasel der alten Diskurse verstand – die Figuren, vor allem Naphtha und Settembrini, rennen sozusagen kopflos herum, weil die beschleunigte Geschichte ihren alten Diskurs radikal entwertet hat –, sondern weil sein ganzer Roman mit der Zusammengehörigkeit aller Lebensbereiche zu tun hat, sprich mit Vermengung bei gleichzeitiger Geschichtsbeschleunigung. Der Roman versucht zwar gelegentlich – so wäre die Episode mit dem Röntgen-Bild als *memento mori* zu verstehen – das Wiederauftauchen der Antike im Modernen zu thematisieren: wir wissen ja, dass Mann Freuds „Gradiva"-Aufsatz intensiv rezipiert hatte.[26] Viel wichtiger ist aber der Versuch des ganzen Romans, die unaufhaltsame Grenzüberschreitung im neuen technischen Verständnis sonst isolierbarer Lebensbereiche zu identifizieren. Hans Castorp ist ein moderner Gelehrter, er passt aber nicht im Geringsten zu Freytag, weil die von ihm anzueignende Wissenschaft im Explodieren begriffen ist und ein Philisterleben unmöglich macht. Der „Zauberberg" zeigt in seiner Struktur, u.a. in seinem Hang zur Essayistik, die Notwendigkeit und die Wünschbarkeit der Vernetzung und der Vermengung.

Springen wir jetzt hundert Jahre nach vorne, und zwar zu einem Autor, dem die auffällige Nähe zu Thomas Mann zur Quelle des bleibenden Werkes wurde. Es geht um Saul Bellow und seinen gefeierten diagnostischen Roman „Ravelstein" aus dem Jahr 2000. In dem früheren „Herzog" hatte sich Bellow – in direkter Anlehnung an die Grundintention sowie an die Techniken des „Zauberbergs" – mit der amerikanischen Supermoderne auseinandergesetzt. Die explodierende Modernisierung und Beschleunigung der Erfahrung werden im Roman zwar wahrgenommen; sie prägen auch seinen Stil, doch wird ein Substanzverlust identifiziert: die alten amerikanischen Werte seien überholt, auch die Sinne seien durch ihre mediale Kodifizierung depotenziert, zwischen Wirklichkeit und Wahrnehmungsoberfläche sei eine gefährliche Täuschung getreten: die mediale habe die Erfahrungswelt verdrängt. Genauso wie sein Vorgänger Mann will Herzog / Bellow hinter der Vermengung, bzw. Vernetzung der Lebensbereiche – Medizin, Naturwissenschaft, Kunst – noch eine Grundstimme hören, die zum Leben befähigt, auch wenn dieses neue Menschengefühl nur durch eine immer deutlicher werdende Abkehr von den Theoretikern der Moderne inszeniert werden kann. In dem Brief, den Herzog an Nietzsche schreibt, klingen Manns Bedenken gegen Nietzsche unmissverständlich nach – das mit „Schnee" über-

---

26 Vgl. MANFRED DIERKS: Traumzeit und Verdichtung. Der Einfluß der Psychoanalyse auf Thomas Manns Erzählweise. In: ECKHARDT HEFTRICH / HELMUT KOOPMANN (Hg.): Thomas Mann und seine Quellen. Festschrift für Hans Wysling. Frankfurt/M. 1991, S. 111-137.

schriebene Kapitel des „Zauberbergs" gibt den Grundton an. Indem hier auf Grundwerten insistiert wird, diagnostiziert Bellows Roman nicht weniger als „Der Zauberberg" einen Nihilismus der Vernetzung, der hinter der Deplazierung der alten Hierarchien steckt. Das Netz hat alle Zentren aufgelöst. In Manns Roman wurde der Verlust des Zentrums als „hohles Schweigen" thematisiert:[27] gleichzeitig wird beobachtet, wie das fehlende Zentrum keineswegs das freie Spiel einführt, den von den *netwatchers* gepriesenen „Olymp des Scheins" – die sogenannte „Benutzeroberfläche", über die geschwärmt wird.[28] Im Gegenteil: dieser Verlust wird zum Sitz von schlimmen ‚Viren', nicht aber von den neuzeitlichen, technischen, sondern von den archaischen: Stumpfsinn, Grausamkeit, Kleinlichkeit, denn was sich in der auf einmal leeren Mitte des Netzes einbürgert, ist das Alte, die kranke Romantik, die vorzivilisierte Gewalt und Gleichgültigkeit – sowie heute die alten ‚hyperbiologischen' Begriffe der Brachialgewalt, die den Hard- und Software Diskurs beherrschen. Hier bestätigt sich Freuds These nochmals. In der vernetzten Welt wollen weder Bellow noch Mann neue Substitutionen des Zentrums vornehmen, und nichts lag ihnen ferner, als die Lücken mit dem Arsenal der konservativen Revolution aufzufüllen: im Gegenteil, sie schildern die Notwendigkeit eines Umdenkens, um diese konservative Revolution aufzuhalten. Denn das Moderne des Netzes bevorzugt alte Übel, die man nicht aus neuzeitlicher Progressivität übersehen dürfe.

Herzog baut sein Leben auf die Hoffnung, *corporate America* auf Distanz zu halten, diejenigen Formen des Kapitalismus zu bekämpfen, die immer wieder in sein Privatleben eindringen. Auch auf die Gefahr hin, verrückt zu werden, muss der Kampf gegen die Leere des Netzes ausgetragen werden. Es ist ein heroisches Buch, das Defizite und Verfallserscheinungen an den schmerzlichsten Orten feststellt, ins eigene Fleisch schneidet und trotzdem auf Grundwerten insistiert. Die Hauptfigur des Jahrtausendromans, Ravelstein, präsentiert sich dagegen ambivalenter. Er ist auch – indem sein Lehrfach antike Geschichte und Philosophie ist – Bekämpfer einer trivialisierten Moderne. Als Schlüsselroman lässt „Ravelstein" die Figur von Allen Bloom erkennen, den Autor von „The Closing of the American Mind".[29] Zugleich hat er aber den Schritt in den großen Ruhm getan und ist zum Bestsellerautor geworden, durchaus ranggleich – wie sein Biograph empfindet – mit Elizabeth Taylor. Und sein Ruhm spiegelt sich in der Metapher des Netzes: Ravelstein sitzt vor einem hochtechnischen

---

27 Mann: Der Zauberberg (wie Anm. 1), S. 50 und S. 321.
28 MARESCH: Die Kommunikation der Kommunikation (wie Anm. 14), S. 276.
29 ALLEN BLOOM: The Closing of the American Mind. New York 1987.

Schaltbrett mit Kommunikationsmitteln, die er „like a Prospero" kontrolliert.[30] Er sieht, wie sein geliebtes Kulturland Frankreich durch solche Entwicklungen einfach überholt wird: „Ravelstein was, remember, the man at the private command post of telephones with complex keyboards and flashing lights and state-of-the-art stereo playing Palestrina on the original instruments. France, alas, was no longer the center of judgment, enlightenment. It was not the home of cyberspace [...]" (R, 30), und seine eigenen Denkprozesse (die die Erzählfigur – allzuhäufiges Phänomen bei Bellow – restlos bewundert), werden mit denen eines Computers gleichgesetzt: „In the silence I could see this unexpected ‚information' being processed by an apparatus – I mean this seriously – of great power" (R, 112). Es hätte Herzog schon enttäuscht, zu hören, wie sein Nachfolger diese technischen Entwicklungen aus der Hand des Kapitals dankbar entgegennimmt: „It took the genius of capitalism to make a valuable commodity out of thoughts, opinions, *teachings* [...] You have to be learned to capture modernity in its full complexity" (R, 14).[31] Es hätte ihn angewidert, die Arroganz dieser Behauptung wahrnehmen zu müssen.

Auf den Gedanken, dass es in Ravelsteins Welt das Böse oder – noch unheimlicher – Viren gebe, möchte ich nicht eingehen. Bellow sagte selbst, nicht Blooms Ideen, sondern seine Persönlichkeit sollte der Inhalt der Romans sein, und ich vermute ohnehin, dass der ganze Roman im Schatten Mannscher Überlegungen steht: wie etwa, dass „der Tod eine große Macht [sei]. Man nimmt den Hut ab" oder: „schwerlich sogar würde, auch ohne den Tod, philosophiert werden".[32] Ravelsteins Tod an AIDS ist sicherlich der Anstoss zu der ganzen pädagogischen und philosophischen Tätigkeit des Romans. Trotzdem bietet der Übergang zwischen den beiden Romanen in einem Lebenswerk die Möglichkeit, die intellektuellen und schriftstellerischen Folgen der Vernetzung im Jahr 2000 kurz zu untersuchen. Ich kenne wenige Romane, die ihre intellektuellen Verfahren so eindeutig aus dem Netz beziehen – und dies eigentlich auf viel originellere Weise als bei den in der einschlägigen Literatur bevorzugten Modellen wie etwa Neal Stephensons „Snowcrash".[33]

---

30 SAUL BELLOW: Ravelstein. A Novel (2000). Harmondworth 2001, S. 12. Alle Zitatnachweise im Folgenden im Text als (R, Seitenzahl).
31 Hervorheb. im Original.
32 MANN: Der Zauberberg (wie Anm. 1), S. 685 f.; ARTHUR SCHOPENHAUER: Die Welt als Wille und Vorstellung. Bd. 2. Sämtliche Werke. Hg. von Arthur Hübscher. Bd. 3. Wiesbaden 1949, S. 528 f. (Das 42. Kapitel, aus dem dieses Zitat stammt, ist das ‚Thomas Buddenbrook Kapitel').
33 Vgl. NIELS WERBER: Die Zukunft der Weltgesellschaft. In: MARESCH / WERBER (Hg.): Kommunikation (wie Anm. 14), S. 391-413.

Zu den großen Errungenschaften von „Herzog" – wie auch vom „Zauberberg", von „Anna Karenina", „Middlemarch" und anderen hervorragenden Romanen des Realismus – gehörte die Fähigkeit, Denkprozesse nicht nur widerzugeben, sondern zu erzählen. Casaubons Mythenforschungen, Karenins Arbeit als Verwaltungsmensch, Castorps medizinische Forschungen – alles wird ausführlich erzählt. Die Arbeit der Figuren wird als Denkarbeit der Leser inszeniert. So wenig wie es im zeitgenössischen Roman legitim ist, die Schlafzimmertür zuzumachen, dem Leser dort keinen Zugang zu gewähren – so wenig waren diese Autoren bereit, die Schreibzimmertür zuzumachen und erst *nachher* (im Nachhallen der Sinne, sozusagen) bloß zu berichten: ihre Figuren hätten gearbeitet. Die Verinnerlichung des intellektuellen Lebens – das, was Lukács als die „intellektuelle Physiogonomie" bezeichnet – wurde allein durch dessen erzählerische Reproduktion gewährleistet.[34] Im Netzzeitalter kann es jedoch nicht so funktionieren, weil die Gleichsetzung von Information und Arbeit nicht mehr gilt. Dementsprechend *downloaded* also „Ravelstein" das intellektuelle Leben als vorgefertigtes Produkt, vermittelt es nur als Resultat, nicht als Produkt der Arbeit. Es ist schwer, diesen Prozess, den ich eigentlich nur *ex negativo* definiert habe, eindeutig zu identifizieren, obwohl die Symptome zu erkennen sind, beispielsweise an einer gewissen Nachlässigkeit in Bezug auf die Wiedergabe von Information. Es passierte keineswegs aus deutscher Gründlichkeit, dass Mann alle Einzelheiten seiner Themen ausführte – aber wenn Bellows Erzählfigur von einem Teilnehmer an Ravelsteins Seminaren mit den Worten spricht: „a big-shot French Thomist whose name escapes me (Maritain?)" (R, 37), dann fragt man sich schon nach dem Umgang mit Informationen. Hinzu kommt, dass – angesichts der Tatsache, dass „Die verlorene Handschrift" fast achthundert Seiten lang ohne Fußnoten von der Suche nach einer Tacitus-Handschrift erzählt – „Ravelstein" nicht ohne diese auskommt. Bellows Text geht davon aus, dass es nur sinnlos und sogar unnötig sei, Information erzählend zu integrieren: es kommt ihm auf Verfügbarkeit, nicht auf Erfahrungswerte an.

So erscheint es, als hätte ich in der Diskussion von „Ravelstein" als Netzroman lediglich das Urteil wiederholt, das Lukács über den naturalistischen Roman fällte: dass er beschreibt und zum Erzählen unfähig ist,[35] dass der Versuch, die unpersönliche Netzwelt in den Roman einzugliedern, zum literarischen Scheitern führt. Und es ist wirklich schön, nochmals hier, an der Schwelle zum

---

34 GEORG LUKÁCS: Die intellektuelle Physiognomie des Gestaltens (1936). In: ders.: Werke: Bd. 4. Essays über Realismus. Neuwied, Berlin 1971, S. 151-196.
35 Vgl. GEORG LUKÁCS: Erzählen und beschreiben (1936). In: ebd., S. 197-242.

neuen Jahrtausend, Schulter an Schulter mit Lukács zu stehen (oder neben ihm an der gleichen Straßenlaterne zu hängen): zum einen deswegen, weil es die Angriffe der Gegner noch erleichtert, zum anderen aber hoffnungsträchtiger, weil Lukács immer dort den Tod der Literatur pro-gnostizierte, wo diese noch lange zu leben hatte.

Mary Cosgrove

# Netzwerk und Erinnerung in Wolfgang Hildesheimers „Tynset"

Ausgangspunkt meiner Überlegungen in diesem Beitrag ist die These, dass das Netzwerk als Gedächtnismetapher für Holocaustrekonstruktionen inadäquat ist. Diese These möchte ich anhand einer Diskussion von Wolfgang Hildesheimers Roman „Tynset" darstellen.[1] Vorweg erscheint es mir sinnvoll, zwei zentrale Probleme dieser Frage nach dem Verhältnis zwischen dem Netzwerk als Gedächtnismetapher und dem Komplex ‚Auschwitz verstehen' zu diskutieren.

Zunächst einmal – was bedeutet ‚Auschwitz verstehen'? Als Antwort auf diese Frage greife ich eine vom Historiker Dan Diner entwickelte räumliche Metapher auf, nämlich die des schwarzen Kastens. Ich möchte dieses Bild allgemein als Symbol für einen latenten Erinnerungszustand verstehen, d.h. Erinnerung als eine ‚black box' beschreiben, die lange nach der Katastrophe fest verschlossen, tief begraben und deswegen unsichtbar bleibt. Gleichzeitig symbolisiert dieser Kasten einen Raum des Monströsen, dessen Sichtbarmachung sowohl im literarischen Text als auch in historischen Rekonstruktionen der NS-Zeit problematisch ist.[2]

Diner nach hieße ‚Auschwitz verstehen' auf der einen Seite das Ausgraben dieses schwarzen Kastens aus seinem dunklen Versteck. Auf der anderen Seite aber darf die diskursive Sichtbarmachung des vergangenen Ereignisses keine Normalisierung bzw. Verharmlosung des Monströsen zulassen. Demzufolge behauptet Diner, dass die westliche Geschichtsschreibung der post-Holocaust

---

[1] WOLFGANG HILDESHEIMER: Tynset. Frankfurt/M. 1965. Alle Zitatnachweise im Folgenden im Text als (T, Seitenzahl).
[2] Diner verwendet den Begriff ‚verstehen' als Synonym für ‚gedenken' / ‚sich erinnern an'. Genauer gesagt ist ‚verstehen' der erste Schritt in einem Erinnerungsprozess, der das vergangene Trauma jenseits von banalen Verklärungen begreifen will. Aus dieser Perspektive gesehen ist für Diner Auschwitz in erster Linie „ein Niemandsland des Verstehens, ein schwarzer Kasten des Erklärens, ein historiographische Deutungsversuche aufsaugendes, ja, außerhistorische Bedeutung annehmendes Vakuum." Trotz der epistemologischen Unmöglichkeit von Auschwitz argumentiert er, dass der Inhalt dieses Kastens doch entziffert werden kann, aber „nur *ex negativo*, nur durch den ständigen Versuch, die Vergeblichkeit des Verstehens zu verstehen". Es ist davon auszugehen, dass Diner dieses metaphorische Bild konkret versteht; wie nach einer Flugkatastrophe enthält der schwarze Kasten von Auschwitz die Informationen, die uns erklären könnten, warum es so gekommen ist. DAN DINER: Zwischen Aporie und Apologie. Über Grenzen der Historisierbarkeit des Nationalsozialismus. In: ders. (Hg.): Ist der Nationalsozialismus Geschichte? Zu Historisierung und Historikerstreit. Frankfurt/M. 1987, S. 62-73, hier S. 73.

Ära scheitert, weil sie bei der Rekonstruktion von ‚Auschwitz' immer wieder von der falschen Position ausgeht, d.h. von der der deutschen Mehrheitsgesellschaft, die als Erinnerungsgemeinschaft überwiegend, wenn auch ungewollt, der Täterkultur zugehört. Die Rekonstruktionen, die von dieser Position aus vorgenommen werden, tendieren dahin, so Diner, das zentrale Ereignis der Judenvernichtung in normalisierenden Diskursen historischer Erklärung einzuebnen.[3] So wird eine sprachliche Barriere zwischen Vergangenheit und Gegenwart errichtet, die die Wahrnehmung der vergangenen Tat verhindert. Dementsprechend vernachlässigt dieses historiographische Narrativ die Opfererfahrung, die einzige Position, von der aus der dem Holocaust implizite Zivilisationsbruch zu denken wäre. Auf diese Weise münden historiographische Erklärungsversuche in apologetische Vergangenheitsrechtfertigung, die sich in der Geschichtsschreibung als raffiniertes diskursives Schleichen um die Leerstelle des schwarzen Kastens herum manifestiert; ein Ausweichen, das letztendlich diesen Kasten für fest verschlossen und unzugänglich erklärt.[4]

Akzeptieren wir diese These, so wird klar, dass diese verschleiernde Tendenz der Geschichtsschreibung angesichts der Aufgabe ‚Auschwitz verstehen' bzw. bedenken ein Vergessensmanöver ist, eine Taktik, durch welche die Gegenwart versucht, sich der mit Schuld befleckten Vergangenheit zu entledigen. Besonders interessant ist die räumliche Implikation von Diners Bild des in der Tiefe begrabenen Geheimnisses. Es beruht auf dem Verständnis, dass *authentische* Deutungszugänge auf Auschwitz notwendigerweise *außerhalb* jener der Sprache immanenten Neutralisierungseffekte stattfinden müssen. Insofern als die Vorstellung von Tiefe ein Schweigen jenseits der Sprache impliziert, sind die Begriffe Authentizität und Tiefe eng miteinander verbunden. Im Kontext rückblickender Annäherungsversuche an den Holocaust gehören sie zu demselben vertikal konstruierten semantischen Feld. Diners Bild des schwarzen Kastens evoziert somit ein von Aleida Assmann zusammengefasstes, grundlegendes Element der europäischen Erinnerungsmetaphorik, nämlich die Kategorie der Tiefe.[5] Hierin unterscheidet sich die Gedächtnismetapher des Netzwerkes von der Denkfigur der Tiefe; diese setzt voraus, dass Vergangenes gespeichert werden kann, um dann künftig eine Auferstehung als Erinnerung zu erfahren, während die Denkfigur des Netzes als Erscheinung der Oberfläche konzipiert

---

[3] Ebd., S. 72.
[4] Ebd., S. 71.
[5] „Mit Tiefe verbindet sich ein räumliches Gedächtnismodell, das Raum nicht mit Speicherkapazität und Ordnung, sondern mit Unzugänglichkeit und Unverfügbarkeit verbindet." ALEIDA ASSMANN: Erinnerungsräume. Formen und Wandlungen des kulturellen Gedächtnisses. München 1999, S. 163.

wird. Assmann argumentiert, dass das Netzwerk, sobald es als dominante Metapher für Erinnerungsprozesse funktioniert, das *non sequitur* des Vergessens darstellt. Mit anderen Worten: das Netz als Erinnerungsmetapher impliziert oder fördert sogar Gedächtnis-Apathie.[6]

Für Assmann beruht diese Kritik auf dem geänderten Stellenwert der Schrift im Zeitalter elektronischer Medien. Statt der Idee der fixierenden Eingravierung, die – laut Assmann – seit der Renaissance das europäische Verständnis von Schrift als Ausdruck der Permanenz des menschlichen Geistes samt seiner Geheimnisse versteht, verkörpern die von den verschiedenen Medien produzierten Bilderkaskaden und Informationsflüsse unserer Epoche die Entwicklung einer neuen Schrift bzw. Denkfigur und zwar einer, die fliesst. Auf „vergessensintensive Serialität" angelegt, so Assmann, lässt diese neue Schrift keinen trennscharfen Unterschied zwischen Erinnern und Vergessen zu.[7] Zwar sprengt die Speicherkapazität neuer Datenträger den Rahmen eines kulturellen Gedächtnisses, doch die vergrößerte Speicherfunktion neuer Medien bedeutet zugleich keinesfalls auch eine verbesserte Erinnerungskraft. Die schnelle Anhäufung von Informationen lässt sich in diesem Sinne nicht als Gedächtnisstütze verstehen. Vielmehr suggeriert das unkritische Aufnehmen von Ereignissen in eine entmenschlichte Netzstruktur die Zerstörung des Gedächtnisses durch unreflektierte Kontiguität.

Mit dieser Entwicklung geht das Verschwinden eines bewertenden Erinnerns einher – Inventar statt Kritik. Der Mensch wird in diesem Kontext zur Randfigur von Erinnerungsprozessen, da die Vorstellung vom schriftlichen Bezug zum menschlichen Körper und zum Gedächtnis der entmenschlichten Struktur des Netzes zum Opfer fällt. Das Netz als Gedächtnismetapher kündet also von der Auflösung eines auf Tiefe basierenden Schriftparadigmas und erklärt damit die vertikalen Schichtungen des Überschreibens für überflüssig.[8]

Damit ergibt sich, zusammenfassend, eine Antwort auf die erste Frage, was es heißen könnte, Auschwitz zu gedenken bzw. zu verstehen. Abstrakt gesehen und Diner folgend bedeutet ‚Auschwitz gedenken' die Ausgrabungstätigkeit eines (Gedächtnis)Archäologen, der, mit Benjamin zu sprechen, „den behutsamen tastenden Spatenstich ins dunkle Erdreich" wagt.[9] Von dieser Vorstellung aus-

---

6 Ebd., S. 185.
7 Ebd., S. 212.
8 „An die Stelle vertikaler Schichtungen des Überschreibens, welche Latenzzustände ermöglichen, ist die reine flimmernde Oberfläche getreten ohne Tiefe, Hintergrund und Hinterhalt." Ebd.
9 WALTER BENJAMIN: Gedächtnis und Erinnerung (1932). In: ders.: Medienästhetische Schriften. Hg. von Rolf Tiedemann und Hermann Schweppenhäuser. Frankfurt/M. 2002, S. 22 f., hier S. 22.

gehend, bedeutet ‚Auschwitz verstehen' ‚tief' denken, d.h. denken außerhalb oder unterhalb der diskursverschleiernden Oberfläche.

Die zweite Frage war die nach der Funktionsweise des Netzwerks als Gedächtnismetapher im Zusammenhang mit Holocaustrekonstruktionen. Hierzu greifen wir auf das obenerwähnte Bild einer problematischen Leerstelle mitten in den verschiedenen historiographischen Rekonstruktionen des Ereignisses ‚Auschwitz' zurück. Konkret gesehen wäre dieser Mangel mit der fehlenden Opferperspektive (mit den fehlenden Opfern) gleichzusetzen. Dieser Diskurs jedoch funktioniert so, dass er die verschiedenen Erklärungsmodelle (ob funktionalistisch, intentionalistisch, mikro- oder makroperspektivisch) als ein diskursives Theater inszeniert, welches durch die ständige Substitution von Zeichen um eben diese Leerstelle herum stattfindet. Diner nach verklärt ein z.B. mikroskopisch fundiertes alltagsgeschichtliches Erklärungsmodell diese Vergangenheit, weil der Historiker den historiographischen Signifikant ‚Alltagsgeschichte' ins Zentrum der Rekonstruktion rückt. Durch die Akzentuierung geschichtlicher Kontinuität in diesem Ereignis wird der Zivilisationsbruch verklärt, der – so Diner – allein in der permanenten Grenzsituation der Opfer artikuliert werden kann.[10]

Interessant für die Diskusssion zum Thema Netz als Gedächtnismetapher ist an diesem Beispiel das Wechselverhältnis zwischen Absenz und Präsenz, zwischen Unaussprechbarem, Vergessenem und Ersatzerklärung, Erinnerung. Die Ökonomie, die hier entsteht, entspricht der stark dezentralisierten provisorischen und sich ständig verschiebenden Spielart der post–modernen Signifikation. Allein die Beweglichkeit oder sogar Lebendigkeit, die sich im Austausch von Absenz und Präsenz artikuliert, scheint mir für die konsequente Erinnerung an Massenmord als Endlösung unpassend. Was damit gemeint wird, möchte ich anhand einer kurzen Analyse des Romans „Tynset" erklären.

„Tynset", veröffentlicht 1965, besteht aus den diffusen Gedanken eines an Schlaflosigkeit leidenden Erzählers. Abstraktes Nachdenken, undurchsichtige Erinnerungen und z.T. Halluzinationen bilden die sog. ‚Handlung' im Text. In der Tat passiert nichts. Es wird hier keine Geschichte erzählt, sondern es wird eine Reihe von Gedächtnismetaphern dargestellt, die dann vom Erzähler analysiert, überprüft und eingeschätzt werden. Leidet der Erzähler z.B. tatsächlich an Schlaflosigkeit oder leidet er in diesem ungewolltem Zustand des Wachseins an Erinnerung? Schlaflosigkeit fungiert hier als Metapher für unbequeme Gedanken, also für störende Erinnerungen und für die Schuld eines Holocaustüberlebenden, der während der Endlösung nicht einmal in Europa war, sondern in

---

10 DINER: Zwischen Aporie und Apologie (wie Anm. 2), S. 68 f.

Palästina. Als Indiz für diese Schuld erscheint häufig der Geist von Hamlets Vater im Treppenhaus, der darauf wartet, dass „ich mich ihm nähere, mein Knie beuge und seine Hand küsse und somit eine Beziehung anknüpfe […]. Darauf wartet er […]. Er sieht mich an, als wolle er bedeuten, dass ich ihm etwas schulde, aber er irrt, ich schulde ihm nichts" (T, 20). Das Phantom von Hamlets Vater symbolisiert unbefriedetes Gedächtnis, die jüdische Opfergemeinschaft also, der der Überlebende etwas schuldet – seine Identität als Überlebender überhaupt.

Im Erzähler haben wir es mit einem Einsiedler zu tun, der seit elf Jahren gar keinen Kontakt mehr zu der Außenwelt aufnimmt und sein Leben so einrichtet, dass er sein Haus nie verlassen muss. Der genaue Standort seines Hauses wird nie erwähnt; weder Dorf noch Stadt noch Land werden genannt. Wir wissen nur, dass sich sein allmählich zerbröckelndes Holzhaus in einer schneebedeckten Landschaft Europas befindet. Diese etwas nebensächlich erwähnten Details entsprechen dem Lebenslauf des Autors, Wolfgang Hildesheimer, der 1955 das Land der Täter verlässt und in die Schweiz flieht. Dort lebt er in selbstgewählter Abgeschiedenheit, bis er 1991 stirbt. Als Sohn assimilierter Deutsch-Juden, die 1933 nach Palästina ausgewandert sind, versteht Hildesheimer sein Judentum als Heimatlosigkeit, als Angst vor dem Antisemitismus und als die für ihn unausweichbare Aufgabe als (wenn auch widerwilliges) Mitglied eines Opferkollektivs des Holocausts zu gedenken und dementsprechend zu trauern.[11]

„Wo entschwindet geschwundene Materie?" fragt sich der Erzähler am Anfang des Romans (T, 8). Diese tonangebende Frage bringt das nekromantische Sehnen des Erzählers zum Ausdruck. Wir haben es hier mit einem Archäologen der Erinnerung zu tun, der nach dem genauen Standort des schwarzen Kastens (nach der geschwundenen ‚Opfer‚materie') fragt, und der von nun an versuchen wird, diese begrabene Dimension zu lokalisieren.

Besonders interessant ist in diesem Roman aber der kritische Diskurs über das Netzwerk als unzulängliche Gedächtnismetapher für die Erinnerung an die Judenvernichtung. Um die Zeit während der langen schlaflosen Nacht zu vertreiben, liest der Erzähler das Kursbuch der norwegischen Staatsbahnen. In Norwegen wohnt er zur Zeit der Erzählung nicht, aber die Lektüre verweist auf eine vergangene Zugreise von Lillehammer nach Hamar. Der genaue Zeitpunkt dieser Reise und der Grund dafür werden nicht deutlich genannt, aber möglicherweise fand die Reise während des Krieges statt. Die Erinnerung an die Gewalttätigkeit der deutschen Besetzung von Hamar – „ein Posten in der

---

11 WOLFGANG HILDESHEIMER: Mein Judentum. In: ders.: Das Ende der Fiktionen. Reden aus fünfundzwanzigjahren. Frankfurt/M. 1984, S. 213-228.

Kalkulation bei Besetzungsproblemen" (T, 18) – verstärkt diesen Eindruck. Die negative Einschätzung von Netzwerken ist nicht gleich evident; eher wird dieser Gesichtspunkt unterschwellig klar:

> Auf dem Gebiet der Eisenbahnen [...] dürfte sich innerhalb der letzten Jahre nicht viel geändert haben, es werden keine neuen Linien mehr gelegt, zumindest nicht in Europa. Vielleicht hat man hier und dort eine schnellere Querverbindung hergestellt, einen günstigen Anschluß, vielleicht hat man ein paar Minuten eingespart, oder auch eine Stunde. (T, 10)

Bedenkt man die massenweisen Judendeportationen während der NS-Zeit, so überrascht es kaum, dass hier das Eisenbahnnetz negativ besetzt wird. Doch ist nicht davon auszugehen, dass das Netz in erster Linie wegen der historischen Tatsache der Judendeportationen kritisch behandelt wird. Es scheint vielmehr der Fall zu sein, dass die Weiterentwicklung und der Ausbau des europäischen Eisenbahnnetzes in der post-Holocaust Welt ein Vergessen oder ein Abdecken dieser Vergangenheit verbildlichen. Die im Zitat beschriebene Herstellung neuer, schnellerer Verbindungen entspricht einer fortschrittsorientierten, auf eine bessere Zukunft hinzielenden Teleologie, die den teilweise durch Technologie und industriellen Vormarsch bedingten Zivilisationsbruch des Holocaust nicht wahrnimmt. Hier erscheint Adornos Prototyp des liebesunfähigen Individuums, das im Zusammenhang der ausgehöhlten, lieblosen NS-Gesellschaft das Mechanische und Technologische als Ersatz für das fehlende Zwischenmenschliche fetischisiert.[12] Die Verbesserung des Eisenbahnnetzes nach dem Holocaust drückt diesen erbärmlichen Gesellschaftszustand aus. Das Eisenbahnnetz wird zur Metapher für die von der eigenen Vergangenheit und der eigenen Schuld entfremdete Tätergesellschaft, vor der der Erzähler elf Jahre vor Beginn der Erzählung in ein anderes europäisches Land geflohen ist.[13] In dieser Hinsicht funktioniert das Bild des Eisenbahnnetzes als Indiz für die Instrumentalisierung des Menschlichen durch vernetzte Strukturen der Industrie; ein grotesker Ausdruck entfremdeter Identität einer Gesellschaft, die in ihrer Vorstellung eines *telos* menschliche Werte durch technologischen Fortschritt ersetzt.

Das Bild einer über die Oberfläche der Gegenwart wuchernden, aus immer dichteren Zweigen bestehenden Struktur funktioniert somit gleichzeitig auch als

---

12 Vgl. THEODOR W. ADORNO: Erziehung nach Auschwitz. In: ROLF TIEDEMANN (Hg.): „Ob nach Auschwitz noch sich leben lasse". Ein philosophisches Lesebuch. Frankfurt/M. 1997, S. 48-63.

13 „Es sind elf Jahre her, seit ich hier eingezogen bin. [...] seit ich nun hier bin, bin ich nur noch hier, immer ausschließlicher, der Kreis, in dem ich mich bewege, wird immer kleiner, und meine Bewegungen innerhalb des Kreises werden immer sparsamer, kaum berühre ich noch seine schrumpfenden Grenzen." (T, 140).

Symbol für das Nicht-hin-sehen-wollen, für das Vergessen. Der schwarze Kasten verschwindet nicht nur unter dieser Struktur; die Struktur selbst sorgt dafür, dass das entsetzliche Grab der Vergangenheit im kulturellen Gedächtnis überwuchert wird. Sie errichtet mithin eine endgültige psychologische Barriere zwischen Vergangenheit und Gegenwart.

Verstehen wir das Eisenbahnnetz ferner als Diskursbild, so wird der Eindruck kontinuierlichen Zudeckens noch stärker, denn jede hinzugefügte Verbindung reflektiert die Rolle des substituierenden Signifikanten, der für den Diskurs des Vergessens von zentraler Bedeutung ist. Mit anderen Worten: im Bild des Eisenbahnnetzes verschwindet ein konsequentes Gedenken der Judenvernichtung als Vernichtung, eben weil die noch unverbundenen Ortschaften (sprich diskursive Leerstellen) dem zudeckenden Impuls netzartiger Strukturen (ob diskursiver oder technologischer Art) ausgeliefert werden. Das Ergebnis ist die kunstvolle Verheimlichung der Vernichtung einer ganzen Rasse, die auf der Diskursebene durch die Persistenz endlos sich ersetzender Signifikanten zum Ausdruck kommt. Auf der konkreteren Ebene öffentlicher Verkehrsverbindungen lässt sich diese dumpfe Persistenz (nun aus der Opferperspektive betrachtet) als die Verfeinerung einer Mordwaffe – durch kontinuierlichen technologischen Fortschritt – verstehen.

Wie bewerkstelligt der Erzähler das Ausgraben des schwarzen Kastens in jenem vernetzten gesellschaftlichen Raum? Um diesen Kasten, wenn schon nicht zu finden, dann zumindest doch als Spur der Vernichtung zu evozieren, muss der Erzähler versuchen, aus vernetzten Zusammenhängen, d.h. aus möglichst vielen gesellschaftlichen Situationen, herauszutreten. Seine Existenz als Einsiedler ist der erste Ausdruck dieses Schritts. Sein letzter Umgang mit Menschen fand einige Jahre vor Beginn der Erzählung statt, ein Abschiedsfest, das sein endgültiges, selbstgewähltes Ausscheiden aus der Gesellschaft markierte.[14] Aber um Spuren der Vernichtung auf *sprachlichem* Niveau zu evozieren, versucht Hildesheimer, eine Alternative zur substituierenden Schriftmetaphorik des Vergessens zu entwickeln.

Von zentraler Bedeutung für diese Suche nach einem alternativen Erinnerungsdiskurs ist die Auseinandersetzung mit dem Begriff ‚Tynset'. Diese Auseinandersetzung findet auf zweierlei Art statt: kartographisch und alphabetisch. In erster Linie aber ist die erzählerische Faszination mit dem Ort (sprich Konzept) ‚Tynset' imaginativer Art. In der norwegischen Kleinstadt Tynset war der

---

14 „Abschiedsfest, als das erscheint mir dieses seltsame Fest, das letzte, das ich gab. [...] Als Abschiedsfest stellte es sich erst heraus, als alles vorbei war [...]. Ich habe keinen der Gäste wiedergesehen." (T, 148).

Erzähler nie, lediglich ist er während der damaligen Zugreise von Lillehammer in den Norden an Tynset vorbeigefahren. Anhand seines norwegischen Kursbuchs kann er feststellen, dass Tynset auf einer Nebenlinie des norwegischen Eisenbahnnetzwerks liegt, ein peripherer Standort am östlichen Rande eines der peripherstens Länder Westeuropas. Dem Erzähler gefällt dieser Nebenliniencharakter Tynsets; die Stadt ist nicht nur Station zwischen zwei Endstationen (Hamar und Stören), sondern auch Zwischenstation, allerdings eine, die sich genau zwischen zwei weiteren Zwischenstationen befindet, Elverum und Röros.

Rein räumlich repräsentiert der geographische Standort Tynsets ein Nirgendwo, ein Dazwischen, die Zwischenstelle eines Zwischenraums. Doch kann hier vom post-modernen Spiel des Zwischenraums nicht die Rede sein, eben weil der Erzähler an Tynset einen Nullpunkt, ein Nichts erkennt, das er isoliert und das er auch noch von dem Nebenliniencharakter des Eisenbahnnetzes imaginativ entfernt. Wie geht er auf dieses Nichts ein? Er zerlegt das Wort ‚Tynset' zuerst in seine alphabetischen und dann in seine phonetischen Komponenten und kommt zum Schluss, dass sich hinter dem Phonem Y ein Geheimnis verbirgt: „Da liegt es denn, auf dem Weg zwischen I und Ü, liegt genau auf der Mitte" (T, 26).

Dieses merkwürdige Nachdenken über den Buhstaben Y kennzeichnet die zweite Phase der Auseinandersetzung mit dem Begriff ‚Tynset'. Das Sichtbarmachen einer Zwischenstelle innerhalb einer phonetischen Reihe entspricht dem geographischen Standort Tynsets auf der norwegischen Karte. Doch am Beispiel des Buchstaben Y wird die Nichtigkeit Tynsets (als abstrakter Begriff, als konkreter Ort und als evozierende Metapher für Auschwitz) noch klarer, denn: „Das Ü selbst liegt auf der Mitte eines Weges von I zu U. Die zweite Hälfte dieses Weges, die Strecke von Ü zu U, hat keine Mitte, hat kein Zeichen, das sie markiert. Hier liegt nichts, liegt Schweigen, liegt, im wahren Sinne des Wortes, das Unaussprechliche, das Entsetzliche". (T, 26 f.)

In der für den Erzähler nicht ersetzbaren Leere, in diesem Schweigen, stoppt das Spiel substituierender Zeichen. Dadurch wird eine alternative Gedächtnismetapher – die Leere ohne Substitution – hervorgerufen, die die Judenvernichtung als Vernichtung vermittelt. Zwar hat der Erzähler den schwarzen Kasten noch nicht in der Hand, doch hat er zumindest den imaginativen Ort gefunden, an dem der sich Erinnernde mit seinem Spaten ins dunkle Erdreich stechen könnte. Aber: liegt die Position des Y nicht mitten in einer Verkettung aneinandergereihter Buchstaben, die zusammen ein bedeutungsvolles Ganzes bilden (den Namen ‚Tynset')? Ist dies der Fall, so kann man von einem Ort jenseits vernetzter Strukturen nicht sprechen. Doch könnte man auch das Gegenteil behaupten, dass wir in der sprachpraktischen Tätigkeit der Zerlegung des Namens ‚Tynset' mit dem Typus eines melancholischen Aphatikers konfrontiert werden, dessen kontextbildende Fähigkeit – was durch die Erzählerperspektive hervorgehoben wird – geschädigt ist. Mit anderen Worten: der Erzähler problematisiert das Verhältnis zwischen Diskurs, Wort, Morphem und sogar Phonem, um genau jenen unaussprechbaren Ort außerhalb des Sprachkodes zu evozieren.

So scheint der Roman Jean François Lyotards Perspektive auf Holocausterinnerung zu bestätigen, dass wir ‚Auschwitz' nur mittels traumatischer Sprache gedenken können. Trauma definiert Lyotard als die Unmöglichkeit der Narration, als Indiz einer Raum-, Zeit- und Zeichenlosigleit, die als Bezugsform zum Verbrechen des Holocaust geeignet ist, weil der traumatische Zustand einen Zustand des unbefriedigten Vergessens und der Unterdrückung darstellt. Allein in dieser Form kann eine stabile Kontinuierung des Holocaust im kulturellen Gedächtnis geleistet werden, eben weil Trauma den Nicht-Ort der unerlösten Vergangenheit evoziert.[15]

Die bewusste Zerstörung kontextbildender Fähigkeiten (kartographischer wie diskursiver Art) in „Tynset" weist auf diesen traumatischen Zustand hin. Ferner suggeriert diese erzählerische Strategie, dass Erinnerung notwendigerweise die Oberflächenstruktur des Netzes durchstossen nach unten blicken, d.h. ‚tief' denken muss, um sich vergangene Traumata ständig zu vergegenwärtigen.

---

15 Als Alternative zur Erinnerung, die die Vergangenheit durch einen Prozess der Verinnerlichung oder der Normalisierung konsumiert und so diese Vergangenheit vergisst, schlägt Lyotard eine Art negativer Dialektik vor, die das Traumatische nicht verinnerlichen, d.h. nicht vergessen kann: „This movement affects what cannot be interiorized, represented, and memorized. It affects an affection that is not affected by it, that remains immutable in this movement and repeats itself even in what pretends to surmount, suppress, sublate that affection." JEAN-FRANÇOIS LYOTARD: Heidegger and ‚the jews'. Minneapolis 1990, S. 29.

Anne Fuchs

# Zur Ästhetik der Vernetzung in W. G. Sebalds „Austerlitz"

## 1. Vernetzte Technik und Intermedialität

Wer nach der Jahrtausendschwelle von Literatur und Vernetzung spricht, erweckt wohl zwangsläufig die Erwartung, primär von eben jener Literatur zu handeln, die, wie die Autoren des Text+Kritik Bandes „Digitale Literatur" darlegen, der „digitalen Medien als Existenzgrundlage bedarf, weil sie sich durch mindestens eines der spezifischen Merkmale digitaler Medien auszeichnet: Interaktivität, Intermedialität, Inszenierung."[1] Dass mit den drei angesprochenen Charakteristika ein alternatives Verhältnis zum Konzept Autorschaft angepeilt wird, welches die Teilhabe des Rezipienten am Kunstwerk zugunsten einer interaktiven *performance* radikalisieren will, liegt auf der Hand. Unabhängig davon, wie man die Chancen eines solchen Konzepts einschätzt, visiert die so verstandene Kopula zwischen Literatur und Netzwerk hier die neu entstehenden ästhetischen Möglichkeiten des Internet an.

Darum soll es im Folgenden gerade nicht gehen, und dies nicht nur, weil Sebald die Vorstellung einer Literatur im Netz, über das Netz oder des Netzes sicherlich fremd erschienen wäre – so hat er dem Bericht seines Freundes Gordon Turner nach die Verkabelung und Vernetzung seines Büros an der Universität Norwich abgelehnt –[2] sondern vor allem deshalb, weil Sebald Vernetzung an eine enzyklopädische Subjektivität knüpft, welche den technologischen Entwicklungen am Ende des 20. Jahrhunderts mit einem archäologischen Blick auf das Vergangene antwortet. Wie kaum ein anderer zeitgenössischer Autor wendet sich Sebald konsequent von seiner Schreibgegenwart der 80er und 90er Jahre ab und jener verschwundenen Kulturwelt zu, die ihre Wurzeln im 19. Jahrhundert hat und bis in die Zwischenkriegszeit reicht. Hiermit sei nun aber nicht impliziert, dass sich Sebald in einer rousseauistischen Gegenbewegung zur Jetztzeit auf eine zivilisations- und technikferne Utopie zurückzieht – im Gegenteil: Technik spielt in seiner Prosa allein insofern eine zentrale Rolle, als sein Erzähler ein spezifisches Organ für die

---

1 ROBERTO SIMANOWKSI: Autorschaften in digitalen Medien. Eine Einleitung. In: Text+Kritik Heft 152. 2001, Oktober. Digitale Literatur, S. 3-19, hier S. 4.
2 Dies berichtete Gordon Turner anlässlich der vom 12-15. März 2003 abgehaltenen internationalen Sebald-Konferenz am Davidson College, North Carolina.

Industriebrachlandschaften des 19. Jahrhunderts entwickelt. Besonders evident ist dies beispielsweise in den Beschreibungen Manchesters in „Die Ausgewanderten". So bietet sich dem Ich-Erzähler der Geschichte „Max Aurach" die Stadt nach seiner Ankunft im Jahr 1966 folgendermaßen dar:

> In Moss Side und Hulme gab es ganze Straßenzüge mit vernagelten Fenstern und Türen und ganze Viertel, in denen alles niedergerissen war, so daß man über das derart entstandene Brachland hinweg vorausblicken konnte auf die ungefähr eine Meile noch entfernte, hauptsächlich aus riesigen viktorianischen Büro- und Lagerhäusern zusammengesetzte, nach wie vor ungeheuer gewaltig wirkende, in Wahrheit aber, wie ich bald schon herausfinden sollte, beinahe restlos ausgehöhlte Wunderstadt aus dem letzten Jahrhundert.[3]

Erscheint „das Industriejerusalem" des 19. Jahrhunderts gleich am Anfang als ein bewegungsloses „Totenhaus oder Mausoleum",[4] so wird dieser Eindruck des Gespenstischen in den folgend beschriebenen Wanderungen durch die Brachlandschaften so verstärkt, dass die Stadt zur Chiffre des Unheimlichen wird.[5] Technik ist in Sebalds Prosa damit wesentlich historisch indexikalisiert und Gegenstand eines, wie noch zu zeigen sein wird, an Benjamin geschulten Blicks, dem die verfallene Industrielandschaft zur modernen Variante der Ruine wird, welche zur allegorischen Betrachtung der Zeit aufruft.[6]

Was für die Industriebrachlandschaften gilt, lässt sich auch über die Intermedialität von Sebalds Prosa, vor allem das komplexe Spiel mit dem Verhältnis von Text und Fotografie bzw. die vielfältigen Verweise auf den Film aussagen:[7] so verwandelt sich Sebald zwar die technischen Errungenschaften des ausgehenden 19. und frühen 20. Jahrhunderts an, aber niemals um diese selbst als *techné* zu

---

3 W.G. SEBALD: Die Ausgewanderten. Vier lange Erzählungen. Frankfurt/M. 1994, S. 222.
4 Ebd., S. 245 und S. 233.
5 Vgl. hierzu Eva Juhl, die zuerst auf die Topographie des Unheimlichen in „Die Ausgewanderten" verwiesen hat. Juhl spricht zurecht von „Verlusträumen", die von Sebalds Figuren als Streunende im Sinne Kristevas durchzogen werden. EVA JUHL: Die Wahrheit über das Unglück. Zu W.G. Sebald „Die Ausgewanderten". In: ANNE FUCHS / THEO HARDEN (Hg.): Reisen im Diskurs. Modelle der literarischen Fremderfahrung von den Pilgerberichten bis zur Postmoderne. Heidelberg 1995, S. 640-659, hier S. 653 f.
6 Dass im Kontext der Biographie Aurachs hier auch Auschwitz konnotiert wird, zeigt AXEL DUNKER: Die anwesende Abwesenheit. Literatur im Schatten von Auschwitz. München 2003, S. 129: „Die Orte der Vernichtung sind nicht mehr weit entlegene, abgeschlossene Bezirke im Osten, durch Konservierung, Museen und Monumente künstlich am Leben gehalten, sondern sie sind unter uns".
7 Zu Sebalds Umgang mit dem Film vgl. ANNE FUCHS: „Phantomspuren". Zu W.G. Sebalds Poetik der Erinnerung in „Austerlitz". In: German Life & Letters 56/2003, Nr. 3, S. 281-298. Die Analyse der in „Austerlitz" direkt zitierten Filme, Alain Resnais' „Toute la mémoire du monde" einerseits sowie des SS Propaganda-Films „Der Führer schenkt den Juden eine Stadt" aus dem Jahr 1944 andererseits zeigt, wie Sebald das Dokumentarische mit dem Gespenstischen verquickt.

zelebrieren. Die in den Text eingestreuten Fotografien von Personen, Familien, von Alltagsobjekten, menschenleeren Landstrichen und Gebäuden versehen die Gegenwart nicht mit dem Siegel der Aktualität, sondern umgekehrt mit dem melancholischen Index des Posthumen. Sebalds zertreute Bemerkungen zu diesem Thema in seinen literarischen Essays verweisen darauf, dass seine Verwendung von Fotografien auf einer theoretisch reflektierten Position basiert. Unter Berufung auf Susan Sontag heißt es dort etwa, die Fotografie sei zu verstehen als „modernes Äquivalent der künstlichen Ruinen [...]. Jede Photographie suggeriere, nicht anders als die künstlichen Ruinen der Romantik, eine Empfindung von Vergangenheit."[8] Und im Anschluss an Roland Barthes erfahren wir, „daß jede Photographie unabweisbar das Zeichen eines zukünftigen Todes in sich trägt."[9]

Die Fotografie, vor allem die Porträtfotografie, in Sebalds Prosa wäre damit aber auch zu verstehen als ein *lieu de mémoire*, der die Vergangenheit affektiv besetzt, anstatt sie in einer intellektuellen Operation zu archivieren.[10] Wie Stefanie Harris unlängst dargelegt hat, erscheinen die Fotografien in Sebalds Texten als „unerlöste" Bilder im Sinne Kracauers, die auf Grund ihres ikonischen Status' und des von Barthes analysierten Verhältnisses zum Referenten, Geschichte als Trauma aufscheinen lassen. Harris kommentiert die Enkodierung des Gedächtnisses in der Fotografie folgendermaßen:

> Due to the peculiar status of the photograph with relation to its referent, the *that-has-been* attached to all photographs suggests an implicit trauma because of its irretrievable „pastness" and the mourning of that loss. However, a photograph does not merely cause us to mourn the loss of a past that can never again be recuperated but simultaneously announces our own death.[11]

---

8 W.G. SEBALD: Westwärts – Ostwärts. Aporien deutschsprachiger Ghettogeschichten. In: ders.: Unheimliche Heimat. Essays zur österreichischen Literatur. Frankfurt/M. 1995, S. 40-64, hier S. 44.
9 Ebd., S. 63.
10 Zum Verhältnis von Gedächtnis und Geschichte vgl. PIERRE NORA: Zwischen Gedächtnis und Geschichte. Aus dem Französischen von Wolfgang Kaiser. Frankfurt/M. 1998, S. 14: „Im Grunde der Geschichte ist eine zerstörende Kritik des spontanen Gedächtnisses am Werk. Das Gedächtnis ist der Geschichte stets verdächtig, und ihre wahre Mission besteht darin, das Gedächtnis zu zerstören und zu verdrängen. Die Geschichte ist die Entlegitimierung der gelebten Vergangenheit".
11 STEFANIE HARRIS: The Return of the Dead. Memory and Photography in W.G. Sebald's „Die Ausgewanderten". In: The German Quarterly 74/2001, Nr. 4, S. 379-392, hier S. 384 f. Vgl. auch JONATHAN LONG: History, Narrative, and Photography in W.G. Sebald's „Die Ausgewanderten". In: The Modern Language Review 98/2003, S. 117-137, hier S. 126: „photography can be regarded first and foremost not as memory, but as a kind of belated symptom of familial and collective history that needs to be mediated through a process of narration in order to become knowable and communicable".

Insofern die Fotografie in Sebalds Prosa die Wirklichkeit nicht nur erschließt, sondern auch verrätselt, ist sie ein nekrologischer Gedächtnisort, der durch die Suspension der Zeit besonders dazu taugt, Erinnerung als *mémoire involontaire* auszulösen. So erklärt der Protagonist des nach ihm benannten Romans Austerlitz seine Leidenschaft für die Fotografie in einer chiastischen Doppelbewegung als eine Annäherung an „die Form und Verschlossenheit der Dinge" und zugleich als einen Verdunkelungsprozess, der der Vergangenheit im fotografischen Entwicklungsbad ihre enigmatische Qualität zurück verleiht:

> Besonders in den Bann gezogen hat mich bei der photographischen Arbeit stets der Augenblick, in dem man auf dem belichteten Papier die Schatten der Wirklichkeit sozusagen aus dem Nichts hervorkommen sieht, genau wie Erinnerungen, sagte Austerlitz, die ja auch inmitten der Nacht in uns auftauchen und die sich dem, der sie festhalten will, so schnell wieder verdunkeln, nicht anders als ein photographischer Druck, den man zu lang im Entwicklungsbad liegenläßt.[12]

Sebalds nekrologische Lesart der Technik scheint damit die Funktion zu übernehmen, das Andenken als Kulturtechnik zu sakralisieren. Einem Autor, der sich die Favorisierung der historischen Verspätung dermaßen zum Programm macht, wäre also das eingangs erwähnte Experimentierfeld Literatur im Internet wohl ziemlich exterritorial erschienen, hat er doch alle Texte als handschriftliche Manuskripte bei seinen Verlagen eingereicht. Dass es sich hierbei um mehr als nur eine altmodische Schrulle handelt, sondern vielmehr auch um Sebalds Verhältnis zur Schrift als Ausdruck einer radikalen Bio/Graphik, der es um die Aufwertung der Biographie und die Rettung des individuell gelebten Lebens zu tun ist, liegt auf der Hand.[13] Vor diesem Hintergrund überrascht es daher nicht, dass sich die für Sebalds Prosa konstitutiven Vernetzungsstrukturen weniger aus medientechnologischen Entwicklungen speisen, als vielmehr in einer Subjektivität gründen, die immer neue, von der Imagination geleitete Verknüpfungen zwischen den Biographien der erzählten Lebensgeschichten, literarischen, geographischen, architektonischen, kunstwissenschaftlichen, naturgeschichtlichen und anderen kulturellen Horizonten herstellt. Vernetzung bei Sebald ist als Leistung einer Imagination zu verstehen, die in der Manier des Bastlers mit scheinbar zufälligen Materialien, Abfallstoffen und Fundstücken so lange spielt, bis sich unerwartete Korrespondenzen zwischen den verschiedensten Gegenständen ergeben. Entsprechend vergleicht Sebald sein Arbeiten mit dem „System der Bricolage im Sinne von Lévi-Strauss. Das ist eine Form von wildem

---

12 W.G. SEBALD: Austerlitz. München 2001, S. 113. Alle Zitatnachweise im Folgenden im Text als (A, Seitenzahl).
13 Vgl. hierzu JUHL: Die Wahrheit über das Unglück (wie Anm. 5), S. 644 f.

Arbeiten, von vorrationalem Denken, wo man in zufällig akkumulierten Fundstücken so lange herumwühlt, bis sie sich irgendwie zusammenreimen."[14] Als Verfahren der metonymischen Verschiebung setzen Bricolage und Bastelei ein verdecktes Wahrnehmungspotential frei, das die jeweilige Wirklichkeit wesentlich verrätselt. Sebald kommentiert dies in seinem Essay zur Lyrik Ernst Herbecks so: „Die unter der Hand des Bastlers entstehenden Verschiebungen in den Strukturen der Wörter und Sätze sind das Mittel der lyrischen Weltbeschreibung, deren Kunst weniger im Entziffern als in der Chiffrierung der Wirklichkeit, auch der sprachlichen, besteht."[15]

## 2. Intertextualität und Allegorie

Als ein erstes aufschlussreiches Beispiel für dies Zusammenreimen des Entlegenen sei Sebalds Essay zu Robert Walser herangezogen, in dem er eine Reihe von Walserschen Porträts aus der Bieler bis zur Herisauer Zeit als „physiognomische Stationen, die die lautlose Katastrophe erahnen lassen, die zwischen ihnen sich abgespielt hat," deutet.[16] In typisch Sebaldischer Manier wird nun diese empathetische Lesart der Walserschen Biographie verknüpft und autobiographisch angereichert durch die Erinnerung an den eigenen Großvater, der, so erklärt Sebald, gleich Walser, ein leidenschaftlicher Spaziergänger war. An dieser Stelle des Essays kommt es zu einer Überblendung der beiden Figuren, die von den eingefügten Fotografien erheblich verstärkt wird und so weit geht, dass der Essayist im Walser-Porträt schließlich seinen Großvater zu sehen glaubt.[17] Es schließt sich dann eine rationalisierende Reflexion auf den Projektionscharakter dieser Überblendung an, die im Folgenden jedoch durch eine Überkreuzung der Geburts- und Todesdaten Walsers und des Großvaters wieder zurückgenommen und ins Unheimliche überführt wird. So erfahren wir, dass

---

14 SIGRID LÖFFLER: „Wildes Denken". Gespräch mit W.G. Sebald. In: FRANZ LOQUAI: (Hg.): W.G. Sebald. Eggingen 1997, S. 135-137, hier S. 136.
15 W.G. SEBALD: Eine kleine Traverse. Das poetische Werk Ernst Herbecks. In: ders.: Die Beschreibung des Unglücks. Frankfurt/M. 1994, S. 131-148, hier S. 139.
16 W.G. SEBALD: Le promeneur solitaire. Zur Erinnerung an Robert Walser. In: ders.: Logis in einem Landhaus. Über Gottfried Keller, Johann Peter Hebel, Robert Walser und andere. Frankfurt/M. 2000, S. 127-168, hier S. 134. Alle Zitatnachweise im Folgenden im Text als (RW, Seitenzahl).
17 „Sehe ich diese Spaziergängerbilder an, den Stoff aus dem Walsers dreiteiliger Anzug geschneidert ist, den weichen Hemdkragen, den Krawattenknopf, die Altersflecken auf dem Rücken der Hand, den gestutzten, grau gesprenkelten Schnurrbart, den stillen Ausdruck der Augen, dann glaube ich jedesmal, den Großvater vor mir zu haben." Ebd., S. 136.

> beide gestorben sind im selben Jahr, 1956, Walser bekanntlich auf einem Spaziergang am 25. Dezember und der Großvater am 14. April, in der Nacht auf Walsers letzten Geburtstag, in der es noch einmal geschneit hat mitten in den schon angebrochenen Frühling hinein. Vielleicht sehe ich darum den Großvater heute, wenn ich zurückdenke an seinen von mir nie verwundenen Tod, immer auf dem Hörnerschlitten liegen, auf dem man den Leichnam Walsers, nachdem er im Schnee gefunden und fotografiert worden war, zurückführte in die Anstalt. Was bedeuten solche Ähnlichkeiten, Überschneidungen und Korrespondenzen? Handelt es sich nur um Vexierbilder der Erinnerung, um Selbst- und Sinnestäuschungen oder um die in das Chaos der menschlichen Beziehungen einprogrammierten, über Lebendige und Tote gleichermaßen sich erstreckende Schemata einer uns unbegreiflichen Ordnung? (RW, 137 f.)

Während die Korrepondenz zwischen Walser und dem Großvater zunächst noch in der autobiographischen Erinnerung des Essayisten gegründet ist, scheint das Ende der Passage auf einen kosmologischen Ordnungsbegriff zu verweisen, von dem aus das Leben in einer Art barocken Allegorie als Scheinwelt eines verborgenen, aber lesbaren Sinns zu verstehen wäre. Dass dieser allegorische Horizont tatsächlich Sebalds Verfahren der Vernetzung prägt, zeigen die Ausweitungen der Korrespondenzen gegen Ende des Essays. So berichtet Sebald, dass die Anfänge seiner Walser-Lektüre in die zweite Hälfte der 60er Jahre in Manchester fielen und damit in eine Zeit, in der er auf Bächtolds Keller-Biografie stieß, in welcher er wiederum eine Sepia Fotografie „von dem ganz von Büschen und Bäumen umstandenen Haus auf der Aare-Insel gefunden habe, in dem Kleist im Frühjahr 1802 an dem Wahnsinnsdrama der Familie Ghonorez schrieb, ehe er, selber krank, nach Bern gehen mußte in die Pflege des Dr. Wyttenbach." (RW, 162) *Tertium comparationis* zwischen Kleist und Walser ist sowohl Walsers häufige Verarbeitung der Figur Kleists in seinen Prosatexten – die Fotografie spielt deutlich auf den im Jahr 1907 in „Die Schaubühne" veröffentlichten Text „Kleist in Thun" an – als auch das Motiv der Krankheit und des implizierten Leidens an der Geschichte, von dem Sebald selber affiziert ist. Zunächst geht diese intertextuelle Verklammerung damit noch vom enzyklopädischen Erzähler aus, der diese Bezüge nicht nur herstellt, sondern durch sein eigenes Schreiben bereichert; doch die folgende Passage verdeutlicht, dass diese Optik der Vernetzung immer schon auf einen kosmischen Horizont bezogen ist: „Langsam habe ich seither begreifen gelernt, wie über den Raum und die Zeiten hinweg alles miteinander verbunden ist, das Leben des preußischen Schriftstellers Kleist mit dem eines Prosadichters […], die Geburtsdaten mit denen des Todes, das Glück mit dem Unglück, die Geschichte der Natur mit der unserer Industrie, die der Heimat mit der des Exil." (RW, 162 f.)

Diese kosmologische Ausweitung einer melancholisch konzipierten Vernetzung macht Sebald damit aber zu eben jenem Typ des Grüblers, der Benjamin zufolge "unter den Allegorien zu Hause ist."[18] „Der Grübler, dessen Blick aufgeschreckt, auf das Bruchstück in seiner Hand fällt", schreibt Benjamin, „wird zum Allegoriker".[19] Ganz ähnlich heißt es in Sebalds programmatischem Essay über den Maler Jan Peter Tripp, dass es Tripps Kunstschaffen um „das autonome Dasein der Dinge" gehe: „Da die Dinge uns (im Prinzip) überdauern, wissen sie mehr von uns als wir über sie; sie tragen die Erfahrungen, die sie mit uns gemacht haben, in sich und sind – tatsächlich – das vor uns aufgeschlagene Buch unserer Geschichte." Und: „Die Erinnerungsaura, die sie umgibt, verleiht ihnen den Charakter von Andenken, in denen Melancholie sich kristallisiert."[20] Vernetzung bei Sebald ist damit weder nur ein postmodernes Spiel mit Intertextualität noch eine Form der dokumentarischen Beglaubigung des Vergangenen. „Vielmehr wird auf das Wesen des Erinnerungsprozesses selbst abgehoben", kommentiert Markus Weber, „dessen Zeitmaß durch die von Déja-vu-Erlebnissen hinterlassenen Einschnitte stärker geprägt wird als durch kalendarische Chronologie."[21] Deshalb greift auch Sebalds Vernetzungsprosa zwar auf ein enzyklopädisches Weltwissen zurück, aber nicht, um sich in ein obsoletes Archiv vergangener Kulturwelten zurückzuziehen. Es geht vielmehr darum, diesen Enzyklopädismus in den Dienst einer melancholischen Sensibilität zu stellen, welche die Sebaldsche Meta-Interpretation von Geschichte als Serie von Katastrophen zurückbindet an individuell durchlittene Leiderfahrungen und damit an die ungeschriebenen Biographien der vergessenen Opfer der Geschichte. Die Lektüre ihrer Spuren erfordert eine empathetische Subjektivität, welche sich der Parteinahme für die Opfer der Geschichte bedingungslos verschreibt. Ein prominentes Beispiel hierfür aus dem letzten Prosatext „Austerlitz" ist etwa die Erinnerung des Ich-Erzählers an seinen Gang durch die belgische Festung Breendonk, welche von der Gestapo als Straflager und Folterstätte genutzt wurde. Weil die in ein Museum verwandelte Stätte zwar begeh- aber nicht eigentlich verstehbar ist, erscheint dem Ich-Erzähler sein Gang als ein gespenstischer Verdunkelungsprozess, der sich in der Erinnerung noch verstärkt:

---

18 WALTER BENJAMIN: Zentralpark. In: ders.: Illuminationen. Frankfurt/M. 1976, S. 230-250, hier S. 238.
19 Ebd., S. 242.
20 W. G. SEBALD: Wie Tag und Nacht. Über die Bilder Jan Peter Tripps. In: SEBALD: Logis in einem Landhaus (wie Anm. 16), S. 169-188, hier S. 173 und S. 183.
21 MARKUS R. WEBER: Phantomschmerz Heimat. Denkfiguren der Erinnerung im literarischen Werk W. G. Sebalds. In: WALTER DELABAR / WERNER JUNG / INGRID PERGANDE (Hg.): Neue Generation – neues Erzählen. Deutsche Prosa – Literatur der achtziger Jahre. Opladen 1993, S. 57-67, hier S. 63.

> Selbst jetzt, wo ich mich mühe, mich zu erinnern, [...] löst sich das Dunkel nicht auf, sondern verdichtet sich bei dem Gedanken, wie wenig wir festhalten können, was alles und wieviel ständig in Vergessenheit gerät, mit jedem ausgelöschten Leben, wie die Welt sich sozusagen von selber ausleert, indem die Geschichten, die an den ungezählten Orten und Gegenständen haften, welche selbst keine Fähigkeit zur Erinnerung haben, von niemandem je gehört, aufgezeichnet oder weitererzählt werden, Geschichten zum Beispiel [...], wie die von den Strohsäcken, die schattenhaft auf den übereinandergestockten Holzpritschen lagen und die, weil die Spreu in ihnen über die Jahre zerfiel, schmäler und kürzer geworden waren, zusammengeschrumpft, als seien sie die sterblichen Hüllen derjenigen, so erinnere ich mich jetzt, dachte ich damals, die hier einst gelegen hatten in der Finsternis. (A, 35)

Das Bild der sich selbst ausleerenden Welt evoziert Geschichte als Verlustgeschichte, deren verdrängtes Narrativ der Ich-Erzähler immer wieder in Akten des Eingedenkens aufzudecken versucht, indem er sich auf das Marginale und Abseitige, wie etwa die Strohsäcke als Fantome der Toten, konzentriert. Andererseits aber ist die mit dem grüblerischen Blick des Sebaldschen Erzählers einhergehende Parteinahme für die Opfer der Geschichte weitgehend abgekoppelt von jedweden politischen Ideologien und messianischen Heilserwartungen. Das heißt auch, dass Sebalds melancholische Erinnerung insofern auf einem reduzierten Konzept von *agency* gründet, als jene vollkommen losgelöst erscheint von geschichtsteleologischen Konzepten der Veränderung. In Sebalds Prosa ist *agency* nur mehr als retrospektive Zeugenschaft denkbar. Anders als Benjamins Engel der Geschichte treibt Sebalds Erzähler mit seinem Blick zurück keiner auch noch so rudimentär messianischen Zukunft entgegen.

Sebalds melancholischer Begriff der Parteinahme für die Opfer der Geschichte artikuliert sich in seiner Prosa damit als eben jenes Modell der Zeugenschaft, das den „Schmerzensspuren, die sich", wie es in „Austerlitz" heißt, „in unzähligen feinen Linien durch die Geschichte ziehen" (A, 20), nachspürt. Trotz des dokumentarischen Charakters seiner Prosa bedeutet Zeugenschaft für Sebald nun allerdings nicht die Anlehnung an die Normen des juristischen Diskurses, für den das *corpus delicti* der Maßstab der Wahrheitsfindung sein muss, sondern vielmehr geht es ihm um eine Phänomenologie der Erinnerung, die sich der epistemischen Unsicherheit programmatisch verschreibt. Wenn für Sebald das „unmögliche Geschäft" des Schriftstellers in der Wahrheitsfindung besteht, wie er in seinem Vorwort zu der Essaysammlung „Die Beschreibung des Unglücks" schreibt,[22] dann fasst er damit weniger einen positivistischen Wahrheitsbegriff ins Auge, als eben jene archäologische Perspektive seines Erzählers, welcher mit Hilfe eines enzyklopädisch vernetzten

---

22 SEBALD: Vorwort. In: ders.: Beschreibung des Unglücks (wie Anm. 15), S. 9-13, hier S. 11.

Weltwissens die Gegenwart auf die Kopräsenz des Vergangenen hin abhorcht. Geleitet wird der Sebaldsche Prozess der Wahrheitsfindung dabei von der zuvor zitierten Einsicht, dass „über den Raum und die Zeiten hinweg alles miteinander verbunden ist [...] die Geburtsdaten mit denen des Todes, das Glück mit dem Unglück, die Geschichte der Natur mit der unserer Industrie, die der Heimat mit der des Exil." In deutlicher Absetzung von dem historiographischen Verständnis der Gegenwart als Endpunkt der historischen Entwicklung versteht Sebald somit die Gegenwart nur als aktuellen Knotenpunkt in einem unendlichen Netzwerk von Verbindungslinien. Sind diese Linien einmal durch eine Subjektivität aktiviert, welche sich auf die „Schmerzensspuren" der Geschichte einlässt, erscheint die Gegenwart als gespenstisches Fantom eines Vergangenen, das in sie hineinreicht und sie überschattet. So erklärt Austerlitz etwa, dass es ihm immer mehr so vorkomme,

> als gäbe es überhaupt keine Zeit, sondern nur verschiedene, nach einer höheren Stereometrie ineinander verschachtelte Räume, zwischen denen die Lebendigen und die Toten, je nachdem es ihnen zumute ist, hin und her gehen können, und je länger ich es bedenke, desto mehr kommt mir vor, daß wir, die wir uns noch am Leben befinden, in den Augen der Toten irreale und nur manchmal, unter bestimmten Lichtverhältnissen und atmosphärischen Bedingungen sichtbar werdende Wesen sind. (A, 265)

## 3. Topographische Netzwerke in „Austerlitz"

Dass Sebalds Vernetzungsästhetik bevorzugt mit topo- und geographischen Korrespondenzen arbeitet, die sich zu einer unheimlichen Topographie des Vorbewussten verdichten, soll im Folgenden mit Blick auf die baugeschichtlichen Exkurse in seinem letzten Prosatext „Austerlitz" diskutiert werden. Wie schon in „Die Ausgewanderten" wird in „Austerlitz" das Thema der Spurensuche mit dem Trauma der Verfolgung verklammert.[23] Über weite Teile ist der Roman als ein durch den Mund des Ich-Erzählers gefilterter Monolog des Protagonisten angelegt, welcher sich von seinen bau- und kulturgeschichtlichen Exkursen zur eigentlichen Erinnerungsarbeit, die seine verdrängte Vorgeschichte betrifft, vortastet. Nach und nach erfährt der Leser, dass Austerlitz in einem Kindertransport

---

[23] Zu „Die Ausgewanderten" vgl. auch IRIS DENNELER: Das Gedächtnis der Namen. Zu W.G. Sebalds „Die Ausgewanderten". In: dies.: Von Namen und Dingen. Erkundungen zur Rolle des Ich in der Literatur am Beispiel von Ingeborg Bachmann, Peter Bichsel, Max Frisch, Gottfried Keller, Heinrich von Kleist, Arthur Schnitzler, Frank Wedekind, Vladimir Nabokov und W.G. Sebald. Würzburg 2001, S. 133-158.

von Prag nach England verschickt wurde und bei einem walisischen Predigerpaar als Dafydd Elias aufwächst, bis ihm nach dem Tod der Pflegeeltern seine Herkunft und sein wahrer Name Jacques Austerlitz enthüllt werden. Doch diese biographische Enthüllung steht nicht am Anfang der Begegnung des Ich-Erzählers mit Austerlitz: so steht die erste Phase ihrer Beziehung, die im Jahr 1967 in der Antwerpener Centraal Station einsetzt und sich eine Zeit lang in weiteren Treffen in Belgien und London fortsetzt, ganz im Zeichen bau- und kulturgeschichtlicher Exkurse. Darauf folgt ein Jahrzehnte dauernder Abriss der Beziehung, bis der Ich-Erzähler im Dezember 1996 durch, wie er sagt, eine „eigenartige Verkettung von Umständen" (A, 50) Austerlitz zufällig in der Bar des Great Eastern Hotels an der Londoner Liverpool Street Station wiedertrifft. Während der Ich-Erzähler noch eine geraume Zeit in seinem Hebel'schen „Erstaunen über die unverhoffte Wiederkehr von Austerlitz" (A, 58) befangen ist, nimmt dieser das Gespräch mehr oder weniger dort wieder auf, „wo es einst abgebrochen war" (A, 60).

Der sich anschließende Bericht über seinen Rundgang durch das Great Eastern Hotel bildet den Auftakt für Austerlitzens eigentliche Erzählung, die er mit der Erklärung einleitet, gerade daran gedacht zu haben, „daß er bald für seine Geschichte, hinter die er erst in den letzten Jahren gekommen sei, einen Zuhörer finden müsse, ähnlich wie ich es seinerzeit gewesen sei in Antwerpen, Liège und Zeebrugge" (A, 64). Es scheint so, als habe sich der Ich-Erzähler erst durch seine akribische Zuhörerschaft in baugeschichtlichen Dingen für seine neue Rolle als Zeuge von Austerlitzens aufwendiger Erinnerungsarbeit qualifizieren müssen.

Die topographischen Assoziationsketten und baugeschichtlichen Exkurse, die den Text von Anbeginn markieren, sind jedoch nicht nur zu verstehen als eine Art *gothic setting* für Austerlitzens Aufarbeitung seiner verdrängten Herkunftsgeschichte, sondern vielmehr als ein durch Verschiebung und Verdichtung kreierter metonymischer Gedächtnisraum, in dem sich die europäische Geschichte sinnbildlich sedimentiert hat. So führt die gleich zu Anfang in Gang gesetzte Assoziationskette von der Überblendung des gespenstischen Besuchs im Nocturama zum *Salle des pas perdus*, dem Wartesaal des Antwerpener Hauptbahnhofs, in dem der Ich-Erzähler zum ersten Mal auf Austerlitz stößt. Die sich anschließenden Ausführungen Austerlitzens zur Baugeschichte des Bahnhofs, seine langatmigen Erläuterungen zum Eklektizismus des Erbauers Delacenserie, der Symbolik des Kolonialbaustils sowie zum europäischen Festungsbau, skizzieren eine Kulturgeschichte des Monumentalen, deren geheimer Fluchtpunkt die Vertreibungs- und Verfolgungsgeschichte des Nationalsozialismus ist.

Dass die Gedächtnis-Topographie von Austerlitz maßgeblich von Bahnhöfen und Wartesälen, insbesondere dem Prager Wilsonova Bahnhof, der

Londoner Liverpool Street Station, und den Pariser Bahnhöfen, vor allem der Gare d'Austerlitz markiert wird, überrascht nicht, verbinden sich mit diesen Stätten doch Austerlitzens eigenes und das Schicksal seiner Eltern. Ihre doppelte Kodierung als Instrumente der Vernichtung und der Errettung wird von Austerlitz bereits vor dem Aufheben seiner Anamnese angedeutet, und zwar als er die Pariser Bahnhöfe als „Glücks- und Unglücksorte" bezeichnet, die ihn „in die gefährlichsten, ihm ganz und gar unbegreiflichen Gefühlsströmungen" versetzen (A, 49). Dementsprechend ist es dann auch der verlassene *Ladies Waiting Room* in der Liverpool Street Station, der die Erinnerung an seine Verschickung als eine Art *mémoire involontaire* auslöst. Vorbereitet wird dieser entscheidende Moment von Austerlitzens evokativer Beschreibung der Liverpool Street Station „als eine Art Unterwelt" (A, 184), in der alles „eingeschwärzt [war] von einer schmierigen Schicht, die sich im Laufe eines Jahrhunderts gebildet hatte aus Kokosstaub und Ruß, Wasserdampf und Dieselöl." (A, 185) Der von einer Ruß- und Schmierschicht überzogene Bahnhof erscheint hier nicht primär als einer der wichtigsten Verkehrsknotenpunkte im zeitgenössischen London, sondern vielmehr als ein Industriemausoleum, das Austerlitz zum Inbild des „Sogs der verflossenen Zeit" (A, 186) gerät. Austerlitz erfährt den Bahnhof als einen gespenstischen Gedächtnisort, an dem die Vergangenheit ein subkutanes Leben weiterführt, welches die strikte Trennlinie des Vergangenen und Gegenwärtigen durchlöchert. So mündet seine sich anschließende ausführliche Erzählung der dem Bahnhofsbau vorausliegenden Lokalhistorie in eine allegorische Lesart, die die ursprünglichen Kultivierungsbestrebungen des Geländes in einer barock wirkenden, aber, wie der Leser bereits ahnt, auf den Holocaust verweisenden Geste an den ubiquitären Tod zurückbindet. Hierbei führt Austerlitz seinen Zuhörer durch verschiedene archäologische Schichten des Bahnhofs von der Trockenlegung der Sumpfwiesen über das Kloster des Ordens der heiligen Maria von Bethlehem bis hin zum Bau der Irrenanstalt Bedlam. Gemahnt das von Austerlitz gezeichnete Bild der Urbarmachung zunächst noch an die Holländische Genremalerei, so kippt dies harmonische Idyll mit dem Verweis auf Bedlam ins Gespenstische um. Austerlitzens Frage, ob „das Leid und die Schmerzen, die sich dort über die Jahrhunderte angesammelt haben, je wirklich vergangen sind [...]" (A, 187) führt schließlich zur Vision der Geschichte als eines sich ins Unendliche ausweitenden Gräberfeldes. (Siehe Abb. 9).

Seine hyperbolische Geschichtsvision wird schließlich mit dem Verweis auf die auf dem Gelände im Jahr 1984 durchgeführten Ausgrabungen abgerundet, bei denen 400 Skelette zutage traten. Auch dies wird ihm wieder zum Indiz, dass sich Geschichte nur als Geschichte des Verlusts erschließen lässt. So erzählt Austerlitz, „wie einer der Archäologen, mit dem ich ins Gespräch gekommen bin, mir gesagt hat, daß in jedem Kubikmeter Abraum, den man aus dieser Grube entfernte, die Gerippe von durchschnittlich acht Menschen gefunden worden sind." (A, 188) Die an dieser Stelle eingerückte Fotografie von „den Überresten der Toten" tritt daher in ein direktes Spannungsverhältnis zu dem Bauplan von Bishopsgate (siehe Abb. 10), auf welchem, wie Austerlitz anmerkt, die Eisenbahntrassen „sich ausnahmen wie Muskel- und Nervenstränge in einem anatomischen Atlas" (A, 190).

Diese ikonographische Nacheinanderstellung der Skelette und des Plans von Bishopsgate rückt den mit der eigenartig anthropomorphisiert wirkenden Bahnhofsskizze evozierten technologischen Optimismus der Industrialisierung, dem alles menschenmöglich erschien, sogleich unter das Vorzeichen der Vanitas. Auf der Textebene wird diese barocke Allegorisierungsgeste von Austerlitz selber unterstrichen, indem er die anatomische Metapher an seine metageschichtliche Interpretation von Geschichte als einer fortwährenden Verlustgeschichte zurückbindet. So sind zwar die vormaligen Slums des Geländes geräumt, aber zurück bleibt „ein Niemandsland, in dem sich keine Seele mehr regte." Austerlitz fährt fort:

> Der Wellbrookbach, die Wassergräben und Teiche, die Sumpfhühner, Schnepfen und Fischreiher, die Ulmen und Maulbeerbäume, der Hirschgarten Paul Pindars, die Kopfkranken von Bedlam und die Hungerleider von Angel Alley, aus der Peter Street, aus dem Sweet Apple Court und dem Swan Yard waren verschwunden [...]. (A, 190)

Was hier aufgezählt wird, liest sich als Inventar einer obsolet wirkenden und von der Gegenwart vollkommen abgekoppelten poetischen Imagination. Austerlitzens archäologischer Blick produziert damit verschiedene Indices des Abwesenden, die als Maßstab für die Gegenwart fungieren. In jedem Falle zeigen diese und ähnliche Passagen in Sebalds Prosa,[24] wie lokalhistorisches Wissen in den Dienst einer archäologischen Wahrnehmung gestellt wird, um auf diese Weise mit dem Paradigma der historischen Entwicklung zugunsten der Verunheimlichung

---

24 Vgl. die Beschreibung des Landsitzes Somerleyton in W.G. SEBALD: Die Ringe des Saturn. Eine englische Wallfahrt. Frankfurt/M. 1997, S. 44.: „Die gläsernen Wandelgänge und das Palmenhaus, dessen hoher Dom einst die Nächte illluminierte, sind schon 1913 nach einer Gasexplosion ausgebrannt und anschließend abgerissen worden, die Bediensteten, die alles instand hielten, die Butler, Kutscher, Chauffeure, Gärtner, Köchinnen, Nähmädchen und Kammerfrauen seit langem entlassen. Etwas ungenutzt und verstaubt wirken jetzt die Zimmerfluchten. Die Samtvorhänge und die weinroten Lichtblenden sind verschossen, die Polstermöbel durchgesessen, die Stiegenhäuser und Korridore, durch die man geführt wird, vollgestellt mit zwecklosem, aus der Zirkulation geratenem Kram." Auch hier produziert also die Aufzählung des Gewesenen eine Art poetisches Inventar des Verlusts. Die Poetizität der Dinge leitet sich hierbei nicht zuletzt daraus ab, dass sie ihren Waren- und Nutzungscharakter verloren haben.

des Gegenwärtigen zu brechen. In anderer Hinsicht bereiten diese lokalhistorischen Exkurse zur Geschichte des Bahnhofs Austerlitzens epiphanische Erinnerung an seine bislang verdrängte Ankunft als Kind in England vor. Als er den menschenleeren, nur von gespensterartigen Licht- und Staubspielen belebten Wartesaal entdeckt hat, steigen Erinnerungen in ihm auf,

> Erinnerungen, hinter denen und in denen sich viel weiter noch zurückreichende Dinge verbargen, immer das eine im andern verschachtelt, gerade so wie die labyrinthischen Gewölbe, die ich in dem staubgrauen Licht zu erkennen glaubte, sich fortsetzten in unendlicher Folge. (A, 196)

Evoziert das Bild der ineinander verschachtelten Dinge die Unabschließbarkeit des Erinnerungsprozesses als potentiell infiniten Regress, so verweist die Labyrinthmetapher darauf, dass Subjektivität als Verknüpfungspunkt eines unendlichen Netzwerkes von kulturhistorischen Bezugspunkten zu verstehen ist. Darüberhinaus macht die hier angelegte Spiegelung von Innen und Außen den Raum zur Chiffre für die vorbewussten Zusammenhänge, die Austerlitzens Leben geprägt haben: „Tatsächlich hatte ich das Gefühl, sagte Austerlitz, als enthalte der Wartesaal, in dessen Mitte ich wie ein Geblendeter stand, alle Stunden meiner Vergangenheit, alle meine von jeher unterdrückten, ausgelöschten Ängste und Wünsche, als sei das schwarzweiße Rautenmuster der Steinplatten zu meinen Füßen das Feld für das Endspiel meines Lebens, als erstrecke es sich über die gesamte Ebene der Zeit." (A, 196 f.)

Wie sehr Sebalds baugeschichliche Exkurse im Dienste der gespenstischen Fantombildung stehen, lässt sich bereits an Austerlitzens architektonischem Exkurs über Delacenseries Kuppelbau der Antwerpener Centraal Station am Romanauftakt erkennen. Auf die im Text angeführte Erklärung, dass die Kuppel des Antwerpener Bahnhofs vom Kuppelkonzept des Luzerner Bahnhofs beeinflusst war, folgt eine Fußnote, in der der Ich-Erzähler von seinem Besuch in Luzern im Jahr 1971 berichtet, der just in jene Tage fällt, als die Luzerner Kuppel und der gesamte Bahnhof von einer Feuersbrunst vernichtet werden:

> Von den Bildern, die ich am nachfolgenden Tag davon in den Zeitungen und am Fernsehen gesehen habe und die ich während mehrerer Wochen nicht aus dem Kopf bringen konnte, ist für mich etwas Beunruhigendes und Beängstigendes ausgegangen, das sich in der Vorstellung verdichtete, daß ich der Schuldige oder zumindest einer der Mitschuldigen sei an dem Luzerner Brand. (A, 15 f.)

Dass dies Schuldgefühl eine Fantombildung ist, die sich aus der vom Ich-Erzähler und Protagonisten geteilten Verknüpfungsoptik erklärt, liegt auf der Hand. Diese gespenstischen Korrespondenzen bestimmen den Verlauf des Romans so sehr, dass die dargestellte Gegenwart zunehmend als Fantom einer schattenhaft gegenwärtigen Vergangenheit erscheint, welche sich der rationalen Durchdringung entzieht.

Es sind nun aber vor allem Austerlitzens Ausführungen zur Entwicklung des Festungswesens, die den grundsätzlichen Widerspruch zwischen der vermeintlich manifesten Rationalität der europäischen Denktradition einerseits und einer nichtrationalen Abwehrbewegung als deren eigentlichen Motor andererseits hervortreiben. Austerlitz zufolge zeigt sich die phobische Dimension der europäischen Kulturgeschichte exemplarisch an der Ausbildung eines sternförmigen Festungtyps gegen Ende des 17. Jahrhunderts, dessen geometrisches Kalkül als Symptom eines absoluten Gewalt- und Herrschaftsanspruchs zu lesen ist:

> Niemand, sagte Austerlitz, habe heute auch nur einen annähernden Begriff von der Uferlosigkeit der Literatur zum Festungsbau, von der Phantastik der in ihr niedergelegten geometrischen, trigonometrischen und logistischen Kalkulation, von den hypertrophischen Auswüchsen einer Fachsprache der Fortifikations- und Belagerungskunst [...], doch sei selbst von unserem jetzigen Standpunkt aus zu erkennen, das sich gegen Ende des 17. Jahrhunderts aus den verschiedenen Systemen schließlich das sternförmige Zwölfeck mit Vorgraben als der bevorzugte Grundriß herauskristallisierte, ein sozusagen aus dem Goldenen Schnitt abgeleitetes idealtypisches Muster, das [...] sogar dem Verstand des Laien einleuchtete als ein Emblem der absoluten Gewalt sowohl als des Ingeniums der in ihrem Dienst stehenden Ingenieure. (A, 22 f.)

Die Ausbreitung dieses Idealtyps des Festungsbaus fällt also mit dem Beginn der Modernisierung zusammen und erscheint damit auch als Ausdruck eben jener sozio-kulturellen und intellektuellen Transformationen, die zum kulturellen Projekt der Aufklärung bzw. dem ökonomisch-sozialen der Industrialiserung beigetragen haben. Modernität als eine politische, administrative, gesetzgeberische und diskursive Praxis, die auf die Herstellung einer rationalen Ordnung abzielt, bedient sich, wie Zygmunt Bauman in „Modernity and Ambivalence" dargelegt hat, einer Logik des Ein- bzw. Ausschlusses, welche all das, was sich dem entstehenden einheitlichen und universellen Klassifikationssystem entzieht, zu eliminieren sucht. Bauman zufolge produziert nun das moderne Ordnungsfieber im Zuge der Kategorisierung und Katalogisierung der Welt immer neue Ambivalenzen, die als ein bedrohlich Anderes bzw. als ungewolltes Abfallprodukt der modernen Ordnungsaktivität erscheinen: „[I]ntolerance is, therefore", schreibt Bauman, „the natural inclination of modern practice. Construction of order sets the limits to incorporation and admission. It calls for the denial of rights, and of the grounds, of everything that cannot be assimilated – for delegitimation of the other."[25]

---

25 ZYGMUNT BAUMAN: Modernity and Ambivalence. Cambridge 1991, S. 8.

Was Bauman in Begriffen der Soziologie analysiert, eine um ihre Dialektik beraubte Aufklärung, entwickelt Sebalds Romanfigur mit Blick auf die europäische Baugeschichte: auch Austerlitz geht es um die Diagnose der phobischen Kehrseite der europäischen Kulturgeschichte und um die Unvernunft einer Vernunft, die ihr Blickfeld auf die bloße Fortentwicklung der Technik jenseits ethischer Fragen des Gebrauchs verengt hat. Dass die „hypertrophischen Auswüchse" der Belagerungskunst im krassen Kontrast stehen zur tatsächlichen Ineffektivität der Festungen in der Kriegspraxis, führt Austerlitz dann an der Geschichte der Belagerung von Antwerpen vor, die im Jahr 1832 mit der totalen Schleifung aller Festungsanlagen endete. Die erneute Konstruktion eines wesentlich erweiterten Forts veranschaulicht den ganzen „Wahnsinn" des Befestigungs- und Belagerungswesens, der schließlich in die Verwandlung der im 18. Jahrhundert von Josef II. gebauten sternförmigen Garnisonsanlage in das Konzentrationslager Theresienstadt als Kulminationspunkt dieser Logik im Nationalsozialismus mündet.

Vor diesem Hintergrund überrascht es kaum, dass die von Austerlitz geplante Studie über den „Baustil der kapitalistischen Ära" (A, 48) nicht zustande kommt, manifestiert sich doch der oben angesprochene „Ordnungszwang" und „Zug ins Monumentale" an fast allen öffentlichen Gebäuden. Seine Recherchen ufern deshalb unter der Hand aus „in endlose Vorarbeiten zu einer ganz auf seine eigenen Anschauungen sich stützenden Studie über die Familienähnlichkeiten, die zwischen all diesen Gebäuden bestünden." (A 48) Die von der „Idee eines Netzwerks" (A, 48 f.) geleiteten Assoziationsketten und baugeschichtlichen Exkurse verdichten sich so zu einer Topographie des Vorbewussten, deren Fluchtpunkt das unbewältigbare Thema der Verfolgung ist. Der heimliche Antrieb für Austerlitzens Studien ist damit sein Verdacht, dass „eigentlich die gesamte Bau- und Zivilisationsgeschichte des bürgerlichen Zeitalters, die ich erforsche, in die Richtung der damals bereits sich abzeichnenden Katastrophe drängte." (A, 201) Nun zeigt sich diese Entwicklung zur Katastrophe zwar besonders deutlich an der direkten Verbindungslinie, die im Roman von dem eingangs thematisierten Belagerungswesen über die von der Gestapo genutzte Festung Breendonk, in der, wie im Text eigens angemerkt wird, auch Jean Améry gefoltert wurde, hin zur ausgeklügelten und statistisch dokumentierten Verwaltung des Mordens im System Theresienstadt führt, andererseits aber ist sie keineswegs nur zu verstehen als eine bloße Aberration des Modernisierungsprojekts. Im Gegenteil: für den Erzähler, Austerlitz, und den Autor Sebald steht die Geschichte des Festungswesens nur symptomatisch ein für das genozidale Potential, das sich aus dem Projekt der Modernität herleitet, eine alles umfassende Ordnung im wissenschaftlichen, administrativen, legislativen und sozialen Bereich herstellen zu wollen.[26] Insofern im Zuge der Modernisierung des öffentlichen Lebens seit dem Ende des 18. Jahrhunderts die technologischen und wissenschaftlichen Entwicklungen sich ablösen von jedweden verantwortungsethischen Fragestellungen, und insofern dieser Prozess eine Form des Expertentums hervorbringt, die einerseits ihre Rechtfertigung aus der verabsolutierten Vorstellung von wissenschaftlicher Autorität bezieht, andererseits aber letztlich eine instrumentalisierte Rationalität verkörpert, welche die im 19. Jahrhundert herrschenden Programme des *social-engineering* aus dem verengten Blickwinkel von technologischer Machbarkeit und der Verwaltung von Ressourcen betrachtet, stellt Modernität als Praxis die wesentlichen Voraussetzungen für den Genozid bereit. Zygmunt Bauman zufolge sind es damit die der Modernität inhärenten Attribute, die die Abkoppelung der moralischen von einer instrumentalisierten Handlungsweise produzieren: „In other words, by radically weakening the hold of moral inhibitions, and making large-scale actions independent from moral judgement and exempt from the constraining impact of individual morality, modernity supplies the *means* for genocide."[27]

Auch für Austerlitz führt ein direkter Weg von dem ‚Idealtyp' des aus dem Goldenen Schnitt abgeleiteten sternförmigen Grundrisses zu dem System Theresienstadt. Nun verschreibt sich Austerlitz mit dieser negativen Interpretation der Modernisierungsprozesse der Neuzeit aber keineswegs einer teleologischen Geschichtsdeutung, wie seine ausführlich beschriebene Lektüre von H.G. Adlers großer Theresienstadt-Studie verdeutlicht.[28] So stellt sich nämlich auch in Adlers minutiöser Rekonstruktion des Systems Theresienstadt Geschichte wieder nur als ein mit den Mitteln der Vernunft undurchdringbares Zeichenlabyrinth dar, welches in seiner Unlesbarkeit das Monströse eines unakzeptablen Geschichtsverlaufs hervortreibt. Die als aufwendige Entzifferungsarbeit einer fremden Zeichenschrift beschriebene Lektüre hebt darauf ab, wie in der Verwaltungssprache des Nationalsozialismus die Realität der Verfolgung in einem subjektlosen Kategorisierungssystem in aufwendiger Weise kaschiert wird.

> Die Lektüre [...] ging aufgrund meiner mangelnden Deutschkenntisse unendlich langsam vonstatten, ja, sagte Austerlitz, ich könnte wohl sagen, sie war für mich beinahe so schwierig wie das Entziffern einer ägyptischen oder babylonischen Keil- oder Zeichenschrift.

---

26 Sebald legt damit seiner Romanfigur eine teleologische Interpretation der Modernität in den Mund, die sich – wie Zygmunt Baumans Analyse – den Vorwurf gefallen lassen muss, die Aufklärung um ihre Dialektik verkürzt zu haben. Trotz dieser Einschränkung stimme ich Baumans Lesart der jüdischen Assimilationsgeschichte zu. Vgl. ZYGMUNT BAUMAN: Modernity and the Holocaust. Cambridge 1989.
27 BAUMAN: Modernity and Ambivalence (wie Anm. 25), S. 50.
28 H.G. ADLER: Theresienstadt 1941-1945. Das Antlitz einer Zwangsgemeinschaft. Tübingen 1955.

> Silbenweise mußte ich die in meinem Lexikon nicht aufgeführten Komposita enträtseln, die von der in Theresienstadt alles beherrschenden Fach- und Verwaltungssprache der Deutschen offenbar fortlaufend hervorgebracht wurden. Und wenn ich die Bedeutung von Bezeichnungen und Begriffen wie Barackenbestandteillager, Zusatzkostenberechnungsschein, Bagatellreparaturwerkstätte, Menagetransportkolonnen, Küchenbeschwerdeorgane, Reinlichkeitsreihenuntersuchung oder Entwesungsübersiedlung [...] endlich erschlossen hatte, so mußte ich, fuhr er fort, mit ebensolcher Anstrengung versuchen, den von mir rekonstruierten präsumptiven Sinn einzuordnen in die jeweiligen Sätze in den weiteren Zusammenhang, der mir immer wieder zu entgleiten drohte [...]. (A, 335)

Austerlitzens Lektüre wird natürlich nicht wirklich von seinen vermeintlich mangelhaften Deutschkenntnissen behindert, sondern vielmehr von der sich im Palimpsest der Wortmonster niederschlagenden Instrumentalisierung der Rationalität, die diese gleichermaßen von den Instanzen des Affekts wie der Vernunft abkoppelt. Dass sich die Lektüre des Adlerschen Textes unter der Hand in ein Verstehenslabyrinth *in malo* verwandeln muss und sich Austerlitz daher vergeblich an der Irrsinnslogik der Verfolgung abarbeitet, evoziert bereits die labyrinthische Satzstruktur, an deren Ende die Einsicht steht, dass dem System des Konzentrationslagers weder affektiv noch mit der Vernunft beizukommen ist. Konsequenterweise münden Austerlitzens Verstehensbemühungen in die *conclusio*, dass das Ghettosystem nur als eine „futuristische Verformung des gesellschaftlichen Lebens" zu verstehen ist, die trotz der historiographischen Genauigkeit von Adlers Arbeit den „Charakter des Irrealen" beibehalten muss (A, 335). Auch die Geschichtsschreibung vermag es also nicht, die gespenstische Qualität der Geschichte abzubauen; vielmehr kehrt sie hier gerade mittels der minutiösen Rekonstruktion des Systems Theresienstadt ihre phobische Kehrseite hervor.

Adlers Studie ist damit lesbar als ein weiteres Symptom eben jener Schmerzensspuren, denen Sebalds Erzähler in ihrer melancholisch-monomanisch konnotierten Obsession restlos verfallen sind. Weil für Sebald Geschichte nicht mehr erzählbar ist als die Geschichte kausaler Entwicklungsprozesse, sondern nur mehr als ein Netzwerk von Verhängnissen, führt sie in seiner Prosa immer aus der Gegenwart hinaus und in eben jenen „enzyklopädischen Erinnerungs- und Recherchekosmos" hinein,[29] von dem die Sebaldschen Erzähler und Leser gleichermaßen erfasst werden. Einerseits hebt die Vision der Geschichte als ein sich ins Unendliche weiterspinnendes Netzwerk von Beziehungen die Opposition von Synchronie und Diachronie zugunsten der Kopräsenz der Zeiten auf; andererseits führt sie zu einer Umkehrung der geschichtlichen Perspektive: nicht

---

29 THOMAS KASTURA: Geheimnisvolle Fähigkeit zur Transmigration. W.G. Sebalds interkulturelle Wallfahrten in die Leere. In: Arcadia 36/1996, Nr.1/2, S. 197-216, hier S. 199.

mehr die Gegenwart ist Richtschnur der Vergangenheit, sondern die obsoleten Überreste der Vergangenheit werden zum Maßstab der Gegenwart. Gerade der von seinem Nutzungs- und Warencharakter entbundene Gegenstand, an dem sich die Spuren seines vormaligen Gebrauchs abgelagert haben, verwandelt sich dem Sebaldschen Grübler zu einem ethisch konnotierten *lieu de mémoire*, der in einer Art Statthalterschaft an gelebtes Leben erinnert. Nun wäre es allerdings ein Missverständnis, die Aufdeckung der vielfältigen geheimen Verbindungslinien zwischen den diversesten kulturgeschichtlichen Materialien als eine Inszenierung von Kultur im Sinne einer antiquarischen Schatzkammer zu verstehen, welche den melancholischen Blick des begabten Grüblers als eine Art Sesam-öffne-dich erwartet. Im Gegenteil, Sebalds Vernetzungsästhetik evoziert Geschichte als eine Kette von irreparablen Verlustgeschichten. Aus diesem Grund werden die archäologischen Entdeckungen in seiner Prosa auch immer wieder an die Biographien zerstörter Leben zurückgebunden. Bei aller Vorliebe für die Poesie des Entlegenen und Marginalen, die Sebalds Erzähler als eine „Figur der Nachträglichkeit"[30] zweifelsohne demons-triert, findet diese Lust am skurrilen Detail, am Überzähligen und Exzentrischen ihre konsequente Brechung immer wieder in den, wie Sebald schreibt, „Zerstörungen, die die Geschichte im einzelnen hinterläßt."[31]

---

30 THOMAS WIRTZ: Schwarze Zuckerwatte. Anmerkungen zu W.G. Sebald. In: Merkur 55/2001, Nr. 6, S. 530-534, hier S. 530.
31 SEBALD: Eine kleine Traverse (wie Anm. 15), S. 142.

Caitríona Ní Dhubhghaill

# Netzwerk – Rhizom – Banyan
## Komplikationen der Verwurzelung bei Kafka und Joyce

Die Theorierelevanz von Netzwerkmodellen hat im Kontext der heutigen Globalisierungdebatten beträchtlich zugenommen. Meine Interpretation des Leitbegriffes ‚Netzwerk' orientiert sich an Manuel Castells Beschreibung des Netzwerks als Ineinander von Verbindungen, die das globale Wirkungsfeld des Informationszeitalters charakterisieren.[1] Die sich wechselseitig bedingenden Problemfelder der Globalisierung und der gesellschaftlichen und ethnischen Gruppenzugehörigkeit bilden den Hintergrund meiner Frage nach ebenso komplexen wie komplizierten Verwurzelungen. Um die scheinbar gegensätzlichen Tendenzen der Mobilität und der Verwurzelung zusammenzudenken, untersuche ich Perspektiven, die das Modell des Rhizoms, wie Gilles Deleuze und Félix Guattari es geprägt haben, zu diesem Zweck anbietet. Dabei will ich auf Texte von Franz Kafka und von James Joyce eingehen, die Fragen zur Problematik der Sprache, der Zugehörigkeit und der sprachlichen Verwurzelung aufschließen. Zunächst aber möchte ich, als Einleitung in diese Problematik der Sprache, ein paar Fragen stellen:

Gibt es im Zeitalter der globalisierten Informationsgesellschaft eine Weltsprache? Dies ist keine Frage der Statistik: Wesentlich sind dabei nicht die Zahlen der Sprecher bzw. der Gespräche, die täglich in einer bestimmten Sprache stattfinden, sondern die allgemeine Tendenz zur Einsprachigkeit, die für das Informationszeitalter auf globaler Ebene bestimmend ist. Sollte tatsächlich das Englische in immer mehr Bereichen dominieren, wie dies beispielsweise in den Naturwissenschaften und in der Informatik der Fall ist, so wäre nach den Folgen dieser Tendenz zu fragen: für Muttersprachler, für Nicht-Muttersprachler, und für diejenigen, die Englisch überhaupt nicht beherrschen. Diese Fragen scheinen weit von der Netzwerk-Thematik wegzuführen. Da sie aber den Hintergrund meiner Fragestellung bilden, hoffe ich in der Diskussion der sprachlichen ‚Verwurzelung' (besonders bei Joyce) ihre zentrale Bedeutung für die sozialgeschichtlichen Entwicklungen, die Castells unter dem Stichwort ‚Netzwerk' zu erörtern versucht, zu zeigen.

---

1 MANUEL CASTELLS: The Rise of the Network Society. Cambridge, Mass., London 1996.

## 1. Globalisierung

Der von Protest begleitete Vorgang der Globalisierung zeigt sich in vielen verschiedenen Bereichen und hat viele Ursachen, von technologischen Innovationen und gesellschaftlichen Bewegungen bis hin zu geopolitischen Veränderungen.[2] In den Debatten zur Globalisierung hat die Frage des Nationalstaates eine zentrale Stellung. Auch der *call for papers* der Tagung, aus der dieser Band hervorgeht, griff das Problem des Nationalstaates auf: „Die Ablösung des Nationalstaats durch international verknüpfte Interessennetze (des Geldes, des Wissens, des Militärs, des Terrors) mit ihren Geld- und Warenströmen, Verkehrs- und Informationsströmen, und nicht zuletzt Menschenströmen sind der gesellschaftliche Hintergrund der skizzierten kulturellen und wissenstheoretischen Konjunktur des Vernetzungsmodell."[3] Die Spannungen zwischen dem Modell des Nationalstaates und dem Modell der international verbundenen Interessen-Netzwerke lassen sich auf verschiedene Weisen begreifen. Es besteht die Versuchung, an einem binären Gegensatzpaar festzuhalten, das, um das Modell von Deleuze und Guattari zu zitieren, der Nation als arboreszenter Wurzel eine offene, post-nationale Welt der rhizomatischen Verbindungen gegenüberstellt (vom Begriff der Arboreszenz wird im Folgenden die Rede sein). Eine Interpretation dieses Gegensatzpaares Nationalstaat – neue Weltordnung betont die Chance, dass die Atomisierung der Welt in getrennte und oft einander feindliche Nationalstaaten durch die neuen Tendenzen zur Globalisierung aufgehoben werden könnte.[4] Eine andere, pessimistischere Interpretation bleibt an die Dichotomie zweier gegensätzlicher Modelle gebunden, kehrt aber die Wertung um: Innerhalb der brüchigen und kaum klar definierbaren sogenannten ‚Anti-Globalisierung-Bewegung' werden Ängste gegenüber einem ‚Neo-Imperialismus' geäußert, einem Phänomen, das als bedrohliches Gegenstück zu den Idealen ‚Autonomie' und ‚Souveränität' verstanden wird. Viele Debatten um das irische Referendum zur Ratifizierung des Nizza-Abkommens im Frühjahr 2002 haben diese zweite Interpretation herauf-

---

[2] Peter Sloterdijk bemerkt zu dieser Formulierung Roland Robertsons, dass der Protest gegen die Globalisierung von der Globalisierung nicht zu trennen ist. Daher gibt sich die früher ‚*anti-globalisation*' benannte Bewegung jetzt andere Namen, wie etwa ‚*globalised resistance*' oder ‚*ethical globalisation*'. Siehe PETER SLOTERDIJK: Der gesprengte Behälter. Notiz über die Krise des Heimatbegriffs in der globalisierten Welt. In: Spiegel-Spezial. Nr. 6, Juni 1999, S 24-29, hier S. 28.
[3] JÜRGEN BARKHOFF, HARTMUT BÖHME, JEANNE RIOU: *call for papers* „Netzwerke. Ästhetiken und Techniken der Vernetzung 1800 – 1900 – 2000". Unveröffentlicht. Dublin 2002.
[4] Siehe MICHAEL HARDT / ANTONIO NEGRI: Empire. Cambridge, Mass., London 2000, S. 46.

beschworen. Diese gegensätzlichen Modelle basieren auf einer Trennung des Globalen vom Örtlichen. Hardt und Negri und Castells argumentieren auf verschiedene Weisen gegen eine solche Trennung und sehen das neue industrielle System, seine Konstellationen ökonomischer und politischer Macht und seine soziale und kulturelle Wirklichkeit weder als globales noch als örtliches Phänomen, sondern als eine neue Artikulierung der Dynamik zwischen dem Globalen und dem Lokalen.[5] Indem anerkannt wird, dass der Nationalstaat in einen Kontext globalisierter Beziehungen nicht ohne weiteres zu integrieren ist, mag es einen Versuch wert sein, mögliche Verwandtschaften zwischen früheren Machtstrukturen, denen der Nationalstaat seit seinen Anfängen entgegengesetzt war, und den neuen internationalen Verhältnissen zu untersuchen.

Geschichtlich stand der Begriff des Nationalstaates in Opposition zu anderen Formen der Machtstruktur: zu nicht-staatlichen Kräften innerhalb sowie außerhalb des Nationalstaates, zu internationalen Bewegungen, zu multi-ethnischen Monarchien, zum Regionalismus, zu fragmentarischen Mikrostaaten, und, vielleicht am wichtigsten, während der letzten anderthalb Jahrhunderte zu Imperien, zu Weltreichen. Die Tatsache, dass heutige globale politische und wirtschaftliche Verhältnisse als ‚Imperialismus' oder ‚Neo-Imperialismus' beschrieben werden, suggeriert eine gewisse Kontinuität zwischen den historischen Imperien und den neuen Situationen. Die Imperien und Kolonialmächte, die sich im Zeitalter des Kapitalismus etablieren konnten und deren Dominanz somit im Laufe der Industrialisierung gewährleistet war, konnten sich gerade aufgrund ihrer Handels-, Seefahrts- und Militärnetzwerke gegen örtliche Rivalitäten behaupten. Die Handelsgesellschaften, die mit kolonialer Expansion immer eng verbunden waren, scheinen aus heutiger Sicht den multinationalen Firmen nahezustehen, trotz wesentlicher organisatorischer Unterschiede. Benedict Anderson argumentiert, dass ein wirtschaftliches Globalsystem spätestens seit den Entdeckungsreisen der Renaissance besteht, und er kritisiert den „Gedächtnisschwund", der darin liegt, die Globalisierung als neues Phänomen zu beschreiben.[6]

Auch Michael Hardt und Antonio Negri erkennen in ihrem Buch „Empire" die Kontinuitäten zwischen den neuen globalen Machtverhältnissen, die sie (etwas irritierend) auch „Empire" nennen, und der früheren imperialistischen Gewalt, die gewisse Nationen über andere Nationen und Weltteile ausübten. Sie erkennen aber auch die Unterschiede: „In contrast to imperialism, Empire

---

5 Vgl. ebd., S. 45; CASTELLS: Rise of the Network Society (wie Anm. 1), S. 392.
6 BENEDICT ANDERSON: Globalisation and its Discontents. Vortrag gehalten bei der Irish Studies Summer School, University College Dublin, am 9.7.2002.

establishes no territorial centre of power and does not rely on fixed boundaries or barriers. It is a decentred and deterritorialising apparatus of rule that progressively incorporates the entire global realm within its open, expanding frontiers."[7]

Der Imperialismus, wie auch immer seine ideologischen Rechtfertigungen ausgesehen haben mögen, wurde von einem Punkt, der als Zentrum angesehen wurde, zu einer als Peripherie angesehenen Zone vorangetrieben. Triebfeder war die Suche nach neuen Rohstoffen und ausgedehnten Märkten sowie die Konkurrenz zwischen kolonisierenden Nationen. „Empire" aber, wie Hardt und Negri es definieren, ist ein Supernetzwerk der politischen und ökonomischen Macht, das jede Ebene des Lebens – oder, wie sie es mit Foucault ausdrücken, der biopolitischen Sphäre – durchdringt. Der Begriff „biopolitische Sphäre" bezieht sich unter anderem auf die Reproduktion sozialer Werte und Strukturen und auf die Produktion von Subjektivitäten.[8] Man muss fragen, ob solche Mechanismen nicht doch auch im alten imperialistischen System mitgewirkt haben, besonders wo sich dieses als Kolonisierung der Sprache und der Identität durchsetzte.

## 2. Rhizom

Gilles Deleuze und Félix Guattari entwickelten ihren Rhizom-Begriff als Rahmen für eine interdisziplinäre Theorie der Multiplizität.[9] Der Rhizom-Begriff steht einer arboreszenten – baumartigen – Logik der Kausalität entgegen. Diese würde sich damit beschäftigen, Wurzeln auf die Spur zu gehen, in jedem Sinn des Begriffes ‚Wurzel': Es könnten die morphologischen bzw. etymologischen Wurzeln eines Wortes, die erblichen, territorialen und imaginären Wurzeln einer Person oder die kausalen Wurzeln eines Ereignisses gemeint sein. Eine arboreszente Logik gründet ein Vielerlei stets auf einem vorher gegebenen Einerlei, oder hat, in der Formulierung von Deleuze und Guattari, niemals ein Verständnis der Multiplizität erreicht.[10] Einem solchen linear-logischen Ansatz,

---

7 HARDT / NEGRI: Empire (wie Anm. 4), S. XII.
8 Ebd., S. 22-41. Vgl. MICHEL FOUCAULT: Naissance de la biopolitique. In: ders.: Dits et écrits. Paris 1994, S. 818-825.
9 Siehe CHARLES J. STIVALE: The Two-Fold Thought of Deleuze and Guattari. Intersections and Animations. New York, London 1998, S. 13.
10 „...cette pensée n'a jamais compris la multiplicité: il lui faut une forte unité principale supposée pour arriver à deux suivant une méthode spirituelle." GILLES DELEUZE / FELIX GUATTARI: Mille Plateaux. Capitalisme et Schizophrénie. Paris 1980, S. 11. Zitatnachweise im Folgenden im Text als (MP, Seitenzahl).

der auf der Idee der Wurzel und des einheitlichen Ursprungs basiert, setzt das rhizomatische Modell ein Ineinander von vernetzten Verbindungen entgegen.

Ein wesentliches Element in der Entwicklung des Rhizombegriffs war die Kritik an der vermeintlichen Hegemonie des arboreszenten Denkmodells, die sich in zentralisierten Machtsystemen ebenso wie in Multiplizitäten, die auf Einheiten zurückgeführt werden, manifestiert. Deleuze und Guattari schreiben: „Nous sommes fatigués de l'arbre. Nous ne devons plus croire aux arbres, aux racines ni aux radicelles, nous en avons trop souffert." (MP, 24) Das arboreszente Modell ist als reduktives Denkmodell zu verstehen, das auch den Komplexitäten der Natur nicht gerecht wird, „La nature n'agit pas ainsi [wie die arboreszente Logik, C.N.]: les racines elles-mêmes y sont pivotantes, à ramification plus nombreuse, latérale et circulaire, non pas dichotomique" (MP, 11), und das sich, ungleich dem Rhizom, immer genealogisch verhält: „Il y a toujours quelque chose de généalogique dans l'arbre [...]. Toute la logique de l'arbre est une logique du calque et de la reproduction [...]. Le rhizome est une antigénéalogie." (MP, 14, 20, 18). Die Multiplizitäten des Rhizoms beziehen sich aber nicht auf eine vorgegebene Einheit und tendieren nicht zu einer künftigen Wiedervereinigung. Deleuze und Guattari schreiben: „n'importe quel point d'un rhizome peut être connecté avec n'importe quel autre, et doit l'être [...]. Un rhizome ne cesserait pas de connecter... " (MP, 13, 14).

Die anfängliche Euphorie angesichts des Internets und des Cyberspace, die die Verbreitung der neuen Technologien des Informationszeitalters und die Realisierung ihrer kulturellen Möglichkeiten häufig begleitete, erinnert an den Rhizombegriff von Deleuze und Guattari. Das Internet wurde als potentiell anarchisches oder zumindest als nicht-hierarchisches Forum gefeiert, in dem unbeschränkte Kommunikation stattfinden könne. Inwieweit das Internet einen – selbst nicht unproblematischen – Bereich der kommunikativen Anarchie oder auch des kommunikativen Chaos eröffnet hat, bleibt zwar zu hinterfragen. In seinem Funktionieren sind aber seine rhizomatischen Eigenschaften zu erkennen. Castells beschreibt es folgendermaßen: „Based on packet-switching communication technology, the system made the network independent of command and control centres, so that message units would find their own routes along the network, being reassembled [...] at any point in the network."[11]

Deleuze und Guattari schreiben: „Un rhizome peut être rompu, brisé en un endroit quelconque, il reprend suivant telle ou telle de ses lignes et suivant d'autres lignes." (MP, 16).

---

11 CASTELLS: Rise of the Network Society (wie Anm. 1), S. 341.

Ich will aber keineswegs eine Gleichsetzung der Eigenschaften von Cyberspace und Rhizom mit der Logik des Netzes und der rhizomatischen Logik suggerieren. Die Setzung eines Gleichheitszeichens, Netz=Rhizom, wäre eine Entstellung des Rhizombegriffs. Dem rhizomatischen Modell ist eher ‚und' als ‚ist' zugänglich, eher Querverbindung und Angrenzung als Identifikation oder Analogie. Daher geht es mir nicht um die Gleichstellung der zwei Modelle Rhizom und Netzwerk, sondern eher um die Frage, ob der Rhizombegriff, den Deleuze und Guattari als Element ihres Projekts einer Kritik des Denkens formulierten, dazu beitragen könnte, die neuen Situationen und Verhältnisse, die das Netzwerk beschreibt, zu erhellen. Deleuze schreibt: „Mais les machines n'expliquent rien, il faut analyser les agencements collectifs dont les machines ne sont qu'une partie."[12] Wo er von Maschinen redet, ist nichts Einheitliches gemeint, kein Gerät, kein Rechner, sondern es wird auf ein viel weiteres Feld der Ereignisse und des Agierens hingedeutet, auf dem ganze Aggregate von Verbindungen aufeinander wirken und miteinander interagieren.

Man kann sich eine Vorstellung vom Potential des Rhizoms als begriffliches Modell für eine Theorie des Netzwerks machen, indem man das Problem des binären Gegensatzes angeht. Es ist eine naheliegende Vereinfachung, das Netzwerkmodell anderen Modellen wie dem arboreszenten gegenüberzustellen. Eine solche vereinfachende Opposition ist auf verschiedene Faktoren zurückzuführen: auf die Anziehungskraft eines Modells, das auf Offenheit zu basieren scheint, auf die Verwendung des Internets für Zwecke, die weit von seinen ursprünglichen militärischen Zwecken entfernt liegen und eher den Interessen einer alternativen oder Protestkultur dienen, sowie auf die Angst und Faszination, die von dem Viralen hervorgerufen werden. Die folgende ekstatische Darstellung des Netzes oder Netzwerkmodells z.B. suggeriert im Diskurs der Naturwissenschaften einen Gegensatz zwischen Atom und Netz, der sich leicht auf soziokulturelle, mediale, oder geopolitische Bereiche übertragen ließe.

> The Atom is the past. The symbol of science for the next century is the dynamical Net [...]. Whereas the Atom represents clean simplicity, the Net channels the messy power of complexity [...] the only organisation capable of nonprejudiced growth, or unguided learning is a network. All other topologies limit what can happen. A network swarm is all edges and therefore open ended any way you come at it [...]. In fact a plurality of truly divergent components can only remain coherent in a network. No other arrangement – chain, pyramid, tree, circle, hub – can contain true diversity working as a whole.[13]

---

12 GILLES DELEUZE: Pourparlers. Paris 1990, S. 237.
13 KEVIN KELLY: Out of Control. The Rise of Neo-biological Civilisation. Menlo Park, CA, 1995, S. 25-7. Zitiert nach CASTELLS: Rise of the Network Society (wie Anm. 1), S. 61.

Diese sehr positive Charakterisierung des Netzwerks erliegt der Verführungskraft des Modells. Das binäre Verständnis, das hier ausgedrückt wird, könnte leicht umgekehrt werden, wie oben hinsichtlich der gegensätzlichen Modelle von Nationalstaat und Imperium, Örtlichem und Globalem zu sehen war. Auf jeden Fall wird deutlich, dass der Versuch einer Ideologie des Netzes oder einer ideologischen Aneignung des Netzwerkmodells wegen der semantischen Leere des Begriffes ‚Netzwerk' problematisch ist. Robert Markley kritisiert diese klischeehafte Verwendung von Netzwerk- und Cyberspacebildern, die seines Erachtens mitnichten eine Revolution der Wahrnehmung durchsetzen, sondern nur schon existierende philosophische Positionen in ein neues Vokabular kleiden:

> Cyberspace is a consensual cliché, a dumping-ground for repackaged philosophies about space, subjectivity and culture; it does not offer a breakthrough in human, or cyborgian, evolution, but merely (though admittedly) a seductive means to reinscribe fundamental tensions within Western concepts of identity and reality.[14]

Ist eine Theorie des Netzes möglich, die einerseits das leere Klischee, andererseits das schlichte Gegensatzdenken vermeiden würde? Weiterhin ist zu fragen, ob der Rhizombegriff eine Korrektur zu Theorien des Netzwerkes, die zu Gegensatzdenken neigen, sein könnte.[15] Während Deleuze und Guattari ihren Rhizombegriff der Logik des Baumes, der arboreszenten Logik, entgegensetzen, sind sie sich stets der Gefahr einer dualistischen Opposition bewusst, und die gegenseitige Durchdringung der Begriffe bleibt nicht unerwähnt:[16] „the arborescence/rhizome dualism is not strictly that: there are knots of arborescence in rhizomes, and rhizomatic offshoots in roots […] despotic formations […] specific to rhizomes, just as there are anarchic deformations in the transcendent system of trees etc. etc."[17] Das Rhizom ist vor allem Wurzelstock, System von Wurzeln, etymologisch abgeleitet aus dem griechischen *rhiza*.

Ich möchte also zwei Kategorien vorschlagen, unter denen die Befragung des Rhizombegriffs für eine Theorie des Netzwerks fortgesetzt werden kann: Verwurzelung und Bewegung. Diese Termini scheinen auf den ersten Blick

---

14 ROBERT MARKLEY: Boundaries. Mathematics, Alienation, and the Metaphysics of Cyberspace. In: ders. (Hg.): Virtual Realities and their Discontents. Baltimore, London 1996, S. 55-77, hier S. 56.
15 Jedem Versuch, außerhalb des binären Paares zu denken, ist der Begriff der Heterarchie, der dem impliziten Gegensatz von Anarchie und Hierarchie entkommt, von Nutzen. Der heterarchische Begriff wird von Hartmut Böhme in seinem einführenden Beitrag zu diesem Band (S. 32 f.) besprochen.
16 DELEUZE / GUATTARI: Mille Plateaux (wie Anm. 10), S. 23.
17 STIVALE: The Two-Fold Thought of Deleuze and Guattari (wie Anm. 9), S. 86.

jeglicher Zusammenstellung zu widersprechen: was Wurzeln hat, bewegt sich nicht. Der Rhizombegriff ist aber gerade im Dienst der ‚Nomadologie' von Deleuze und Guattari, ihrer Infragestellung einer sesshaften Wahrnehmung und Geschichtschreibung, konzipiert worden (vgl. MP, 23).

## 2.1 Bewegung

Alle Vernetzung – ob es sich um Nerven, Verkehrsmittel oder Information handelt – ist vor allem ein Modell der Bewegung. Die Verbindungen zwischen den verschiedenen Knoten eines Netzwerkes manifestieren sich im Austausch zwischen ihnen. Die Weltstadt ist Weltstadt nur, indem Verkehr sich aus ihr heraus nach anderen Weltstädten bewegt und umgekehrt. Dieser Verkehr von Bildern und Information, von Menschen und Arbeitskraft, und vor allem von Kapital wurde Anlass für Castells' Neubestimmung des Begriffes ‚Raum' unter dem Stichwort ‚Fluss' statt ‚Ort'. Die Metropole wird nicht nur von ihren internen Netzwerken (Wasser, Verkehrsmittel, Straßen, Kanalisation u.s.w.) bestimmt, sondern auch von ihrer Rolle als Knoten in einem globalen Netz. Einen wichtigen Aspekt des Castellschen Flussraumes, des ‚space of flows', stellen die Debatten über und die Ängste vor menschlicher Mobilität dar. Diese Debatten haben viele Facetten. Die Wirkung der Massenmobilität auf diejenigen, die reisen oder umziehen, auf die Orte, die sie verlassen, auf die Orte, an denen sie eintreffen, muss auf allen Ebenen untersucht werden. Diese Einschätzung wird durch die Unterschiede innerhalb der Kategorie ‚Mobilität' kompliziert: Es besteht die Gefahr, dass Theorien der Mobilität diese Unterschiede eher nivellieren und ihren inhärenten Ungleichheiten nicht gerecht werden.

Ängste vor menschlicher Mobilität kristallisieren sich oft am Begriff der ‚Bewegungsfreiheit'; bei diesem Begriff ist es wichtig, seine innere Differenzierung nicht zu übersehen. Erstens: Die Umwelt des globalen Informationszeitalters ist zwar voller beweglicher Räume, doch es ist paradox, dass diese Räume, die mit Bewegung zu tun haben, die sogenannten *transit spaces*, oft Räume sind, innerhalb derer man sich nicht bewegen kann – seien es Aufzüge, PKWs, oder andere Verkehrsmittel wie Flugzeuge.[18] Diese können sich zu jeder Zeit in Gefängnisse oder Raketenwaffen verwandeln. Für Jean Baudrillard ist Beweglichkeit mit einem statischen Kern, Beschleunigung, die von Trägheit nicht zu trennen ist, symptomatisch für die postmoderne Situation.[19] Statische

---

18 Zu diesem paradoxen Stillstand, der aus dem motorisierten Transport hervorgeht, äußerte sich schon GEORGE ORWELL: The Road to Wigan Pier (1937). London 1998, S. 182. Siehe auch RICHARD SENNETT: The Fall of Public Man. Cambridge 1977, S. 262.
19 JEAN BAUDRILLARD: L'illusion de la fin ou la grève des événements. Paris 1992, S. 67.

Orte, verwurzelte Räume, die der Bewegung entgegenstehen, aus denen man sich bewegt und zu denen man zurückkehren kann, umgeben uns zwar immer noch, doch werden sie immer mehr von beweglichen Räumen, Flussräumen, Transiträumen durchdrungen. Wie ich im Folgenden zeigen möchte, wird dieser Austauschprozess zwischen Beweglichem und Unbeweglichem als bestimmendes Moment der großstädtischen Erfahrung schon in James Joyces' „Ulysses" thematisiert.

Zweitens: haust nicht irgendwo im Begriffskomplex ‚Bewegungsfreiheit' auch die Freiheit, sich nicht zu bewegen? Diese Frage stellt sich immer da, wo Menschen vor Konflikten oder wirtschaftlicher Not fliehen. Das Ungleichgewicht zwischen den wie magnetisch anziehenden Weltstädten und den Regionen, aus denen ihre wachsende Bevölkerung kommt, seien es Entwicklungsländer oder regionales Hinterland, provoziert auch die Erörterung dieser Frage der ‚Freiheit, sich nicht zu bewegen'. Die Arbeit Saskia Sassens versucht einem Verständnis dieser Lage näherzukommen; Barbara Ehrenreich und Arlie Russell Hochschild untersuchen diese Frage der differenzierten Bewegung im Hinblick auf die Erfahrungen von Frauen im globalisierten Arbeitsmarkt.[20] Das Ungleichgewicht im Verhältnis zwischen Großstadt und Hinterland, das Sassens beschreibt, verursacht beispielsweise viele gesellschaftliche Veränderungen im heutigen Irland.

Die Bewegung in die Stadt wird begleitet von einer Bewegung aus der Stadt heraus, dem Tourismus, der jetzt für breite Bevölkerungsschichten finanziell möglich ist. Eine fast schon warenfetischistische Anziehungskraft strahlen die Produkte der Ferien- und Reiseindustrien aus, die regelmäßig große Menschenmengen über tausende von Kilometern versetzen. Der 1991 erschienene Roman von David Lodge „Paradise News" karikierte schon die Produkte dieser Industrien;[21] dank dem Erfolg der *low budget*-Fluggesellschaften hat der Sektor seit Lodges Satire massiv zugenommen. Dies ist offensichtlich kein so existenzielles Phänomen wie das der Bedürfnisse derjenigen Menschen, die sich durch Krieg oder Hungersnot genötigt finden, auf der Suche nach Erwerbstätigkeit oder Asyl auszuwandern; die ökologischen und sozialen Auswirkungen der wachsenden Tourismusindustrie sind aber beträchtlich. Im Allgemeinen verdeutlicht das Problem der ‚Reise als Ware' die Notwendigkeit, die Kategorie ‚Bewegungsfreiheit' zu problematisieren. Die ‚Bewegungsfreiheit', die die Tourismusindustrie anbietet, ist Teil einer Kultur die, auf Konsumdenken und -diskurs basierend, die Freiheit zumeist als Wahlfreiheit der Konsumenten

---

20 SASKIA SASSEN: Globalization and its discontents. New York, London 1999; BARBARA EHRENREICH / ARLIE RUSSELL HOCHSCHILD (Hg.): Global Woman. Nannies, Maids, and Sex Workers in the New Economy. London 2003.
21 DAVID LODGE: Paradise News. London 1991.

interpretiert.²² Diese Art Bewegung gehört, da sie zu einer Zunahme von Überwachungspraxen sowie zu einer Intensivierung von Sicherheitsmaßnahmen führt, zum soziokulturellen Wandel von der Disziplingesellschaft zur Kontrollgesellschaft, den u.a. Foucault und Deleuze beschrieben haben.²³ Die Gewichtsverlagerung vom *homo faber* zum *homo ludens* bleibt fest in den panoptischen Rahmen eingeschlossen. In einer Welt, in der die Eigenschaften des Rhizoms – Bewegung, nomadisches Verhalten, Multiplizität – verpackt, verkauft und überwacht werden, bietet die Opposition von Baum und Rhizom – eine Opposition, die Deleuze und Guattari selbst relativieren – keine Wertung zugunsten des Rhizoms an.

## 2.2 Verwurzelung

Mit seiner Formulierung „Der heimatlich definierte Mensch möchte ein Tier sein, das sich das Pflanzenprivileg, Wurzeln schlagen zu können, zu eigen gemacht hätte",²⁴ machte Peter Sloterdijk auf die Konstruiertheit und Künstlichkeit der territorialen Zugehörigkeit aufmerksam. Menschliche Wurzeln sind eine Fiktion, wenngleich eine wirkungsvolle, die eine beträchtliche Rolle spielt bei der Identitätsbildung von Individuen und Gruppen wie auch bei der Erzeugung von Konflikt und Krieg. Diese Fiktion der menschlichen Verwurzelung wird auch von Veränderungen im Verhältnis Selbst – Ort beeinflusst. Laut Manuel Castells wird die Frage der Identitätsbildung durch die Konfrontation von Netz und Selbst intensiviert.²⁵ Wegen der semantischen Leere des Begriffes Netz kann es keine Ideologie vom Netz geben; es gibt aber eine Fülle von Ideologien im Netz.

Ich möchte jetzt auf zwei Texte näher eingehen, in denen konkurrierende Zugehörigkeiten demonstriert werden, die durch das Ineinander von Imperium und Wurzel erzeugt werden und die sich besonders in Fragen der Sprache manifestieren. Die Texte stammen aus Situationen, die politisch, kulturell und sprachlich sehr verschieden sind. Solche Vergleiche laufen immer Gefahr, Differenzen zu nivellieren, eine Gefahr, die oft in der postkolonialen Theorie zu beobachten ist, und die David Lloyd als ein Problem der Übersetzbarkeit (*transferability*) formuliert hat. Wie die Metapher selbst riskiert ein solches Verfahren die Entdeckung von Ähnlichkeiten auf Kosten beträchtlicher übersehener Differenzen.²⁶

---

22 Vgl. dazu ANDERSON: Globalisation and its Discontents (wie Anm. 6).
23 DELEUZE: Pourparlers (wie Anm. 12), S. 236 f.
24 SLOTERDIJK: Der gesprengte Behälter (wie Anm. 2), S. 24.
25 Vgl. CASTELLS: Rise of the Network Society (wie Anm. 1), besonders das Vorwort S. 1-27.
26 DAVID LLOYD: Anomalous States. Irish Writing and the Post-Colonial Moment. Dublin 1993, S. 9.

Der erste Text ist der bekannte Passus aus Franz Kafkas Brief an Max Brod, geschrieben im Juni 1921, und betrifft u.a. die Frage des Verhältnisses des jüdischen Prager Schriftstellers zur deutschen Sprache, zum deutschen Kulturgut und zur deutschen Literaturtradition.

> Der Witz ist hauptsächlich das Mauscheln, so mauscheln wie Kraus kann niemand, trotzdem doch in dieser deutsch-jüdischen Welt kaum jemand etwas anderes als mauscheln kann, das Mauscheln im weitesten Sinn genommen, in dem allein es genommen werden muss, nämlich als die laute oder stillschweigende oder auch selbstquälerische Anmaßung eines fremden Besitzes [...]. Weg vom Judentum, meist mit unklarer Zustimmung der Väter (diese Unklarheit war das Empörende), wollten die meisten, die deutsch zu schreiben anfingen, sie wollten es, aber mit den Hinterbeinchen klebten sie noch am Judentum des Vaters und mit den Vorderbeinchen fanden sie keinen neuen Boden. Die Verzweiflung darüber war ihre Inspiration. [...] Sie lebten zwischen drei Unmöglichkeiten, (die ich nur zufällig sprachliche Unmöglichkeiten nenne, es ist das einfachste sie so zu nennen, sie könnten aber auch anders genannt werden) der Unmöglichkeit, nicht zu schreiben, der Unmöglichkeit, deutsch zu schreiben, der Unmöglichkeit, anders zu schreiben [...].[27]

Diese berühmte Passage ist auf unterschiedliche Weise interpretiert worden. Die verschiedenen Interpretationen haben als Schwerpunkt einen oder mehrere der folgenden Aspekte: die Angst vor dem kreativen Prozesses; den Ausdruck eines ödipalen Dramas; die Problematik der jüdischen Identität, entweder allgemein oder spezifisch im Kontext vom Prag des Habsburger Reiches.[28] Der Schwerpunkt meiner Interpretation zielt auf den zweiten Text, der im Folgenden zu diskutieren ist. In den Romanen „Ulysses" und „A Portrait of the Artist as a Young Man" von James Joyce drückt das Verhältnis des Charakters Stephen Dedalus zum Irisch-sein eine ähnliche Ambivalenz aus. Diese Ambivalenz beruht auf der Erfahrung der Zugehörigkeit zu einer Minorität, in diesem Fall aufgrund der kolonialen Situation, und manifestiert sich, wie bei Kafka, in einem sprachlichen Dilemma. Im folgenden Auszug aus „A Portrait of the Artist as a Young Man" befindet sich Stephen im Gespräch mit einem Engländer, dem Dekan der Universität, an der er studiert.

> That? said Stephen. Is that called a funnel? Is it not a tundish?
> What is a tundish?
> That. The...the funnel.
> Is that called a tundish in Ireland? asked the dean. I never heard the word in my life.

---

27 MALCOLM PASLEY (Hg.): Max Brod, Franz Kafka. Eine Freundschaft. Frankfurt 1989, S. 359 f.
28 Dieser Brief ist in der Kafka-Forschung oft kommentiert worden. Siehe u.a. GILLES DELEUZE / FÉLIX GUATTARI: Kafka. Pour une littérature mineure. Paris 1975, S. 29 f.; ELIZABETH BOA: Kafka. Gender, Class and Race in the Letters and Fictions. Oxford 1996, S. 26; MARTHE ROBERT: Franz Kafka's Loneliness. Aus dem Französischen übersetzt von Ralph Manheim. London 1982, S. 153.

It is called a tundish in Lower Drumcondra, said Stephen laughing, where they speak the best English.

A tundish, said the dean reflectively. That is a most interesting word. I must look that word up. Upon my word I must.

His courtesy of manner rang a little false. [...]

[Stephen] felt with a smart of dejection that the man to whom he was speaking was a countryman of Ben Jonson. He thought:

The language in which we are speaking is his before it is mine. How different are the words home, Christ, ale, master, on his lips and on mine! I cannot speak or write these words without unrest of spirit. His language, so familiar and so foreign, will always be for me an acquired speech. I have not made or accepted its words. My soul frets in the shadow of his language.[29]

Beide Texte, der von Kafka und der von Joyce, drücken die Ängste, den Widerstand und die Kompromisse aus, die aus der Spannung zwischen der imperialen Kultur, der Kultur der Majorität, dem Hegemonialen, und der Kultur der Minorität, dem Subalternen resultieren. Dieses Verhältnis ist eines der Wechselwirkung und wird in beide Richtungen problematisiert. Jede Position infiziert die andere in einer viralen Logik, und Subjektivitäten werden gefangen und konstruiert irgendwo im ‚Dazwischen', das so wichtig für den Netzwerkbegriff ist. Die minoritäre Position, die Deleuze und Guattari in ihrem Schreiben über „littérature mineure" darstellen, ist nicht von der Majoritätssprache oder -kultur zu trennen. Produziert wird sie vielmehr gerade in dieser Unmöglichkeit, eine definitive Trennung zu erreichen.

Um dieses virale Ineinander scheinbar gegensätzlicher Zugehörigkeiten in Bezug auf die Romane von Joyce weiter zu erläutern: Trotz seines problematischen Verhältnisses zur Sprache des *Empire* hat Stephen Dedalus keine offensichtliche Alternative, keine unproblematischen Wurzeln, keine Rede, die nicht auf irgendeine Weise auch vermittelt wäre. Dies zeigt sich am Beispiel seines Unbehagens, sogar seiner Verachtung, der irischen Nationalbewegung und der gälischen Erweckungsbewegung gegenüber. Er weist die Konstruktion der Wurzeln auf genealogischer Basis zurück: „My ancestors threw off their language and took another [...]. They allowed a handful of foreigners to subject them. Do you fancy I am going to pay in my own life and person debts they made? What for?" Der Ideologie des Essentialismus und der vermeintlichen nationalistischen Pflichterfüllung setzt er ein Bild der Beweglichkeit entgegen: „When the soul of a man is born in this country there are nets flung at it to hold it back from flight. You talk to me of nationality, language, religion. I shall try to fly by those nets."[30]

---

29 JAMES JOYCE: A Portrait of the Artist as a Young Man (1914-15). London 2000, S. 204.
30 Ebd., S. 220.

Stephens Verachtung der irischen Nationalbewegung gehört zu seiner heroischen, manchmal elitären Pose. Die Ambivalenz, die sie ausdrückt, hat nichtsdestoweniger ihre Ursachen in der Problematik einer einheitlichen antikolonialen Position. Das Netzwerk von Denkgeboten und Verhaltensvorschriften, auf das sich Stephen bezieht – Nationalität, Sprache, Religion – wurde gewissermaßen der dreifache Maßstab, an dem sich die offizielle Kultur und die anerkannte Identität des neuen irischen Staates orientieren würden. (Aber auch dies nur bis zu einem gewissem Grade, da Irischsprechende sich in Irland allzuoft trotz offiziell positiver Bewertung der irischen Sprache mit den Problemen der Minderheitsposition auseinander setzen mussten. Dieses Paradox wäre ein ganzes Thema für sich). Die dreifachen ideologischen Diskurse der Nation, der Sprache und der Religion bildeten im irischen Kontext ein eng verwobenes Netzwerk gegenseitiger Bestätigungen. David Lloyd hat in seinem Buch „Anomalous States" den Prozess beschrieben, der vielen ehemaligen Kolonien gemeinsam ist, wobei die Gegenkultur, die den Widerstand in der kolonialen Phase artikuliert, zur offiziellen, hegemonialen Kultur der postkolonialen Phase wird. Laut Lloyd liegt die Grundlage dieser Tendenz ehemaliger Gegenkulturen, hegemonial zu werden, in der Problematik von Subjektivität überhaupt, im Projekt der Konstruktion von Subjekten, und zwar in diesem Fall von nationalen Subjekten. Lloyd schreibt: „the discourses that aim to produce an autonomous subjectivity reveal the figure of a subject forever indebted to the other who constitutes him."[31] Die Jugendlichen in „A Portrait of the Artist as a Young Man", die versuchen, Stephen Dedalus für die Nationalbewegung zu gewinnen, bitten, dass er „einer von uns" wird („be one of us"),[32] und ihre Logik des „wir und nicht-wir" manifestiert sich brutal in der Cyclops-Episode von „Ulysses".[33]

## 2.3 Verwurzelung und Bewegung

Stephens Versuch in „A Portrait of the Artist as a Young Man" den Netzen nationalistischer Ideologie zu entkommen, hat die Form eines bildungsromanartigen Strebens nach ästhetischer Selbst-Konstruktion. Der Leser begegnet ihm aber danach auf seiner Reise durch das Netzwerk der „hibernischen Metropole" (U, 147), sich, um Castells Wort aufzugreifen, durch den Flußraum wendend,

---

31 LLOYD: Anomalous States (wie Anm. 26), S. 3
32 JOYCE: Portrait of the Artist (wie Anm. 29), S. 219.
33 Vgl. JAMES JOYCE: Ulysses (1922). Vorwort von Declan Kiberd. London 1992, S. 376-449. Zitatnachweise im Folgenden im Text als (U, Seitenzahl).

der die Landschaft von „Ulysses" konstituiert. Unter den konkurrierenden Ideologien, die diese Landschaft durchziehen, taucht Leopold Bloom auf, der kleinbürgerliche Werbefachmann und ‚Jedermann', der zugleich, in Anlehnung an seine homerische Vorlage, ‚Niemand' ist, da er in allen seinen verschiedenen Rollen säumig ist. Er ist abwechselnd abwesender Ehemann, betrogener und frustrierter Liebhaber, indirekter Ehebrecher, Vater eines verstorbenen Sohnes und einer abwesenden Tochter, verkehrt herum liegend Schlafender und, vielleicht am berühmtesten, nicht-praktizierender Anhänger dreier verschiedener Religionen: Protestantismus, Katholizismus und Judaismus.

Die Möglichkeit, Joyces Dublin nomadisch zu lesen, als Flussraum, wird nicht nur von der Fluidität und der gegenseitigen Durchdringung der verschiedenen erzählerischen Stile im Roman nahegelegt, sondern sie ist schon thematisch anwesend durch Blooms Interesse für Transportsysteme, Wasserleitungssysteme, Kanalisationssysteme, das Verdauungssystem und vieles anderes. Die Frage der Verwandelbarkeit ist eine thematisch und sprachlich zentrale Frage in „Ulysses"; die Idee, dass die Materie weder *ex nihilo* geschaffen noch zerstört werden kann, sondern stets im Prozess der Zirkulation und der Umwandlung begriffen ist, fasziniert Bloom. Auch findet sich die virale Logik der Parasiten, die Netzwerkmodellen eigen ist, bei Joyce: Bloom denkt, während er auf einer Beerdigung ist, darüber nach, dass es das Schicksal der Leichname ist, zur Nahrung für Ratten und Würmer zu werden (U, 145).[34] Das Wort *metempsychosis*, Seelenwanderung, lässt Bloom und die Erzählung nicht los, und wird selber in das sexuelle Wortspiel „met him pike hoses" umgewandelt (U, 77) in einer der vielen Verzerrungen, die später zur Strategie von „Finnegans Wake" werden; ein Buch, das als gigantische verbale Recyclingmaschine beschrieben werden könnte, und dem die Operation der Verwandlung fundamental ist.

Die naheliegendste und verlockendste Art und Weise, „Ulysses" zu lesen, ist mit Bezug auf das homerische Vorbild: In diesem Fall ergibt sich ein Kontrast zwischen Modellen des Stillstandes und Modellen des Fließens oder der Bewegung. Aus dem Modell eines statischen Zuhause, das der epischen Struktur von Exil und Heimkehr bei Homer zugrundeliegt, wird bei Joyce eine gegenseitige Durchdringung des Häuslichen und Nomadischen durch die Zusammenführung beider Elemente in den großstädtischen Flußraum hinein. In der homerischen Odyssee ist das Ehebett von Penelope und Odysseus strukturell

---

34 Dieses Nachdenken über das Schmarotzertum nährt sich wohl auch von einer literarischen Vorlage, und zwar von SHAKESPEARES Hamlet: „A man may fish with the worm that hath eat of a king, and eat of the fish that hath fed of that worm." IV. Akt. 3. Szene, Zeilen 25 f. Ich danke Nicola Creighton für diesen Hinweis.

in das Haus hineingebaut und kann nicht umgestellt werden. Das unbewegliche Ehebett ist mehr als eine Metapher für die stabile Identität, die im statischen Zuhause verwurzelt ist. Es ist auch das Mittel, mit dem Penelope ihren Ehemann auf die Probe stellt und mit dem er seine Identität nach langen Jahren der Abwesenheit bestätigt; er offenbart sich und ihm wird geglaubt, indem er zu erkennen gibt, dass er vom Geheimnis des Bettbaus weiß.[35]

Andererseits ist das Bett von Molly und Leopold Bloom durchaus beweglich, was Funktion, Insassen und Ort betrifft.[36] Blooms Heimkehr ist mehrdeutig, wenngleich die traditionelle Rezeption die letzten Episoden von „Ulysses" als Heimkehr zu interpretieren gewohnt ist. Insbesondere die zweitletzte, katechistische Episode, „Ithaca", ist als viktorianische[s] *dénouement* und – parallel zum *nostos* der homerischen Vorlage – Heimkehr von Bedeutungen und Antworten gelesen worden.[37] Nicholas A. Miller hat diese interpretative Tradition in Frage gestellt, indem er die nomadologischen Strategien Deleuzes verwendet, um zu zeigen, dass die ‚Heimkehr' nur funktionieren kann, wenn man die Elemente des Textes ausgrenzt und übersieht, die stets, Kontinuitäten sowie Diskontinuitäten bildend, fließen und überlaufen.[38] Dadurch, dass er vermeidet, den Text als Zuhause von Bedeutung zu behandeln, erreicht Miller eine Interpretation vom Schluss des „Ulysses", nach der Exil und Heimkehr, Häusliches und Nomadisches nicht streng getrennt sind, sonder einander infizieren.

## 3. Sprache

Es gibt mehrere Möglichkeiten für die begriffliche Erfassung von Verwurzelung; das zeigt sich durch das komplexe Ineinander des rhizomatischen Wurzelstocks, aber auch durch das andere vegetabile Modell, das ich in der Überschrift erwähnte: der bengalische Feigenbaum oder Banyan (*Ficus Bengalensis*).

---

35 HOMER: The Odyssey. Englische Übertragung von Walter Shrewing. Oxford 1980, S. 281.
36 Wie mehrere Joyce-Forscher bemerkt haben. Vgl. MARILYN REIZBAUM: James Joyce's Judaic Other. Stanford 1999, S. 131: „Unlike that of Odysseus and Penelope, their [the Blooms', C.N.] bed is eminently movable, wandering geographically and in Molly's affections." Zur nomadischen Funktion des Bloomschen Ehebettes siehe auch NICHOLAS A. MILLER: Beyond Recognition. Reading the Unconscious in the „Ithaca" Episode of „Ulysses". In: James Joyce Quarterly 30/1993, Nr. 2, Winter, S. 209-218.
37 „Like the final chapter of a Victorian novel, ‚Ithaca' abounds in detailed revelations that refocus what we had thought we knew and substantiate what we only guessed." HUGH KENNER: Ulysses. Baltimore 1987, S. 141.
38 MILLER: Beyond Recognition (wie Anm. 36), S. 209 f.

Roger Little beschreibt in seinem Buch über Saint-John Perse, der Poesie über den Banyan verfasste, den Banyan als Baum, der selber Wald wird, indem seine Wurzeln von den Ästen zum Boden wachsen.[39] Im Banyan wird die Tendenz, die Deleuze und Guattari als wesentliches Element der arboreszenten Logik identifizieren, potenziert: Das Vielerlei basiert auf einem Einerlei, der Wald ist eigentlich ein einziger Baum.

Der Banyan suggeriert aber auch eine Komplikation des arboreszenten Modells. Für die indo-kanadische Schriftstellerin Uma Parameswaran sowie für andere Schriftsteller, die sich mit der Diaspora-Erfahrung beschäftigen, verbildlicht der Banyan die Möglichkeit, dass räumliche Trennung und Verwurzelung/ Verbindung sich nicht gegenseitig ausschließen müssen.[40] Der Ficus Bengalensis verbildlicht auch die Möglichkeit, Rezeptivität zur Produktivität zu machen: Die Luftwurzeln, die vom Boden angenommen werden, produzieren weitere sekundäre Stämme. Für Parameswaran ist der Baum deshalb ein wichtiges Modell für die Befragung der sprachlichen und kulturellen Erbschaft des britischen Kolonialismus. Die englische Sprache hat sich, wie der Banyan, weit und breit verwurzelt, und die Rezeption von kulturell und sprachlich Fremdem in den kolonisierten Ländern und Kulturen hat zu neuer Produktivität und zu einer bereichernden Verwandlung der Sprache – Salman Rushdie spricht von „chutnification" – geführt.[41] Parameswaran schreibt: „Writers have used the aerial roots of English to generate their own literatures, giving rise to many Englishes and to this efflorescence of creativity that we have seen in the last fifty years."[42]

Der Banyan impliziert schon in seiner Struktur die Problematik dieses sprachlichen und kulturellen Erbes, die von Anfang an von Protest begleitet war und es immer noch ist. Das Verhältnis des Banyans zu seiner Umgebung ist nicht frei von parasitären oder invasiven Elementen. „Birds carry the seeds of the banyan and leave it on other trees, and the seeds parasitically embrace the tree, grow downwards as roots and then upwards as trunks, and in time destroy the [host, C.N.] tree."[43]

---

39 ROGER LITTLE: Saint-John Perse. London 1973, S. 24.
40 Siehe HUGH TINKER: The Banyan Tree. Overseas Emigrants from India, Pakistan and Bangladesh. Oxford 1977. Auswanderung, Diaspora und Verbindung trotz räumlicher Entfernung sind auch zentrale Themen im Roman von CHRISTOPHER NOLAN: The Banyan Tree. London 1999.
41 SALMAN RUSHDIE: Midnight's Children (1981). London 1995, S. 459.
42 UMA PARAMESWARAN: Said the Banyan Tree to the Wordpeckers. Vortrag gehalten bei der Tagung „The Cultural Politics of English as a World Language" im Juni 2001 in Freiburg im Breisgau. Ich danke Frau Parameswaran für die freundliche Erlaubnis, aus dem Typoskript dieses unveröffentlichten Vortrags zitieren zu dürfen.
43 Ebd.

Wie ein anderer Schriftsteller, der sich auch mit diesem Baum beschäftigt hat, bemerkt: das ist kein Problem, so lang man sich eine Diät von Feigen und nur Feigen schmecken lässt.[44] Wo die Debatten über Globalisierung den globalen Aufstieg der englischen Sprache problematisieren, wiederholt sich diese Ambivalenz, die ich mit dem Bild des Banyans zu verbildlichen versucht habe. Auf der einen Seite bietet das Zusammentreffen von Verbindung und räumlicher Trennung neue Möglichkeiten an, auf der anderen Seite ist das homogenisierende Element nicht zu übersehen. In den hybriden Identitäten und Dialekten, die Parameswaran und andere beschreiben – anglo-karibisch, indo-kanadisch, u.s.w., fragt sich, welche Machtverhältnisse und Ängste den Bindestrich umgeben? Auf welche Weise ist die Dynamik der minoritären Position, die die oben kommentierten Texte von Joyce und Kafka hervorheben, in den neuen globalen Verhältnissen zu spüren? Deleuze und Guattari schreiben: „Il n'y a pas de langue-mère, mais prise de pouvoir par une langue dominante dans une multiplicité politique. La langue se stabilise autour d'une paroisse, d'un évêché, d'une capitale."[45]

Im heutigen globalen Zusammenhang wäre dieser Liste hinzuzufügen: Das Ergreifen der Macht durch eine dominante Sprache kann auch durch das Vehikel einer kolonialen Verwaltung geschehen, oder eines weltweiten Kommunikationsmediums, oder einer Geschäftskultur. Parameswaran schlägt etwas optimistisch vor, dass die globale Ökonomie, die internationale Kommunikation in einem Modus, einer *lingua franca* geführt werden könnten, während sich alle anderen lokalen und kulturellen Tätigkeiten das ganze Spektrum sprachlicher Möglichkeiten vorbehalten würden. Eine schlichte Dichotomie wie diese beruht aber auf der tatsächlich nicht möglichen Trennung des Lokalen vom Globalen, die Hardt und Negri anderswo angemerkt haben, und erkennt nicht, dass die globalen Netzwerke der Wirtschaft, der Medien und der Kultur dermaßen integriert sind, dass Subjektivitäten in sie verstrickt und durch sie produziert werden. Hardt und Negri schreiben: „It is false [...] to claim that we can (re)establish local identities that are in some sense outside and protected against the global flows of capital and Empire."[46] Die möglichen Auswirkungen dieser Situation auf sprachliche wie kulturelle Heterogeneität bleiben bei Hardt und Negri jedoch unerwähnt.

Die Forschung über sprachliche Hegemonie – zu erwähnen wären unter anderem die Arbeiten Alistair Pennycooks, N'gugi Wa Thiongos und Tove

---

44 Vgl. ALAN F. BARTLETT: The Banyan Tree. Geneva 1984, S. 9.
45 DELEUZE / GUATTARI: Mille Plateaux (wie Anm. 10), S. 14.
46 HARDT / NEGRI: Empire (wie Anm. 4), S. 45.

Skuttnab-Kangas – hatte bis jetzt meistens die Erfahrungen migrierender Bevölkerungsgruppen, ethnischer Minderheiten und kolonisierter Völker als Schwerpunkt.[47] Die sprachliche Hegemonie beschränkt sich jedoch immer weniger auf bestimmte Bereiche und durchdringt statt dessen ganze Felder der menschlichen Tätigkeit, von der Geschäftswelt zu den Naturwissenschaften, von der Informatik bis zur Jugendkultur. Die Frage ‚do you speak English' wird in vielen von diesen Feldern fast nicht mehr gestellt, und ich hoffe, den etwas spekulativen Anfang dieses Aufsatzes dadurch zu entschuldigen, dass es oft keine schlechte Strategie ist, gerade diejenigen Fragen zu stellen, die normalerweise nicht gestellt werden.

Da ich mit Fragen angefangen habe, höre ich mit Fragen auf: Fragen, die Deleuze und Guattari in ihrem Buch über Kafka und *littérature mineure* stellten, die aber jetzt im Zusammenhang des global vernetzten Informationszeitalters neue Relevanz gewinnen:

> Combien de gens aujourd'hui vivent dans une langue qui n'est pas la leur? Ou bien ne connaissent même plus la leur, ou pas encore, et connaissent mal la langue majeure dont ils sont forcés de se servir? Problème des immigrés, et surtout de leurs enfants. Problème des minorités. Problème d'une littérature mineure, mais aussi pour nous tous: [...] Comment devenir le nomade et l'immigré et le tzigane de sa propre langue?[48]

---

47 ALISTAIR PENNYCOOK: The Cultural Politics of English as an International Language. London 1994; N'GUGI WA THIONGO: Decolonising the Mind. The Politics of Language in African Literature. London 1986; TOVE SKUTTNAB-KANGAS: Linguistic Human Rights. Overcoming Linguistic Discrimination. Berlin, New York 1995.
48 DELEUZE / GUATTARI: Kafka (wie Anm. 28), S. 35.

Caitríona Leahy

# Die Be-Gründung des Netzwerks
## Bachmann erkundet den Heideggerschen Grund

Akademisches *networking* ist gewöhnlich ermüdend; gelegentlich jedoch bringt es einen interessanten Hinweis für das eigene aktuelle Thema hervor. Kürzlich zum Beispiel, bei einem *networking event*, stieß meine Mitteilung, über Netzwerke zu arbeiten, auf spontane Wiedergabe von Samuel Johnsons Definition des Netzwerks aus dem 18. Jahrhundert. Die Definition lautete wie folgt: „A network is any thing reticulated or decussated, at equal distances, with interstices between the intersections."[1] Es war, so schien mir, eine zu eindrucksvolle Definition, um sie nicht zu benutzen, wenngleich ihre Bedeutung nicht unmittelbar offensichtlich war. Dies jedoch konnte leicht behoben werden. Johnsons Netzwerk konnte be-gründet werden, indem ich an seinen Ursprung zurückkehrte, in Johnsons Wörterbuch hineinschaute, um nicht nur den Gegenstand meiner Untersuchung, sondern auch die in seiner Definition enthaltenen Begriffe zu definieren. Es folgte also das Nachschlagen von „Netzbildung", „Durchkreuzung", „Zwischenräumen" und „Schnittpunkten". Ich öffnete das Wörterbuch, um das Netzwerk zu verstehen.

Reticulated: „made of network", „formed with interstitial vacuities"; decussated: „intersected"; intersection: „point common to intersecting lines"; intersticial: „space between one thing and another".

Neuer Versuch: Inter: „to cover under ground". Ground: „that which gives occasion to the rest"; „the fundamental substance"; „that by which the additional or accidental parts are supported"; „the fundamental cause"; „the original principle".

Und weil „Grund" im Englischen u.a. als „the true reason" bezeichnet wird, heißt „Grund" bei Johnson auch noch „die wahre Vernunft".[2]

---

1 SAMUEL JOHNSON: A Dictionary of the English Language (1755). London 1983, ohne Seitenangaben: „Netzwerk: ein retikularer Gegenstand in regelmässigen Abständen durchkreuzt, mit Leerräumen zwischen den Schnittpunkten." Falls nicht anders angegeben, stammen Zitatübersetzungen von der Verfasserin. Der Aufsatz wurde von Cordula Politis aus dem Englischen übersetzt.
2 Reticular: „netzwerkartig", „mit zwischenräumlichen Leeren"; Durchkreuzung: „durchgeschnitten"; Schnittpunkt: „der gemeinsame Punkt sich durchschneidender Linien"; Zwischenräume: „der Raum zwischen einer Sache und der nächsten". Zwischen: „inter-". Inter: im Englischen auch „bestatten" und „etwas unterirdisch, wortwörtlich – ‚im Grund' – in Deckung geben". Grund: „das, was dem Rest Anlass gibt, die fundamentale Substanz; das, wovon die zusätzlichen oder zufälligen Teile gestützt werden; die fundamentale Ursache; das ursprüngliche Prinzip". JOHNSON: Dictionary (wie Anm. 1).

Über „Vernunft" kommt man aber dann wieder zurück zu ‚Prinzipien' und ‚Begründungen'... und so zieht einen die Suche weiter, und immer weiter.

Daraus folgere ich: (i) Wörterbücher lesen gleicht den Prozessen des gesellschaftlichen und beruflichen Netzwerk-Knüpfens: an jedem Kreuzungspunkt wird man angeregt, sich weiterzubewegen; und (ii) ein Netzwerk ist ein Netzwerk ist ein Netzwerk. Das bedeutet also, dass jede Suche nach Äquivalenz in der Form einer Aussage ‚ein Netzwerk ist etwas anderes' zum Ausgangspunkt zurückführt, da sie ständig Begriffe verwendet, deren Bedeutung ihrerseits nicht festgesetzt ist. Anstatt ein Fortschreiten von Punkt A nach Punkt B zu ermöglichen, schickt das Wörterbuch uns dorthin zurück, von wo wir gekommen sind, und untergräbt dadurch Versuche, durch das Netzwerk zu seinem Ursprung zu gelangen und durch Kenntnis seines Ursprungs, seiner Prinzipien, Fundamente usw. schließlich das Netzwerk zu erkennen. Im Kreis lesen bringt aber dennoch Resultate, wenn vielleicht auch nicht die von uns erhofften, weil es die Konstruktionsform und Arbeitsweise des Netzwerks und die Funktion des Grundes im Verhältnis zu dieser Arbeitsweise klar veranschaulicht. Die Mechanismen des Netzwerks, seien sie nun gesellschaftlicher oder linguistischer Natur, deuten auf zwei grundsätzliche Merkmale hin: es hat Schnitt- oder Treffpunkte, und es hat Räume, die dazwischen liegen. Wenn das Netzwerk zu be-gründen darin bestehen würde, zu seinem Ursprung zurückzukehren, seine „fundamentale Substanz" zu verstehen, seinen „Grund" zu erkennen (wie Johnson vorschlägt); dann würde die Be-Gründung des Netzwerks bedeuten, sich rück- oder runterwärts durch das Netzwerk hindurch zu bewegen, aber auch, das zu erkennen, was das Netzwerk entstehen lässt und gleichzeitig außerhalb von ihm liegt, da es selbst nicht dem Wechsel unterworfen ist. Grund ist das, was Veränderung trägt, und doch selbst nicht Gegenstand der Veränderung ist; es ist das, was uns die Trennung von Ursache und Wirkung erlaubt, was die permanente Basis alles Vergänglichen etabliert und fixiert. Nur wenn der Grund vom Netzwerk verschieden ist, kann er uns einen Standort verschaffen, von dem aus wir das Netzwerk richtig betrachten können. Und dies nicht nur im Interesse der Einfachheit, sondern, wenn wir Alexander Pope folgen, sogar im Interesse der Gerechtigkeit selbst: „Indeed it was but just that the finest lines in nature should be drawn upon the most durable ground."[3]

Die These, dass akademisches *networking* dieselbe Grundstruktur hat wie die Suche nach Bedeutung in Johnsons Wörterbuch, verweist auf Jacques Derridas

---

[3] Ebd., Stichwort „Grund": „Es war in der Tat nur gerecht, dass die feinsten Linien der Natur auf dauerhaftestem Grund gezeichnet werden sollten." Johnson weist das Pope-Zitat nicht nach.

Behauptung, dass alle Repräsentation die Struktur des Netzwerks hat: sie weist Schnittpunkte auf ebenso wie Räume zwischen ihnen. An jedem Knotenpunkt der Signifikation wird die Definition aufgeschoben, man wird weitergeschickt, und weiter, und wieder weiter. Dies ist das Basismodell dessen, was die Welt inzwischen als ‚différance', Differenz, kennt, das, was jedes Wort weiter schickt auf der Suche nach sich selbst, was jede Identität untergräbt mit der Vermutung, sie sei andernorts zu finden, was jegliche Präsenz des Subjekts aufhebt und sie mit Abwesenheit oder Spuren oder Geistern ersetzt. Derrida lehrt uns auch, dass es nichts gibt außerhalb des Netzwerks, nichts, was nicht selbst wiederum den unaufhörlichen Verschiebungen, Projektionen, Aufschüben der Differenz unterworfen wäre. Es gibt, behauptet er, nichts, was dem Netzwerk vorausgeht, und nichts, was ihm folgt, und das Denken, das das Netzwerk zulässt und ermöglicht, schließt den Zugang zu seinen eigenen (wesentlichen, bestimmenden) Anfangs- oder Endpunkten aus.⁴ Stattdessen könne der Versuch, den Grund zu denken oder zu erkennen, nur innerhalb des Netzwerks stattfinden, und würde einfach auf eine Wiederholung der Struktur des Netzwerks hinauslaufen. Der Versuch, zurück- oder hinunterzudenken zu etwas Festem, Ruhendem, Unbeweglichem, zu den Fundamenten und ersten Prinzipien, von denen Johnson spricht, würde nie auch nur annähernd an ein Ziel gelangen; solches Denken würde niemals einen Ruhepunkt finden, an dem es verweilen könnte.

Derrida nennt diese Auffassung bekanntlich Poststrukturalismus. Aber Johnson stellte eine nicht unähnliche Behauptung in einer völlig anderen Epoche auf: zur Veranschaulichung der Bedeutung von „Grund", den er gerade als Teil einer Reihe von Synonymen für Unveränderlichkeit angeführt hat, zitiert er einen Erfinder namens Hooker – „The use and benefit of good laws all that live under them may enjoy with delight and comfort, albeit the grounds and first original causes from whence they have sprung be unknown."⁵ Selbst wenn also der Grund unseres Wissens das ist, was versprachlicht werden muss, wenn unser wahrer Ur- und Beweggrund legitimiert werden soll, so ist Grund dennoch das, was paradigmatisch seinen eigenen Namen nicht sprechen kann. Doch wenngleich er nicht zu sprechen vermag, oder nicht ausgesprochen werden kann, so *vollzieht* der Grund doch seine Bedeutung: der Grund (be)gründet,

---

4 Siehe z.B. JACQUES DERRIDA: Die Schrift und die Differenz. Übers. von Rodolphe Gasché. Frankfurt/M. 1992; ders.: Die Postkarte. Von Sokrates bis an Freud und jenseits. Übers. von Hans-Joachim Metzger. Berlin 1987.
5 JOHNSON: Dictionary (wie Anm. 1), Stichwort „Grund": „Die Anwendung und die Vorteile guter Gesetze kommen allen Bürgern zugute; mit Freude und Zuversicht werden sie zu Nutznießern dieser Gesetze, obwohl die Gründe und ursprünglichen Ursachen, aus denen die Gesetze hervorgegangen sind, unbekannt bleiben".

selbst wenn er selbst ohne Grund ist. Aus diesem Grund illustriert Johnsons Wörterbuch stets den Gebrauch und nicht das bestimmende Wesen eines Wortes, und im Falle der Wörterbuchspur, mit der ich diesen Aufsatz begonnen habe, vollzieht oder wiederholt der Akt der Bedeutungssuche selbst die Natur der Bedeutungsstruktur: Bedeutung ist die Suche nach dem Grund der Bedeutung. Als Georges Bataille 150 Jahre nach Johnson sein Wörterbuch schrieb, erklärte er wissend: „Ein Wörterbuch entsteht, wenn es die Bedeutungen der Wörter nicht länger angibt, sondern ihre Aufgaben".[6] Der Grund könnte eine Funktion haben, selbst ohne Wesen zu haben.

Aufgabe, Funktion, Vollzug - das Netzwerk, so scheint es, ist *am Werke*. Es ist ein System von Bewegungen, oder besser: es fungiert als System von Bewegungen. Wenn Derrida diese Bewegung als Verschiebung denkt, so denkt Paul Virilio sie als Geschwindigkeit. Geschwindigkeit ist, laut Virilio, das, was ursprünglich ein Tätigkeitsfeld ins Leben ruft, und zwar dadurch, dass jemand einem anderem voraus ist; aber es ist auch das, was Distanz und Differenz zwischen Positionen, Orten und Identitäten kollabieren lässt.[7] In vieler Hinsicht ist dies einfach eine Erweiterung des modernistischen Interesses an Geschwindigkeit und dessen Auswirkungen auf das Individuum und sein über die Augen erstelltes Weltbild. Während in den vergangenen Jahren vielfach über die Verbindungen zwischen dem Prozess der Beschleunigung einerseits und Verschwinden oder Terror andererseits gearbeitet wurde,[8] liegt mein Interesse hier speziell darin, die Arbeitsweise des Netzwerks als eine zu denken, die in ihrer Anordnung um eine Dialektik von Bewegung (sei es Fortschritt, Verschiebung, Beschleunigung) und Ruhe (als Identität, Position, Be-gründetsein) das intellektuelle Terrain, welches das Konzept der Differenz umgibt, auf eine höchst aufschlussreiche Weise vermisst. Denn im Gegensatz zur populären Rezeption von Derridas Differenz als Basis (fundamentales Prinzip, Grund, Ursache, Beweggrund usw.) einer Politik des Anderen, möchte ich argumentieren, dass das reigenartige Funktionieren des Netzwerks auf einer Ästhetik und einer Politik des Selbst-identischen insistiert. Nicht Differenz, sondern Indifferenz lautet die Devise im Netzwerk.

---

6 GEROGES BATAILLE: Œuvres Complètes. 12 Bde. Hg. von Michel Foucault. Bd. I. Premiers Ecrits 1922-1940. Paris 1970, S. 217.
7 PAUL VIRILIO / SYLVÈRE LOTRINGER: Der reine Krieg. Berlin 1984; PAUL VIRILIO: Geschwindigkeit und Politik. Ein Essay über Dromologie. Übers. von Ronald Vouillié. Berlin 1980.
8 Siehe z.B. PAUL VIRILIO: Ground Zero. Übers. von Chris Turner. New York, London 2002; JEAN BAUDRILLARD: The Spirit of Terrorism. Übers. von Chris Turner. New York, London 2002; KONRAD PAUL LIESSMANN: Die Furie des Verschwindens. Über das Schicksal des Alten im Zeitalter des Neuen. Wien 2000.

Jean Baudrillard würde wahrscheinlich zustimmen. Er scheint darüber hinaus anzudeuten, dass der gegenwärtige Zustand der Indifferenz, also der Ununterscheidbarkeit zwischen dem Realen und dem Nicht-Realen, ein Produkt der Geschwindigkeit ist: Ereignisse – in diesem Fall die Schnittpunkte des Netzwerks – werden aus dem Bereich des Realen herausgeschleudert, und auf den nichtrealen Pfaden des Netzwerks unendlich ausgestreut. Zeitgenössische Kultur zeichnet sich für Baudrillard dadurch aus, dass sie unbeeinträchtigt ist von der Schwerkraft des Grundes, folglich also durch ihre Befreiung, oder Verbannung von dem, was real ist – und aus der Geschichte. Es gibt keine Langsamkeit mehr, kein Sich-Setzen der Ereignisse in ihren eigenen Zusammenhängen, Konsequenzen und ihrer sich allmählich herauskristallisierenden Bedeutung. Es gibt nur die ziellose Schleuder von Geschwindigkeit ohne Richtung, von unerbittlicher Verstreuung ins Verschwinden:

> Jede politische, geschichtliche oder kulturelle Tatsache wird mit einer kinetischen Energie versehen, die sie aus ihrem eigenen Raum herausreißt und in einen Hyperraum hinausschleudert, wo sie jeglichen Sinn verliert, da sie niemals wiederkehren wird. Dazu braucht man nicht auf Science-Fiction zurückzugreifen: mit unserer Informatik, mit unseren Schaltkreisen und Netzen verfügen wir von jetzt an, hier und jetzt, über einen Teilchenbeschleuniger, der entgültig die Umlaufbahn, auf der die Dinge einen bestimmten Bezug zueinander hatten, zerstört hat.
> 
> Was die Geschichte betrifft, so ist ein Nacherzählen unmöglich geworden, da es sich per Definition (re-citatum) um das mögliche Zurückverfolgen eines Sinns handelt. Jedes einzelne Ereignis wird durch einen totalen Verbreitungs- und Zirkulationsschub freigesetzt – jede Tatsache wird zum Atom, wird nuklear, und folgt ihrer Bahn ins Leere. [...] Keine Bedeutung entgeht ihrer Beschleunigung.[9]

Im Folgenden definiert er die Formen der Indifferenz:

> Die Gleichgültigkeit der Zeit: die Nicht-Entferntheit der Zeitpunkte untereinander [...]
> 
> Die Gleichgültigkeit des Raumes: die Kontiguität, die televisuelle, ferngesteuerte Kontamination aller Raumpunkte, die bewirkt, dass ihr nirgendwo seid.
> 
> Die politische Gleichgültigkeit: Doppelbelichtung, Wucherungen aller Meinungen in einem einzigen Medienkontinuum.
> 
> Die sexuelle Gleichgültigkeit: die Unterschiedslosigkeit und Vertauschung von Geschlechtern als notwendige Folge der modernen Theorie von Geschlecht als Unterschied.[10]

Baudrillard und Virilio stimmen folglich in der These überein, dass die Prozessdynamik des Netzwerks schneller geworden ist, und dass seine Beschleunigung

---

9 JEAN BAUDRILLARD: Die Illusion des Endes oder Der Streik der Ereignisse. Übers. von Ronald Vouillié. Berlin 1994, S. 10 f.
10 Ebd., S. 167.

die Basis, von der aus man eine Untersuchung über das Verhältnis zwischen dem Netzwerk und seinem Grund führen könnte, grundsätzlich verändert hat. Die Behauptung, dass die Grundeinheit des Netzwerks – der Schnittpunkt und die Bewegung durch den Zwischenraum – mit Hilfe der Derridaschen Konzepte von Verschiebung und Aufhebung die Basis ist für eine Politik der Differenz, die Subjektivitäten ans Licht kommen lässt, scheint mir ein Irrtum zu sein. Denn sie betrachtet das Netzwerk aus einer Position der Stabilität oder einer Position der Langsamkeit heraus. Sie ist darauf angewiesen, unterscheiden zu können, etwa zwischen ‚fort' und ‚da', oder ‚jetzt' und ‚damals'. Tatsächlich aber hat die Beschleunigung, die die Arbeitsweise des Netzwerks charakterisiert, alle solchen Unterscheidungsmerkmale verwischt, und alle Positionen in eine fade Landschaft des Einerlei transformiert. Deshalb ist die Position, aus der wir jetzt das Netzwerk, und alle Versuche, es zu be-gründen, betrachten müssen, eine Position der Geschwindigkeit, die bis hin zu Verschwinden und Terrorismus sich beschleunigt hat. Und die Frage ist dann: Wie würde man aus einer Position der Geschwindigkeit heraus denken?

Dies, so möchte ich behaupten, war bereits Bestandteil von Ingeborg Bachmanns Denken: Erstens, dass die Schnittpunkte im Netzwerk (die Punkte, an denen Stillstand oder Identität zumindest scheinbar möglich sind) ihre Geschwindigkeit vergrößert haben, bis sie zu wuchernd sich vermehrenden Schussbahnen der Indifferenz geworden sind, und dabei paradoxerweise in eine Bewegung hineingetrieben wurden, die so frenetisch ist, dass sie eine Art ständiger erstarrter Einförmigkeit erreicht hat, in der Zeit, Raum und Identität implodiert sind.[11] Und zweitens, dass das einzige, was verlangsamt, differenziert und sichtbar macht, das Erzählen unserer Geschichte ist. Das einzige, was die verlorenen Gründe von Differenz, Geschichte und Identität wiederherstellen könnte, ist eben das Werkzeug ihrer Zerstörung. Dieser Ansatz produziert, im „Todesarten-Projekt" allgemein, insbesondere aber in „Malina", zwei simultane und einander doch entgegengesetzte Impulse: Bewegung nach vorne und Bewegung zurück. Die Bewegung nach vorne gleicht einem Netzwerk des Aufschubs und der Verschiebung, der Aufhebung jeglicher Art von Fortschritt, einer Beschleunigung, die jede und alle (vom Subjekt eingenommenen) Positionen untergräbt. Diese Bewegung wird im Gleichgewicht gehalten durch eine Bewegung zurück, die nur Ausdruck findet als Bestandteil der wahnsinnigen Versuche der Erzählerin, sich mit ihrer Geschichte vorwärts zu bewegen, und wird als Prozess des Erinnerns beschrieben: die Erzählerin muss vorwärts erzählen,

---

[11] So gibt es in „Malina" beispielsweise keine Vergangenheit, sondern nur ein immer wiederkehrendes ‚Heute', in dem das schreibende Ich wiederholt den Versuch unternimmt, die Räume, Zeiten, Handlungen und Personen ihrer Geschichte auseinanderzuhalten.

was hinter ihr liegt. Sie muss den Grund wiedergewinnen (oder erfinden), der ständig im Begriff ist, zu verschwinden. Sie muss den Grund schaffen, auf dem sie stehen kann, und aus dem heraus sie sprechen kann. Sie muss den Satz schreiben, der den Reigen des Netzwerks anhalten würde; oder, um es mit ihren eigenen Worten zu sagen: „...ich will nur den Satz vom Grunde schreiben."

Doch dies sind natürlich nicht ihre eigenen Worte. Der Versuch, den „Satz vom Grund" zu schreiben, ist der Versuch, sich durch die Implikationen von Heideggers Leibniz-Lektüre hindurchzuarbeiten, welche ihren Ausdruck in 13 Vorlesungen mit dem Titel „Der Satz vom Grund" fand, die später in einen Aufsatz des selben Titels destilliert wurden. Und wenn die Erzählerin in „Malina" ihren Wunsch erklärt, in Heideggers Fussstapfen zu folgen (sozusagen), so tut sie dies in einem äußerst vieldeutigen Kontext. Die Passage lautet wie folgt:

> Mein Vater hat mich ins Gefängnis gebracht, ich bin nicht allzu überrascht, denn ich kenne ja seine guten Verbindungen. Zuerst hoffe ich, dass man mich gut behandeln und mich zumindest schreiben lassen wird. [...] Ich könnte das Buch fertigschreiben, das ich gefunden habe, schon vorher auf dem Weg zum Gefängnis, in diesem Polizeiwagen habe ich einige Sätze im kreisenden Blaulicht gesehen, zwischen den Bäumen hängend, in den Abflusswässern schwimmend, von vielen Autoreifen in einen zu heißen Asphalt gedrückt. Ich habe mir auch alle Sätze gemerkt, und andere sind auch noch im Kopf geblieben, aber aus der früheren Zeit. [...] zuletzt stellt sich heraus, dass Schreiben für mich nicht zugelassen ist. [...] Ein Wärter reißt die Tür auf und sagt: Daraus wird nichts, Sie dürfen an ihren Vater nicht schreiben! Er schlägt die Tür zu und mir die Tür gegen den Kopf, obwohl ich schon schreie: Doch nicht an meinen Vater, ich verspreche es, nicht an meinen Vater! Mein Vater hat für die Justiz verbreiten lassen, dass ich gefährlich sei, weil ich wieder schreiben wolle an ihn. Es ist aber nicht wahr, ich will nur den Satz vom Grunde schreiben. Ich bin vernichtet und ich schütte deswegen auch noch den Blechnapf mit dem Wasser um, denn lieber will ich verdursten, weil es nicht wahr ist, und während ich verdurste und verdurste, umjubeln mich die Sätze, sie werden immer zahlreicher. Einige sind nur zu sehen, andere nur zu hören wie in der Gloriastrasse, nach der ersten Morphiuminjektion. In eine Ecke gekauert, ohne Wasser, weiß ich, dass meine Sätze mich nicht verlassen und dass ich ein Recht habe auf sie. Mein Vater schaut durch eine Luke, es sind nur seine trüben Augen zu sehen, er möchte mir meine Sätze abschauen und sie mir nehmen, aber im grössten Durst, nach den letzten Halluzinationen, weiß ich noch, dass er mich ohne Worte sterben sieht, ich habe die Worte im Satz vom Grunde verborgen, der vor meinem Vater für immer sicher und geheim ist, so sehr halte ich den Atem an. Es hängt mir die Zunge weit heraus, er kann aber kein Wort darauf lesen. Man durchschaut mich, weil ich ohne Bewusstsein bin, man will mir den Mund befeuchten, die Zunge nässen, damit die Sätze auf ihr zu finden sind, damit man sie sicherstellen kann, aber dann findet man nur drei Steine neben mir und weiß nicht, woher sie gekommen sind und was sie bedeuten.[12]

---

12 INGEBORG BACHMANN: Malina. In: dies.: Werke. 4 Bde. Hg. von Christine Koschel / Inge von Weidenbaum / Clemens Münster. Bd. 3. Todesarten. Malina und unvollendete Romane. München, Zürich 1978, S. 228-230.

Diese Stelle findet sich im zweiten Kapitel des Romans in einer Reihe von Traumsequenzen, denen verschiedene Motive gemeinsam sind. Es gibt wiederholt Angriffe auf den Mund der Erzählerin, die sie ohne Zugang zur Sprache zurücklassen; sie wird häufig von einer Vaterfigur verfolgt, manchmal auch von anderen Familienmitgliedern, die ihre Identitäten untereinander vertauschen. Die Träume sind suggestiv – sie sind voller Anspielungen auf Mord, insbesondere Holocaustmord –, gleichzeitig aber sind sie zurückhaltend. Sie zeigen sich dem Leser als Hinweise, die eine Deutung herausfordern, sich dieser aber nie völlig ergeben. In der oben angeführten Passage zum Beispiel ist die Erzählerin im Besitz eines Satzes, den sie schreiben will und den zu schreiben sie doch gehindert wird. Im gleichen Moment, in dem sie ihn enthüllen will, versucht sie, ihn vor ihren Verfolgern zu verbergen; und im gleichen Moment, in dem die Verfolger verhindern wollen, dass sie ihn enthüllt, versuchen sie, ihn ihrem Körper zu entreißen. Der Kampf hier geht um die An- oder Enteignung des „Satz vom Grunde", ein Tropus, der dann zum Herzstück eines Geheimnisses wird, welches vorgeführt und zur Schau gestellt wird als das, was man enthüllen muss, um den festen Grund von Wissen oder Erleuchtung zu erreichen. Doch ist, was enthüllt wird, nicht die Natur des Grundes, der das Karussell der sich im Kreis drehenden traumatischen Träume anzuhalten vermöchte, sondern vielmehr die Auswirkungen dieses verschlossenen Geheimnisses im Mittelpunkt des Textes.

Den wiederkehrenden Träumen begegnet man in „Malina" mit dem Versuch, sie zu lesen. Die Träume vergegenwärtigen das Geheimnis, und der Deutende versucht, zum Boden des Geheimnisses zu gelangen, indem er den Grund für die Träume enthüllt. Der Deutende hier ist Malina, der die Position des Analysten einnimmt, wobei er die Erzählerin über Figuren und Motive in ihren Träumen befragt und sie letztendlich dazu bringt, seinen Grund, seine Lösung für ihre enigmatische Geschichte anzunehmen. Die Abwesenheit von Grund hat also eine doppelte Wirkung: (i) weil es keinen Grund gibt, gibt es nichts, was die Bewegung der Träume anhalten könnte, und (ii) weil es keinen Grund gibt, gibt es die Suche nach dem Grund. Die Suche nach Grund entspricht Derridas Versuchen, das Denken seine eigene Basis denken zu lassen, obwohl es doch selbst zugleich den Bedingungen dieser Basis unterworfen ist.

Das ist es auch, was in Heideggers „Der Satz vom Grund" vor sich geht, in dem die sich wiederholende Bewegung der dreizehn Vorlesungen sowohl die Konsequenz ihrer eigenen Grund-losigkeit als auch die Suche nach dem Grund ist. Jede der Vorlesungen ist in Leibniz' höchstem Prinzip, dem *principium rationis* be-gründet. Diesem Prinzip zufolge ist „Nichts [...] ohne Grund", ein Diktum, welches am Anfang vieler der Vorlesungen wiederholt wird. Von diesem

Ausgangspunkt nimmt jede einen anderen Weg, und folgt dabei einer vorsichtig konstruierten Sequenz logischer Schritte. Mit dem Fortschreiten der Vorlesungen rücken zwei wichtige strukturelle Aspekte in den Brennpunkt: Zunächst einmal erhält die konkrete Ausarbeitung des jeweiligen Arguments Bedeutung im Hinblick auf seine eigene Logik. Das heißt, dass die philosophische Reise der ‚Be-gründung' und ‚Er-gründung' zum Grund hin, an dem sie enden könnte, die Form der räumlichen Metapher des ‚Holzwegs' annimmt. In Bildern, die diesen metaphorischen Bereich des Holzwegs reflektieren, wird ständig von Pfaden und Lichtungen geredet, von zurückverfolgten Schritten und wiederkehrenden Sackgassen. Dass die Vortragsreihe als Holzweg strukturiert ist, deutet implizit darauf hin, dass der gesuchte Grund nicht gefunden werden wird, dass der Text, im Ganzen betrachtet, eine Reihe von Annäherungen sein wird anstatt eines linearen Arguments einschließlich eines Bestimmungsziels. So warnt Heidegger auch zu einem frühen Zeitpunkt seiner Erkundungen, dass seine Aufgabe, den Grund des Grundes zu finden, leicht dem Objekt seiner Reflexion in einen sich spiralförmig bewegenden endlosen *Fall* folgen könnte.[13]

Das zweite Thema, das ich hervorheben möchte, ist ebenso wie der Holzweg metaphorisch ausgedrückt. Heidegger betont wiederholt, dass Leibniz' „Satz vom Grund" mehr als eine Form hat und mehr als einen Modus, in dem er sich ausdrücken oder vernehmbar machen kann. Eine mögliche Version des Satzes wäre, dass „für jede Wahrheit (d.h. nach Leibniz für jeden wahren Satz) der Grund erstattet werden kann";[14] indem er dann die Konsequenzen dieser Version für Leibniz erwägt, kommt Heidegger dazu, eine andere metaphorische Struktur zu betrachten, nämlich das postalische Prinzip.[15] Leibniz' höchstes Prinzip war, genau genommen, so Heidegger, ein „Prinzip *reddendae* rationis".

---

[13] „Der Grund für den Satz vom Grund wäre dann der ausgezeichnete unter allen Gründen, so etwas wie der Grund des Grundes.
Wohin geraten wir aber, wenn wir den Satz vom Grund bei seinem eigenen Wort nehmen und so auf den Grund des Grundes zugehen? Drängt der Grund des Grundes nicht über sich hinaus zum Grund des Grundes des Grundes? Wo ist, wenn wir in dieser Art zu fragen fortfahren, noch ein Halten und damit noch eine Aussicht auf Grund? Ginge das Denken diesen Weg zum Grund, dann müsste es doch unaufhaltsam ins Grundlose fallen. So möchte man denn hier warnend vermerken: Wer auf solchem Weg zum Grund geht, dessen Denken läuft Gefahr, dass es dabei zugrunde geht." MARTIN HEIDEGGER: Der Satz vom Grund. Stuttgart 1957, S. 28.

[14] Ebd., S. 44.

[15] Derrida untersucht die Beziehung zwischen den Schreibweisen der Psychoanalyse und denen der Post in DERRIDA Postkarte (wie Anm. 4). Sigrid Weigel bezieht die Studie von Derrida auf „Malina" in SIGRID WEIGEL: Ingeborg Bachmann. Hinterlassenschaften unter Wahrung des Briefgeheimnisses. Wien 1999, S. 551-558. Ähnlich auch CAITRÍONA LEAHY: ‚In the beginning was the post'. Modern Writers / Postmodern Readers. In: NICHOLAS SAUL et. al. (Hg.): Schwellen. Germanistische Erkundungen einer Metapher. Würzburg 1999, S. 236-249.

Das besagt, dass die Art und Weise, auf welche der Verstand tätig ist, ein Prinzip des Sendens und Zustellens ist, welches dem der Post entspricht: „Wir sprechen von der Zustellung der Post. Die ratio ist ratio reddenda. Dies sagt: Der Grund ist solches, was dem vorstellenden, denkenden Menschen zugestellt werden muss."[16]

Das Arbeiten des Verstandes ist also ein Prozess des ‚Vorstellens' oder Sendens, gefolgt von ‚Zustellen' oder Liefern. Die Art dieses Vorstellens ist ein metaphorisches Senden des Gedankens auf der Suche nach Objekten, welche dadurch ins Dasein gerufen werden, dass sie gedacht werden und dann dem rationalen Subjekt in Form von Wissen zugestellt werden. Das bedeutet also, dass diese Erforschung des Grundes, ähnlich wie andere vorher von uns betrachtete, als Beziehung zwischen Bewegung und Ruhe beschrieben wird. Auch in Heideggers Version wird das Subjekt ins Dasein gerufen, wenn es in das postalische Netzwerk des Sendens und Empfangens eintritt:

> Das Erkennen gilt als eine Art des Vorstellens. In diesem Stellen kommt etwas, was uns begegnet, zum Stehen, zum Stand. Das im Vorstellen zum Stand gebrachte Begegnende ist der Gegenstand [...]. Nur das, was sich unserem Vorstellen so darstellt, uns so be-gegnet, dass es auf seinen Grund gesetzt und gestellt ist, gilt als sicher Stehendes, d.h. als Gegenstand. Nur das so Stehende ist solches, von dem wir in Gewissheit sagen können: es ist.[17]

Wenn nur das, was in der postalischen Arbeitsweise rationalen Denkens begründet wurde, ‚ist', dann wird die Bemerkung von „Malinas" Erzählerin, „Ich bin vernichtet", geäußert unmittelbar nachdem sie ihren Wunsch, den Satz vom Grund zu schreiben, verkündet hat, enorm verstärkt. Denn dem „Satz vom Grund" zufolge bedeutet ohne Grund zu sein wörtlich gar nicht zu sein.[18]

In der Schwebe zwischen ‚sein' und ‚nicht sein', zwischen Bewegung und Ruhe, zwischen Zustellung und Nicht-Zustellung sind wir im Besitz von „Malinas" kryptischem Briefgeheimnis. Das Briefgeheimnis ist das Geheimnis, das tut, was es sagt: es ist die Geheimhaltung eines Geheimnisses, das Vorenthalten einer Präsenz im Mittelpunkt aller Briefe – und alles Schreiben, so wird ganz am Anfang des Romans behauptet, ist Briefeschreiben. Zu wissen, dass dieses Geheimnis existiert, zu wissen, dass keine Sache, dass niemand jemals völlig ‚zugestellt' ist, bedeutet nach Bachmann, ein Philosoph zu sein. Der Briefträger in „Malina" ist ein Philosoph, der um das Geheimnis des

---

16 HEIDEGGER: Satz vom Grund (wie Anm. 13), S. 47.
17 Ebd., S. 46 und S. 54.
18 Siehe hierzu GUDRUN KOHN-WAECHTER: Das Problem der Post in „Malina" von Ingeborg Bachmann und Martin Heideggers „Der Satz vom Grund". In: ANITA RUNGE / LIESELOTTE STEINBRÜGGE (Hg.): Die Frau im Dialog. Studien zu Theorie und Geschichte des Briefes. Stuttgart 1991, S. 225-242.

Geschriebenen weiß, das Geheimnis, dass es dort ein Geheimnis gibt, und er äußert dieses Wissen, indem er den sprichwörtlichen Sand ins Getriebe wirft: er weigert sich, die Post zuzustellen – „ohne dass er Gründe anzugeben vermochte"[19] – und vollzieht dadurch eine sehr wörtliche Version von Nicht-Zustellbarkeit oder ‚Unergründbarkeit'. Die Bewegung des postalischen Netzwerks wird zum Stillstand gebracht, während der Briefstoß in der Wohnung des Briefträgers das repräsentiert, welches in aller Repräsentation entzogen wird, und die Repräsentation an sich rückt in den Blickpunkt als das im wörtlichen Sinne Senden eines anderen anstelle des Selbst. Die Handlung des Briefträgers ist, so wie „Malina" selbst, eine Reaktion auf das Übermaß an potentieller Bedeutung, die im Bereich der Signifikation in der Schwebe ist, oder, deutlicher ausgedrückt: der Grund ist wie ein Brief, der nicht vollständig zugestellt werden kann, weil es immer noch ‚mehr' davon gibt. Das ‚mehr' (oder das Übermaß) ist das, was zurückgehalten wird; es ist das Geheimnis alles Gesendeten, alles Seienden. Für Heidegger ist es das Geheimnis des Seins selbst.

In „Malina" imitiert die Erzählerin den Briefträger indem sie ihre Briefe verbrennt oder sie nicht absendet, genauso wie sie Auszüge aus ihrem „Todesarten"-Buch verbrennt und andere in einer Schublade versteckt. Die Geschichte, die ihr Schreiben erzählt, ist dann ihren eigenen Geheimnissen unterworfen, und wiederholt das Verstecken, welches sie zu enthüllen versucht. Das genau ist es, was der Text performativ vorführt. Er wiederholt die Prozesse, die er beschreibt, indem er sich selbst zum Teil des eigenen Referenzrahmens macht. Diese Wiederholung ist das, was an die Stelle des ‚Originals' tritt (eine Derridasche Repräsentation) – selbst wiederum ein Geheimnis, das ebenfalls einen Boten an Stelle seiner selbst senden musste. Dort, wo die Erzählerin ihren eigenen Grund nicht besetzen kann, kann sie auf diese Tatsache nur mit Gebärden hinweisen, indem sie vorspielt oder ausagiert, was im wesentlichen der Zustand des Von-sich-selbst-getrennt-seins ist, unfähig, sich selbst einzuholen, unfähig, paradoxerweise, die eigene Subjekt-Position einzunehmen. Darin mag sie Heideggers Schlussfolgerung exemplifizieren: alles hat Grund mit Ausnahme des Grundes. Grund ist daher Ab-grund. Dort, wo alles, was ist, von sich ‚ab' ist, bedeutet das Äußern des Selbst, eines Ereignisses, einer Sache, es in einer Entfernung von sich selbst zu wiederholen. Wir könnten also sagen, dass im Herzen des Grundes das Wirken einer Metapher steht – das Äußern, das aus der Distanz heraus wiederholt und das jenes, was wiederholt wird, aufhebt; dies hält das Geheimnis aller Repräsentation intakt. Deshalb ist der Grund unter oder hinter der Geschichte der Erzählerin in „Malina" nur gegeben, indem er

---

19 BACHMANN: Malina (wie Anm. 12), S. 240.

gleichzeitig zurückgehalten wird. Grund ist, was in jeder Repräsentation entzogen wird. Wie die Briefe, die ihn vertreten, die seine Geschichte erzählen, ist der Grund das, was nur zugestellt wird, indem es nicht zugestellt wird, oder, wie Bernhard Siegert es prägnant formuliert: „Es ist der Entzug, der gibt."[20] Grund ist wie ein Geheimnis, über das man nicht hinweg kommt.

Ein Geheimnis, dem die Enthüllung bevorsteht? Heidegger spricht von der „Incubationszeit" der Leibnizschen Einsichten, vom Zu-sich-selbst-kommen der postalischen Metapher in den Technologien der Moderne, der Ankunft des achtzehnten Jahrhunderts in den 50ern des zwanzigsten.[21] In dem hier konstruierten Netzwerk, welches der Suche nach einer be-gründenden Stabilität unterhalb von Bewegungen und Wechselwirkungen des Netzwerks nachgeht, entspricht das der – vielleicht abwegigen – Erkenntnis, dass Samuel Johnson schon auf Derridasche Weise verfuhr.[22] Aber der „Satz vom Grund" endet nicht mit Ankunft oder Enthüllung, denn jedes dieser Konzepte ist durch seinen eigenen *modus operandi* untergraben worden, sondern mit einer Frage zur Obsession unserer zeitgenössischen Kultur mit Geheimnissen. Der Provokation, die dem Denken durch das, was beim Denken vorenthalten wird, erwächst, entspricht, so möchte ich behaupten, der Funktion des Grundes im Am-werk-sein des Netzwerks. Wenn darüber hinaus die Erforschung des Grundes das ist, was die sich beschleunigenden Bewegungen, durch die das Netzwerk konstituiert wird, anregt, dann müssen wir aus unserer Netzwerk-Kultur heraus die janusköpfige Natur unseres eigenen Tuns erkennen – ein Vorwärtspflügen auf der Suche nach dem, woraus wir immer wieder hervorgehen und an dem wir niemals ankommen können.

---

20 BERNHARD SIEGERT: Relais. Geschicke der Literatur als Epoche der Post (1751-1913). Berlin 1993, S. 15. Bei Heidegger ist das, was im Prozess des rationalen Begründens ‚entzogen' wird, auch das, was den Prozess untermauert und folglich einen Teil davon bildet, gleichwohl aber darin unsichtbar bleibt: „*Der Satz vom Grund ist ein Sagen vom Sein.* Er ist dies, aber verborgenerweise. Verborgen bleibt nicht nur, wovon er sagt, verborgen bleibt auch, dass er vom Sein sagt." Und weiter: „Der Satz vom Grund ist einer jener Sätze, die ihr Eigenstes verschweigen. Das Verschwiegene ist das, was nicht verlautet. Das Lautlose zu hören, verlangt ein Gehör, das jeder von uns hat und keiner recht gebraucht. Dieses Gehör hängt nicht mit dem Ohr zusammen, sondern zugleich mit der Zugehörigkeit des Menschen zu dem, worauf sein Wesen gestimmt ist. Ge-stimmt bleibt der Mensch auf das, von woher sein Wesen bestimmt wird. In der Be-Stimmung ist der Mensch durch eine Stimme betroffen und angerufen, die um so reiner tönt, je lautloser sie durch das Lautende hindurchklingt." HEIDEGGER: Satz vom Grund (wie Anm. 13), S. 90 f.
21 Ebd., S. 114 f.
22 Eine solche Behauptung mag wohl gänzlich ahistorisch anmuten. Doch im Sinne eines Benjaminschen Modells könnte man meinen, dass die „Incubationszeit", von der Heidegger spricht, der Nachträglichkeit ähnelt, die im Mittelpunkt historischer Erkenntnis stehen muss. Zum Einfluss Benjamins auf Bachmann siehe WEIGEL: Bachmann (wie Anm. 15), bes. S. 99-106.

Hartmut Winkler

# Tauschen, Austauschen, Kommunizieren
## Netzbildung in Ökonomie und Medien

## 1. Die Frage

Jemand schreibt ein Buch. Andere geben ihm Geld dafür, weil sie das Buch lesen wollen; das setzt den Autor in die Lage, so dreidimensional solide Dinge wie sein Frühstück zu finanzieren. Soweit in vollständiger Analogie zur materiellen Produktion, der Autor hätte statt des Buches im Rahmen der gesellschaftlichen Arbeitsteilung auch etwas anderes nützliches herstellen können.

Tatsächlich aber ist der Vorgang mehr als verwunderlich: der Autor nämlich schreibt kein Buch, sondern einen Text, ein zunächst symbolisches Konstrukt, das aus filigranen, kleinen Zeichen zusammengesetzt ist. Für den materiellen Träger sorgt eine ganze Apparatur; der Verlag, eine Zellstofffabrik, Druckerei, Binderei, ein Vertrieb usf., und 95 % des Geldes, das der Kunde zahlt, weil er den Text lesen will, gehen keineswegs an den Autor, sondern an diese Apparatur der Materialisierung/Vermittlung. Das Buch als dreidimensional solides Objekt nimmt den Text zum Anlass seiner Existenz, drängt ihn dann aber sehr schnell an den Rand, daran lassen die Formulierungen in Verlagsverträgen keinen Zweifel.[1]

Und verwunderlich ist etwas grundsätzlicher zweitens, dass zwischen der Ebene des Symbolischen und der Ebene des Ökonomischen überhaupt ein regelhafter Austausch besteht. Mündliche Äußerungen etwa nehmen selten Warenform an, hier ist derselbe Übergang offensichtlich blockiert. Um symbolische Produkte gegen Geld tauschen zu können, bedarf es der Niederschrift auf einen materiellen Träger,[2] der dann, Objekt unter Objekten, in den gesellschaftlichen Tauschkreislauf eintritt.

Was aber bedeutet dies? Bedient sich das Symbolische des Ökonomischen, um seinen Austausch zu organisieren? Fährt es quasi Huckepack, parasitiert an einem System, dessen Netz und dessen Austauschpotenz – Luhmann sagt: Medien gewährleisten Erreichbarkeit – [3] offensichtlich überlegen ist?[4] Ist nicht das Symbolische selbst immer schon durch Austausch gekennzeichnet?

---

1 Am deutlichsten darin, dass der Autor sein Copyright an den Verlag abtritt.
2 Oder eines relativ strikten institutionellen Zusammenhangs.
3 NIKLAS LUHMANN: Soziale Systeme (1984). Frankfurt/M. 1993, S. 218.

## 2. Netzbildung versus Sender-Empfänger-Modell

Zweifelsfrei zunächst ist, dass beide Systeme Netze ausbilden. Und mehr: den Austausch überhaupt als ein Netz zu denken scheint ungleich schwieriger im Feld der Kommunikation als im Feld der Ökonomie. Hier mag mitspielen, dass Kommunikation, Medien und symbolischer Tausch immer noch modelliert werden ausgehend vom Sender-Empfänger-Modell, das, notwendig bilateral, den Blick auf komplexere Mechanismen der Netzbildung fast systematisch verstellt. Erst wenn man bereit ist, das Sender-Empfänger-Modell hinter sich zu lassen also taucht die Frage, und hinter der Frage die Modellbildung über die Ökonomie, überhaupt auf.

Die Besinnung auf die Ökonomie, denke ich, bietet die Chance, zu einer möglicherweise tragfähigeren Vorstellung zu kommen. In sehr deutlicher Weise nämlich ist unsere materielle Existenz *zusammengesetzt* aus den unterschiedlichsten Quellen. Dinge der unterschiedlichsten Herkunft sammeln sich in den Wohnungen an oder gehen durch die Körper hindurch, zirkulieren, stauen sich auf, werden verdichtet und wieder verflüssigt; die zweite Natur insgesamt erscheint als ein riesiges Konglomerat, das Prozesse und Monumente, die unterschiedlichsten Zeitschichten, Akte, Aktanten und Dinge, Geographie und Material/Abfall auf immer neue Weise neu konstelliert; die Ökonomie erscheint als der Motor, oder zumindest als Drehscheibe in diesem gigantischen Tausch- und Austauschprozess.

Verglichen hiermit sind die symbolischen Netze zugleich weniger komplex und komplexer. Weniger komplex, insofern sie selbst Komplexität reduzieren[5] und die Eigenlogik des Materiellen sie weitgehend unberührt lässt;[6] komplexer, insofern sich das Tatsächliche in die fraktal gestaffelten Räume des Möglichen hinein multipliziert. Das Symbolische in Anlehnung an Warentausch und zweite Natur zu denken (und die Sprache in Anlehnung an Großstadt und

---

4  Symbolisches Produkt
   ↓
   Reifizierung         ‚Nutzen'
   Warenform            Dekodierung
   ↓                    ↑
   Austausch, Erreichbarkeit

5  Besonders klar wird dies im Fall der Begriffsbildung; sehr viele tatsächliche Gegenstände werden subsumiert unter ein gemeinsames Konzept.
6  Genauer: die Eigenlogik des Materiellen wird festgebannt in der Position des Referenten, auf den die Zeigebewegung zielt; um den Preis, dass sie in der Eigenlogik des Signifikanten wiederkehrt.

Technologie)⁷ hat den Vorteil, dass diese ungleich anschaulicher sind. Flussers Vorstellung, das Subjekt als einen Knotenpunkt im Netz der Diskurse zu fassen, wäre mit dem Blick auf die Ökonomie zu konkretisieren; ebenso wie möglicherweise der Begriff des Diskurses selbst.

Die Friktion zweier Sphären also und ihre strukturelle Ähnlichkeit: Dass Tausch und Austausch so nah beieinander sind, Tausch aber Waren, und Austausch Kommunikation konnotiert, steckt das Feld ab; in ähnlicher Weise ist z.B. der *Markt* immer zugleich als Öffentlichkeit und als Platz der materiellen Versorgung gedacht worden.

## 3. *One to many*

Zum zweiten dürfte unstrittig sein, dass beide Netze strukturelle Parallelen aufweisen. Die technische Reproduktion etwa, die für die Medien typisch ist, ist eine Variante industrieller Serienproduktion. Der Buchdruck war eine der frühesten Industrien, die avancierte Werkzeuge, Elementierung, Standardisierung und Serienfertigung miteinander verbanden.⁸

Nur auf dieser Basis kann ein einzelnes Produkt in identischen Exemplaren sehr viele räumlich verstreute Kunden oder Rezipienten erreichen. Und dies hat Folgen für die Architektur der entstehenden Netze: Industrie und Medien haben gemeinsam, dass sie *one-to-many*-Strukturen ausbilden. Bezogen auf das einzelne Produkt ist dies eine zentralistische Tendenz. Es entstehen große, sternförmige Anordnungen, in denen jeweils sehr wenige Produzenten Millionen von Konsumenten mit den einzelnen Waren versorgen; im Fortgang der historischen Entwicklung gehen kleine lokale Einheiten unter und werden durch große, überregionale ersetzt.

In der Waage gehalten wird dieser Zentralismus durch die Ausdifferenzierung der Produkte und die zunehmende Abhängigkeit der Produzenten untereinander. Die *one-to-many*-Strukturen überlagern sich im Tauschsystem; und das Netz, das entsteht, ist insofern zentralistisch und dezentralistisch zugleich.

---

7 Ich habe diesen Bezug ausgeführt in HARTMUT WINKLER: Das Modell. Diskurse, Aufschreibesysteme, Technik, Monumente. Entwurf für eine Theorie kultureller Kontinuierung. In: HEDWIG POMPE / LEANDER SCHOLZ (Hg.): Archivprozesse. Die Kommunikation der Aufbewahrung. Köln 2002, S. 297-315 (www.uni-paderborn.de/~winkler/modell.html).
8 Siehe z.B. MICHAEL GIESECKE: Der Buchdruck in der frühen Neuzeit. Frankfurt/M. 1991.

## 4. Netz, Geographie und Transport

Was hier zunächst als ein Problem der Netzarchitektur und der Logistik erscheint, hat unmittelbare Auswirkungen auch auf die Geographie. Je größer die *one-to-many*-Strukturen werden, desto größer werden die geographischen Radien, die das Netz überbrücken muss.

Im Reich der dreidimensionalen Waren ist es der *Transport*, der die *one-to-many*-Strukturen ermöglicht. Die meisten Waren müssen physikalisch von A nach B transportiert werden, allein der physische Transport kann die wachsenden geographischen Distanzen überwinden. Ein explodierender Aufwand an dieser Front – auf jeder Autobahn täglich zu sehen – ist der Preis, der für das Anwachsen der Distributionsradien zu zahlen ist.

Im Reich der Medien sind die Verhältnisse ähnlich und gleichzeitig komplizierter. Medien sind seit Innis dadurch bestimmt, dass sie Raum und Zeit überwinden; sie tun dies für den weitaus größten Teil der Mediengeschichte im Verbund mit den dreidimensionalen Waren, ebenfalls im Modus des physischen Transports.[9] Da Botschaften, Menschen und Waren mit gleicher Geschwindigkeit reisten, fiel die Organisation des Transportwesens mit der der Nachrichtenübermittlung weitgehend in eins. Erst mit der Telegraphie löst sich dieser Konnex auf.

## 5. Immaterialisierung

Und dies nun ist eine wichtige, vielleicht die wichtigste Schaltstelle in der Geschichte der Medien. An diesem Punkt nämlich lässt die Funktionsweise der Medien die Physik hinter sich, oder zumindest denjenigen Teil der Physik, der sie bis dahin mit der dreidimensional-soliden Welt der Dinge und Waren verband. Exakt an dieser Stelle also treten Warenwelt und Medien auseinander.

Man kann die Mediengeschichte insgesamt als den Prozess einer zunehmenden Immaterialisierung betrachten. Von den immobil-materiellen Monumenten hin zu den tragbaren Tontafeln und weiter zum leichten Papier, von Wandbild und Skulptur hin zum Tafelbild und zur Photographie, und schließlich den

---

9 HAROLD INNIS: Empire and Communications. Oxford 1950; ein kurzer Ausschnitt ist ins Deutsche übersetzt: ders.: Die Medien in den Reichen des Altertums. In: ders.: Kreuzwege der Kommunikation. Ausgewählte Texte. Wien, New York 1997, S. 56-66.

massefreien Datenströmen der Telegraphie und der Computer sind Schrift- und Bildwerke in der historischen Entwicklung immer leichter und transportabler geworden. Mit Marconi spart die Kommunikation über Funk schließlich sogar die Kabel ein.

Die skizzierte Entwicklung scheint mir ausdrücklich nicht eine Frage der Technikentwicklung zu sein. Mein Vorschlag vielmehr wäre, die Aufmerksamkeit umzudrehen, und die Szenerie aus der Perspektive des *Transports* in den Blick zu nehmen. Der Transport selbst, so könnte man sagen, setzt sein Gesetz durch und zehrt die Substanz der Signifikanten Schritt für Schritt auf; Übertragung und Transport schreiben sich in die Zeichen zurück und magern sie ab, bis eben Signifikanten durch Drähte verschickt werden können und die Mediensphäre Masse und Schwerkraft endgültig hinter sich lässt.[10]

Zwei Anmerkungen zur These dieser fortschreitenden Immaterialisierung scheinen mir nötig. Zum einen betrifft die Immaterialisierung zunächst nur die Signifikanten, nicht aber das Netz der Medien insgesamt, deren Technikseite – gegenläufig? – im selben Maß größer, komplizierter, voraussetzungsvoller und materieller wird.

Zum zweiten wäre die mündliche Sprache zu reflektieren, ein Basismedium so alt wie die Menschheit, und von Anfang an ‚immateriell‘, insofern sie eine extrem leichte Substanz, die schwingende Luft, zum Material ihrer Signifikanten macht. Die Luft hat die Eigenschaft, den Klang schnell zu dämpfen, was mündliche Äußerungen an einen engen Horizont bindet.

Meine zweite These wäre, dass der Ökonomie und der Warenwelt der Weg einer vergleichbaren Immaterialisierung nicht offen steht. Auch wenn es selbstverständlich immaterielle Waren gibt auch außerhalb der Sphäre der Medien, Dienstleistungen etwa, Lohnarbeit, das Geld als Tauschmittel und anderes mehr, bleiben Ökonomie und Waren doch zentriert auf die physische Welt, auf Not und Notwendigkeit, und letztlich die knappen Güter. Im Licht von Distribution und Transport also sind Zeichen tatsächlich ideal, und deutlich idealer als physische Waren.

Hiermit aber wird die Ausgangsfrage zum vollständigen Rätsel. Warum in aller Welt erweist sich die Ökonomie dennoch als stärker, warum kann sie ihre System-

---

10 Untersucht man die Zeichen auf einer allgemeineren Ebene, und vor allem in ihrem Verhältnis zum Bezeichneten, so kommt man zum gleichen Ergebnis: Flusser hat darauf aufmerksam gemacht, dass Zeichen grundsätzlich ‚leichter‘ als das Bezeichnete sind: dies gilt für die Laute der mündlichen Sprache, aber auch für Bildwerke, die Dreidimensional-Solides auf nur zwei Dimensionen reduzieren; ähnlich für die Schrift, die noch strikter verfährt, indem sie ihre Signifikanten linear anordnet, also mit nur einer Raumdimension sich bescheidet. VILÉM FLUSSER: Ins Universum der technischen Bilder. Göttingen 1985, S. 9 ff. Das Problem der Museen ist, dass sie die dreidimensional-tatsächlichen Dinge bewahren wollen.

logik dennoch auch im Reich des Symbolischen durchsetzen? Noch einmal also: Warum nehmen symbolische Produkte Warencharakter an? Da ich auf die Frage eine direkte Antwort nicht habe und es mir primär darum geht, die Frage zu exponieren und einzukreisen, möchte ich statt einer zwingenden mehrere provisorische Antworten geben.

## 6. Rückkanal

Die erste betrifft das Ineinander der beiden Netze. Wenn Medienprodukte Warenform annehmen, und also beispielsweise Texte gegen Geld ausgetauscht werden, so gehört das Geld, obwohl selbst Zeichen, der Sphäre des Ökonomischen an. Der Tausch bedeutet also, dass die Ebene des Ökonomischen mit derjenigen des Symbolischen auf beschreibbare Weise interagiert.

Mein Vorschlag ist, den Fluss des Geldes als *Rückkanal* zu betrachten.[11] Wenn Brecht und Enzensberger etwa die Tatsache beklagen, dass zumindest die klassischen Massenmedien *monologisch* operieren,[12] so wird nun klar, dass die monologischen Medien so monologisch nicht sind. Sie schließen eine Antwort keineswegs aus, sondern fordern diese vielmehr definitiv ein, mit der Besonderheit eben, dass die Antwort über den Kanal des Geldes erfolgt.

Für die Netzarchitektur bedeutet dies, dass sie auf zwei Ebenen verfährt: Hin- und Rückkanal sind systematisch getrennt, die Systemlogik wechselt zwischen beiden Ebenen hin und her, und in dieser Bewegung – fast fühlt man sich an die ‚Suture'-Ansätze der französischen Filmtheorie erinnert –[13] werden symbolische Prozesse und Ökonomie systematisch miteinander verbunden.

---

11 „Medienöffentlichkeiten. Wer darin Absender, wer Bote und wer Empfänger ist, lässt sich oft nicht mehr bestimmen. Die gesellschaftlichen Machtverhältnisse werden komplexer und nebulöser, unter anderem, *weil die Kommunikation über kommerzielle Rückkopplungsschleifen läuft*. Politik muss sich zunehmend stärker über Medien an die Bürger adressieren, Medien müssen sich an die Endverbraucher verkaufen, die Endverbraucher wählen Politiker und Programme. Geschichte scheint sich in solche Schleifen aufzulösen." ARNO ORZESSEK: Einleitung. Öffentliche Zerstreuung als demokratische Tugend. In: JÜRGEN FOHRMANN / ders. (Hg.): Zerstreute Öffentlichkeiten. Zur Programmierung des Gemeinsinns. München 2002, S. 8. (Hervorh. H. W.).

12 Die Texte sind bekannt: BERTOLT BRECHT: Der Rundfunk als Kommunikationsapparat (1932/33). In: ders.: Werke. Große kommentierte Berliner und Frankfurter Ausgabe. Bd. 21. Berlin / Weimar o. J., S. 552-557; HANS MAGNUS ENZENSBERGER: Baukasten zu einer Theorie der Medien. In: Kursbuch Nr. 20, März 1970, S. 159-186.

13 JEAN PIERRE OUDART: La suture. In: Cahiers du cinéma 211/April 1969, S. 36 und S. 39 und 212/Mai 1969, S. 50 und S. 55; engl. Version: ders.: Cinema and Suture. In: Screen

## 7. Rückkanal entsemantisiert

Der Kanal des Geldes nun hat die Eigenschaft, und dies ist ungewöhnlich auch im Feld der Ökonomie, dass es auf spezifische Weise *entsemantisiert* ist. Diese Eigenschaft ist häufig hervorgehoben worden. Das ‚*non olet*' bezeichnet die Tatsache, dass das Geld seine Herkunft grundsätzlich verleugnet. Alles Qualitative und Kontextgebundene lässt es hinter sich, Erwerb und Verausgabung werden zeitlich getrennt; Geld fungiert in systematischer Weise als eine Maschine der Kontextentbindung.

In diesem Sinne hat z.B. Hörisch von der „skandalösen semantischen Armut des Geldes" gesprochen.[14] Geld ist der große Gleichmacher, der im Tausch die unterschiedlichsten Dinge gleichsetzt; es tritt ihnen als das allgemeine Äquivalent gegenüber und nivelliert, was an ihnen unterschiedlich ist.[15] Wenn die Dinge also ihre Bedeutung haben, so hat diese mit ihrer Geld-Seite wenig zu tun; Möbel und körperliche Liebe, Grundbesitz oder Lebenszeit, alles scheint unterschiedslos zu skalieren und auf schlichte Quantitäten reduzierbar zu sein.

Diese spezifische ‚Armut' des Geldes ist seine Besonderheit und seine besondere Pointe. Und als vollständig entsemantisiert wird man auch das Geld nicht betrachten können. Die Zahlung von Geld nämlich setzt eine diffuse Zustimmung voraus, und diese Zustimmung ist es, auf die sich die Medien mit Vorliebe berufen; im Starren auf die Einschaltquote, das Box-office-Ergebnis, die Position in den Charts oder den Umsatz wird im Grunde der Rückkanal abgehört; Markt und Marktforschung fallen hier zusammen, und jenseits des Ökonomischen entfaltet das Ökonomische ein semantisches Potential.

Politisch muss man mit dieser Form des Rückkanals keineswegs glücklich sein. Es muss nicht befriedigen, wenn als Medium der Erwiderung zunächst nur das Geld sich anbietet und es jenseits der Box-office-Abstimmung beim Schweigen der schweigenden Mehrheit bleibt; zudem gerät das Argument in die Nähe der Kulturindustrie, die ohnehin immer gesagt hatte, das Publikum setze via Markt letztlich ‚seine' Inhalte und Bedürfnisse durch, und hieran sind Zweifel sicher mehr als berechtigt. Nicht darauf aber kommt es hier an.

---

18/1977,78. Nr. 4, winter, S. 35 und S. 47. In der Suture-Theorie geht es um die ‚Vernähung' des Zuschauersubjekts mit den filmischen Signifikanten, daneben aber auch um die Schnittkonvention von Schuss und Gegenschuss. Vgl. HARTMUT WINKLER: Der filmische Raum und der Zuschauer. Heidelberg 1992, S. 54-62.
14 JOCHEN HÖRISCH: Kopf oder Zahl. Die Poesie des Geldes. Frankfurt/M. 1996, S. 66.
15 KARL MARX: Das Kapital. Kritik der politischen Ökonomie. Bd. 1. MEW Bd. 23. Berlin 1972, S. 80 f.

Wenn es um die Warenform der Medienprodukte geht und um das Potenzial der Netzbildung, und wenn die Netzbildung offensichtlich *zwischen* dem Symbolischen und dem Ökonomischen sich entfaltet, dann sollte die Medientheorie sie auf eine Weise modellieren, die den Hinweg nicht einfach der Inhaltsanalyse und den Rückkanal der Medienökonomie überlässt.

## 8. Begehren

Interessant ist der entsemantisierte Rückkanal des Geldes noch aus einem zweiten Grund. In sehr viel klarerer Weise als die Zeichen selbst nämlich sind Ökonomie und Geld mit dem *Begehren* verbunden. Geld ist eine gesellschaftliche Mechanik, die Wunschpotentiale organisiert, sie relationiert, quantifiziert und untereinander vergleichbar macht, die dem Begehren insgesamt eine Form gibt und es tückisch auf Gegenstände zurückorientiert, die selbst Teil der Realität und deshalb geldförmig realisierbar sind.

Möglicherweise ist die Ökonomie das überlegene System, gerade *weil* sie mit der physischen Welt im Verbund bleibt. Wenn Luhmann hier von symbiotischen Mechanismen spricht,[16] ist dies möglicherweise eine Unterschätzung; da das Begehren anders als körpergebunden und körperrelationiert nicht gedacht werden kann, verlaufen die spezifischen Evidenzen hier vielleicht ebenfalls über den Körper.

Zeichen haben das Problem, dass sie referenziell auf die Welt zwar verweisen, dass diese Referenz aber nur möglich ist auf Basis einer systematischen *Entkopplung* von der Welt. Das interesselose Wohlgefallen, das Kant in den Mittelpunkt seiner Kunstdefinition stellt, mag nicht für alle Medien und Zeichensysteme in gleichem Maß gelten; symbolisches Probehandeln und tatsächliches Handeln aber erscheinen getrennt, und Zeichen sind Zeichen, weil sie zur Welt einen bestimmten Abstand halten.

Wenn die Zeichen nun ein Bündnis eingehen ausgerechnet mit der Ökonomie, dann möglicherweise, weil die Ökonomie das zwingendere System ist, weil sie Zwänge ins Spiel bringt, die selbst keine symbolischen sind. Das Bündnis mit der Ökonomie, so könnte man sagen, *substituiert Referenz*, es verschafft den Zeichen einen beschreibbaren zweiten Bezug auf die Realität, wenn auch indirekt, – performativ? – und nicht im Hin- sondern eben im Rückkanal. Ohne Zweifel ist dies – wie vermittelt auch immer – ein Wahrheitsmodell. Und so unvermutet

---

16 NIKLAS LUHMANN: Einführende Bemerkungen zu einer Theorie symbolisch generalisierter Kommunikationsmedien. In: ders.: Soziologische Aufklärung. Bd. 2. Opladen 1975, S. 170-192, hier S. 181.

es auftaucht, so möglich erscheint, dass das eigentümliche Bündnis hier einen Teil seiner Basis hat.

## 9. Knappheit, Endlichkeit

Die Ökonomie, um auf dem gleichen Weg ein Stück weiter zu gehen, ist die Verwaltung des Reichtums, vor allem aber eine Maschine der *Verknappung und Knappheit*. Was nicht knapp ist, kann nicht zum Gegenstand von Ökonomie werden, Ökonomie ist die Verwaltung der knappen Güter. Das Geld drückt diese Knappheit aus, indem man seine Gesamtmenge streng limitiert und an das Produktionsvolumen der Gesamtgesellschaft zurückbindet.

Diese Bestimmung ist wichtig, weil es im Reich der Zeichen vergleichbare Grenzen nicht gibt. Zeichen vielmehr tendieren dazu, sich schnell zu vermehren; da man möglichst ‚leichtes' Signifikantenmaterial auswählt, ist dieses selten knapp. Zeichen sind *per definitionem* ‚Reproduktion', es gehört also zur Basis ihres Funktionierens, dass sie sich vervielfältigen; der Übergang zur technischen Reproduktion schließlich reißt die letzten quantitativen Grenzen ein.

Gleichzeitig aber sind auch Zeichen, und dies ist wiederum eine tückische Dialektik, auf Knappheit angewiesen. *Signifikanz* entsteht dort, wo in der Flut der zirkulierenden Zeichen hierarchisch-privilegierte Inseln sich bilden, wo die Bibel als Buch der Bücher für Jahrhunderte das Schriftuniversum zentriert, extratextuelle Autoritäten bestimmten Texten eine autoritative Stellung verschaffen oder Diskurse sich statistisch-freiwillig um bestimmte Texte gruppieren. Jede Kanonisierung ist ein Mechanismus künstlicher Verknappung. Und Diskurse allgemein wirken als ein Filter, der über Selektion, Wiederholung und Verdichtung aus insignifikanten Zeichenflächen Signifikanz, Hierarchie und Struktur extrahiert.

Meine Behauptung nun ist, dass die Ökonomie auch hier eine präzise Funktion übernimmt. Da die Zeichen für sich genommen nicht knapp sind, greift das Geld regulierend ein und leiht seine Eigenschaft knapp zu sein neidlos aus. Diskurse haben Wege gefunden, *via Ökonomie* Signifikanz zu produzieren oder zu stützen. Im Spielfilm etwa meint *production value*, dass man das eingesetzte Geld im Film selbst sehen kann, dass es dessen Signifikanz steigert; und Hitparaden werden veröffentlicht, um mit Verkaufserfolgen weitere Verkaufserfolge zu triggern. Das Resultat ist in beiden Fällen, dass die Signifikanz des Produkts zunimmt, oder bescheidener: dass es weiter ins hierarchische Zentrum des Diskurses rückt. Geld wird eingesetzt, um diesen Effekt gezielt zu erreichen.

Und gleichzeitig eben, dies ist sein Realismusmoment, muss es eingesammelt werden von den Vielen, die jede/r für sich, wenn auch nicht autonom, nörgelnd-kritisch über die Verausgabung ihrer Gelder entscheiden.

Geld scheint für diesen Mechanismus besonders geeignet. Nahezu beliebig akkumulierbar unterstellt es, dass auch Signifikanz in schlichter Weise quantitativ aufgehäuft werden kann. In der Spannung, dass dies so ist und gleichzeitig *nicht* so ist, entsteht die Klaviatur, auf der das Bündnis von Zeichen und Ökonomie spielt.[17]

## 10. Schluss

Da meine Skizze eine Skizze ist, wird niemand eine bündige Summierung erwarten. Wenn die Überlegung zum Problem der Netzbildung etwas beiträgt, dann die Vorstellung, dass es zumindest im untersuchten Fall nicht ein sondern zwei Netze sind, die zusammenspielen. Das Ökonomische, die Warenform, ist dem Symbolischen nicht äußerlich. Vielmehr können Mechanismen gezeigt werden, die beide Netze strukturell gemeinsam haben, und andere Mechanismen, die das eine an das andere System quasi ausleiht.

Die Netze des Symbolischen scheinen sich des Ökonomischen zu bedienen, um ihre Flusslogik zu organisieren. Der Zentralismus der *one-to-many*-Strukturen und das Gefälle des Begehrens, die Monopolisierung der Äußerungskompetenz, Knappheit und Signifikanz konvergieren darin, dass sie sich zumindest auf der gegenwärtigen Stufe der Vergesellschaftung offensichtlich nur im Zusammenspiel beider Systeme realisieren.

Und umgekehrt weitet das Ökonomische seinen Einfluss aus auf Terrains, die bis dahin einem der Ökonomie enthobenen Symbolischen zu gehören schienen. Im Bündnis mit der Technik, die – warum dies so ist, wäre ebenfalls erklärungsbedürftig – dem Ökonomischen immer schon als Operationsbasis dient, rollt das Ökonomische das Symbolische quasi von innen her auf und beschädigt die Utopie, das Symbolische könne als ein ungetrübter Spiegel der dreidimensionalen Realität, dem zu Begreifenden, gegenübertreten.

Und wie der Transport selbst – Stichwort Immaterialisierung – in die transportierten Zeichen zurückschreibt, so eben auch die Ökonomie. All dies lässt, so scheint mir, für Semiotik, Medienwissenschaft und Ökonomie genügend zu denken übrig.

---

17 Selbstverständlich gibt es daneben andere Signifikanzkriterien; in der Wissenschaft Name und Renommee der Autorin/des Autors, in Subkulturen möglicherweise gerade der Abstand zu Mainstream und Kommerz usf.

Peter Matussek

# Without Addresses
## Anti-Topologie als Motiv von Netzkunst

*Turn, turn, turn* – der *linguistic turn* ist inzwischen Koks von gestern, der *iconic turn* verliert allmählich sein Drehmoment, und der *performative turn* ist immerhin schon etabliert.[1] Dass nun auch dem *topological turn* eine Konferenz gewidmet wurde,[2] ist angesichts der neuen Kartierungsverfahren in der Repräsentation von Computernetzen mehr als gerecht. Aber auch hier gilt: Kein *turn* ohne Gegenbewegung. Und diese kommt, wie so oft, aus der Kunst, in diesem Falle der Netzkunst. Was sie motiviert, soll im Folgenden erörtert werden.

Wer sich in Computernetzen bewegt, hinterlässt Spuren. Es entbehrt daher nicht der Ironie, dass amerikanische Bürgerrechtler, zusammengeschlossen im Institute for Applied Autonomy, einen Internet-Service installiert haben, der seinen *Usern* Fluchtwege durch die engen Maschen der Überwachungskameras von New York anzeigt (andere Städte sind in Vorbereitung). Besucher der Seite www.appliedautonomy.com/isee können dort Start- und Zielpunkte ihrer geplanten Streifzüge auf einer Straßenkarte anklicken; daraufhin errechnet das Programm eine ‚route of least surveillance'. Die durch Nebenstraßen mäandernden grünen Linien führen das Ausmaß der Observationssituation in Manhattan deutlich vor Augen: Um etwa auf der Liberty Street einige Blocks voranzukommen, ohne bildtechnisch allzu oft erfasst zu werden, müsste man eine zwanzigmal längere Odyssee in Kauf nehmen.

Ein hoher Preis für die Entlastung von einem vorsorglichen Dauerlächeln (‚Smile – you're on scan camera!'). Aber aus Sicht des Institute for Applied Autonomy ist er nicht zu hoch. Denn „iSee" soll natürlich nicht vorrangig eine praktikable Fluchthilfe für Touristen und Terroristen bieten, sondern ein Zeichen setzen gegen den drohenden Verlust der Privatsphäre. Es geht also um den berechtigten Anspruch des Individuums, Dinge zu tun, die man nicht gern in einem Bildarchiv gespeichert sähe – sei es ein Besuch beim Psychiater, das Aufhängen von oppositionellen Plakaten oder ein Zärtlichkeitsanfall im Fahrstuhl. Denn wer weiß schon, ob all dies nicht einmal gegen ihn verwendet werden könnte – zumal es in der Regel keine Kontrolle darüber gibt, wer hinter einer Überwachungskamera steckt und was mit den *tapes* geschieht.[3]

---

1   Seit 1999 arbeitet erfolgreich der Sonderforschungsbereich „Kulturen des Performativen" (www.sfb-performativ.de).
2   Vgl. www.ifs.tu-darmstadt.de/gradkoll/Konferenzen/spacesmain.html.
3   Die Info-Seite von „iSee" betont denn auch die Ineffektivität von Überwachungskameras,

Wie also entzieht man sich der unfreiwilligen Selbstkontrolle durch andere? Das Online-Angebot von Schleichwegen für die Offline-Existenz macht „iSee" über den erklärten Zweck hinaus zum Paradigma einer neuen Migrationsbewegung. Wer die Seite aufsucht, setzt offenbar voraus, dass er im Internet unbeobachtet bleibt. Viele wollen deshalb auch gar nicht mehr zurück in die Bedrängnisse des *Real Live*, sondern setzen ihr Leben als net citizens fort. Sie fliehen – so paradox es angesichts der Metapher klingt – ins Netz. Und die Netzidentität hat in der Tat etwas Befreiendes. Schließlich ist sie kein Produkt der Selbstfindung, sondern der Selbsterfindung und damit entbunden von den Passbildern eines biologisch-biographischen Trägersubstrats. Just damit kommt sie dem urspünglichen Sinn von *persona* – dem lateinischen Wort für Maske – wieder nahe.

Dass es sich hierbei um eine anthropologische Grundgegebenheit handelt, hat insbesondere die Psychoanalyse Jacques Lacans dargelegt. Ichwerdung ist demnach eine Konstruktionsleistung, die vom inneren Erlebnisstrom aus äußeren Kommunikationsnotwendigkeiten absieht und ihren Abschluss in der Feststellung findet: „Ich ist ein anderer."[4] Doch die Online-Präsenz geht noch einen Schritt weiter; sie treibt das Maskenspiel des Personseins auf die Spitze des Umschlags von Identitätsbildung in Selbstauflösung.[5] Die neue Personalpolitik begann sich zu Beginn der achtziger Jahre durchzusetzen. Orientierten sich die ersten MUDs (*Multi User Domains*) aus der Zeit des ARPANET noch an den herkömmlichen Kommunikationsverhältnissen, verlor die *Terminal Identity* 1982 exemplarisch ihre Unschuld,[6] als der New Yorker Psychiater Lewin Sanford eine verblüffende Entdeckung machte. Er hatte sich auf einer Chat-Line bei *CompuServe* biographiekonform als ‚Doctor' eingeloggt und konnte auf einmal Gespräche mit Frauen führen, die offenherziger und vertraulicher waren als alles, was er je in seiner intimitätsgeübten Berufspraxis erlebt hatte. Die Ursache des Faszinosums hatte er bald herausgefunden: Seine Gesprächspartnerinnen nahmen an, das geschlechtsneutrale ‚Doctor' stünde für einen weiblichen Psychiater;

---

etwa zur Terrorismusbekämpfung, die lediglich einen Vorwand für den Nebeneffekt des Abbaus bürgerlicher Freiheiten liefere. Eine Untersuchung belegt zudem, dass eine von zehn Frauen aus voyeuristischen Motiven von männlichen Kamera-Operatoren fokussiert bzw. fotografiert wurde. (www.appliedautonomy.com/isee/info2.html).

4 „Je est un autre" – so die berühmte Formel Rimbauds, auf die sich Lacan bezieht in JACQUES LACAN: Das Seminar. Buch II. Olten 1978, S. 14. Das Originalzitat bei ARTHUR RIMBAUD: Œuvres complètes. Hg. von Antoine Adam. Paris 1972, S. 249.

5 Vgl. hierzu ausführlich ANKE BAHL: Zwischen On- und Offline. Identität und Selbstdarstellung im Internet. München 1997.

6 Vgl. SCOTT BUKATMAN: Terminal Identity. The Virtual Subject in Postmodern Science Fiction. Durham 1993.

nur deshalb waren sie in der Lage, sich ohne jede Reserve, wie er sie sonst in therapeutischen Gesprächen mit Klientinnen wahrnahm, mit ihm auszutauschen.

Lewin Sanford beschloss, sich fortan ganz gezielt eine bis in alle biographischen Details durchkonstruierte weibliche Online-Identität zuzulegen: Julie, eine äußerst kontaktfreudige Schwerbehinderte, die das Haus nicht verlassen konnte. Sie war in der *net-community* bald so beliebt, dass es Sanford mit der Angst bekam. Um einer drohenden Enttarnung zuvorzukommen, versuchte er schrittweise, die virtuelle Identität zu demontieren und seine tatsächliche dahinter wieder hervortreten zu lassen. Aber die wurde nicht gewollt. Julies Freundinnen reagierten mit Empörung und tiefer Trauer.[7] Sanford begriff, dass seine Online-Existenz ‚realer' war als sein reales Ich. Er hatte einen Präzedenzfall geschaffen für das neue Selbstverständnis der Netzpersönlichkeit: Ich ist ein Avatar.

Die digitale Entgrenzung des geschlossenen Identitätskonzepts fand in der gleichzeitig ausbrechenden Modekrankheit der *Multiple Personality Disorder* (MPD) ihr Offline-Pendant.[8] Doch während die zeitweilig ebenfalls von der Epidemie infizierten Gerichte dennoch kaum zögerten, etwa die Vergewaltigung der vermeintlich sexwilligen Teilpersönlichkeit einer MPD-Patientin als das zu verurteilen, was sie war: eine Vergewaltigung,[9] gingen im Fall des Avatars Mr. Bungle, der auf LambdaMOO dasselbe Delikt an der von ihm gehackten Netzidentität Legba beging, die Meinungen schon deutlich auseinander. Zwar fand die hitzig geführte Debatte ihr Ende schließlich doch in der virtuellen Exekution des Angeklagten durch die Löschung seines Charakterkontos,[10] aber es ist abzusehen, dass das Leben im Netz im Unterschied zum ‚meat space' eine zunehmende Auflösung verantworteter Identitätskonzepte nach sich zieht.[11] Diese werden im Nerd-Jargon bereits als BUGS tituliert: ‚body units grounded in a self' – was zum Ausdruck bringt, dass man an ihre Konsistenz so wenig glauben sollte wie an die von Computerprogrammen.

Auch Neurowissenschaftler, die in Zeiten des Internets von dezentralen konnektivistischen Modellen ausgehen, sprechen inzwischen vom „Fehlen eines

---

7 Siehe ALLUCQUÈRE ROSANNE STONE: The War of Desire and Technology at the Close of the Mechanical Age. Cambridge. Mass. 1995, Kap. 3, S. 65–81.
8 Vgl. IAN HACKING: Multiple Persönlichkeiten. Zur Geschichte der Seele in der Moderne. München 1996.
9 Vgl. STONE: War of Desire and Technology (wie Anm. 7), Kap. 2, S. 45–63.
10 Vgl. ANKE BAHL: Spielraum für Rollentäuscher. In: c't 8/1996, S. 94-100, hier S. 96. Vgl. auch den ähnlich gelagerten Fall des Avatars Headhunter Chieftain, der Sex mit Kinder-Avataren hatte: DETLEF BORCHERS: Eine Welt wie jede andere. In: Pl@net 5,6/1996, S. 22-28, hier S. 24.
11 Vgl. SHERRY TURKLE: Leben im Netz. Identität in Zeiten des Internet. Reinbek bei Hamburg 1997.

eindeutig bestimmbaren Kontrollzentrums" im menschlichen Gehirn.[12] Und während Philosophen noch einwenden, dass man deshalb nicht von einer Auflösung des Subjekts als autonomer Entscheidungsinstanz ausgehen müsse,[13] üben sich MUDder schon längst darin, ihre Netzidentitäten im *Multitasking*-Modus auftreten zu lassen. Und just diese Auflösung des Selbst in unzusammenhängende Funktionen wird von vielen als Befreiung erlebt. ‚On the Internet, nobody knows you're a dog' sagt der eine Hund zum anderen in der berühmten Karikatur, und da schwingen auch im Deutschen alle Bedeutungsvarianten mit: vom treuen Gefährten über den verwahrlosten Streuner bis zum Schweinehund.

Vor allem aber die Tatsache, dass im digitalen Darkroom niemand weiß, wer man nun ‚wirklich' ist, eröffnet ungeahnte Dimensionen der Selbstentgrenzung bis hin zur Erfahrung des Nichtselbst. So erklärt eine Chatterin ihre Begeisterung mit der „anonymity of the whole situation that no one can see you and no one knows who you are [...] no one could find you. [...] That's freeing in itself, you know, to say I can be anything and no one is going to come and hold me accountable for it or... judge me or say ‚Oh, a person like you shouldn't be acting like that because of... whatever judgement.'"[14]

Solche Befreiungserlebnisse gehen mit einer Auflösung der Raumvorstellungen einher, in deren Koordinaten wir und andere normalerweise unsere Identität einschreiben. Marshall McLuhans Metapher vom „globalen Dorf" ist deshalb schief.[15] Sie erfasst nur den Aspekt des zeitlichen Aneinanderrückens von räumlich weit Entferntem, was aber im Internet gerade nicht zu jener Einengung und Verhaltenskontrolle führt, wie sie für den Dorfklatsch typisch sind (‚Haben Sie schon gehört? Der X hat wieder die Y zu Besuch gehabt...'), sondern zu Entfaltungsmöglichkeiten, wie sie eher die Anonymität der Großstädte bietet. Unter den Metropolen wiederum kommt Tokyo der a-topischen Struktur des Internet am nächsten, denn dort orientieren sich die Postanschriften ebensowenig an einer geometrischen Ordnung, sondern z.B. an der Reihenfolge des Bauens – ein numerisches Durcheinander, das selbst erfahrene Taxifahrer bisweilen in die Verzweiflung treibt.

Die Netzkünstler Joachim Blank und Karl Heinz Jeron haben sich von dieser Eigentümlichkeit zu ihrer Webinstallation „Without Addresses" inspirieren

---

12 Vgl. CHRISTIAN GEYER: Ist das Gehirn ein unbemanntes Raumschiff? In: Frankfurter Allgemeine Zeitung vom 8.6.2002, S. 43.
13 Ebd.
14 BAHL: Zwischen On- und Offline (wie Anm. 5), S. 83.
15 HERBERT MARSHALL MCLUHAN: Die magischen Kanäle. (Understanding Media). Düsseldorf, Wien, New York, Moskau 1992, S. 294.

lassen,[16] die 1997 auf der „documenta X" präsentiert wurde. Besucher der *site* können ihren Namen eingeben, daraufhin wird mithilfe einer Suchmaschine zu dem eingetragenen Namen eine beliebige Internetseite ausgewählt und auf einer verfremdeten Tokyokarte mit einem Punkt verlinkt, den man anschließend noch schwerer wiederfindet als unser Taxifahrer. Die Autoren wollen auf diese Weise ein Gefühl dafür vermitteln, dass Netzidentitäten lediglich eine Zuordnung von Daten innerhalb eines willkürlichen visuellen Schemas sind.

Dennoch bleibt auch diese Analogie zur Großstadt unzulänglich. Der Cyberspace ist kein geometrischer, sondern ein kybernetischer Raum, ein dynamisches System, das alle topographischen Vorstellungen sprengt. Die vielfältigen Bemühungen, diesen raumlosen Raum kartographisch zu erfassen,[17] sind lediglich Versuche der Komplexitätsreduktion zu Orientierungszwecken. Für viele Internet-*User* macht aber gerade die Überwindung der Topographien, in denen wir unsere Alltagsexistenz verorten, das eigentliche Faszinosum aus. Den Urmythos dieser Transzendenzerfahrung hat William Gibson, der Schöpfer des Wortes Cyberspace, mit seinem „Neuromancer" geschaffen. Zwar finden sich auch hier Analogien zur Großstadt, die aber sogleich wieder als unfassbar in temporale Metaphern aufgelöst werden: „Grafische Wiedergabe abstrahierter Daten aus den Banken sämtlicher Computer im menschlichen System. Unvorstellbare Komplexität. Lichtzeilen, in den Nicht-Raum des Verstands gepackt, gruppierte Datenpakete. Wie die fliehenden Lichter einer Stadt [...]". Nicht auf die architektonische Ordnung der Stadt zielt Gibsons Metaphorik, sondern auf die subjektive Erfahrung, durch sie hindurch zu navigieren, ihre dreidimensionale Begrenztheit hinter sich zu lassen: „Im Nicht-Raum der Matrix besaß das Innere einer beliebigen Datenkonstruktion grenzenlose subjektive Dimension"; der Konsolen-Cowboy Case schwebt durch „grenzenlose Schluchten des Nichts", er gleitet „wie auf unsichtbaren Gleisen durch die Sphären."[18]

Kaum weniger paradox als die Rede vom ‚raumlosen Raum' der Computernetze sind die Schilderungen der körperlosen Körpererfahrung des Navigators. Einerseits sehnt sich Case nach der Matrix, weil er es nicht länger erträgt, ein „Gefangener seines Fleisches" zu sein; er träumt davon, „sich mit einem Cyberspace-Deck zusammenzuschließen, so dass sein entkörperlichtes Bewusstsein sich in die reflektorische Halluzination der Matrix projizieren kann." Andererseits bedarf es der eigenen Körpererfahrung, um die Entkörperlichung als *thrill* zu erleben; konsequent bleibt Gibson bei dieser Doppelperspektive – etwa wenn er

---

16 sero.org/without_addresses/.
17 Vgl. MARTIN DODGE / ROB KITCHIN: Mapping Cyberspace. London, New York 2001.
18 WILLIAM GIBSON: Neuromancer. 10. Aufl. München 2000, S. 76 und S. 14.

schreibt, dass Case „eingesteckt und sich dennoch seines Körpers bewusst bleiben" kann, oder die Fiktion eines *Sensenet* konstruiert, die es erlaubt, sich mit der leiblichen Empfindung eines anderen Menschen kurzzuschließen.[19]

Diese Konstruktion ist insofern bemerkenswert, als sie von dem gängigen Erklärungsmuster für das Faszinosum des Online-Seins abweicht. Roy Ascott z.B. sieht in den Computernetzen „die Antwort auf unser tiefes psychologisches Verlangen nach Transzendenz – das Immaterielle, das Spirituelle zu erreichen –, den Wunsch, außerhalb des Körpers zu sein".[20] Ein derart platonisches Verständnis von Transzendenz bleibt einseitig. Zwar findet es sich in zahlreichen Spielarten von Cybergnosis,[21] doch dabei handelt es sich um ein Selbstmissverständnis – unter Umständen mit tragischer Konsequenz, wie etwa im Fall der Internet-Sekte „Heavensgate", die sich per Kollektivselbstmord ihrer leiblichen ‚Container' entledigte, um mit dem vorbeiziehenden Kometen Hale-Bopp auf Himmelfahrt zu gehen.[22]

Das Heraustreten aus dem Körper muss körperlich gespürt werden, wenn es sich nicht um die angestrebte Erfahrung bringen will. Gibson hat diesen motivationalen Kern genauer getroffen als die meisten Autoren des Genres; und das macht seinen Roman zu einem hochgradig realistischen Werk. Die Erlebnisse seines Helden Case gehören keineswegs nur der Sphäre der Science Fiction an. Ein kursorischer Vergleich mit den Schilderungen aus der psychologischen und kulturanthropologischen Literatur über *altered states* mag genügen, um festzustellen, dass sie zum Grundbestand menschlicher Erfahrungen gehören. So berichtet etwa Sigmund Freud über ein Gespräch mit Romain Rolland, in dem dieser ihm offenbarte, er habe bisweilen ein „Gefühl wie von etwas Unbegrenztem, Schrankenlosem, gleichsam Ozeanischem [...]. Also ein Gefühl der unauflösbaren Verbundenheit, der Zusammengehörigkeit mit dem Ganzen der Außenwelt".[23] Freud deutet dieses ozeanische Gefühl, wie es nicht nur in der religiösen Ekstase, sondern auch in Zuständen der Verliebtheit auftritt, als Reminiszenz der frühkindlichen Erfahrung, die sich durch eine innige Verbundenheit zwischen Ich und Umwelt auszeichne.

---

19 Ebd., S. 95 und S. 91.
20 ROY ASCOTT: Gesamtdatenwerk. Konnektivität. Transformation und Transzendenz. In: Kunstforum 103/1989, S. 100-109, hier S. 100 f.
21 PETER LAMBORN WILSON: CyberGnosis™. In: KLAUS PETER DENCKER (Hg.): Labile Ordnungen. Dokumentation des Symposiums INTERFACE 3. Hamburg 1996, S. 104–126.
22 Vgl. PETER MATUSSEK: www.heavensgate.com – Virtuelles Leben zwischen Eskapismus und Ekstase. In: Paragrana 6/1997, Nr. 1. Selbstfremdheit, S. 129-147.
23 SIGMUND FREUD: Das Unbehagen in der Kultur. In: ders.: Studienausgabe. 10 Bde. Hg. von Alexander Mitscherlich u.a.. Bd. 9. Fragen der Gesellschaft. Ursprünge der Religion. 5. Aufl. Frankfurt/M. 1989, S. 193-270, hier S. 197 f.

In allen Kulturen finden wir Techniken zur Herbeiführung solcher Entgrenzungserlebnisse. Autogenes Training, Yoga, Meditation, Hypnose, Trancetanz, Gebet oder Drogenrausch haben gemeinsam, dass sie die räumliche Begrenzung des Körpers durchlässig zu machen, ja aufzulösen scheinen. Die neue Disziplin der Neurotheologie glaubt einer Erklärung solcher Erlebnisse auf der Spur zu sein, da sie anhand von PET-Aufnahmen Meditierender nachweisen kann, dass sich während der geistigen Versenkung die neuronale Aktivität in dem für die räumliche Orientierung zuständigen Hirnareal deutlich verringert.[24] Aber auch diese Befunde wären für sich genommen wenig aussagekräftig, wenn ihnen nicht eine Erklärung an die Seite gestellt wird, die darlegt, warum denn der Verlust der räumlichen Orientierung mit ekstatischen Glücksgefühlen verbunden ist.

Hierzu bedarf es einer Phänomenologie der leiblichen Erfahrung, als deren einflussreichster Vertreter heute Hermann Schmitz zu nennen ist. Schmitz zeigt in detaillierten Analysen von Entgrenzungserfahrungen, „dass keineswegs, wie Max Scheler meinte, Stunden, da wir wie von aller Erdenschwere erlöst zu sein scheinen, darauf hindeuten, dass eine Ichheit ohne ‚Durchgang durch irgendwelche Leibgebundenheit' erfasst werden könnte."[25] Was solche Zustände auszeichnet, ist nicht die Preisgabe der Körperempfindung, sondern die durchaus körperliche Empfindung des Übergangs von Anspannung in Entspannung. Das Raumgefühl stellt sich dabei um: An die Stelle der Wahrnehmung von Enge tritt die Wahrnehmung von Weite. Schmitz spricht von „privativer Weitung" als Gegentendenz zur „privativen Engung", um den subjektiven Charakter des eigenleiblichen Spürens, das die objektiven räumlichen Gegebenheiten des Daseins transzendiert, hervorzuheben.[26] Dieser terminologischen Differenzierung lassen sich neurologische Befunde über die unterschiedlichen Formen der Sensibilität für Berührungsreize zuordnen: Körperempfindungen können zum einen als spitz und punktuell, zum anderen als stumpf und diffus wahrgenommen werden. Die erste Variante wird als „epikritisch" und die zweite als „protopathisch" bezeichnet.[27] Schmitz resümiert: „Epikritisch ist die ortsfindende, protopathisch die der Ortsfindung entgegenwirkende Tendenz."[28]

---

24 EUGENE G. D'AQUILI / ANDREW B. NEWBERG: Liminality, Trance and Unitary States in Ritual and Meditation. In: Studia Liturgica 23/1993, Nr. 1, S. 2-34.
25 HERMANN SCHMITZ: System der Philosophie. 5 Bde. Bonn 1964–80. Bd. II.2. Der Leib im Spiegel der Kunst. 1966, S. 30.
26 Ebd., S. 29 ff.
27 HENRY HEAD: The afferent nervous system from a new aspect. In: Brain 28/1905, S. 99-115. Heads Annahme, dass hierfür getrennte nervöse Leitungen verantwortlich seien, ist zwar inzwischen widerlegt; das ändert aber nichts an der phänomenologischen Triftigkeit seiner Befunde.
28 SCHMITZ: System der Philosophie (wie Anm. 25). Bd. II.1. Der Leib. 1965, S. 143.

Auch von psychoanalytischer Seite ist diese Polarität anschlussfähig. So unterscheidet Michael Balint zwei Formen des kleinkindlichen Reagierens auf den Verlust des ozeanischen Gefühls im Mutterleib: Die eine sucht das Trennungserlebnis durch ortsfixiertes Anklammern zu kompensieren, die andere durch die Inszenierung der Rückkehr zum Liebesobjekt aus Zuständen des Ortsverlustes. Balint hat hierfür die Begriffe „oknophil" (abgeleitet aus dem griechischen Verb für „sich scheuen", „sich anklammern") und „philobatisch" (von „springen", „abheben") geprägt. Während Oknophile also stets darauf aus sind, die verlorene Ur-Geborgenheit in Situationen räumlicher Umschlossenheit und der Anklammerung an Liebesobjekte wiederzufinden, suchen Philobaten den *thrill* der Preisgabe von Bodenhaftung, wie er sich z.B. beim Achterbahnfahren einstellt – sie beziehen Lustgewinn daraus, sich und anderen zu beweisen, dass sie im Zustand der Getrenntheit leben können. Erlebnisse von Entgrenzung und Ortsungebundheit lösen daher unterschiedliche Reaktionen aus: Wo der eine Typ die „leeren Räume" fürchtet, genießt der andere die „freundlichen Weiten".[29]

Ornithologen mögen bezweifeln, ob diese Grunddispositionen nur für den Menschen gelten; kennen sie doch aus der Vogelwelt den analogen Unterschied von Nesthockern und Nestflüchtern. Können wir vor dem Hintergrund der genannten Unterscheidungen entsprechend auch von Netzhockern und Netzflüchtern sprechen? Die Schwierigkeit dieser Übertragung zeigt sich schon daran, dass wir ein ausgeprägtes Philobatentum just bei denjenigen finden, die nicht *aus* dem Netz, sondern *in* das Netz flüchten. Freilich gibt es auch oknophile Netzbewohner, die sich eine kuschelige Homepage basteln und bei „Google" bevorzugt nach dem eigenen Namen suchen, um sich zu vergewissern, dass sie in den Weiten des Cyberspace nicht verloren sind. Doch der Trend zum *ego-surfing* ist bereits in einer Umkehr begriffen.[30] Wie im televisionären Netz des Realraums so gilt auch im telematischen des Cyberspace: Wo jeder mühelos zur öffentlichen Person werden kann, wird Selbstveröffentlichung unattraktiv.

Das erste Unternehmen zur Entsorgung der eigenen Homepage hat bereits eröffnet: Mit dem Slogan „dump your trash" bieten die Netzkünstler Joachim Blank und Karl Heinz Jeron einen Service an, der die Indexseite der eigenen URL so verformt, dass sie aussieht wie die Überreste eines Autos, wenn es aus der Schrottpresse kommt. Als ironisches *Memento* privativer Engung kann man sich das Schrumpelpaket dann noch als analogen Grabstein in Marmor skulpturieren

---

29 MICHAEL BALINT: Angstlust und Regression. Ein Beitrag zur psychologischen Typenlehre. Stuttgart 1960, S. 22 und S. 64.
30 Vgl. STEFFEN KOPETZKY: Ich muss mich finden. In: Die Zeit vom 23.5.2002, S. 51 f.

lassen.³¹ Cyberpunks legen keinen Wert auf eine derart versteinerte *corporate identity*. Sie genießen die ‚freundlichen Weiten' des Web, in denen sie sich anonymisieren, dislozieren, dissoziieren.

Aber ist es nicht ein Selbstwiderspruch, hinter einem Terminal oder in einer *cave* zu hocken, um philobatischen Neigungen nachzugehen? Wäre nicht der ein echter Netzflüchter, der ohne Verkabelung leben kann? Ist also die als Netzflucht verstandene Flucht *ins* Netz nicht doch nur eine larvierte Oknophilie? Um das zu entscheiden, müssen wir uns, den erwähnten Kriterien entsprechend, näher ansehen, welche leiblichen Erfahrungen privativer Weitung mit der Cyberspace-Technologie möglich sind und welche nicht.

Wenn wir abermals Gibsons „Neuromancer" zum Maßstab nehmen, dann kommen den darin geschilderten Erfahrungen beim heutigen Stand der Technik solche Installationen am nächsten, die immersive *virtual environments* bereitstellen: Wer Datenhelm und -handschuh überzieht oder eine *cave* mit Shutterbrille und Laserpointer betritt, bekommt das Gefühl vermittelt, in eine 3-D-Projektion eintauchen zu können; die Grenze zwischen dem Realraum seiner körperlichen Anwesenheit und dem Schattenreich der virtuellen Realität wird durchlässig, ja scheint zu verschwinden, was in der Tat Zustände privativer Weitung hervorrufen kann.

Eine ganz wesentliche und bislang viel zu wenig beachtete Unterstützung erfährt das Immersionserleben durch eine entsprechende Soundcharakteristik. Denn Klänge sind dem ‚ozeanischen Gefühl' erheblich näher als Bilder – sie werden bereits im Fruchtwasser des Mutterleibs wahrgenommen und wecken entsprechend sehnsuchtsvolle Erinnerungen.³² Eine Installation, die den Wortsinn des ‚Eintauchens' geradezu buchstäblich erfahrbar macht, ist das interaktive *virtual environment* „Osmose" von Char Davies aus dem Jahr 1995.³³ Der Besucher trägt hier zusätzlich zu Datenhelm und -handschuh einen Brustgürtel, der die Atembewegung registriert: Holt man Luft, schwebt man an die virtuelle Oberfläche, atmet man aus, bewegt man sich nach unten. Ein ruhiger, meditativer Atemrhythmus wird also per *biofeedback* ankonditioniert und soll ein tranceartiges Befinden hervorrufen. Die leidenschaftliche Taucherin Davies hat aus der technisch bedingten Not gering auflösender Bewegungsbilder eine Tugend gemacht: Sie gestaltete ihr *environment* in der Art einer diffusen Unterwasserlandschaft unter Hinzufügung von entsprechenden *sounds*. Deren Unschärfe verringert nicht, sondern erhöht die Authentizitätsfiktion.

---

31 sero.org/Sero/dyt/.
32 Vgl. PETER MATUSSEK: Déja entendu. Zur historischen Anthropologie des erinnernden Hörens. In: GÜNTHER OESTERLE / LOTHAR SCHNEIDER (Hg.): Déja Vu. München 2002, S. 289-309.
33 Vgl. www.chardavies.com/immersence_home.htm.

Mit wachsender Rechenleistung versuchen Immersionstechniker, die Bildübertragung der Alltagswahrnehmung anzunähern. Das diesbezüglich aufwendigste Projekt ist die „National Tele-Immersion Initiative" (NTII), die unter Beteiligung von drei US-amerikanischen Universitäten an der Realisierung des sogenannten Internet 2 arbeitet: Dank hochauflösendem Echtzeitrendering und superschnellen Datenleitungen wird es möglich, Telepräsenzen in die eigene Arbeitsumgebung zu ‚beamen'Die utopischen Hoffnungen, die sich ursprünglich mit diesem Projekt verbanden, stellten selbst das Holodeck aus der „Startrek"-Serie in den Schatten.[34] Jaron Lanier, als Ex-Hippie und Musiker bestens vorbereitet für seinen neuen Posten als Direktor der NTII, sah denn auch zunächst in der avancierten Immersionstechnik nichts weniger als die Aufhebung individueller Grenzen zugunsten einer kollektiven privativen Weitung: „Die virtuelle Realität wird ein gemeinsames, mystisches Gefühl zurückbringen, das bislang jede Zivilisation geprägt hat, die vor dem Patriarchat existierte."[35]

Mit zunehmender Anstrengung zur Umsetzung dieser Utopie scheint sich diese aber gründlich gewandelt zu haben: „Die stärkste Erfahrung einer virtuellen Realität hat man", sagt derselbe Lanier später, „wenn man aus ihr herausgeht. Denn nach dem Aufenthalt in der Realität, die man selbst gemacht hat, mit allen Beschränkungen und der darin liegenden relativen Geheimnislosigkeit, erscheint einem die Natur wie Aphrodite persönlich."[36] Was ist zwischen den beiden Zitaten geschehen? Warum hat sich das Votum für eine Flucht *ins* Netz in eines für die Flucht *aus* dem Netz verwandelt?

Es ist nichts Ungewöhnliches, dass sich technische Utopien mit zunehmender Realisierung in ihr Gegenteil verkehren.[37] Im Fall der Immersionstechnik aber liegt das nicht nur an der üblichen Beschneidung aufs Machbare. Ganz im Gegenteil: Es ist keineswegs, wie häufig angenommen wird,[38] die Perfektibilität der Simulation, die den Immersionsgrad erhöht. Eine virtuelle Realität, die unserer Alltagswahrnehmung vollkommen gliche, wäre nicht weniger und nicht

---

34 Vgl. TOBIAS KOHLER / KRISTIAN KUNOW: Die National Tele-Immersion Initiative. Mediale Präsentation. Siegen 2002 (www.peter-matussek.de/Leh/U_05_Material/U_05_M_10/ Kohler_ua/ Kohler_Kunow.html). Zum Holodeck vgl. die Anwendung von TATJANA FUCHS / FLORIAN SZIGAT (www.peter-matussek.de/Leh/U_05_Material/U_05_M_AP/ Fuchs_ua/ Holodeck.htm).
35 Zit. nach: „Programmierer in den Knast". Gespräch mit Jaron Lanier. In: Der Spiegel Nr. 12, 2001, S. 190.
36 JARON LANIER: Interview mit Adam Heilbrun. In: MANFRED WAFFENDER (Hg.): Cyberspace. Ausflüge in virtuelle Wirklichkeiten. Reinbek bei Hamburg 1991, S. 67-89, hier S. 86.
37 Vgl. ERNST BLOCH: Das Prinzip Hoffnung (1938–47). 3 Bde. Frankfurt/M. 1982. Bd. 2. Kap. 37. S. 729-817.
38 Vgl. die Interaktivitätsmatrix in WULF R. HALBACH: Interfaces. Medien- und kommunikationstheoretische Elemente einer Interface-Theorie. München 1994, S. 173.

mehr aufregend als diese selbst. Was darüber hinausgeht, das Erlebnis des Eintauchens in eine *augmented reality*, leistet die imaginative Eigenaktivität des Rezipienten. Und diese bekommt just dann ihre Chance, wenn sie nicht durch hyperrealistische Szenarios arbeitslos gemacht wird. Nicht das ‚täuschend Echte' bewirkt das Faszinosum einer VR-Installation, sondern das Eintauchen in den Bildnebel, die physisch erfahrbare Durchlässigkeit des Imaginären, die Kopräsenz von Wirklichem und Unwirklichem.

Nicht Hyper-, sondern Hypo-Realismus also ist es, was den *User* veranlasst, die fehlende Konkretion durch seine eigenen Seh- und Hörphantasien zu ergänzen und dadurch energetisch aufzuladen. Aus der Ästhetikgeschichte ist es seit langem bekannt, dass Unbestimmtheit die evokatorische Wirkung von Kunstwerken erhöht: Leerstellen in der Literatur, Sfumato in Landschaftsbildern oder Allusionen in der Musik sind probate Mittel, um die Imagination des Rezipienten zu aktivieren.[39] Dieselben Wahrnehmungsgesetze gelten für die elektronische Datenpräsentation. McLuhan unterschied entsprechend „heiße" und „kalte" Medien, je nachdem, wieviel sie dem Rezipienten zu ergänzen übrig lassen.[40] (Dass er ausgerechnet das Fernsehen zu den „kalten", phantasieanregenden Medien zählte, ist einem Gerücht nach darauf zurückzuführen, dass er nur ein sehr schlechtes Schwarzweiß-Gerät besaß.) Es ist also nicht die Vollständigkeit, sondern just die Lückenhaftigkeit der Darbietungen, die das Erlebnispotential einer immersiven Installation freisetzt.

Von diesem Erlebnispotential rückt die NTII mit jedem ihrer Fortschritte weiter ab. Die zunehmend detailgetreuen Bilder verengen den Wahrnehmungsraum, machen ihn undurchlässig. Dazu passt die Aufgabenstellung: Um eine Person in Echtzeit so zu ‚rendern', dass sie an einer *remote-location* erscheinen kann, muss sie sich relativ ortsfest den sie umgebenden Kameras präsentieren. Die einstige Vision vom Flug durch die unendlichen Weiten der Virtuellen Realität ist im Teleconferencing per Internet 2 auf den Bewegungsradius einer Schreibtischecke geschrumpft. Das Körpergefühl wird nicht entgrenzt, sondern diszipliniert, auf einen minimalen Bewegungsradius reduziert. Die philobatische Utopie der Immersion ist damit zum oknophilen Spießerglück verkommen: Man setzt sich mit der Telepräsenz in dieselbe Stube; und wenn das virtuelle Gegenüber mal nicht zuhause ist, wird sein Zimmernachbar gerne dessen virtuellen Kaktus gießen.

Eine parallele Entwicklung lässt sich im PC-Bereich beobachten. Die ersten MUDs und MOOs forderten aufgrund ihrer Beschränkung auf reine Textüber-

---

39 Vgl. PETER MATUSSEK: Die Gedächtniskunst und das Gedächtnis der Kunst. In: Paragrana. 9/2000, Nr. 2. Inszenierungen des Erinnerns, S. 191-214.
40 MCLUHAN: Die magischen Kanäle (wie Anm. 15), S. 35 ff.

tragung von den Teilnehmern ein hohes Maß an Vorstellungskraft. Damit ging ein intensives Gefühlsleben einher, was sich am deutlichsten am Phänomen der Online-Verliebtheit zeigt, die bisweilen stärker empfunden wird als im *Real Life* – und in der Konkretion eines *blind date* meist ihr entsprechend jähes Ende findet. Mit der Einführung grafischer Navigationsumgebungen zu Beginn der achtziger Jahre wurde die aus imaginativen Ergänzungsleistungen resultierende innere Animiertheit der Beteiligten zugunsten der äußeren Animationstechniken der Bildschirmpräsentationen mehr und mehr zurückgedrängt. Der generelle Trend zu ‚intuitiven *interfaces*', insbesondere aber die Computerspieltechnik und -dramaturgie haben mittlerweile eine Reihe von Verfahren entwickelt, die das selbstvergessene Eintauchen in virtuelle Realitäten begünstigen: Mit suggestiven Intros, audiovisuellen Atmosphären und Ego-Perspektiven wird das Schwellenbewusstsein zwischen *Virtual Reality* und *Real Life* abgebaut – Brenda Laurel spricht diesbezüglich vom „vanishing interface".[41]

Doch ein Blick auf die Pose eines Computerspielers vor seinem Terminal genügt, um zu erkennen, dass mit zunehmendem Schwellenabbau nicht etwa privative Weitung, sondern privative Engung herbeigeführt wird: Ein „Tomb Raider"-Abenteurer etwa mag als Lara Croft durch Seen tauchen, über Häuserschluchten springen und wilde Zweikämpfe bestehen – während er in verkrampfter Pose, seines Körpers völlig unbewusst, an der Tastatur hockt. Die Identifikation mit dem Spielgeschehen wird erkauft durch Preisgabe des eigenleiblichen Spürens.

Wozu das im Extremfall führen kann, zeigt der Computerspieler von Erfurt, der zum Amokläufer wurde – nicht weil er die Gewaltszenarios von „Counter Strike" nachstellte, wie das konservative Feuilleton argwöhnte, sondern weil er aufgrund einer selbstvergessenen Immersion, die ein Symptom seiner Internet-Sucht war, den Bezug zum eigenen Gefühl und damit zur Welt verlor – einen Bezug, den er in seiner gedemütigten Lebenssituation dringend benötigte. „Ich möchte einmal, dass mich alle kennen und dass ich berühmt bin", sagte er einmal zu einer Mitschülerin.[42] Doch eben diesen Wunsch nach Außenwirkung konnte er als ein seiner selbst unbewusster Oknophiler offenbar nur noch in einem Desperado-Akt der Überkompensation ausleben. Dass er sich dabei an die Dramaturgie seiner Computerspiele hielt, ist nur ein kontingenter Ausdruck einer extremen privativen Engung, der die Fähigkeit zur Imagination eigener Entfaltungsspielräume abhanden gekommen war.

---

41 BRENDA LAUREL: Computers as Theatre. Reading, Mass. 1991, S. 204.
42 Zit. nach: Berliner Zeitung vom 27./28.4.2002, S. 3.

Wie eingangs dargelegt, bieten die Computernetze durchaus solche Entfaltungsspielräume, aber die Maschen werden enger. Auch dazu trägt paradoxerweise die zunehmende Ausdifferenzierung der Darstellungs- und Interaktionsmöglichkeiten bei. Denn diese erhöht die Genauigkeit nutzerbezogener Daten, die für Überwachungszwecke abgeschöpft werden können. Cookies, ‚Trojanische Pferde' und andere *tracking devices* spähen heute bereits im großen Stil Festplatten aus – sei es, um Userprofile zu erstellen (so wie bei „Amazon": ‚Andere Bücher, die ihnen gefallen könnten...'), um lizensierte Software zu schützen (‚Eine Kopie dieses Programms befindet sich bereits im Netz...'), oder um E-Mails auf verdächtige Inhalte zu beschnüffeln, wie es das FBI mit dem Programm „Carnivore" praktiziert.[43] Und letztlich lassen sich auch die Offline-Aufenthalte der Netzteilnehmer weit besser lokalisieren als der Tokyo-Vergleich von Blank und Jeron Glauben macht. Denn just die Suggestion der Adresslosigkeit verdankt sich einer numerisch exakten und eindeutigen Adressierung der Netzteilnehmer, die das Transfer-Kontroll-Protokoll benötigt, um seinen Dienst ausüben zu können. Mit gängigen Applikationen wie „What Root" oder „whois" lässt sich der numerische Code leicht in Orts- und Personenangaben übersetzen. Wer sich also dem Netzwerk der optischen Observateure durch einen Tauchgang ins Netz der elektronischen Datenübertragung zu entziehen sucht, der wird mit jeder Schwimmbewegung um so fester umgarnt. Und genau das macht „iSee" zu einer ungewollt zynischen Installation: Das Internet – Kontrollarchitektur *katexochen* – als Anlaufstelle für Anonymitätssuchende anzubieten, heißt nichts anderes, als diejenigen, die auf ihren Wegen unerkannt bleiben wollen, dazu aufzufordern, sich vorher bei den Überwachungsorganen schriftlich anzumelden. Denn für Hacker ist es ein Leichtes, das Logfile des entsprechenden Servers auszulesen.

Internet-Skeptiker wie Lawrence Lessig sehen sich durch solche Tendenzen in ihrer Vermutung bestärkt, dass das Netz keineswegs so frei sei, wie die *netizens* es sich erträumen, sondern ein zunehmend effektiver Mechanismus zur Kontrolle des Privatlebens.[44] Und James W. Moore, der in seinem unlängst erschienenen Buch „The Internet Weather" den Schutz der Privatsphäre zu den gefragtesten Gütern der Zukunft erklärt, stellt fest: „Wir werden alle ein bisschen so wie Popstars, die quasi nichts mehr verheimlichen können, weil hinter jedem Busch ein Paparazzo lauert."[45]

---

43 Vgl. www.fbi.gov/hq/lab/carnivore/carnivore.htm.
44 LAWRENCE LESSIG: The Future of Ideas. The Fate of the Commons in a Connected World. New York 2001.
45 THOMAS FISCHERMANN: Kontrolle ist gut, Vertrauen ist besser. Die Privatsphäre schützen, die Informationsflut bewältigen: wie man im Netz noch Geld verdienen kann. Ein Gespräch

Von solcher Skepsis zeugte auch das Motto der „Ars Electronica 2002". Es hieß „UNPLUGGED" und Kurator Gerfried Stocker erklärte dazu, es gehe „von der Faktizität einer global vernetzten Welt aus, der sich auch fern der dominanten Kapitaltriade USA-Europa-Japan niemand entziehen kann [...]. UNPLUGGED stellt sich somit auch unserem eigenen Unvermögen, eine Vernetzung mit den ‚Anderen' über die Ausübung und Wahrung unserer Einflusssphären hinaus einzugehen."[46] Das Netz wird also nicht mehr, wie in den Zeiten des Internet-Hypes, als Medium einer konnektiven Ausweitung angesehen, in deren „freundliche Weiten" sich das individuelle Selbst auflösen und mit dem Kollektiv vereinigen kann, sondern als Ort der Durchsetzung von Hegemonialbestrebungen, die den einzelnen gefangen nehmen.

Die Konsequenz ist freilich nicht, dass man nun in Linz den Netzstecker ziehen zu müssen meinte. Das „Ars Electronica"-Motto verstand sich vielmehr als Aufforderung, *mit* den Mitteln des Internet seine inkludierenden Tendenzen zu konterkarieren. Folglich wurden Projekte prämiert, die die vorhandenen Kontrollmechanismen als solche zur Anschauung bringen – frei nach Hegels Erkenntnis: Eine Grenze als Grenze erkennen, heißt sie überwinden. So ging die goldene Nica in der Kategorie *Net Vision / Net Excellence* an „Carnivore" von Joshua Davis und Mark Napier.[47] Die Installation, die auf der FBI-Software zur Überwachung des Online-Verkehrs basiert, macht den Datenfluss in einem Netzwerk mithilfe von frappierend schönen Flash-Animationen sichtbar. Dadurch wird der technische Vorgang der Überwachungsfunktion in eine ästhetische Distanz gerückt, die es dem *User* ermöglicht, die Spuren seiner eigenen Aktivitäten zu betrachten. Selbstaufmerksamkeit tritt an die Stelle selbstvergessener Immersion.

Ein derart reflexives Interface bietet auch das Projekt „Minitasking" der Gruppe „Schoenerwissen", das mit dem „Award of Distinction Net Excellence" ausgezeichnet wurde.[48] Es basiert auf „Gnutella", einem von „Napster" inspirierten *peer-to-peer*-Protokoll für gegenseitige Dateizugriffe. Wie „Carnivore", so stellt auch „Minitasking" die Aktivitäten in einem Netzwerk visuell dar – als *bubbles*, deren Farbe und Größe je nach Inhalt und Datenmenge variiert. Die Schönheit der dabei entstehenden Gebilde zeigt sich somit als des Schrecklichen Anfang: der topographischen Fixierung des eigenen Verhaltens.

Gerade durch die Rückspiegelung des eigenen Nutzerverhaltens vermögen diese Arbeiten die Fesselungen aufzulösen, die von einer entkörperlichten Immersion

---

    mit dem Internet-Experten James W. Moore. In: Die Zeit vom 29.5.2002, S. 24 f.
46 Vgl. www.aec.at/festival2002/update/text.asp?id=202&lang=d.
47 Vgl. rhizome.org/carnivore.
48 Vgl. www.minitasking.com.

unmerklich gebildet werden. Das Modell hierfür lässt sich ebenfalls schon in Gibsons „Neuromancer" finden: Gefangen in einer holographischen Computerprojektion, kann Case sich aus dieser just in dem Moment befreien, als er wieder seine eigenen Hände an der Konsole zu spüren beginnt.[49]

Selbstaufmerksamkeit also ist der Königsweg, um in die „freundlichen Weiten" der Entselbstung vorzudringen. Dieser Weg ist von reflexiven Formen der Informationsvisualisierung, wie etwa den Gedächtnistheatern, historisch vorgezeichnet und findet auch in der Computermoderne seine Fortsetzungen.[50] Der Trend freilich geht in die entgegengesetzte Richtung. Und während die „Truman Show" (,Always on Air. Unaware') damit endet, dass der Held schließlich die Tür findet, die ihn aus dem Studiokäfig in die reale Welt hinausführt, bieten die immersiven Internet-Portale lediglich einen „phantomatischen Trick" – Stanislaw Lems Umschreibung für einen Ausweg, der nur zum Schein einer ist und dadurch die Befangenheit in der Illusion verstärkt.[51] Gewiss wäre es paranoid, hinter jeder Verlockung nach draußen, ins Freie, eine solche Falle zu vermuten. Aber auch Paranoiker werden bisweilen verfolgt.

---

49 GIBSON: Neuromancer (wie Anm. 18), S. 338.
50 Vgl. das Projekt „Computer als Gedächtnistheater" (www.sfb-performativ.de/seiten/b7.html).
51 STANISLAW LEM: Probleme mit der Phantomatik. Noch ist die Virtuelle Realität nicht wirklich immersiv. Online: www.heise.de/tp/deutsch/kolumnen/lem/2363/1.html. Die Grundlagen der „Phantomologie" entwickelte Lem in seinem Buch ders.: Summa technologiae. Frankfurt/M. 1981, Kap. VI, S. 319–392.

Stefan Münker

# Ich als Netzeffekt
## Zur Konstitution von Identität als Prozess virtueller Selbsterschließung

### Kurzer Prolog aus der Zukunft

Im Jahr 2365, Sternzeit 42761, fand der erste bekannte Kontakt zwischen der Föderation der Vereinten Planeten und den Borg statt. Der mysteriöse und nahezu allmächtige Q beförderte die USS Enterprise NCC-1701 D unter dem Kommando von Captain Jean-Luc Picard in einen weit entlegenen und bis dato unbekannten Teil des Universums – direkt in die Flugbahn eines Raumschiffs der Borg. Die Borg sind eine biokybernetisch hochgerüstete humanoide Spezies; ihre Mitglieder, mit je unterschiedlichen Fähigkeiten ausgestattet, stehen über ein weit entwickeltes Subraumkommunikationsnetz in permanentem Kontakt miteinander. Gemeinsam bilden sie das Borgkollektiv, in dem das einzelne Individuum gänzlich bedeutungslos ist; ja, jede Äußerung von Individualität wird als störend empfunden und sogleich eliminiert. Das Kollektiv jedoch ist nicht nur außerordentlich intelligent und enorm anpassungsfähig – es ist zugleich hemmungslos aggressiv; und seine Effizienz ist beispiellos. Die Borg verfolgen nur ein Ziel: die vollständige Assimilation fremder Rassen und Kulturen. Im Kollektiv der Borg begegnete die Föderation nicht nur ihrem schlimmsten Feind – sie begegnete auch der Schreckensvision ihrer eigenen Idee der universellen Gemeinschaft und ihres unbegrenzten Fortschrittsglaubens.

### Das Ich und das Netz

Die Figur der Borg weist als Vexierbild der Vision einer friedlich vernetzten Gemeinschaft technisch und wissenschaftlich hochgerüsteter Zivilisationen, wie sie Gene Roddenberrys Saga „Star Trek" bekanntlich formuliert, zugleich und aktuell über die literarische Fiktion hinaus: Das Schreckliche des Borgkollektivs ist wesentlich der Verlust der Autonomie des Selbst im biokybernetischen Netz. Damit zeichnet die Science Fiction ein Horrorszenario, das klassische Topoi der Neuzeit – von La Mettries „L'homme machine" zu Nietzsches Herdenmenschen – mit Metaphern der zeitgenössischen Wissenschaftsrhetorik aus Neurowissenschaft, Informatik, Bio- und Gentechnologie verknüpft. Das Bild, welches sich hierbei ergibt, liest sich wie die Skizze einer weiteren jener narzisstischen Kränkungen, mit der das fortschreitende Erkenntnisinteresse die stolze Hybris der Menschen immer wieder konfrontiert: vertrieben aus dem Zentrum der Welt, der gottähnlichen Einzigartigkeit beraubt und als Herr aus dem eigenen Hause verbannt, droht dem Ich nunmehr die vollständige Auflösung in ein anonymes Netz, gewoben gleichermaßen aus biochemischen und digitalen Informationen; ein Netz, in dem alles eins – und ein Einzelner nichts ist. Diese Skizze wiederum spiegelt einerseits in literarischer Überzeichnung aktuelle Ängste bezüglich der vielfachen Vernetzungsstrategien der techno-wissenschaftlichen Avantgarde wider; und sie liest sich andererseits wie ein Analogon jener apokalyptischen Prophezeiungen, mit denen Teile der kulturkritischen Humanwissenschaften das fortschreitende Ausgreifen der *hard sciences* in und auf die individuellen Lebenswelten schon immer kommentiert haben: Heideggers „Man" klingt hier ebenso an wie Adornos Rede vom „Immergleichen"; und auch der Teiresias der zeitgenössischen Soziologie, Jean Baudrillard, formulierte bereits vor einigen Jahren: „Das Ganze des menschlichen Wesens, seine biologische, muskuläre, tierische Körperhaftigkeit ist in die mechanischen Prozesse übergegangen. Nicht einmal mehr unser Gehirn ist in uns verblieben, sondern flottiert in den unzähligen Hertzschen Wellen und Vernetzungen, die uns umgeben." Und er präzisiert in adornitischem Geiste kurz darauf, dass das Resultat dieser Vernetzungen „ein Effekt" sei, „mit dem das Gleiche ans Gleiche unvermittelt angeschlossen wird; ein Effekt, der damit zugleich seine Intensität an der Oberfläche und seine Bedeutungslosigkeit in der Tiefe bezeugt".[1] Derart als bloß technischer Netzeffekt verstanden, unterschieden die Menschen im Grunde bereits heute nur noch biokybernetische Konstruktionsdetails von den gruseligen Kreaturen der Borg; die Frage nach individueller und autonomer Selbstbestimmung personaler Identität wäre schlichtweg obsolet. In diesem Sinne lässt sich auch die These von Norbert Bolz lesen, der behauptet, „dass alle Identitätsprobleme der humanistischen Kultur aus den Anforderungen einer neuen Mensch-Maschine-Synergie resultieren. [...] Der Mensch ist nicht mehr Werkzeugbenutzer sondern Schaltmoment im Medienverbund."[2]

Thesen wie diese klingen nicht nur allzu modisch; sie sind auch in einem hohen Grade irreführend. Ihr Irrtum – den Stefan Rieger völlig zurecht als die

---

1 JEAN BAUDRILLARD: Videowelt und fraktales Subjekt. In: ARS ELECTRONICA (Hg.): Philosophien der neuen Technologie. Berlin 1989, S. 113-131, hier S. 114 und S. 120.
2 NORBERT BOLZ: Einleitung. In: ders. / FRIEDRICH KITTLER / CHRISTOPH THOLEN (Hg.): Computer als Medium. München 1994, S. 9-16, hier S. 13.

„Obsession, mit der Medientheoretiker den Menschen durch die Apparate kassieren lassen" identifiziert –[3] resultiert, wie ich meine, nicht zuletzt aus einer unzulässig einseitigen Perspektive der zugrundeliegenden Beobachtungen und Beschreibungen der *realiter* allerdings (und keineswegs nur im Bereich der Medien) zunehmenden Vernetzungstendenzen und der hieraus tatsächlich resultierenden Effekte, welche die Lebenswelten zu Beginn des 21. Jahrhunderts konfigurieren.

Das kann man auch anders sagen: Natürlich benötigen wir nicht die Radikalfolie einer Science Fiction Utopie, um zur Feststellung zu gelangen, dass wir heutzutage in der vernetztesten aller bisherigen Welten leben. Stichwort: Internet. Das Internet leistet seinen Beitrag zur Zivilisationsgeschichte – die, wie Hermann Lübbe einmal richtig formuliert hat, immer schon eine Geschichte zunehmender Netzverdichtung ist –[4] dadurch, dass es durch seine Gegenwart den auf uns lastenden Druck der Gegenwärtigkeit zumindest erheblich mindert. Im *Netz der Netze* ist alles immer gleich präsent – und der *User* kann kommen und gehen wann und woher er will. Diesen Satz freilich kann man auch umkehren: Nicht nur ist im Internet alles immer gleich präsent – auch das Netz selber ist, wo und wann wir auch immer es nutzen, immer schon da. Ja, es scheint mir ebenso legitim wie sinnvoll zu sein, eine der Kernthesen der poststrukturalistischen Philosophie Derridas, das zentrale Credo der Grammatologie: „Il n'y a pas de hors-texte",[5] im Blick auf die strukturelle Vorgängigkeit unserer Netzwelt auszuweiten. Aus der umformulierten These: ‚Es gibt kein *Außerhalb* des Netzes' folgt dann allerdings mitnichten der Schluss: ‚Es gibt nichts *als* das Netz'.

Ich werde im Folgenden versuchen plausibel zu machen, inwiefern auch der Schluss von der (m.E. richtigen) Beschreibung des Ichs als Netzeffekt zu der weitergehenden These, das Ich sei *nur* ein Effekt der Netze, ein *non sequitur* darstellt. Dabei werde ich auch, aber eben nicht nur (ja, nicht einmal überwiegend) auf das Internet eingehen. Und der Grund dafür ist simpel: Netze sind nicht nur in vielfacher Weise *konkrete* Bedingungen unser gegenwärtigen Existenz. Der Terminus ‚Netz' ist darüber hinaus eine starke Metapher – deren Verführungskraft im Kontext der Beschreibung personaler Identität vor allem darauf beruht,

---

3 STEFAN RIEGER: Die Individualität der Medien. Eine Geschichte der Wissenschaften vom Menschen. Frankfurt/M. 2001, S. 19.
4 In: HERMANN LÜBBE: Netzverdichtung. Zur Philosophie industriegesellschaftlicher Entwicklungen. In: Zeitschrift für philosophische Forschung 50/1996, Januar-Juni, S. 133-150. Vgl. kritisch dazu meine Entgegnung STEFAN MÜNKER: Im Dickicht der Netze. In: Telepolis. Das Magazin der Netzkultur (www.heise.de/tp).
5 JACQUES DERRIDA: De la grammatologie. Paris 1967, S. 227.

dass sie auf ebenso triftige wie stimmige Weise eine grundlegende Erfahrung des modernen Selbst in ein Bild bannt – die Erfahrung nämlich, dass das Ich sich weder ganz auf sich reduzieren noch allein aus sich erklären lässt.

## Das Ich und (s)ein Anderer

Die Philosophie – und nicht nur sie – hat (spätestens seit Kierkegaard) auf diese Erfahrung immer wieder mit dem Hinweis reagiert, dass das Ich nicht ohne die Kategorie des ‚Anderen' zu verstehen sei. Die Pointe der Beschreibung vom Ich als Netzeffekt besteht, wie ich nun zunächst kurz zeigen will, darin, dass sie als Hinweis auf die Tatsache, dass jedes Selbst immer schon in Strukturen eingebunden ist, die seiner Identität ebenso konstitutiv wie seiner Kontrolle entzogen sind, eine sinnvolle Reformulierung der appellativen Rede vom ‚Anderen' erlaubt, die ihre unterschiedlichen Dimensionen verknüpft (man möchte sagen: vernetzt) und richtige Einsichten, die sich in ihr artikulieren, für zeitgenössische Diskurse anschlussfähig macht.

Auf zwei unüberwindbare Grenzen stößt jede Selbsterfahrung – und an beiden Grenzen stößt sie auf den Anderen: die eine ist das eigene Ich, die andere seine Gegenüber. Auf der Ebene des Selbstbezugs lautet die Formel: ‚Ich *ist* ein Anderer' – auf der Ebene des Fremdbezugs: ‚Ich ist nicht *ohne* Andere'. Jede dieser Formeln lässt sich als ein Motto verstehen, das die Auseinandersetzungen mit dem Problem der Identität des (modernen) Subjekts seit dem 19. Jahrhundert in zahlreichen Variationen durchzieht.

Bleiben wir zunächst auf der Ebene des Selbstbezugs: hier artikuliert die Rimbaudsche Sentenz „Je est un autre" als Leitmotiv kritischer Selbstreflexion pointiert die Erfahrung der Fremdheit, die das sich bewusst erfahrende Selbst mit sich selbst zu machen nicht umhin kann.[6] Für diese Erfahrung hat die Moderne seit Hegels Reflexion über das „unglückliche Bewusstsein" nicht nur immer neue Namen gefunden –[7] sie hat vor allem immer neue Begründungen ihrer Unabweisbarkeit geliefert: sei es (und hier müssen einige Beispiele genügen) mit dem Hinweis auf die jede rationale Selbstreflexion übersteigende pragmatische Dimension des Leiblichen bei Nietzsche;[8] durch den Aufweis der jeder bewussten

---

6   Vgl. ARTHUR RIMBAUD: Œuvres complètes. Hg. von Antoine Adam. Paris 1972, S. 249.
7   GEORG WILHELM FRIEDRICH HEGEL: Phänomenologie des Geistes. Frankfurt/M. 1973, S. 163 f.
8   „‚Ich' sagst du und bist stolz auf dies Wort. Aber das Grössere ist, woran du nicht glauben willst, – dein Leib und seine grosse Vernunft: die sagt nicht Ich, aber thut Ich." FRIEDRICH NIETZSCHE: Also sprach Zarathustra. Kritische Studienausgabe in 15 Bänden (KSA). Hg. von Giorgio Colli und Mazzino Montinari. Bd. 4. München 1988, S. 39.

Selbsterfahrung entzogenen psychischen Dimension des Unbewussten durch die Freudsche Psychoanalyse; oder – um die gegenwärtig avancierteste Theorie des Selbstbewusstseins, die der Neurophysiologie, zu zitieren – durch den Nachweis der Tatsache, dass jeglicher Aktion unseres Selbst eine biochemische Aktivität unseres Gehirns immer schon vorausgeht. Dabei stoßen wir in den theoretischen Szenarien der zeitgenössischen Neurobiologie nicht nur auf eine gänzlich unmetaphorische Verwendung des Begriffs des Netzes – weil das Gehirn als ein Organ verstanden wird, dessen *modus operandi* der einer hochkomplexen Vernetzung einzelner Bestandteile ist; hier erscheint dann zugleich auch das Ich im literalen Sinn als ein Netzeffekt – insofern sich die Aktivitäten des neuronalen Netzes empirisch als „kausale Verursachung von Bewusstseinzuständen" identifizieren lassen.[9] Aus dieser Perspektive wiederum lässt sich das Netz als eine originäre Form der Selbstorganisation beschreiben, die somatische wie psychische Aspekte einschließt und dem (bewussten) Selbst prinzipiell unzugänglich bleibt. Wenn, wie es der amerikanische Hirnforscher Michael Gazzaniga pointiert formuliert, unser selbstbewusstes Ich „die letzte Instanz [ist], die erfährt, was in uns wirklich los ist",[10] aber bleibt auch aus der Perspektive der Hirnforschung auf der Ebene des Selbstbezugs die Fremdheitserfahrung des Ichs sich selbst gegenüber unabweisbar.

Verlassen wir diese Ebene für einen Moment – und wechseln auf diejenige des Fremdbezugs. Im Prozess individueller Selbsterfahrung stößt das Ich, so hatte ich eben bereits angedeutet, nicht nur auf intrinsische Grenzen. Die konstitutive Bedeutung, die der Einbindung in soziale Kontexte für die Identität jedes Einzelnen zukommen, ist seit Aristoteles' ontologischer Definition des Menschen als *zoon politikon* immer wieder neu und immer wieder anders erläutert worden. Im Laufe der Moderne ist das zitierte Motto ‚Ich ist nicht ohne Andere' innerhalb der Humanwissenschaften schließlich zu einem Gemeinplatz avanciert, und es ist dabei auch philosophisch vielfach variiert worden – man denke, um nur ein prominenteres Beispiel zu zitieren, an seine phänomenologischen Interpretationen bei Martin Heidegger, Jean-Paul Sartre oder Emmanuel Lévinas! Die für mein Vorhaben interessanteste Deutung allerdings ist die der Sprachphilosophie, und zwar diejenige des späten Wittgenstein.

In seinen „Philosophischen Untersuchungen" entwickelt Ludwig Wittgenstein bekanntlich eine ebenso prominente wie in der Folge kontrovers diskutierte Argumentation gegen die Möglichkeit einer privaten Sprache – eine Argumentation,

---

9 GERHARD ROTH: Fühlen, Denken, Handeln. Wie das Gehirn unser Verhalten steuert. Frankfurt/M. 2001, S. 188 f.
10 Zitiert nach ebd., S. 370.

die, verstanden als Kritik am Solipsismus,[11] der Angewiesenheit des Einzelnen auf Andere eine der m.E. immer noch plausibelsten Begründungen liefert. Holzschnittartig lässt sich das Privatsprachenargument auf zwei Thesen reduzieren. Die erste lautet: Eine private Sprache, würde es sie geben, wäre sinnlos – denn sie fügte dem, was ihr Sprecher denkt oder empfindet, nichts sinnvolles hinzu. Die zweite und weitergehende These lautet: Eine Sprache, die tatsächlich in dem starken Sinne privat wäre, dass nur ihr Sprecher sie verstehen *könnte*, ist schlicht unmöglich – denn Sprache ist als ein notwendigerweise (zumindest: *irgendwie*) regelgeleitetes Kommunikationsmedium *per definitionem* erlernbar, und d.h.: sie ist in einem intrinsischen Sinne intersubjektiv. *Jede* Sprache, so heißt es dann auch bei Wittgenstein, „beruht [...] auf Übereinkunft".[12] Wir sind, noch einmal anders gesagt, auch wenn wir uns ‚nur' auf unsere eigenen Gedanken und Empfindungen beziehen, immer schon in das Netz der Sprache verwoben – und wir sind dabei eben als sprechende Einzelne zugleich immer schon eingebunden in eine (logisch vorgängige) Gemeinschaft anderer Sprecher.

Die These von der Unhintergehbarkeit der Sprache, die darin anklingt, ist ein weiterer verschiedentlich durchdeklinierter Topos der Moderne; ein Topos, der z.B. auch in Derridas bereits zitierter These: „il n'y a pas de hors-texte" wieder auftaucht. Dabei meint die dekonstruktivistische Rede vom Text im Grunde nichts anderes als diejenige vom Netz – den Hinweis nämlich, dass die Sprache, die für uns unhintergehbar ist, ein System darstellt, dessen einzelne Elemente wiederum intern auf eine äußerst komplexe (und für uns prinzipiell nie einholbare) Weise miteinander verknüpft sind. Aus der Perspektive dessen, was die pragmatische und die poststrukturalistische Sprachphilosophie eint, lässt sich dann die Metapher vom Netz hier mobilisieren, um die originäre Form jeder Kommunikation zu beschreiben.

Die Analogie zur Neurophysiologie aber liegt dann auf der Hand:[13] Sowohl auf der Ebene des Selbstbezugs als auch auf derjenigen des Fremdbezugs lässt

---

11 Auf die verschiedenen Lektüren des Privatsprachenarguments kann ich in diesem Rahmen verständlicherweise nicht näher eingehen; ich kann nur *en passant* erinnern an die heftige Debatte, die Anfang der 80er Jahre des vergangenen Jahrhunderts Saul A. Kripke mit seinem Buch „Wittgenstein on Rules and Private Language. An Elementary Exposition" dadurch ausgelöst hat, dass er das Argument statt als Kritik am *Solipsismus* als eine Kritik am *Skeptizismus* gelesen hat. Vgl. SAUL A. KRIPKE: Wittgenstein on Rules and Private Language. An Elementary Exposition. Oxford 1982.

12 LUDWIG WITTGENSTEIN: Philosophische Untersuchungen. Werkausgabe. Bd. 1. Frankfurt/M. 1988, § 354, S. 393.

13 Wie zulässig diese Vernetzung disparater Diskurse tatsächlich ist, muss hier dahingestellt bleiben. Wie wenig originell sie ist, will ich zumindest eingestehen: Schließlich haben Gilles

sich die Grenzerfahrung, die das Ich im Versuch, sich zu verstehen unweigerlich macht, beschreiben als die Erfahrung des unlösbaren Eingebundenseins, ja der undurchschaubaren Verstrickung in ein – wenn auch je anders beschaffenes – Netz. Sowohl das Hirn, verstanden als Netz, als auch die Sprache, beschrieben als Netz, zeichnen sich dabei durch eine Dynamik stets noch weiter wachsender, und zudem nicht-hierarisch strukturierter Verschaltungen aus. Das macht den Versuch, sich in der eigenen Verstricktheit in sie zurecht zu finden, nicht einfacher: Hirn und Sprache sind gewissermaßen Netze „höherer Ordnung",[14] Netze ohne Zentrum und, bezogen auf den Grad ihrer Vernetzung, ohne definierbare Grenzen. Weil wir der Verstrickung nicht entgehen können, erleben wir sie als Unterwerfung – unter neurobiologische Prozesse dort, unter soziale Normen und grammatische Regeln hier. Pointiert könnte man hier auch sagen: In der Vorgängigkeit der biochemischen Vernetzungsprozesse des Gehirns stößt das Selbstverständnis auf ein Zuviel an Körper – in der Abhängigkeit von den abstrakten Regeln der sprachlichen Kommunikation auf ein Zuwenig an Körper. In beiden Fällen aber erlebt das Selbst sich als Effekt einer Dynamik, die individuell nicht kontrollierbar ist – und so bleibt das Ich sich entzogen, fremd; es bleibt sich, anders gesagt, ein Anderer.

Der Umweg über Neurophysiologie und Sprachphilosophie führt an dieser Stelle zunächst zu den kulturkritischen Thesen des Anfangs und des dort zitierten Grundproblems zurück – ja, dieses Problem scheint noch einmal verschärft: Denn wenn bereits die biologische und soziale Natur des Menschen die Konstitution seines Selbst als Effekt vorgängiger Vernetzungsstrategien aufweist – wie sollte dieses Selbst sich dann als ein individuelles und eigenständiges Ich verstehen können, wenn es sich darüber hinaus in einem immer noch zunehmenden Maße beispielsweise in die digitalen Netze unserer medialen Realität eingewoben sieht?

Die Situation ist – scheinbar – aporetisch: wir verstehen uns zwar als Individuen; je mehr wir uns verstehen, als desto weniger individuell verstehen wir uns dabei. Scheinbar allerdings ist diese Aporie, weil sie, ich habe dies bereits angedeutet, die Tatsache, dass das Ich ein Netzeffekt *ist*, als die Behauptung missversteht, dass das Ich *nur* ein Netzeffekt ist.

---

Deleuze und Felix Guattari mit ihren Studien zum Rhizom auf höchstem Niveau vorgemacht, wie sich mit einer Netzmetapher unterschiedliche theoretische Paradigmen in eine brillante philosophische Skizze fügen lassen. Vgl. GILLES DELEUZE / FELIX GUATTARI: Rhizom. Berlin 1977.

14 Vgl. DIRK BAECKER: Die Kunst der Unterscheidungen. In: ARS ELECTRONICA (Hg.): Im Netz der Systeme. Berlin 1990, S. 7-39, hier S. 20, der hierfür das von Warren McCulloch entlehnte „Prinzip der Heterarchie" stark macht.

Dieses Missverständnis nun übersieht, dass die Einsicht in die konstitutive Bedingtheit der individuellen Identität – zum Beispiel durch die skizzierten Vernetzungsstrategien – keineswegs gegen die Möglichkeit spricht, diese Identität – in all ihrer Bedingtheit – individuell zu erfahren und zu gestalten. Die Lösung des scheinbar aporetischen Problems ergibt sich dann freilich erst durch eine Verschiebung der Perspektive des Blicks auf die Frage der Identität – einer Perspektive, in der die Tatsache, dass das Ich ein Netzeffekt ist, statt als Endpunkt des Selbsterfahrungsprozesses als Ausgangspunkt eines Prozesses der Selbstaneignung erscheint. Es ist diese Perspektive, die ich nun im Folgenden einnehmen werde, indem ich die Konstitution von Identität konkreter als einen Prozess virtueller Selbsterschließung beschreibe.

## Identität, virtuell

Der Begriff des Virtuellen ist von zweifelhafter Popularität – denn seiner in den letzten Jahren geradezu inflationären Verwendung in den unterschiedlichsten Disziplinen korrespondiert, vorsichtig gesagt, eine gewisse Unklarheit darüber, was er eigentlich meinen soll. Aus diesem Grund scheint eine kurze Präzisierung hier angebracht: Wenn ich im weiteren von ‚virtuell‘ oder ‚Virtualisierung‘ rede, so orientiere ich mich an der Bedeutung, die der Terminus zuerst im anglo-amerikanischen Sprachraum zur Beschreibung spezifischer Eigenschaften der digitalen Technik angenommen hat – d.h. konkret, ich orientiere mich daran, wie das Wort *virtual* in Komposita wie *virtual memory*, *virtual machine* – aber auch: *virtual reality* zu verstehen ist. Ganz allgemein meint Virtualisierung hier die (digital realisierte) Fähigkeit, etwas als etwas zu nehmen (zu sehen, zu gebrauchen), das es (eigentlich) nicht ist. So bezeichnet *virtual memory* beispielsweise die Verwendung eines Teils der Festplatte des Computers als Arbeitsspeicher; *virtual reality* wiederum ist der Name für computergenerierte, multimediale Environments, die sich *idealiter* – zumindest in der subjektiven Wahrnehmung ihrer Benutzer – von der realen Welt nicht mehr unterscheiden lassen.

Gerade die virtuellen Realitäten stellen damit ein für die Diskussion des Problems vernetzter Identität hochinteressantes Phänomen dar;[15] ich komme

---

15 Mit dem Versuch, den Begriff der ‚Virtuellen Realität‘ zu bestimmen, habe ich mich an anderen Stellen ausführlicher beschäftigt; vgl. etwa STEFAN MÜNKER: Was heißt eigentlich: „Virtuelle Realität"? Ein philosophischer Kommentar zum jüngsten Versuch der Verdopplung der Welt. In: ders. / ALEXANDER ROESLER (Hg.): Mythos Internet. Frankfurt/M. 1997, S. 108-127.

gleich darauf zurück. Zuvor gilt es aber erst zu erläutern, wie sich der Begriff des Virtuellen sinnvoll zur Beschreibung des Prozesses der Selbstaneignung des Ichs verwenden lässt. Der Ausgangspunkt hierfür, so habe ich eben gesagt, ist die Einsicht in die konstitutive Fremdbestimmung des bewussten Selbst durch interne und externe Faktoren – wie die Aktivitäten unseres Hirns oder die Regeln unserer Grammatik. Die daraus resultierende Einsicht, dass unser Ich faktisch ein Netzeffekt ist, nun korreliert allerdings mit der widersprüchlichen Tatsache, dass wir uns kontrafaktisch gleichwohl als individuell und selbstbestimmt erleben. Dann täuschen wir uns eben, so könnte man erwidern – und die Hirnforschung, um im Kontext meines Beispiels zu bleiben, würde diesem Einwand zustimmen: mit dem (kantianischen) entscheidenden Zusatz freilich, dass dieser Selbstbetrug durch die Konstruktion des Ich-Gefühls eine für uns als agierende Subjekte schlechthin notwendige Täuschung erzeugt. Dieses Ich-Gefühl aber lässt sich dann tatsächlich als Resultat eines Virtualisierungsprozesses im dargestellten Sinne beschreiben – denn es erlaubt uns, unser Selbst als etwas wahrzunehmen, das es (eigentlich) nicht ist. Entsprechend heißt es beim Neurophysiologen Gerhard Roth, dass es sich beim Ich um einen „virtuellen Akteur" handelt – den man, auch wenn er nur eine Illusion ist, „nicht als Epiphänomen" beschreiben sollte; denn: „Ohne die Möglichkeit zu virtueller Wahrnehmung und zu virtuellem Handeln", so Roth weiter, „könnte das Gehirn nicht diejenigen komplexen Leistungen vollbringen, die es vollbringt. Die Wirklichkeit und ihr Ich sind Konstruktionen, welche das Gehirn in die Lage versetzen, komplexe Informationen zu verarbeiten, neue, unbekannte Situationen zu meistern und langfristige Handlungsplanung zu betreiben".[16]

Die Virtualisierungsleistungen, die das Selbst im Prozess der Konstitution einer eigenen Identität immer wieder neu vollbringen muss, umfassen all jene (in einem weiten Sinne narrativen) Konstruktionen, die das Element des Anderen am Selbst zum Eigenen machen; die Unter- und Überkomplexitäten kompensieren; Kontingenzen in Kausalzusammenhänge umdeuten; dem Bewusstsein derart erfolgreich Freiheit suggerieren, dass es diese aktiv auszudeuten vermag – die mit anderen Worten das Ich als Ich erst inszenieren. Insofern aber ist die Konstitution von Identität *immer schon* als der Prozess einer virtuellen Selbstaneignung zu verstehen.

Aus dieser Virtualität unserer Identität können wir sowenig aussteigen wie aus den Netzen, die uns bedingen. Wir können jedoch die unterschiedlichsten

---

Wichtige Korrekturen und Ergänzungen meines Konzeptes verdanke ich Gesprächen mit Gundolf Freyermuth.
16 ROTH: Fühlen, Denken, Handeln (wie Anm. 9), S. 340.

Strategien virtueller Selbstinszenierung nicht nur theoretisch differenzieren (beispielsweise indem wir ihre historischen oder kulturellen Bedingungen analysieren); wir können uns auch pragmatisch zu ihnen verhalten – indem wir uns aus dem Fundus des historisch und kulturell Verfügbaren die eine oder die andere Strategie zu eigen machen. Die Entscheidung für eine bestimmte Strategie zur Inszenierung der eigenen virtuellen Identität aber markiert dann gewissermaßen den ersten Schritt der kontrollierten Individualisierung eines Selbst, das *a priori* in individuell nicht kontrollierbare Vernetzungsstrukturen eingebettet ist. Man kann auch sagen: Erst, indem wir uns für eine Virtualisierungsstrategie unseres Selbst entscheiden, können wir aus der Fremdheitserfahrung, die wir im Prozess des Selbstverstehens unweigerlich machen, für das weitergehende Projekt einer persönlichen Selbstwerdung Kapital schlagen.

Ein Beispiel: Es war Friedrich Nietzsche, der seinen Zarathustra den für dieses Projekt berühmt gewordenen Imperativ ausrufen ließ: „Werde, der Du bist!"[17] Die scheinbare Tautologie, die diese Forderung ausspricht, löst sich auf, wenn man die Bedingung hinzunimmt, die Nietzsche an anderer Stelle nennt: „Daß man wird, was man ist", so schreibt er, „setzt voraus, daß man nicht im Entferntesten ahnt, was man ist".[18] Der Weg zu sich, den Nietzsche dann skizziert (und den ich hier aus verständlichen Gründen nur in unzulässiger Verkürzung streifen kann), ist derjenige der Stilisierung der eigenen Existenz. Im Bewusstsein der reflexiv uneinholbaren Dimension des Leiblichen einerseits,[19] und der apriorischen Unterwerfung unter die Regeln der Sprache andererseits,[20] wird der Prozess der Selbsterkenntnis für Nietzsche zu einem Verfahren der Selbsterschaffung, dessen Modus ein Aphorismus aus dem Zarathustra vorgibt: „Niemand erzählt mir Neues. So erzähl ich mir mich selber."[21] Die Selbstermächtigung über den Weg der narrativen Selbsterschaffung ist dabei durchgängig orientiert am Modell des Künstlers, und zwar genauer: des Dichters. Natürlich ist auch der Künstler niemand, der die Verstrickung in die präetablierten Bedingungen der individuellen Existenz aufzulösen vermöchte – er ist jedoch einer, so Nietzsche, der „in Ketten tanzt".[22] Für das dichtende Selbst bedeutet dies konkret den Versuch, auf die Einbindung in das Netz der Sprache

---

17 NIETZSCHE: Zarathustra (wie Anm. 8), S. 297.
18 FRIEDRICH. NIETZSCHE: Ecce homo. KSA (wie Anm. 8), Bd. 6. 1988, S. 293.
19 S.o., Anm. 8.
20 „Wir hören auf zu denken", schreibt Nietzsche beispielsweise, „wenn wir es nicht in sprachlichen Zwängen tun wollen." Zitiert nach dem für diese Lektüre Nietzsches immer noch grundlegenden Buch von ALEXANDER NEHAMAS: Nietzsche. Leben als Literatur. Göttingen 1991, S. 127.
21 NIETZSCHE: Zarathustra (wie Anm. 8), S. 246.
22 NIETZSCHE: Menschliches, Allzumenschliches II. In: KSA (wie Anm. 8), Bd. 2. 1988, S. 612.

mit einer, wenn schon nicht Neuschöpfung, so doch zumindest individuellen *Verwendung* der Sprache zu reagieren – und damit ein (wie auch immer kontingentes und fragiles) Selbst sich erst zu erschreiben.[23]

Dieses Modell der Stilisierung des eigenen Ichs wiederum ließe sich – als ein Beispiel für mögliche Strategien zur Inszenierung eines virtuellen Selbst – keinesfalls nur bei Nietzsche nachweisen:[24] als Gegenbewegung zur Erfahrung zunehmender Fremdbestimmtheit stellt die Konstruktion der ästhetischen Existenz bekanntlich spätestens seit dem Geniekult der Romantik, der bei Nietzsche nachhallt, einen die Moderne in immer wieder neuen Variationen perennierenden Topos dar. Doch so verbreitet dieser Topos auch ist – er ist keineswegs das einzige, ja zumindest derzeit nicht einmal das bevorzugte Modell virtueller Selbstinszenierungen. Schließlich zeichnet sich gerade unsere Gegenwart dank der oft zitierten Pluralisierung der Lebensstile durch eine fast inflationäre Steigerung des Angebots möglicher Virtualisierungsstrategien aus. Dabei gilt gleichwohl: so vielfältig die Angebote auch sind, beliebig sind sie nie. Vielmehr bleibt die Wahl einer Strategie der Selbstinszenierung konstitutiv gebunden an kulturell, soziologisch und technologisch konkret bestimmbare Bedingungen: Im Spektrum je verfügbarer „Technologien des Selbst" (Foucault) spiegelt sich die historische Realität der Welt, in der wir leben.

## Das Ich im Netz

Das für unsere aktuelle Wirklichkeit vielleicht prägnanteste Beispiel aber ist immer noch das der medialen Inszenierungen des Selbst innerhalb der virtuellen Welten der digitalen Netze – d.h. jene *exemplarischen* Formen der Virtualisierung des Selbst, die (nicht nur) im Sprachgebrauch medientheoretischer Diskurse zumeist *als* ‚virtuelle Identität' schlechthin thematisiert werden. Gemeint ist damit konkret das gesamte Spektrum der unterschiedlichsten Selbstdarstellungspraktiken in den elektronischen *environments* des Internet – von den textbasierten

---

23 Vgl. dazu die Nietzsche-Lektüre von RICHARD RORTY: Die Kontingenz des Selbst. In: ders.: Kontingenz, Ironie und Solidarität. Frankfurt/M. 1989, S. 52-83, hier S. 59 ff., sowie die luzide Kritik daran von DIETER THOMÄ: Zur Kritik der Selbsterfindung. Ein Beitrag zur Theorie der Individualität. In: THOMAS SCHÄFER / UDO TIETZ / RÜDIGER ZILL (Hg.): Hinter den Spiegeln. Beiträge zur Philosophie Richard Rortys. Frankfurt/M. 2001, S. 292-318, bes. S. 310 ff.
24 Sondern, nebenbei bemerkt, z.B. gerade auch als die eigentliche Pointe hinter Rimbauds spielerischer Formel „Je est un autre". Vgl. dazu PETER BÜRGER: Prosa der Moderne. Frankfurt/M. 1988, S. 166 f.

Kommunikationsräumen der Online-Foren und Chatrooms zu den multimedialen Spielwelten der MUDs und MOOs –, deren Popularität sich nicht zuletzt der Tatsache verdankt, dass der einzelne *User* unter dem Schutz der Tarnkappe der telematischen Anonymität auftauchen kann als wer oder was er will: als Mann, als Frau, als Beides, Werwolf, Einhorn oder sprechender Kühlschrank. In den virtuellen Welten des Cyberspace erscheint der Prozess der Selbstinszenierung als ein Spiel der fiktiven Selbsterfindung,[25] dessen Rückbindung an unser ‚tatsächliches' Selbst nahezu unmöglich, und dessen Grenze fast ausschließlich durch unseren Erfindungsreichtum definiert ist.

Die Diskussion der Selbsterfindungsstrategien innerhalb der elektronischen Netze verläuft zwischen zwei konträren Polen. Der virtuelle Raum erscheint, zugespitzt formuliert, entweder als idealer Ort für identitätsstiftende Experimente mit dem eigenen Selbst, da wir im Netz den materiellen Beschränkungen unserer realen, leiblichen Existenz enthoben sind – oder er gilt als letztlich ungeeignet zur Selbsterkundung, weil eine digitale Inszenierung von Identität gerade aufgrund ihres immateriellen Charakters uns über unser tatsächliches Selbst keine Auskunft geben kann. So konträr diese beiden Positionen auch sind, so teilen sie doch zwei Grundannahmen: Beide gehen, zumindest implizit, davon aus, dass die virtuelle Realität der digitalen Netze eine nicht-materielle Umgebung darstellt, in der wir als Akteure nur gleichermaßen immateriell agieren würden. Diese Unterstellungen jedoch sind m.E. beide falsch – aus ihnen Konsequenzen abzuleiten, mithin irreführend. Das doppelte Missverständnis, das ihnen zugrunde liegt, habe ich an einer anderen Stelle als *immaterialistischen Fehlschluss* diskutiert.[26] Falsch ist die Folgerung, dass die virtuelle Welt, *mit* deren Daten wir im Zuge der digitalen Selbstinszenierungen interagieren, auch nur *aus* Daten bestünde – weil diese Folgerung die Tatsache übersieht, dass Daten immer erst maschinell erzeugt und immer wieder materiell prozessiert werden müssen. Falsch ist es aber auch, aus der Tatsache, dass wir innerhalb der virtuellen Welt *ausschließlich* mit Daten interagieren, zu schließen, dass wir deswegen *nur immateriell* agierten – weil dieser Schluss ignoriert, dass noch jede Aktion unseres virtuellen *alter egos* im Cyberspace das Resultat einer

---

25 Zur Bedeutung des spielerischen Charakters virtueller Selbstinszenierungen vgl. die Studie von NATASCHA ADAMOWSKY: Spielfiguren in virtuellen Welten. Frankfurt/M. 2000, S. 166-235.

26 Vgl. meinen Vortrag „Die Wirklichkeit aus der Perspektive ihrer digitalen Reproduzierbarkeit. Skizzen zu einer philosophischen Ästhetik virtueller Realitäten", gehalten auf der Fachtagung „Medienphilosophie" des Erzbistums Mainz am 21. Februar 2001 und publiziert im Tagungsband GÜNTER KRUCK / VERONIKA SCHLÖR (Hg.): Medienphilosophie – Medienethik. Zwei Tagungen – eine Dokumentation. Frankfurt/M. 2004 (In Vorbereitung). Dort habe ich die folgende Argumentation ausführlicher durchgeführt.

ebenso realen wie materiellen, sprich: körperlichen Aktion des Selbst ist, das vor dem Bildschirm Maschinen bedient.

Vielmehr gilt: Nichts, auch nicht das (digitale) Netz, verhilft uns dazu, uns im Umgang mit uns selbst über die materielle Bedingtheit unserer Identität und der uns umgebenden Welt hinwegzusetzen. Gerade am Beispiel der Virtualisierungen des Selbst in den digitalen Netzen jedoch lassen sich damit noch einmal einige Grundprobleme von Identitätsbildung exemplarisch diskutieren.

Das Ich, so hatte ich argumentiert, ist zunächst zu verstehen als ein Effekt von unterschiedlichen Netzstrukturen, die jeder bewussten Aneignung seines Selbst *a priori* vorausgehen – weswegen sich dann Identitätsbildung deswegen immer schon als Prozess einer virtuellen Selbstinszenierung beschreiben lässt, weil sie dem Selbst das Ich als etwas (zum Beispiel: selbstbewusst) erscheinen lässt, was es aus anderen Perspektiven nun einmal nicht ist. Wenn die biochemischen Prozesse im Hirn und die grammatischen Regeln der Sprache in ihrer jeweiligen Vernetzung allgemeine und schlechthin unhintergehbare Bedingungen (menschlicher) Identität darstellen, so muss die technologische Basis der digitalen Netze als konkrete Bedingung für die Konstitution einer virtuellen Identität im Cyberspace gelten. In jedem dieser Fälle aber gilt die – mehr oder weniger metaphorisch zu lesende – Formel: Das Netz ist als konstitutive Bedingung von Identität zugleich das Spielfeld ihrer Entfaltung.

Vor dem Hintergrund dieser Formel aber lässt sich auch die These, wonach die Grenzen der Selbstdarstellungen in den virtuellen Realitäten der Computerwelten fast ausschließlich durch unseren Erfindungsreichtum definiert ist, in einem entscheidenden Sinne präzisieren: Denn wenn es auch tatsächlich in den meisten Fällen beliebig sein mag, als *wer oder was* wir uns hier inszenieren,[27] so gilt dies doch keineswegs zugleich für die Art und Weise, *wie* wir diese Inszenierung realisieren. Ja, man muss vielmehr festhalten, dass der Modus der Selbstinszenierungen der virtuellen Identitäten im digitalen Netz zumindest derzeit noch wenig ausdifferenziert ist. Wir realisieren unser virtuelles *alter ego* zumeist *qua* Tastatur – indem wir schreiben; und manchmal per Mausklick – etwa wenn wir uns graphische Avatare basteln; in jedem Fall bedienen wir uns dabei technisch vorgegebener Mittel. Der *prima facie* schier unendlichen Pluralität

---

27 Auch hier gibt es Ausnahmen, die sich durch Regeln, vor allem die Konventionen der sog. ‚Netiquette' definieren: mich beispielsweise in einem antifaschistischen Forum zur Diskussion der Probleme rechtsradikaler Ideologie als Adolf Hitler zu inszenieren, wäre wahrscheinlich von kurzer Dauer. Und auch diese Einschränkung ist – natürlich – technisch definiert: Schließlich gilt im Netz, dass es in jeder Ebene immer einen Administrator oder Sysop (System Operator) gibt, der meinen Zugang jederzeit sperren – und meine virtuelle Identität damit schlicht löschen kann.

von Inszenierungsmöglichkeiten des virtuellen Selbst steht damit eine stark eingeschränkte Auswahl verfügbarer Optionen seiner Realisierung geradezu konträr gegenüber.

Die Tatsache, dass der technische Zugang das Spiel mit dem eigenen Selbst im Netz unter konkrete Bedingungen stellt, wird im Zuge des immaterialistischen Fehlschlusses von euphorischen Apologeten des Cyberspace gerne ignoriert. Mit anderen Worten: Nur derjenige, der die technische Bedingtheit der Selbstinszenierungen im digitalen Raum übersieht, kann die narrative Beliebigkeit der virtuellen Identitätszuschreibung zugleich als utopische Freiheit einer bedingungslosen Selbsterfindung missverstehen.[28]

Wenn aber bereits die technischen Bedingungen des Eintritts in die virtuelle Realität der digitalen Netze die Parameter jeder virtuellen Selbstinszenierung definieren – sind wir dann hier nicht von vornherein jeder Möglichkeit der individuellen Ausbildung einer eigenen Identität beraubt? Anders gefragt: Kann man überhaupt etwas anderes tun oder sein, als das Netz einen tun oder sein lässt? Oder sind wir am Ende doch – und hier taucht das kritische Szenario wieder auf, das ich eingangs zitiert habe – im Anschluss an das Netz zum Teil einer kollektiven Maschinerie geworden, die in permanenter Wiederholung nur sich selber prozessiert?

Nun dürfte jedoch aus den bisherigen Überlegungen deutlich geworden sein, dass sich das grundlegende Problem keineswegs erst bezüglich der Reflexion über den Status des Selbst innerhalb der digitalen Netzwelten stellt. Die Frage nach dem verfügbaren Spielraum individueller Selbstgestaltung unter den individuell nicht kontrollierbaren Bedingungen der digitalen Technik thematisiert vielmehr noch einmal exemplarisch die Grundstruktur von Identitätsbildung überhaupt. Im Blick auf das Beispiel der Sprache lässt sich das Problem dann auch analog reformulieren – die Frage lautet dann: Kann man überhaupt etwas anderes sagen, als die Sprache uns sagen lässt? Und die Antwort hier lautet zunächst schlicht: Nein. Wir können, das war die Pointe des Wittgenstein-Arguments, weder in der Sprache etwas sagen noch (so lässt sich ergänzen) im digitalen Netz etwas tun, dass in dem emphatischen Sinne *anders* wäre, dass es nur einem Einzelnen *eigen* wäre. Das bedeutet allerdings nicht, dass die Sprache uns spricht oder das Netz uns macht. Es benennt jedoch den Grund dafür, warum utopische Konzeptionen, die das Verständnis vom Selbst über die Grenzen der

---

28 Vgl. die in diesem Sinne analoge und ausführlichere Argumentation in BARBARA BECKER: Elektronische Kommunikationsmedien als neue Technologien des Selbst? Überlegungen zur Inszenierung virtueller Identitäten in elektronischen Kommunikationsmedien. In: EVA HUBER (Hg.): Technologien des Selbst. Zur Konstruktion des Subjekts. Basel, Frankfurt/M. 2000, S. 17-29, hier S. 24 f.

biologischen, sozialen und technischen Bedingungen von Identität zu erweitern versuchen, notwendig scheitern müssen. Nur, wer zumindest implizit eine solche utopische Konzeption des Selbst vertritt, kann in der Einbindung des Ichs in die Strukturen der verschiedenen Netze *a priori* eine Gefahr für die individuelle und autonome Selbstbestimmung sehen. Im Festhalten an einer solchen Utopie des Selbst treffen hier ungewollt der Visionär und der Kritiker der Netzwelt aufeinander. Für das skizzierte Problem aber ergibt sich die einzig richtige Lösung am Schluss durch das Zurückweisen der Frage: Ob wir etwas ganz anderes sagen bzw. tun können, als die vernetzten Strukturen von Sprache oder digitaler Technik uns sagen oder tun lassen, ist eine im Grunde uninteressante Frage. Entscheidend ist vielmehr die pragmatische Tatsache, dass wir das, was wir in einer konkreten Situation, off- oder online, sagen bzw. tun, in den meisten Fällen auch hätten anders sagen oder tun können. Auch unter den Bedingungen konventioneller und technischer Strukturen, die wir nicht hintergehen können, bleibt uns die Möglichkeit, das je vorgegebene Material in einer selbstbestimmten Weise zu nutzen – und uns so in konkreten Situationen performativ als Individuum zu situieren. Ja, mehr noch: Sowenig wir uns aus unserer Verstrickung in die unterschiedlichen (biologischen, sprachlichen oder digitalen) Netzen befreien können, sowenig entlasten uns diese von der Notwendigkeit zu denken, zu sprechen und zu handeln. Diesseits der Schreckensvision eines biokybernetischen Kollektivs, in dem dies alles anders sein mag, gilt immer noch: Kein Netz (weder das Gehirn, noch die Sprache – und schon gar nicht das Internet) schreibt vor, was als Nächstes kommt. Das müssen wir, als seine Effekte, schon selber tun.

# Bio-Bibliographische Hinweise

JÜRGEN BARKHOFF Dr. phil., Studium der Germanistik, Geschichte und Pädagogik in Tübingen, Dublin und Hamburg. 1988–1991 DAAD Lektor am Trinity College Dublin. 1993-1994 Fellow am Kulturwissenschaftlichen Institut des Wissenschaftszentrums NRW (Essen). Senior Lecturer im Department of Germanic Studies, Trinity College Dublin. Fellow of Trinity College. Direktor des Centre for European Studies. Hauptarbeitsgebiete: Literarische Anthropologie um 1800, Naturbilder in der Gegenwartsliteratur. Veröffentlichungen: Hg. mit Eda Sagarra „Anthropologie und Literatur um 1800" (München 1992); „Romantische Fiktionen. Literarisierung des Mesmerismus in der Romantik" (Weimar / Stuttgart 1995); Hg. mit Gilbert Carr und Roger Paulin „Das schwierige 19. Jahrhundert" (Tübingen 2000). Aufsätze u.a. zu Herder, Goethe, Schiller, zur Romantik, zu Brecht, Seghers, Grass, Frisch, Robert Schneider, John von Düffel und zur Schweizer Gegenwartsliteratur.

HARTMUT BÖHME Dr. phil., Studium der Germanistik, Philosophie, Evangelischen Theologie und Pädagogik. Ab 1977 Professor für Neuere Deutsche Literatur an der Universität Hamburg; 1990-92 Fellow am Wissenschaftszentrum Nordrhein-Westfalen; seit 1993 Professor für Kulturtheorie und Mentalitätsgeschichte an der Humboldt Universität zu Berlin. Gastprofessor in New York 1996 und 1998 und in Japan 2002. Projektleiter im DFG-Sonderforschungsbereich „Kulturen des Performativen" und im DFG-Forschungsschwerpunkt „Theatralität". Betreuer im Graduierten-Kolleg „Codierungen der Gewalt im medialen Wandel". Dekan der Philosophischen Fakultät III der Humboldt-Universität von 2000 bis 2002. Arbeitsschwerpunkte: Kulturgeschichte der Natur und der Technik; Fetischismus und Idol; Natur- und Wissenschaftsgeschichte in den Überschneidungsfeldern von Philosophie, Kunst und Literatur; Literaturgeschichte des 18.–20. Jahrhunderts; Historische Anthropologie, insbesondere Geschichte des Körpers, der Gefühle und der Sinne; Ethnopoesie und Autobiographik. Buchveröffentlichungen bzw. Herausgeberschaften u.a. über: Robert Musil; Albrecht Dürer; Immanuel Kant; Hubert Fichte; Hans Henny Jahnn; Sozialgeschichte der deutschen Literatur von 1918 bis zur Gegenwart; Kulturgeschichte des Wassers; Natur und Subjekt; Literatur und Kulturwissenschaft; Feuer Wasser Erde Luft. Eine Kulturgeschichte der Elemente; Die Elemente in der Kunst; Orientierung Kulturwissenschaft. Ferner ca. 200 Aufsätze.

**OLAF BRIESE** PD, Dr. phil., geb. 1963, Philosophiestudium, Promotion 1994, gegenwärtig Assistent am Institut für Religionswissenschaft der Freien Universität Berlin. Buchveröffentlichungen: „Der Anspruch des Subjekts. Zum Unsterblichkeitsdenken im Jungen Deutschland" (Stuttgart 1995); „Konkurrenzen. Zur philosophischen Kultur in Deutschland 1830–1850" (Würzburg 1998); „Die Macht der Metaphern. Blitz, Erdbeben und Kometen im Gefüge der Aufklärung" (Stuttgart 1998); „Angst in den Zeiten der Cholera. Über kulturelle Ursprünge des Bakteriums"; „Panikkurve. Berlins Cholera-Jahr 1831/32"; „Auf Leben und Tod. Briefwelt als Gegenwelt"; „Das schlechte Gedicht. Strategien literarischer Immunisierung" (Seuchen-Kordon I-IV) (Berlin 2003).

**GILBERT JAMES CARR** B.A., M.A., Ph.D., F.T.C.D., 1943 in London geboren, studierte in England, Deutschland und Österreich, promovierte über Karl Kraus und ist seit Ende der 60er Jahre Dozent für Germanistik am Trinity College, Dublin. Leitete 1996-99 das dortige „Centre for European Studies". Alexander von Humboldt Forschungsstipendiat (München 1980, Göttingen 1992), Gastdozent an der Gesamthochschule Essen 1987. Veröffentlichungen zur Wiener und zur deutschen Moderne und zu Karl Kraus, darunter die Edition „Karl Kraus-Otto Stoessl. Briefwechsel" (Wien 1996) sowie vier mitherausgegebene Bände: mit Eda Sagarra „Irish Studies in Modern Austrian Literature" (Dublin 1982) und „Fin de Siècle Vienna" (Dublin 1985), mit Jürgen Barkhoff und Roger Paulin „Das schwierige 19. Jahrhundert" (Tübingen 2000), und mit Edward Timms „Karl Kraus und ‚Die Fackel'. Aufsätze zur Rezeptionsgeschichte. Reading Karl Kraus. Essays on the reception of ‚Die Fackel'" (München 2001).

**MARY COSGROVE** Lecturer am Department of German des University College Dublin, wo sie 2002 promoviert hat. Ihre Dissertation behandelt das Werk des österreichisch-jüdischen Schriftstellers Albert Drach und erscheint 2004 als Buch im Niemeyer Verlag in der Reihe „Conditio Judaica". Aktuelle Forschungsinteressen sind u.a. kulturelles Gedächtnis (Schwerpunkt Holocaustdarstellung und traumatische Erinnerung), der deutsch-jüdische Identitätskomplex, das Groteske und der Körper, Neu Historismus. Mary Cosgrove ist ehemalige DAAD und OAD Stipendiatin und hat an der Humboldt-Universität, der Freien Universität Berlin und der Universität Wien studiert.

CHRISTIAN EMDEN Ph.D., geb. 1972, ist Associate Professor an der Rice University (USA) und lehrt German Intellectual History. Von 2000-2003 war er Research Fellow in the Arts and Humanities am Sidney Sussex College, Cambridge, und lehrte German Intellectual History an der Universität Cambridge. 1993-1996 Studium der Philosophie und Allgemeinen und Vergleichenden Literaturwissenschaft an der Universität Konstanz. 1996-1999 M.phil. und Ph.D. an der Universität Cambridge. 1997 und 1998 Forschungsaufenthalte an der University of Wisconsin, Madison, und an der Harvard University. Publikationen zu Nietzsche, Benjamin, Warburg und Max Frisch. Demnächst erscheinen soll „Nietzsche on Language, Thought, and History: Toward a Rhetoric of Knowledge" (University of Illinois Press). Hg. mit David Midgley der Konferenzbeiträge von „The Fragile Tradition. The German Cultural Imagination since 1500" 3 Bde. (Cambridge 2003-04). Zur Zeit Arbeit an zwei Büchern über Nietzsches Historismus und Walter Benjamin im Kontext der historischen Kulturwissenschaft.

ANNE FUCHS Dr. phil., studierte Germanistik und Anglistik in Konstanz, Dublin und Berlin. 1991 Promotion über Robert Walser, 1989-92 DAAD Lektorat am University College London; 1992-1998 Lecturer am Dept. of German, University College Dublin; seit 1998 Senior Lecturer; 1999-2002 Head of Department. Forschungsgebiete: Reiseliteratur, deutsch-jüdische Literatur, kulturelles Gedächtnis. Buchpublikationen: „Dramaturgie des Narrentums: Das Komische in der Prosa Robert Walsers" (München 1993); „A Space of Anxiety – Dislocation and Abjection in Modern German-Jewish Literature" (Amsterdam 1999); Hg. mit Theo Harden „Reisen im Diskurs. Modelle der literarischen Fremderfahrung von den Pilgerberichten bis zur Postmoderne" (Heidelberg 1995); Hg. mit Florian Krobb „Ghetto Writing. Traditional and Eastern Jewry in German-Jewish Ghetto Writing from Heine to Hilsenrath" (Drawer, Columbia 1999); Hg. mit Edric Caldicott „Cultural Memory. Essays on European Literature and History" (Oxford, Bern, New York 2003).

BRITTA HERRMANN Dr. phil, geb. 1968, wiss. Assistentin an der Universität Bayreuth (Neuere deutsche Literatur). Studium der Germanistik und Geschichte in Göttingen und München. Stipendiatin des Münchener Graduiertenkollegs „Geschlechterdifferenz & Literatur" (Promotion 1999). Postdok am Gießener Graduiertenkolleg „Klassizismus und Romantik". Forschungsschwerpunkte: Literatur des 20. Jahrhunderts (Bronnen, Hasenclever, Weiss, Aichinger, Bachmann u.a.), Gender Studies/Masculinities, Literatur- und Medientheorien, Autorschaftskonzepte, Anthropologie und Technikgeschichte um 1800, Moderne. Buchveröffentlichungen: Hg. mit Walter Erhart „Wann ist der Mann ein Mann?

Zur Geschichte der Männlichkeit" (Stuttgart 1997); „Töchter des Ödipus. Zur Geschichte eines Erzählmusters in der deutsch-sprachigen Literatur des 20. Jahrhunderts" (Tübingen 2001); Hg. mit Barbara Thums „Ästhetische Erfindung der Moderne? Perspektiven und Modelle 1750 –1850" (Würzburg 2003); Hg. mit Barbara Thums „,Was wir einsetzen können, ist Nüchternheit.' Zum Werk Ilse Aichingers" (Würzburg 2001).

**IRMELA MAREI KRÜGER-FÜRHOFF** Dr. phil., Studium der Vergleichenden Literaturwissenschaft, Germanistik und Betriebswirtschaftslehre an der Freien Universität Berlin und der Cornell University. Magistra Artium 1994. 1996-1998 Wissenschaftliche Mitarbeiterin an der FU Berlin. Promotion 2000 am Institut für Neuere deutsche Literatur der Humboldt-Universität zu Berlin. 2000-2002 Postdoktorandin am Graduiertenkolleg „Codierung von Gewalt im medialen Wandel" der HU Berlin. Derzeit Wissenschaftliche Mitarbeiterin im Postdoc-Kolleg „Krankheit und Geschlecht" der Ernst-Moritz-Arndt-Universität Greifswald. Arbeitsschwerpunkte: Literatur des 18. bis 21. Jahrhunderts; Wechselwirkungen zwischen Literatur, Ästhetik, Kunst und Medizin; Kulturwissenschaft und Poetik der Transplantationschirurgie. Buchveröffentlichungen: Hg. mit C. Benthien „Über Grenzen. Limitation und Transgression in Literatur und Ästhetik" (Stuttgart / Weimar 1999); Hg. mit H. Eggert u.a. „Literarische Intellektualität in der Mediengesellschaft. Empirische Vergewisserungen über Veränderungen kultureller Praktiken" (Weinheim / München 2000); „Der versehrte Körper. Revisionen des klassizistischen Schönheitsideals" (Göttingen 2001); Hg. mit T. Nusser „Askese. Geschlecht und Geschichte der Selbstdisziplinierung" (Bielefeld 2004).

**CAITRÍONA LEAHY** Ph.D., Lecturer im Department of Germanic Studies, Trinity College Dublin. Zuvor Toyota Lecturer in Critical Theory am University College Cork. Interessenschwerpunkte in Forschung und Lehre u.a. Moderne, Gegenwartsliteratur und Theorie. Veröffenlichungen über Kafka und Bachmann.

**PETER MATUSSEK** Dr. phil., Professor am Germanistischen Seminar der Heinrich-Heine-Universität Düsseldorf, mit Eckprofessur im Studiengang „Kulturwissenschaft und Medien". Buchveröffentlichungen (als Autor, Hg., Co-Autor): „Naturbild und Diskursgeschichte" (Stuttgart 1988); „Goethe und die Verzeitlichung der Natur" (München 1998); „Goethe zur Einführung" (Hamburg 1998, 2. Aufl. 2002); „Orientierung Kulturwissenschaft" (Reinbek bei Hamburg 1999, 2. Aufl. 2002, korean. 2004); „Hitler – Karriere eines Wahns" (München 2000, italien. 2002); „Auslassungen – Leerstellen als Movens der Kulturwissenschaft" (erscheint 2004). In Vorbereitung: „Die Renaissance der Gedächtnistheater" (2004, mit DVD); „Einführung in die Medienwissenschaft" (2004); „Erinnerungstechniken im Medienwechsel" (2005, mit DVD).

**STEFAN MÜNKER** Dr. phil., geb. 1963, lebt und arbeitet in Berlin. Der promovierte Philosoph ist Kulturredakteur beim Fernsehen und Autor von Texten zur Medientheorie und Gegenwartsphilosophie. Studium der Philosophie, Kunstgeschichte und Germanistik in Hamburg, Köln und Berlin. Studienaufenthalte in Frankreich und Italien. Nach der Promotion Gründung der philosophischen Praxis Berlin. Tätigkeiten als Moderator, Übersetzer, Veranstaltungsmacher, Lehrbeauftragter (FU-Berlin und Humboldt Universität Berlin), Journalist (u.a. für das Internetmagazin Telepolis). Buchveröffentlichungen gemeinsam mit Alexander Roesler: „Mythos Internet" (1997); „Televisionen" (Frankfurt 1999); „Telefonbuch" (Frankfurt 2000); „Praxis Internet" (Frankfurt 2002); „Poststrukturalismus" (Stuttgart / Weimar 2000); mit A. Roesler und Mike Sandbothe „Medienphilosophie. Beiträge zur Klärung eines Begriffs (Frankfurt 2003).

**CAITRÍONA NÍ DHUBHGHAILL** 1975 in Dublin geboren, studierte Musikwissenschaft und Germanistik an der Universität Dublin, Trinity College, wo sie jetzt im Fach Neuere Deutsche Literaturwissenschaft promoviert. Sie war zweimal DAAD-Stipendiatin, 1995-96 an der Universität Würzburg, 2000-01 an der Universität München. Im Rahmen ihrer Doktorarbeit über utopische Schriften des frühen zwanzigsten Jahrhunderts arbeitet sie u.a. mit unveröffentlichten Schriften von Frank Wedekind. Sie hat zweimal beim internationalen James Joyce Symposium vorgetragen (2000 und 2002); Themen ihrer Beiträge waren komparatistische Anknüpfungspunkte zwischen der Joyce-Forschung und der deutschen Literatur der Moderne, insbesondere Kafka und Thomas Mann.

**HUGH RIDLEY** Ph.D., Dr. phil. h.c., Professor of German am Department of German, University College Dublin. Forschungsschwerpunkte: Deutsche Literatur und Kultur des 19. und 20. Jahrhunderts. Buchveröffentlichungen u.a.: Hg. mit Keith Bullivant „Industrie und deutsche Literatur, 1830-1914. Eine Anthologie" (München 1976); „Images of imperial rule" (London 1983); „Thomas Mann: ‚Buddenbrooks'" (Cambridge 1987); Hg. mit Herbert Herzmann „Rilke und der Wandel in der Sensibilität" (Essen 1990); „Gottfried Benn. Ein Schriftsteller zwischen Erneuerung und Reaktion" (Opladen 1990); „The problematic bourgeois. Twentieth-century criticism on Thomas Mann's ‚Buddenbrooks' and ‚The magic mountain'" (Columbia 1994).

**JEANNE RIOU** Ph.D., 1967 in Dublin geboren, ist Lecturer am Department of German, University College Dublin. Sie studierte Germanistik und Anglistik am Trinity College, Dublin und promovierte 1998 am Trinity College nach Forschungsaufenthalten 1991-1997 an der Humboldt-Universität Berlin und an den Universitäten Hamburg und Würzburg. Buchveröffentlichung (im Erscheinen): „Imagination in German Romanticism. Re-Writing the Self in its Environment" (Oxford/Bern 2004). Forschungsschwerpunkte: Literatur und Kulturtheorie seit der Aufklärung. Veröffentlichungen u.a. über Historiographie und Kulturkritik (Kulturelles Gedächtnis), über E.T.A. Hoffmann, Goethe, Grillparzer.

**BERNHARD SIEGERT** Dr. phil., Studium der Germanistik, Philosophie und Geschichte in Freiburg i. Br. und Bochum. Promotion 1991. Von 1992 bis 1998 wissenschaftlicher Assistent zuerst am Germanistischen Institut der Ruhr-Universität Bochum und ab 1993 am Kultur- und Kunstwissenschaftlichen Institut der Humboldt-Universität zu Berlin. Von 1998 bis 2001 (mit Unterbrechungen wegen Lehrstuhlvertretungen in Jena) wissenschaftlicher Mitarbeiter am Zentrum für Literaturforschung, Berlin. Habilitation 2001. Seit Oktober 2001 Gerd Bucerius-Professor für Geschichte und Theorie der Kulturtechniken an der Bauhaus-Universität Weimar. Zahlreiche Publikationen zur Literatur-, Medien-, Kunst- und Wissenschaftsgeschichte. Mitherausgeber des Jahrbuchs „Archiv für Mediengeschichte" Weimar 2001 ff. (zusammen mit Lorenz Engell und Joseph Vogl). Buchveröffentlichungen: „RELAIS. Geschicke der Literatur als Epoche der Post (1751-1913)" (Berlin 1993); Amerikanische Übersetzung „RELAYS. Literature as an Epoch of the Postal System" (Stanford 1999); „Passage des Digitalen. Zeichenpraktiken der neuzeitlichen Wissenschaften 1500-1900" (Berlin 2003); „[...]. Auslassungspunkte" (Leipzig 2003); Hg. mit Helmar Schramm u.a. „Bühnen des Wissens. Interferenzen zwischen Wissenschaft und Kunst" (Berlin 2003); Hg. mit Markus Krajewski „Thomas Pynchon: Archiv – Verschwörung – Geschichte" (Weimar 2003); Hg. mit Joseph Vogl „Europa. Kultur der Sekretäre" (Zürich / Berlin 2003).

**DANIEL STEUER** Dr. phil., Senior Lecturer im English Department der University of Sussex. Interdisziplinäre Forschungsinteressen im Bereich von Literatur, Philosophie und Naturwissenschaft. Arbeitet zur Zeit an zwei größeren Projekten zum Thema Autobiographie, Literatur und Philosophie, sowie „Memory, History and Writing". Gerade fertiggestellt ist die erste vollständige Übersetzung von Otto Weiningers „Geschlecht und Charakter", zu der er eine ausführliche Einleitung beigetragen hat („Sex and Character". Transl. by Ladislaus Löb, with an introduction by Daniel Steuer. Hg. von Daniel Steuer / Laura Marcus.

Indiana University Press, 2004). Weitere Veröffentlichungen: mit Kai Buchheister „Ludwig Wittgenstein" (Stuttgart / Weimar 1992); Hg. mit Bernhard Debatin und Timothy Jackson „Metaphor and Rational Discourse" (Tübingen 1997); „Die stillen Grenzen der Theorie. Übergänge zwischen Sprache und Erfahrung bei Goethe und Wittgenstein" (Köln / Weimar 1999); „In Defence of Experience. Goethe's Natural Investigations" (in: The Cambridge Companion to Goethe, Cambridge 2002). Demnächst erscheint: „Uncanny Differences: Wittgenstein and Weininger as Doppelgänger" (in: Wittgenstein reads Weininger. Hg. von David Stern und Béla Szabadosz. Cambridge 2004).

**JOSEPH VOGL** Dr. phil., Professor für Theorie und Geschichte künstlicher Welten an der Fakultät Medien der Bauhaus-Universität Weimar. Zuletzt erschienen u.a.: „Kalkül und Leidenschaft. Poetik des ökonomischen Menschen" (München 2002); Hg. „Gesetz und Urteil. Beiträge zu einer Theorie des Politischen" (Weimar 2003); Hg. mit B. Siegert „Europa: Kultur der Sekretäre" (Zürich / Berlin 2003).

**HARTMUT WINKLER** Dr. phil, geb. 1953, Professor für Medienwissenschaft, Medientheorie und Medienkultur an der Universität Paderborn. Arbeitsgebiete: Medientheorie und -geschichte, Kulturtheorie, Techniktheorie, Alltagskultur, Semiotik. Buchveröffentlichungen: „Switching –Zapping" (Darmstadt 1991); „Der filmische Raum und der Zuschauer" (Heidelberg 1992); „Docuverse – Zur Medientheorie der Computer" (München 1997). In Vorbereitung: „Tauschen, Austauschen, Kommunizieren – Gibt es eine politische Ökonomie der Medien und Diskurse?" (2003).

# Abbildungsnachweise

Abb. 1 EVA SCHUMANN-BACIA: Die Bank von England und ihr Architekt John Soane. Zürich, München 1989, S. 39.

Abb. 2 JAMES GILLRAY: Meisterwerke der Karikatur. Ausstellungskatalog. Hg. v. Herwig Guratzsch. Hannover 1986, Katalog-Nr. 98, S. 123.

Abb. 3 BENJAMIN FRANKLIN: The Autobiography. In: ders. Writings. Hg. von Joseph A. Leo Lemay. New York 1987.

Abb. 4 BENJAMIN FRANKLIN: Briefe von der Elektricität. Übers. von Johan Carl Wilcke 1758. Reprint Braunschweig. Wiesbaden 1983, S. 13.

Abb. 5 FRANCOIS QUESNAYS: Tableau economique (3. Ausgabe 1759). Hg., eingel. und übers. von Marguerite Kuczynski. Berlin 1965.

Abb. 6 GEREON WOLTERS (Hg.): Franz Anton Mesmer und der Mesmerismus. Wissenschaft, Scharlatanerie, Poesie. Konstanz 1988, S. 31. (Collection de Vinck, Nr. 899, Bibliothèque Nationale, Paris).

Abb. 7 JOHN HASLAM: Erklärung der Tollheit, welche einen eigenthümlichen Fall von Wahnsinn und einen nicht minder merkwürdigen Unterschied in der ärztlichen Begutachtung vorführen und die Natur des sogenannten Anfalls und die Art und Weise des Ereignismachens enthüllen, nebst einer Beschreibung der Martern, welche in Folge von Bombenbersten, Hummerknacken und Hirndehnung empfunden werden. Leipzig 1889.

Abb. 8 JUSTINUS KERNER: Die Seherin von Prevorst. Eröffnungen über das innere Leben des Menschen und über das Hereinragen einer Geisterwelt in die unsere. 4. Aufl. Tübingen 1846.

Abb. 9 W.G. SEBALD: Austerlitz. Frankfurt/M. 2003, S. 193.

Abb. 10 W.G. SEBALD: Austerlitz. Frankfurt/M. 2003, S. 195.

## Literatur – Kultur – Geschlecht

Studien zur Literatur- und Kulturgeschichte.
Große Reihe

– Eine Auswahl –

19: Kerstin Barndt:
**Sentiment und Sachlichkeit.** Der Roman der Neuen Frau in der Weimarer Republik. 2003. IX, 231 S. Br.
€ 34,50/SFr 57,10
ISBN 3-412-09701-2

20: Tanja Nusser:
**Von und zu anderen Ufern.**
Ulrike Ottingers filmische Reiseerzählungen.
2002. 259 S. 64 s/w-Abb.
Br. € 34,50/SFr 57,10
ISBN 3-412-17501-3

21: Angela Koch:
**DruckBilder.**
Stereotype und Geschlechtercodes in den antipolnischen Diskursen der »Gartenlaube« (1870–1930).
2002. 368 S. 10 s/w-Abb.
Br. € 39,90/SFr 67,–
ISBN 3-412-03302-2

22: Eva Lezzi,
Monika Ehlers (Hg.):
**Fremdes Begehren.**
Transkulturelle Beziehungen in Literatur, Kunst und Medien.
2003. VIII, 415 S. 9 farb. und 2 s/w-Abb. auf 8 Taf. Br.
€ 39,90/SFr 67,–
ISBN 3-412-08002-0

23: Hanno Ehrlicher,
Hania Siebenpfeiffer (Hg.):
**Gewalt und Geschlecht.**
Bilder, Literatur und Diskurse im 20. Jahrhundert.
2002. 220 S. 43 s/w-Abb. Br.
€ 24,90/SFr 42,–
ISBN 3-412-06802-0

24: Ulrike Vedder:
**Geschickte Liebe.**
Zur Mediengeschichte des Liebesdiskurses im Briefroman »Les Liaisons dangereuses« und in der Gegenwartsliteratur.
2002. VII, 372 S. Br.
€ 37,90/SFr 62,–
ISBN 3-412-10002-1

25: Bettina von Jagow:
**Ästhetik des Mythischen.**
Poetologien des Erinnerns im Werk von Ingeborg Bachmann. 2003. VI, 280 S. S. Br.
€ 24,90/SFr 42,–
ISBN 3-412-06903-5

26: Christian Katzschmann:
**Selbstzerstörer.**
Suizidale Prozesse im Werk Thomas Bernhards.
2003. IX, 329 S. 8 s/w-Abb. auf 8 Taf. Br. € 34,90/SFr 57,70
ISBN 3-412-07103-X

27: Yahya Elsaghe:
**Thomas Mann und die kleinen Unterschiede.**
Zur erzählerischen Imagination des Anderen.
2004. Ca. 400 S. Br.
Ca. € 39,90/SFr 67,–
ISBN 3-412-02203-9

28: Dagmar von Hoff:
**Familiengeheimnisse.**
Inzest in Literatur und Film der Gegenwart.
2003. IX, 444 S. 112 s/w. Abb. auf 16 Taf. Br. € 34,90/SFr 57,70
ISBN 3-412-09803-5

29: J. Barkhoff,
H. Böhme, J. Riou (Hg.):
**Netzwerke.** Eine Kulturtechnik der Moderne.
2004. 359 S. 10 s/w-Abb. auf 8 Taf. Br. Ca. € 34,90/SFr 57,70,–
ISBN 3-412-15503-9

Ursulaplatz 1, D-50668 Köln, Telefon (0221) 9139 00, Fax 9139 011